하나님께 아룁니다!

감사의 최고 표현인 기도

〈하이델베르크 요리문답 강해 시리즈 IV〉

하나님께 아룁니다!
감사의 최고 표현인 기도

출판일 · 2020년 10월 6일
지은이 · 이승구
펴낸이 · 김현숙
편집인 · 윤효배
펴낸곳 · 도서출판 **말씀과 언약**
서울시 서초구 동산로6길 19, 302호
T_010-8883-0516
디자인 · Yoon & Lee Design

ISBN : 979-11-970601-2-0 93230

가격 : 25,000원

*잘못된 책은 교환하여 드립니다.

하이델베르크 요리문답 강해 시리즈 IV

하나님께 아룁니다!
감사의 최고 표현인 기도

이승구

도서출판 말씀과 언약

2020

Exposition on Heidelberg Catechism Series Ⅳ

Hear Our Prayer:

Prayer as the Chief Expression of Our Thankfulness

Seung-Goo Lee, VDM

Professor of Systematic Theology
Hapdong Theological Seminary

© Seung-Goo Lee, 2020

Seoul
The Word and the Covenant Publishing House
2020

이 책은
㈜ 유성화학 (대표 이사 황호진 님)의 후원으로
출판이 가능하게 되었습니다.

이 땅에 개혁파적인 사상이 가득하게 되도록
개혁파적인 책들과 개혁신학적 관점에서
우리를 돌아보는 책들을 출간할 수 있도록
귀한 도움을 주신
㈜ 유성화학의 황호진 이사님께 감사드리면서
이런 후원으로 이 땅에 개혁파적인 사상이
가득하게 되기를 간절히 기원합니다.

들어가는 말

이 책은 〈하이델베르크 요리문답 강해 시리즈〉의 마지막 권인 제 4 권입니다. 기도에 대한 내용이기에 『하나님께 아룁니다!』는 제목을 붙였습니다. 그리고 (칼빈이 기도를 "우리들의 경건과 헌신의 주된 표현"(the principal exercise of our devotion)이라고 하고,[1] 〈하이델베르크 요리문답 116문〉의 대답에서 "기도는 하나님께서 우리들에게 요구하시는 감사의 가장 중요한 부분(the most important part or the chief part of thankfulness)"이라고[2] 한 의미를 드러내어), '감사의 최고 표현인 기도'라는 부제를 붙였습니다. 〈하이델베르크 요리문답〉 작성자들의 의도는 구원 받은 성도의 삶은 모두 다 '하나님께 대한 감사'(Dankbarkeit)

---

[1] John Calvin, *A Harmony of the Gospels: Matthew, Mark, and Luke,* Calvin's New Testament Commentaries, vol. 1 (Edinburgh: The Saint Andrews Press, 1972, reprint, Grand Rapids: Eerdmans, 1975, 1978), 205.

[2] 〈하이델베르크 요리문답, 제 116 문답〉 중에서. Cf. "*das vornehmste Stück der Dankbarkeit.*" 이 책에서 〈하이델베르크 요리문답〉의 인용은 이전 강해서들과의 연속성을 위해 필립 샤프 등이 제시한 이전 판을 사용하였으나("Because it is *the chief part of the thankfulness* which God requires of us"), 때때로 의미를 더 분명히 하기 위해 1975년에 기독교 개혁교회(CRC)에서 개정한 역본을 참조하기도 했습니다("Because prayer is *the most important part of the thankfulness* God requires of us.").

Herman Hoeksema, *The Triple Knowledge: An Exposition of the Heidelberg Catechism,* vol. 3 (Grand Rapids: Reformed Free Publishing Association, 1972), 453에서는 "감사의 최고 표현"(the highest expression of gratitude)이란 말도 사용하고 있습니다. 또한 Willem Van't Spijker, "The Theology of the Heidelberg Catechism," in *The Church's Book of Comfort* (Houten: Den Hertog, 2005), trans. Gerrit Bilkes (Grand Rapids: Reformation Heritage Books, 2009), 127에서는 "the most important aspect of gratitude"라는 표현도 사용하고 있습니다.

라고 할 수 있는데,3 그 감사 표현의 한 부분이 '그리스도인의 삶'이고,4 또 다른 부분이 '기도'라는 것입니다.5 그리고 이 책의 논의에서 잘 드러나겠지만, 이 둘은 아주 밀접하게 엮여져 있습니다. 정상적이라면, 그리스도인인 우리들은 하나님께서 구원하셨음에 대하여 감사하여 '기도하면서 살고,' 역시 감사하여 '살면서 기도'합니다.6 그리스도인은 기도할 때나 다른 때나 항상 하나님을 의존합니다. 그러므로, 이 책의 논의에서 잘 나타나는 바와 같이, 기도는 구원함을 받아 '하나님 나라의 백성'이 된 사람들이 '하나님 나라의 왕'이신 하나님과 교제하는 '하나님 나라의 일'(kingdom exercise)입니다. 부디 이 책을 통해 우리들이 하나님 나라 백성으로서의 의식을 더 분명히 하고, 그 나라 백성의 삶의 가장 중요한 부분인 기도에 더욱 힘쓰게 되었으면 합니다. 이 기도가 얼마나 중요한지 20세기 초 화란에서 목회하셨던 헤이스베르투스 판 레이넌 목사님(1864-1935)은 "기도를 제거하면, 우리 종교는 더 이상 참된 종교가 아닐 것이다"라고 말할 정도였습니다.7

〈하이델베르크 요리문답〉과의 대화하면서 그 의미를 찬찬히 생각하는 일은 그 출간으로만 생각해도 1998에 시작되었으니 22년 만에 마쳐진 셈입니다. 더구나 처음 글을 쓰기 시작한 1995년부터 따지면 25

---

3 그것이 〈하이델베르크 요리문답〉의 〈제 2문답〉이 제시한 우리들이 마땅히 알아야 하는 3가지 내용 중에서 86-129문답까지에 해당하는 제 3 부의 내용입니다

4 이에 대해서 다룬 것이 십계명 부분을 다룬 『위로 받은 성도의 삶』(서울: 나눔과 섬김, 2015, 개정판, 서울: 말씀과 언약, 2020)이었습니다.

5 〈하이델베르크 요리문답〉을 잘 관찰한 사람들은 다 그렇게 말할 수 있지만, 특히 Gijsbertus. Van Reenen, *The Heidelberg Catechism Explained for the Humble and Sincere in 52 Sermons*, trans. the Netherlands Reformed Congregations in America (Paterson, NJ: Lont & Overkamp, 1955, reprint, Grand Rapids: Eerdmans Publishing Co., 1979), 553도 그렇게 말하고 있음을 보십시오.

6 이 원고를 완성한 후에 에버하르트 부쉬도 거의 같은 말을 하였음을 발견하였습니다. 하이델베르크 요리문답을 잘 읽으면 누구나 이 점을 발견하게 된다는 증거입니다. Cf. Eberhard Busch, *Drawn to Freedom: Christian Faith Today in conversation with the Heidelberg Catechism*, trans. William H. Rader (Grand Rapids: Eerdmans, 2010), 325, 331.

7 Van Reenen, *The Heidelberg Catechism*, 562: "Yes, take prayer out of our religion and our religion is no true religion any more."

년 만에 마지막인 "아멘"에 대한 글을 마쳤습니다. 이를 시작할 때에는 전혀 그러리라고 예상하지 않았던 오랜 시간이 걸린 것입니다. 따져 보니, 이 작업은 1992년부터 시작된 저의 교수로서의 사역 기간 거의 전부를 차지했습니다. 3년을 준비한 셈이고, 이제 3년 남은 셈이니, 마지막 3년은 더 깊은 교의학적인 작업에 매진해야 할 것 같습니다.

비록 많이 늦어지기는 했지만 그래도 이렇게 완성해서 여러분들과 같이 〈하이델베르크 요리문답〉 공부를 다무리할 수 있음에 대해서 여러 면에서 우리 하나님께 감사합니다. 1998년에 처음 나왔던 『진정한 기독교적 위로』(최근판, 서울: 나눔과 섬김, 2015)가 이 〈하이델베르크 요리문답 강해 시리즈〉의 1권이고, 2001년에 출간된 『성령의 위로와 교회』(최근판, 서울: 이레서원, 2016)가 2권이며, 2015년에 나온 『위로 받은 성도의 삶』(서울: 나눔과 섬김, 2015, 재판, 2016, 개정판, 서울: 도서출판 말씀과 언약, 2020)이 3권이고, 그 5년 뒤인 2020년에 내는 이 책이 4권입니다. 이로써 1563년 1월 19일에 독일 하이델베르크에서 공식적으로 발표된[8] 〈하이델베르크 요리문답〉 전체에 대한 강해가 마쳐졌습니다. 이 시리즈를 한국 교회가 의미 있게 사용해 주시기를 요청합니다. 이제 우리들은 이 〈하이델베르크 요리문답 강해 시리즈〉와

---

[8] 독일 식으로 표현하면 "팔츠(Pfaltz)의 수도인 하이델베르크"라고 해야 하고, 이를 영미 식으로 하면 "팔라티네이트(Palatinate) 공국의 수도인 하이델버그"라고 할 수 있습니다. 이 모든 서론적 논의에 대해서 1권인 『진정한 기독교적 위로』, 최근판 (서울: 나눔과 섬김, 2015), 13-15, 특히 n. 1과 Fred H. Klooster, 『하나님의 강력한 위로』(서울: 나눔과 섬김, 2014), 193-202 (개정역, 서울: 도서출판 개혁, 2020); idem, *The Heidelberg Catechism: Origin and History* (Grand Rapids: Calvin Theological Seminary, 1981); idem, *Our Only Comfort: A Comprehensive Commentary on the Heidelberg Catechism*, 2 volumes (Grand Rapids: Faith Alive Christian Resources, 2001); Ryle D. Bierma, with Charles D. Gunnoe, Jr., Karin Y. Maaag, and Paul W. Fields, *An Introduction to the Heidelberg Catechism: Source, History and Theology* (Grand Rapids: Baker, 2005)=신지철 역, 『하이델베르크 교리문답 입문』(서울: 부흥과 개혁사, 2012); Willem Van 't Spijker, *The Church's Book of Comfort* (Houten: Den Hertog, 2005), trans. Gerrit Bilkes (Grand Rapids: Reformation Heritage Books, 2009); 그리고 Jon D. Payne and Sebastian Heck, eds., *A Faithful Worth Teaching: The Heidelberg Catechism's Enduring Heritage* (Grand Rapids: Reformation Heritage Books, 2013)를 보십시오.

더불어 그 동안 우리나라에서 나온 수많은 하이델베르크 요리문답 강해서들을⁹ 잘 사용해서, 이전보다 더 열심히 〈하이델베르크 요리문답〉을 공부할 수 있습니다.

이 책은 그 마지막 부분인 기도에 대한 내용을 담고 있습니다. 하이델베르크 요리문답 116문부터 마지막 문답인 129문까지의 내용을 중심으로, (1) 기도가 과연 무엇이고, (2) 왜 기도하야 하며(116문답), (3) 어떻게 기도해야 하고(117문답), 특별히 (4) 무엇을 기도해야 하는 지를 찬찬히 논의했습니다(118문답-129문답). 다른 논의들과 같이 찬찬히 공부하는 것이 중요합니다. 아주 흥미롭게도 오래 전 터툴리안(Tertullian, c. 155-c. 240)은 〈주께서 가르치신 기도〉는 "복음 전체의 요약"(*brevarium totius Evangelii*)이라고 하면서,¹⁰ 이것이 기독교적 신앙과 생활에 대한 전체 가르침의 요약이라고 말한 바 있습니다. 그러므로 이 기도 자체를 잘 공부하는 것을 통해서도 기독교가 과연 무엇인지를 잘 알 수 있습니다. 부디 이 책을 통해서 키프리안(Cyprian, c. 200-c. 258)이 말한 "천상적 교리의 요약"(*colestis doctrinae compendium*)을¹¹ 잘 공부했으면 합니다. 또한 이 시리즈에 속한 다른 책들과 함께 읽으면서, 제가 이전부터 말한 이 "작은 교의학"(small

---

9 특히 우르시누스의 강해서(2006), 김병훈 교수님(2008, 2012), 김헌수 목사님(2009, 2010), 허순길 교수님(2010), 케빈 드영 목사님(2012), 이성호 교수님(2013), 김홍만 교수님(2013), 코르넬리스 프롱크 목사님(2013, 2017), 송용조 목사님(2014), 대구 산성 교회의 황원하 목사님(2015), 부산 유은교회의 윤석준 목사님(2016), 세움교회의 정요석 목사님(2017, 2018), 총체적 복음 사역 연구소의 정요한 님(2017), 서철원 교수님(2019), 박동근 목사님(2020)의 강해서들을 보십시오.

10 Tertullian, "De Oratione," 1, *Patrologia Latina* 1, 1153-65, Ulrich Luz, "The Lord's Prayer," in *Matthew 1-7* (1985), trans. Wilhelm. C. Linss (Minneapolis: Augsburg Fortress, 1989), 372, n. 24에서 재인용=*From Ante-Nicene Fathers*, vol. 3: *Latin Christianity: Its Founder, Tertullian*, eds., Alexander Roberts, James Donaldson, and A. Cleveland Coxe (Buffalo, NY: Christian Literature Publishing Co., 1886, reprint, Grand Rapids: Eerdmans, 1989), 681 ("an epitome of the whole Gospel").

11 Cyprian, *De Dominica Oratione*, 9, in *Patrologia Latina* 4, 535-62="The Lord's Prayer," in *St. Cyprian: Treatises*, The Fathers of the Church, vol. 36 (New York: Fathers of the Church, Inc., 1959), 125-62.

Dogmatics)을[12] 잘 공부했으면 합니다.

그런데 **더 중요한 것은 실제로 기도하는 것**입니다. 기도에 대해서 공부하고서 실제로 기도하지 않는다는 것은 그야말로 어불성설(語不成說)입니다. 더구나 이 시기는 코로나-19 (Covid-19)가 우리나라와 전 세계에 창궐(猖獗)하는 시기이니, 어찌 기도하지 않겠습니까? 부디 바라기는 이 책이 우리의 기도에 불을 붙여서 우리들로 하여금 더 열심히 기도하게 하되, 우리들을 성경적으로 바르게 기도하는 사람들로 만들 수 있었으면 합니다.

이 책은 무엇보다 먼저, 성도들이 읽고 유익을 얻도록 하기 위한 책입니다. 부디 이 땅의 많은 성도들이 읽었으면 합니다. 성도들은 이 책의 본문을 위주로 읽으시면 될 것입니다. 그것으로도 충분합니다. 그러면 아주 단순하게 우리 주님의 의도를 잘 드러내려는 하이델베르크 요리문답 작성자들의 의도를 잘 알게 되고, 참으로 개혁파적인 기도 이해에 도달하며, 그렇게 기도하게 될 것입니다.

처음에는 거의 없었다가 점점 많아진 각주의 논의들은[13] 늘 열심히 공부하는 우리 신학생들과 신학적 논의에 좀 더 신경 쓰시는 목사님들과 교수님들을 위한 것입니다. 물론 성도들 가운데서도 더 깊이 나아가고자 하시는 분들은 이 각주의 내용과 대화하셔도 유익을 얻을 수 있습니다. 학문적 논의를 하고자 하시는 분들은 이 각주들을 찬찬히 읽으면서 여러 통찰력과 논의거리를 더 발견할 수 있었으면 합니다.

그러므로 최소한 두 번의 독서를 하시는 것이 유익을 줄 것입니다. 첫째는 그냥 본문만을 찬찬히 읽어 가는 것입니다. 그 뒤에 본문을

---

[12] Cf. 이승구, 『성령의 위로와 교회』 (2001), 최근판 (서울: 이레서원, 2013), 10; 『위로 받은 성도의 삶』 (서울: 나눔과 섬김, 2015), 11.

[13] 이 시리즈의 1권은 거의 각주 없이 제시했었습니다. 처음 의도가 그런 것이었습니다.

각주들과 함께 읽으면서 수세대에 걸친 여러 그리스도인들과 함께 교제하면서 기도에 대한 논의를 해 보십시오. 그 과정을 통해서 하나님의 말씀을 존중하는 태도로 학문적 논의를 하는 경험을 할 수 있기 바랍니다. 진지하게 이 책을 읽으시는 분들의 이런 두 번의 독서가 도움이 되기를 바랍니다.

이 책을 마무리하면서 감사해야 할 여러 기관과 여러분들이 있습니다. 우선 이 책과 관련해서 그곳에서 이 책의 마지막 부분에 대한 연구와 글쓰기가 이루어진, 미국 필라델피아에 있는 웨스트민스터 신학교(Westminster Theological Seminary)를 언급해야 합니다. 2019년 가을 학기와 2020년 봄 학기에 저를 방문 학자(visiting scholar)로 초청해서 학교 캠퍼스 내에 있는 (이전에 게이트하우스[gatehouse]로 불리던) 석남 하우스(Seok-nam House)에 머물면서, 학교 도서관에서 이 작업을 할 수 있게 해 주신 피터 릴백(Peter Lillback) 총장님과 교수진들과 도서관 직원들께 감사를 표합니다. 그리고 이 일이 가능할 수 있도록 여러모로 도움을 주신 오덕교 전 총장님께도 깊은 감사를 드립니다. 석남 하우스 자체가 오덕교 교수님의 노력으로 리노베이션 되었고, 이렇게 의미 있게 사용될 수 있도록 해 주신 것에 대해서 감사드립니다. 웨신에 머무는 동안 웨신의 교수회 시간에 초대해서 저의 연구 상황과 기도 제목을 나누고, 〈하이델베르크 요리문답〉에 대한 이 책을 비롯한 저의 연구에 대해 관심을 기울여주셔서, 그로 말미암아 여러 교수님들과 더 친밀하게 교제할 수 있게 해 주신 것에 대해서도 감사드립니다. 정암 박윤선 목사님께서 그곳에서 공부하시던 1934년 가을부터 1936년 여름까지와 1938년 가을부터 1939년 여름까지를 생각하면서, 그로부터 85년-80년 후에 웨스트민스터 신학교와 도서관을 의미 있게 사용하였습니다. 한국 교회와 웨스트민스터 신학교가 좀 더 까까와지는 계기가 될 수 있기를 바라면서 말입니다.

이 기회에 더 깊은 교제를 나눌 수 있게 된 역사 신학의 채드 밴 딕스훈 교수님(Chad van Dixhoorn) 가정과 실천 신학의 존 커리(John Currie) 교수님 내외, 30년 만에 다시 만나 개혁신학과 개혁파적 목회의 방향을 같이 나눈 나의 오랜 친구인 고든-콘웰 신학교의 데이비드 커리(David Currie) 교수님 내외 (우리를 통해, 그 조상이 스코틀랜드에서 오신 두 분의 커리(Currie) 교수님들께서 서로 교류할 수 있게 된 것도 감사한 일이 아닐 수 없습니다), 그리고 웨신에서 가르치시면서 〈기쁨의 교회〉(Jubilee Church)를 목회하시는 박성일 교수님 내외 (기쁨의 교회에서 나눈 "Jubilee"에 대한 설교를 기억합니다), 이 기간 저와 같이 웨신에 방문 학자로 계시면서 한국에서 보다 더 깊은 교제를 나누는 기쁨을 같이 누린 문정식 목사님 내외, 중간 중간 이곳 저곳도 돌아 볼 수 있도록 초청해 주셔서 교우들과 말씀을 같이 나누도록 해 주신 〈보스톤 장로교회〉의 장성철 목사님 내외, 〈워싱턴중앙장로교회〉의 유응렬 교수님 내외, 버지니아 지역에 개혁파 교회를 하시는 〈코너스톤 장로교회〉의 박래혁 목사님, 또 마치면서 귀국하기 바로 전에 〈뉴욕 센트럴 교회〉에서 집회하며 성도들과 교제할 수 있게 하신, 이전부터 늘 돌아보아 주시며 항상 좋은 교제를 나누어 주시는 김재열 목사님 내외분께도 깊은 감사를 드립니다. 미국에 있는 이 귀한 교회들이 이 사태 속에서 주님을 의지해서 잘 견뎌가기를 기원합니다.

또한 이 기간을 저의 생애 중 유일한 안식년으로 보내면서 온전히 연구와 쉼에 전념할 수 있게 해주신 합동신학대학원대학교의 정창균 총장님을 비롯한 교수단에게도 감사드립니다. 특히 이 기간 동안 강의를 나누어 감당해 주신 조직신학 분과의 김병훈 교수님과 이남규 교수님께 감사드립니다. 여러 교수님들의 희생으로 주어진 이 기간은 옛 사람들이 잘 생각한대로, '여유'(σχολή) '한가하게 시간을 보내는' 것(σχολάζω), 그리고 '여유롭게 있을 수 있는 곳'(σχολαστήριον)이 학문(scholarship)을 가능하게 한다는 것을 확증해 주었습니다. 그러므로 합신의 "동료들"께 깊은 감사를 표하지 않을 수 없습니다.

또한 4권의 강해서 전부를 마무리하면서, 이 강해 시리즈가 있기도 전인 30년 전 수요기도회 시간에 이 강해의 처음 부분을 같이 나누었던 〈커네티컷 한인교회〉 성도들을 기억합니다. 시간이 너무 많이 흘러서 교회의 구성원은 많이 바뀌었지만, 이번에 30년 만에 그 중의 몇몇 분들을 "그곳에서" 만나 뵐 수 있었습니다. 그리스도 안에서의 교제가 시간과 공간을 넘어서도 지속됨을 생각하게 하는 일이었습니다. 또한 지난 20여 년 이상을 저와 함께 하나님 말씀을 탐구하며 그 말씀이 지향하는 방향으로 나가려고 애쓰는 〈언약교회〉의 귀한 성도들은 이 책의 많은 말들이 설교 중에 나왔던 것을 기억하실 것입니다. 언약교회의 담임 목사님이신 박주동 목사님과 이주희 사모님께서 바쁜 교회 사역 속에서도 이 책의 마지막 원고를 읽어 주신 것이 이 책을 더 읽기 쉽게 만드는 데 큰 공헌을 하였다는 것도 밝히면서 큰 감사를 표하지 않을 수 없습니다. 또한 오래전에 〈주께서 가르친 기도〉에 대해서 말씀을 들으면서 그 내용을 출판해 주시기를 요청하셨던 〈다니엘교회〉의 성도들을 기억하며 감사드립니다. 또한 때때로 말씀을 같이 나누는 기회를 허락해 주시는 〈LA 남포교회〉 한성윤 목사님과 성도님들과 그 지역의 〈에덴개혁장로교회〉의 강래혁 목사님과 성도들께서도 이 말씀 중 일부를 기억할 것입니다. 귀한 교회들이 하나님의 말씀을 중요시하면서 말씀의 바른 뜻을 추구하고, 그 말씀이 가르치는 대로 기도하는 것은 마땅한 일이며, 또 그런 기도의 결과로 이런 책이 나와 다음 세대에게 우리가 어떻게, 그리고 무엇을 기도해야 하는지를 다시 새길 수 있게 하는 것도 감사한 일입니다.

마지막으로, 합동신학대학원대학교 교수들에게 연구기금을 조성하여 주셔서, 이 책이 출간될 수 있게 해 주신 유성화학의 황호진 대표 이사님께 감사드립니다. 합동신학대학원의 이사로도 여러 중요한 역할을 감당해 주시는 귀한 분의 지원으로 합신 교수님들의 연구가 진작(振作)될 수 있음에 대해 감사드립니다. 기독교 기업가가 하는 주된 활동인 '성경적으로 기업을 하는 그 본령의 일'에 힘쓰시면서, 동시에 시시 때때로 합신의 여러 일들에 큰 도움 주심에 대하여 깊이 감사드립니다.

부디 주께서 이 책을 사용하셔서 우리들로 하여금 참으로, 그리고 바르게 기도하게 해 주시기를, 그리하여 속히 하나님 나라가 극치(極致)에 이르러 하나님의 뜻이 이 땅에서도 온전히 이루어지기를 앙기(仰祈)합니다. 이 시리즈의 첫째 권이 나올 때는 개인적 고난 가운데 있던 시기였었는데, 이 시리즈의 마지막 권이 나올 때는 온 세상이 고난 속에 있습니다. 이 땅에 있는 교회는 항상 전투하는 교회(church militant)이며, 우리들이 죽어서 하늘(heaven)에 있거나 예수님이 재림하셔서 하나님 나라가 극치에 이르기 전에 이 땅에 있는 우리들은 항상 고난 중에 있음을 실감하면서, 주께서 고난 중에 있는 우리들을 불쌍히 여겨 주시기를 원합니다. 같이 간구하시는 분들은 이 책을 같이 읽으면서 기도에 동참해 주십시오.

2020년 봄과 여름
우리나라와 온 세상이 어려운 가운데 있는 이 상황 속에서
주께서 이 상황을 빨리 종식시켜 주셔서
하나님께 온전한 예배를 드릴 수 있기를 간구하면서

저자 이승구 識

인정과 감사의 말

이 책의 내용 중 다음 몇 장의 초안은 다음 같은 방식으로 이전에 발표되었음을 밝히면서, 각 기관의 관계자들과 편집인들에게 그 내용을, 이번에 처음 제시되는 다른 부분들과 같이 묶어서 이 책을 낼 수 있도록 허락해 주심에 대하여 깊은 감사를 표합니다. 이 책을 내면서 논의를 좀 더 확대하였고, 여러 면에서 더 잘 전달될 수 있도록 손보았습니다. 그러므로 다음에 언급하는 장들에 제시된 것에 대해서는 기본적인 아이디어는 같으나 이 책에서 더 확대된 논의를 볼 수 있을 것입니다. 나머지 내용은 이 책에서 처음을 제시되고 있는 것임을 밝힙니다.

제 1 장은 2-3장과 함께 그 간단한 초안이 한국성경신학회의 학술지인 「교회와 문화」 14 (2005년 2월): 9-28와 「교회와 문화」 38 (2017년 2월): 136-50에 발표되었습니다.

제 2 장의 간단한 초안은 "주께서 응답하지 아니하시는 기도"로 「현대 종교」 348 (2003년 8월호): 115-23에 발표되었습니다.

제 5 장의 초안은 "우리의 근본적 간구: '아버지의 이름이 거룩히 여김을 받으시오며'"로 역시 한국성경신학회의 학술지인 「교회와 문화」 39 (2017): 117-33에 발표되었습니다.

제 6 장의 초안인 "'나라가 임하옵시며'라는 간구의 일차적 의미"는 합동신학대학원대학교의 학술지인 「신학정론」 35/2 (2017년 12월): 339-80에 발표되었습니다.

제 7 장의 초안인 "하나님 나라의 현재성과 우리들의 기도"는 「신학정론」 36/1 (2018년 6월): 297-331에 발표되었습니다.

제 8 장의 초안인 "'하나님 나라가 임하옵시며'라는 간구의 실천적 의미"는 한국개혁주의 설교연구원에서 출간하는 「진리의 깃발」 152 (2018년 8월): 30-46에 발표되었습니다.

제 9 장의 초안은 「신학 정론」 37/2 (2019년 12월)에 발표되었습니다.

약자 표기 일러두기

특히 몇 가지 책들은 다음 같은 약자로 표기하는 것이 좋은 듯하여 학계에서 늘 사용되는 약자 표기를 사용하였습니다. 특히 D. H. Williams가 편집한 *Matthew Interpreted by Early Christian Commentators* (Grand Rapids: Eerdmans, 2018)에 약자로 인용되어 있고, 그 약자들에 대한 설명도 없는 그 약자의 원본 시리즈 명을 다음 같이 밝힙니다.

ACW   *Ancient Christian Writers*
           Cf. Hilda C. Graef, ed., *St. Gregory of Nyssa: The Lord's Prayer, The Beatitudes*, Ancient Christian Writers 18 (New York: Paulist Press, 1978).

BDAG   Frederick William Danker, Walter Bauer, William Arndt and F. Wilbur Gingrich, eds., *Greek-English Lexicon of the New Testament and Other Early Christian Literature*, 3rd. ed. (Chicago: University of Chicago Press, 2000).

CCSL   *Corpus Christianorum Series Latina*.(Cf. http://www.brepols.net/Pages/BrowseBySeries.aspx?TreeSeries=CCSL)

GCS   *Die griechischen christlichen Schriftsteller der ersten drei Jahrhunderte.*

Adolf Harnack und Theodor Mommsen, eds. (1891–). https://www.roger-pearse.com/weblog/die-griechischen-christlichen-schriftsteller-gcs-volumes-available-online/

Institutes John Calvin, *Institutes of the Christian Religion* (1559), LCC edition, edited by John T. McNeill, translated by Ford Lewis Battles (Philadelphia: Westminster, 1960). 이 책으로부터의 인용은 다음과 같이 약하기로 합니다. *Institutes*, 1. 1. 2.

GNO   *Gregorii Nysseni Opera*

Cf. John F. Callahan, ed., *De oratione dominica, De beatitudinibus*, Gregorii Nysseni Opera VII/2 (Leiden, New York, Köln, Brill, 1992).

PL   *Patrologia Latina*

Jacques-Paul Migne, ed. (1844–64)

(Cf. http://mlat.uzh.ch/MLS/xanfang.php?corpus=2&lang=0).

SC   *Sources chrétiennes* (Paris, 1977–1979)

Cf. Saint Jérôme, *Commentaire sur Saint Matthieu*, 2 vols., in *Sources chrétiennes* 242 and 259 (Paris, 1977–1979).

TDNT   Gerhard Kittel, Gerhard Friedrich, Geoffrey William Bromiley, eds., *Theological Dictionary of the New Testament*, 10 Volumes (Grand Rapids: Eerdmans, 1964).

WSA   *The Works of Saint Augustine: A Translation for the 21st Century*, 43 vols. (Hyde Park, NY: New City Press, 1989–2019).

차 례

들어가는 말_9

   인정과 감사의 말_18

   약자표기 일러두기_20

제 1 부 기도에 대한 바른 이해_25

   1. 기도란 무엇인가? (제 1 장)_27

   2. 기도의 응답과 기도의 과정(1) (제 2 장)_57

   3. 기도의 응답과 기도의 과정(2) (제 3 장)_78

   4. 기도의 대상: "하늘에 계신 우리 아버지" (제 4 장)_97

제 2 부 하나님 나라의 왕이신 하나님과 관련한 간구들_119

   1. 첫째 간구: "아버지의 이름이 거룩히 여김을 받으시오며"(제 5 장)_121

   2. 둘째 간구: "당신님의 나라가 임하옵시며"(제 6, 7, 8 장)_147

   3. 셋째 간구: "당신님의 뜻이 땅에서도 이루어지이다"(제 9, 10 장)_246

제 3 부 하나님 나라의 백성들인 우리들과 관련한 간구들_303

1. 넷째 간구: "오늘날 우리에게 일용한 양식을 주시옵고"(제 11, 12 장)
   - 보존을 위한 간구_305

2. 다섯째 간구: "(오늘) 우리의 죄를 사하여 주시옵고"(제 13, 14 장)
   - 죄 용서를 위한 간구_350

3. 여섯째 간구(1): "(오늘) 우리를 시험에 들게 하지 마시옵고"(제 15 장)
   - 유혹 문제에 대한 간구_392

4. 여섯째 간구(2): "(오늘) 그 악한 자에게서 구하시옵소서"(제 16 장)
   - 그 악한 자로부터의 보호를 위한 간구_410

제 4 부 하나님 나라의 백성들의 기도의 근거와 확신_447

1. 기도의 근거: "나라와 권세와 영광이 영원히 아버지께 있기 때문이옵나이다."(제 17 장)_449

2. "아멘": 우리는 과연 기도를 믿는가? (제 18 장)_471

참고문헌_497

인명색인_522

Exposition on Heidelberg Catechism Series IV
Hear Our Prayer:
Prayer as the Chief Expression
of Our Thankfulness

제 1 부

기도에 대한 바른 이해

제 1 장 기도란 무엇인가?

제 2 장 기도의 응답과 기도의 과정(1)

제 3 장 기도의 응답과 기도의 과정(2)

제 4 장 "기도의 대상: 하늘에 계신 우리 아버지"

제 1 장

"기도란 무엇인가?"

본문: 마 6:5-8.

"기도하는 일"은 그리스도인의 삶에 있어서 매우 중요한 요소입니다. 그리스도인들은 오랜 전부터 기도의 **필수성**을 지적하면서, 기도는 '영혼의 호흡'이라고 표현하거나 '기도는 우리에게 생명과 같다'고 말하

---

1 토마스 왓슨(Thomas Watson, *A Body of Practical Divinity* [Originally Published 1657, Aberdeen: George and Robert King, 1838], 516: "기도는 하늘 아버지의 가슴에 쏟아 붓는 영혼의 호흡 자체이다"[Prayer is the soul's breathing itself into the bosom of its heavenly Father.])이나 존 번연(John Bunyan, *I Will Pray with the Spirit and With the Understanding Also* (1663), available at: https://www.biblebb.com/files/bunyan/prayspiritandun.htm) 같은 청교도들을 포함하여, 19세기 영국의 라일 주교(J. C. Ryle [1816-1900], *The Upper Room: The Duties of Parents*, London: Chas. J. Thynne, 1887], 222: "Prayer is the very life-breath of true religion.")나 독일의 오토 텔레만(Otto Thelemann, *An Aid to The Heidelberg Catechism* [1892], trans. M. Peters [1896; reprint. Grand Rapids: Douma Publications, 1959], 405: "Prayer is the native breath of the renewed man."), 20세기 중반 미국 RCA 목사였던 Jean Vis, *We Are the Lord's* (Grand Rapids: Society for Reformed Publications, 1955), 154 ("Prayer is *the breath of soul*. Prayer is the Christian's *native air*. Prayer is the avenue of the Spirit to the soul. Prayer is the souls' sincere desire. Prayer is *the optic nerve of the soul*… Prayer is a holy art." 강조점은 덧붙인 것임); 그리고 (오늘날의 R. C. 스프라울, 존 맥아더, 존 파이퍼 [Don Kistler, ed., *Let Us Pray: A*

기도 하였습니다.[2]

그러나 이렇게 중요하고 필수적인 기도에 대한 오해와 오용(誤用)도 많았습니다. 그러므로 우리들이 성경으로부터 기도에 대하여 바르게 배워서 기도하지 않는다면, 열심히 기도하면서도 잘못된 기도를 하거나, 기도에 대한 잘못된 습관에 젖어들기 쉽습니다. 기도는 그저 열심히 하면 되는 것이지 그것에 대해 성경의 가르침을 받을 필요가 없다고 생각하는 것은 매우 위험한 생각입니다. 주님께서는 친히 "바른 기도에 대한 규례"(an ordinance for correct prayer)를 주셨습니다.[3] 우리는 주님께서 주신 가르침을 따라서 기도해야 합니다.[4] 그러면서 성경이 가르치는 기도에 대해서 바르게 배우고, 그것에 근거해서 기도해야 합니다.

Symposium on Prayer by Leading Preacher and Theologians (Orlando, FL: The Northampton Press, 2011] 같은 정통파 신자들부터 천주교인들과 심지어 이단에 속한 사람들도 모두 이 표현을 선호합니다. 이 엠 바운즈(E. M. Bounds)도 이 용어를 사용해 기도를 묘사한 바 있습니다. 최근의 예로 베네딕트파 수녀인 Joan D. Chittister, *The Breath of the Soul: Reflections on Prayer* (New London: Twenty-Third Publications, 2009)를 보십시오.

[2] "기도는 기독교의 영적 차원이며, 우리들의 모든 영적 의무들의 핵심"(the soul of all our spiritual duties)이라고 표현했던 18세기 화란 "더 나아가는 종교개혁"(*Nadere Reformatie*, Furthur Reformation) 운동의 중요한 목사였던 Theodorus VanderGroe (1705-1884)의 하이델베르크 요리문답 강해서인 *The Christian's Only Comfort in Life and Death*, vol. 2, trans. Bartel Elshout (Grand Rapids: Reformation Heritage Books & Dutch Reformed Translation Society, 2016), 421을 보십시오. Jean Vis도 기도는 "영적인 삶의 가장 순수한 표현"이라고 합니다(Vis, *We Are the Lord's*, 158, 159).

[3] 이 점을 강조하여 말하는 John Calvin, *A Harmony of the Gospels: Matthew, Mark, and Luke*, Calvin's New Testament Commentaries, vol. 1 (Edinburgh: The Saint Andrews Press, 1972, reprint, Grand Rapids: Eerdmans, 1978), 205를 보십시오. 또한 Herman Hoeksema, *The Triple Knowledge: An Exposition of the Heidelberg Catechism*, vol. 3 (Grand Rapids: Reformed Free Publishing Association, 1972), 453f.도 보십시오.

앞으로 〈하이델베르크 요리문답〉을 설명하는 혹세마의 좋은 공헌들에 대해서 자주 말할 것입니다. 그런데 혹세마의 독특한 주장, 이 주장 때문에 그와 단호프(Henry Danhof) 등이 CRC 칼라마주 대회에서 정죄 받았던 주장인 "일반은총이란 말이 안 되는 것이다"(Common grace is an absurdity)는 주장은(Hoeksema, *The Triple Knowledge*, vol. 3, 609) 지금도 역시 심각한 문제라는 점을 밝히는 것이 좋을 것입니다. 이에 대한 논의로 이승구, 『코넬리우스 반틸』 (서울: 살림, 2007), 99-102, 194를 보십시오. 그러므로 이하 논의에서 혹세마의 생각은 이런 점을 늘 염두에 두면서 생각해야 합니다.

[4] 다들 이것을 말하지만, 특히 Kevin DeYoung, *The Good News We Almost Forgot* (Chicago: Moody Publishers, 2010), 신지철 옮김, 『왜 우리는 하이델베르크 요리문답을 사랑하는가?』 (서울: 부흥과 개혁사, 2012), 386을 보십시오.

성경은 주로 하나님께 기도하는 사람들의 기도의 내용과 기도하며 살아가는 사람들의 모습을 보여 줍니다. 그것을 그대로 살펴가는 것도 우리의 큰 과제입니다.[5] 그러나 이 장에서는 먼저 기도에 대해 주님께서 가르쳐 주신 바를 생각해 보도록 하겠습니다. 주님께서 잘못된 기도의 예로 드신 것들을 살펴보고, 그에 비추어 참된 기도가 무엇인지 생각해 보도록 하겠습니다.

잘못된 기도의 대표적인 예들(1)

잘못된 기도의 첫째 예로 우리 주님께서는 '사람들에게 보이려고 하는 기도'를 언급하십니다(마 6:5). 기도가 사람들에게 보이려고 하는 의도로만 드려지거나, 그런 의도가 포함되어 드려질 때 그것이 잘못된 기도라고 하십니다. 그러므로 기도는 그 의도에 있어서나 실제로 오직 하나님과 교제하기 위해 해야 함을 분명히 하십니다. 그래서 주님께서는 "너는 기도할 때에 네 골방(τὸ ταμεῖον)에[6] 들어가 문을 닫고[7] 은밀한

---

[5] 이 책에서 이 작업까지 다 할 수는 없습니다. 성경에 나타난 기도들에 대한 연구, 소위 "성경에 나타난 기도 현상학"에 대한 연구는 또 다른 큰 작업이 될 수 있습니다.

[6] 이 용어는 대개 유대인들 집 안쪽에 있는 "창고 방"(the store-room)에 해당하는 방을 지칭하는 것이라는 언급으로 다음을 보십시오. Herman N. Ridderbos, *Matthew* (1950-51), Bible Student's Commentary, trans. Ray Togtman (Grand Rapids: Zondervan, 1987), 124; R. V. G. Tasker, *The Gospel According to St. Matthew*, Tyndale New Testament Commentaries (London: The Tyndale Press, 1961, reprint, Grand Rapids: Eerdmans, 1981), 73; William Hendriksen, *The Gospel of Matthew* (Grand Rapids: Baker Book House, 1973), 323; 그리고 R. T. France, *Matthew*, Tyndale New Testament Commentaries (Leicester: IVP and Grand Rapids: Eerdmans, 1985), 132. 프랑스는 이 곳에서 "가장 안쪽에 있는 방(inner room, NASB)"이며, "아마도 창문도 없고, 유일하게 잠글 수 있는 방"(France, *Matthew*, 132)이어서, 그야말로 "비밀이 보장되는 은밀한" 곳이라고 설명하고 있습니다. 이곳이 "유일하게 잠글 수 있는" 방이라는 것은 Robert E. Gundry, *Matthew: A Commentary on His Literary and Theological Art* (Grand Rapids: Eerdmans, 1982), 103도 지적합니다.

[7] 이와 비슷한 말이 나타난 것에 근거해서 이것이 이사야 26:20("내 백성아 갈지어다. 네 밀실에 들어가서 네 문을 닫고 분노가 지나기까지 잠깐 숨을지어다") 말씀을 마태가 빌려 온 것이라는 로버트 건드리와 그에 대한 인유라는 데이비드 터너 주장은(Gundry, *Matthew*, 103; David L. Turner,

중에 계신 네 아버지께 기도하라"고 하십니다(마 6:6). 이 말이 골방에 들어가서 자신이 기도한다는 것을 드러내라는 뜻이 아님을 누구든지 알 수 있습니다. 이것은 기도의 장소를 지정하는 것이기 보다는 어떤 태도로 기도해야 하는지를 가르쳐 주시는 말씀입니다.[8] 아무도 모르게 은밀한(κρυπτός)[9] 중에 하나님께만 관련하여(alone with God) 드리는 것이 기도라는 말입니다. 주님께서는 기도가 하나님과의 은밀한 관계성 가운데서 드려지는 것임을 강조하십니다.

그러므로 우리가 사람들을 고려하면서 기도하지 않도록 주의해야 합니다. 다른 때도 그렇지만, 특히 공예배 때의 공기도(public prayer)를 할 때 그렇습니다. 다른 사람들과 같이 기도하는 상황에서도 우리의 마음은 오직 하나님에게만 초점이 맞추어져 있어야 합니다. 그

Matthew, Baker Exegetical Commentary on the New Testament [Grand Rapids: Baker Academics, 2008], 185) 생각해 볼만 하지만, 그것이 동의하기 어렵다고 여겨집니다. 특히 건드리는 이것을 예수님께서 말씀하신 것으로 보지 않는다는 것이 문제이고, 궁극적으로 그 두 구절이 말하는 내용이 다르기 때문입니다.

또한 여기의 골방이 집의 골방이 아니며 "문을 닫고"가 사실은 "입을 닫고" 라고 하면서, 이는 "신비한 자물쇠로 악한 생각에 대해 우리 마음을 닫고, 순전한 정신으로 입을 다물고 하나님께 말하는" 것을 뜻한다고 하면서, "우리 하나님은 음성에 귀 기울이시는 것이 아니라, 믿음으로 기도하는 마음에 귀 기울이시기 때문"이라고 하던 아퀼라의 크로마티우스(ca. 335/340-408)와 이와 비슷하게 말하는 뽀아티에의 힐러리의 생각은 본문에 없는 것을 넣어서 생각하는 전형적인 알레고리적 해석이라고 판단됩니다. Cf. Chromatius Aquileia, *Preface to the Lord's Prayer*, CCSL 9:445-46, in D. H. Williams, ed., *Matthew Interpreted by Early Christian Commentators* (Grand Rapids: Eerdmans, 2018); 121; Hilary of Poitiers, *On Matthew*, 5. 1, SC 254:150, in Williams, ed., *Matthew*, 122. 이들의 이름을 언급하지는 않지만, 이런 해석들을 비판적으로 언급하고 있는 Calvin, *A Harmony of the Gospels*, vol. 1, 202를 보십시오.

[8] 비슷한 요점을 말하는 Calvin, *A Harmony of the Gospels*, vol. 1, 202-203; Hendriksen, *The Gospel of Matthew*, 323; 그리고 (독일 뷰르츠르크[Würzburg] 대학교 명예교수로 있다가 2002년에 죽은, 20세기 중반의 가장 중요한 천주교 주해가라는 찬사를 받았던) Rudolf Schnackenburg, *The Gospel of Matthew* (1985, 1987), trans. Robert R. Barr (Grand Rapids: Eerdmans, 2002), 65를 보십시오: "The intent is not to define a place of prayer but to shed light on the right way to pray (cf. John 4:21, 24)."

[9] 바로 이 말로부터 후대에 "은밀한, 비밀의, 숨겨진" 이라는 뜻의 "crypto-"라는 말이 나왔음을 생각해 보시기 바랍니다. 대표적으로 철저한 루터파 사람들이 자신들을 "진정한 루터파"(Gnesio-Lutheran)라고 하고, 멜랑흐톤을 "은밀한 칼빈주의자"(crypto-Calvinist)라고 불렀던 그런 예를 생각해 보십시오. 그리고 암호를 "crypto"로 쓰는 영어의 용례도 보십시오. 그래서 비트코인과 같은 암호 화폐를 "crypto-currency"라고 합니다.

렇게 하지 않고, 다른 사람들을 의식하면서 기도한다면 우리가 "외식하는 자들"(οἱ ὑποκριταί)이 되는 것입니다. "외적인 행위가 내면의 부패한 동기를 가리는 것"이 외식이라고 표현한 마이클 윌킨스의 말은 이 맥락에서 매우 적절합니다.10

물론 기도하는 사람들 가운데 순전히 사람들만을 염두에 두고 기도하는 사람은 거의 없을 것입니다. 하나님께 기도한다는 기도의 바른 목적 외에 사람들에 대한 고려라는 다른 목적이 덧붙여지는 경우가 더 많을 것입니다. 그러나 주님의 말씀의 의도에 따르면, 그런 식으로 기도한 사람들에게는 그들이 의도한 바가 이미 이루어진 것이 됩니다. 그들에 대해서 우리 주님께서는 "저희는 자기 상을(τὸν μισθὸν αὐτῶν, 직역하면, '그들의 보상을') 이미 받았느니라(ἀπέχουσιν)"고 말씀하십니다(마 6:5하).11 그러므로 그들은 기도에 대해서 주께로부터 응답받으리라고 생각하지 말라고 단언(斷言)하십니다. 그렇다면, 하나님과 교제한다는 기도의 바른 목적 외에 작용하는, 사람들에 대한 고려라는 것은 과연 어떤 것입니까?

예를 들자면, 기도하는 때에 그 기도를 통해서 사람들의 마음을 얻으려는 의도가 덧붙여진 경우가 이에 해당할 것입니다. 사람들의 마음을 얻으려는 기도는 사실 하나님께 드리는 간절한 마음과 함께 그 기도에 감동한 사람들이 있기를 바라는 것이기에 문제가 됩니다. 사람들이 그 기도에 대해서 매우 좋은 기도라고 생각해 주고, 또한 감동받아 그들이 무엇인가를 하기를 원하는 목적이 있는 경우가 이에 해당합니다.

---

10 Michael J. Wilkins, *Matthew*, NIV Application Commentary (Grand Rapids: Zondervan, 2004), 273: "the external act masks an inner corrupt motive."

11 이 말은 헬레니스틱 희랍어로 "지불"(payment)에 대한 용어로 사용되는 말이어서 "이미 모든 지불이 다 이루어졌다"(payment has been made *in full*)는 뜻이라고 설명하는 Tasker, *Matthew*, 74도 보십시오(타스커 자신의 강조점).

또한 기도함으로써 사람들을 가르치고 교육하려고 하는 것도 그런 경우에 해당합니다. 예수님께서 이 말씀을 하실 때에 예로 든 바리새인들의 경우가 적절한 예가 됩니다. 그들이 회당과 큰 거리 어구에 서서 기도하는 것은 그저 자기 과시(誇示)적인 것이기보다는 그렇게 함으로써 이스라엘 민족 전부가 하나님을 경외하고 하나님께 기도하는 사람들이 되도록 하겠다는 교육적 의도가 있었던 것으로 보입니다. 유대인의 관례에 의하면, 그들이 정한 기도 시간(아침 9시, 오후 3시, 저녁 기도)에는 될 수 있는 대로 성전이나[12] 예루살렘 밖에서는 회당에 있어야 하지만(행 3:1; 시 55:17; 단 6:10; 눅 18:10 참조), 혹시 거리에 있게 되면 그 자리에 서서 성전을 향하고 두 손을 하늘로 들고[13] 기도하는 것이 적법한 것이라고 했습니다. 그런데 좀 다른 목적을 지닌 바리새인들은 의도적으로 기도 시간에 큰 거리 어귀 등에 있도록 자신의 삶을 조절했던 것입니다.[14] 그러므로 그들의 기도는 하나님께서 그 기도를 들어주신다는 것 외에 (1) 아주 나쁜 경우에는 자신들의 종교심을 과시(誇示)하거나,[15] (2) 좀 나은 경우에는, 유대 민족에 대한 교육과 민족의 종교적 갱신이라는 목적을 지니고 있는 것이었습니다. 그 어떤 경우든지, 이는 기도의 본래적인 의도 외에 다른 목적이 첨가된 것입니

---

[12] 당시 성전에서는 "이른 아침과 제 구시[즉, 오후 3시]에 제사가 드려졌고"(Josephua, *Antiquities* XIV.65) 이 때 기도가 드려졌으며, 저녁 기도 시간도 있었다고 합니다. Cf. Emil Schürer, *History of the Jewish People in the Times of Jesus Christ* (Edinburgh: T& T Clark, 1892, 1902), vol. II, 290f.; 그리고 Hendriksen, *The Gospel of Matthew*, 322.

[13] 이것은 당대 유대인들의 일상적인 기도의 자세였습니다. 누구나 이를 말하지만, 예를 들어, Ridderbos, *Matthew*, 124를 보십시오.

[14] 이는 일반적인 것이나, 특히 이를 지적한 예로 다음을 보십시오. Joachim Jeremias, *New Testament Theology*, vol. 1: *The Proclamation of Jesus*, trans. John Bowden (London: SCM Press, 1971), 187; 그리고 Robert H. Mounce, *Matthew*, A Good News Commentary (San Francisco: Harper & Row, 1985), 52. 오후 3시 기도 시간에 그리하던 습관을 지적하는 것이라는 Gundry, *Matthew*, 103의 말도 보십시오.

[15] 이 문제만을 지적하는 Wilkins, *Matthew*, 273도 보십시오: "public recognition and acclaim of their piety." 또한 Hendriksen, *The Gospel of Matthew*, 322도 보십시오.

다. 그것이 심각하게 잘못된 것입니다.

우리도 기도하면서 (1) 자신의 영적이고 종교적인 심리를 과시하려고 하거나, (2) 다른 사람들의 마음을 얻어 보려고 하거나, (3) 다른 이들을 움직여 보려고 한다면, 우리도 이런 문제를 지니는 것입니다. 그러므로 본질적으로 기도는 은밀히(κρυπτός) 해야 합니다. 사람들 앞에 드러내 놓고, 사람들이 그 기도를 통해 어떤 영향을 받으라고 하는 기도는 참된 것이라고 하기 어렵습니다. 그러니 오늘날 기도회라는 미명하에서 이렇게 사람들의 마음을 얻어 보려고 하거나, 본인들이 원하는 바를 관철시키려고 하거나, 자신들이 주장하려는 것들을 강하게 주장하는 것들은 모두 다 기도의 본질을 왜곡하는 것입니다. 그것은 바리새인들이 큰 거리 어귀에 서서 하는 기도를 좀 더 조직화해서 하는, 이를테면 기도에 대한 '조직화된 왜곡'입니다. 그런 것에 대해서 주님께서는 "저희는 [자신들의 보상을] 이미 받았느니라"고 하십니다.

잘못된 기도의 대표적인 예들(2)

또한 우리 주님께서는 "이방인과 같이 중언부언하지 말라"고 하십니다. "중언부언한다"고 번역된 말(βατταλογέω)은 기본적으로 **"생각 없이 같은 말을 계속 반복하는"** 것을 말합니다.[16] 이는 이방인들의 기도가 기본적으로 "말을 많이 하여야 들으실 줄로 생각하는" 잘못된 태도를 지니고 있음을 지적하면서 하신 말씀입니다. 이는 이방 종교에서 일정한 기도에 사용되는 말을 주문(呪文) 외우듯이 하거나,[17] 웅변하듯이 유창

---

[16] 많은 분들이 이렇게 말하지만, 특히 BDAG, 172의 정보를 사용해서 이를 언급하는 Wilkins, *Matthew*, 274를 보십시오. 이에 대한 좋은 설명으로 Turner, *Matthew*, 185, n. 17; 김홍전, 『예수께서 가르치신 기도』(서울: 성약, 2003), 61f.을 보십시오.

하게(rhetorical oration) 기도하면 기도가 이루어진다고 하거나, 특히 그렇게 말을 많이 하여 기도의 시간과 회수가 많아질수록 기도의 효과가 높아진다고 생각하는 것이 옳지 않다는 말입니다. 그러므로 이것은 (1) 어떤 정형화된 기도문의 마술적인 사용과 (2) 기도하는 시간과 말의 많음이 기도의 효과를 낸다는 생각의 문제를 지적하는 것입니다. 정성을 다하는 기도, 자기 희생을 무릅쓰는 기도, 헌신을 많이 하면서 하는 기도가 더 효과 있다고 생각하는 것도 모두 다 이런 "형성주의"(formalism)를 부추길 수 있습니다.[18]

물론 우리들로서는 정성을 다하여 기도해야 합니다. 하나님께 기도하면서 어찌 그리하지 않을 수 있겠습니까? 그러나 우리의 정성이 하나님을 감동시키거나 하나님의 뜻의 성취를 더 잘 이루게 하는 것이 아님을 분명히 해야 합니다. 다음 같은 칼빈의 말은 아주 정확한 말입니다: "말의 힘으로 하나님을 감동시키려고 하나님께 수사적으로 접근하는 하는 사람은 [결국은] 자신이 부조리하며(absurd), 웃음거리가 됨(laughable)을 인정하게 될 것이다."[19] 하나님은 우리들의 제의적 기도로 "조작될 수 있는" 그런 분이 아닙니다.[20] 기도는 우리의 열심이나

---

[17] 대개 이교의 기도는 신의 이름을 공식적으로 부르고(formal invocations), 일정한 기도문을 하면(magical incantations) 기도가 응답된다고 합니다. 이 문제를 지적하는 France, *Matthew*, 132를 보십시오. 이런 식으로 기도하는 경우가 "헛된 반복"(*vain* repetition)의 경우라고 할 수 있습니다. Cf. Tasker, *Matthew*, 74. 그는 "헛된"이라는 말을 강조하는 것이 예수님의 의도를 드러내는 것이라고 합니다. 생각 없는 기계적인 기도가 문제이지(France, *Matthew*, 133), 바른 내용으로 바르게 기도한다면 반복 자체가 잘못된 것은 아니라는 말입니다.

[18] 이방인들에게만이 아니라, 예수님 당신의 유대인들에게도 있던 "이런 경향들은 종교와 예배가 외면화되는 곳마다 있게 되는 위험"이라는 좋은 지적으로 Ridderbos, *Matthew*, 125를 보십시오. 이런 위험이 천주교의 기도 습관에도 있음을 지적하는 Calvin, *A Harmony of the Gospels*, vol. 1, 203과 Hendriksen, *The Gospel of Matthew*, 324도 보십시오. 천주교회에만이 아니라, 우리들도 주의하지 않으면 이런 문제를 드러낼 수 있음을 주의해야 합니다
이런 것을 '형성주의'라고 표현한 예들로 다음을 보십시오: William Hendriksen, *The Gospel of Matthew* (Grand Rapids: Baker Book House, 1973), 325 ("the sin of formalism"); 김홍전의 여러 저작들, 특히 『예수께서 가르치신 기도』 (서울: 성약, 2003), 65 ("형성주의의 폐해"); 그리고 Wilkins, *Matthew*, 275 ("the sin of formalism").

[19] Calvin, *A Harmony of the Gospels*, vol. 1, 204.

우리의 노력과 헌신 때문에 응답되는 것이 아니라, 오직 (후에 강조할 바와 같이) 그리스도의 구속에 근거하고 하나님의 뜻이 이루어지도록 응답되는 것입니다.[21]

이렇게 주께서 지적하시는 잘못된 기도의 예들을 염두에 두면서, 이제 우리는 '진정한 기도'가 무엇인지에 대한 탐구에로 나아가 보도록 하겠습니다.

기도란 무엇인가?

지금까지 살펴본 잘못된 기도의 예들로부터 우리가 기본적으로 생각할 수 있는 것은 기도는 하나님께 드리는 것으로서, 인간의 자격과 노력 등에 의해서 하나님께 받아들여지는 것이 아니라는 것입니다. 아무나 무엇을 구한다고 해서 그것이 다 기도가 아니고,[22] 그것이 이루어지는 것도 아닙니다. 또한 기독교의 하나님께 구한다고 해서 그것이 다 기도가 아닙니다. 기도는 "하나님께서 역사 가운데서 이루신 **구속 사역에 근거해서 하나님의 자녀가 된 자들이, 참되신 하나님께, 그리스도의 공**

---

[20] Cf. Wilkins, *Matthew*, 274: "(God) cannot be manipulated through ritual prayer."

[21] 베드로가 옥에 갇혔을 때 교회가 기도한 것(행 12:5)과 관련해서 이점을 잘 지적하는 David John Williams, *ACTS*, NIBC (Peabody: MA: Hendrickson Publishers, 1990), 212; 그리고 비슷한 어조의 I. Howard Marshall, *Acts*, Tyndale New Testament Commentary (Grand Rapids: Eerdmans, 1980), 208을 보십시오.

[22] 좀 오래된 통계이긴 하지만 1967년도에 독일에서 대때로 기도하는 사람이 86%였다고 합니다. 당시 하나님을 믿는다고 한 사람들이 68%였던 것과 비교하면 흥미롭습니다(*Spiegel* 52 [1967]: 41, cited in Ulrich Luz, "The Lord's Prayer," in *Matthew 1-7* [1985], trans. Wilhelm C. Linss [Minneapolis: Augsburg Fortress, 1989], 374, n. 47). 하나님을 믿지 않는 사람들도 기도라는 현상에는 동참한다는 것입니다. 물론 오늘날은 그 비율이 상당히 낮아졌을 것입니다. 2014년 통계에 의하면, 미국에서는 48%의 사람들이 기도한다고 했다고 합니다. 이는 다음 폭스 뉴스의 기사를 참조한 말입니다 (https://www.vox.com/2014/10/6/6918427/lots-of-americans-pray-heres-what-they-pray-for-study). 그러나, 조금 후에 논의하겠지만, 이런 기도 현상이 다 진정한 기도는 아니라는 것을 명심해야 합니다.

로에 근거해서, 무엇인가를 간구하고 주께서 그것에 반응하여 응답하여 주시고, 그 응답에 반응해서 하나님의 백성들이 또 다시 주님의 뜻을 아뢰고 하여 진행하여 나가는 것"입니다. 기도는 이와 같은 하나님과 점점 더 깊이 교제해 가는 일련의 과정입니다. 이를 구체적으로 이해하기 위해, 다음 몇 가지로 나누어 생각해 보도록 하겠습니다.

(1) 기도는 **구속받은 하나님의 백성들**이 드리는 것입니다.

본래 하나님께서 사람을 창조하셨을 때 하나님과 사람 사이의 교제는 자연스러운 것이었습니다. 그러나 사람이 타락하고 죄에 빠진 후에는 사람이 하나님과 교제할 수 없는 존재가 되어 버렸습니다. 그들은 하나님을 피하여 숨는 존재가 되었고, 감히 하나님 앞에 설 수 없으며, 따라서 하나님께 말씀을 아뢰고 하나님의 말씀을 듣지 않는 존재가 되었습니다. 하나님과 교제하지 않고, 하나님께 진정한 기도를 하지 않는 존재가 된 것입니다.

이 문제를 해결하고자 하나님께서 타락한 인간을 향해 찾아 오셔서, 장차 이루실 구속에 대한 약속을 주시고(창 3:15),[23] 그 약속을 믿는 사람들은 하나님께서 장차 이루실 구속에 근거해서 이미 그 때부터 믿음으로 하나님과 교제할 수 있도록 해주셨습니다. 그러므로 구약에서나 신약에서나 구속에 대한 약속을 믿음으로 하나님의 구속에 적용하심을 입은 하나님의 백성들만이 하나님께 기도할 수 있습니다.[24] 경

---

[23] 이에 대해서 〈하이델베르크 요리문답 제 19문답〉과 이를 설명하는 이승구, 『진정한 기독교적 위로』 (서울: 나눔과 섬김, 2015), 108-16을 보십시오. 또한 이 문제에 대한 제일 좋고 포괄적인 논의로 윤영탁, 『그가 네 머리를 상하게 하리라: 창세기 3장 15절에 나타난 원복음』 (수원: 합신대학원출판부, 2015)을 보십시오.

[24] Calvin, *A Harmony of the Gospels*, vol. 1, 206을 보십시오. 마태복음 7:8의 "모든" 이라는 말이 의미상 "하나님 나라의 자녀들"을 뜻하는 것이라는 강한 논의로 W. D. Davies and D.

경건주의 운동에 중요한 역할을 한 진젠도르프 백작(1700-1760)도, 특히 〈주께서 가르치신 기도〉에 대해서 언급하면서, "귀한 친구들이여, 누가 이렇게 기도할 수 있습니까? 성령으로 거듭나기 전에, 신앙의 신적인 빛이 그/그녀의 영혼 안에서 신앙의 신성한 빛이 불붙여지기 전에 누가 이렇게 기도할 수 있습니까?"라고 말했다고 합니다.[25] 그렇습니다. 오직 중생한 사람만이 제대로 기도합니다.

비슷한 시기에 화란의 경건주의 운동을 주도한 떼오도루스 판데어흐루(Theodorus VanderGroe, 1705-1884) 목사님은 교회 공동체에 속해 있어도 참되게 "회심하지 않은 사람들은 믿음과 확신을 가지고 영과 진리 안에서 하나님께 기도할 수 없다"고 강조하면서, "참되고 영적인 그리스도인"들이 기도한다는 것을 설교자들이 분명히 해야 한다고 강조합니다.[26] 기도는 "배타적으로 참된 그리스도인들의 거룩한 일"이라고 강조합니다.[27] 기도하는 것처럼 보이지만 참 기도가 아닌 것이 있습니다. 바로 이런 뜻에서, 평생 기도한 바리새인이었던 바울이 참으로

Allison, Jr., *Commentary on Matthew 1-7*, ICC, new series (Edinburgh: T&T Clark, 1988), 680을 보십시오.

[25] N. L. von Zinzendorf, *Reden über die vier Evangelisten*, ed. G. Clements, 3 vols. (Barby: Theological Seminary, 1766-1769), vol. 1: 297, cited in Luz, *Matthew 1-7*, 374, n. 46. 또한 같은 요점을 말하는 G. Van Reenen, *The Heidelberg Catechism Explained for the Humble and Sincere in 52 Sermons*, trans. the Netherlands Reformed Congregations in America (Paterson, NJ: Lont & Overkamp, 1955, reprint, 1979), 551도 보십시오: "성령님의 발견하게 하시는 은혜를 통해서 우리 자신들이 무정하며, 자기-만족적이고, 기도하지 않는 피조물임을 배우게 됩니다. 그렇습니다. 발견케 하시는 은혜를 통해서 우리들은 스스로는 하나님께 접근할 수 없음을 배우게 됩니다." 또한 같은 책의 561, 565, 571, 578f.의 강조도 보십시오.

[26] VanderGroe, *The Christian's Only Comfort in Life and Death*, vol. 2, 422, 424. 또한 중생한 사람만이 기도할 수 있다는 Gerrit Hendrik Kersten, *The Heidelberg Catechism in Fifty-two Sermons* (Dutch edition, 1948; Sioux Center, Iowa: Netherlands Reformed Book and Publishing, 1968), 625f., 632, 657f., 660f. 730; Hoeksema, *The Triple Knowledge*, vol. 3, 453, 457, 476, 498, 513, 532f., 559, 629도 보십시오. 특히 "우리는 구원받았기 때문에 기도합니다"(461)고 하고, "기도하는 하나님의 자녀"라는 말도 하면서 이 점을 강조합니다(623).

[27] VanderGroe, *The Christian's Only Comfort in Life and Death*, vol. 2, 423. 이 책, 440-41에 나타난 그의 강조도 보십시오. 그리고 매 기원에 대해서 적용을 할 때마다(446f., 459, 475f., 490, 502f., 516f.), 가장 먼저 중생하지 않은 불신자에 대해서 이를 언급하여 그들로 하여금 먼저 주께로 돌이키고, 그리하여 참으로 기도할 것을 강하게 요구합니다.

예수님을 만났을 때 "이제 바울은 처음으로 기도한 것이다"고 화란의 케르스튼 목사님께서 말씀하셨습니다.[28]

    영국 위클리프 홀에서 가르쳤던 신약학자 프랑스가 잘 말하듯이, 제대로 된 기도는 이미 예수님을 믿고 "제자가 된 사람들의 기도" 입니다.[29] 그리고 이 제자들은 항상 하나님을 "우리 아버지"라고 부르는 공동체에 속한 사람들입니다.[30] 그러므로 우리들은 우리를 구속하셔서 하나님과 교제하게 하시며, 하나님께 우리의 생각과 소원을 아뢰며 살 수 있게 해주신 것에 대하여 항상 하나님께 감사하면서, 기도로 하나님과 교제해야 합니다.

    (2) 기도는 **오직 삼위일체 하나님께만** 드리는 것입니다.

기도의 대상은 유일하신 하나님이십니다.[31] 〈하이델베르크 요리문답 117문답〉도 "우리는 당신님 자신을 그의 말씀에서 계시하셔서, 모든 것에 대하여 구하라고 하신 한 분, 참 하나님께만 … 기도해야 합니다"라고 단언해서 말합니다. 그러므로 기독교 유신론(Christian theism)이 말하는 삼위일체 하나님만이 우리 기도의 대상입니다.[32]

---

[28] Kersten, *The Heidelberg Catechism*, 730.

[29] France, *Matthew*, 133.

[30] 공동체적 기도에 대한 강조로 John Calvin, *Institutes of the Christian Religion* (1559), LCC edition, edited by John T. McNeill, translated by Ford Lewis Battles (Philadelphia: Westminster, 1960), 3. 20. 38; France, *Matthew*, 133; 그리고 본서의 4장 "우리 아버지" 부분과 14장의 논의도 보십시오.

[31] 이 점을 강조하는 많은 사람들과 함께 특히 John Calvin, *The Acts of the Apostles*, vol. 1, Calvin's New Testament Commentaries, trans. John W. Fraser and W. J. G. McDonald (Edinburgh: Oliver and Boyd, 1965, reprint, Grand Rapids: Eerdmans, 1977), 339를 보십시오.

[32] 그러므로 이전 시대의 대부분의 신자들이 대개 그리하였듯이, 이전에 하이델베르크 요리문답을 강해하신 분들은 그들의 기도의 대상이 여호와요, 그 분이 삼위일체 하나님이심을 전제하며, 매우 자연스럽게 그렇게 부르고 있습니다. Cf. *The Commentary of Dr. Zacharius Ursinus on the Heildelberg Catechism*, trans. G. W. Willard, electronic version (the Synod of Reformed Church

그러므로 우리가 하나님께 기도할 때, 당신님을 계시하신 삼위일체 하나님께 기도한다는 것을 명확히 하면서 기도해야 합니다. 성부하나님께 기도하는 것도 가능하고, 성자 하나님께 기도하는 것도 가능하며, 성령 하나님께 기도하는 것도 가능합니다. 또한 성부 성자 성령 삼위일체 하나님께 기도하는 것은 하나님이 삼위일체 하나님이심을 잘 배운 사람답게 기도하는 좋은 일입니다. 하나님은 항상 삼위일체적 존재(the triune God)로 계시기 때문입니다.[33]

교회는, "성자에게는 기도할 수 없다"고 주장하던 아리우스주의가 이단이라고 선언했습니다. 또한 성부에게만 기도하고 예배하는 소시니안주의자(Socinian)들과 유니테리안(unitarian)도 이단이라고 하였습니다. 우리들은 성부 하나님께 기도하는 것처럼, 성자 하나님께도 기도하는 것이며, 성령 하나님께도 기도합니다. 성부, 성자, 성령 각 위(位)에게 성경에서 그 위(位)에게 돌려진 일들을 언급하면서 기도할 수도 있고, 삼위일체 하나님께 기도할 수도 있습니다. 기도할 때에 많이 언급하는 "아버지 하나님"이라는 말은 하나님께서 우리들의 아버지 되신다는 사실 전체에 대한 언급으로 보아도 좋고, 삼위일체 하나님의 대표로 성부를 언급하는 것으로 보아도 좋습니다. 중요한 것은 결국 삼위일체 하나님께 기도하고, 예배하는 것입니다.

---

in US, 2004), 1098 ("This true God now is the eternal Father, Son and Holy Spirit." 이 말을 한 후에 역시 삼위일체 하나님을 말하는 바실을 인용하고 있습니다.); VanderGroe, *The Christian's Only Comfort in Life and Death*, vol. 2, 422 ("여호와, 삼위일체 하나님"), 438, 451, 474 ("the triune Jehovah"); Thelemann, *An Aid to The Heidelberg Catechism*, 411 ("the triune God"), 418, 423; Kersten, *The Heidelberg Catechism*, 697; Van Reenen, *The Heidelberg Catechism*, 553, 557; Jean Vis, *We Are the Lord's*, 156; 그리고 Hoeksema, *The Triple Knowledge*, vol. 3, 486.

[33] 삼위일체에 대한 바른 이해를 위해서 표준적인 조직신학 교과서들과 함께 다음을 보십시오. 이승구, "존재론적 삼위일체와 경륜적 삼위일체의 관계에 대한 개혁주의적 입장", 『개혁신학탐구』, 개정판 (수원: 합동신학대학원 출판부, 2012), 53-67="The Relationship Between the Ontological Trinity and the Economic Trinity," *Journal of Reformed Theology* 3/1 (2009): 90-107. 삼위일체 하나님에 대한 아주 간단한 이해로는 『진정한 기독교적 위로』, 143-50을 보십시오.

따라서 오늘날 성행(盛行)하는 것처럼³⁴ 그저 **말로만** 삼위일체 하나님을 섬기며 삼위일체 하나님께 기도한다고 하지 말고, **실제로** 성경으로부터 삼위일체 하나님을 잘 배우고, 날마다 삼위일체 하나님과 교제하면서, 삼위일체 하나님께 기도해야 합니다. 이것도 기도의 성숙의 한 측면입니다. 우리들이 섬기는 하나님이 어떤 분이신지를 점점 더 알아가고, 맛보아 가야 합니다. 삼위일체를 말하기는 하지만 삼위일체 하나님에 대한 이해가 별로 없고, 오해만 넘쳐나는 교회는 아주 연약한 교회라고 해야 합니다.

(3) 기도는 **오직 그리스도의 구속의 공로에 의존해서** 주께 아뢰는 것입니다.³⁵

우리는 그리스도께서 이루신 구속의 공로에 근거해서만 하나님께 기도할 수 있습니다.³⁶ 신약 시대에는 이것이 비교적 명확합니다. 주께서 자신의 이름으로 기도하라고 명시적으로 명령하셨기 때문입니다: "지금까지는 너희가 내 이름으로 아무 것도 구하지 아니하였으나, 구하라!³⁷

---

34 18세기와 19세기에는 성경을 잘 믿지 않는 사람들은 삼위일체를 부인하였고, 성경을 그대로 믿는 사람들만이 삼위일체를 강조하였는데, 20세기와 21세기의 신학계는 그야말로 누구나 삼위일체를 강조하기에 여기 "성행(盛行)한다"는 말을 하였습니다. 그러므로 그저 삼위일체를 말하고 강조한다고 해서 그것이 기독교 유신론을 말하는 것이라고 생각하지 말고, 과연 성경과 부합한 삼위일체에 대한 말인가를 잘 생각해야 합니다. 이에 대해서는 이승구, 『개혁신학탐구』, 143-97을 보십시오. 기독교 유신론적인 삼위일체 이해가 중요합니다. 이에 대해서는 Cornelius Van Til, 『개혁주의 신학 서론』 (서울: CLC, 1995), 그리고 강웅산과의 개정역 (서울: 크리스챤, 2009)을 보십시오.

35 내용 상 이 세 번째 요점은 위에 언급할 첫 번째 요점과 같은 것입니다. 그러나 다시 한 번 더 강조하면서, 특히 **우리들은 기도할 때마다 그리스도의 십자가의 공로에 의존하여** 기도해야 한다는 것을 말하기 위해 따로 설명하는 것임을 유의하십시오.

36 바른 신앙을 가진 사람들은 누구나 이렇게 말합니다. 대표적인 한 예로 Calvin, *A Harmony of the Gospels*, vol. 1, 206; VanderGroe, *The Christian's Only Comfort in Life and Death*, vol. 2, 431f.; Thelemann, *An Aid to The Heidelberg Catechism*, 413; Kersten, *The Heidelberg Catechism*, 627, 629f., 638; 그리고 Hoeksema, *The Triple Knowledge*, vol. 3, 472를 보십시오.

그리하면 받으리니, 너희 기쁨이 충만하리라"(요 16:24). 예수님의 이름으로 구한다는 것은 그의 존재에 근거해서 구한다는 것이며, 이는 결국 예수님께서 이루시는 구속 사역에 근거하여 구한다는 것입니다. 〈주께서 가르치신 기도〉에 예수님의 이름이 명시적으로 나타나 있지 않아도 그의 이름과 그의 사역은 이 기도에 이미 다 함의되어 있습니다.38

그러나 예수님의 이름으로 기도한다는 것이 예수님의 이름을 그저 공식처럼 사용하면 된다는 뜻이 아닙니다. 이것은, 레온 모리스가 잘 지적하듯이, "그 이름이 대표하는 모든 것"에 근거해서 구한다는 것이고,39 특히 **"예수님의 대속적 죽음이 모든 상황을 혁명적으로 변화시키는 것"**을 염두에 두고 하는 말입니다. "성자의 존재 전체와 그의 사역에 근거해서 사람들은 성부로부터 선물을 받게 됩니다."40 이렇게 자신의 구속 사역에 근거하여 기도하는 것을 의도하시면서, 주님께서는 또 이렇게도 말씀하셨습니다: "내가 진실로 진실로 너희에게 이르노니, 너희가 무엇이든지 아버지께 구하는 것을 내 이름으로 주시리라(δώσει)"(요 16:23). 또한 성부께서만 기도를 들으시고 응답하시는 것이 아니시기에 이렇게도 말씀하십니다: "너희가 내 이름으로(ἐν τῷ ὀνόματί μου) 무엇을 구하든지 내가 시행하리니(ποιήσω) …… 내 이름으로 무엇이든지 **내게 구하면** 내가 시행하리라"(요 14:13, 14). 이처럼 신약에서는 분명하게 그리스도의 구속 사역에 근거하는 "예수님의 이름으로 하는" 기도를 말합니다.

그런데 엄밀하게 생각해 보면, 구약 시대 하나님 백성의 기도를

---

37 이 현재형을 "지속적인 구함"(keep on asking)으로 이해하는 Leon Morris, *The Gospel According to John*, NICNT (Grand Rapids: Eerdmans, 1971), 708을 보십시오.

38 이 점에 대한 강조로 Hendriksen, *The Gospel of Matthew*, 326을 보십시오.

39 Morris, *The Gospel According to John*, 646, 강조점은 덧붙인 것임.

40 Morris, *The Gospel According to John*, 708.

하나님께서 듣고 응답하신 이유도 결국은 (구약의 관점에서는) 오실 메시아가 장차 이루실 구속 사역에 근거하여 하나님께서 응답하신 것이라고 할 수 있습니다. 구약 백성도 그를 스스로의 힘으로는 도무지 하나님께 나아갈 수 없었고, 하나님께서 마련하시는 구속의 방도에 근거해서만 하나님께 가까이 나아갈 수 있었기 때문입니다. 다른 사람들은 말할 것도 없거니와 이스라엘의 대제사장이라도 자기 자신의 자격으로는 하나님 앞에 나아갈 수 없었습니다. 그가 일 년에 한 차례 대속죄일에 어린양의 피에 의존하여 하나님 앞에 나아가 온 이스라엘을 위해 기도하였는데, 그것도 하나님의 관점에서 보면 결국 어린양이신 예수 그리스도께서 이루실 구속에 근거해서 기도하였다고 할 수밖에 없습니다. 이처럼 이 세상의 참된 기도는 모두 예수 그리스도의 구속의 공로에 의존해서 하나님께 드리는 것입니다.

따라서 기도하는 우리 자신의 지극한 정성이 하나님을 감동케 해서 주께서 들으시는 것이 아니고, 우리가 우리 몸을 희생하면서 기도하므로 하나님을 감동시킬 수 있는 것도 아닙니다. 성경은 이교도들의 기도에 그런 생각이 작용하고 있음을 드러내 주고 있습니다. 예를 들어서, 엘리야에게 맞서서 기도 대결을 하던 바알과 아세라의 선지자들은 바로 그런 의미에서 자신들의 몸을 상해(傷害)하면서 그들의 간구를 바알에게 드렸던 것입니다. 그러나 성경적으로 보면, 우리의 정성과 힘씀과 노력에 근거해서 하나님께서 우리의 기도를 들으신다고 하지 않습니다. 하나님께서는 우리들의 기도를 필요로 하시는 분이 아니십니다.[41] 하나님께서 우리의 기도를 들으시는 **유일한 근거는 예수 그리스도께서 십자가에서 이루신 속죄의 공로뿐**입니다.

---

[41] 이 점에 대한 비슷한 강조로 DeYoung, 『왜 우리는 하이델베르크 요리문답을 사랑하는가?』, 384를 보십시오.

(4) 기도는 주께서 우리 상황을 모르시기에 **우리의 정황을 아뢰는 것이 아닙니다.**

기도는 하나님께 드리는 정황 보고가 아닙니다. 하나님께서는 "구하기 전에 우리에게 있어야 할 것들을 이미 아시기" 때문입니다(마 6:8). 그러므로 기도를 마치 주께서 무엇을 알지 못하셔서 하나님께 무엇을 아뢰고 보고하는 것으로 생각하면 안 됩니다.42

그렇다면 주께서는 왜 기도하라고 하셨습니까? 여기서 다시 강조해야 할 것은 하나님께서 우리의 기도를 통해서 우리에게 필요한 것을 인식하시고 그것을 내려 주시도록 하기 위해 기도하는 것이 아니라는 점입니다. 오래 전에 제롬도 비슷한 말을 하였습니다. "우리는 하나님께 정보를 드리려고 하는 것이 아니다. 우리는 (그저) 청원하는 것이다."43 그러면 하나님께서는 그의 백성된 우리에게 왜 청원하라고 하셨습니까?

(5) 기도는 **하나님 백성된 자들의 하나님과의 교제**입니다.

하나님께서는 당신님께서 구속하신 백성들과 교제하기 원하셔서 우리에게 기도하라고 하셨습니다. 그러므로 기도는 우리가 주님에게서 무엇인가를 얻어내는 것에 그 목적이 있는 것이 아니고, 주님과의 깊은 교제에 그 목적이 있습니다. 프랑스가 잘 표현하는 대로, "기도의 본질은

---

42 이점을 같이 지적하는 Wilkins, *Matthew*, 274도 보십시오. Cf. Calvin, *A Harmony of the Gospels*, vol. 1, 204; 그리고 Hoeksema, *The Triple Knowledge*, vol. 3, 475.

43 Jerome, *Commentary on St. Matthew*, 1. 6. 8, SC 242:128-30, in Williams, ed., *Matthew*, 122: "We are not relating information to God but making a petition."

제자가 그의 아버지와 교제하는"데 있습니다.44 참된 하나님 백성은 영적으로 살아 있으므로 "하나님과의 교제를 추구합니다. 사슴이 시냇물을 찾기에 갈급함 같이(pants after) 하나님을 찾기에 갈급해 합니다(pants after God)."45 "우리는 사랑하는 대상과 항상 이야기를 나누고 싶어" 합니다.46 그러므로, 쟌 비스가 잘 표현한 대로, 기도는 "우리의 영혼을 하나님께로 들어 올리는 것입니다."47 기도는 "주의 얼굴을 찾는[추구하는]" 것입니다.48 또는 헤르만 혹세마가 표현한 것처럼, "우리의 존재의 빈 잔들이 그로[하나님으로] 채워지기" 바라며 우리 자신을 올려드리는 것입니다.49

그러므로 우리는 하나님의 백성이요 자녀라는 인식 가운데서, 주께서 원하시는 바를 깨달은 대로 주께 아뢰고, 그것이 과연 주님의 뜻이라는 재가(裁可)를 받고, 그것에 근거하여 주의 백성다운 삶을 살아가야 합니다. 칼빈이 잘 강조하고 있는 바와 같이, 우리가 기도하는 것은 우리 사정을 하나님께 알려 드리기 위한 것이 아니고, (1) 모든 정황에서 "하나님을 추구하도록 스스로 일깨우기 위한" 것이며, (2) "그의 약속들을 묵상함으로써 모든 염려를 그에게 올려 드려" 하나님을

---

44 France, *Matthew*, 132. 또한 Vis, *We Are the Lord's*, 154, 157, 172; 그리고 Wilkins, *Matthew*, 273도 보십시오: "… the intimacy of communion with God in one's heart, which is at the center of all prayer."

45 이 성경적 표현은 Kersten, *The Heidelberg Catechism*, 649에서 온 것입니다.

46 누구나 다 이렇게 말하지만 비슷한 의견의 표시로 DeYoung, 『왜 우리는 하이델베르크 요리문답을 사랑하는가?』, 384를 보십시오.

47 Vis, *We Are the Lord's*, 172: "a lifting of the soul to God." 비슷한 표현으로 Van Reenen, *The Heidelberg Catechism*, 553, 555; 그리고 Hoeksema, *The Triple Knowledge*, vol. 3, 457, 475, 495도 보십시오.
진정으로 그렇게 할 때 우리가 어떤 마음과 태도를 지니는 것인지를 설명하려는 Kersten, *The Heidelberg Catechism*, 640도 보십시오.

48 성경에서 나온 이 개념으로 기도를 표현하는 Kersten, *The Heidelberg Catechism*, 692도 보십시오.

49 Hoeksema, *The Triple Knowledge*, vol. 3, 469, 472.

믿는 믿음을 드러내기(exercise their faith) 위함이고, (3) "마지막으로, 자신들을 위해서나 다른 사람들을 위해서도 모든 선한 것은 오직 그에게서만 기대될 수 있고, 그에게만 구할 수 있다는 것을 증언하기 위해서"입니다.50 이 요점들을 잘 기억해야 합니다.

이렇게 기도를 통해서 우리와 주님 사이의 친밀한 교제가 있게 됩니다. 쉬나켄부르크가 잘 표현한 바와 같이, "기도 가운데서 하나님 아버지와의 연합이 더 친밀하게 됩니다."51 기도의 목적은 하나님과 좀 더 가까워지는 데 있습니다. 우리는 주님을 더 잘 알고, 주님의 뜻을 이루는 일에 진력하기 위해 기도합니다. 다시 말하지만, 우리가 하나님께로부터 무엇인가를 얻어 이 세상에서나 저 세상에서 편히 살아가기 위해 기도하는 것이 아닙니다.

이 땅에 있는 인간인 우리들이 하늘에 계신 하나님(전 5:2)과 날마다 교제를 하며 살 수 있다는 것은 매우 놀라운 일입니다. 그리스도의 십자가와 부활이 이것을 가능하게 했습니다. 하나님의 백성된 우리의 존재 자체가 그런 실재를 표현합니다.

성경의 가르침에 의하면, 삼위일체 하나님께서는 그가 구원하신 하나님의 백성들과 함께 사신다고 했습니다. 우선 성령 하나님께서 우리와 영원토록 함께 하실 것이라고 했습니다(요 14:16). 또한 성자께서

---

50 Calvin, *A Harmony of the Gospels*, vol. 1, 204.

51 Schnackenburg, *The Gospel of Matthew*, 66: "In prayer the bond to the Father grows more intimate." 19살에 법률가가 되었으나 미국의 제 3 차 대각성 운동 기간 동안 회심하여 사역하고, "기도의 사람"으로 알려진 미국 남 감리교회의 이 엠 바운즈(1835-1913)도 같은 점을 제시합니다. E. M. Bounds, *The Complete Works of E. M. Bounds on Prayer* (Grand Rapids: Baker, 1990), 김원주 옮김, 『기도 II』(고양: 크리스챤 다이제스트, 2000), 419: "기도는 하나님께 가까이 가는 가장 크고 포괄적인 방법이다. 기도는 뛰어난 경건을 이룬다. 기도는 하나님과의 친교이며 교제이다."
바운즈는 기도를 강조한 기도의 사람이지만, "기도가 하나님께 영향을 미치며, 하나님으로부터 은총을 확보해낸다"(423)는 생각에서 큰 문제점을 지녔음도 유의해야 합니다. 후에 논의되지만 우리는 열심히 기도해야 하지만 우리의 기도가 공로가 되어 은혜를 얻는 것이 아니며, 우리의 기도가 하나님을 움직이는 것이 아닙니다.

도 **영으로** 우리 안에 계실 것임을 분명히 하면서, "그 날에는 … 너희가 내 안에, 내가 너희 안에 있는 것을 너희가 알리라"(요 14:20)하셨고, "내가 세상 끝 날까지 너희와 항상 함께 있으리라"(마 28:20)고 약속하셨으니, 이것을 참으로 믿어야 합니다. 또한 성부께서도 그 거처를 우리와 함께 하신다고 하셨습니다(요 14:23). 그러므로 구속받은 하나님의 백성인 우리의 존재 자체가 영원하신 삼위일체 **하나님과 함께 사는 신비를 드러냅니다.**

우리 존재에 구현된 이 신비를 의식적(意識的)으로 나타내는 것이 우리가 삼위일체 하나님과 날마다 교제하기 위해 드리는 기도입니다. 먼저, 우리는 날마다 우리의 생각을 주님께 아룁니다. 우리가 하나님께 대해서 깨달은 바와 이 세상의 모든 정황, 특히 우리의 모든 정황에 대해서 성경에 비추어 판단한 바를 아룁니다. 그런데 우리가 구속함을 받은 사람이라면 그저 자기 말만 하는 것이 아니고, 우리가 아뢴 말들을 성경을 통해서 점검받게 됩니다. 그래서 주님께 아뢰다가도 말씀에 근거해서 우리의 생각과 표현을 교정해서 아뢰기도 합니다. 이런 과정이 지속되는 것이 기도입니다. 말씀을 통해 계속적인 교정을 받아 가면서 하나님께 아뢰는 일을 계속하는 것입니다. 그 결과, 우리가 하나님께서 원하시는 모습으로 변하고, 놀랍게도 이 땅 가운데 하나님의 뜻이 실현되는 것을 보게 됩니다.[52] 기도는 "살아 있는 영혼의 사랑의 반응"입니다.[53] 그러므로 참된 기도는 다른 것이 아니라, 바로 "하나님 당신님에 대한 갈망"입니다.[54]

---

[52] 이에 대해서는 이 책의 9장과 10장의 하나님 뜻의 실현 부분을 참조해 보십시오.

[53] 이 아름다운 표현은 Vis, *We Are the Lord's*, 155에서 온 것입니다: "a loving response of a living soul."

[54] 이 갈망을 Hoeksema, *The Triple Knowledge*, vol. 3, 460에서는 "하나님 당신님에 대한 굶주림과 갈증("the hunger and thirst for God Himself")이라고 표현합니다.

기도를 어떻게 드려야 하는가?

그렇다면 우리는 어떻게 기도해야 합니까? 터툴리안(Tertullian= Quintus Septimius Florens Tertullianus, c. 155-c. 240)이 잘 표현한 대로, "**하나님만이** 우리가 그에게 어떻게 구하기를 바라시는지 가르치실 수 있습니다."55 그러므로 하나님의 말씀인 성경이 말하는 바른 기도의 방법에 대해서 생각해 보기로 합시다.

(1) **실제로 기도해야** 합니다. 주께서는 구속받은 백성들에게 기도하라고 명령하셨습니다.56 "구하라, 주실 것이요"(마 7:7); "무시로 성령 안에서 기도하고"(엡 6:18); "쉬지 말고 기도하라… 이는 그리스도 예수 안에서 너희를 향하신 하나님의 뜻이니라"(살전 5:17, 18); "너희 중에 고난당하는 자가 있느냐? 저는 **기도할 것이요**"(약 5:13); "너희 죄를 서로 고하며 병 낫기를 위하여 **서로 기도하라**"(약 5:16); "만물의 마지막이 가까왔으니, 그러므로 너희는 **정신을 차리고 근신하여 기도하라**"(벧전 4:7). 아마 이 말씀을 할 때 베드로는 주께서 생전에 친히 기도하라고 말씀하시던 바를("시험에 들지 않게 깨어 있어 기도하

---

55 Tertullian, *On Prayer*, 9. 1-3, CCSL 1:262-63, Williams, ed., *Matthew*, 140. 강조점은 덧붙인 것임.

56 기도가 명령된 것임에 대한 강조로 〈하이델베르크 요리문답〉 118문답의 질문과 Vis, *We Are the Lord's*, 157; Van Reenen, *The Heidelberg Catechism*, 554을 보십시오. 심지어 Eberhard Busch, *Drawn to Freedom: Christian Faith Today in conversation with the Heidelberg Catechism*, trans. William H. Rader (Grand Rapids: Eerdmans, 2010), 324도 보십시오. 그는 따라서 "기도가 자유의 모든 행위들 가운데서 최고의 형태이면서 동시에 순종의 모든 행위들 가운데 최고의 형태"라고 말합니다(324). 괴팅겐 대학교 교수였고, 지금은 명예 교수로 있는 Eberhard Busch (1937-)의 이 책은 계몽주의를 적극적으로 수용하면서 그 토대 위에서 계몽주의를 극복해 보려는 그의 신학적 성향 때문에 곳곳이 모호하고, 하나님과 우리의 관계에 대한 묘사에서(특히 320, 323, 328-30, 특히 331, 340, 342, 349, 350), 그리고 구원이 범위에 대한 논의에서(335) 그가 나아가는 방향에 대해서 점점 더 "불안"해 집니다. 그러나 기도가 명령된 것이라는 강조(324)와 "문제는 하나님께 있지 않고 우리 편에 있다"(the problem is not on God's side, but on ours.)고 지적한(322) 것은 매우 옳은 것입니다.

라" – 마 26:41, 눅 22:40; 22:46 참조) 깊이 생각하면서 그 때 기도하지 않았던 자신을 책[自責]하면서 더 진지하게 기도할 것을 강조하고 있는지도 모르겠습니다.

또한 구약에서도 "정직한 자의 기도는 그가[여호와께서] 기뻐하시느니라"고 했습니다(잠 15:8). 그러므로 우리는 무엇보다도 시간을 내어서 주님께 기도해야 합니다. 하나님께서는 의인의 기도를 기뻐하시고 "들으시기" 때문입니다(잠 15:29). 그러므로 주님께 기도하지 않는 사람은 주님으로부터 무엇을 얻을 것이라고 전혀 기대할 수 없습니다.

우리는 주님의 명령을 따라서 주께 기도해야 합니다. 이 세상에는 기도하지 않는 사람들이 너무 많습니다. 임마누엘 칸트 같은 사람은 기도를 "미신적 환상"(superstitious illusion)이라고 하면서, 기도는 "선한 삶의 행동에 대한 굳은 결단을 표현하는 것일 뿐"이라고 합니다.[57] 이런 영향으로 교회 밖은 물론이거니와 교회 안에서도 실제로 기도하는 사람들이 점점 사라져 갑니다.[58] 그러나 "기도하지 않는다는 것은 하나님을 믿지 않는다는 사실을 드러내는" 것입니다.[59] 그러므로 우리는 실제로 주님께 기도해야 합니다. 하나님께 기도하되, 그저 형식적으로 기도하는 것이 아니라 "우리의 심령으로부터 기도해야 합니다."[60]

(2) 그러나 위에서 언급했지만, 아무나 기도하면 하나님께서 다

---

[57] Immanuel Kant, *Religion within the Limits of Reason Alone* (New York: Harper & Brothers, 1934), 183: "… nothing but the resolution to good life-conduct."

[58] 그래도 하나님께 열심이 있었던 18세기 화란 개혁파 교회에 대해서 말하면서 VanderGroe 목사님은 기도의 외양은 있을지 몰라도 "기도는 사람들 사이에 낯선 일(a foreign excise)이 되었다"고 말할(*The Christian's Only Comfort in Life and Death*, vol. 2, 421; 또한 20세기 초 상황에서 같은 요점을 말하는 Van Reenen, *The Heidelberg Catechism*, 560, 561) 정도이니, 우리들은 어느 시대에나 항상 실제로 기도하는 일에 힘써야 합니다.

[59] 다들 이점을 말하지만, 특히 DeYoung, 『왜 우리는 하이델베르크 요리문답을 사랑하는가?』, 425를 보십시오.

[60] 〈하이델베르크 요리문답 제 117문답〉 중에서.

들어주시는 것이 아닙니다. **그리스도께서 이루신 구속의 공로에 근거해서** 하나님 백성된 사람들이 하나님의 자녀의 신분으로 하나님께 간구할 때 주께서 응답해 주십니다. 〈하이델베르크 요리문답 제 117문답〉에서도 이렇게 말합니다.

> 비록 우리가 그것을 받을 만하지 못하지만,
> 우리의 주이신 그리스도 때문에
> 하나님께서 분명히 우리의 기도를 들으실 것이라는
> 이 흔들림 없는 기초에 근거해야 합니다.
> 그것이 하나님께서 그의 말씀 가운데서 약속하신 것입니다.[61]

그러므로 우리는 기도할 때에 온전히 그리스도의 구속에만 근거해서, 그리스도의 이름으로 기도해야 합니다.

(3) 기도는 또한 **성령님 안에서** 드려야 합니다. "양자의 영을 받은" 사람들만이 "아바 아버지"라고 부르짖습니다(롬 8:15). 먼저 성령님의 역사하심과 은혜가 있는 것입니다.[62] 그러므로 진정한 기도는 **그리스도의 공로에 근거해서, 성령님 안에서,**[63] **삼위일체 하나님께** 드리는 것입니다. 성령님께서 모든 것을 가르치시므로(요 14:26), 우리는 성령님의 가르치심 안에서 하나님의 뜻을 바르게 깨닫고 주께 간구하게 됩니다.

(4) 우리는 기도할 때 **하나님의 뜻을 구해야** 합니다. 어떤 사람

---

61 〈하이델베르크 요리문답 제 117문답〉 중에서.

62 이점에 대한 좋은 강조로 Hoeksema, *The Triple Knowledge*, vol. 3, 462; Kersten, *The Heidelberg Catechism*, 632, 634를 보십시오.

63 그러므로 진정한 기도는 "주께서 명령하신 것이기도 하지만 주께서 친히 행하시는 것이고 그로 말미암아 주님께 당신님을 영화롭게 하시는" 것이라는 점에 대한 강조로 Kersten, *The Heidelberg Catechism*, 630도 보십시오.

들이 잘못 강조하듯이 믿는 사람들이 아무 것이나 구하면 주시는 것이 아닙니다. 기도는 하나님의 뜻을 바꾸는 수단이 아닙니다.64 기도는 우리의 뜻을 하나님께 강요하는 것이 아닙니다. 오히려 기도는 하나님의 뜻을 구하는 것입니다. 기도는 우리의 뜻을 이루는 수단이 아니고, 오직 하나님의 뜻이 이루어지기를 겸손히 청원하는 것입니다. 그러므로 다음 같이 말하는 메릴 테니의 말은 매우 의미심장합니다.

> [하나님께서는] 그의 성격과 목적과 일치하는 식으로 드려진 기도만 들어주실 것이다. 왜냐하면 기도에서 우리는 우리의 변덕스러운 뜻을 허락해 주시기를 기원하는 것이 아니라, (하나님) 당신님의 뜻을 이루어 주시기를 그에게 구하는 것이기 때문이다.65

이렇게 기도는 하나님의 뜻을 구하는 것이므로, 우리가 성숙해 감에 따라서 우리는 점점 더 바르게 기도할 수 있게 됩니다. 성숙하여 감에 따라서 하나님의 뜻을 더 잘 파악할 수 있기 때문입니다. 그런데 우리가 하나님의 뜻을 잘 알려면, 주께서 이미 그의 뜻을 밝혀 놓으신 성경을 잘 공부해야 합니다. 구하기 전에 먼저 하나님의 말씀을 들어야 합니다.66 그리고 그 "말씀에 근거해서 기도해야" 합니다.67 성경에 나타난

---

64 이 점을 강조하는 대표적인 예로 Hoeksema, *The Triple Knowledge*, vol. 3, 469를 보십시오.

65 Merrill C. Tenney, "The Gospel of John," in *The Expositor's Bible Commentary*, vol. 9 (Grand Rapids: Zondervan, 1981), 146: " … for he would grant only such petitions as could be presented *consistently with his character and purpose*. In prayer we call on him to work out *his purpose*, not simply to gratify our whims." (Emphasis is given). 비슷한 강조로 Hoeksema, *The Triple Knowledge* vol. 3, 465도 보십시오: "Our petitions therefore must, as far as their contents is concerned, be according to the will of God.".

66 거의 모든 사람들이 이점을 강조합니다. 여기서 특히 두 분을 언급해 보기로 하겠습니다. 한 분은 만 명 이상의 고아들을 돌보아 고아의 아버지라고 언급되고, 기도의 사람으로 늘 언급되는 죠지 뮬러(George Müller, 1805-1898)입니다. 그는 기도할 때 먼저 성경을 읽고 오래 묵상한 후 기도하기 시작하였다고 합니다. 이에 대해서는 박윤선 목사님이 여러 번 강조하여 말하였습니다. Cf. 『신약 주석 공동서신』 (초판, 1956, 개정판, 서울: 영음사, 1965, 8쇄, 2006), 73, 298; 『신약 주석 공관복음, 상』 (초

하나님의 뜻을 잘 깨닫고, 그 말씀에 따라 하나님의 뜻을 간구하는 사람들이 참으로 기도하는 사람들입니다.

(5) 우리는 기도할 때 **믿음을 가지고** 하나님의 뜻을 구해야 합니다. 기도는 하나님을 신뢰하는 마음으로 주께 구하는 것입니다. 하나님의 뜻이 이루어질 것임을 굳게 믿으면서 간구해야 합니다. 하나님의 뜻을 구하되 주께서 그것을 이루실지 아닐지 반신반의하면서 구하는 것은 바른 기도가 아닙니다. 야고보는 하나님의 뜻을 구할 때 (특히 그가 말하는 맥락에서는 지혜를 구할 때) "오직 믿음으로 구하고, 조금도 의심하지 말라"고 명령하면서(약 1:6), 그렇게 의심하고 믿음이 없이 구하는 자를 "마치 바람에 밀려 요동하는 바다 물결 같으니, 이런 사람은 무엇이든지 주께 얻기를 생각하지 말라"고 합니다(약 1:6, 7). 그런 사람은 "두 마음을 품어 모든 일에 정함이 없는 자"라고 합니다(약 1:8). 하나님께서 우리가 구하는 것을 주시리라고 하면서도, 그렇지 않을 수도 있다고 두 마음을 품고 있으니, 그것은 마치 이리 저리 바람에 밀려 요동하는 바다 물결 같이 모든 일에 정함이 없다는 것입니다. 칼빈도 "참으로 믿음이 없는 기도는 공허하고 속이는 의식을 행한 것뿐이다"라고 잘 표현했었습니다.[68] 그러므로 주님의 뜻을 구하는 사람은 그것에 대해서는 주께서 반드시 이루실 것임을 믿고 간구해야 합니다.[69]

이 때 필요한 것이 인내입니다. 우리는 "항상 기도하고 낙망하지 말아야" 합니다(눅 18:1). 이 말에는 기도하는 일이 **우리가 기대하는 그 시간에** 이루어지지 않을 수도 있다는 것이 함의되어 있습니다. 그래

판 1953, 개정판, 서울: 영음사, 1964, 26쇄, 2005), 229. 또 Eberhard Busch, *Drawn to Freedom*, 322의 다음 말을 보십시오: "기도에서 본질적인 것은 … **먼저 우리에게 말씀하신 바로 그 분에게 향하는 것이다.**"(강조점은 덧붙인 것임).

[67] DeYoung, 『왜 우리는 하이델베르크 요리문답을 사랑하는가?』, 387.

[68] Calvin, *A Harmony of the Gospels*, vol. 1, 229.

[69] 이점은 다들 강조하지만 또한 Hoeksema, *The Triple Knowledge*, vol. 3, 472f.도 보십시오.

서 우리가 끝까지 인내하지 않으면 우리를 낙망하도록 하는 그런 상황이 있을 수도 있음을 잊어서는 안 됩니다. 그런 상황 가운데서도 우리는 "항상 기도하고, 낙망하지 말아야" 합니다. 우리는 믿음을 가지고 **주님의 뜻의 성취를 위해** "밤낮 부르짖는" 사람들이 되어야 합니다.[70] 그렇게 기도할 때 하나님 백성들은 결국 기쁨을 얻게 됩니다. 그러므로 "그들의 기쁨이 온전하게 되기 위해서 그들은 기도해야만 합니다."[71] 기도하지 않는 것은 결국 '참된 기쁨에 참여함'에서 스스로를 배제시키려는 행위와 비슷한 것입니다.

(6) 이와 같은 조건만 만족되면, 어떤 형태의 기도든지 주님과 교제하는 것입니다. 그런 의미에서 **(a) 그리스도의 구속에 근거해서, (b) 성령님 안에서, (c) 삼위일체 하나님께, (d) 하나님의 뜻이 이루어지도록 기도하는 것**이라면, 기도에는 어떤 고정된 형태가 있지 않습니다. 여기 언급한 요건만 맞으면, 그것은 참으로 "기독교적 기도"입니다. 어떤 자세로 드려지든지, 어떤 모습으로 드려지든지 이와 같은 요건을 만족시키면 됩니다. 우리들은 기도의 **형태의 다양성**을 말할 수 있습니다. 하나님의 뜻이 이루어지도록 주님 공로에 근거해서 성령님 안에서 드려지는 한, 기도는 **매우 자유스러운 것**입니다. 기도가 꼭 어떤 틀에 맞추어져야 하는 것이 아니라는 말입니다. 단지 우리가 참으로 기도하는 그런 영혼의 태도를 가진다면 "몸도 경건한 태도를 결여할 수 없다"는[72] 말만 유념하면 좋을 것입니다.

(7) 우리는 **항상 기도**하면서, 동시에 **일정한 시간을 내어서 하**

---

[70] 이 점은 이 책의 다음 장, 각주 38-39 부분에서도 다시 강조될 것입니다.

[71] 요한복음 16:24과 관련하여 이점을 지적하는 Morris, *The Gospel According to John*, 708을 보십시오.

[72] Van Reenen, *The Heidelberg Catechism*, 558: "… the reverent attitude of the body will not be lacking."

나님께 기도합니다. 이 두 가지가 다 중요합니다. "쉬지 말고 기도하라"(살전 5:17)는 말씀에는 이런 두 가지 의미가 다 들어 있다고 해야 합니다. 첫째로, 우리는 항상 기도해야 합니다. 오리겐이나 많은 선인들이 말한 바와 같이, "우리의 전체 삶이 끊임없는 기도가 되게 해야" 합니다.[73] 그러나 동시에, 우리는 일정한 시간을 정해서 그 시간에 하나님께 기도해야 합니다. 그러므로 '나는 항상 기도하므로, 따로 기도할 시간을 가질 필요가 없다'고 하는 것과 '나는 정한 기도 시간에 기도하니, 항상 기도할 필요는 없다'고 하는 것은 다 잘못된 것입니다.

항상 기도하는 것과 정한 시간에 기도하는 것, 이 둘은 서로가 서로를 보충합니다. 끊임없이 기도하는 사람이 정한 기도 시간에 기도합니다. 정한 기도 시간에 일정하게 기도하는 사람이 생 전체를 기도의 삶으로 살아 갈 수 있습니다. 이 엠 바운즈가 모세의 기도에 대해서 말하고 있는 다음 말은 이에 적합한 한 예라고 할 수 있습니다.

> 모세는 하나님과 친밀했지만, 친밀하다고 해서 기도할 필요가 사라지지 않았다. 그 친밀함 때문에 오히려 기도의 본질과 필요성을 더욱 명확히 보았을 뿐이고, 더 큰 기도의 의무들을 보고, 더 큰 기도의 결과들을 발견하였을 뿐이다.[74]

참으로 기도하는 사람들의 모습

그렇다면 기도하는 사람들은 이 세상에서 어떤 사람들로 나타나게 됩니

---

[73] Origen, *On Prayer*, 22. 5, GCS 2:349, in Williams, ed., *Matthew*, 128: "let our whole life be a constant prayer in which we say Our Father on heaven…."

[74] Bounds, *The Complete Works of E. M. Bounds on Prayer*, 『기도 II』, 423.

까? 이는 우리가 참으로 기도하는 사람들인지 아닌지를 드러나게 하는 시금석(criteria)과 같은 것입니다. 즉, 다음 같은 모습을 드러내는 사람들이 참으로 기도하는 사람들이라는 말입니다.

(1) 그들은 **하나님의 뜻을 깨닫고, 그것의 구현을 위해 애쓰는 사람들로 나타나게 됩니다**. 진정으로 기도하는 사람들은 자신의 유익을 구하지 아니하고, 자신의 뜻의 성취를 추구하지 아니할 것입니다. 그는 자신과 자신의 가족이나 자신의 나라나 자기 민족만을 위해 사는 사람이 아닐 것입니다. 그는 진정으로 하나님 나라와 그 의를 구하는 사람으로 나타나게 됩니다. 그들은 세월이 지남에 따라서 하나님의 뜻을 더 잘 깨달아 가는 사람이 되고, 성경으로부터 깨달은 하나님의 말씀을 실천하는 사람이 됩니다.[75] 하나님의 뜻에 대해 지혜로우며, 그 뜻을 이루는 일에 용감한 사람들이 됩니다. 바른 실천은 항상 기도에 의존합니다. 그러므로 우리들의 바른 행동이 기도를 쓸데없는(superfluous) 것으로 만든다고 생각하며 말하는 계몽주의자들이나 인본주의자들은 틀린 것입니다. 그리고 참으로 기도하는 사람들은 하나님의 뜻이 다 이루어지기까지 온전히 인내하는 사람으로 나타나게 됩니다.

(2) 따라서, 그들은 세월이 지남에 따라 **하나님의 어떠하심과 같이 점점 더 사랑하는 사람들**이 될 것입니다. 성령님 안에서 그리스도의 공로 가운데서 기도하고 사는 사람들이 어떻게 사랑의 사람이 되지 않겠습니까? 날이 갈수록 그들은 하나님을 사랑하고, 이웃을 사랑하는 사람들이 됩니다. 마찬가지로, 그들은 가장 온유하고 자비하며 용서하는 사람이 됩니다. 한마디로, 그들은 그리스도적인 품성을 잘 드러내는

---

[75] 그렇게 하나님의 뜻을 구하고 행하는 것의 좀 더 구체적인 의미를 위해서는 이 책의 9장과 10장을 보십시오. 기도가 결국 하나님의 뜻의 실현을 위한 것이라는 강조로 특히 다음을 보십시오. Williams, *ACTS*, 212; 이승구, "기도에 대한 정암의 개혁파적 가르침",『21세기 한국 개혁신학의 방향』(서울: CCP, 2018), 특히 156-59, 173-75를 보십시오.

단수(單數)인 "성령의 열매"를 맺는 사람들이 됩니다.76

그러므로 기도하는 그리스도인은 하나님께서 이 세상에 사람을 처음 창조하실 때에 하나님께서 의도하였던 그런 사람으로 드러나게 됩니다. 주께서 우리에게 기도하라고 하신 것도 바로 이것을 위한 것임을 생각해야 합니다. 부디 우리 모두가 이런 의미에서 진정으로 주님께 기도하는 사람이기 원합니다. 참으로 기도해야 합니다!

나가면서

"기도는 성령님의 역사하심으로 이루어지는, 예수 그리스도의 학교에서만 가르쳐진 거룩한 일입니다."77 이 중요한 기도에 대해서 지금까지 공부한 것을 생각하면서, 〈하이델베르크 요리문답 제 116문답〉과 〈제 117문답〉을 다 같이 찬찬히 읽으면서 정리해 보기로 합시다.

> (제 116 문) 그리스도인들은 왜 기도할 필요가 있습니까?
>
> (답) 왜냐하면 기도는 하나님께서 우리에게 요구하시는
> 감사의 가장 중요한 부분이기 때문입니다.
>
> 또한 하나님께서는 이 은사들을 하나님께 구하고,
> 그로 인해 감사하면서, 끊임없이 기도하고,
> 내적으로 신음하는 사람들에게만
> 그의 은혜와 성령을 주시기 대문입니다.

---

76 이에 대해서는 이 강해서 시리즈의 여러 곳, 특히 이 책의 10장 앞부분을 보십시오.

77 Kersten, *The Heidelberg Catechism*, 634: "Prayer is a holy art that is taught only in the school of Jesus Christ, by the working of the Holy Spirit."

(제 117 문) 하나님께서 받으실 만하고 들으시도록 하기 위해서
우리가 어떻게 기도해야 합니까?

(답) 첫째로, 우리는 당신님 자신을 그의 말씀에서 계시하셔서
모든 것에 대하여 구하라고 하신 한 분,
참 하나님께만
우리의 심령으로부터 기도해야만 합니다.

둘째로, 우리는 그 어떤 것도 숨기지 말고,
그의 엄위하신 임재 앞에 우리 자신을 낮추어서
우리의 필요와 비참함을 인정해야만 합니다.

셋째로, 비록 우리가 그것을 받을 만하지 못하지만,
우리의 주이신 그리스도 때문에
하나님께서 분명히 우리의 기도를 들으실 것이라는
이 흔들림 없는 기초에 근거해야 합니다.
그것이 하나님께서 그의 말씀 가운데서 약속하신 것입니다.

제 2 장

기도의 응답과 기도의 과정(1)

본문: 약 4:1-9; 1:5-8; 눅 18:1-8.

기도는 그리스도인이 기독교적 삶을 유지하고 살아가는 일에 있어서 매우 필수적인 일입니다. 주님께서는 주님과 교제하는 기도를 통해서 우리를 그리스도인답게 하시며, 또한 우리로 하여금 그리스도인으로서 바르게 성장해 가도록 하십니다. 그러므로 주님께서 우리의 기도에 대해 어떻게 응답하시며 어떻게 반응하시는지를 잘 아는 것은 우리가 제대로 기도하며, 그 결과로 그리스도인답게 살아가는 일에 큰 도움이 됩니다. 그런데 한국 교회에서는 오랫동안, 그리고 요즈음은 전세계적으로도 우리들이 기도를 하지 않아서 문제이지 그저 기도하기만 하면 모든 기도에 대해 주께서 다 응답해 주신다는 것이 너무 강조되고 있기에,[1] 우리는 무엇보다 먼저 주

---

[1] 그 대표적인 예로 Bruce Wilkinson, *The Prayer of Jabez: Breaking Through to the Blessed Life* (Multnomah Publishers Inc., 2000), 마영례 옮김, 『야베스의 기도』(서울: 디모데, 2001)를 보십시오.

께서 응답하시지 않는 기도가 어떤 것인지에 대해서 생각해 보겠습니다.

주께서 응답하지 아니하시는 기도

이와 관련해서 우리가 먼저 말해야 하는 것이 있습니다. 그것은 기도하지 않으면 우리가 주님으로부터 무엇을 얻을 수 있으리라고 기대할 수 없다는 점입니다. 야고보 사도는 "너희가 얻지 못함은 구하지 아니함이요"(약 4:2 하)라고 아주 분명히 말씀했습니다. 이는 성도들이 해야 하는 기도는 하지 않고, 욕심만 부리고 서로 싸운다는 것을 강하게 지적하는 맥락 가운데서 나온 말입니다.[2] 주님께 기도하지 않는 사람은 주님으로부터 무엇을 얻을 것이라고 전혀 기대하지 말아야 합니다. 아주 아이로니컬한 상황의 하나는 기도에 대해서 많이 이야기하고 강조하면서 기도하지 않는 일이 있을 수 있고, 또 실제로 그런 일이 많이 있다는 것입니다. 그러므로 기도에 대해서 말하거나 강조하면서 우리는 무엇보다 먼저 **기도하는 일 자체의 중요성**을[3] 강조해야 합니다. 이 점은 아무리 강조해도 지나치지 않습니다.

그러나 우리가 그저 열심히 기도하기만 하면 됩니까? 여기서 우리는 지난번에 생각한 것들을 상기해 볼 필요가 있습니다. (1) 우리가 **하나님의 자녀가 아니면, 주께서는 그의 기도를 듣지 아니하십니다.** 즉, **그리스도의 구속에 근거하여 그에 의존해서 기도하지 않는** 것은 기도가 아닙니다(cf. 요 15:7; 요 14:13f.; 15:16; 16: 23-26). (2) 그리스도께

---

[2] 이 점에 대한 좋은 시사로 Donald W. Burdick, "James," in *The Expository Bible Commentary*, vol. 12 (Grand Rapids: Zondervan, 1981), 193을 보십시오.

[3] Michael J. Wilkins, *Matthew*, NIV Application Commentary (Grand Rapids: Zondervan, 2004), 274: "Though God already knows, we *should not hesitate to ask*."(강조점은 덧붙인 것임).

의존해서 **삼위일체 하나님께 드리는** 기도가 아니면, 주께서 듣지 않으십니다. (3) 우리는 **주님과 교제하는 그것만을 목적으로 해서 기도해야** 합니다. 다른 것을 목적으로 하여 기도하는 것은 하나님께 드리는 기도가 아닙니다. 그러므로 그런 기도에 대해서는 주께서 응답하지 않습니다.

그러나 그런 위치에서 우리가 주께 기도하면 주님께서는 우리의 기도를 다 듣고 응답해 주십니까? 성경적으로 대답하자면, 분명히 아닙니다.[4] 그러므로 먼저 주님께서 응답하지 아니하시는 경우에 대해서 생각해 보자고 합니다.

1. 정욕으로 쓰려고 잘못 구하는 경우와 마음에 죄를 품고 기도하는 경우

첫째로, 만일에 우리가 "정욕으로 쓰려고 '잘못'(κακῶς, corruptly) 구하면 하나님께서 그 기도를 듣지 아니하십니다"(약 4:3).[5] 어떤 일을 잘못된 **정욕**(ἡδονή)을 위해 하려고 하는 것은 결국 이룰 수 없는 것이 됩니다. 십자가 구속의 적용함을 얻고서 그리스도인이 된 것은 "다시 사람의 정욕을 좇지 않고, 오직 하나님의 뜻을 좇아 육체의 남은 때를 살게 하려 함"입니다(벧전 4:2). 구속함을 받은 그리스도인은 이제 원칙상(in principle) "육체를 따라"(κατὰ σάρκα) 사는 사람이 아닙니다.

---

[4] 그렇지 않음을 강하게 진술한 예로 Sopie Laws, *A Commentary on the Epistle of James* (New York: Harper and Row, 1980; reprinted, Peabody, Mass.: Hendrickson, 1987), 173을 보십시오: "그것은 우리가 간구하는 모든 간구가 다 이루어진다는 것을 의미하는 것은 아니다." 또한 56도 보십시오.

[5] 이는 앞서 말한 기도하지 않는 것과 다른 경우를 말하는 것임이 분명합니다. 자연스러운 해석이 항상 정당한 것입니다. 그런 의미에서 구하지 않는 자와 정욕으로 쓰려고 잘못 구하는 것을 동일시하려는 랄프 마틴의 해석은(Ralph P. Martin, *James*, Word Biblical Commentary 48 [Waco, Texas: Word Books, 1988], 147)은 좀 의아스러운 것입니다.

그는 이제 "성령을 좇아"(κατὰ πνεῦμα) 사는 사람입니다.6 따라서 그는 더 이상 "육체를 따라" 생각하거나, "육체를 따라" 욕심을 내거나, "육체를 따라" 행동해서는 안 됩니다.

무엇이 과연 육체를 따라 생각하고, 욕망하고, 의도하는 것입니까? 가장 현저한 것으로 "이기적 동기"(selfish motives)를 따르는 것,7 "자기 자신의 욕망만을 만족시키려는 것"을8 생각하면 됩니다. 즉, 그 기도의 동기와 결과가 "다른 사람들을 돕고, 하나님을 기쁘시게 하기 위한 것이 아닐 때"를 생각하면 됩니다.9 그런 것이 가장 쉽게 우리의 마음에 와 닿을 것이고, 그것은 우리가 가장 현저하고도 일반적으로 가지고 있는 문제이기도 합니다. 기도할 때 이처럼 순전히 이기적 동기에서 구하는 것은 "잘못"(κακῶς) 구하는 것이고, 그런 사람은 무엇을 주께로부터 받으리라고 기대도 하지 말라고 야고보는 아주 강하게 이야기합니다. 우리들의 대부분의 기도가 이런 것에 해당한다면 우리는 매우 심각하게 왜곡된 신앙생활을 하는 것입니다.

그런데 "육체를 따르는"(κατὰ σάρκα)이라는 말은 그것보다 훨씬 폭 넓은 것을 지칭합니다. 성경에서는 우리의 존재 전체가 성령을 좇아 하지 아니하는 것을 모두 다 "육체를 따라 한다"고 말하고 있습니다.10 이를 달리 표현하자면, 우리가 마음에 죄악을 품으면 주께서 들

---

6 이는 "성령 안에서 산다"는 말이나 "성령으로 산다" "성령으로 행한다"는 말과 거의 동의어로 생각될 수 있습니다. 이들 연관된 어귀들의 의미에 대한 좋은 설명으로 Herman Ridderbos, *Paul: An Outline of His Theology* (1966), trans. John Richard De Witt (Grand Rapids: Eerdmans, 1975), 222-23; Donald Guthrie, *New Testament Theology* (Leicester: IVP, 1981), 558-62; 그리고 G. E. Ladd, *A Theology of The New Testament*, Revised Edition (Grand Rapids: Eerdmans, 1993), 561-63을 보십시오.

7 이런 이해의 가장 대표적인 예로 Douglas J. Moo, *James*, Tyndale New Testament Commentaries (Grand Rapids: Eerdmans, 1985), 142를 보십시오.

8 Martin Dibelius, *James* (1964), Hermenia, Revised by Heinrich Greeven, trans. Michael A. Williams (Philadelphia: Fortress Press, 1975), 219.

9 Cf. Martin, *James*, 147; 그리고 Burdick, "James," 193.

지 아니하십니다. 시편에서는 아주 강하게 말합니다: "내가 내 마음에 죄악을 품으면 주께서 듣지 아니하시리라"(시 66:18). 죄악을 품은 마음을 가지고 있으면서도 무엇인가를 열심히 구하면 주께서 들으시리라고 생각하는 것은 엄밀히 따지면 결국 거룩하시고 엄위하신 하나님을 무시하는 일입니다. 이 점만 유념해도 우리는 엉터리 같은 기도를 하지 않게 되고, 기도에 대해 잘못된 관념과 습관에서 벗어날 수 있습니다.

성도들이 죄악 속에 있으면서 하나님께 기도로 자신들의 소원을 아뢸 때 주님께서는 어떤 반응을 보이시는지 생각해 보십시오. 과거에 하나님께서는 이렇게 반응하신 일이 있었습니다. "너희가 손을 펼 때에 내가 눈을 가리우고, 너희가 많이 기도할지라도 내가 듣지 아니하리라" (사 1:15).[11] 이와 같이 하나님께서는 우리에게 죄악이 있을 때는 기도하는 것 자체가 아무런 효력을 발휘하지 못한다고 분명히 천명하셨습니다. 기도 그 자체가 어떤 요술 방망이나 마술봉(magic wand)이 아닙니다.[12]

그런 상황에서 유효한 기도는 오직 우리의 죄악을 고백하며 그리스도의 속죄에 근거해서 회개하는 기도뿐입니다. (여기에 이상한 논리를 적용해서, 이런 상황에서는 회개 기도도 효력을 발휘하지 못하는 것이 아니냐고 반문하지 마시기 바랍니다. 일상 언어로 기록된 성경에 대한 해석은 자연스러운 맥락을 따라 해야 합니다.) 그렇게 회개하면 그리스도의 속죄에 근거해서 (그 사실을 미리 바라보면서 하나님께서 이사야를 통해 미리 선언해 주셨던 대로) "(우리) 죄가 주홍 같을지라

---

[10] 이에 대해서는 역시 갈라디아서 5:16-26의 가르침을 유의해야 할 것입니다.

[11] 이 구절과 관련된 여러 문제에 대한 이해를 위해서는 이승구, "이사야 1:10-15 석의: 종교의 내적 본질과 외적 표현의 상관성", 『개혁신학에의 한 탐구』(서울: 웨스트민스터 출판부, 1995), 15-25를 보십시오.

[12] 같은 점을 지적하고 있는 Kevin DeYoung, *The Good News We Almost Forgot* (Chicago: Moody Publishers, 2010), 신지철 옮김, 『왜 우리는 하이델베르크 요리문답을 사랑하는가?』 (서울: 부흥과 개혁사, 2012), 386을 보십시오.

도 눈과 같이 희어질 것이요, 진홍 같이 붉은 지라도 양털 같이"(사 1:18) 됩니다. 애통하며 "감히 눈을 들어 하늘을 우러러보지도 못하고 다만 가슴을 치며 '하나님이여 불쌍히 여기시옵소서! 나는 죄인이로소이다'"라고 고백하던 세리는 의롭다하심을 받고 집에 내려갔다고 하셨습니다(눅 18:13, 14). 회개하면 **그리스도의 구속에 근거하여**, "그 회개에 대한 응답으로 그들의 죄를 용서"하십니다.[13] 그러므로 논리적으로 모든 기도는 사실 죄 용서를 위한 간구로부터 시작해야 합니다.[14]

성도가 죄 가운데 있으면 주님께서 그 기도를 듣지 않으신다는 것을 잘 보여 주는 예가 베드로전서 3:7-8의 말씀에 소개되고 있습니다:

> 남편된 자들아 이와 같이 **지식(말씀)**을 따라 너희 아내와 동거하고, 저는 더 연약한 그릇이요 또 생명의 은혜를 유업으로 함께 받을 자로 알아 **귀히 여기라**. 이는 너희 기도가 막히지 아니하게 하려 함이니라.

이 말씀에서 우리는 하나님의 말씀의 진리를 따라서 가정생활을 제대로 해야 한다고 가르침 받습니다. (이 경우에 있어서는, 남편들[οἱ ἄνδες]을 중심으로 말하여) 아내와 동거하는 일에 있어서도 말씀의 진리에 대한 풍성한 내용의[15] "지식을 따라"(κατὰ γνῶσιν) "동거하고"(συνοικοῦντες), 아내를 "더 연약한 그릇으로"(ὡς ἀσθενεστέρῳ σκεύει) 알며, 또 "생명

---

[13] Cf. John Calvin, *Commentary on the Book of Psalms*, vol. II, trans. James Anderson (Edinburgh: Calvin Translation Society, 1846: reprinted, Grand Rapids: Baker, 1993), 477f.

[14] 이 점을 강조한 좋은 예로 John Calvin, *A Harmony of the Gospels: Matthew, Mark, and Luke*, Calvin's New Testament Commentaries, vol. 1 (Edinburgh: The Saint Andrews Press, 1972, reprint, Grand Rapids: Eerdmans, 1978), 211을 보십시오.

[15] 이 점에 대해서는 Wayne Grudem, *1 Peter*, Tyndale New Testament Commentaries (Leicester: IVP and Grand Rapids: Eerdmans, 1988), 143과 그가 인용하고 있는 James Dobson, *Man to Man About Women* (Eastbourne: King's Way, 1976)을 보십시오.

의 은혜" 또는 "생명이라는 은혜"(χάριτος ζωῆς)를 "유업으로 함께 받을 자"(συγκληρονόμοις, joint heirs)로 알아 귀히 여겨야("영예를 주어야", ἀπονέμοντες τιμὴν) 한다는 것입니다. 이는 부부의 동등한 지위와 동등한 중요성에 대한 시사와 강조를 포함하고 있는 가르침입니다.

그런데 만일이 남편이 그렇게 하지 않는다면, 그의 기도가 막히게 된다(ἐγκόπτω ⇒ ἐγκόπτεσθαι, hindered)고 합니다. 그러므로 이것은, 그루뎀이 잘 표현한 바와 같이, "그 어떤 남편도 아내를 존귀하게 여기며 이해하는 방식으로 아내와 살지 아니하면, 효과적인 기도생활을 할 수 없다"는 뜻입니다.16

또한 그 앞부분에서는 아내들이 어떻게 하는 것이 주 안에서 가정생활을 하는 것인지를 잘 제시해 주고 있습니다(벧전 3:1-6). 그러므로 주님께서 가르치신 원칙에 따라 가정생활을 해야 기도도 제대로 할 수 있지, 그것을 제대로 감당하지 않으면, 즉 "죄 가운데 있으면" 기도가 막힌다고 하십니다. 람제이 마이클스가 잘 표현하고 있듯이, "믿는 남편과 아내가 서로를 동등하게 존중하지 않는다면, 그들의 기도는 공허한 것이 되고, 그들의 소망은 불확실하게 된다"는 것입니다.17 여기서 우리는 기도에 대한 직접적 가르침 외에도, "혼인 관계를 유지하고 발전시키기 위해 시간을 내는 것이 하나님의 뜻이며, 그것이 하나님 앞에서 하나님을 즐겁게 하는 영적인 활동이라는" 교훈도 간접적으로 받게 됩니다.18

---

16 Grudem, *1 Peter*, 146.

17 J. Ramsey Michaels, *1 Peter*, Word Biblical Commentary 49 (Waco, Texas: Word Books, 1988), 172.

18 인용문은 Grudem, *1 Peter*, 146에서 온 것입니다.

2. 하나님 말씀에 유의하지 아니하는 경우

둘째로, 더 나아가서, 사람이 하나님의 말씀에 유의하지 아니하면 주께서 기도를 듣지 아니하십니다. 사람이 하나님의 말씀에 유의하지 아니하는 것도 죄악의 한 예이기는 하지만, 이는 죄이면서 또한 죄를 양산하는 것이기에 더욱 심각한 문제가 됩니다. 그러므로 이를 따로 떼어 생각하는 것이 매우 유익할 것입니다. 아마도 이 점을 가장 실랄하게 지적하는 말씀은 "사람이 귀를 돌이키고 율법을 듣지 아니하면, 그의 기도도 가증(可憎)하니라"(잠 28:9)는 말씀일 것입니다. 이것은 구약 시대에 하나님의 백성인 이스라엘 백성에게 주신 말씀이므로, 일차적으로는 하나님의 율법과 전혀 상관없이 사는 이방 사람들에게 하는 말이 아닙니다. 이스라엘 백성들은 일단 하나님의 율법을 들을 수 있는 상황 가운데 있습니다. 그럼에도 율법에 마음을 기울이고 그 뜻을 추구하지 아니하고, 그 심령으로 "귀를 돌이켜 율법을 듣지 아니하면," 결국 그의 기도도 가증하다는 것입니다.

'어떻게 그런 사람이 기도하겠는가?'라고 생각할 수 있지만, 소원을 가지고 그것이 이루어지기를 바라는 마음은 하나님을 떠난 사람들에게도 뿌리 깊이 박혀 있기 때문입니다. 예를 들어서, 유성이 떨어지는 것을 보면서 마음의 소원을 빈다든지, 철도 육교 위에서 기차의 꽁무니 부분을 밟고 서서 마음의 소원을 빈다든지, 생일 축하 케이크를 앞에 놓고 소원을 빈다든지, 닭의 wish bone을 찾아서 두 사람이 그것을 잡아 당겨 큰 쪽을 얻게 된 사람이 마음의 소원을 비는 이런 일반화된 우리들의 상황이 그런 면을 잘 보여줍니다. 물론 이 모든 것은 하나님 백성이 아닌 사람들이 무지(無知)한 가운데서 그렇게 하는 것입니다

(그런데 오늘날은 하나님의 백성이라고 하는 사람들도 정신이 없어져서 그런 세상적인 방식에 동화되어 그런 것을 자연스럽게 받아들이는 사람들이 많으니, 이 어찌 통탄할만한 일이 아니겠습니까? 하나님 백성인 우리에게는 더 확실하고 좋은 길이 있는데도 그런 가르침에는 유의하지 않고, 그런 이상한 것들에 밀려가는 그리스도인이 연약한 그리스도인이 아니고 무엇이겠습니까?)

그러므로 외형적으로 은혜의 공동체인 교회와 그 영향력 안에 있으면서도 실질적으로 율법의 가르침과 그 정신, 즉 하나님께서 가르치시려는 본래의 의도에 착념하지 않는다면, 인간의 보편적 기원의 마음을 가지고 기도한다고 해도 그런 식의 기도는 하나님 앞에서 가증(可憎)하다고 선언하시는 것입니다. 왜 그렇습니까? 기도의 본질을 생각하면 대답하기 쉽습니다. 기도는 결국 하나님과 교제하는 것이라고 했습니다. 그런데 하나님께서 주시는 말씀은 들으려고도 하지 않으면서 자기 말만을 하고, 자기 주장만 하는 것은 결국 하나님 보시기에 가증(可憎)한 것입니다. 그것이 어떻게 교제가 될 수 있느냐고 주께서 논박하시는 것입니다. 그러므로 우리가 하나님의 말씀의 가르침을 잘 받으려고 하지 않으면서 기도한다면, 아무리 열심히 기도한다고 해도 그것은 이루어지지 않습니다.

3. 마음이 나뉘어진(즉, 두 마음을 가진) 경우

셋째로, 주님께 기도하면서 우리의 마음이 나뉘어져 있으면 우리는 무엇을 얻으리라고 생각할 수 없습니다. 이런 마음의 상태를 가진 사람을 야고보는 "두 마음을 품은 자"(ἀνὴρ δίψυχος, double-minded man)

라고 말합니다(약 1:8). 아주 독특한 이런 표현은[19] 아마도 악인이 아첨하는 것을 두 마음으로 말한다고 표현하던 시편의 이해와(시 12:2) 하나님만을 전심으로 섬기지 않는 것을 두 마음을 품은 것으로 표현하는 호세아 선지자의 이해(호 10:2)를 반영하면서, 전심으로 여호와를 구하는 자에게 복이 있다고 하시는 말씀이나(시 119:2), 어떤 상황에서든지 주어진 목적만을 생각하며 나아가는 일을 "두 마음[ἐν καρδία δισσῇ]을 품지 아니하고"(וּלֵשֵׁד בְּלֹא־לֵב וָלֵב)라고 표현하던(대상 12:33) 구약의 습관을 따른 것입니다.[20] 성경에서는 이와 같이 "두 마음을 품지 않는 사람," 즉 그 바램(desire)의 단일성(singleness)과 동기의 순수성(purity)이 있는 사람이 온전한 사람이고, 순수한 사람이라고 이해됩니다.[21] 결국 단일한 마음이라는 것은 전적이고 온전한 인격(a whole

---

[19] 이 독특성 때문에 어떤 분은 야고보가 이 용어를 만들어 내었다고 하기도 합니다(J. B. Mayor, *The Epistle of St. James. The Greek Text with Introduction, Notes and Comments* [1897; reprint, Grand Rapids: Zondervan, 1954]). 그러나 이것에 전적으로 동의하는 사람들은 거의 없습니다. 이런 용어는 일반적으로 사용될 수 있기 때문입니다. Cf. Laws, *A Commentary on the Epistle of James*, 61.

[20] 이를 아주 분명한 것으로 언급하는 분으로 James Adamson, *The Epistle of James*, NICNT (Grand Rapids: Eerdmans, 1976), 60을 보십시오. 또한 이를 시사(示唆)하는 분으로 Moo, *James*, 65f.을 보십시오. 또한 이를 언급하면서 다른 자료도 언급하는 Laws, *A Commentary on the Epistle of James*, 58, 60도 보십시오. 그러나 그녀는 야고보는 적어도 이 두 마음의 배후를 빛의 왕자와 어두움의 천사와 같은 우주적 천사적 세력의 활동과 연관시키는 쿰란 문서들(1 QS iii. 20-24)이나 평강의 천사와 벨리알과 연관시키는 유대교 문헌이나(Test. Benj. vi. 1,7), 그리고 후기 기독교 문헌의 두 영이나(Hermas *Mand.* ix. 1-17) 어두운 영(Barna. xx.1)과 연관시키는 일은 없었음을 분명히 하고 있습니다(Laws, *A Commentary on the Epistle of James*, 59).

그러므로 이로부터 몸과 영혼의 이분법이나 "푸슈케"의 복합적 본성을 생각하는 플라톤적 이해나 심지어 "퓨슈케"의 삼분적 성질을 생각하기도 하는 필로(Philo)의 견해와 여기 말하는 "두 마음"을 연관시키는 일은 전혀 쓸데없는 일입니다.

또한 야고보서와 유대교 문서(Tanh 28b, Sir. 1:28), 후기 기독교 문서들(*Hermas, Didache, 1 & 2 Clement*)의 용례를 비교하는 것도 그리 필수적인 것은 아닙니다. 이에 대한 논의들로 다음을 보십시오. E. M. Sidebottom, *James, Jude, 2 Peter*, The New Century Bible Commentary (London: Marshall, Morgan & Scott, 1971; Grand Rapids: Eerdmans, 1982), 11-13; O. J. F. Seitz, "The Relationship of the Shepherd of Hermas to the Epistle of James," *JBL* 63 (1944): 131-40; 그리고 Martin, *James*, 20.

[21] "마음의 순결"(purity of heart)을 이와 같이 단일한 마음으로 이해하고 이를 가장 깊이 있게 분석한 예로 우리는 S. Kierkegaard, *Purity of Heart*, trans. Douglas V. Steere (New York: Harper and Bros., 1948)을 언급할 수 있을 것입니다.

and complete personality)의 표현입니다.22 그런 인격을 가진 사람은 평소에도 하나님만을 절대적으로 의뢰하고, 하나님의 뜻만을 신경 쓰며, 따라서 어려움과 핍박이 와도 흔들리지 않고, 항상성(constancy)과 신앙의 굳음(resolution in faith)을 드러냅니다. 이와는 정반대되는 사람이 "두 마음을 품은 자"로서 그는 항상 이리 저리 밀려 요동합니다.23 그러므로 "두 마음을 품은 사람"을 "하나님께 대한 신앙과 세상 사이에 그 마음이 나뉘어진 자"라고 표현했던 롭스(J. H. Ropes)의 이해는24 적절합니다.

  이 나뉘어진 마음, 즉 두 마음이라는 것을 가장 쉽게 설명해 보면 다음과 같습니다. 주님께 기도하면서 한편으로는 주께서 이루어 주시리라고 생각하면서도, 또 한 편으로는 주께서 과연 이루실까를 의심한다면 그것이 바로 두 마음을 품은 것이 됩니다.25 이루시기를 바라면서 동시에 이루시기를 바라지 않는 것은 더 현저한 경우입니다. 예를 들어서, 어거스틴이 온전히 기독교인이 되기 전에 했다는 그 유명한 기도 – "주여 내게 순결을 허락하소서, 그러나 아직은 아니고요"는26 바로 이와 같이 무엇인가를 구하면서도 아직은 이루지 말아 주시기를 원하는 기도가 됩니다. 또한 어떤 것을 구하면서 주께서 과연 그것을 주

---

22 이런 이해를 표현한 예로 Sidebottom, *James, Jude, 2 Peter*, 28을 보십시오.

23 이런 의미에서 야고보서 1:6-8과 에베소서 4:14, 그리고 고린도전서 3:1-3을 서로 다른 주제를 말하고 있으면서도 요동하고 흔들리는 그리스도인을 어린아이와 같은 이로 묘사하고 있다는 점에서 함께 생각해 볼만한 구절들이라고 할 수 있습니다. 이를 어느 정도 연결시키는 시사를 하는 Martin, *James*, 20을 참조하십시오.

24 J. H. Ropes, *A Critical and Exegetical Commentary on the Epistle of St. James*, ICC. (Edinburgh: T. & T. Clark, 1916), 143.

25 이처럼 야고보서 1:7-8에서 야고보는 그 위에서 말한 하나님께 지혜를 구하는 것에만 한정하여 말하는 것이 아니라, 기도 일반에 다 적용하여 논의하고 있습니다. 이와 비슷한 논의로 Laws, *A Commentary on the Epistle of James*, 58을 참조하십시오.

26 Augustine, *The Confessions of St. Augustine*, 8. 7, trans., F. J. Sheed (New York: Sheed & Ward, 1942), 139 ("Grant me chastity and continence, but not yet.")=성한용 옮김, 『성어거스틴의 고백록』 (서울: 대한 기독교서회, 2003, 17쇄, 2016), 261.

실 수 있으실까를 의심하는 사람도 있을 수 있습니다.27 "이런 사람은 무엇이든지 주께 얻기를 생각하지 말라"고 야고보는 말합니다(약 1:7).28 마음에 의심을 가지고 기도하는 사람은 마치 "바람에 밀려"(ἀνεμιζομένῳ) "요동하는"(ῥιπιζομένῳ)29 "바다 물결"(κλύδων)30 같이 이리 저리로 요동하는 사람입니다.

성경은 이렇게 확신이 없이, 두 마음을 가지고, 즉 '한 마음으로 주께 집중하지 아니하고' 기도하는 것을 금하고 있습니다. 우리는 기도할 때 마음에 의심이 없이 하나님 백성으로서 주께서 아버지로서 왕으로서 그의 자녀와 백성의 기도를 반드시 들어주신다는 확신을 가지고 기도해야 합니다. 의심하는 사람은 결국 (마 21:21과 롬 4:20의 경

---

27 Cf. Ronald A. Ward, "James," in *New Bible Commentary* (Leicester: IVP and Grand Rapids: Eerdmans, 1970), 1224: "The doubter both affirms and denies; he clings to the promise - and is sure it will not be fulfilled"; 그리고 Burdick, "James," 169: "One moment he voices the yes of faith; the next moment it is the no of disbelief."

28 μὴ γὰρ이라는 이 말의 "certainly not"의 의미를 강조하는 Dibelius, *James*, 82를 보십시오.

29 이 분사들의 억양의 리드미칼함과 그것을 갈릴리 등의 물결의 요동과 연관시키는 것은 있을 수 있습니다. Cf. G. H. Rendall, *The Epistle of James and Judaic Christianity* (Cambridge: Cambridge University Press, 1927), 37-38; 이를 긍정적으로 인용하는 다음을 보십시오. Martin, *James*, 19; Adamson, *The Epistle of James*, 58f.; 그리고 D. Y. Haididian, "Palestinian Pictures in the Epistle of James," *Expository Times* LXIII (1951-52): 227-28.
그러나 이로부터 더 나아가 갈릴리 해변셔의 베드로의 경험과 연관시키면서 이는 야고보 편에서 초기 유대 기독교 수립에서 확고한 태도를 보이지 못하고 있던 베드로를 비판하는 것이라고 하는 D. P. Scaer (*James, the Apostle of Faith: A Primary Christological Document for the Persecuted Church* [St. Louis: Concordia, 1983], 43-44)의 생각은 지나친 것이 아닐 수 없습니다. Scaer에 대한 같은 평가로 Martin, *James*, 19를 보십시오. Laws는 이를 갈릴리 호수의 갑작스러운 광풍 대작을 시사하는 것이라는 견해조차 너무 지나친 것이라고 일축합니다(Laws, *A Commentary on the Epistle of James*, 57: "is distinctly far-fetched").
그러면서 로스(Laws) 자신은 이 두 분사가- 사실은 동의어이고, 이 중 첫 단어는 야고보가 조어한 것일 수도 있다고 주장합니다(57). 그러나 야고보가 조어했다는 주장은 이미 J. B. Mayor (1897)가 주장했던 바입니다. 이런 견해를 이미 디벨리우스가 논박하면서(Dibelius, *James*, 81, n. 56), 이 두 분사의 의미가 거의 같다고 했습니다(Dibelius, *James*, 81).

30 이는 "파도"(wave)를 뜻하기보다는 바람에 의해 동요되는 정함이 없는 바다 위의 표면 (billowing, surging)을 뜻하는 것입니다. Cf. Dibelius, *James*, 82; F. J. A. Hort, *The Epistle of St. James* (London: Macmillan, 1909), 10-11; 그리고 Moo, *James*, 64f. 폭풍 개념을 절대적으로 배제하는 것은 아니지만 꼭 그렇게 볼 필요는 없습니다. Cf. Laws, *A Commentary on the Epistle of James*, 7.

우와 같이) 하나님의 성품을 의문시하는 것이고, 따라서 이는 하나님의 풍성함에 접근하기 어려운 태도를 가지는 것입니다.31 기도하는 사람은 항상 온 마음을 들여서 전심으로 기도해야 합니다.

그러나 이것은 그저 **자신이 원하는 것을** 확신을 가지고 구하라는 뜻이 아닙니다. 왜냐하면 그렇게 하는 것은 상당히 많은 경우에 마음에·욕심을 품고 구하는 것이기 때문입니다. 응답 받지 못하는 기도는 결국 하나님에게 문제가 있는 것이 아니라, 구하는 사람인 우리에게 문제가 있어서 응답 받지 못하는 것입니다.32 그러나 이것을 하나님 앞에서 우리가 의로워야만 주께서 기도를 들으신다는 공로주의적 기도관으로33 오해해서는 안 됩니다. 앞서 이야기했지만 주님께서 우리의 기도에 응답하시는 유일의 근거는 십자가의 구속에 있기 때문입니다. 또한 죄 있는 자도 회개로 기도를 시작하면서 기도드릴 수 있기 때문입니다.

주께서 응답하지 아니하시는 경우들에 비추어 본 기도의 바른 모습: "하나님과 교제하면서 하나님의 뜻을 구하는 것"

그러므로 마음속에 전혀 의심을 하지 않고 전혀 요동함이 없이 확신을 가지고 구하기 위해서는 **주께서 그의 말씀 가운데서 가르치신 하나님의**

---

31 이 점에 대한 좋은 지적으로 Martin, *James*, 19를 보십시오.
32 거의 모든 주석가들이 이 점을 지적하지만 이를 특히 강조하는 Laws, *A Commentary on the Epistle of James*, 56을 보십시오.
33 야고보서의 가르침이 이런 유대주의적 기도관이나 플라톤주의적 기도관을 따르는 것으로 동일시하며 잘못 진술한 예로 Sidebottom, *James, Jude, 2 Peter*, 52를 보십시오.
물론 속사도 시대의 글에는 이미 이런 공로주의적 기도관이 현저하게 나타나고 있습니다. 예를 들어서, 금식하며 자기를 낮추는 것이 기도를 효과 있게 한다는 생각이 *Hermas* (*Vision* 3.10.6)에 나타나고 있으며, 모든 헛된 것으로부터 우리의 마음을 정결케 해야 한다는 조건이 *Hermas* (*Mand.* 9.4)에 나타나고 있습니다(Dibelius, *James*, 219, 80f. 참조).

뜻을 구해야 합니다. 그것도 그것을 구하는 기본적인 동기가 나 자신의 욕심에 근거한 것이 아니며, 우리의 존재와 정서와 의지와 지식 활동이 죄 가운데 있지 않아야 합니다. 그러므로 정상적인 성도가 주님의 가르치심에 근거해서 깨달은 주님의 뜻을, 성령님 안에서 형성된 가장 정상적인 마음 가운데서 주께 구할 때, 우리는 조금도 의심하지 않고 구할 수 있습니다. 왜냐하면 그 때에는 그것이 주님의 뜻인지 아닌지를 조금도 의심하지 않고 구할 수 있기 때문입니다. 그 때에는 **"그의 뜻대로"**(κατὰ τὸ θέλημα αὐτοῦ) **"무엇을 구하면** 들으신다"는 것을 "담대함"(ἡ παρρησία)을 가지고 주장할 수 있습니다(요일 5:14). 바로 그것이 "믿음으로"(ἐν πίστει) 구하는 것입니다(약 1:6). 기도는 결국 무엇을 구하느냐에 의해서 보다는 (하나님의 뜻을 구하는 한, 구하는 내용에는 제한이 없으므로) 과연 어떻게 구하느냐에 의해서 제한 받게 됩니다.34 야고보는 신앙은 기도의 본질적 조건이라고 가르칩니다.35

그러므로 믿음으로 구한다는 것은 아주 허황된 것들을 하나님께서 반드시 이루시리라고 믿고 구하는 것이 아닙니다. 또한 믿음의 기도는 그저 내가 바라는 것을 주께서 반드시 이루시리라고 생각하면서 구하는 것도 아닙니다. 믿음의 기도는 적극적인 사고 방식(positive thinking)도 아닙니다. 이런 의미에서 존 스토트 목사님의 다음과 같은 말씀은 전적으로 타당합니다:

> 기도는 우리의 의지를 하나님께 강요하는 편리한 방안도 아니고, 하나님

---

34 이 점에 대한 좋은 논의로 Moo, *James*, 64를 보십시오: "God's meeting our requests, while not limited arbitrarily to a select number (he gives 'to all', v.5), *is* limited by the manner in which we ask."

35 Cf. Adamson, *The Epistle of James*, 57. 그래서 야고보서를 많이 무시한 루터도 약 1:6을 "이 서신의 최고의 구절 중의 하나"(*optimus unus locus huius epistolae*)라고 했다고 합니다 (Adamson, *The Epistle of James*, 57, n. 35에서 재인용).

의 뜻을 우리의 뜻에 맞도록 휘게 하는 것도 아니다. 오히려 **기도는 우리의 의지를 하나님의 뜻에 종속시키는 규정된 방식이다.** 기도로 우리는 하나님의 뜻을 찾고, 하나님의 뜻을 받아들이고, 하나님의 뜻에 우리 자신을 맞춘다.36

또한 스몰리의 비슷한 주장도 보십시오:

참으로 기독교적인 모든 기도의 근본적 성격은 기도하는 사람의 의지가 하나님의 뜻과 일치해야만 한다는 것이다. 기도는 전쟁이 아니고 반응이다; 기도의 능력은 **하나님의 뜻을 자신에게로 끌어내리는 데 있는 것이 아니고, 우리의 의지를 하나님께로 올려 드리는 데에 있다.**37

또한 좀 다른 강조점을 지녔으나 같은 점을 지적하는 하워드 마샬 교수의 말도 들어보십시오: "하나님께서 원하시는 것을 우리가 원하기를 배울 때, 우리는 우리의 간구에 대한 그의 응답을 받는 기쁨을 가지게 된다."38

결국 믿음의 기도는 (1) 성경에서 가르침 받은 하나님의 뜻을, (2) 성령님께 의존하는 정순한 마음으로, (3) 주님께서 이루시리라는 확신을 가지고 주님께 기도하는 것입니다. 하나님의 뜻은 이 땅에서나 오는 세상의 극치에서라도 반드시 이루어지라란 것을 믿고 기도하는 것입니다.

그러나 이런 믿음의 기도는 때로는 인내를, 그것도 아주 오랜 인내를 필요로 하는 경우도 있습니다. 누가복음 18장에 나타나는 기도

---

36 John R. W. Stott, *The Letters of John*, Revised Edition, Tyndale New Testament Commentaries (Leicester: IVP and Grand Rapids: Eerdmans, 1988), 188. 강조점은 필자가 부가한 것임.

37 Stephen S. Smalley, *1, 2, 3 John*, Word Biblical Commentary 51 (Waco, Texas: Word Books, 1984), 295. 강조점은 덧붙인 것임.

38 I. Howard Marshall, *The Epistles of John*, NICNT (Grand Rapids: Eerdmans, 1978), 245.

에 대한 비유는 "항상 기도하고 낙망치 말아야 될 것" 가르쳐주고 있습니다(눅 18:1). 이 가르침의 의도를 생각하지 않고 그 비유를 해석하면 결국 무조건 하나님께 강청(强請)하며 졸라대는 것이 중요하고, 그것이 어떤 열매를 낼 것이라고 잘못 생각하게 될 수 있습니다. 그러나 본문은 결국 우리가 기도하는 것이 이루어지지 않는 듯한 상황이 있을 수도 있음을 말하면서, 그런 상황 가운데서라도 우리는 항상 기도하고 낙망하지 말아야 한다고 가르치는 것입니다. 우리는 그런 상황 속에서도 조금도 의심하지 말고 주께서 "그 밤낮 부르짖는 택하신 자들의 원한을 풀어주지 아니하시겠느냐"(눅 18:7)고 말씀하신 그 의미를 잘 알아서 인내하면서, 낙망하지 아니하고 주께 기도해야 합니다.

주님께서는 반드시 당신님의 뜻을 이루십니다. 그리고 그 일에 우리들을, 심지어 우리가 간구하는 기도도 도구로 사용하십니다. 그러므로 우리가 보기에 낙망할만한 상황 가운데서라도 주님의 뜻을 바르게 구하고 있는 것이라면 우리는 확신을 가지고 기도하기를 그치지 말아야 합니다.

그런 기도의 가장 대표적인 예가 "나라가 임하옵시며"라는 기도입니다. 예수님께서 제자들에게 그렇게 기도하라고 가르치신 〈주께서 가르치신 기도〉의 한 부분인 이 나라의 임함에 대한 기도는 그 나라가 임하는 것이 하나님의 뜻임을 분명히 합니다. 주님께서 가르치신 가장 주요한 교훈이 바로 하나님 나라의 임함에 대한 것이고, 또한 주께서 친히 "나라가 임하옵시며"라고 기도하도록 가르치셨습니다. 그러므로 이것보다 더 확실한 하나님의 뜻은 없다고 할 수 있을 정도입니다. 그러므로 하나님의 백성들이 "나라가 임하옵시며"라고 기도할 때 그들이 주님의 뜻은 반드시 이루어진다는 확신을 가지고, 이 일을 이루시는 하나님에 대한 신뢰를 조금도 흐트러뜨리지 말고 기도해야 합니다. 주께서 이런 가르침을 주시고 이렇게 기도하라고 하신 뒤로 2,000년이 지 났어도 그 나라의 극치의 임함은 아직도 이루어지지 않았습니다. 그런 상황에서도 우리는 조금도 낙망하지 말고, "요동하지 않는 신앙의 항상 성"(the constancy of unwavering faith)을[39] 가지고 하나님의 뜻은 반드시 이루어질 것임을 믿으면서 지금도 "나라가 임하옵시며"라고 기도하기를 그치지 말아야 합니다.

바르게 기도하는 사람들이 가져야 할 마음의 자세

그러므로 주께 기도하는 사람들은 무엇보다 먼저 (1) 하나님의 말씀에 근거하여 그리스도의 구속에 의존하는 일이 필요합니다. 그것은 결국 십자가 구속을 믿는 마음으로 회개하는 일로 나타날 것입니다. 십자가에 의존하는 일은 그리스도인의 평생의 특성이요, 매 순간의 특성이지만, 그 일의 출발점은 자신의 존재와 인식과 감정과 행동이 하나님 보시기에 옳지 않은 것임을 받아들이고 인정하는 것으로부터 시작됩니다. 즉, 회개로 시작되는 것입니다. 그러므로 진지하게 기도하려면, 그리스도의 구속의 공로를 믿는 마음으로 회개하는 일부터 시작하면 됩니다. 구체적으로 우리가 깨달은 죄악을 주께 아뢰는 것으로 우리의 기도를 시작할 수 있습니다. (물론 이는 논리적으로 그렇다는 말입니다. 꼭 기도가 회개 기도로 시작되어야만 한다고 고집할 필요는 없습니다. 그러나 논리적으로 우리가 죄악을 품고 있는 한, 주께 기도하는 것이 막히고, 주께서 그 기도를 듣지 아니하며, 하나님과 바른 교제가 이루어지지 않으므로 우리는 논리적으로 회개하는 일이 가장 먼저 와야 한다고 말하는 것일 뿐입

---

[39] Burdick, "James," 169.

니다. 이를 시간적인 순서로 너무 고착화하거나 율법화하지 않도록 해야 합니다.) 나의 존재가 하나님의 뜻에서 벗어나 있는 것은 아닌가, 나의 인생의 추구라는 것이 과연 주님의 뜻을 따라가고 있는 것인가? 내가 부패한 인간성인 육체를 좇아 이것을 구하는 것은 아닌가 하는 것을 주께 내어 놓고 회개하는 일이 가장 선결적입니다.

(2) 둘째로, 주님의 뜻을 부지런히 추구해야 합니다. 하나님의 뜻을 찾고 추구하지 않으면서 기도하는 것은 결국 기도가 아니기 때문입니다. 초신자들이라도 "나는 하나님의 뜻을 몰라서 구하지 못하겠다"고 핑계해서는 안 됩니다. 그런 상황에는 "나는 아직 주님의 뜻을 잘 모르겠으니, 무엇보다 먼저 제게 하나님의 뜻을 잘 가르쳐 주십시오"라고 기도하는 일로 시작하면 됩니다. 그런 기도를 하는 마음으로 성경을 공부하고, 설교를 듣고 생각하고, 또 기도하고 하는 중에 하나님의 뜻을 조금이라도 깨달았으면 그것을 구하면 됩니다.

어쩌면 초신자들은 그런 일을 제대로 감당하고 있는지도 모르겠습니다. 그러므로 사실 문제는 오랫동안 믿어 왔다고 하는 사람들에게 있을 수 있습니다. 심지어 기도 응답의 경험을 들먹이면서 하나님의 뜻을 추구하기는커녕 자신의 생각과 자신의 욕심을 구하는 경우가 다반사(茶飯事)이기에 이 말을 합니다. 그러므로 우리는 매순간 우리 주님의 겟세마네 동산에서의 기도에서와 같이 "그러나 내 뜻대로 마옵시고 아버지 뜻대로 되기를 원하나이다"라고 기도해야 합니다(cf. 막 14:36). 모든 참된 기도는, 스토트 목사께서 잘 지적하신 것과 같이, "내 뜻대로 마옵시고, 아버지 뜻대로 이루어지이다"는 주제의 변형일 뿐입니다.[40]

그러나 실제 문제는 우리 입으로 그와 같은 말을 한다고 해서

---

[40] Stott, *The Letters of John*, 188. 또한 Marshall, *The Epistles of John*, 244도 보십시오.

다 되는 것이 아니고, (i) 자신의 뜻에 대한 분명한 인식과 그것의 문제점에 대한 파악이 있어야 하고, (ii) 따라서 자신의 뜻(소원)에 대한 포기가 있어야 하며, (iii) 하나님의 뜻을 추구하겠다는 다짐이 있어야 하고, (iv) 하나님의 뜻이 과연 무엇인지, 그 구체적 내용에 대한 추구가 있어야 합니다. 그러므로 기도는 그저 하기만 하면 다 되는 것이 아니고, 결국 하나님의 뜻을 알아 그것을 기원해야 합니다.

우리에게는 하나님의 뜻을 찾아 구하는 일을 매우 어려운 일로 취급하는 못된 습관이 있습니다. 또한 그것을 핑계로 삼아 기도하지 않는 일을 정당화 해보려고 하기도 합니다. 그러나 그것은 어리석은 시도일 뿐입니다. 지금 자신이 바라는 바가 무엇인지를 깊이 생각하고 그것을 주님께 내어놓는 일로 시작할 수 있습니다. 그러나 지금 자신이 구하는 그것을 고집하면서 그것을 이루어 주셔야만 기도가 응답되는 것이라고 생각하지 말아야 합니다. 오히려 "주님, 연약한 나는 지금 이것을 원하고 있는데, 그것이 과연 주님께서 원하시는 것을 구하는 것인가요? 나의 생각을 바르게 인도하여 주시고, 나로 하여금 주님의 뜻을 구하게 하여 주시옵소서"라고 간구하며 나가야 합니다. 그러므로 지금 당장 자신이 원하는 일을 솔직하게 주님 앞에 내어놓는 일로부터 기도를 시작하는 일을 부끄러워하지 마십시오. 단지 진정으로 우리 주님과 같이 "그러나 내 뜻대로 마옵시고 아버지 뜻대로 되기를 원하나이다"는 태도를 유지해야 합니다. 그러면 주님께서는 이미 계시하신 하나님의 말씀인 성경의 가르침과 그렇게 기도하는 우리의 기도의 과정을 사용하셔서 우리들로 하여금 하나님의 뜻이 무엇인지를 잘 파악하게 하시고, 그것에 근거하여 하나님의 뜻을 구하게 하실 것입니다. 그리하여 우리는 기도를 통해서 하나님의 뜻을 이루는 중요한 도구가 될 수 있습니다.[41]

---

[41] 이는 나의 강조점과는 좀 다른 형태로 Marshall, *The Letters of John*, 245에서

셋째로, 주님의 뜻임을 확신하게 되었으면 주께서 그것을 이루실 것을 믿고서, 낙망하지 말고 끝까지 주님의 뜻을 구해야 합니다. 우리의 생애가 마쳐 질 때까지 간구하고, 생이 끝난 후에라도 하나님의 보좌 앞에서 계속 간구하게 될 수도 있으나, 우리는 주님의 뜻이 반드시 이루어짐을 확신하면서 조금도 의심하지 않고 간구해야 합니다.

우리가 후에 구체적으로 배우고 열거하겠지만, 우선 모든 그리스도인들이 공통적으로 구할 수 있는 분명한 하나님의 뜻으로 다음과 같은 것들을 생각할 수 있습니다: "나라가 임하옵소서"; "하나님께서 창조하신 대로 하나님 형상 역할을 잘 감당하여 온 땅과 거기 충만한 것들을 주께서 원하시는 대로 잘 다스려 주님께서 원하시는 문화를 이루어 가게 하옵소서"; "하나님의 뜻을 실현시켜 주시옵소서"; "하나님의 의가 온 세상에 가득 차게 하여 주옵소서"; "하나님께서 영광을 받으시옵소서"; "교회 공동체가 하나님의 뜻을 잘 드러내야 하겠나이다"; 또한 이를 위해서 "지혜와 계시의 정신을 주사" 이루게 해 달라고 간구하는 에베소서 1:17-19의 간구나 빌립보서 1:9-11의 간구를 드릴 수 있습니다: "(우리) 사랑을 지식과 모든 총명으로 점점 더 풍성하게 하사 (우리로) 지극히 선한 것을 분별하며, 또 진실하여 허물없이 그리스도의 날까지 이르고, 예수 그리스도로 말미암아 의의 열매가 가득하여 하나님의 영광과 찬송이 되게 하시기를 원합니다". 또한 "주의 백성과 교회에 평강과 은혜를 주시옵소서"; 우리들로 하여금 "복음의 비밀을 담대히 알리게 하옵소서"(엡 6:18) 등과 같이 우리가 확신하고 조금도 의심하지 않고 드릴 수 있는 간구는 무수히 많습니다. 이런 것들은 결코 변하지 않을 것이니, 우리는 이런 것들에 대해서 확신을 가지고 간구할 수 있습니다.

Marshall이 강조하고 있는 요점이기도 합니다.

이렇게 말하면 "우리 생활의 현실적인 필요는 어떻게 됩니까?"라고 질문할 사람들을 위해서 (후에 이를 자세히 논의할 것입니다만) 미리 다음 두 가지를 말하지 않을 수 없습니다. ⑴ 우리 생활에 필요한 모든 것들을 다 이와 같은 내용과 의식적으로 연관하여 사는 것이 진정한 그리스도인의 삶이며, ⑵ 그리스도인들이 그와 같이 살아 나갈 때, 즉 그리스도인들이 하나님 나라와 의를 구할 때에 주님께서는 부산물로서(by product) 그들의 삶에 필요한 모든 것을 더하시리라는 약속을 주셨습니다(마 6:33). 그 약속은 그 자체가 우리가 추구할 것이 아니고, 그저 하나님 나라와 의를 추구하는 이들에게 주께서 주시는 보장이요 보상으로 여겨야 합니다. 우리는 그런 것들을 얻기 위해 사는 것도 아니며, 그런 것들 때문에 기도하는 것도 아닙니다. 그러나 주의 뜻을 구하여 나가는 과정 가운데 그런 것이 꼭 필요하면 주님께 그것을 구할 수 있습니다. 주님께서는 우리가 하나님의 뜻을 구하며 추구하는 것을 보장하기 위해서 이와 같은 생활의 필요를 우리에게 채워 주십니다.

그러므로 우리는 하나님을 의존하면서 하나님의 뜻이 이루어지기를 위해 간구하고 추구해 가야 합니다. 주의 뜻은 반드시 이루어질 것이므로 주께서는 우리의 이 간구도 하나님의 뜻의 실현을 위해 의미 있게 사용하실 것입니다. 그러므로 우리는 온전하신 삼위일체 하나님께, 그리스도의 구속 공로에 의존하고, 성령님의 인도하심 가운데서, 하나님의 뜻을 간구해 가야 합니다. 우리의 기도 생활이 부디 우리를 주께서 의도하신 방향으로 성장시키고 인도하며 하나님의 뜻을 이루게 하는 수단으로 사용될 수 있기를 바랍니다.

제 3 장

기도의 응답과 기도의 과정(2)

본문: 마 7:7-8; 요 11:1-44; 고후 12:7-9.

지난 장에서 우리는 주께서 응답하지 않으시는 기도는 어떤 것인지를 생각해 보면서, 그에 비추어 진정한 기도는 무엇이고, 그런 진정한 기도를 드리는 사람들의 태도가 어떠해야 하는지에 대해서 생각해 보았습니다. 이번에는 긍정적으로, 주님께서 우리의 기도에 응답해 주시는 경우들을 중심으로, 과연 우리의 기도를 통해서 주님께서 이루려고 하시는 것이 무엇인지를 생각해 보려고 합니다. 지난번에 생각한 것과 같은 잘못된 기도가 아니라면 우리 주님께서는 당신님의 백성들이 드리는 기도에 대해 늘 응답해 주십니다. 주께서 이렇게 응답하시는 것은, 첫째로 "그의 이름의 영예를 위해"(for the honor of his name) 그리하시는 것이며, 부차적으로 "그의 백성들의 유익"(the benefit of his people)을 위해 그리하시는 것입니다.[1] 이 순서를 바꾸거나, 어느 하나를 무시하면 안 됩니다. 먼저 하나님의 영예가 옵니다. 그리고 그에 따라 매우 자연스럽게, 그의 백성들의 유익에 대한 고려가 오는 것입니다.

그런데 주님의 응답은 늘 동일한 양상을 지닌 것이 아닙니다. 그 응답은 대개 다음 세 가지 다른 형태를 지니고 있습니다. (1) 주께서 즉각 응답하시는 경우, (2) 주께서 다른 것으로 응답해 주시는 경우, 그리고 (3) 주께서 오랜 시간 후에 응답해 주시는 경우.[2] 이 각각의 경우를 생각하면서, '기도의 과정(過程)이 우리에게 주는 의미'에 대해서 생각해 보도록 하겠습니다.

주께서 즉각 응답하시는 경우[卽答]

우리가 기도하면서 연약한 인간들로서 내심(內心) 원하는 것은 주께 기도하면 주께서 곧바로 기도에 응답해 주시는 것입니다. 성경에는 때때로 주께 무엇을 구했을 때 곧바로 응답해 주신 경우들이 기록되어 있습니다. 예를 들어서, 출애굽한 히브리 백성들이 홍해 앞에 섰고 뒤에서는 바로의 군대가 추격해 올 때, 백성들의 원망 앞에서 담대히 말하면

---

[1] 이 점을 잘 강조한 예로 Richard N. Longenecker, "The Acts of the Apostles," in *The Expositor's Bible Commentary*, vol. 9 (Grand Rapids: Zondervan, 1981), 409을 보십시오.

[2] 정암 박윤선 목사님께서 기도의 응답을 이렇게 나누어 제시하신 것을 보십시오. 이에 대해서 구체적으로 설명하는 이승구, 『21세기 개혁신학의 방향』 (서울: CCP, 2018), 제 6 장: "기도에 대한 정암의 개혁파적인 가르침"(155-97, 특히 184-88)을 보십시오. 또한 김홍전, 『중생자의 생활』 (전주: 성약, 1985), 119-31과 『기도와 응답』 (서울: 성약, 2017), 그 외의 여러 저작들을 보십시오. 그러므로 이하의 설명은 근본적으로 이 두 분의 가르침을 중심으로 한 설명이라고 할 수 있습니다. 이는 참으로 깊이 기도하는 분들의 성경적 기도 이해와 기도 경험에서 온 중요한 가르침이라고 생각됩니다. 온 세상의 논의들을 살펴보아도 이제까지의 기도에 대한 논의에서 이 두 분의 가르침과 같이 상세하고 깊은 설명을 찾아보기 어렵다고 판단됩니다.
이에 대해 단순히 언급하는 Otto Thelemann, *An Aid to The Heidelberg Catechism* (1892), trans. M. Peters (1896; reprint, Grand Rapids: Douma Publications, 1959), 414f.; Jean Vis, *We Are the Lord's* (Grand Rapids: Society for Reformed Publications, 1955), 161, 165, 172; 그리고 G. Van Reenen, *The Heidelberg Catechism Explained for the Humble and Sincere in 52 Sermons*, trans. the Netherlands Reformed Congregations in America (Paterson, NJ: Lont & Overkamp, 1955, reprint, 1979), 556 등과 비교해 보십시오.

서도 하나님께 "부르짖는"(출 14:15) - 그러므로 기도하는 - 모세에게 하나님께서는 "너는 어찌하여 내게 부르짖느뇨? 이스라엘 자손을 명하여 앞으로 나아가게 하고 지팡이를 들고 손을 바다 위로 내밀어 그것으로 갈라지게 하라. 이스라엘 자손이 바다 가운데 육지로 행하리라"(출 14:16)고 하셨습니다. 그리고는 한편으로는 구름 기둥으로 이스라엘과 이집트 군대 사이를 격하게 하시고(출 14:19-21), 또 한편으로는 모세가 바다 위로 손을 내어 밀었을 때에 "여호와께서 큰 동풍으로 밤새도록 바다 물을 물러가게 하사 물이 갈라져 바다가 마른땅이 되게" 하시고, 이스라엘 자손이 바다 가운데 육지로 행하게 하셨습니다(출 14:21-22). 모세의 기도에 대해 하나님께서는 신속한 행동을 요구하시면서 즉각적으로 응답해 주신 것입니다.

또한 그 후에 수르 광야에서 이스라엘 백성이 물을 얻지 못하고 마라의 쓴 물 때문에 백성이 원망할 때, 부르짖는 모세에게 하나님께서 한 나무를 지시하셔서 그것을 물에 던져 그 물이 먹을 만한 물이 되게 하신 것도 생각할 수 있습니다(출 15:22-25). 이 외에도 성경에는 하나님께서 그의 백성들의 기도에 대해서 즉각적으로 응답하신 경우가 나타나 있습니다.[3]

이런 즉답의 경우에는 "그 기도가 **그 때 응락되어야만 할 이유가 있어서** 된 것"이라는 인식을 가지는 것이 중요합니다.[4] 그러므로 즉각적인 응답은 기도하는 사람과 그의 사정을 중심으로 하여 주어지는 것이기보다는 "그 일의 경영에 있어서 먼저 주와 더불어 경영되어야 하는 것이고, 주님의 지시와 인도를 받아서 그 주님의 크신 능력과 영광

---

[3] 김홍전 박사님은 열왕기상 18:19-40에 나타나고 있는 엘리야의 기도를 이런 즉답의 현저한 예로 제시하십니다. cf. 『중생자의 생활』, 121-22; 『기도와 응답』, 97-115.

[4] 김홍전, 『중생자의 생활』, 122, 강조점은 덧붙인 것임.

이 …… 꼭 나타나야 할 그런 시간"에 응답해 주시는 것입니다.5 그러므로 즉답에서 중요한 것은 그것이 "주님의 거룩하신 뜻대로, 주님의 계시대로, 주님의 방법으로 나타나는" 것이라는 점입니다. "거기까지 와서 그 자리에서 그 일을 하나님께서 이루려고 하신다는 사실을 증명해 주실 것을 기도할 때에 하나님께서는 이와 같이 즉답으로써 증명해 주시는 것입니다."6

그러나 우리는 또한 성경에서도 모든 기도가 즉각적으로, 그리고 우리가 구한 그대로 응답되기만 한 것은 아니라는 점도 생각해야 합니다. 이 점을 유념할 필요가 있습니다. 또한 즉각적으로 기도가 응답되지 않거나 우리가 구한 그대로 응답되지 않았다고 해서, 우리에게 믿음이 없다거나 부족하기 때문이라고 말하기도 어렵습니다. 예를 들어서, 바울이 디모데에게 "이제부터는 물만 마시지 말고, 네 비위와 자주 나는 병을 인하여 포도주를 조금씩 쓰라"(딤전 5:23)고 한 말을 생각해 보십시오. 이때는 바울이 믿음의 능력이 떨어져서 기도하지 않거나 기도해도 효과가 없어서 이렇게 말한 것일까요? 그렇게 생각할 수 없습니다. 바울이 디모데의 건강을 위해 계속해서 기도하지 않았다고 할 수 없으므로, 그런 계속되는 기도에도 불구하고 디모데에게 자주 나는 병이 있었음을 추론할 수 있고, 그것을 위해 바울은 믿음 가운데서 일종의 치료법을 제시하고 있는 것입니다.

또한 즉각적으로 응답된 경우에도 그 기도하는 사람이 매우 믿음이 없는 상태임에도 즉각적으로 응답된 경우도 있었음을 기억해야 합니다. 예를 들어서, 가인이 하나님께 제대로 경배하지 못하였을 뿐만 아니라, 동생 아벨을 죽인 큰 죄를 범한 것에 대해서 하나님께서 그에

---

5 김홍전, 『중생자의 생활』, 124.
6 김홍전, 『중생자의 생활』, 124.

게 형벌을 선언하신 때를 생각해 보십시오. 하나님의 정죄와 형벌 선언을 들은 후에, 가인은 "내 죄벌이 너무 중하여 견딜 수 없나이다……. 무릇 나를 만나는 자가 나를 죽이겠나이다"(창 4:13, 14)하고 일종의 믿음이 없는 푸념이 섞인 기도를 했을 때에 하나님께서 무엇이라고 하셨습니까? 주께서는 곧바로 "그렇지 않다. 가인을 죽이는 자는 벌을 7배나 받으리라"고 하시고, 표를 주셔서 만나는 누구에게든지 죽임을 면케 하셨습니다(창 4:15). 믿음이 없이도 필요하면 즉답을 해 주신 것입니다. 그러므로 즉답의 경우만이 믿음으로 기도한 것이라고 단언하기도 어렵습니다.

또한 믿음의 조상 아브라함도 주께서 자녀를 주시리라고 약속을 주신 후에 오래 동안 이루어 주지 아니하시자, 하나님께 불평하며 불신을 드러내는 투로 "주 여호와여 무엇을 내게 주시려 하나이까? 나는 무자(無子)하오니, 나의 상속자는 이 다메섹 엘리에셀이니이다…. 주께서 내게 씨를 아니 주셨으니, 내 집에서 길리운 자가 나의 후사가 될 것이니이다"(창 15:2, 3)고 말하지 아니하였습니까? 이때에 하나님께서는 곧바로 "그 사람은 너의 후사가 아니라, 네 몸에서 날 자가 네 후사가 되리라"(창 15:4) 하시고, 그에게 하늘의 별을 보이시면서 그와 같은 자손이 있을 것임을 다시 확언하시면서 아브라함으로 믿게 하시고 그 믿음을 의로 여기셨습니다.

이와 비슷하게 하갈이 여주인 사래를 피해 도망하여 광야의 샘 곁에서 어려움 속에서 아마도 울부짖었을 때에 여호와의 사자가 나타나 그에게 지시하시면서 축복을 약속해 주셨지만(창 17:7-14), 이 때 하갈의 신앙도 아주 확고하고 분명한 것이었다고 단언할 수 없습니다. 마찬가지로 모세와 아론이 화를 내며 반석을 두 번 쳐서 하나님의 영광을 드러내지 못하였다고 주께서 그들을 책망하시는 상황에서도 주께서는 반석에서 물을 내어 이스라엘로 갈증(渴症)을 면하게 하셨습니다.

또한 발람이 발락의 재물을 받고 이스라엘을 저주하기 위해 갈 때 나귀 앞에 여호와의 사자를 보내셨을 때도 발람이 하나님을 제대로 믿는 사람이었다고 할 수 없습니다(민 22:2-35 참조). 그러므로 우리의 기도에 대해서 즉각적으로 응답이 주어졌느냐 하는 것이 우리의 믿음의 정도를 보증해 주는 것이 아님을 명심해야 합니다. 이를 분명히 하지 않으면 항상 즉각적 응답이 이루어지는 경우만이 제대로 된 기도라고 오해할 위험성이 있습니다. 진정한 기도에 대해 하나님께서는 그가 생각하시는 적당한 때에 응답해 주십니다.[7]

그러면 주께서 즉각적으로 대답해 주시지 않는 경우에는 하나님의 응답은 어떻게 나타나는 것입니까?

주께서 다른 것으로 응답해 주시는 경우[變答]

그 한 경우는 주님께서 우리가 기도한 것에 대해서 우리가 구한 것과는 다른 것으로 응답해 주시는 경우입니다. 이것의 가장 대표적인 예로 바울이 "육체의 가시"(σκόλοψ τῇ σαρκί), 곧 "사단의 사자"(ἄγγελος Σατανᾶ)라고 표현한 것과 관련된 기도를 생각할 수 있습니다. 바울은 이 육체의 가시가 주께서 주셔서 그를 "쳐서 너무 자고(自高)하지 않게 하려 하심이라"고 말합니다(고후 12:7). 우리는 바울이 말하는 "육체의 가시"가 정확히 무엇을 뜻하는 것인지 모릅니다. 안질(眼疾)을 의미하는 것인지, 몸의 병을 의미하는 것인지, 다른 연약함이나 문제점들을

---

[7] Herman N. Ridderbos, *Matthew* (1950-51), Bible Student's Commentary, trans. Ray Togtman (Grand Rapids: Zondervan, 1987), 124: "He will reward it *in time*."(강조점은 덧붙인 것임)

의미하는 것인지, 심지어 그것이 심리적인 것인지 물리적인 것인지도 우리는 정확히는 모릅니다.[8] 그는 이것이 그에게서 떠나가기를 바라며 위하여 세 번씩이나 주님께 간구하였으나 주님께서는 그것을 떠나게 하지 아니하셨습니다. 오히려 "내 은혜가 네게 족하다. 이는 내 능력이 약한데서 온전하여 짐이니라"고 말씀해 주셨습니다(고후 12:9).

이것이 사역에 지장이 되어 떠나가야 할 것이라는 인식을 가지고 세 번이나 진지하게 기도하는 바울의 기도에 대해서 주님께서는 그가 간구한 대로 즉각적으로 해결해 주지 아니하셨습니다. 오히려 그의 인식을 변화시켜 주셔서, 이제는 "도리어 크게 기뻐함으로 [자신의] 여러 약한 것들에 대하여 자랑하리라"고 합니다(고후 12:9). 하나님께서 자신의 이 문제를 고쳐 주셔야만 하겠다는 사도의 기도에 대해 하나님은 다른 방식으로 응답해주신 것입니다. 그가 기도한 대로가 아니라, 상황은 그대로 둔 채 그 상황에 대한 인식을 완전히 바꾸어 주셨습니다. 그리하여 그 문제점을 문제로 보지 아니하고, 오히려 하나님의 능력이 나타나심을 의식할 수 있는 기회로 보게 하셨습니다. 이는 바울이 체념을 다른 식으로 표현한 것이 아닙니다.[9] 오히려 주어진 상황을 이

---

[8] 우리가 바울이 말하는 "육체의 가시"가 무엇을 뜻하는 지를 정확히 모르며, 이렇게 모르는 것이 교회에게 더욱 유익하다는 좋은 논의로 다음을 보십시오. Philip E. Hughes, *The Second Epistle to the Corinthians*, NICNT (Grand Rapids: Eerdmans, 1962), 442-46.

그가 언급하고 있는 사람들의 추측들로 다음과 같은 것들이 있습니다:
(1) 귓병, 두통(Tertullian, Chrysostom, Pelagius, Primasius, Jerome),
(2) 구리 장색 알렉산더 같은 이들로부터 온 모든 외적인 핍박(Chrysostom, Theodore Mopsuestia, Theodoret, Photius, Theophylact, 그리고 Augustine [그런데 어거스틴은 시편 99편에 대한 설교에서는 "어떤 신체적 고통"이라는 견해도 말했다고 합니다], R. V. G. Tasker),
(3) 육체의 불순한 유혹들(*stimulus carnis*, 천주교도들, 다른 곳에서의 루터),
(4) 영적인 유혹들(『탁상 담화』에서의 루터),
(5) 안질(ophthalmia) (갈 4:15, 6:11; 행 23:5 참조),
(6) 일종의 간질,
(7) 일종의 주기적으로 발병하는 말라리아 열(William Ramsay),
(8) 말타 열병(W. M. Alexander, Allo),
(9) (로마서 9:1-3에 표현된 것과 같은) 동족인 유대인에 대한 큰 슬픔(Ph. H. Menoud).

[9] 이 점에 대한 좋은 논의로 Hughes, *The Second Epistle to the Corinthians*, 451을 보십시오.

제는 다르게 보게 되었음을 정확히 표현하는 말입니다.

이와 같이 주님께서 필요하다고 여기시면 때때로 우리가 구하는 것과는 다른 것으로 응답해 주시기도 합니다. "그리 아니하실지라도"라고 말하는 다니엘의 세 친구들의 말을(단 3:18) 생각하면 이것을 이해하는 데 도움을 얻을 수 있습니다. 물론 이 경우에 주님께서는 그들이 기도한대로 그들을 기적적으로 구하셔서 당신님의 살아 계심을 바벨론 통치자들 앞에 현저하게 드러내셨습니다. 그러나 진정한 기도는 항상 그렇게 해 주셔야만 한다고 믿는 것이 아니라, "그리 아니하실지라도"를 분명히 선언하는 데서도 드러납니다. 지금 우리가 원하고 기도하는 대로 "아니하실지라도" 주께서 그의 백성의 기도에 응답해 주신 것이라고 우리는 믿어야 합니다.

예를 들어서, 우리에게 병이 나서 우리가 주께 고쳐 주시기를 위해 기도했다고 합시다. "병 낫기를 위하여 서로 기도하라"(약 5:16)는 말씀에 의존해서 온 교회가 성도의 병이 낫기를 위해 기도하면, 우리 기도에 대한 응답으로 주께서 성도들의 병을 고쳐 주시는 경우가 많이 있습니다. 그러나 그리 아니하신 경우에는 주께서 우리의 기도를 들어 주시지 않은 것이라고 생각하는 것이 하나님 백성의 정당하고 바른 태도일까요? 또는 그런 모든 경우들이 다 우리가 바르게 기도하지 못했거나 믿음이 없었기 때문일까요? 그렇지 않습니다. 디모데에게 자주 나는 병을 위해 치료 방법을 제안하는 바울의 말에서도 알 수 있듯이, 때때로 주님께서는 우리가 원하는 대로 고쳐 주심으로써가 아니라, 오히려 다른 방식으로 우리의 기도에 응답하시기도 하기 때문입니다. 하나님께서 판단하실 때 즉답이 필요하면 즉각적으로 응답해 주시고, 다른 것이 필요하면 다른 것으로 응답해 주시는 것입니다. 그리하여 우리 하나님은 항상 "구하는 자에게 좋은 것으로 주시는" 분이십니다(마 7:11).

하나님의 일하기를 원하면서 주님께 열심히 간구한 사람에게 다른 일을 할 수 있는 길을 열어 주시는 주님의 인도하심도 생각해 보십시오. 소아시아 지역에서 더욱 선교하려고 비두니아로 가려고 노력하는 바울과 실라 일행의 전도 길을 열어 주지 아니하시고, 그들이 드로아에 내려갔을 때에 소위 "마게도니아 인의 환상"을 통해서 하나님께서 마게도니아 사람들에게 복음을 전하라고 부르신 줄을 확신하게 하신 과정을 생각해 보십시오(행 16:6-10). 이에 대해서 누가는 성령이 소아시아 지역에서 "말씀을 전하지 못하게 하셨다"(6절)고도 표현하고, 비두니아로 가려는 것을 "예수의 영이 허락하지 아니하시는지라"고 표현했습니다(7절). 소아시아 지역에서의 선교와 전도에 대한 기도를 주님께서 그들이 구한 대로 이루어 주지 아니하시고, 오히려 그들의 방향을 바꾸시며 생각을 고쳐 주셨습니다. 이것도 기도에 대해 다른 응답[變答]을 주신 것이라고 할 수 있습니다.

좋은 법률가가 되기를 원하며 그렇게 기도하던 이들의 인생의 길을 바꾸셔서 말씀 사역자로 사용하신 칼빈의 생애를 생각해 보십시오. 조용히 물러나 학문에 정진하려던 칼빈을 화렐의 음성을 통해서 제네바의 개혁자로 부르신, 또한 제네바에서 쫓겨난 후에 다시는 제네바로 돌아가지 않으려고 하던, 따라서 그렇게 기도하던 칼빈의 기도에 대해 다시 제네바로 돌아가 개혁을 완수하게 부르신 하나님을 생각해 보십시오. 그러므로 우리는 우리가 기도한 대로 이루어져야만 주께서 우리의 기도에 응답해 주신 것이라고 생각해서는 안 됩니다. 우리의 생애 가운데서도 우리가 어떤 방향으로 가려고 노력하고 기도했었는데, 우리가 뜻하고 기도한대로 이루어지지 않았으나 후에 잘 생각해 보면 주께서 다른 길로 우리를 인도하시기 위해서 우리에게 다른 응답을 주신 것이며, 그것이 우리에게 훨씬 더 유익한 것이었다는 고백을 하게 되는 때가 많이 있을 것입니다.

주님은 항상 "더 좋은 것으로" 그의 백성의 간구에 응답해 주십니다(마 7:11, 눅 11:13 참조). 예를 들어서, 요한복음 11장에 나오는 나사로와 그 자매들의 경우를 생각해 보십시다. 나사로가 병들었을 때, 그 자매들인 마리아와 마르다는 예수님께 사람을 보내어 그 사실을 알렸습니다. "주여 보시옵소서. 사랑하시는 자가 병들었나이다"(3절). 아마 그들은 주께서 나사로의 병을 낫게 하셔서, 건강을 회복시켜 주실 것을 기대했을 것입니다. 그런데 예수님께서는 그 이야기를 듣고서도 "그 계시던 곳에 이틀을 더 유하시고," 그 후에야 유대로 가셨습니다(6절). 어떻게 보면, 이 상황에서 마리아와 마르다의 청원을 그대로 들어주지 않으신 것처럼 보입니다. 그러나 결국은 나사로를 죽은 자들 가운데서 다시 살리심으로 하나님의 영광을 드러내셨습니다(40, 43f.절). 예수님께서 말씀하신 바대로 "이 병은 죽을 병이 아니라, 하나님의 영광을 위함이요, 하나님의 아들로 이를 인하여 영광을 얻게 하려 함이라"(4절)는 말씀의 진정한 의미를 잘 드러내어 주신 것입니다. 이처럼 주님께서는 우리가 지금 당장 간구하는 것과는 다른 것으로 우리의 기도에 응답하시는 경우도 있습니다.

왜 그렇습니까? 대개는 우리가 "하나님의 뜻을 자세히 아는 것이 아니고", 또한 "비록 그 간구의 내용이 주님의 영광을 위한 것이라고 할지라도, 그 내용이 부족하거나 부적당할 때에 주께서는 그것을 적당한 것으로 바꿔서 내려 주시는" 것입니다. 특히 장래와 관련된 일을 기도할 때, "사람은 장래의 일을 알지 못하므로, 장래로 뻗어나갈 현재의 일들을 기도할 때에, 그 기도한 것들이 반드시 적절하기가 어렵기" 때문에, 그럴 때에 "하나님께서는 기도자에게 내려 주신 임무 수행에 가장 적의(適宜)하며, 동시에 그 임무에 관한 하나님의 일에 좋은 열매

를 맺게 할 것들로써 그에게 내려주십니다."¹⁰

그러므로 우리는 우리가 원하는 대로 응답해 주지 아니하실 때에 혹시 주께서 다른 것으로 우리에게 응답해 주시는 것은 아닌가 하는 것을 깊이 생각해 보아야 합니다. 그런 영적인 안목이 필요합니다. 그저 기도를 만병통치약이나 우리의 소원을 무조건적으로 이루는 마술 봉(magic wand)으로만 생각하는 것은 하나님의 능력도 하나님의 말씀도 알지 못해 오해하는 처사의 하나입니다. 그런 것을 살필 수 있는 영적인 감식력(鑑識力)이 있는 사람이 진정 기도하는 사람입니다. 참으로 기도하는 사람은 자신이 기도한대로 되어야 주님의 응답이 있는 것이라고 고집부리지 않고, 하나님께서 응답해 주시는 것을 바르게 분별할 수 있는 사람입니다.

주께서 오랜 시간 후에 응답해 주시는 경우[滯答]

우리가 간구한 것에 대해서 다른 것으로 바꾸어 응답해 주시는 경우와 비슷하게 보이는 또 다른 경우는 우리의 기도에 대해서 주께서 오랜 후에야 응답해 주시는 경우입니다. (물론 이 둘은 때때로 겹쳐서 나타나기도 합니다).

이스라엘 백성들이 애굽의 종살이 가운데서 주께 부르짖었을 때, 오랜 시간이 지나서 주께서는 모세를 불러 그들을 인도해 내라고 하셨습니다. 그 부르짖음에 주께서 곧 바로 응답해 주신 것이 아닙니다. 어려움을 당하는 백성을 보고 그들을 도우려 하던 모세가 광야로 도망하여 지낸 40년이 더 지난 후에야 하나님께서는 그들을 위해 모세

---

10 김홍전, 『중생자의 생활』, 130.

를 부르셨습니다. 또한 모세가 바로에게 와서 하나님의 뜻을 전한 후에 오히려 이스라엘 백성들에 대한 압제는 더 심해집니다(출 5:4-14). 그래서 심지어는 보내심을 받은 모세조차도 주님께 이렇게 말할 정도가 되었습니다: "내가 바로에게 와서 주의 이름으로 말함으로부터 그가 이 백성을 더 학대하며, 주께서도 주의 백성을 구원치 아니하시나이다"(출 5:23). 주님께 드리는 간구가 곧바로 이루어지지 않는 듯이 보입니다. 문제가 더욱 더 심해지는 것 같습니다. 그러나 아주 놀랍게도 그것이 주님께서 이스라엘 백성을 출애굽 시키시는 방도가 되었습니다.

그러므로 말씀과 기도의 과정을 통해 명확히 알게 된 하나님의 뜻을 구하는 우리들은 조금도 의심하지 말고 주께서 그것을 이루실 것임을 믿고서 간구하기를 그치지 말아야 합니다. 예를 들어서, 하나님의 백성들이 "나라가 임하옵시며"라고 기도할 때 그들이 주님의 뜻은 반드시 이루어진다는 확신을 가지고, 그 마음이 이 사실과 이 일을 이루시는 하나님에 대한 신뢰에서 조금도 흐트러지지 말아야 합니다.

사실 어떤 기도는 주께서 재림하실 때에야 성취될 기도도 있습니다. 요한계시록에 보면 하나님의 말씀과 저희의 가진 증거를 인하여 죽임을 당한 영혼들이 제단 아래 있어 큰 소리로 기도하는 내용이 나타납니다. "거룩하시고 참되신 대주재여! 땅에 거하는 자들을 심판하여 우리를 신원하여 주지 아니하시기를 어느 때까지 하시려나이까?"(계 6:10). 이 기도에 대해서 하나님께서는 그들의 순결함과 죄 속함을 상징적으로 표현하는 흰 두루마기를 주시면서, "아직 잠시 동안 쉬되, 저희 동무 종들과 형제들도 자기처럼 죽임을 받아 그 수가 차기까지 하라"고 말씀하십니다(11절). 그 때까지는 그들의 기도가 응답받지 못하는 것처럼 보입니다. 그러나 이는 응답 받지 못하는 기도가 아니라, 지체되는 응답의 대표적인 경우입니다.

주님께서 오랜 시간 후에 응답해 주시는 경우에 비추어 본 우리의 기도의 의미와 자세

이렇게 주님께서 오랜 후에 우리의 기도를 응답해 주시는 경우도 있다는 것을 알게 된 우리는 이제 그런 오랜 기간이 과연 어떤 의미를 가지는 것인지에 대해서 생각해 보아야 합니다. 아마 다음 두 가지로 나누어서 생각해 보는 것이 옳을 것입니다.

(1) 구속 사역의 정한 때("카이로스")를 기다리는 기간.

첫째로 생각할 수 있는 것은 하나님께서 이루어 가시는 구속사의 때가 차기를 기다리는 기간으로서의 의미입니다. 하나님의 일은 항상 때가 차야 이루어집니다. 즉, 하나님께서 작정하신 때가 이르러야 일이 이루어집니다. 그 때까지 하나님의 뜻을 깨달은 성도들은 인내하면서, 하나님의 뜻이 이루어지기를 위해 낙망하지 말고 기도해야 합니다. 메시아의 초림(初臨)도 정하신 때가 되어서야 이루어졌습니다. 이스라엘의 위로를 기다리던 분들도 그 때가 되기까지 인내하면서 계속하여 기도해 왔습니다(cf. 눅 2:25f., 36f.). 예수님께서 승천하시면서 약속하신 아버지의 약속하신 성령님도 120문도가 모여 때를 기다리면서 전혀 기도에 힘쓸 때에 임하셨습니다. 그들이 기도를 시작하자마자 임하신 것이 아니라, 그 기도와 함께 **때가 되었을 때에** 성령님께서 임하신 것입니다.

그리스도의 재림도 그러할 것입니다. 우리는 "나라가 임하옵시며"라고 계속해서 기도해야 합니다. 그러나 주께서 정하신 때에야 주님의 재림이 이루어질 것입니다. 그 기간 동안 우리는 이미 임한 하나님 나라의 백성답게 살면서, 그런 백성의 삶의 한 부분으로서 그 나라가 극치에 이르기를 위해 계속 기도해야 합니다. 이런 우리의 기도도 하나님 나라의 극치의 임함을 위한 수단의 하나로 사용되는 것입니다.

(2) 우리를 성장시키시고 성숙시키시는 기간.

그렇게 구속사적으로 때가 되기를 기다리는 기간도 그러하지만, 개개인의 삶과 관련해서는 결국 우리 개개인들이 주께서 원하시는 성숙한 그릇이 되도록 준비하는 기간으로서의 의미를 지닌다고 할 수 있습니다. 예를 들어서, 어떤 어린아이가 칼을 달라고 할 때, 그 아이에게 칼을 줄 부모는 없습니다. 그러나 그 아이가 성숙해서 그 칼을 이용해서 과일을 깎는다든지 여러 유용한 일을 할 수 있을 때가 되면 서슴없이 칼을 줍니다. 그 사람이 어릴 때에는 부모님이 왜 그에게 칼을 주지 않습니까? 그 칼을 다룰 만한 성숙성이 아직 없기 때문입니다. 성숙한 때가 되어야 비로소 허락하는 것입니다. 이와 비슷하게 우리 주님께서도 우리가 지금 간구하는 것에 대해서 우리가 그것을 제대로 감당할만한 성숙성이 없으면 당장은 우리에게 그것을 허락하지 않으십니다. 그러나 우리에게 그것을 감당할 성숙성이 생기면 우리의 선하신 아버지께서는 우리가 지금 간구하는 바를 그 때에 우리에게 허락해 주십니다.

  그러므로 주님께서 지체하시며 응답해 주시는 경우의 상당 부분은 우리의 성숙을 기다리시면서 성숙을 요구하시는 기간입니다. 따라서 우리의 기도에 즉각적으로 응답해 주시지 않으시고 오랫동안 지체하실 때의 그 오랜 기간은 결국 우리의 영적 성장과 성숙의 기간이라는 의미를 지닙니다. 이런 경우에 처하게 되었을 때 제대로 기도하는 사람이라면 "자기를 반성해 가면서 '아! 내가 여러 가지 점에서 어리석었구나, 부족하구나, 무엇인가가 내게는 결핍되어 있구나' 하는 것을 자꾸 깨닫게 되는 것입니다. 그 깨닫게 되는 것도 자기 스스로의 능력이 아닙니다. 그것도 벌써 그 기도를 응답하시사 하나님께서 내게 성신님으로 깨닫게 하시므로 깨달아 가는 것입니다."[11] 이렇게 생각해 보면, 지체하신 후에야 응답하시는 것이 도리어 우리에게 유익한 것임을 알 수 있습니다. 바울이 표현한대로, "하나님의 미련한 것이 사람보다 지혜로운" 것입니다(고전 1:25상). 이렇게 하나님의 지혜로우심을 믿는다면 우리는 지체하시는 응답에 대해서도 감사하면서, 그 기간 동안 우리의 기도도 성숙해 가야만 합니다. 인격의 성숙과 함께 말입니다.[12]

혹시 마태복음 7:7-8의 "구하라 그러면 너희에게 주실 것이요, 찾으라 그러면 찾을 것이요, 문을 두드리라 그러면 너희에게 열릴 것이니, 구하는 이마다 얻을 것이요, 찾는 이가 찾을 것이요 두드리는 이에게 열릴 것이니라"는[13] 말씀이 동일한 것을 다른 표현들을 사용해서 강조하고자 하는 것이[14] 아니요, 혹시 그 표현의 어떤 상승적 의미가 있

---

[11] 김홍전, 『중생자의 생활』, 127.

[12] 비슷한 점을 지적하는 다음 말로 보십시오. Michael J. Wilkins, *Matthew*, NIV Application Commentary (Grand Rapids: Zondervan, 2004), 274: "기도는 하나님의 응답을 기다릴 때에도 우리의 인격, 우리의 의지, 우리의 가치의 변화, 즉 우리를 변화시키는 것에 관심을 가진다"(Prayer is much about changing us, our character, our will, and our values, even while we seek for God's response. 윌킨스 자신의 강조점).

[13] 한스 베츠는 너무 일반화하여 설명하면서 마치 이 구절이 기도와 상관이 없이 사람들이 일반적 경험 또는 일반적 행동 방식에 대한 것으로 해석하고 있습니다(Hans Dieter Betz, *The Sermon on the Mount*, Hermeneia [Minneapolis: Fortress Press, 1995], 504-505). 이것은 너무 일반화하면서 잘못 해석하는 대표적인 예라고 할 수 있을 것입니다.

[14] 이런 식으로 해석하면서 세 가지 다른 단어를 사용해서 강조하면서 간구의 지속성(persistence)을 표현하는 것이라고 하는 해석으로 다음을 보십시오. Herman N. Ridderbos, *Matthew* (1950/51), Bible Student's Commentary, trans. Fay Togtman (Grand Rapids: Zondervan, 1987), 147; R. V. G. Tasker, *The Gospel According to St. Matthew*, Tyndale New Testament

다고 한다면,15 우리의 기도는 항상 같은 수준에 머무는 것이 아니라 처음에는 일반적으로 하나님의 뜻을 묻고 구하는(ask) 것이 될 것이나, 그 다음 단계에서 기도는 그렇게 발견한 하나님의 뜻을 찾고 추구하는 (seek) 것이 될 것이고, 그 다음 단계에서는 어떤 구체적인 사안 앞에서 주께서 문을 열어 주시기를 위해 문을 두드리는(knock)는 단계에로 나아가야 한다는 의미가 있다고도 생각할 수 있습니다. (물론 이 두 가지 해석은 둘 다 가능한 해석이므로 그 어느 하나만이 절대적으로 옳다고 할 수 없습니다. 따라서 이 구절의 주해에 우리의 모든 논의를 근거시키지 않도록 주의해야 할 것입니다).

중요한 것은 기도의 성장이 있어야 한다는 것입니다. 일반적으로 주님의 뜻을 묻는 것으로부터 시작해서, 이제까지 가르쳐 주신 말씀

Commentaries (London: The Tyndale Press, 1961, reprint, Grand Rapids: Eerdmans, 1981), 80; D. A. Carson, "Matthew," in *Expositor's Bible Commentary* 8 (Grand Rapids: Zondervan, 1984), 186; Robert H. Mounce, *Matthew*, A Good News Commentary (New York: Harper & Row, 1985), 62; W. D. Davies and D. Allison, Jr., *Commentary on Matthew 1-7*, ICC, new series (Edinburgh: T&T Clark, 1988), 679; Craig L. Blomberg, *Matthew*, The New American Commentary 22 (Nashville, TN: Broadman Press, 1992), 130; 그리고 David L. Turner, *Matthew*, Baker Exegetical Commentary on the New Testament (Grand Rapids: Baker Academic, 2008), 209. 이 분들은 모두 이 세 동사가 다 현재 명령형으로 되어 있음에 주목하면서, 이는 지속적으로(persistently) 구하고, 찾고, 문을 두드리는 것을 강조하는 것이라고 합니다. 브롬버그는 "오랜 시간에 걸친 지속적인 기도"를 강조하는 것이라고 합니다(130).

15 기도에서 그 집중의 정도가 더 강화되는(a riding scale of intensity) 것으로 보는 해석자들을 또 한 그룹으로 볼 수 있을 것입니다. R. T. France, *Matthew*, Tyndale New Testament Commentaries (Leicester: IVP and Grand Rapids: Eerdmans, 1985), 144; William Hendricksen, *The Gospel of Matthew* (Grand Rapids: Baker, 1973), 361-62; 그리고 Michael J. Wilkins, *Matthew*, NIV Application Commentary (Grand Rapids: Zondervan, 2004), 312.
이런 해석에서 좀 더 나아가, "기도 과정과 내용의 상승"을 말하는 대표적인 해석들로 다음을 보십시오. George A. Buttrick, "The Exposition of Matthew," in *The Interpreter's Bible* 7 (Nashville: Abingdon Press, 1951), 328; Gerhard Maier, *Matthäus-Evangelium* (Hänssler, SCM, 2007), 송 다니엘 역, 『마태복음』 (서울: 진리의 깃발, 2017), 256 ("이 말씀은 점진적이다"); 그리고 김홍전의 기도에 대한 여러 저작들.
Jeannine K. Brown, *Matthew*, Teach the Text Commentary Series (Grand Rapids: Baker Academic, 2015), 78은 이 구절들, 특히 7절이 "히브리적 병행법"으로 구성되어 있는데, 각 라인은 같은 의미를 가진 것이고, "이 구절에 있어서는 앞에 언급한 것 위에 더 쌓여져 가는 식으로" 표현되어 있다고 하여 중립적인 해석을 했다고 할 수도 있고, 둘 다의 여지를 열어 놓고 있다고 할 수도 있습니다. 너무 간단히 설명하기에 정확히 그녀가 어디를 지향하는지는 불분명합니다.

과 통찰에 근거해서 주님의 뜻이 무엇인지 알게 된 상황에서는 그 뜻을 적극적으로 추구하는 기도가 있어야 하고, 더 나아가서 그 뜻의 실현을 위해 기도해 가므로, 우리의 기도의 성장과 함께 우리가 주님의 일을 하여 나가는 일에 진전이 있도록 의도하신 것입니다.

그러므로 우리들은 오랜 동안 동일한 것을 가지고 기도할 때에도, 세월의 흐름과 함께 좀 더 성숙한 위치에서 기도하는 사람들이 되어야 합니다. 대개 우리는 일정 기간 기도하다가 안 되면, 제풀에 지쳐서 스스로 포기하든지, 체념하거나 심지어 잊어버리는 경우도 많이 있습니다. 이 얼마나 어리석고 뻔뻔한 일입니까? 엄위하신 하나님께 진정으로 기도한다고 해 놓고서는 스스로 체념하거나 그 내용을 잊어버린다니 말입니다. 또한 고집을 가지고 스스로를 전혀 반성하지 않으면서 무모하게 매달리는 경우도 있습니다. 이것은 주님이 요구하신 "지속적인"(persistent) 기도가 아닙니다. 이는 주께서 지체하시는 그 기간의 의미를 전혀 무시한 채 자기 고집을 부리는 것입니다. 어린 아기들이 고집부리면서 소리치면서 땡강 부리듯이 하나님 앞에 기도해서는 안 됩니다. 이런 경우들은 모두 다 주님께 제대로 기도하는 것이 아닙니다.16

주님께 진정으로 기도하는 사람은 일정한 기간에 걸쳐 주께서 응답해 주지시 않으시면, (1) 우리가 죄악 속에 있거나 하여 주께서 전혀 응답하지 아니하시는 것인지, 그것이 아니면 (2) 사실 주님께서 다른 것으로 이미 응답해 주신 것인지, 그것도 아니면 (3) 우리의 성숙성에 문제가 있어서 기다리시면서 성숙을 요구하시는 것인지를 심각하게 물어야 합니다. 그리하여 우리의 기도하는 기간이 유용하고 의미 있게 되도록 해야 합니다.

---

16 Cf. 김홍전, 『중생자의 생활』, 98: "…… 여러 번 반복하고, 또 구하는 바를 꼭 주시라고 조르는 식으로 말씀드리되 '변함없이 같은 모양으로' 장기간의 세월 동안 기도를 하는 것은 바른 기도가 아닙니다."

이렇게 진정한 기도는 효과를 내고야 맙니다. 때로는 우리들로 하여금 우리들이 죄 가운데 있으면서 잘못된 기도를 하였다는 것을 깨닫고 온전히 회개하고 돌이켜서 다시 시작하게 하시든지, 또 때로는 주께서 다른 것으로 이미 내려 주신 응답과 축복을 발견하고서 감사하게 하시든지, 아니면 때로는 우리의 성숙성과 자질의 문제를 각성하고서 주께서 원하시는 수준에로 성장하게 하셔서 그 위치에서 우리가 주님께 간구한 주님의 뜻의 이루어짐을 인식하고 감사하게 하시든지 말입니다. 진정한 기도는 이와 같이 반드시 결과를 내고야 맙니다.

나가면서

그러므로 진정으로 기도하는 사람은 세월의 흐름에 따라서 날마다 성장하며 성숙해 가는 사람입니다. 이것이 내가 참으로 기도하는 것인지, 아닌지를 알 수 있는 매우 중요한 시금석입니다. 세월의 흐름 가운데서 자신의 욕심만을 키워나가는 사람입니까? 자기 스스로 세운 vision만을 성취해 보려고 노력하고 있는 사람입니까? 만일에 그렇다면, 그런 사람은 기도의 모양을 가졌으나 기도의 능력을 부인하는 사람이며, 주께서 원하시는 대로 바르게 기도하는 사람이 아닌 것으로 드러나는 것입니다. 기도해 가는 세월이 흐를수록 나의 인격이 그리스도적인 인격으로 점차 변화하여, 자기 욕심으로부터 벗어나서 점점 더 하나님의 뜻의 성취를 향해 진전해 가는 사람입니까? 만일 그렇다면, 그런 사람은 참으로 기도하는 사람이고, 주님과 교제해 가는 사람입니다. 가장 온전하신 인격이신 하나님과 교제하여 가는 사람이 하나님의 어떠하심을 본받아 가는 것은 매우 자연스럽고 당연하지 않습니까? 이렇게 지체(遲滯)하시는 응답의 경우가 우리를 인도하여 하나님의 형상이 잘 드러나도록 하며, 그리스도적 품성이 잘 드러나도록 하는 한 방도로 작용할 수 있음을 의식하면서 주님께 바르게 기도하는 우리가 되어야 할 것입니다.

제 4 장

기도의 대상: "하늘에 계신 우리 아버지"

본문: 마 6:9-13; 눅 11:2-4

기도가 무엇인지, 그리고 기도의 과정이 얼마나 은혜로우며 우리를 성장시켜 나가는 과정인지를 잘 살핀 우리들은 이제 기도의 내용에 대한 고찰에로 들어 갈 차례가 되었습니다. 우리들은 과연 무엇에 대해서, 어떻게 기도해야 합니까? 이에 대해 답할 수 있는 여러 방도가 있지만 우리들은 여러 신앙 고백서들의 전통과 특히 〈하이델베르크 요리문답〉의 전통을 따라서 〈주께서 가르치신 기도〉(*cratione dominica*)를 통해서 기도의 형식과 내용을 같이 생각해 보려고 합니다.

"진리이신 분(요 14:6)의 입에서 나온" 기도이기에[1] 우리가 〈주께서 가르치신 기도〉라고 부르는 이 기도를 일종의 모델 기도(model

---

[1] 성경을 그대로 믿는 사람들에게는 매우 당연한 이 달씀을 옛 교부들은 잘 표현하였습니다. 대표적으로 이 어귀를 사용해서 이렇게 말한 Cyprian, *On the Lord's Prayer*, 1-3, 8, CCSL 3A:90-91, 93, in D. H. Williams, ed., *Matthew Interpreted by Early Christian Commentators* (Grand Rapids: Eerdmans, 2018), 126을 보십시오.

prayer)로 여기는 전통은 매우 오래된 것입니다.[2] 또한 이것이 "기도 중의 기도,"[3] 또는 "가장 완벽한 기도"라고 하기도 했습니다.[4] 우리 주님께서 "이와 같이"(οὕτως, "이와 같은 방식으로") 기도하라고 말씀하셨고,[5] 이를 따라 그리스도인들은 이를 사용하여 기도하여 왔습니다. 『디

---

[2] Cf. Origen, *On Prayer*, 18 1-3, GCS 2:340-41, in Williams, ed., *Matthew*, 124; Cyprian, *On the Lord's Prayer*, 1-3, 8, CCSL 3A:90-91, 93, in Williams, ed., *Matthew*, 126; John Calvin, *Institutes of the Christian Religion* (1559), LCC edition, edited by John T. McNeill, translated by Ford Lewis Battles (Philadelphia: Westminster, 1960), 3. 20. 48-49; John Calvin, *A Harmony of the Gospels: Matthew, Mark, and Luke*, Calvin's New Testament Commentaries, vol. 1 (Edinburgh: The Saint Andrews Press, 1972, reprint, Grand Rapids: Eerdmans, 1978), 205; Theodorus Vander Groe, *The Christian's Only Comfort in Life and Death*, vol. 2, trans. Bartel Elshout (Grand Rapids: Reformation Heritage Books & Dutch Reformed Translation Society, 2016), 433 ("as a paradigm"); Otto Thelemann, *An Aid to The Heidelberg Catechism* (1892), trans. M. Peters (1896; reprint, Grand Rapids: Douma Publications, 1959), 416; Gerrit Hendrik Kersten, *The Heidelberg Catechism* (Dutch edition, 1948; Sioux Center, Iowa: Netherlands Reformed Book and Publishing, 1968), 631; G. Van Reenen, *The Heidelberg Catechism Explained for the Humble and Sincere in 52 Sermons*, trans. the Netherlands Reformed Congregations in America (Paterson, NJ: Lont & Overkamp, 1955, reprint, 1979), 551, 564, 565. Herman Hoeksema, *The Triple Knowledge*, vol. 3 (Grand Rapids: Reformed Free Publishing Association, 1972), 474, 475, 477, 478, 479, 483, 513, 557; E. M. Bounds, *The Complete Works of E. M. Bounds on Prayer* (Grand Rapids: Baker, 1990), 김원주 옮김, 『기도 II』(고양: 크리스챤 다이제스트, 2000), 419.

또한 다음도 보십시오. Herman N. Ridderbos, *Matthew* (1950-51), Bible Student's Commentary, trans. Ray Togtman (Grand Rapids: Zondervan, 1987), 125 ("a model prayer"); William Hendriksen, *The Gospel of Matthew* (Grand Rapids: Baker Book House, 1973), 324, 325 ("the model prayer"), 326 ("the perfect pattern for our prayers"); Ulrich Luz, "The Lord's Prayer," in *Matthew 1-7* (1985), trans. Wilhelm C. Linss (Minneapolis: Augsburg Fortress, 1989), 373 ("초대 교회 시대부터 주께서 가르치신 기도는 모든 기도에 대해 규범적인 것으로 받아들여졌고, 모든 신자들이 그에 따라서 기도해야 하는 기도문으로 알려졌다."); N. T. Wright, "The Lord's Prayer as a Paradigm of Christian Prayer," in *Into God's Presence: Prayer in the New Testament*, ed. Richard N. Longenecker (Grand Rapids: Eerdmans, 2001), 132; Michael J. Wilkins, *Matthew* (Grand Rapids: Zondervan, 2004), 274; David L. Turner, *Matthew*, Baker Exegetical Commentary on the New Testament (Grand Rapids: Baker Academics, 2008), 184, 185, 186; Jeannine K. Brown, *Matthew*, Teach the Text Commentary Series (Grand Rapids: Baker, 2015), 66 ("a pattern for Christian prayer").

[3] Thelemann, *An Aid to The Heidelberg Catechism*, 416: "At the same time, it will remain for all time the prayer of prayers."

[4] Van Reenen, *The Heidelberg Catechism*, 565, 566, 609; Kersten, *The Heidelberg Catechism*, 631; 그리고 Hoeksema, *The Triple Knowledge*, vol. 3, 474, 476, 477, 478, 482, 513, 607, 641, 647.

[5] 주께서 가르치는 기도를 매우 강조하면서도 이 어귀가 마태의 편집 어귀의 하나라고 하면서 예수님께서 이를 말씀하지는 않으셨다는 (이런 논의의 대표적인 예로 Ulrich Luz, "The Lord's Prayer," in *Matthew 1-7* [1985], trans. Wilhelm C. Linss [Minneapolis: Augsburg Fortress, 1989], 370, n. 5 & n. 11; 그리고 W. D. Davies and D. Allison, Jr., *Commentary on Matthew 1-7*, ICC, new

다케』에서는 일주일에 두 번씩 금식하는 것(Didache 8:1)과 함께, 그리스도인들에게 매일 세 번씩 이를 암송하도록 명령할 정도입니다(Didache 8:3).[6] 그러나 이를 기계적으로 사용하는 것, 또 그리하면 영성이 개발되는 것처럼 생각하는 것은 주께서 가르치신 기도의 의도에도 합당하지 않고, 기독교 정신에도 어긋납니다. 칼빈이 잘 표현한 바와 같이, 중요한 것은 말과 용어가 아니라 그 내용이기 때문입니다.[7] 이는 세례 받은 후에 처음으로 하는 기도로 사용되기도 했습니다.[8]

그러나 교회 안에서 오랫동안 주께서 가르치신 기도를 무시해 왔습니다. 샤를마뉴(Charlemagne) 대제(747-814) 때에는 성직자들도 이를 다는 알지 못했다고 하고, 종교 개혁 전야에도 상황은 마찬가지였습니다. 그래서 개혁자들은 정규적으로 〈주께서 가르치는 기도〉에 대해서 가르쳤고,[9] 제네바에서도 많은 사람들이 묵주기도(rosary)를 하며 마리아를 찾는 기도는 해도 〈주께서 가르치신 기도〉를 몰라서 잘하지 않는 것을 보면서 당회에서 이렇게 기도하는 분들에게 묵주기도를 하지 말고 〈주께서 가르치신 기도〉를 하도록 가르치고 치리한 예들이 많이

---

series [Edinburgh: T&T Clark, 1988], 599를 보십시오) 논의들이 과연 무슨 유익을 주는 것인지 모르겠습니다. Luz 같은 이는 이를 "예수님의 기도"라고 하면서도 ㅇ를 이곳에 배치한 마태의 의도를 중심으로 이를 논의하고 있어서 늘 안타깝습니다. 그러므로 그가 이 기도가 "산상 수훈의 중심"이라고 할 때(Luz, *Matthew 1-7*, 388), 한 편으로는 그에 동의할 수 있으면서도 그렇게 한 것이 마태라는 함의를 전달하기에 늘 안타깝습니다.

[6] 디다케의 원문은 비엔나 대학교 교수였던 Kurt Niederwimmer, *The Didache: A Commentary* (2nd edition, 1993), trans. Linda M. Maloney, Hermeneia (Minneapolis: Fortress, 1998)과 예루살렘 판본(the Jerusalem Manuscript of the Didache)을 Philip Schaff가 번역한 판(New York: Funk & Wagnalls, Publishers, 1855), available at: http://www.catholicplanet.com/ebooks/didache.htm; M. B. Riddle이 번역한 *From Ante-Nicene Fathers*, vol. 7, eds., Alexander Roberts, James Donaldson, and A. Cleveland Coxe (Buffalo, NY: Christian Literature Publishing Co., 1886) 등을 비교해 보십시오.

[7] Calvin, *A Harmony of the Gospels*, vol. 1, 205.

[8] 이에 대해서 *Apostolic Constitutions* 7. 45와 Chrysostom, *Hom. Col.* 6. 4를 언급하면서 이를 말하는 Luz, *Matthew 1-7*, 372를 보십시오.

[9] 루터는 그의 생애 기간 동안 14번이나 〈주께서 가르치신 기도〉에 대해서 가르쳤다고 합니다. 이에 대해서 Bruce McNair, "Martin Luther and Lucas Cranach Teaching the Lord's Prayer," in *Teaching the Reformations*, ed., Christopher Metress (Basel: MDPI, 2018), 36, n. 2. 재출판된 것을 합하면 21번이나 되고, 그 중 상당히 긴 논의가 7개나 된다고 합니다.

있었습니다.[10] 그에 비하면, 오늘날에는 천주교에서나 개신교에서도 〈주께서 가르치신 기도〉를 중세나 종교개혁 전야에 비하면 다들 알고는 있으나, 문제는 과연 모든 교우들이 바르게 이해하고 기도하는가 하는 것입니다.[11]

마태복음 6:9-13과 누가복음 11:2-4에 나타나는 기도의 형태가 조금 다른 것에 대해서는 주께서 이런 내용의 가르침을 여러 번 가르치셨을 것이라는 논의가 가장 설득력 있을 것입니다.[12]

---

[10] Cf. Robert Kingdon, Thomas A. Lambert, Isabella W. Watt, eds., *Registers of the Consistory of Geneva in the Time of Calvin*, vol. 1: *1542-1544* (Grand Rapids, Michigan: Eerdmans, 2000), 62, 69, 195, 201, 203, 211, 216 et passim. 이에 대한 논의들로 다음을 보십시오. Karin Maag, "Permeable Borders," in *Semper Reformanda: John Calvin, Worship, and Reformed Traditions*, ed. Barbara Pitkin (Göttingen: Vandenhoeck & Ruprecht, 2018), 18.

[11] 그래서 이전에 〈사도신경〉을 가지고 고백하는 신앙고백을 개인적으로나 예배 중에 공적으로 제대로 할 수 있도록 책(『사도 신경』(서울: SFC, 2004, 개정판(2009)의 최근 판, 2018)을 쓴 것과 같이, 〈주께서 가르치신 기도〉의 내용을 정확히 알고 기도하자고 이 책을 쓰고 있는 것입니다.

[12] 이런 논의로 VanderGroe, *The Christian's Only Comfort in Life and Death*, vol. 2, 436; Jean Vis, *We Are the Lord's* (Grand Rapids: Society for Reformed Publications, 1955), 172; Van Reenen, *The Heidelberg Catechism*, 564; Ridderbos, *Matthew*, 126; R. V. G. Tasker, *The Gospel According to St. Matthew* (Leicester: IVP, 1961, reprint, Leicester: IVP and Grand Rapids: Eerdmans, 1981), 72; R. T. France, *Matthew*, Tyndale New Testament Commentaries (Leicester: IVP and Grand Rapids: Eerdmans, 1985), 133; Leon Morris, *The Gospel According to Matthew* (Leicester: IVP, 1992; Grand Rapids: Eerdmans, 1992), 143; Craig L. Blomberg, *Matthew*, The New American Commentary, vol. 22 (Nashville, Tennessee: Broadman Press, 1992), 119 등을 보십시오. 오래 전에 같은 의견을 사사한 Origen, *On Prayer*, 18 1-3, GCS 2:340-41, in Williams, ed., *Matthew*, 124도 보십시오.

이와는 다른 견해들로 다음을 보십시오.

(1) 누가복음에 있는 예수께서 가르치신 개인적 목적의 기도를 마태가 제의적인 목적에서 더 설명하고 있는("elaboration") 일종의 미드라쉬라는 견해 (David Hill, *The Gospel of Matthew*, The New Century Bible Commentary [London: Marshall, Morgan and Scott, 1972; Grand Rapids: Eerdmans, 1990], 135; Francis W. Beare, *The Gospel According to Matthew, Translation, Introduction and Commentary* [Peabody, Mass.: Hendrickson Publishers, 1981], 171; 예수님께서 두 번 말씀하셨을 가능성을 배제하지 않는다고 하면서도 이를 선호하는 최갑종, 『예수님이 주신 기도』 [서울: 이레서원, 2000], 77-79, 특히 79: "예수님께서 본래 아무런 유대적 수식어가 없는 서언을 말씀 하셨는데 주기도문이 제자들에 의해서 공적으로 사용되면서 … '하늘에 계신'이라는 말과 '우리의'라는 말이 덧붙여졌다고 보는 것이 가장 바람직하다고 볼 수 있습니다.");

(2) 누가에 있는 것이 마태복음에 있는 풍성한 기도의 요약본이라는 견해 (이전의 견해들, 근자에는 P. Bonnard);

(3) 두 가지 기도는 두 가지 다른 신학을 반영한다는 견해, 즉 마태의 기도는 종말론적이고, 누가의 기도는 좀 더 지상적이라는 견해 (Stendahl);

(4) 역시 다른 신학을 생각하면서, 마태의 기도는 갈릴리 공동체의 기도이고, 누가의 것은 예루살렘 교회의 기도라는 견해(Ernst Lohmeyer, *Der Vater-Unser* [1952]=*The Lord's Prayer*

〈주께서 가르치신 기도〉는 먼저 "하늘에 계신 우리 아버지여"라고 기도의 대상을 분명히 하면서 기도하게 하며, 다른 곳에서 가르치신 것을 종합해 보면 예수 그리스도께서 하신 일, 즉 구속의 공로에 의지해서 기도하게끔 합니다. 그러므로 기도는 정당한 기도의 대상에게 그리스도의 공로에 의지하여 성령님 안에서 하나님의 뜻을 간구하는 것입니다. 이런 의미에서 보면 우리에게 있어서 우리의 기도의 대상이 되시는 하나님을 바르게 아는 것은 매우 중요한 일입니다. "하늘에 계신 우리 아버지여"라는 호격은 그저 단순한 호격이 아니라 우리가 기도할 수 있는 모든 근거와 기도의 사상 전체를 그 안에 담고 있는 아주 풍성한 말입니다.[13] 이 풍성한 말에 속해 있는 뜻들을 하나하나 생각해 보기로 하겠습니다.

"아버지"(Πάτερ)

우리는 먼저 하나님을 아주 단순하게 호격으로 "아버지"라고 불러 아뢰도록[14] 가르침 받습니다. 이는 예수 그리스도께서 우리에게 모범을 보

[London: Collins, 1965], 291-96, 특히 293) 등이 있습니다.
　이런 여러 가지 견해들에 대한 Hill의 소개(*The Gospel of Matthew*, 135)와 D. A. Carson의 소개("Matthew," in *The Expositor's Bible Commentary*, vol. 8 [Grand Rapids: Zondervan, 1984], 167f.)를 보고, 이런 견해들에 대한 모리스의 좋은 비판을 보십시오(Morris, *The Gospel According to Matthew*, 143).

　　[13] 비슷한 의견을 제시하는 Gerhard Maier, *Matthäus-Evangelium* (Hänssler, SCM, 2007), 송 다니엘 역, 『마태복음』 (서울: 진리의 깃발, 2017), 228을 보십시오: "주기도문의 첫머디에 앞으로 나올 모든 기도의 핵심과 씨앗이 들어 있습니다." 오래 전의 Jean Vis도 이것을 "부름"(invocation)이라고 하면서, "이는 신자의 태도의 표현입니다"고 했습니다(Vis, *We Are the Lord's*, 160).

　　[14] 이를 아주 단순한 *invocatio* 또는 "*epiklesis*"라고 합니다. 다른 이를 지적하지만, 특히 Hans Dieter Betz, *The Sermon on the Mount*, Hermeneia, edited by Adela Yabro Collins (Minneapolis, MN: Augsburg Fortress, 1995), 386f.을 보십시오. 그는 특히 〈주께서 가르치신 기도〉의 "에피클레시스는 한 단어도 낭용하지 않는다"(the *epiklesis* does not waste a word)고 표현하기까지 합니다(387).

이시고 가르치신 가장 독특한 가르침 가운데 하나라고 할 수 있습니다. 그렇지 않다고 논란하는 분들이 있지만, 예수님 이전에 그 누가 하나님을 이렇게 친근히 "아버지"(히브리어 אָב나 아람어 אַבָּא)라고 부를 수 있었으며, 더 나아가 그렇게 부르도록 가르칠 수 있었습니까? 물론 이스라엘 백성들이 하나님께서 자신들을 양육하셨다는 말씀들을(예를 들면, 사 1:2; 시 103:13) 유념하면서 자신들을 하나님의 자녀들로 생각하는 의식이 있었으므로 유비적으로 하나님을 아버지로 생각할 수는 있었지만(신 32:6; 사 63:16; 사 64:8; 렘 3:4, 19, 31:9; 말 2:10 참조), 특히 개인이 하나님을 향해 예수님처럼 친근히 "아버지"(אַבָּא)라고 부른 예는 없었다는 것이 학자들의 일반적인 생각입니다.15

---

15 이 점을 잘 지적하는 이는 특히 Joachim Jeremias입니다(*The Prayers of Jesus*, trans. John Bowden and Christoph Burchard [London: SCM, 1967], 11ff., 29, 54-57, 89-98, 108-112; idem, *New Testament Theology*, I [London: SCM, 1971], 63-65. 또한 Luz, *Matthew 1-7*, 375 & n. 54 ("하나님께 이렇게 부른 것은 다른 곳에서는 거의 없는(unique) 것이다." 그는 1981년에 나온 G. Schelbert의 같은 의견도 소개하고 그것에 의존하여 말하기도 합니다.); Blomberg, *Matthew*, 119도 보십시오: "Use of this intimate term for God was ***virtually unparalleled*** in first-century Judaism."(강조점은 필자가 덧붙인 것입니다.).

좀 더 구체적으로 말하면, 외경과 위경에 하나님을 "아버지"라고 부른 예들은 나옵니다. Cf. Tobit 13:4; Eccles 51:1; Wisdom Sol. 2:16; 14:3; Jub 1:24-25, 28; 19:29; Jos. As. 12:14; T. Lev. 18:6; T. Judah 24:2; Sir 23:1, 4; 2 Macc 5:7: 6:3, 8 (이상의 정보는 Carson, "Matthew," in *The Expositor's Bible Commentary*, 169; Robert H. Gundry, *Matthew: A Commentary on His Literary and Theological Art* [Grand Rapids: Eerdmans, 1982], 106에서 온 것입니다. 그런데 그 중의 일부는 기독교의 영향 하에서 나왔으리라고 생각되며, 사해 사본에는 두 번만 나타나고(1QS 9:35 [Carson, "Matthew," 169에서는 이 **한번 만**이라고 합니다]; 4Q372 [앞에 언급한 것 외에 이것을 언급하는 Wilkins, *Matthew*, 275]), 랍비 문헌에서는 아주 드물고, 그 중에 **예수님 시대에 앞서는 것은 거의 없다고 합니다**(Carson, "Matthew," 169).

이런 견해에 반박하면서, 유대인들도 하나님을 아버지로 부른 예가 있음을 강조하는 논의로 Geza Vermes, *Jesus the Jew* (London: Collins, 1973), 210와 Davies and Allison, *Commentary on Matthew 1-7*, 601-602; Mary Rose D'Angelo, "Abba and 'Father': Imperial Theology and the Jesus Tradition," *Journal of Biblical Literature* 111 (1992): 611-30; 그녀의 "Theology of Mark and Q: Abba and 'Father' in Context," *Harvard Theological Review* 52 [1992]: 149-74; 그리고 Betz, *The Sermon on the Mount*, 388, 특히 n. 380과 그리스인들도 그리 했다는 n. 381에 언급된 다른 학자들의 논의를 보십시오.

이 두 극단을 잘 살펴보면서, 예수님의 이 용어 사용이 절대적으로 예수님께서만 나타나는 것은 아니지만 예수님 당대의 유대인들은 예수님께서 하나님을 "아빠"(אַבָּא)라고 언급하는 것을 아주 낯설게 보았을 것이라는 Davies and Allison의 논의도(*Commentary on Matthew 1-7*, 602) 그러하고, 2020년 미국 복음주의신학회 회장인 애즈버리 신학교(Asbury Theological Seminary)의 Craig S. Keener는 중도의 입장에서 논의합니다(*A Commentary on the Gospel of Matthew* [Grand Rapids: Eerdmans, 1999], 216-18). 키너를 따르면서, 하나님을 아버지로 언급하는 예수님 예수님께서는 자신이 하나님의 독특하신 아들이라는 의식을 가지고 있었고, 그런 아들의 자격에서 하나님을 "아버지"로(막 14:36; 마 11:25f.; 마 26:39, 42; 눅 23:34; 요 5:17; 요 11:41; 요 12:27f.; 요 17), 자신을 "아들"로 부르신 일이 많았습니다(마 11:27; 요 3:35f.; 요 5:19-26).[16] 그런데 놀라운 것은 그 예수님께서 이제 당신님께서 이루신 구속을 바라보시면서, 그 하나님을 "내 아버지, 곧 너희 아버지"라고 하시면서(요 20:17) 우리에게도 하나님을 "아버지"라고 친근히 부르도록 하신 것입니다.[17] 이것은 구속이 이루어진 십자가와 부활 이후에만 한정되는 것이 아니라, 예수님께서는 그것을 미리 내다보시면서 하나님께 늘 "아버지"라고 부르도록 가르치셨던 것이고, 그것의 대표적인 예가 〈주께서 가르치신 기도〉에 나타나고 있는 것입니다.

이런 전통은 계속되어서, 바울도 우리가 양자의 영을 받았으므로 "아바 아버지"라 부르짖느니라고 말하고 있습니다(롬 8:15; 갈 4:6). 여기 하나님을 아버지라고 부르는 독특한 므리들이 있게 된 것입니다. 그것도 마치 아기들이 그 아버지를 부르듯이 친근한 어조로("an intimately childlike manner") 부르는 그런 의미에서 "아빠"라고 부르

의 언급이 절대적으로 독창적이거나 유일무이한(unique) 것은 아니지만 독특하다(distinctive)는 논의로 Turner, *Matthew*, 186, n. 20; 또한 아버딘에서 학위를 하고 싱가포르의 Biblical Graduate School of Theology에서 가르치는 Aquila H. I. Lee, *From Messiah to Preexistent Son* (Eugene, OR: Wipf & Stock, 2009), 122-25를 보십시오.

[16] 이 점에 대한 좋은 논의로 Carson, "Matthew," 169와 G. Vos, *The Self-disclosure of Jesus* (Grand Rapids: Eerdmans, 1926)에 있는 "하나님의 아들"에 대한 논의를 보십시오. 또한 Van Reenen, *The Heidelberg Catechism*, 568; 최갑종, 『예수님이 주신 기도』, 64-71; 그리고 Wilkins, *Matthew*, 275도 보십시오.

그러므로 〈주께서 가르치신 기도〉에 예수님의 이런 자의식이 나타나 있다는 것을 부인하는 Betz, *The Sermon on the Mount*, 389, 이보다 좀 약하기는 하지만 Luz, *Matthew 1-7*, 376의 논의도 심각한 문제를 지닌 것으로 보아야 합니다. Luz는 예레미아스가 강조하는 마태복음 11:27이 본래 예수님에게서 온 것이 아니라고 합니다(376, n. 56). 이런데서 성경 비평적 태도가 지닌 문제점들이 드러납니다.

[17] 비슷하게 이 점을 강조하는 Wilkins, *Matthew*, 275도 보십시오. 그는 이것이 산상수훈 전체에 잘 나타나고 있다고 합니다.

도록[18] 하신 그런 무리들이 있게 된 것입니다.

여기서 중요한 것은 이것이 그저 된 것이 아니라 "우리 주 예수 그리스도 때문에" 그렇게 되었다는 것입니다(〈하이델베르크 요리문답 제 120 문답〉). 그리스도의 구속이 우리를 하나님의 자녀로 회복시킨 것입니다. **이 점이 이 부분을 생각하면서 가장 강조되어야 할 요점입니다.** 그리스도를 통하지 않고서는, 즉 그리스도의 구속함을 적용 받지 않고서는 이하에 말할 모든 내용이 적용될 수 없는 것이기 때문입니다. 그러므로 **기도는 아무나 할 수 있거나, 또한 그저 기도한다고 해서 그것이 유효한 것이 아닙니다.** 피조물이라고 해서 아무나 다 하나님의 영적인 자녀라고 할 수 있는 것이 아닙니다.[19] 최낙재 목사님께서 잘 설명하시듯이, "예수님을 믿고 예수님 앞에 나아와서 예수님에게 배우고자 하는 사람들에게 '하늘에 계신 우리 아버지'라고 부르라고 가르치신 것입니다."[20] 리델보

---

[18] 상당수의 학자들이 아람어 "아빠"(אבא)가 이런 의미라고 말합니다. 특히 앞서 언급한 Jeremias, 그리고 Morris, *The Gospel according to Matthew*, 143, n. 33; 그리고 Wilkins, *Matthew*, 275를 보십시오.

이에 반대하는 대표적인 논의가 James Barr, "'Abba' Isn't 'Daddy,'" *Journal of Theological Studies* 39 (1988): 28-47입니다. 그는 아람어 "Abba"라는 말이 가정에서 사용하는 말이지만, 어린아이들이 사용하는 이를테면 우리말로 "아빠"(daddy)라는 의미로 보다는 좀 더 공식적이 "아버지"(father)라는 의미로 사용되었다고 주장합니다(38, 46).

기본적으로 어린 아이가 사용하는 이 용어를 어른들도 사용할 수 있었다고 논의하는 분들이 많이 있습니다. Cf. Gundry, *Matthew*, 105; Luz, *Matthew 1-7*, 375, n. 51(그는 예레미아스의 주장이 한 편만을 강조한 것이기에 잘못되었다고 합니다); Robert D. Rowe, *God's Kingdom and God's Son* (Leiden: Brill, 2002), 256 (그는 이 용어는 예레미아스가 말하는 것처럼 "아빠"라고 할 수도 있고, 제임스 바가 말하는 것처럼 "아버지"라고 할 수도 있다고 합니다).

[19] 그러므로 세상에서 누구나 하나님을 "아버지"라고 부를 수 있다는 인상을 주면서 논의를 하는 Betz, *The Sermon on the Mount*, 388의 입장은 심각한 문제를 지닌 것이라고 해야 합니다. 그는 심지어 신적인 아버지와 인간 자녀의 관계는 왕국적 함의를 지녔다는 아리스토텔레스의 글을 인용하면서(Aristotle, *The Nichomachean Ethics* [Cambridge, MA: Harvard University Press, 1934], 8. 10. 4 (p. 493), cited in Betz, *The Sermon on the Mount*, 389, n. 383) 주께서 가르치신 기도의 독특한 개념들과 하나님 나라 개념도 흐리고 있습니다. 또한 그리스 사람들이 그들의 신들을 세상의 '조성자'나 '생성자'(the progenitor)로 언급하던 것과 이를 비교하면서 논의하는 것도(387) 재고하는 것이 좋았을 것입니다. 또한 〈주께서 가르치신 기도〉를 "교회의 경계를 넘어서 사람들로 하여금 기도하고 하나님의 사랑을 발견하도록 도울 수 있도록 하는 기본적 텍스트가 되게 해야 한다"고 말하는 루츠의 주장도(Luz, *Matthew 1-7*, 387) 결국 주님의 의도를 벗어난 것이라고 해야 할 것입니다.

현대의 이런 정향들에 대한 강한 비판으로 Hoeksema, *The Triple Knowledge*, vol. 3, 488-90를 보십시오.

스도 "오직 예수님의 제자들만이 하나님을 아버지라고 부를 특권을 가지고" 있다고 말합니다.21 물론 하나님께서는 "모든 영의 아버지"이시지만 (히 12:9), 모든 사람이 다 하나님의 자녀 됨을 거부하고 각기 제 길로 갔기 때문입니다. 그러므로 오직 그리스도께서 이루신 구속을 통해서 영적으로 하나님의 자녀된 사람들만이 하나님을 아주 친근하게 "아버지"라고 부르며, 하나님을 아버지로 모시고 살 수 있는 것이고, 그런 사람들만이 유효한 기도를 할 수 있습니다. 그런 의미에서 이는 참으로 "하나님의 백성들의 기도"입니다.22

예수 그리스도를 통하지 않고 아버지께 올 수 있는 사람은 아무도 없습니다(요 14:6).23 여기서 다시 최 목사님의 표현을 인용한다면, "믿음이 있어야 하나님을 아버지라 부르는 것이고, 그런 믿음이 있는 사람끼리 다 함께 '하늘에 계신 우리 아버지여'라고 기도할 수 있도록 예수님께서 가르치신 것입니다."24 그러므로 이 기도는 사적으로도 할

---

20 최낙재, 『소요리 문답 강해』, II (서울: 크리스챤 다이제스트, 2000), 679. 또한 Kersten, *The Heidelberg Catechism*, 641f.도 보십시오.

21 Ridderbos, *Matthew*, 127: "Only Jesus's disciples have the privilege to address God as Farther." 또한 Calvin, *Institutes*, 3. 20. 36; VanderGroe, *The Christian's Only Comfort in Life and Death*, vol. 2, 446-47; Thelemann, *An Aid to The Heidelberg Catechism*, 418도 보십시오. 하나님을 아버지라고 부를 수 있는 것은 오직 "그리스도 안에" 있는 사람들의 특권임을 강조하는 William Hendriksen, *The Gospel of Matthew* (Grand Rapids: Baker Book House, 1973), 326와 〈주께서 가르치신 기도〉가 제자들의 기도라는 France, *Matthew*, 133의 강조도 보십시오.

22 이렇게 말한 Cyprian, *On the Lord's Prayer*, 1-3, CCSL 3A:90-91, in Williams, ed., *Matthew*, 126을 보십시오. 키프리안이 "하나님 자녀들의 기도"라고 한 것을 생각하면서 여기서 유대인들이 배제되지 않은 것이라는 루츠의 생각은(Luz, *Matthew 1-7*, 376, n. 57) 결과적으로 잘못된 것이라고 해야 합니다. 유대인들도 예수님을 통한 구속을 받아들여야만 예수님께서 의도하신 대로 "우리 아버지"라고 할 수 있기 때문입니다. 요한복음 8장에 나타난 예수님의 강한 태도를 잘 보십시오. "예수님의 아버지가 유대인들이 회당에서 부르는 그 하나님"이긴 하지만(Luz, *Matthew 1-7*, 377 & n. 60), 그들이 끝까지 예수님의 구속을 받아들이지 않으면, 그들은 여기서 말하는 "우리" 안에 있지 않음을 루츠는 너무 무시하고 있습니다.

23 이 맥락에서 요한복음 14:6을 인용하여 이점을 생각하는 Ridderbos, *Matthew*, 127을 보십시오. 또한 회심하지 않은 사람은 실질적으로 기도할 수 없다는 것을 잘 강조하고 있는 Van Reenen, *The Heidelberg Catechism*, 556도 보십시오.

24 최낙재, 『소요리 문답 강해』, II: 691.

수 있지만 기본적으로 공동체 안에서 사용하게끔 의도되었다고 생각하는 것이 중요합니다.25 이것을 생각하면서 터툴리안은 "하나님을 그들의 아버지라고 인정하는 사람들은 복된 자들이다"고 했습니다.26

그런데 예수 그리스도의 구속에 근거하여 하나님을 "아버지"로 부르며 산다는 것은 우리들이 하나님의 아버지다운 사랑과 엄위하신 교훈 가운데서 산다는 것입니다. 이것은 구체적으로 다음 몇 가지를 함의합니다.

첫째로, 하나님 아버지께서 우리의 필요한 모든 것을 아시며, 필요한 것을 다 공급해 주신다는 것을 함의합니다. 삶에 필요한 모든 것을 하나님께서는 우리가 구하기도 전에 미리 다 아십니다(마 6:8). 따라서 다시 강조하지만, 하나님께 기도하는 것은 하나님께서 우리 사정을 모르시기 때문에 보고하는 것이 아닙니다. 오히려 주께서 모든 것을 아시고, 주께서는 우리에게 필요한 모든 것을 공급하시는 분이기에 우리는 주께 기도합니다. 또한 우리의 모든 것을 아시는 하나님께서 우리가 기도하기를 원하시므로 우리가 주님의 뜻을 분별하여 주님의 뜻을 구하는 것입니다.

그러므로 우리는 모든 것을 아시는 아버지께 이 상황에서 우리가 가야 할 방향을 지시 받기 위해 상의하는 것과 같은 심정으로 기도하는 것입니다. 그는 우리의 모든 것을 아시며, 필요한 모든 것을 공급하시는 분이시기 때문입니다. 그는 참으로 "후히 주시고 꾸짖지 아니하시는" 분이십니다(약 1:5). 그러므로 우리가 주께 모든 것을 다 구할 수 있습니다. 그리고 아버지이신 하나님께 우리의 모든 소원을 아뢰고, 모

---

25 이를 지적하는 Morris, *The Gospel according to Matthew*, 143을 보십시오.
그러므로 기본적으로 개인의 기도를 중심으로 이를 생각하고 공기도와 좀 대조되는 것으로 말하는 Joseph Heinemann, *Prayer in the Talmud* (Berlin: De Gruyter, 1977), 190-92과 이를 상당히 용인하는 듯한 Betz, *The Sermon on the Mount*, 37쪽.의 논의는 잘못된 방향을 지향하는 듯합니다.

26 Tertullian, *On Prayer*, 2. 3, CCSL, 1:258, in Williams, ed., *Matthew*, 126.

든 염려를 맡길 수 있습니다.

현세에서만이 아니라 그는 영원히 우리에게 필요한 모든 것을 공급해 주십니다. 따라서 성도의 견인도 여기에 포함되어 있는 것으로 생각하는 것이 좋습니다.27 하나님의 자녀된 사람들은 하나님께서 인치시고 보증으로 우리에게 성령님을 주셨습니다(고후 1:21). 에베소서에서는 "약속의 성령으로 인치심을 받았느니라"고도 표현합니다(엡 1:13). 이는 우리가 하나님의 소유된 존재임을 확언합니다. 우리는 하나님의 능력으로 끝까지 지켜집니다. 그러므로 우리는 그 성령님 안에서 "구속의 날까지 인치심을 받았다"고 말할 수 있습니다(엡 4:30).

둘째로, 그가 우리의 아버지이시기에 하나님께서는 우리가 잘못하고 하나님의 뜻에 순종하지 않을 때 우리를 징계하기도 하십니다. 그것은 하나님이 우리를 "아들과 같이 대우하시는" 한 방식입니다. 그래서 히브리서 기자는 "징계는 다 받는 것이거늘 너희에게 없으면, 사생자요 참 아들이 아니니라"(히 12:8)고 말씀하십니다. 그러므로 혹시 주께서 징계하시면 하나님께서 우리의 유익을 위하여 그의 거룩하심에 참예케 하시기 위해 그리하시는 줄 알고(히 12:10), 하나님께 더욱 복종하여 살아야 합니다. 물론 "징계가 당시에는 즐거워 보이지 않고 슬퍼 보이나 후에 그로 말미암아 연달한 자에게는 의의 평강한 열매를 맺는" 것입니다(히 12:11).

이런 생각을 가지고서 우리는 하나님을 "아버지"라고 불러 아룁니다. 우리 주님께서 그런 풍성한 의미를 다 담아서 하나님을 "아버지"라고 부르도록 하셨다는 것을 생각하면서 말입니다. 특히 예수님께서

---

27 후크마는 하나님의 자녀로서의 혜택을 언급하면서 이 둘을 나누어 설명하고 있습니다. A. A. Hoekema, *Saved by Grace* (Grand Rapids: Eerdmans, 1989), 제 11 장=류호준 역, 『개혁주의 구원론』(서울: CLC, 1991), 307. 있을 수 있는 논의이나, 이를 다 하나님의 아버지다운 돌보심과 배려(provision)로 생각하는 것이 좋을 것이라고 판단하여 이와 같이 진술했습니다.

염두에 두셨던 "깊이 있고 사랑스러운 친밀성"을[28] 가지고 기도해야 합니다. 이것이 "우리들의 기도의 토대"입니다.[29] 그러므로 "하나님을 '아버지'로 인정하지 않는 것은 은혜로우시며 완전하신 하나님의 자기 계시를 모욕하는 것"이라고 하고,[30] "하나님의 계시의 말씀에 근거해서 우리는 자신의 경험을 해석해야 한다"는 케빈 드영의 말은[31] 매우 정확한 것입니다.

"하늘에 계신 아버지"(Πάτερ ὁ ἐν τοῖς οὐρανοῖς)

그런데 예수님께서는 그 앞에 "하늘에 계신"이란 말을 붙이도록 하셨습니다.[32] 이는 결국 하나님의 엄위하심과 초월성을 상기시키는 것이라고 하지 않을 수 없습니다.[33] 하나님은 친근하신 아버지이시지만 또한 우리

---

[28] Sherman E. Johnson, "St. Matthew: Introduction and Exegesis," *The Interpreter's Bible*, vol. 7 (New York & Nashville: Abingdon Press, 1951), 310. 여기서 Luther, *The Small Catechism* (Minneapolis: Augsburg, 1960), 15와 루터파 신앙고백서인 *Book of Concord*, 346를 참조하는 것도 도움이 됩니다.

[29] Thelemann, *An Aid to The Heidelberg Catechism*, 419: "the foundation of our prayer."

[30] Kevin DeYoung, *The Good News We Almost Forgot* (Chicago: Moody Publishers, 2010), 신지철 옮김, 『왜 우리는 하이델베르크 요리문답을 사랑하는가?』 (서울: 부흥과 개혁사, 2012), 390.

[31] DeYoung, 『왜 우리는 하이델베르크 요리문답을 사랑하는가?』, 391.

[32] 물론 헬라어로는 그 뒤에 붙이도록 했지요. 그런데 (베네딕트 16세가 라칭거 추기경일 때 "20세기 후반 천주교 주해가 가운데서 제일 중요한 분"이라고 칭송했던 - Cf. Joseph Ratzinger, *Jesus of Nazareth*, vol. 1: *From the Baptism in the Jordan to the Transfiguration* [New York: Doubleday, 2007], 11) 쉬나켄부르크는 마태가 자신의 유대-기독교적 정신에서 "하늘에 계신"이라는 말을 덧붙였다고 합니다. Rudolf Schnackenburg, *The Gospel of Matthew* (1985, 1987), trans. Robert R. Barr (Grand Rapids: Eerdmans, 2002), 66. 비교적 온건한 학자로 알려진 쉬나켄부르크도 이렇게 하는 것을 보면 천주교 신학계도 얼마나 성경 비판적 태도를 유지하고 가르치고 있는지를 잘 알 수 있습니다. 또한 당대 유대인들의 방식을 따라 마태가 그리하였다는 Luz, *Matthew 1-7*, 371, 377, n. 60도 보십시오.

[33] 지상적 아버지와의 차이만을 강조하면서 초월성에 대한 생각이 여기 전혀 있지 않다는 Luz, *Matthew 1-7*, 377의 논의는 근거 제시 없이 그저 자신의 생각을 말하는 것입니다.

와는 비교가 되지 않는 엄위하신 하나님이십니다. 그러므로 우리가 하나님께 나아가거나 하나님을 불러 아뢸 때 하나님의 천상적 엄위(heavenly majesty)를 바로 인정하고 그 엄위로우심 앞에 절하면서 말씀드려야 합니다. 이것을 잊은 사람들은 하나님을 바로 아는 것이 아닙니다.

하나님의 엄위하심에 대해서는 성경 모든 곳이 잘 가르치고 있습니다. 그러나 특히 전도서의 다음과 같은 말씀을 유념해야 할 것입니다: "너는 하나님의 전에 들어 갈 때에 네 발을 삼갈지어다"(전 5:1). 왜 그렇습니까? 결국 "하나님은 하늘에 계시고, 너는 땅에 있음이라"(전 5:2)는 말씀이 대답이 될 것입니다. 이는 하늘은 하나님의 영역이고 땅은 우리들의 영역이라는 말이 아니라는 것은 조금만 생각해 보면 누구에게나 명백할 것입니다. 도대체 이 세상에 하나님의 영역이 아닌 곳은 아무 곳도 없습니다. 모든 곳이 다 하나님의 영역입니다. 따라서 이 세상과 땅과 그 모든 진행에 하나님이 함께 하십니다. 그는 참으로 우리에게서 멀리 떠나 계시지 않으십니다. 그런데 하나님께서는 그와 동시에 이 모든 것을 다 초월하십니다. 내재와 초월을 동시에 강조해야 이 세상에 대한 하나님의 관계를 제대로 말하는 것입니다.[34]

내재하시면서도 초월하시는 하나님께서는 엄위하신 하나님이시므로 우리가 그 하나님께 접근할 때 다음과 같이 해야 한다고 전도자는

보다 전통적인 이해로 다음을 보십시오. Vander Groe, *The Christian's Only Comfort in Life and Death*, vol. 2, 444-46; Thelemann, *An Aid to The Heidelberg Catechism*, 419f.; Vis, *We Are the Lord's*, 161; Hoeksema, *The Triple Knowledge*, vol. 3 494f., 496f.; Ridderbos, *Matthew*, 127; Hendriksen, *The Gospel of Matthew*, 326-27; France, *Matthew*, 134; 그리고 Maier, 『마태복음』, 229.

[34] 이는 모든 정통 신학자들이 늘 강조한 것입니다. 모든 점에서 다 잘 했다고는 할 수 없지만 현대 신학을 "초월과 내재"에 비추어 논의해 보려고 한 좋은 시도로 Stanley J. Grenz and Roger E. Olson, *20th Century Theology: God & the World in a Transitional Age* (Downers Grove, IL: IVP, 1992), 특히 제 11 장과 결론을 보십시오. 이 책에 대한 개혁주의적 평가를 보려면 "복음주의 입장에서의 20세기 신학에 대한 평가", 『개혁신학탐구』, 개정판 (수원: 합신대학원출판부, 2012), 362-67을 보십시오.

말합니다: (1) "가까이하여 말씀을 듣는 것이 우매자의 제사 드리는 것보다 낫다"(5:1). 엄위하신 하나님 앞에서는 그에게 무엇을 하여 드린다는 어리석은 의식은 무의미한 것이고, 그의 말씀을 듣고 깨닫고 그 분이 원하시는 대로 나아가기 위한 준비를 해야 합니다. 그러므로 가까이하여 말씀을 들어야 합니다. 엄위하신 하나님 앞에서는 우리의 손과 발보다는 먼저 우리의 귀와 마음이 하나님을 향해야 합니다. 그 귀와 마음의 깨달음으로부터 손과 발의 움직임으로 나아가야 합니다.

(2) "하나님 앞에서 함부로 입을 열지 말며, 급한 마음으로 말을 내지 말라"(5:2). 그러므로 하나님 앞에서는 우리의 입과 혀와 깨닫지 못한 마음으로 하는 말은 무의미하며, 오히려 문제를 일으킵니다. 그러면 하나님 앞에서는 아무 말도 하지 말아야 한다는 것일까요? 그렇지는 않습니다. 하나님은 우리의 반응을 원하십니다. 그러나 엄위하신 하나님 앞에서는 "마땅히 말을 적게 할 것"입니다(5:2). 왜냐하면 "말이 많으면 우매자의 소리가 나타나기" 때문입니다. 그러므로 우리는 엄위하신 하나님 앞에서 겸손하게 하나님의 말씀을 듣고, 그 말씀에 근거해서 우리가 깨달은 마음으로 말해야 합니다. 그것이 하늘에 계신 아버지와 교제하는 마땅한 방식입니다. 기본적으로 우리는 (1) 우주 전체의 주권자를 (2) 친근한 아버지로[35] 모시고 사는 것의 영예스러움을 깊이 생각해야 합니다.

"우리 아버지"(Πάτερ ἡμῶν)

---

[35] 이 둘의 병행적 표현의 의미를 강조하는 또 다른 예로 다음을 보십시오. Hoeksema, *The Triple Knowledge*, vol. 3, 497; Ridderbos, *Matthew*, 127; Hendriksen, *The Gospel of Matthew*, 326-27; France, *Matthew*, 134; Schnackenburg, *The Gospel of Matthew*, 66; 그리고 Turner, *Matthew*, 186f.

그런데 그 하늘에 계신 아버지를 "우리들의 아버지"(אָבִינוּ, ʾabînû)라고 부르도록 하셨다는 것에도 우리는 주목해야 합니다. 서양 사람들은 이런 말의 독특성에 익숙하지 않고, 따라서 이 용어가 가진 의미의 특성에 별 주의를 기울이지 않는 것 같습니다. 그러나 "우리"를 자주 말하는 우리들은 또한 너무 익숙해서 이 점을 간과해 버리기 쉽습니다. 그러므로 우리는 주님께서 왜 우리에게 "우리 아버지"라고 불러 아뢰도록 하셨는지에 주의를 기울여야 합니다.

첫째로, "우리" 아버지는 어떤 개인이 하나님을 독점할 수 없다는 것을 분명히 보여 줍니다. 하나님을 "나의 아버지"(my Father)라고 말할 수 있지만 그것은 예수 그리스도의 구속으로 말미암아 이루어진 구속에 참여한 사람들 가운데 나도 포함되어 있다는 의미에서 쓸 수 있지만, 그 누구도 자신만이 하나님을 독점하고 있다는 의미에서 이 말을 사용할 수 없습니다.

이런 의미에서 "내 아버지"라는 말을 사용하실 수 있는 분은 오직 예수님뿐입니다. 그래서 예수님께서는 "내 아버지 곧 너희 아버지, 내 하나님 곧 너희 하나님"이라는 표현을 사용하셨습니다. 예수님께서만이 아주 독특한 의미에서 "내 아버지"라고 하실 수 있고, 우리는 그가 이루시는 구속 때문에 하나님의 자녀로 양자 됨을 얻었기에 하나님을 "우리 아버지"라고 부르는 것입니다. 그러므로 이 세상의 모든 것이 마치 자기 자신을 중심으로 돌아가고 있는 듯이 생각하고 말하는 것은 주제넘은 일입니다. 하나님은 어떤 사람이 독점할 수 있는 분이 아니십니다.

둘째로, 하나님을 "우리 아버지"라고 부르도록 하신 것은 우리가 언제나 하나님을 중심으로 한 "공동체 의식"을 가지고 있어야 한다는 것을 생각하도록 합니다. 우리는 먼저 주께서 가르치신 기도가 "공동체적인 기도"라는 것을 생각해야 합니다.36 어떤 공동체입니까? 한편으로는 유대인들과 구별되고, 또 한 편으로는 이방인들과 구별되는37 예수 그리스도와 독특한 관계성을 지닌 공동체, 그리스도의 구속에 근거한 공동체인 기독교 공동체입니다. 그러므로 이는 기독교 공동체의 기도입니다.

물론 교회 공동체가 드려야 하지 개인이 드리면 안 된다는 뜻은 아닙니다. 그러나 기본적으로 이는 기독교 "공동체의 기도"입니다. 이 기도를 드리는 사람, 따라서 하나님을 "우리 아버지"라고 부르는 사람이 하나님 나라의 공동체 의식이 없으면 안 됩니다. 우리는 항상 하나님을 중심으로 하는 공동체, 하나님을 아버지로 모시는 공동체, 그러므로 하나님과 함께 하는 공동체의 일원으로서 함께 하나님께서 주신 사명을 이루어 가는 사람들이라는 의식을 가지고 있어야 합니다. 또한 여기에는 그리스도의 구속으로 말미암아 각기 다른 사람들이 다 하나가 되어 "한 공동체"가 된 것을 의식하는 것, 그리고 그로부터 파생되어 나올 수 있는 사회적 역사적 변혁을 위한 의식이 포함되어야 합니다.38 그러나 일차적으로는 공동체적 기도와 공동체적 삶의 중요성을 강조해야 합니다.

---

36 Thelemann, *An Aid to The Heidelberg Catechism*, 417 (그는, 그렇기에 이는 또한 도고[intercession]의 성격도 가짐을 강조합니다); Van Reenen, *The Heidelberg Catechism*, 568f.,; Jean Vis, *We Are the Lord's* (Grand Rapids: Society for Reformed Publications. 1955), 157, 158; Tasker, *The Gospel According to St. Matthew*, 72; France, *Matthew*, 133; Morris, *The Gospel according to Matthew*, 144; Blomberg, *Matthew*, 119; 그리고 Gundry, *Matthew*, 106도 보십시오. 그러나 이 어귀로부터 "이 기도의 공동체적 성격"을 잘 지적하는 건드리(Gundry)는, 아주 명확하지는 않지만, 이 "우리"라는 말이 예수님에게서 온 것이라기보다는 마태의 것이라는 것을 사사하기에 주의해야 합니다.

37 "너희는 이렇게 기도하라"(Οὕτως προσεύχεσθε ὑμεῖς)는 말에 나타나는 "너희들은"(ὑμεῖς)이라는 말에 이런 함의가 있음을 잘 지적하는 Davies and D. Allison, Jr., *Commentary on Matthew 1-7*, ICC, 599를 보십시오. 그러나 이를 잘 지적하는 이 분들은 이 어귀 전체가 마태의 편집 어귀(redaction)라고 생각하기에 전체적으로 문제가 있음도 의식하면서 그들의 글을 읽어야 합니다.

38 이 점에 대한 좋은 논의로 최낙재, 『소요리 문답 강해』 II:682-84; 686-91을 보십시오.

그러나 또한 이 기도는 함께 있을 때만 드리는 것이 아니므로, 우리가 떨어져서 각기 일을 하고 각기 살고 있을 때에라도 우리는 모두 다 하나님을 "우리" 아버지라고 부르는 사람들이라는 의식을 가지고 개별적인 삶에 있어서도 교회에 속한 사람으로서의 의식을 분명히 드러내도록 해야 합니다. 따라서 이 기도는, 필슨이 잘 말하고 있듯이, "공동체에 의해서나 자신이 그 공동체의 한 성원임을 의식하는 사람에 의해서만 사용될 수 있습니다."39 오래 전 키프리안은 좀 더 강하게 다음과 같이 표현한 일도 있습니다.

> 우리들의 기도는 공적이고(public) 공통적인(common) 것이다. 우리가 기도할 때에 우리들은 개인을 위해 기도하는 것이 아니라 전체를 위해 기도하는 것이니, 우리는 모두 한 백성이기 때문이다. 통일성을 가르치신 평화의 하나님이요 조화(harmony)의 교사께서는 이와 같이 모든 사람들이 모두를 위해 기도하기를 원하셨다. 마치 그 자신이 우리 모두를 하나로 만드실 것처럼 말이다(요 17:21 참조).40

그러므로 비록 각기 떨어져서 다른 일을 하고 있는 상황 속에서도 우리는 공동으로 하나님께서 이루시려고 하는 것을 같이 이루어 나가는 사람들로서 각 가정과 개인의 삶을 살아가야 합니다. 따라서 "기도는 개별적으로 할 때라도 하나의 사회적 표현입니다."41 그러므로 "우리 아버지"라는 말로부터 "기독교 신앙은 본질적으로 가족적인 것(family

---

39 Floyd V. Filson, *A Commentary on the Gospel according to St. Matthew* (New York: Harper & Row, 1960; Peabody, Mass.: Hendrickson Publishers, 1987), 95.

40 Cyprian, *On the Lord's Prayer*, 8, CCSL 3A:93, in Williams, ed., *Matthew*, 127.

41 George A. Buttrick, "Exposition of Matthew," in *The Interpreter's Bible*, vol. 7 (New York & Nashville: Abingdon Press, 1951), 310. 그러나 버트릭은 하나님 백성과 그렇지 않은 이들 사이의 구별을 염두에 두지 않은 듯합니다. 이미 위에서 살펴보았던 것처럼, 한스 디터 베츠의 생각은 더 심각합니다(Betz, *The Sermon on the Mount*, 338).

affairs)"이라는 생각을 발전시켜야 합니다.42 이런 풍성한 의미가 "우리 아버지"라는 말에 담겨져 있습니다.

기도의 대상이 되시는 삼위일체 하나님

이상에서 우리는 기도의 대상이 되시는 하나님을 어떻게 지칭하도록 하셨는지에 함의된 생각을 하나하나 살펴보았습니다. 그러나 이 때 우리가 오해하지 말아야 할 것이 하나 있습니다. 기도의 대상을 "하나님 아버지"라고 부르도록 하셨다고 해서 우리의 기도를 성부 하나님(God the Father)께서만이 받으시고, 따라서 우리는 성부 하나님께만 기도해야 한다고 생각하는 것은 잘못입니다. 기도는 삼위일체 하나님께 드리는 것입니다.43 하나님은 삼위일체이신 하나님이시기 때문입니다. 그런

---

42 Robert H. Mounce, *Matthew*, A Good News Commentary (San Francisco: Harper & Row, 1985), 53.

43 그러나 19세기의 중재신학자(mediating theologian)의 한 사람인 아우구스트 톨룩(August Tholuck, 1799-1877)이 그리하였던 것처럼, 첫째와 넷째 기원은 성부에 관한 것이고, 둘째와 다섯째 기원은 성자에 관한 것이고, 셋째와 여섯째 기원은 성령에 관한 것이라고 말하는 것은 흥미롭기는 하지만 좀 지나친 것이라고 해야 합니다. Cf. August Tholuck, *Auslegung* (Halle, 1833), 340f. (Luz, *Matthew 1-7*, 388, n. 117에서 재인용)=*Exposition, Doctrinal and Philological, of Christ's Sermon on the Mount, according to the Gospel of Matthew*, trans. Robert Menzies, 2 vols. (Edinburgh: T. & T. Clark, 1834-53). 비슷하게 말하는 Van Reenen, *The Heidelberg Catechism*, 575도 보십시오. 이런 논의는 일리는 있습니다. 하나님 나라를 가져오시고 죄 용서하시는 것이 성자의 사역에 기초하는 것이고, 우리들로 하여금 하나님의 뜻을 수행하게 하시고, 유혹에 빠지지 않게 하시는 것이 성령님의 사역으로 돌려지기 때문입니다. 그러나 "삼위일체의 밖으로의 사역은 나뉘어지지 않는다"(*opera trinitatis ad extra sunt indivisa*)는 교부들의 강조점을 우리들은 항상 유념해야 합니다. 성경과 바른 신학은 어떤 특정한 사역을 삼위(三位) 중 한 위(位)에게 돌리기는 하지만, 그것이 그 한위만의 사역이라고 하지는 않기 때문입니다.

그렇다고 해서 (리츨 신학의 영향 하에 있던 교회사가였던) 칼 아네르(1879-1933)가 소개하는 계몽주의자들과 같이 사도신경에 삼위일체 교리가 없다고 주장하는 것은 더 심각한 문제입니다. Cf. Karl Aner, *Das Vaterunder in der Geschichte der evangelischen Frömmigkeit* (Tübingen: Mohr Siebeck, 1924), 28f., cited in Luz, *Matthew 1-7*, 388, n. 119. 계몽주의에서는 〈주께서 가르치신 기도〉에 삼위일체와 같은 전통적 기독교 교리가 없기에 이 기도문이 근본적 텍스트로 여길 수 있다고 합니다. 이런 태도는 참으로 위험한 태도가 아닐 수 없습니다. 이는 교부들과 개혁자들과 그들을 따르는 분들의 〈주께서 가르치신 기도〉에 대한 이해와 정면으로 충돌하는 것입니다.

데 하나님에 대해서 "아버지"라고 호칭하는 것은 삼위일체 하나님의 대표로서 성부 하나님을 언급하는 것이거나, 삼위일체 하나님 전체를 우리의 아버지라고 지칭하는 것입니다.44 우리를 구원하시는 모든 일은 다 삼위일체 하나님께서 하시는 것이기 때문입니다.

필립 멜랑흐톤이 오래 전에 잘 표현한 바와 같이 "영원하신 아버지, 영원하신 아들 예수 그리스도, 그리고 성령, 각 위(各位)가 다 우리의 죄를 용서해 주시고, 은혜롭게 우리를 받아 주시며, 복락을 우리에게 주시는 참된 하나님"이십니다.45 그러므로 우리가 참으로 기독교 신앙을 가졌다면, 우리는 "신적인 엄위 중에 계신 삼위를 성찰해야만" 합니다. 따라서 기본적으로 모든 기도는 삼위일체 하나님께 드리는 것이라고 생각해야 합니다.

그러나 기도를 드리는 구체적인 방식에 있어서는 다양한 방식이 사용될 수 있습니다. 첫째로, 삼위일체 하나님을 불러 기도할 수도 있습니다. 예를 들어서, "세상을 창조하시고 구원을 이루신 놀라우신 삼위일체 하나님", 또는 "지혜와 능력으로 온 세상을 돌아보시는 성부, 성자 성령 하나님", 또는 "지금도 우리의 경배를 받으시며 우리와 함께 하시는 삼위일체 하나님"과 같이 말입니다.

또한 성부, 성자, 성령을 따로 그러면서도 동시에 불러 아뢸 수도 있습니다. "우리를 위해 영원한 구원의 경륜을 세우셔서 역사하시는 성부 하나님, 우리의 구속을 위해 인성을 취하여 신인(the God-man)

---

44 여기서 "아버지"라는 호칭이 삼위일체 전체에 주어지는 것임을 강조하는 Hoeksema, *The Triple Knowledge*, vol. 3, 486f.를 보십시오. 또한 그런 구약의 용례를 언급하면서 이를 말하는 Van Reenen, *The Heidelberg Catechism*, 567도 보십시오. 그러나 그는 좀 조심스럽게 말합니다: "첫째 위를 말하는 것입니다. 그러나 성자와 성령님을 전혀 배제하지 않고 그리하는 것입니다."

45 Philip Melanchthon, *Loci Communes 1555*, trans. and edited by Clyde L. Manschreck (Oxford: Oxford University Press, 1965; reprinted, Grand Rapids: Baker, 1982), 이승구 역, 『신학 총론』(서울: 크리스챤 다이제스트사, 2000), 326.

이 되시어 놀라운 구속을 이루신 성자 하나님, 우리에게 구속을 적용시키셔서 우리를 성화시키시는 성령 하나님!"과 같은 식으로 말입니다.

또한 삼위일체 중의 한 위에게 기도드릴 수도 있습니다. 예를 들어서, 필립 멜랑흐톤은 삼위일체를 설명한 후에 세 가지 기도를 기록하고 있는데, 첫째 기도는 "우리 구주 예수 그리스도의 영원하신 아버지이신 유일하게 살아 계시고 참되신 하나님이신 전능하신 하나님!"을 불러 아뢰며 기도하고 있고, 둘째 기도는 "오 전능하신 예수 그리스도시여!"라고 기도하고 있고, 또 셋째 기도는 "오 전능하신 하나님이신 성령님이시여"라고 기도하는 것을 제시한 일이 있습니다.[46] 이처럼 어떤 기도는 성부에게, 또 어떤 기도는 성자에게,[47] 그리고 어떤 기도는 성령님께 드릴 수 있습니다. 어린아이들이 성자 하나님이신 예수님께 기도 드려도 그것은 충분히 바른 기도가 되는 것입니다.

그러므로 우리는 어떤 방식으로 기도하든지 기도는 모두 전체적으로 삼위일체 하나님께 드려진다는 것을 유념하면서 기도해야 합니다. 그러므로 "하늘에 계신 우리 아버지"라고 불러 아뢸 때도 성부 하나님을 삼위일체 하나님의 대표로 하여 기도한 것이든지, 아니면 삼위일체를 모두 아버지로 불러 아뢴 것이라고 생각해야 합니다.

나가면서

우리들은 우리의 기도의 대상이 누구신지를 〈주께서 가르치신 기도〉에

---

[46] Melanchthon, 『신학 총론』, 124ff.

[47] Cf. Thelemann, *An Aid to The Heidelberg Catechism*, 411 (행 7:58; 요 5:23; 빌 2:10).

서 예수님께서 언급하신 것을 중심으로 생각해 보았습니다. 기도할 때마다 우리의 기도의 대상이 되시는 하나님에 대한 바른 생각이 우리를 가득 채우도록 해야 합니다.

〈하이델베르크 요리문답〉이 이런 풍성한 생각을 얼마나 잘 요약하고 있는지를 잘 살피면서 이 논의를 마치도록 하겠습니다.

(제 120 문) 왜 그리스도께서는 우리들로 하여금
하나님을 "우리 아버지"라고 부르도록 하셨습니까?

(답) 우리들에게 기도를 시작할 때,
우리 기도의 근거가 되는 자녀다운 존숭과 신뢰를
상기하도록 하기 위한 것입니다.
즉, 하나님께서 그리스도를 통하여 우리 아버지가 되시고,
우리가 믿음 가운데서 그에게 기도하는 것을,
우리가 지상적인 것들을 우리 부모에게 구할 때
그들이 거부하지 않을 것보다 더
부인하지 않으시리라는 것을 상기하도록 하기 위한 것입니다.

(제 121문) 그런데 왜 "하늘에 계신"(who art in heaven, *bist in den Himmelm*)이라는 말을 덧붙입니까?

(답) 우리가 하나님의 천상적 엄위에 대해
지상적인 생각을 전혀 가지지 못하도록 하기 위한 것입니다.
그리고 우리가 그의 전능하심으로부터
몸과 영혼에 필요한 모든 것을 기대하도록 하기 위한 것입니다.

Exposition on Heidelberg Catechism Series IV
Hear Our Prayer:
Prayer as the Chief Expression
of Our Thankfulness

제 2 부
하나님 나라의 왕이신 하나님과 관련한 간구들

1. 첫째 간구: "아버지의 이름이 거룩히 여김을 받으시오며" (제 5 장)

2. 둘째 간구: "당신님의 나라가 임하옵시며"(제 6, 7, 8 장)

3. 셋째 간구: "당신님의 뜻이 하늘에서 이룬 것과 같이 땅에서도 이루어지이다"(제 9, 10 장)

제 5 장

첫째 간구: "(당신님의) 이름이 거룩히 여김을 받으시오며"

본문: 마 6:9

"하늘에 계신 우리 아버지"를 호명(呼名)하여 우리의 기도의 대상을 분명히 한 후에, 이제 우리의 본격적인 간구가 시작됩니다.[1] 먼저 하나님에 대한 간구들을(thou petitions or "yours" petitions) 드리고, 그 후에야 그와 연관해서 우리와 관련된 간구들을("we" petitions) 드리도록[2]

---

[1] 그래서 서구에서는 〈주께서 가르치신 기도〉를 그저 "우리 아버지"(*Pater Noster* or *Vater-Unser*)라고 지칭하는 예들이 많이 있습니다. Cf. Ernst Lohmyer, *Das Vater-Unser* (Göttinger: Vandenhoek & Ruprecht, 1952), John Bowden, trans., *Our Father* (New York: Harper & Row, 1965).

[2] 이런 용어는 매우 일반적으로 사용되는 것입니다. 하나님에 대한 간구를 "thou petitions"(*der du-Bitten*, 그리하여 *die drei du-Bitten*)이라고 하고, 우리들에 대한 간구를 "we petitions"(*der wir-Bitten*) 또는 "us petitions"라고 표현한 예로 Joachim Jeremias, *The Prayers of Jesus* (Philadelphia: Fortress Press, 1964), 33-34; 또한 Anton Vögtle, "Der 'eschatologische' Bezug der wir-Bitten des Vaterunder," in *Jesus und Paulus: Festschrift für W. G. Kümmel* (Göttingen: Vandernhoeck und Ruprecht, 1975), 344-62; Rudolf Schnackenburg, *The Gospel of Matthew* (1985, 1987), trans. Robert R. Barr (Grand Rapids: Eerdmans, 2002), 67을 보십시오. 처음 세 간구를 "당신님의 것을 요청하는 간구("Your" requests) 또는 "아버지의 영광을 위한 기원들"(petitions for the

하신 예수님의 의도에 주목했으면 합니다. 우리들로 하여금 먼저 하나님에 대한 것을 구하고, 그 후에라야 **그 빛에서** 우리들에 대한 것을 구하도록 하신 것입니다. 우리가 〈주께서 가르치신 기도〉를 주문처럼 반복하지 않고, 그것을 모델로 하여 우리 자신의 말로 삼위일체 하나님께 기도할 때에도 항상 이런 순서를 유념하도록 하시려는 우리 주님의 깊은 배려와 마음 쓰심이 여기에도 나타납니다.[3] 하나님 중심적(God-centric)인 것은 우리의 간구에서만이 아니라, 우리의 생각과 우리의 삶 전체에서도 나타나야 합니다.

기도의 근본: 하나님 중심성

우리의 간구가 하나님 중심적이라는 것은 참으로 근본적(根本的, radical)인 것입니다. 그럴 수밖에 없으니 **기도는 하나님에게로 향하는 행위**이기 때문입니다. 기도는 자신이나 세상이나 우리가 처한 문제들로부터 시선을 들어, 우리의 마음을 온전히 하나님께로 향하는 것입니다. 이 때 우리들은 무책임하게 자신이나 세상이나 그와 관련한 여러 복잡한 문제들을 벗어던지고서 하나님께로 향하는 것은 아닙니다.[4] 오히려 자신들과 세상과 그 안에 있는 여러 복잡한 문제들 한 가운데서(생의 한 가운데서!)[5] 그것들에 매몰되지 않고 우리의 마음을 살아계신 하나님께로

Father's glory)라고 하고, 뒤의 기원들을 "제자들의 필요를 위한 세 가지 간구들"(three petitions for the disciple's needs)라고 언급하는 David L. Turner, *Matthew*, ECNT (Grand Rapids: Baker, 2008), 185, 187, 188도 보십시오.

[3] 하나님의 영광의 우선성을 강조하는 John Calvin, *A Harmony of the Gospels: Matthew, Mark, and Luke*, Calvin's New Testament Commentaries, vol. 1 (Edinburgh: The Saint Andrews Press, 1972, reprint, Grand Rapids: Eerdmans, 1978), 205, 206을 보십시오. 특히 "하나님의 엄위는 다른 모든 관심들 보다 훨씬 더 높여지는 것이 마땅하다"(God's Majesty deserves to be exalted for above all other concerns)고 말하는 206을 보십시오.

[4] 여기서 잘못된 신비주의와 성경적 신앙의 차이가 잘 나타납니다.

향하는 것입니다. 또한 하나님과 교통하며 교제하는 기도는 모든 것의 뿌리입니다. 기도는 그저 우리가 현실적으로 필요한 것을 하나님께 얻어 쓰는 것 이상이라는 것이 여기서 분명히 나타납니다. 우리의 기도는 전능한 하나님께 구걸하는 것도 아니고, 자기 암시나 '혼자 말'[獨白]이나 명상도 아니며, 진정 살아계신 삼위일체 하나님과의 거룩한 교제입니다. 피조물인 인간이 이 땅에서도 창조주 하나님과 의사소통(意思疏通, communication)을 하며, 하나님의 뜻을 구하고 그것이 이루어지기를 위해 간구할 수 있다는 것은 그야말로 놀라운 특권이 아닐 수 없습니다. 창조주와의 이 거룩한 소통 행위가 기도이므로, 기도는 (이미 강조한 바와 같이) 구속함을 받은 사람들만이 할 수 있는 것입니다(기도의 특정성[particularity]과 특권성[priviledge, *privilegium*]). 그러나 우리는, 하나님께서 창조하고 구속해 내신 사람들은 그런 놀라운 은혜를 베풀어 주신 하나님께 감사하여 마땅히 해야 할 것이라는 것을 또한 강조해야 합니다(기도의 당위성[*Sollen*]). 그러므로 구속함을 받은 사람은 근본적으로 기도하는 사람입니다. 다시 말하지만, 기도는 기본적으로 우리를 하나님에게로 향하게 하는 것입니다. 따라서 기도는 참으로 하나님-중심적인 행위입니다.

  그러므로 기도한다고 하면서 자꾸만 자기-중심적인 사람이 있다면, 그것은 궁극적으로는 기도하는 것이 아닙니다.[6] 자기-중심적이었

---

[5] 이는 우리 신앙이 **생의 한 가운데서** 작용하는 것임을 분명히 말해 줍니다. 또한 이는 이 세상의 문학가들이 생각하는 "삶의 한 가운데서"(루이제 린저(Luise Linser)의 『삶의 한 가운데』(*Mitte des Lebens*), 전혜린 역 [서울: 민음사, 1999]를 보라!), 그리고 **그보다 더 깊은 곳에서도** 신앙이 작용해야 함을 강조하기 위한 것입니다.

[6] 하나님은 결국 "우리를 자기 중심적인 사고로부터 벗어나게 하신다"는 점을 강조하는 Gerhard Maier, *Matthäus-Evangelium* (Hänssler, SCM, 2007), 송 다니엘 역, 『마태복음』(서울: 진리의 깃발, 2017), 230을 보십시오. 그러므로 하나님을 믿지 않는 사람들이나 다른 종교를 가진 사람들의 정성을 다한 기도 행위도 결국 참된 기도가 아니며, 사실상 '유사 기도(類似祈禱)'라는 것이 드러납니다. 궁극적으로 분석해 보면, 이런 행위들은 결국 기도의 대상이 없는 기도이며, 따라서 스스로 하는 행위이기 때문입니다. 이것은 인류의 타락으로 그 심정 깊은 곳에 있는 "하나님을 알만한 것"(롬 1:19)을 "억누른"(롬 1:18) 결과로 나타나는 우상 숭배 현상의 하나입니다. 바울이 말하는 이

던 사람들도 근본적으로 하나님을 향하게 하는 일, 그것이 바로 하나님께 기도하는 것입니다. 다른 나라 사람들도 그렇지만, 특히 우리 한국 그리스도인들은 이 점을 깊이 생각해 보아야 합니다. 진정한 기도는 인간의 근원적인 문제인 자기-중심성에서 벗어나게 합니다. 우리나라에서 열심히 기도하면서도 끊임없이 자기를 추구하는 사람이 많은 것은 결국 우리에게 기도의 모양은 있으나 기도의 능력이 없음을 보여 주는 것입니다. 우리는 참으로 기도하는 사람, 자기로부터 하나님에게로 향하는 사람이 되어야 합니다. 이것이 진정한 기도의 모습입니다. 하나님을 향하여 나아가, 결국 하나님께서 우리 마음의 중심에 계시게 되는 일이 진정한 기도요, 그 결과라고 할 수 있습니다. 마음에 하나님을 모실 때 하나님을 저 주변에 둘 수는 없습니다. 그러므로 참으로 기도하는 사람은 하나님을 그 마음의 중심에 두는 사람이며, 따라서 모든 것에서 하나님-중심성을 회복한 사람입니다.

그리하여 기도는 일차적으로 우리의 생각을 하나님 중심적이게 만듭니다. 우리 시대에 탈신적(脫神的) 사고가 유행하는 것은 결국 사람들이 그 마음에 하나님을 두지 아니함을 보여 줍니다. 그런데 참으로 구속함을 받은 사람임에도 하나님께서 중심에 계시지 않으신다면 모든 것이 잘못된 것입니다. 이것이 기도하는 사람의 정상적 생각입니다. 이 세상의 모든 것을 하나님 중심으로 생각해야 합니다. 하나님으로부터 만물이 말미암고, 만물이 나오고, 결국 하나님께로 돌아간다(로마서 11:36 참조)는 사고에 더 철저해져야 합니다. 이처럼 참으로 기도하는 사람에게서는 "하나님 중심적 사유"가 있게 됩니다. 이런 사유는, 우리가 생각하는 중에 하나님이 중심이지 않은 것이 있다면 그것은 잘못된 것이라고 여깁니다. 기도는 하나님 중심적인 것이고, 결국 하나님 중심

점을 잘 드러내어 강조하는 칼빈과 코넬리우스 반틸의 여러 책을 보십시오.

적 사고를 만들어 냅니다.

그 결과 구속함을 받아서 참으로 기도하는 사람은 참으로 하나님 중심적 삶을 살게 됩니다. 그는 이제 하나님을 위해 사는 사람이 된 것입니다. 우리가 앞으로 하나 하나 깊이 고찰 할 바와 같이, 그는 하나님의 이름이 거룩히 여김을 받으시고, 하나님의 나라가 임하고, 하나님의 뜻이 실현되는 것을 중심으로 하고, 그것을 간절히 바라고 그것이 이루어지기를 간구하고, 그것의 실현을 위해 살게 됩니다. 기도는 이와 같이 하나님 중심적인 사람을 만들어 냅니다. 그런 뜻에서 18세기 화란의 목사님이었던 떼오도루스 판데어흐루 목사님께서 "그러므로, 하나님의 자녀들이여! 계속해서 자신을 피하고, 자신에게서 벗어나서 모든 것을 예수님을 중심으로 합시다"라고 권면한 것은[7] 기도의 정신에 잘 부합하는 것입니다.

그러므로 우리는 기도할 때, 〈주께서 가르치신 기도〉가 잘 나타내 주는 바와 같이, 하나님과 관련된 것을 먼저 간구하게 됩니다. 기도의 모델을 제시하는 이 기도에서 찬양과 송영이 앞서고 인간의 필요에 대한 간구에도 그 의미가 스며들어 있습니다.[8] 이 얼마나 놀라운 일입니까? 이 땅의 피조물이, 그것도 타락하였다가 십자가로 구속함을 받은 피조물이 "하나님의 이름이 거룩히 여김을 받으시도록" 간구한다는 일은 놀라운 일이 아닐 수 없습니다. 하나님의 가장 큰 기적 중의 하나는 십자가 구속에 근거해서 "죄인을 거룩한 자[聖人, saint]로 만드시는"

---

[7] Theodorus VanderGroe, *The Christian's Only Comfort in Life and Death*, vol. 2, trans. Bartel Elshout (Grand Rapids: Reformation Heritage Books & Dutch Reformed Translation Society, 2016), 491: "Therefore, children of God, continually look away from and outside of self, surrendering everything unto Jesus."

[8] Cf. David L. Turner, *Matthew*, Baker Exegetical Commentary on the New Testament (Grand Rapids: Baker Academics, 2008), 186: 'In such [model] prayer, doxology precedes and permeates requests for human needs.'

것입니다.9

　　전통적인 번역은 바로 앞에서 기도의 대상을 명확히 밝히면서 "하늘에 계신 우리 아버지여!"라고 말했으므로 그것이 누구의 이름이라고 굳이 말하지 않아도 누구나 다 알 수 있다는 뜻에서 바로 "이름이 거룩히 여김을 받으시오며"라고 되어 있고, 최근에는 누구의 이름인지를 밝히면서 "(아버지의) 이름이"라고 밝히고 있으나 헬라어 원문에 나와 있는 대로 "당신님의10 이름이 거룩히 여김을 받으시오며"라고 번역하는 것이 최선일 것입니다.

"하나님의 이름이 거룩히 여김을 받으신다"는 말의 의미

먼저 "하나님의 이름이 거룩히 여김을 받으신다"는 말의 뜻에 대해서 생각해 보기로 합니다. 하나님의 이름은11 하나님의 존재 자체를 표현하는 것입니다.12 왜냐하면 성경에서 "하나님의 이름은 그 자신의 계

---

　　9 S. Kierkegaard, *Journals of Søren Kierkegaard*, trans. Alexander Dru (London and New York: Oxford University Press, 1938), No. 209 (Pap. II A758).

　　10 "당신님"이라는 표현은 서양 언어의 "당신"(ου 나 you, thou)이라는 말을 하나님을 앞에 두고서 말할 때는 자신과 하나님을 동등시하는 용어인 "당신"이라고 말할 수 없다는 우리말 어법상, 하나님에 대해서 언급할 때는 늘 "당신님"이라고 하시던 박윤선 목사님의 어투를 따라 그렇게 쓴 것임에 유의하십시오. 서양 사람들 중에서도 하나님을 "you"라고 언급해서는 안 되고, 반드시 "thou"라고 해야 한다고 강조하던 Herman Hoeksema, *The Triple Knowledge*, vol. 3 (Grand Rapids: Reformed Free Publishing Association, 1972), 494를 보십시오.

　　11 기도에 있어서 "이름"(םש, ὄνομα)의 사용은 매우 중요한 것이었는데(그 예로 레온 모리스는 "하나님의 이름이 언급되지 않은 축도는 축도가 아니다"[Ber. 40 b]를 인용하기도 합니다), 마태복음에서는 이 "이름"이라는 말이 22회, 사도행전에서는 60회, 누가복음에서는 34회 나타나고 있다고 합니다. 이에 대하여 Leon Morris, *The Gospel According to Matthew* (Leicester: IVP, 1992; Grand Rapids: Eerdmans, 1992), 144, n. 36을 보십시오.

　　12 거의 모든 학자들이 이를 언급합니다. 오랜 전의 VanderGroe, *The Christian's Only Comfort in Life and Death*, vol. 2, 451-52; Otto Thelemann, *An Aid to The Heidelberg Catechism* (1892), trans. M. Peters (1896; reprint, Grand Rapids: Douma Publications, 1959), 421; G. Van Reenen, *The Heidelberg Catechism Explained for the Humble and Sincere in 52 Sermons*, trans. the Netherlands Reformed Congregations in America (Paterson, NJ: Lont &

시"이기 때문입니다.13 이와 같이 "고대에는 이름이 어떤 방식으로든지 그 사람과 깊이 연관되어 있다"고 생각되었습니다.14 그리고 이를 말할 때 "어쩌면 마태는 성부, 성자, 성령의 이름을(마 28:19) 생각했을 수도 있다"고 말하는 데이비스와 알리슨의 생각을15 좀 더 발전시키는 것이 좋았을 것입니다. 마태만 그렇게 생각한 것이 아니라, 이것을 가르치신 예수님의 생각 속에도 그런 것이 있으며, 〈주께서 가르치신 기도〉를 한 모든 제자들도 그렇게 생각했었다고 해야 할 것입니다. 그래서 우리는 삼위일체 하나님께 기도한다는 것을 강조했습니다.

그리고 하나님의 이름과 그 존재의 활동은 같이 취급됩니다. 누구나 잘 의식할 수 있지만 하나님의 이름이 거룩히 여김을 받으시는 데 그의 존재는 그것과는 다른 취급을 받는다는 것은 있을 수 없습니다. 하나님 자신이 거룩히 여김을 받으신다는 것을, 옛 사람들이 흔히 그렇게 썼듯이, 그의 이름이 거룩히 여김을 받으시는 것으로 표현한 것입니

Overkamp, 1955, reprint, 1979), 575 (특히, "주의 이름을 부른다는 것은 주님 자신을 부르는 것이다"); 그리고 W. C. Allen, *The Gospel according to Saint Matthew*, 3rd edition, ICC (Edinburgh: T & T Clark, 1912), 58을 비롯하여, 특히 다음을 보십시오. Herman N. Ridderbos, *Matthew* (1950-51); Bible Student's Commentary, trans. Ray Togtman (Grand Rapids: Zondervan, 1987), 129; Hoeksema, *The Triple Knowledge*, vol. 3, 502; R. T. France, *Matthew*, Tyndale New Testament Commentaries (Leicester: IVP and Grand Rapids: Eerdmans, 1985), 134; W. D. Davies and D. Allison, Jr., *Commentary on Matthew 1-7*, ICC, new series (Edinburgh: T&T Clark, 1988), 603; Morris, *The Gospel According to Matthew*, 144; Craig L. Blomberg, *Matthew*, The New American Commentary 22 (Nashville, TN: Broadman Press, 1992), 119; Joel B. Green, *The Gospel of Luke* (Grand Rapids: Eerdmans, 1997), 441; Turner, *Matthew*, 187: "하나님의 이름은 그의 인격과 성격을 대표하는 것이다"(이 때 그 BDAG, 712의 정보를 염두에 두면서 이 말을 합니다); Maier, 『마태복음』, 230; 그리고 김홍전, 『예수께서 가르치신 기도』(서울: 성약, 2003), 112; 김홍전, 『기도와 응답』(서울: 성약, 2017), 145f.

Gerrit Hendrik Kersten, *The Heidelberg Catechism in Fifty-two Sermons* (Dutch edition, 1948; Sioux Center, Iowa: Netherlands Reformed Book and Publishing, 1968), 651, 652에서는 아예 "하나님이 이름으로 우리들은 신적 본질 자체를 의미한 것이다"라고도 표현합니다.

[13] William Hendriksen, *The Gospel of Matthew* (Grand Rapids: Baker Book House, 1973), 327 ("God's name is God *himself as revealed in all his works*." 강조점은 헨드릭슨 자신의 것임); 김홍전, 『예수께서 가르치신 기도』, 121; 그리고 Turner, *Matthew*, 187, n. 22.

[14] Morris, *The Gospel According to Matthew*, 144.

[15] Davies and Allison, *Commentary on Matthew 1-7*, 603.

다. 하나님과 관련된 모든 것이 거룩히 여겨져야 한다는 것을 이와 같이 표현한 것입니다.16

그런데 "거룩히 여김을 받으신다"는 것은 기본적으로 "거룩"이라는 말의 본래의 의미와 관련해서 생각해야 합니다. 거룩이라는 말은 본래 관계적 의미를 지닌 말입니다. 즉, 이 말은 다른 것들과 구별된 것이라는 말입니다. 따라서 "거룩히 여김을 받으신다"는 말은 하나님이 이 세상의 다른 것들과는 구별되심이 드러나게 되는 것을 뜻합니다.17 그러므로 하나님과 이 세상을 동일시하던 이전 시대의 범신론(Pantheism)이나 그것이 더 교묘하게 변화하면서 나타났다고 할 수 있는 현대의 만유재신론(Panentheism),18 즉 하나님은 이 세상 과정과 관련해서 존재하시고 따라서 이 세상 과정의 영향을 받고 변화하실 수도 있다는 생각은 이 첫째 간구와 아주 멀어진 생각이라고 하지 않을 수 없습니다. 하나님은 이 세상의 모든 것들과 이 세상과도 명확히 구별되는 영적인 존재이십니다.

따라서 "하나님의 이름이 거룩히 여김을 받으옵시며"라는 이 첫째 기원은 우리들의 기도로 하나님이 거룩하게 된다고 시사하지 않습니다. 우리들의 기도로 하나님께서 점점 더 거룩하게 되시는 것이 아니기 때문입니다.19 칼빈이 잘 표현하고 있듯이, "하나님 안에서는 하나님의

---

16 그러므로 이하의 논의에서는 "하나님의 이름이 거룩히 여김을 받으시오며"라는 말을 "하나님이 거룩히 여김을 받으시오며"라는 본래의 뜻을 밝혀 쓰도록 할 것입니다. 유대인들은 하나님을 하나님의 이름으로 대신하여 표현한 것입니다.

17 전통적으로 신론에서 하나님의 거룩성을 말할 때 늘 이점을 가장 먼저 강조합니다. Cf. Louis Berkhof, *Systematic Theology* (Grand Rapids: Eerdamsns, 1949), 73; Herman Bavinck, 『개혁주의신론』 (서울: CLC, 1988), 310-12; Hoeksema, *The Triple Knowledge*, vol. 3, 505. 근자에 이점을 말한 John Webster, *Holiness* (London: SCM Press, 2003), 100 ("거룩성은 하나님이 피조물과 맺는 인격적, 도덕적 관계다"); 그리고 주석하는 분들 중에 이를 강조한 예로 Wilkins, *Matthew*, 276을 보십시오.

18 현대의 만유재신론에 대한 좋은 비판으로 John W. Cooper, *Panentheism: The Other God of the Philosophers* (Grand Rapids: Baker Academic, 2006); 이승구, 『개혁신학탐구』, 개정판 (수원: 합신대학원출판부, 2012), 143-56, 177-97, 401f. 등을 보십시오.

구별성이 항상 확고하고, 안전하게 보장되어 있습니다."20 더구나 우리는 하나님의 무한하신 충족하심에 아무 것도 더할 수 없는 존재들입니다.21 그러면 이 간구는 무엇을 간구하는 것입니까?

첫째로, 이 기원은 하나님께서 "마땅히 받으셔야만 하는 존경을 [영예를] 세상에서 받으시기를" 간구하는 것입니다.22 그러니 무엇보다도 구속함을 받아서 이 기도를 하나님께 하고 있는 우리 자신들이 하나님이 참으로 구별된 분이시며, 그 무엇과도 비교할 수 없는 분이시라는 것을 점점 더 확연히 이해하게 되고, 그런 이해와 감정에 근거하여 우리의 모든 일을 하게 해 달라고 하는 것입니다. 〈하이델베르크 요리문답〉 122문에 대한 대답은 이를 아주 아름답게 표현해 내고 있습니다. 이를 찬찬히 읽어 보기로 합시다:

---

19 이를 시사(示唆)한 처음 사람의 하나로 370년 경 아퀼라(Aquileia)의 목회자의 한 사람으로, 381년 아퀼라 공의회에 참여했었고, 388년에 주교가 되어서 제롬과 루피누스의 후원자 역할을 하고, 크리소스톰이 추방되는 일에 반대했던 아퀼라의 크로마티우스(ca. 335/340-408)를 들 수 있을 것입니다. Cf. Chromatius Aquileia, *Preface to the Lord's Prayer*, CCSL 9:445-46, in D. H. Williams, ed., *Matthew Interpreted by Early Christian Commentators* (Grand Rapids: Eerdmans, 2018), 125: "이 말은 항상 거룩하신 하나님께서 우리들의 기도들로 **더 거룩해짐을 뜻하지 않는다**. 오히려 우리들은 그의 이름이 우리들 안에서 거룩하여 지기를, 그리하여 세례로 거룩해진 우리들이 우리가 시작한 일에 끝까지 보존되기를 위해 기도하는 것이다."(강조점은 덧붙인 것임). 이 강조된 부분이 중요합니다. 후반부에는 세례로 우리에게 성화가 부여된 것 같이 생각하는 일종의 의식주의가 깃들어 있을까 걱정됩니다.

20 Calvin, *A Harmony of the Gospels*, vol. 1, 207. 또한 VanderGroe, *The Christian's Only Comfort in Life and Death*, vol. 2, 452도 보십시오. 루터도 그렇게 생각하면서 이 간구는 결국 하나님의 이름이 "우리 안에서 거룩히 여겨짐을 위해 간구하는" 것이라고 합니다(*Luther's Works* [Philadelphia: Fortress Press, 1969], vol. 42, 33). 이런 입장에서 하나님의 이름은 "우리 안에서, 그리고 우리를 통해서" 거룩히 여김을 받으신다고 강해하는 Jean Vis, *We Are the Lord's* (Grand Rapids: Society for Reformed Publications. 1955), 162f.을 보십시오.

21 이 점에 대한 좋은 강조로 Herman Hoeksema, *The Triple Knowledge*, vol. 3 (Grand Rapids: Reformed Free Publishing Association, 1972), 472를 보십시오.

22 Calvin, *A Harmony of the Gospels*, vol. 1, 207; Thelemann, *An Aid to The Heidelberg Catechism*, 421; 또한 VanderGroe, *The Christian's Only Comfort in Life and Death*, vol. 2, 452f.을 보십시오. 페오도루스 반데어흐루는 비이성적 피조물의 집단적이고 가시적인 하나님 영광 드러냄을 이사야 6:3, 시편 19:1 등을 인용해서 건저 언급합니다(455).
이 첫째 기원만이 아니라 모든 기도는 결국 이렇게 하나님께 마땅한 영예를 돌려 드리는 것이라는 점에 대한 강조로 Kersten, *The Heidelberg Catechism*, 628을 보십시오: "참된 기도는 하나님의 영예만을 찾고, 삼중으로 거룩하다 언급된 이름을 높이기만 원하는 것이다."

이는
우리들로 하여금 하나님 당신님을 참으로 알며,
당신님의 모든 일에 대하여서와
그로부터 빛나는 모든 것에 대해서,
즉 당신님의 전능하신 능력, 지혜, 인자하심, 의로우심, 자비,
그리고 진리를 축복하고, 경배하며,
찬양하도록 우리를 도와달라는 의미입니다.
또한 이는 다음을 의미하기도 합니다:
우리의 모든 삶을 잘 통제하도록 도우소서!
우리가 생각하는 것, 말하는 것,
그리고 행하는 것을 말입니다.
그리하여 우리들 때문에 당신님의 이름이
결코 모독을 받지 않도록 하옵시며,
언제나 영광을 받으시고, 찬양을 받으시옵소서.

하나님을 바르게 알고, 그에 부합하게 경배하는 것과 그에 근거해서 우리의 모든 것이 이루어지게 해 달라는 간구라고 표현하고 있습니다. 그러므로 무엇보다 먼저, 날마다 우리에게서 하나님이 바르게 이해되어야 합니다. 그것이 하나님이 거룩히 여겨지는 것의 출발점입니다. 구속함을 받은 개개인과 그들의 모임인 교회 공동체 가운데서 하나님의 구별되심이 참으로 인정되고 그런 이해가 성장해야 합니다.

교회 공동체는 무엇보다도 이를 위한 공동체라고 할 수 있습니다. 하나님의 거룩하심과 엄위하심이 참으로 인정되는 공동체이니, 그 안에서 하나님의 거룩하심과 엄위하심에 대한 이해가 점점 더 성장해야 합니다. 그렇게 하나님의 거룩하심이 그 안에서 성장해 가는 공동체가 참으로 성장하는 교회 공동체입니다.[23] 이것은 매우 당연한 일이니, 우

리들은 매번 "하나님의 이름이 거룩히 여김을 받으시오며"라고 간구하는 일을 가장 먼저 하는 사람들이기 때문입니다.

　이렇게 간구하는 사람들은 하나님께서 참으로 구별되심을 분명히 인정하고 드러내는 일로서 하나님께 "경배"(예배)합니다. 하나님께 예를 갖추어 (우리의 영혼이) 엎드려 절하는 일은 하나님의 거룩하심, 구별되심을 참으로 인정하는 일입니다. 우리가 경배하는 삼위일체 하나님은 우리의 찬양과 경배를 받으시기에 합당하신 분이시기에 그리하는 것입니다.24

　따라서, 첫 번째 간구를 하는 사람들은 예배에 힘쓰는 사람들입니다. 예배에 힘쓰지 않는 사람들은 결국 "이름이 거룩히 여김을 받으시오며"라는 첫째 간구를 무시하거나 그 기도를 한다고 해도 그것을 무의미하게 하는 것이 됩니다. 그런데 〈하이델베르크 요리문답〉의 작성자들은 하나님께 예배할 때, 이 세상에 나타나는 하나님의 것들이 잘 인식되고 그것에 대한 감사가 이루어져야 한다는 것을 다음 같이 잘 표현하고 있습니다.

> 하나님 당신님의 모든 일에 대하여서와
> 그로부터 빛나는 모든 것에 대하여서,
> 즉 당신님의 전능하신 능력, 지혜, 인자하심, 의로우심, 자비,
> 그리고 진리를 축복하고, 경배하며,
> 찬양하도록 하옵소서.25

---

[23] 오늘날 우리 교회의 모습이 이 정상적인 교회의 모습에서 얼마나 먼 것인지를 깊이 생각해 보아야 할 것입니다. "우리 안에서 하나님의 거룩하심에 대한 생각과 이해가 더 성장하고 있습니까?"라는 질문을 우리는 참으로 심각하게 던져야만 합니다. 하나님의 거룩하심과 엄위하심에 대한 인식이 희미한 교회는 성숙한 교회가 아니며, 성장하는 교회가 아닙니다. 이승구, 『교회란 무엇인가』, 최근판 (서울: 말씀과 언약, 2020), 63-78도 보십시오.

[24] 이런 예배 이해와 그 함의에 대해서는 이승구, 『한국 교회가 나아 갈 길』 (서울: SFC, 2007; 개정판, 서울: CCP, 2018), 3장: "성경적 공예배를 지향하여" 부분을 보십시오.

예배에서는 하나님의 모든 사역에 대해서와 그로부터 빛나는 하나님의 전능성, 지혜, 인자하심, 자비, 그리고 참되심을 축복하고 찬양하며, 그로 인하여 하나님 앞에 영혼의 경배가 일어나도록 해야 한다는 것을 이 〈122문답〉은 잘 표현하고 있습니다.

그런데 그렇게 구별되신 하나님, 즉, 성별(聖別)되신 하나님과 관련된 것들은 그 자체로는 속된 것이지만 하나님과 관련되었다는 것 때문에 2차적인 의미에서 거룩히 여김을 받게 되는 것이므로, 이는 또한 우리들이 이런 2차적 의미에서 하나님의 것들로 성별(聖別) 되었음을 온전히 인정하고, 그것에 대해서 감사할 수 있도록 해달라는 간구입니다. 이는 이미 우리에게 주어진 은혜를 온전히 인정하고, 은혜 받은 사람다운 반응을 제대로 드러내도록 해달라는 것입니다. 또한 이렇게 은혜 가운데에서 하나님께 속한 사람다운 생각과 감정과 그런 태도를 가지고 세상을 살아 갈 수 있게 해 달라는 간구이기도 합니다. 〈하이델베르크 요리문답〉 122문은 이것에 대해서 다음 같이 표현하고 있습니다:

> 또한 이는 다음을 의미하기도 합니다:
> 우리의 모든 삶을 잘 통제하도록 도우소서!
> 우리가 생각하는 것, 말하는 것,
> 그리고 행하는 것을 말입니다.

첫째 간구에 이런 함의도 있다고 표현한 것입니다. 이것은 참으로 신비(神祕)한 일입니다. 우리가 참으로 하나님께 속한 사람다운 모습을 드러내는 것이 하나님의 이름이 거룩히 여김을 받으시는 것과 연관되니

---

25 〈하이델베르크 요리문답〉 제 122문답 중에서.

말입니다. 이를 깨달을 때, 우리는 한편으로는 놀라면서 '주님 과연 이 것이 사실입니까? 과연 우리가 그렇게 생각해도 좋은 것입니까?' 하는 반응을 나타내게 되고, 또 한편으로는 매우 놀라면서 참으로 깊이 감사하게 됩니다. 구속이 가져다 준 효과의 하나가 여기 있습니다. 우리가 하나님의 이름과 관련된 존재가 된 것입니다. 그러므로 우리가 날마다 하나님께 속한 사람답게 살 수 있게 해 달라는 간구를 합니다. 그렇게 사는 것이 매우 중요하고, 이것은 하나님의 도움으로 되는 것임을 〈하이델베르크 요리문답 122문답〉은 다음 같은 말로 표현합니다.

> 우리들 때문에 당신님의 이름이
> 결코 모독을 받지 않도록 하옵시며,
> 언제나 영광을 받으시고, 찬양을 받으시옵소서.[26]

이와 같이 〈하이델베르크 요리문답 122문답〉은 첫째 기원을 찬양과 영광 돌림에 대한 기원으로 인식합니다.

이 때 우리들은 다음 사실을 다시 강조해야 합니다. 하나님은 우리의 어떤 행위나 심지어 기도를 통해서 더 거룩하게 되시는 것이 아닙니다. 우리가 할 수 있는 일은 하나님께서는 우리들이나 이 세상과는 구별된 분이심을 아주 분명하게 인정하는 것입니다.

이를 가장 분명히 말해 주고 있는 성경 구절 중의 하나가 "하나님은 하늘에 계시고, 너는 땅에 있음이니라"(전 5:2) 말씀입니다. 이 말씀은 그저 하나님이 계신 곳과 우리가 있는 곳을 대조하는 말이 아니고, 하나님은 무한히 초월적이시고 우리는 유한하다는 것을 함축적으로

---

[26] 〈하이델베르크 요리문답〉 제 122문답 중에서.

표현하는 말입니다. 그러므로 그리스도께서 이루신 구속의 결과로 우리가 죽음 후에 "하늘"에 있을 때나 우리 주님의 재림 후에 하나님과 우리 모두가 "새 하늘과 새 땅"에 있을 때에도 우리는 계속해서 이 어귀를 사용해서 창조주이신 하나님과 피조물인 우리들 사이의 차이를 분명히 표현해야 합니다. 우리는 항상 하나님의 구별되심을 인정해야 합니다. 이는 하나님을 하나님으로 바르게 인정하는 것입니다. 종교개혁을 한 마디로 "하나님으로 하나님 되게 하라"(Let God be God)는 어귀의 실천으로 이해한다고 할 때,[27] 종교개혁은 하나님을 참으로 거룩히 여기기 위한 작업의 하나였다고 할 수 있습니다.

둘째로, 하나님의 구별되심을 우리들만 인정하는 것으로 만족할 수 없습니다. 그러므로 이 간구는 동시에, 이 세상의 수많은 사람들이 참으로 하나님을 알고, 그에게 합당한 찬양과 경배를 하도록 해 달라는 "선교적" 간구(missional petition)이기도 합니다. 온 세상의 많은 사람들이 참으로 천국 복음을[28] 믿고, 하나님을 경배하는 사람들이 되어 그 하나님의 이름을 높이고 그 이름이, 즉 하나님이 거룩히 여김을 받으시기를 간절히 간구하는 것도 여기 포함되어 있는 것입니다.

"하나님이 영화롭게 되옵시며"

그런데 "거룩히 여김을 받으신다"는 말과 아주 가깝게 사용할 수 있는 말로 하나님이 "영화롭게 되신다" 또는 하나님께 "영광을 돌린다", 하

---

[27] Cf. Philip S. Watson, *Let God be God: An Interpretation of the Theology of Martin Luther* (London, Epworth Press, 1947).

[28] "천국 복음"이 과연 어떤 의미인지는 이 책의 6, 7, 8장을 깊이 읽고 그 내용을 확인하기 바랍니다.

나님을 "영화롭게 한다"는 말을 생각할 수 있습니다.29 하나님이 거룩히 여김을 받으시도록 기도한다는 것은 결국 하나님이 영화롭게 되기를 위해 기도하는 것과 같은 것입니다. 모든 일에서 하나님께 마땅한 영광을 돌려야 합니다. 그것이 하나님을 영화롭게 하는 일이며, 하나님을 거룩하게[聖別] 하는 것입니다. 비록 서로 다른 단어들이 사용되었지만, 그 의미를 생각해 보면 〈주께서 가르치신 기도〉의 처음 간구인 "하나님의 이름이 거룩히 여김을 받는다"는 것과 "하나님이 영화롭게 된다"는 것은 아주 밀접하게 연관된 개념입니다. 그러므로 이는, 리덜보스가 잘 표현한 바와 같이, "온 세상에서 하나님의 영예와 영광이 온전히 빛나게 하옵소서"라고 간구하는 것입니다.30

이와 연관해서 요한복음 12:28 말씀을 생각해 봅시다. 예수님께서 이렇게 간구하십니다. "아버지여, 아버지의 이름을 영광스럽게 하옵소서." 이에 하늘에서 소리가 나기를 "내가 이미 영광스럽게 하였고,

---

29 이를 연관시키는 것은 오래 전부터 유대인들이 그렇게 하였고 그리스도인들도 매우 자연스럽게 둘을 연관지어 생각하였습니다. 유대인들의 카디쉬 기도문이 "당신님의 위대한 이름을 거룩하게 하시고, 영화롭게 하소서"라고 시작하는 것이 거룩과 영광을 연관시키고 있는 대표적인 예가 됩니다. 이를 자세히 논의하는 Schnackenburg, *The Gospel according to John* II, 387f.; Schürmann, *The Praying with Jesus*, 24; Lohmeyer, *Our Father*, 45; Kittel, *TDNT*, II, 254f. 등을 보십시오.
그리스도인 저자들 가운데 이를 연관시키는 이들로는 다음을 보십시오: John Chrysostom, *Homily* 19. 7, PG 57:279, in Williams, ed., *Matthew Interpreted by Early Christian Commentators*, 130; Gregory of Nyssa, *Lord's Prayer*, 3, ACW 18:48, in Williams, ed., *Matthew*, 132; Calvin, *A Harmony of the Gospels*, vol. 1, 207 ("[영광은] 거룩히 하는 방식이다[the manner if its hallowing]"); Calvin, *Institutes*, 3. 20. 42; VanderGroe, *The Christian's Only Comfort in Life and Death*, vol. 2, 454; Kersten, *The Heidelberg Catechism*, 651; Van Reenen, *The Heidelberg Catechism*, 57; R. E. Brown, "The *Pater Noster* as an Eschatological Prayer," 230; William Barclay, *The Lord's Prayer*, 179; William Hendricksen, *Matthew*, 328; Arthur W. Pink, *The Beatitutes and the Lord's Prayer*, 97; H. Marshall, *Commentary on Luke*, 457; W. O. Walker, "The Lord's Prayer on Matthew and John," 240; W. D. Davies and D. Allison, Jr., *Commentary on Matthew 1-7*, 602-603; 그리고 Garlan, "The Lord's Prayer on the Gospel of Matthew," 219.

30 Ridderbos, *Matthew*, 129: "The first petition asks that God uphold Himself over against the world. …, so that His honor and glory will shine forth undimmed throughout His entire creation." 이는 다음 같이 말하는 칼빈의 이해에 근거한 것이라고 해도 됩니다: "이 간구를 요약하면, 하나님의 영광이 온 세상에 찬연히 빛나기를 원하며, 그 속성들이 사람들 사이에서 잘 [즉, 하나님에게 걸맞게] 언급되기를 구하는 것이다."(Calvin, *A Harmony of the Gospels*, vol. 1, 207).

또 다시 영광스럽게 하리라"고 합니다. 이는 예수님의 수난과, 순종, 그리고 십자가에서의 희생적인 죽음을 통해 인간의 불의와 불순종으로 더럽혀지고 가려진 하나님의 영광이 회복되어 온 만방에 미쳐질 그 종말론적 약속의 성취를 말하는 것입니다. 이런 종말론적이고 그리스도론적 해석은 이것이 결국 하나님이신 그리스도에 의해 이루어진다는 뜻에서 "거룩하게 하옵시고"(ἁριασθήτω)의 신적 수동태에 적합한 해석이라는 강점이 있고,[31] 성경 전체의 뜻을 잘 요약하는 해석이라는 유익이 있습니다.

그러나 이것만을 이 간구의 유일한 내용이라고 보는 것은 〈주께서 가르치신 기도〉를 요한복음 12:28이나 17:1-5과 지나치게 연관시키는 것입니다. 하나님의 이름이 거룩히 여김을 받게 되는 일을 종국적으로 예수님께서 하셨지만, 그 구속 사역에 근거해서 우리가 하는 일을 배제하는 것이 아닙니다. 더구나 "거룩하게 하옵시고"(ἁριασθήτω)가 단순 과거형의 신적 수동태라는 것에 주의하면서, 이 일은 계속해서 반복되는 사건을 가리키기 보다는 근본적으로 유일회적인 종말론적 사건을 가리키는 것이라는 해석은[32] 지나치게 현학적이며, 때때로 단순과거 시제가 계속적인 것을 말할 수도 있다는 문법의 신축성을 고려하지 않은 해석입니다. 성경적으로 볼 때, 하나님을 거룩하게 하는 것과 영광스럽게 한다는 것은 밀접히 연관된 개념입니다.

그런데 〈하이델베르크 요리문답〉에 대한 강해의 처음 부분에서도 강조했지만,[33] 다시 한 번 더 강조할 것은, 아주 엄밀하게 말하자면

---

[31] 이점을 잘 지적하는 Procksch, TDNT 1, iii; 그리고 R. E. Brown, "The *Pater Noster*," 229를 보십시오.

[32] 이를 강조하는 Schürmann, *The Praying with Christ*, 27; Meier, *A Marginal Jew*, 298; 그리고 이를 따르는 최갑종, 『예수님이 주신 기도』 (서울: 이레서원, 2000), 98을 보십시오.

[33] 이에 대해서는 이승구, 『진정한 기독교적 위로』 (서울: 여수룬, 1998; 최근판, 서울: 나눔과 섬김, 2016)을 보십시오.

하나님은 우리들로 인하여 점점 더 영화롭게 되는 것이 아닙니다. 우리가 어떻게 한다고 해서 하나님의 영광이 더 늘어나는 것이 아니기 때문입니다. 하나님은 본래 영광스러운 분이시고, 항상 찬란한 영광 가운데 계신 분이십니다. 우리의 일로 그를 더 영광스럽게 하거나 더 큰 영광이 있게 할 수는 없습니다.

그러므로 "하나님을 영화롭게 한다, 또는 하나님을 영광스럽게 한다"는 표현은 결국 "하나님의 그 본래적 영광스러움을 바로 인정한다"는 말일 뿐입니다. 타락하여 그 영의 눈이 어두워져서 전혀 생각하지 못하던 그 하나님의 영광스러움을 이제 구속함을 받아서 제 정신을 차리고 비로소 인정하기 시작한 것입니다. (1) 기본적으로 마음속에서 그런 인정이 있고, (2) 그것이 참된 찬양과 기도와 경배로 표현되고, (3) 또한 그 예배와 성경 공부 가운데서 하나님의 뜻을 잘 배워서, 그것을 실현해 가는 삶 가운데서 하나님을 더욱 더 인정해 가며, (4) 그런 삶의 실천과 복음 전도와 권면으로 다른 사람들로 하여금 하나님의 영광을 인정하는 데로 나오게 하는 것입니다. 그것을 지속하는 것이 하나님을 영화롭게 한다는 뜻입니다.

영광이라는 히브리어 "카보드"(כָּבוֹד)는 기본적으로 "무겁다"는 뜻에서 나왔으니, "하나님을 영화롭게 한다, 즉 하나님의 영광을 인정한다"는 말은 결국 하나님을 무겁게 여긴다는 말입니다. 하나님은 영이시므로(요 4:24) 하나님이 무겁다는 말은 하나님의 몸무게를 말하는 것이 아닙니다. 이는 하나님을 중요하게 여긴다는 뜻이고, 하나님을 우리의 모든 것의 "무게의 중심"으로 한다는 것입니다. 그렇게 되면 하나님께서 하나님이 되시고, 그 결과 모든 것이 제 자리에 있게 됩니다.

그러므로 하나님을 중시(重視)하지 않는 것, 즉 하나님을 가볍게 여기는 것은 하나님의 영광을 인정하지 않은 것이며, 하나님을 영화롭게 하지 않는 것입니다. 예배하지 않거나 찬양하지 않거나 기도하지 않는 것이 그 대표적인 예이고, 예배하고 찬양하고 기도한다고 하면서도 하나님을 가볍게 여긴다면 결국 비슷한 문제를 드러내는 것입니다. 매우 안타깝게도, 오늘날 우리 주변에는 이 두 가지 문제가 점점 더 노골적으로 나타나고 있습니다. 점점 더 많은 사람들이 하나님께 예배하지 않고 있습니다. 더구나 예배하지 않아도 자신들은 하나님과의 관계를 잘 하고 있다고 생각하는 사람들이 늘어 가고 있습니다. 이것은 아주 심각한 문제입니다. 결국 하나님을 그렇게 중요하게 생각하지 않는다는 것을 드러내는 것이기 때문입니다. 어떻게 하여야 믿는 것이냐 하는 것의 기준을 자신들이 스스로 정하려고 하는 데서 이런 문제가 나타납니다. 하나님 자신이나 하나님의 말씀이 기준이 아니고, 자신들의 생각이 기준이 되어서 모든 것을 판단하려고 할 때 이 모든 문제가 발생합니다.

또한 하나님께 예배한다고 하면서도 하나님을 지극히 가볍게 여기는 일도 많이 발생합니다. 이런 상황에서는 도대체 하나님이 무겁거나 중요하지 않습니다. 이런 경우에는 대개 자신의 감정과 느낌이 매우 중요시됩니다. 결국 자기-중심적(self-centric)인 신앙의 모습이 나타납니다. 그리스도 안에서 영적인 어린 아이들은 그런 모습을 가질 수 있습니다. 그런데 문제는 오늘날 기독교회의 상당수가 그런 방향으로 움직이고 있다는 것입니다. 그런데 그것이 문제 있는 것으로 여겨지기 보다는 교회가 마땅히 가야 할 방향으로 여겨진다는 것이 심각한 문제입니다.

그러므로 우리들 개개인이, 그리고 각 교회 공동체와 한국 교회와 세계 교회 전체가 스스로에게 물어야 합니다. '우리들의 예배 가운데서 하나님은 과연 중심에 계시는가? 하나님의 이름을 언급하면서 우리는 우리들이 즐기거나 우리들이 복을 받거나 우리들이 원하는 바를 향해 가려고 하지는 않는가? 하나님이 과연 우리들의 예배 가운데서 무겁고 엄위하게 여겨지시는가? 그의 엄위하심 앞에 있다는 강한 마음이 우리의 예배 가운데 우리에게 밀려오는가?' 만일 이 질문들을 심각하게 묻지 않는다면, 우리는 우리의 예배로 하나님의 영광을 인정하기는커녕 하나님을 모독하는 것입니다. 종교개혁이 시작될 무렵의 교회를 생각하면서 우리들은 심각하게 우리가 과연 모든 것을 하나님 중심으로 하고 있는 지를 생각해야 합니다. 그래서 문제가 있다면, 하나님 앞에 그 문제를 적나라하게 내어 놓고, 우리가 하나님께 감사하여 경배한다고 하면서도 하나님의 영광을 제대로 인정하지 않는 존재들이 되었음에 대해서 회개해야 합니다.

그런데 우리는 그저 예배에서만 하나님의 영광스러움을 인정해서는 안 되고, 우리의 삶 전반에서도 하나님의 영광스러우심을 인정해야 합니다. 그것이 가장 정상적인 성도들의 모습입니다. 우리의 삶에서 하나님의 영광이 나타나야 합니다. 이것이 우리가 말할 수 있는 또 하나의 신비입니다. 우리의 평상적이고 일상적인 삶에서 하나님의 영광이 나타나는 것이니 그렇습니다. 인간이 아닌 피조물들에게서 하나님의 영광이 잘 드러나는 것을 관찰하면서 시인(詩人)은 "여호와 우리 주여! 주의 이름이 온 땅에 어찌 그리 아름다운지요? 주의 영광이 하늘을 덮었나이다"라고 말합니다(시 8:1). 피조계 전체는 "하나님의 영원하신 능력과 신성을" 분명히 드러내고 있습니다(롬 1:20). 어린 아이들이 하나님의 은총 가운데서 잘 자라나는 것에서 하나님의 영광이 나타납니다. 그렇게 되는 것이 하나님을 영화롭게 하는 것이며, 하나님께 영광을 돌리는 것입니다.

그러므로, 우선 하나님과 우리의 관계를 구체적으로 인정해야 합니다. 이 세상에서 일어나는 일들이 그저 우연히 되는 것이 아니고,

궁극적으로는 하나님과 관련된다는 것을 인정해야 합니다. 그것은 이 세상의 모든 것에 대해 하나님께서 '제 1원인'(prima causa)이심을 인정하는 것이며, 하나님께서 당신님의 지혜 가운데서 이런 정황을 우리에게 허락하셨음을 인정하는 것입니다. 그러므로 하나님을 믿는다고 하는 우리들은 그 어떤 정황에서도 불평하거나 원망해서는 안 됩니다. 우리는 이 세상에 살면서 여러 정황 가운데 처할 수 있습니다. 때로는 아주 좋은 상황에 처할 수도 있습니다. 때로는 우리가 잘 이해할 수 없는 상황 가운데 처할 수도 있습니다. 그러한 때에도 우리는 그 모든 정황 가운데서 하나님의 교훈적인 뜻에 따라 가는 것이 과연 어떻게 하는 것인지를 깊이 생각해야 합니다. 그리하여 하나님의 교훈적인 뜻을 우리가 잘 이루어 나갈 때, 우리는 적극적으로 하나님의 영광스러우심을 인정하는 것이 됩니다.

하나님은 본래 영광스러운 분이십니다. 그 찬연한 영광과 비교할만한 것은 이 세상에 없습니다. 다시 강조합니다. 우리가 어떤 것을 해서 하나님의 영광이 증진(增進)되는 것이 아닙니다. 그러므로 "하나님을 영화롭게 한다"는 말은 결국 하나님의 영광스러우심을 인정한다는 것입니다. 그것을 얼마나 인정하느냐에 따라서 하나님을 보다 더 영화롭게 한다고 할 수 있습니다. 우리는 우리 존재 전체에서 하나님의 영광을 인정해야 합니다. "하나님의 영광이 존재하는 모든 것의 유일한 목적이기" 때문입니다.[34]

하나님의 이름이 거룩하게 인정되는 삶의 장(場)

---

[34] 믿는 분들은 누구나 이것을 인정하지만, 특히 이런 표현을 한 Hoeksema, *The Triple Knowledge*, vol. 3, 477, 501을 보십시오: "The Glory of God is the purpose of all that exists in all creation. That, in fact, is the sole purpcse." 그러면서 혹세마는 이것이 구원받은 자들의 "최고 행복"(their highest blessedness)이라는 말도 합니다(478).

하나님께서 거룩히 여김을 받으시는 것은 우리들이 얼마나 하나님의 구별되심을 인정하고, 하나님의 영광을 바르게 인정하느냐 하는 것과 관련된 것입니다. 우리들 개개인의 의식과 삶의 모든 영역에서 그것이 인정되는지, 우리들의 교회 공동체 안에서 하나님의 구별되심과 영광이 바르게 인정되는지, 그리고 온 세상에서 그러한지가 문제입니다. 이를 하나하나 생각해 보겠습니다.

(1) "나 자신에게서" 거룩히 여김을 받으시기를 간구

무엇보다 먼저 우리들이 하나님을 잘 알아가고 하나님의 뜻을 제대로 배워 가야만 하나님의 이름이 거룩히 여김을 받으실 수 있습니다. 하나님을 제대로 알지 못하면서 하나님을 구별되게 여긴다고 하는 것이나 하나님을 영화롭게 하는 것은 불가능합니다. 그래서 〈하이델베르크 요리문답〉의 작성자들은 이 간구와 관련해서 무엇보다 "먼저 우리들로 하여금 주님을 바르게 알게 하여 주옵시고"라고 기도했습니다(하이델베르크 요리문답 122문답). 하나님을 아는 것이 그렇게 중요합니다. 하나님을 알되, 바르게 알아야 합니다. 즉, 하나님께서 당신님을 알려 주신대로 알아야 합니다. 그런 식으로 하나님을 알지 않는 것은 하나님을 알지 못하는 것일 뿐만 아니라, 오히려 하나님을 무시(無視)하는 것입니다. 하나님을 자기 식으로 안다는 것은 있을 수 없습니다. 오히려 우리들은 "그 이름으로 대표되는 [하나님의] 존재와 모든 속성은 자별(自別)하신 분이요 순수하신 분이시다 하는 것을 알아야 하고, 그런고로 우리는 거기에 해당한, 하나님께 돌려야 할 숭앙과 모든 경배와 찬양을 돌려야" 합니다.35

그러므로 우리들은 하나님께서 행하시는 일을 성경에서 가르침 받고, 그 빛에서 오늘날 주께서 이루어 가시는 모든 일에 대해서도 생각하면서 그가 행하시는 일과 그 자신의 어떠하심을 찬양할 수 있어야 합니다. 〈하이델베르크 요리문답〉의 작성자들은 성경을 통해서 그리고 그 빛에서, 역사 안에서 하나님의 행하심을 바라보면서 "주께서 행하시는 일에는 주님의 전능과 지혜와 선하심과 의와 자비와 진리가 빛나옵니다."(하이델베르크 요리문답 122문답)라고 인식하며 찬양했습니다. 하나님에 대해서 얼마나 바른 자세를 가지고 하나님을 묵상한 것입니까? 우리도 그리해야 할 것입니다.

더 나아가서 하나님께서 나 자신의 모든 삶을 지도하시고, 나의 생각과 말과 행동을 주장하셔서, 그 결과 주님의 이름이 나 때문에 더럽혀지지 않고 오히려 영예롭게 되고 찬양을 받으시게 되어야 합니다. 그것이 나에게서 하나님의 이름이 거룩히 여김을 받으시는 방식입니다. 그러므로 이 기도에는 "나는 늘 성도답게 살겠습니다. 거룩한 것이 내 생활 가운데 늘 의식되게 살겠습니다"는36 의식이 포함되어 있습니다. 매일매일 그리고 순간순간 이를 생각하며 사는 것이 하나님의 이름을 거룩히 여기는 것입니다.

(2) "교회 공동체에서" 거룩히 여김을 받으시기를 간구

더 나아가서, 하나님은 교회 공동체 안에서 거룩히 여김을 받으셔야 합니다. 만일에 교회 공동체가 그리스도의 뜻을 따라 가지 않는다면 그것

---

35 김홍전, 『예수께서 가르치신 기도』(서울: 성약, 2003), 115.
36 김홍전, 『예수께서 가르치신 기도』, 119.

은 교회 공동체를 통해서 하나님의 이름이 거룩히 여김을 받으시는 것이 아니라, 교회 공동체 때문에 하나님의 이름이 더럽혀지는 것입니다. 과거 교회 역사 가운데서 그런 일이 많았거니와 오늘날도 얼마나 많은지 모릅니다. 하나님의 이름을 위하여 하나님의 이름으로 모인 교회 공동체가 그 하나님의 이름을 모독하고 더럽히고 있다면 얼마나 이상한 상황입니까? 그러므로 각각의 교회 공동체의 지도자들과 구성원들은 우리들의 교회 생활과 교회를 섬겨 나가는 방식이 주님께서 성경에서 제시하신 것에 못 미쳐서 주님의 이름이 모독되지 않도록 늘 세심한 주의를 기울여야 합니다. 교회 공동체는 교회 공동체를 위해 있는 것도 아니고, 각각의 그리스도인들을 위해 있는 것도 아니며, 또한 세상을 위해 있는 것도 아니고, 오직 하나님만을 위해, 하나님의 이름과 그의 영광만을 위해 있는 공동체이기 때문입니다.

"너희 빛을 사람 앞에 비취게 하여, 저희로 너희의 착한 행실을 보고 하늘에 계신 너희 아버지께 영광을 돌리게 하라"(마 5:16)는 말씀도 개개인들에게 하시는 말이기도 하지만, 기본적으로 복수로서의 우리들에게 하신 말씀이니 교회 공동체에 주신 말씀입니다. 이 말씀을 개개인에게 적용하여 생각한다고 할 때도, 그 개인은 철저한 개인이 아니고 교회 공동체를 구성하는 구성 분자요 교회의 지체된 개인들입니다. 그러므로 교회 공동체는 공동체 전체적으로나 그 구성원으로서나 이 세상에서 하나님 보시기에 착한 행실, 따라서 일반 사람들이 보기에도 착한 행실을 하여야 합니다.

하나님께서 보기에 착한 행실을 하는데 일반 사람들이 보기에는 악한 일이란 거의 있을 수 없습니다. 타락한 이 세상도 일반 은총 가운데서, 비록 시대와 상황에 따라서 달라지는 그런 개념이기는 하지만, 일종의 상대적인 시민적 선(civil goodness) 개념을 가지고 있어서 고

아와 과부 등 그 사회의 약자들을 돌아보는 일을 일반적으로 선한 일이라고 합니다. 구약 교회부터 신약 교회에 이르기까지 교회 공동체는 항상 그 사회 속의 연약한 사람들을 돌아보도록 명령받고 있습니다. 이를 말하는 곳이 여러 곳 있지만, 구약과 신약에서 한 구절씩만 예를 들어 보도록 하겠습니다.

> 너는 이방 나그네를 압제하지 말며, 그들을 학대하지 말라. 너희도 애굽 땅에서 나그네이었음이니라. 너는 과부나 고아를 해롭게 하지 말라.(출 22:21-22)

> 하나님 앞에서 정결하고 더러움이 없는 경건은 곧 고아와 과부를 그 환란 중에서 돌아보고 또 자기를 지켜 세속에 물들지 아니하는 이것이니라.(약 1:27)

하나님께서는 이와 같은 사랑과 구제와 봉사의 삶을 사는 것이 교회 공동체의 마땅한 바라고 하십니다. 이런 일을 행하여 "하늘에 계신 아버지께" 영광을 돌리게 해야 한다고 하십니다. 여기에 교회가 이 세상 가운데 존재하는 의미의 한 부분이 있습니다. 교회는 이와 같이 하나님을 아는 빛을 온 세상에 비추어야 합니다.

(3) "온 세상에서" 거룩히 여김을 받으시기 위한 간구

그러나 그것으로 모든 것이 다 된 것은 아닙니다. 하나님께서 구별되신 분이심이 온 세상 가운데서 온전히 인정되고, 하나님께서 온 세상에서 영광을 받으셔야 합니다. 성도의 최종적인 목표가 여기 있습니다. 그러므로 우리들 교회 공동체는 하나님께서 온 세상 가운데서 그에 합당한 인정을 받도록 하기 위해 존재하는 것입니다. 우리가 존재하는 목적이 바로 여기에 있습니다. 그래서 온 세상 가운데서 하나님의 영광이 인정되도록 우리는 애써야 합니다.

그러나 결국 온 세상 가운데서 하나님의 영광이 온전히 인정되는 때는 우리 주 예수 그리스도의 재림 이후입니다. 그 때는 이 세상의 그 어떤 것도 하나님의 구별되심[거룩하심]을 인정하지 않을 수 없습니다. 그 때에는 하나님의 찬연(燦然)한 영광이 온 세상에 온전히 드러나게 될 것입니다. 그것을 인정하지 않는 존재가 없을 것입니다. 그러므로 "(당신님의) 이름이 거룩히 여김을 받으시오며"라는 기도는 우리 주님의 재림 때까지 우리가 계속할 기도이고, 재림 이후라도 우리들이 항상 바라며 기도하는 것일 것입니다.

그와 같이 궁극적 성취는 재림 때에야 온전히 이루어 질 것임을 분명히 믿으면서 (따라서 우리는 항상 희망을 가지고 있게 됩니다!), 그러나 그 전에라도 우리는 하나님이 온전히 거룩히 여김을 받으시도록 이 세상 속에서 계속해서 노력해 가야 합니다.[37] 이것이 하나님의 이름이 거룩히 여김을 받도록 기도하는 사람들의 바른 자세입니다.

흥미로운 것은 하나님의 이름이 거룩히 여김을 받도록 기도하며 그것을 위해 애쓰는 사람들은 현실 가운데서 그것이 다 이루어지지 않을 때에도 절대로 실망하거나 실의에 빠지지 않고, 또한 그것을 위해 열심히 노력하면서도 자신이 하는 일을 절대화하거나 그것을 우상화하지 않습니다. 여기서도 우리가 과연 어떤 존재요 어떤 방향으로 가야 하는지가 잘 나타납니다.

---

[37] 이 기도가 미래에 온전히 영광을 받으심과 동시에 지금 여기서도 그렇게 인정되심에 대한 간구라는 France, *Matthew*, 134; 그리고 Maier, 『마태복음』, 230의 강조도 보십시오.

결론

우리들은 하나님의 거룩하심을 온전히 인정하며 살아야 하는 사람들입니다. 그것을 가장 먼저 우리들의 기도로 표현합니다. 그런데, 우리의 기도는 우리가 바라는 내용이니, 결국 우리는 하나님께서 우리들 가운데서 온전히 하나님으로 인정받으시기를 바라며, 그것을 위해 사는 것입니다. 특별히 이것이 우리의 첫째 간구라는 것에 큰 의미가 있습니다.

〈하이델베르크 요리문답〉의 작성자들은 이 첫째 간구를 다음과 같이 이해하고, 그런 간구를 주께 드렸습니다.

> 무엇보다도 먼저 우리들로 하여금 주님을 바르게 알게 하여 주옵시고,
> 주님께서 행하시는 모든 일에서
> 주님을 거룩하게 여기고
> 경배하고 찬송하게 하옵소서.
> 주께서 행하시는 일에는
> 주님의 전능과 지혜와 선하심과
> 의와 자비와 진리가 빛나옵니다.
> 또한 우리의 모든 삶을 지도하시고
> 우리들의 생각과 말과 행동을 주장하셔서
> 주님의 이름이
> 우리들 때문에 더렵혀지지 않고
> 오히려 영예롭게 되고 찬양을 받게 하옵소서.
> (하이델베르크 요리문답 122문답)

우리들도 이러한 마음을 가지고 같은 내용으로 주님께 간구하고, 그런 마음으로 매순간순간을 살 수 있었으면 합니다.

제 6 장

두 번째 간구: "(당신님의) 나라가 임하시오며"(1)

본문: 마 4:17, 6:10, 33.

〈주께서 가르치신 기도〉의 두 번째 간구 내용은 "나라가 임하시오며"입니다. 더 정확히 말하면, "당신님의 나라가 임하시오며"라는 간구입니다. 이것을 예수님께서 처음 가르쳐 주셨을 때, 이것은 참으로 하나님 나라가 이 땅에 속히 임하게 되기를 간구하는 순전히 미래적인 하나님 나라의 실현을 위한 간구였습니다. 물론 예수님께서는, 이것이 후대에 사는 우리들에게 다중(多重)적 의미의 기도가 된다는 것을 아셨겠지만,[1]

---

[1] 그것을 처음부터 인성으로도 아셨는지, 그저 신성으로 아셨는지는 아주 복잡한 문제입니다. 신성으로는 처음부터 다 아십니다. 그러나 인성으로는 언제부터 그것을 아셨는지는 사실 우리가 알 수 없는 문제라고 할 수 있습니다. 이와 같은 문제에 대해서는 그저 "어느 순간부터는 인성으로도 아셨다"고 언급하고, 구체적인 파악은 좀 미루어 두는 것이 좋을 것입니다. 더 이상 확실한 말을 할 수 없기 때문입니다.

물론 전문적으로 이런 논의를 하시는 분들이 이에 대해서 이런 저런 생각을 하시는 일은 있을 수 있습니다. 서로 용인하는 태도로 그렇게 하는 것은 그 영역에 있는 분들인 조직신학자들의 일단 처음에 그의 직접 제자들에게 이렇게 기도하라고 하시면서 이를 언급하셨을 때 그 일차 제자들에게는 구약 시대부터 하나님의 백성들이 기다려 왔던 그 하나님 나라의 도래(the coming of the Kingdom of God)를 위한 기도였음이 분명합니다. 그러므로 하나님 나라의 미래성을 중심으로 이 간구(petition)에 대해서 생각하는 것이 우리의 논의의 출발점이 되는 것은 매우 자연스러운 일입니다.

구약 성경을 잘 배운 유대인들의 기본적인 기도

우선, 이 두 번째 간구가 구약 성경의 예언을 잘 받아들인 유대인들의 기본적 간구였어야 한다는 것으로부터 시작하는 것이 좋을 것입니다. 이제는 거의 모든 사람들이 잘 아는 바와 같이, 구약 성경에는 "하나님 나라"라는 **용어 자체**는 없습니다.[2] 그러나 (1) 하나님께서 온 세상을 보편적으로 다스리시며,[3] 동시에 (2) 하나님의 백성인 이스라엘을 특별히

특권과 할 일이라고 여겨집니다.

[2] 이에 대한 논의로 이승구, 『기독교 세계관이란 무엇인가?』 (서울: SFC, 2003, 재개정 최근 판 2016), 55; 그리고 그 곳에서 언급하고 있는 Geerhardus Vos, *Biblical Theology* (Grand Rapids: Eerdmans, 1948), 372=이승구 역, 『성경신학』 (서울: CLC, 1985), 410, 411 등을 보십시오.
이 용어 자체는 BC 1세기 말에서 A.D. 1 세기 사이에 알렉산드리아에서 쓰여진 것으로 추정되는 문헌인 *Wisdom (of Solomon)* 10:10에 나타납니다: "의로운 사람이 그의 형제의 진노로부터 피하게 되었을 때, 그녀[지혜]는 그를 첩경으로 인도하였고, 그에게 **하나님 나라**를 보여주었고, 천사들에 대한 지식을 주었다; 그녀[지혜]는 그의 애씀의 번성을 주었고, 그의 수고의 열매를 증가시켰다"(When a righteous man fled from his brother's wrath, she guided him on straight paths; she showed him the kingdom of God, and gave him knowledge of angels; she prospered him in his labors, and increased the fruit of his toil. – RSV, 강조점은 덧붙인 것임). 그 외에 이 용어가 유대교 문헌에 나타난 예들에 대해서는 Joachim Jeremias, *New Testament Theology*, vol. 1: *The Proclamation of Jesus*, trans. John Bowden (London: SCM Press, 1971), 32를 보십시오.

[3] 이를 하나님의 보편적인 통치, 즉 '권능의 왕국'(*regnum potentiae*)이라고 합니다. "일반적인 의미의 또는 보편적 의미의 하나님 나라"(the kingdom of God in a general sense)라고 표현하기도 합니다. 이에 대해서는 Vos, *Biblical Theology*, 372f.=『성경신학』, 411; Louis Berkhof, *Systematic Theology* (Grand Rapids: Eerdmans, 1949), 410f.; 이승구, 『기독교 세계관이란 무엇인가?』, 55-58; Gerrit Hendrik Kersten, *The Heidelberg Catechism in Fifty-two Sermons* (Dutch edition, 1948; Sioux Center, Iowa: Netherlands Reformed Book and Publishing,

다스리시고 장차 온전한 통치를 가지고 오실 것이라는 것은4 구약 성경이 명백히 가르치고 있습니다. 하나님의 보편적 통치에는 모든 것이 속합니다. 그러나 하나님의 독특한 통치에는 오직 하나님의 백성만이 속합니다.5

  물론 예수님 당시에 많은 유대인들이 과연 하나님 나라를 잘 깨닫고, 하나님 나라가 오시기를 원하는 이 기도를 잘 했다고 할 수는 없습니다. 그러나 그들 중에 구약 성경의 예언에 참으로 충실한 분들은 구약 성경에서 예언한 바와 같이6 과연 하나님의 나라가 임하기를 기다리면서 그것을 위하여 기도했습니다. 하나님께서 당신님의 "백성을 돌보사 속량하는 날"이 있을 것임을 믿고 기도했던 것입니다(눅 1:68 참조). 그런 사람들에 대해서 성경은 "이스라엘의 위로를 기다리는 자"(눅 2:25)라고 하기도 하고, "예루살렘의 속량을 바라는" 사람들이라고 하기도 하며(눅 2:38), 아예 "하나님 나라를 기다리는 자"라고 하기도 합니다(막 15:43, 44). 또는 그 하나님 나라를 가져 올 메시아, 즉 그리스도를 "바라고 기다리는" 사람들이라고 하기도 합니다(눅 3:15). 당시 이스라엘 중의 상당수는 이렇게 메시아를 기다리고 있었습니다. 이스라엘 중에 "오실 그 이"에 대한 기다림이 있었던 것입니다(눅 7:18-20 참조).7 메시아를 기다리는 것과 하나님 자신이 오시는 것을 기다리는

1968), 667; 그리고 G. Van Reenen, *The Heidelberg Catechism* (Paterson, NJ: Lont & Overkamp, 1955, reprint, 1979), 586f. 등을 보십시오.

 4 그것이 첫째 국면이 '은혜의 왕국'이고, 종국적 실현이 '영광의 왕국'입니다. '은혜에 왕국'(*regnum gratiae*)에 대해서는 Berkhof, *Systematic Theology*, 406-10; Vos, *Biblical Theology*, 373-76, 381-90=『성경신학』, 411-14, 419-26; 이승구, 『기독교 세계관이란 무엇인가?』, 59-84; Kersten, *The Heidelberg Catechism*, 667, 727f.; 그리고 Van Reenen, *The Heidelberg Catechism*, 587, 596 등을 보십시오.

 5 위의 논의에 포함되어 있는 이점을 특별히 명료하게 잘 말하는 Kersten, *The Heidelberg Catechism*, 668을 보십시오.

 6 하나님의 미래 통치에 대한 구약의 예언들에 대한 좀 더 자세한 논의로 이승구, 『기독교 세계관이란 무엇인가』, 61-63; 그리고 Anthony A. Hoekema, *The Bible and the Future* (Grand Rapids: Eerdmans, 1979), 앞부분을 보십시오.

것은 연관되어 있었으니, 미리 예비하는 사자(말 3:1상), 그 후에 언약의 사자(말 3:1하-3), 그리고 여호와 자신이 오신다는 말라기 말씀(4:5-6)에 근거해서 메시아가 오신 후에 하나님께서 친히 오신다고 생각하는 것이 일반화 되어 있었습니다.

그러므로 하나님 나라는 결국 하나님의 오심과 관련된 것이었습니다. 예수님께서도 바로 그런 개념에서 하나님 나라를 말씀하십니다. "하나님 나라가 온다"는 것은 결국 통치자이신 하나님께서 이 땅에 임하신다는 것입니다.[8] 언젠가는 하나님의 온전한 통치가 이 땅에 실현될 것이라는 말입니다. 이것이 유대인들의 기대였고, 예수님께서도 이 전제에서 가르치십니다.

따라서 예수님 당시에도 구약 성경을 잘 배운 유대인들은 언젠가 하나님 나라, 즉 하나님의 온전한 통치가 이 땅에 임하여 올 것을 기다리고 있었습니다.[9] 여기에 하나님 나라의 기본적 의미가 잘 드러납

---

[7] 물론 예수님 당시 유대인들이 기다리던 메시아에 대한 이해가 과연 바른 것이었는가는 다시 생각해 보아야 합니다. 그들은 정치적이고 군사적인 메시아를 기대하고 있었는데 그것은 예수님께서 명확히 계시하여 보이신 메시아와는 상당히 다른 메시아 개념입니다.

유대인들의 메시아 개념에 대한 연구로는 좀 오래되었지만 1897년에 하이델베르크에서 "타낙 시대의 유대 메시야 개념"이라는 논문을 쓴 바 있는 유대인 학자인 죠셉 클라우스너의 책을 보면 좋습니다. (Joseph Klausner, *The Messianic Idea in Israel*, 3 vols., vol. I: *In the Prophets* [Cracow, 1909]; vol 2: *In the Apocalyptic and Pseudepigraphic Literature* [Jerusalem, 1921]; vol. 3: *In the Tannaitic Period* [Jerusalem, 1923]). 또한 Jacob Neusner, W. S. Green and E. Frerichs, eds., *Judaisms and Their Messiahs at the Turn of the Christian Era* (Cambridge: Cambridge University Press, 1987), 그리고 많은 논의를 필요로 하지만 N. T. Wright, *The New Testament and the People of God* (London: and Minnesota: Fortress Press, 1992), 307-38도 보십시오. 또한 다음도 참조해 보십시오. J. J. Collins, *The Scepter and the Star: The Messiahs of the Dead Sea Scrolls and Other Ancient Literature* (New York: Doubleday, 1995); 그리고 W. Horsbury, *Jewish Messianism and the Cult of Christ* (London: SCM Press, 1998).

[8] 이 점을 잘 드러내고 강조하는 W. D. Davies and D. Allison, Jr., *The Gospel according to St. Matthew 1-7*, ICC, new series (Edinburgh: T&T Clark, 1988), 605를 보십시오.

[9] 이는 시편 103:19이 말하는 보편적인 '권능의 왕국'(*regnum potentiae*)과는 좀 다른 것이라는 논의로 Theodorus VanderGroe, *The Christian's Only Comfort in Life and Death*, vol. 2, trans. Bartel Elshout (Grand Rapids: Reformation Heritage Books & Dutch Reformed Translation Society, 2016), 465; Vos, *Biblical Theology*, 372=『성경신학』, 411; 이승구, 『기독교 세계관이란 무엇인가』, 55-59; 그것은 '은혜의 왕국'(*regnum gratiae*)이며, '영적인 왕국'이요, 그런 의미의 '도덕적 왕국'이라는 논의로 VanderGroe, *The Christian's Only Comfort in Life and*

니다. 하나님 나라는 **이 땅에로 임하여 오는 것입니다.** 이는 설명을 필요로 하는 말입니다. 특히 타계(他界)적 사상을 중심으로 생각하는 것에 익숙한 한국에서는 다른 생각을 하는 일이 많기에 더 그렇습니다.

사실 이것은 구약 시대에도 하나님 나라가 이 땅에 그림자와 모형의 형태로라도 실현되었었다는 것을[10] 배경으로 하는 말입니다. 기본적으로 하나님께서 아브라함을 불러서 "본토, 친척, 아비의 집을 떠나라"라고 말씀하시면서(창 12:1), 궁극적으로 그와 그의 후손들을 통해서 세우려고 하시던 나라가 바로 "하나님 나라"였다는 것을 잘 인식하는 것이 매우 중요합니다. 히브리서는 이를 아주 잘 드러내어 보여줍니다. 아브라함은 "하나님이 계획하시고 지으실 터가 있는 성"을 바랐다고 합니다(히 11:10). 또한 하나님께서 같은 소망을 지닌 구약의 하나님 백성인 "그들을 위하여 한 성을 예비하셨다"고 하고 있습니다(히 11:16). 그러므로 아브라함 때부터 하나님 나라가 준비되고 있었다고 할 수 있습니다.

합동신학대학원에서 오래 전에 가르치셨던 최낙재 교수님께서 이를 잘 논의하여 드러내어 주셨습니다.[11] 최 교수님께서는 "아브라함이 바라던 복은 하나님이 친히 세우시는 나라요, 의의 나라, 복의 나라, 능력의 나라임을 창세기에서 배울 수 있다"고 확언하셨습니다.[12] "아브라함에게 큰 민족, 큰 나라를 약속하신 것은 그 나라가 의로운 나

Death, vol. 2, 465, 467-72; 그리고 이승구, 『기독교 세계관이란 무엇인가』, 59-62를 보십시오.

[10] 구약의 하나님 나라가 모형(type)임을 전제로 진술하는 Van Reenen, *The Heidelberg Catechism*, 587도 보십시오.

[11] 이는 1982-84년 사이의 합신에서 하신 여러 강의와 여러 곳에서 언급되었는데, 그 강의 내용을 잘 요약하고 있는 다음 글을 보십시오. 최낙재, "아브라함이 바라던 복은 무엇인가?" 『박윤선 목사 성역 50주년 기념 논총 경건과 학문』(서울: 영음사, 1987), 『성경에서 그리스도를 보라』(서울: 성약, 2007), 205-14에 재수록; 그리고 최낙재, 『그리스도와 하나님의 나라』(서울: 성약, 2011), 47-53.

[12] 최낙재, "아브라함이 바라던 복은 무엇인가?" 『성경에서 그리스도를 보라』, 210. 이 말씀에 녹아 있는 하나님 나라에 대한 이해가 보스(Vos)의 것임을 보스를 읽은 사람들은 다 알 수 있을 것입니다.

라임을 충분히 계시한다"고 하셨습니다.13 또한 "아브라함은 의로운 나라인 동시에 죽음을 극복한 생명의 나라, 부활의 나라를 바랐던 것이다"고 하여, "그 나라는 또한 영원한 복의 나라"임을 분명히 하셨습니다.14 더 나아가서, 이는 하나님께서 친히 세우실 나라라고 하니, "세워질 나라는 하나님이 세우시는 나라로서 능력의 나라일 것이다"라고 밝히 논의한 바 있습니다.15 또한 역시 합신에서 가르치셨던 김성수 교수님께서도 "하나님 나라 역사의 진전"이라는 제목으로 창세기 12장부터 24장까지를 설명하기도 하셨습니다.16

물론 그 이전에 에덴 동산에서 "행위언약"(the covenant of works)을 주시면서17 아담이 그가 인류 전체의 대표로서 하나님의 언

---

13 최낙재, "아브라함이 바라던 복은 무엇인가?" 『성경에서 그리스도를 보라』, 212.

14 최낙재, "아브라함이 바라던 복은 무엇인가?" 『성경에서 그리스도를 보라』, 212.

15 최낙재, "아브라함이 바라던 복은 무엇인가?" 『성경에서 그리스도를 보라』, 213.

16 김성수 교수님의 "구약의 하나님 나라"라는 강의를 참조하십시오. 그 요약으로 김성수, 『내가 너로 큰 민족으로 이루게 하리라』 (수원: 합동신학대학원 출판부, 2000), 59-174을 보십시오.

17 행위언약의 개념과 그 중요성에 대해서는 다음을 보십시오. 이를 "행위언약"으로 말하기도 하지만 주로는 "자연 언약"으로 언급하는 Francis Turretin, *Institutes of Elenctic Theology* (1679), trans. George Musgrave Giger, vol 1 (Phillipsburg, New Jersey: P&R, 1992), 574-80과 "행위언약"으로 언급하면 설명하는 웨스트민스터 신앙고백서 7장 2항; Charles Hodge, *Systematic Theology*, vol. 2 (New York: Charles Scribner and Co., 1871; reprint, Grand Rapids: Eerdmans, 1940), 117-22; Berkhof, *Systematic Theology*, 211-18; 박형룡, 『박형룡박사저작전집 III: 교의신학 인간론』(서울: 한국기독교교육연구원, 1977), 115-39; 박윤선, 『개혁주의 교의학』(서울: 영음사, 2003), 193-95 ("인간과 행위 계약"); Wayne Grudem, *Systematic Theology* (Grand Rapids: Zondervan, 1994), 515-18; 그리고 Robert L. Reymond, *A New Systematic Theology of the Christian Faith* (Nashville, Tennessee: Thomas Nelson Publishers, 1998), 418, 430 등을 보십시오. 또한 필자의 "생명관", 『광장의 신학』(수원: 합신대학원 출판부, 2010), 285, n 18도 보십시오.

그리고 행위언약을 "창조언약"으로 언급하는 클라인과 로벗슨과 호톤도 보십시오. Meredith G. Kline, *By Oath Consigned* (Grand Rapids: Eerdmans, 1968), 27-29, 32, 37; idem, *Kingdom Prologue: Genesis Foundations for a Covenantal Worldview* (Overland Park, Kansas: Two Age Press, 2000), 김구원 역, 『하나님 나라의 서막』(서울: P&R, 2007), 134-65; O. Palmer Robertson, *The Christ of the Covenants* (Grand Rapids: Baker, 1980), 55-57, 67-87; 그리고 Michael Horton, *The Christian Faith: A Systematic Theology for Pilgrims on the Way* (Grand Rapids: Zondervan, 2011), 415-31.

또한 "행위언약"이라는 용어를 피하고 다른 용어를 사용하자고 하지만, **그 개념은 분명히 성경에 있음을 확언하는** John Murray, "The Adamic Administration," in *Collected Writings of John Murray*, vol. 2 (Edinburgh: Banner and Truth Trust, 1982), 49; 그리고 Anthony A.

약에 잘 순종하여 "더 높은 상태"(the higher state)에로 나아가게 하시려던 것도 여기서 생각해야 합니다.18 행위언약으로 하나님께서는 최초의 사람들의 온전한 순종에 근거해서 바로 이 땅 가운데 하나님 나라가 실현되는 것을 원하셨었다는 것을 생각해야 합니다. 그러므로 에덴동산 자체는 아직 하나님 나라가 아니라는 것에 유의해야 합니다.19 에덴동산은 아직 하나님 나라가 아니고, 아담의 순종으로 말미암아 에덴동산을 비롯한 온 세상이 하나님 나라가 되도록 하시려던 것이 하나님께서 주신 행위언약의 핵심입니다.

그런데 아담이 이 행위언약을 어김으로 실패하여서 이제 더 이상 인간의 행위로는 이 땅에 하나님 나라가 실현되는 것이 불가능하게 되었

Hoekema, *Created in God's Image* (Grand Rapids: Eerdmans, 1986), 119-21도 보십시오.

18 Vos, *Biblical Theology*, 28, 또한 32, 37-51도 보십시오. 벌코프는 이를 통해서 하나님께서는 아담의 생명을 가장 높은 단계의 온전함(the highest degree of perfection)에 이르게 하려고 했다고 설명합니다(Berkhof, *Systematic Theology*, 216). 또한 J. Gresham Machen, *The Christian View of Man* (1937, London: The Banner of Truth Trust, 1965), 149-61; 그리고 이승구, 『인간 복제, 그 위험한 도전』, 개정판 (서울: 예영, 2006), 21f.도 보십시오.

19 그러므로 에덴동산이 이미 하나님의 나라라고 논의하는 헤르만 훅세마나 메레디쓰 클라인과 그를 따르는 분들의 논의는 조금 부자연스러운 논의라는 것에 주의해야 합니다. Cf. Herman Hoeksema, *The Triple Knowledge*, vol. 3 (Grand Rapids: Reformed Free Publishing Association, 1972), 526. 이 문제에 대한 훅세마의 논의는 좀 간순하고, 깊은 성경 주해를 반영하고 있지 않아 보입니다. 상당히 결정론적으로 말하는 527f.의 논의에서 이것이 잘 드러납니다. 여기 헤르만 훅세마의 훅세마다운 성격이 나타납니다. 클라인의 논의는 특히 Meredith G. Kline, *Kingdom Prologue: Genesis Foundations for a Covenantal Worldview* (Overland Park, Kansas: Two Age Press, 2000), 김구원 역, 『하나님 나라의 서막』 (서울: P&R, 2007), 80-131, 특히 82-85에 나타나 있습니다. 이런 논의에서는 대개 "성소로서의 하나님 나라"라는 개념이 등장합니다.

그러므로 에덴 동산을 이미 성전의 빛에서 보려고 하는 Gregory K. Beale 등의 논의들도 동일한 문제를 드러내고 있습니다. Cf. J. D. Levenson, "The Temple and The World," *Journal of Religion* 64 (1984): 283-98; idem, *Sinai and Zion* (San Francisco: Harper and Row, 1985), 111-84. 그는 심지어 솔로몬 성전 건축이 7년 걸린 것과(왕상 6:38), 초막절의 7번째 날에 봉헌한 것, 그리고 봉헌 말씀도 7개의 간구를 중심으로 구성되어 있는 것이(왕상 8:31-55) 모두 7일 창조의 모방이라고 간주하며, 고대 근동 다른 지역에서의 7일에 걸친 신전 건축과 연결시켜 설명합니다(*Creation and the Persistence of Evil: The Jewish Drama of Divine Omnipotence* [San Francisco: Harper and Row, 1988]: 78-79). 또한 J. H. Walton, *Genesis*, NIVAC (Grand Rapids: Zondervan, 2001), 149; 또한 이에 의존하는 Gregory K. Beale, *The Temple and the Church: A Biblical Theology of the Dwelling Place of God* (Nottingham: IVP, 2004), 강성열 옮김, 『성전신학』 (서울: 새물결플러스, 2014), 특히 88-93도 보십시오. 이 모든 논의는 상당히 자의적이고 부자연스럽다고 판단됩니다.

습니다. 그러므로 타락한 사람들에게는 이제 행위언약이 적용되지 않습니다. 하나님께서 내신 법을 온전히 지킬 수 있는 사람이 우리들 가운데는 아무도 없기 때문입니다. 이제는 사람이 노력해서 이 땅에 하나님 나라가 있도록 할 수 있는 가능성이 없어진 것입니다.[20] 그러므로 하나님 나라는 하나님 당신님의 힘으로만 이 땅에 올 수 있습니다.[21] 그리고 하나님께서 장차 그런 하나님의 통치를 하시겠다고 예언하셨습니다(시 22:27, 28, 30, 31; 96:10, 13; 사 9:7, 24: 23; 단 2:44; 7:14-14, 슥 14:9, 16; 오바댜 1:21 *et passim*). 이와 같이 하나님의 다스리심에 대

---

[20] 그러므로 시내 산에서 "인간이 의지의 결단으로 율법에 순종하기로 했을 때에 하나님 나라가 보여진다"고 표현한 Jeremias의 표현(Jeremias, *New Testament Theology 1*, 99)은 구약과 언약에 대한 오독(誤讀)이라고 해야 할 것입니다.

또한 인간들의 윤리적 노력으로 하나님 나라가 이 땅에 세워질 수 있을 것 같은 인상을 주는 논의들은 모두 잘못된 것입니다. 특히 19세기 "구-자유주의자들"의 하나님 나라 사상이 그 대표적인 예입니다. 알브레흐트 리츨(Albrecht Ritschl, 1822-1889)과 칸트학파 신학자라고 할 수 있는 율리우스 카프탄(Julius Kaftan, 1848-1926) 등의 주장의 문제점이 여기 있습니다. 19세기 구-자유주의자들의 하나님 사상의 문제점은 특히 다음에서 잘 논의되어져 있습니다. Louis Berkhof, *The Kingdom of God: The Development of the Idea of the Kingdom, especially since the Eighteenth Century*, Stone Lectures, Princeton Theological Seminary (Grand Rapids: Eerdmans, 1951).

또한 지상적 의미의 하나님 나라를 강조하던 월터 라우쉔부쉬(Walter Rauschenbusch, 1861-1918)의 하나님 나라 개념도 성경이 말하는 것과는 상당한 차이가 있음을 강조해야 합니다. 특히 하나님 나라와 교회를 너무 대립시키는 것이 큰 문제입니다. 라우쉔부쉬에 의하면, 하나님 나라는 교회의 함정들(the pitfalls of the Church)에 빠지지 않는다고 하며, 오히려 교회를 점검하고 교정한다고 합니다. 하나님 나라는 모든 피조계가 거룩하다는 것을 이해하는 예언적이고, 미래에 집중하는 이데올로기이며, 혁명적, 사회적, 정치적 힘이라고 하고, 하나님 나라는 문제가 많은 죄된 사회 질서를 구하는 데 도움을 준다고 합니다. Cf. Walter Rauschenbusch, *A Theology for the Social Gospel* (New York: Abingdon Press, 1917), 134-37. 그는 하나님 나라의 초월적이고 영적인 성격을 성경과 같은 방식으로 말하지 않습니다. 이와 같이 잘못된 하나님 나라 사상과 성경이 말하는 하나님 나라를 동일시하지 않도록 매우 주의해야 합니다. 이런 사회복음주의의 하나님 나라 개념의 문제점에 대한 지적으로 Herman Hoeksema, *The Triple Knowledge*, vol. 3 (Grand Rapids: Reformed Free Publishing Association, 1972), 516f.를 보십시오. 데이비드 웰스도 라우쉔부쉬 등의 사회복음주의는 "하나님 나라를 인간적인 발전에 불과한 것으로 축소시켰다"고 분석합니다(David Wells, *God in the Wasteland: The Reality of Truth in a World of Fading Dreams* [Grand Rapids: Eerdmans, 1994], 윤석인 옮김, 『거룩하신 하나님』 [서울: 부흥과 개혁사, 2007], 47).

[21] 이점에 대한 강조로 Herman N. Ridderbos, *Matthew* (1950-51), Bible Student's Commentary, trans. Ray Togtman (Grand Rapids: Zondervan, 1987), 47을 보십시오. 훅세마도 창세기 3:15의 원복음에서 하나님 나라의 옴에 대한 선언이 이루어졌다는 좋은 논의(Hoeksema, *The Triple Knowledge*, vol. 3, 529)에 좀 더 철저하게 그 앞의 논의를 고쳤어야 했을 것입니다. 창세기 3:15의 첫째 약속으로부터 이를 잘 말하는 Van Reenen, *The Heidelberg Catechism*, 587도 보십시오.

한 풍성한 사상과 장차 하나님의 온전한 다스리심이 임하여 온전한 공의를 시행할 것이라는 예언은 구약 성경 가운데 많이 있습니다.

"하나님의 나라, 즉 천국"을 기다림(1): 예수님 당시 유대인들의 기다림

그러므로 구약에 충실한 유대인들은 선지자들의 예언에 근거해서 그 하나님 나라가 이 땅에 임하여 오기를 기다렸고, 그것을 위해 기도했었습니다. 유대인들이 이 땅에 임하여 오기를 기다리던 그 "하나님의 나라"를 예수님께서는, 아마도 유대인들의 습관을 따라서, "하늘나라" 즉 "천국"이라고 표현하셨습니다(마 4:17 참조). 이 천국, 즉 "하나님의 나라는 예수님의 가르침 가운데서 주된 신학적 주제"였습니다.[22]

사복음서 가운데서 마태복음만이 "천국"이라는 용어를 사용하고 있습니다. 마태복음에서는 '하나님 나라'로 표현된 4번을 제외하면, 나머지 32번은 "천국"이라고 표현합니다.[23] 마태복음에서 이 두 용어가

---

[22] I. Howard Marshall, *New Testament Theology: Many Witnesses, One Gospel* (Downers Grove, Ill.: IVP, 2004), 78: "The Kingdom of God is the main theological theme in the teaching of Jesus." 또한 오래 전에 Jeremias, *New Testament Theology*, vol. 1, 35, 96에서도 그렇게 표현한 바 있습니다: "The *basileia* as the central theme of the public proclamation of Jesus." 또한 Rudolf Schnackenburg, *The Gospel of Matthew* (1985, 1987), trans. Robert R. Barr (Grand Rapids: Eerdmans, 2002), 41도 보십시오: "The message of the Reign of God is the central, special element that Jesus, as a messenger of joy, a courier, announces as his gospel."

예레미아스는 공관복음서 밖에는 예수님 동시대에도 하나님 나라라는 말이 그렇게 많이 나타나지 않는다는 것을 잘 드러내는 중요한 논의를 하였습니다. Cf. Jeremias, *New Testament Theology*, vol. 1, 33-34, 96. 묵시문학에서도 이 용어가 그리 많이 나타나는 용어가 아니라는 그의 논의는(32) 이 용어가 묵시문학에서 온 것이라는 다소 부정확한 일반적 진술의 문제점을 잘 드러내는 좋은 논의라고 할 수 있습니다.

[23] 아주 일반적인 정보이지만 George Eldon Ladd, *A Theology of the New Testament* (Grand Rapids: Eerdmans, 1974, revised edition, 1993), 61; David L. Turner, *Matthew*, Baker Exegetical Commentary on the New Testament (Grand Rapids: Baker Academic, 2008), 37, 38; Thomas R. Schreiner, *New Testament Theology: Magnifying God in Christ* (Grand Rapids: Baker, 2008), 45-49를 보십시오.

그런데 Craig L. Blomberg, *Matthew*, The New American Commentary 22 (Nashville,

동의어로 사용되고 있음은 그 내용을 볼 때 아주 명확합니다.24

고전적 세대주의에서는 "하나님 나라"와 "천국"을 구별하는 성향이 강했습니다(1909년에 발간된 스코필드 주석성경의 마태복음 3:2와 6:33에 대한 난하 주를 보십시오). **고전적 세대주의**에서는 예수님에 의해서 이 세상에 현존하는 것을 '하나님 나라'라고 하고, 미래에 나타날 것을 '천국'이라고 표현했었습니다. 그러나 이제는 세대주의에서도 기본적으로 이렇게 생각하는 것은 사라졌다고 합니다.25 그런 입장을 "고전적 세대주의"와 구별해서 "점진적 세대주의"(progressive dispensationalism)라고 표현하곤 합니다.26 물론 점진적 세대주의 안에서도 입장의 차이가 있습니다.27

Tennessee: Broadman Press, 1992), 73; Schnackenburg, *The Gospel of Matthew*, 41; Michael J. Wilkins, *Matthew*, NIV Application Commentary (Grand Rapids: Zondervan, 2004), 132에서는 마태복음에서 천국으로 언급된 것이 33번이라고 합니다. 아마 어떤 사본들에서 7:21에 2번 나온 것을(이를 언급하는 Blomberg, *Matthew*, 73, n. 32를 보십시오) 더하여 계산한 것으로 여겨야 할 것입니다.

24 여러 저자들의 논의를 보되, 그것을 정리하여 제시하는 이승구, 『기독교 세계관이란 무엇인가』, 67-68; Ridderbos, *Matthew*, 46; R. T. France, *Matthew*, Tyndale New Testament Commentaries (Leicester: IVP and Grand Rapids: Eerdmans, 1985), 46; Schnackenburg, *The Gospel of Matthew*, 41; 그리고 Wilkins, *Matthew*, 132도 보십시오.

25 이에 대해서는 Stan D. Toussaint, *Behold the King: A Study of Matthew* (Portland: Multnomah, 1980), 65-68과 Robert L. Saucy, *The Case for Progressive Dispensationalism* (Grand Rapids: Zondervan, 1993), 19를 보십시오.

26 Cf. Robert L. Saucy, *The Case for Progressive Dispensationalism* (Grand Rapids: Zondervan, 1993); 그리고 Craig A. Blaising and Darrell L. Bock, *Progressive Dispensationalism* (Grand Rapids: Victor, 1993).

27 세대주의의 근자의 형태인 소위 '점진적 세대주의'에서는 이 구별을 경우에 따라서만 하는데, 그것을 보는 입장에 따라서 다음 세 학파가 있다고 합니다.
(1) 오늘날은 '중보적 왕국'(meditorial kingdom)은 아직 없고, "제한적이고 임시적 통치"만이 있다는 Alva McClain과 Stan Toussaint의 견해 (특히 McClain은 요하네스 바이스와 알버트 슈바이처와 대화하면서 그들의 철저 종말론에 유사한 입장을 표명합니다. Toussaint는 중보적 왕국은 오늘의 상황에서는 순전히 미래적이라고 합니다.).
(2) 왕국의 신비한 형태(기독교권) 가운데 있는 교회가 '오늘날의 영적인 왕국'이고, 장차 '물리적 왕국'을 기다린다는 찰스 라이리의 견해, '왕국의 영적인 형태'가 교회이고, 장차 '물리적 왕국'을 기다린다는 요한 월부르드의 견해.
(3) 오늘날의 왕국은 현존하는 신정 왕국의 한 부분이고, 이는 하나님의 계속되는 신정 왕국 프로그램의 한 단계라고 보는 드와이트 펜트코스트의 견해.
이에 대한 전체적인 소개와 논의로 Blaising and Bock, *Progressive Dispensationalism*,

그런데 세대주의자가 아닌 사람들 중에도 하나님 나라는 개인들로 하여금 장차 나타날 종말론적인 천국을 위해 준비하게 한다는 분들이 있습니다.28 그러나 성경의 용례에 비추어 보았을 때, 이것은 별로 설득력 없는 구별입니다. 이와 관련해서, 마태복음 19:23-24에 있는 예수님의 말씀을 보십시오: "내가 진실로 너희에게 이르노니, 부자는 천국에 들어가기가 어려우니라. 다시 너희에게 말하노니 낙타가 바늘귀로 들어가는 것이 부자가 하나님의 나라에 들어가는 것보다 쉬우니라."29 이 구절에서는 같은 것을 가지고 한 번은 "천국"(ἡ βασιλεία τῶν οὐρανῶν)이라고 하시고, 또 한 번은 "하나님 나라"(ἡ βασιλεία τοῦ θεοῦ)라고 표현하셨습니다. 그러므로, 우리들은 많은 학자들과 같이, "하나님 나라"와 "천국" 즉 "하늘 나라"가 같은 것이라고 해야 합니다.

"하나님 나라"를 "천국"(하늘나라)이라고 부르는 것에는 아마도 하나님의 이름을 부르지 않으려고 하던 유대인들의 습관이 반영되어 있다는 것에 상당히 많은 분들이 동의합니다.30 그러므로 예수님께서도

39-46; 또한 Darrell L. Bock, "The Kingdom of God in New Testament Theology," in *Looking into the Future: Evangelical Studies in Eschatology*, ed., David W. Baker (Grand Rapids: Baker Academic for the Evangelical Theological Society, 2001), 28-60, 특히 30, n. 6을 보십시오.

28 Allen, *The Gospel According to St. Matthew*, ixvii-lxviii, 232; 그리고 Margaret Pamment, "The Kingdom of Heaven according to the First Gospel," *New Testament Studies* 27 (1981): 211-32.

29 이 점과 관련하여 이 구절을 언급한 좋은 예로 다음을 보십시오. Blomberg, *Matthew*, 73 과 Turner, *Matthew*, 39 ("there is ample evidence that the kingdom of heaven and the kingdom of God are identical."); 그리고 David K. Lowery, "A Theology of Matthew," in *A Biblical Theology of the New Testament*, eds., Roy B. Zuck and Darrel L. Bock (Chicago: Moody Press, 1994), 36.

30 아마도 일차적으로 "유대인을 위한 복음서"로서 쓰여진 마태복음은 유대인들을 염두에 두고서 이렇게 표현한 것 같습니다. 이는 기본적으로 슐러(E. Schürer)의 생각이며(*A History of the Jewish People in the Age of Jesus Christ (175 B.C.-A.D. 135)*, revised edition (1973), 그를 따라서 보스(G. Vos)도 그와 같이 표현하고 있습니다(*Biblical Theology*, 이승구 역, 『성경신학』 [서울: CLC, 1985], 415). 또한 다음도 보십시오: Jeremias, *New Testament Theology*, vol. 1, 97; Hoekema, *The Bible and the Future*, 44; Donald Guthrie, *New Testament Theology* (Leicester: IVP, 1981), 409;

이 세상에서 말씀하실 때 주로 "천국"이라는 용어를 사용하신 것 같습니다.31 예수님께서 말씀하신 "천국이 가까웠다"는 말은 "**이 세계 역사에로** 하나님의 종국적이고, 결정적인 개입이" 가까웠다는 말입니다.32 그런데 예수님께서 가르치신 천국 실현은 매우 독특한 성격을 가지고 있습니다(이에 대해서는 다음 장에서 구체적으로 생각해 볼 것입니다).33 예수님의 이런 가르침 때문에, 과거 유대인들이 하나님 나라가 오기를 기다린다는 것과 오늘 우리가 하나님 나라를 기다린다는 것에 상당한 차이가 있게 되었습니다.

Millard J. Erickson, *Christian Theology* (Grand Rapids: Baker, 1985), 1226; France, *Matthew*, 46; Schnackenburg, *The Gospel of Matthew*, 41; Wilkins, *Matthew*, 132; 그리고 David L. Turner, *Matthew*, Baker Exegetical Commentary on the New Testament (Grand Rapids: Baker Academic, 2008), 107.

31 물론 이에 대해서 너무 강하게 단정할 필요는 없습니다. 유대인들이 과연 언제부터 '하늘 나라', 즉 '천국'이라는 용어를 사용했는지에 대해서 상당한 논란이 있기 때문입니다. 예레미아스는 예수님의 사역이 마쳐진 후 50년이 지난 주후 80년경에 랍비 요하난 벤 자카이(R. Johanan ben Zakkai)가 처음으로 천국(天國)이라는 말을 사용한 것이 유대 문헌에서 나타난다고 하면서 신구약 중간기에 이 용어가 전혀 없는 것으로부터 예수님께서 당대 사람들이 사용하는 용어를 사용해서 말씀하셨다고 볼 수 없게 한다는 의견을 말하고 있습니다. 그러면서 그는 또한 예수님께서 "하나님 나라"라는 용어를 전혀 사용하지 않으셨다는 증거는 없다고 합니다(Jeremias, *New Testament Theology*, vol. 1, 97). 그래서 그는 '천국'이라는 용어가 후대에 나타난 이차적인 것일 수 있다고 봅니다(97). 우리는 정확히 어떻게 되었는지 단언하기 어렵습니다. 그러나 '하늘 나라'라는 용어가 이차적이어서 후대에 사용되었다고 하는 예레미아스의 견해는 마태가 예수님의 말을 정확히 전달하고 있는 것이 아니라는 함의를 지니므로 어느 정도의 성경 비평을 용인하는 예레미아스다운 말이고, 우리는 받아들이기 어려운 것이라고 해야 합니다.
래드는 예수님께서는 '하나님 나라'라는 말이나 '천국'(즉, 하늘나라)이라는 말을 다 사용하셨을 가능성이 있다는 의견을 제시합니다(Ladd, *A Theology of the New Testament*, 61).

32 Ridderbos, *Matthew*, 76: "The coming of the kingdom is nothing less than God's final, decisive intervention *into world history*."(강조점은 덧붙인 것임). 또한 이 땅에 "심판과 구원으로 하나님의 정당한 주권을 수립하는 것, 즉 메시야 시대의 도래"를 말한다고 하는 France, *Matthew*, 90도 보십시오.

33 이제는 이런 논의가 일반적인 것이 되었으나 이를 정리한 다음 글들과 그에 인용된 다른 저자들의 글을 보십시오. I. H. Marshall, "The Hope of a New Age: The Kingdom of God in the New Testament," *Themelios* 11 (1985): 5-15; 박형용, 『신약성경신학』 (수원: 합동신학대학원출판부, 2005), 167-288; 이승구, "종말신학의 프톨레고메나", 『개혁신학 탐구』 (수원: 합신대학원출판부, 2010), 1장=『조지 래드의 종말론 강의』 (서울: 이레서원, 2017), 부록, 189-228; 이승구, 『기독교 세계관이란 무엇인가』, 재개정판 (서울: SFC, 2014), 제 3 장; 그리고 이승구, "하나님 나라와 교회에 대한 리델보스의 이해", 『성경신학과 조직신학』 (서울: SFC, 2018), 제 2 부 4장. 하나님 나라에 대한 20세기의 해석들로는 W. Willis, ed., *The Kingdom of God in 20th Century Interpretation* (Peabody, Mass.,: Hendricksen, 1987)을 보십시오.

그럴지라도 예수님을 믿고 따르는 우리들도 계속해서 하나님 나라가 극치에 임하기를 위해 기도하는 것은 당연한 일입니다. 대럴 복이 잘 표현한 바와 같이, "하나님 나라의 미래적 형태에 대한 강조는 성경적 희망에 깊은 뿌리를 가지고" 있습니다.34 그렇다면 예수님의 가르침을 잘 받아들인 우리에게 있어서 오늘날 그 나라가 임하기를 기다린다는 것은 무슨 뜻일까요?

"하나님의 나라, 즉 천국"을 기다림(2): 극치에 이른 천국의 임함과 그 극치(consummation)를 기다리는 신약의 성도들

하나님 나라에 대해서 가르치시면서 예수님께서는 하나님 나라가 언젠가는 그 온전함을 드러내며 권능으로 찬연(燦然)히 임할 때가 있음도 가르치셨습니다. 예를 들어서, "내가 진실로 너희에게 이르노니 여기 서 있는 사람 중에는 죽기 전에 하나님의 나라가 권능으로 임하는 것을 볼 자들도 있느니라"(막 9:1)는 말씀, 또는 "사람들이 동서남북으로부터 와서 하나님의 나라 잔치에 참여하리니"(눅 13:29)와 같은 경우입니다. 또한 제자들에게 "이스라엘 집의 잃어버린 양에게로 가라! 가면서 전파하여 말하되 '천국이 가까이 왔다'"고(마 10:6-7) 선포하라고 하신대로 사도들도 그렇게 가르쳤습니다. "아직 임하지 않은 극치가 있다"는 것입니다.35

---

34 Bock, "The Kingdom of God in New Testament Theology," 31. 그러나 이 말을 할 때 점진적 세대주의자인 그가 염두에 두고 있는 것은 우리가 생각할 다음 내용과 다르다는 것을 또 생각해야 합니다.

35 이제는 거의 대부분의 진지한 학자들이 이를 가르치지만 특히 Herman Reidderbos, *The Coming of the Kingdom*, translated by H. de Jongste, edited by Raymond O. Zorn (Philadelphia: The Presbyterian and Reformed Publishing Company, 1962), 45, 77 238, 518을 보십시오. 이승구, "하나님 나라와 교회에 대한 리덜보스의 이해", 『성경신학과 조직신학』, 제 2 부 4

그러므로 우리가 아직도 기다리고 있는 앞으로 도래할 것은 "극치에 이른 하나님 나라(극치에 이른 천국)"의 도래입니다. 그것을 요한계시록에서는, 이사야 65장 17절과 66장 22절의 말씀을 반영하면서, "새 하늘과 새 땅"이라고 부르고 있습니다. 그것이 이루어지는 모습을 하나님의 계시로 미리 본 요한은 이를 다음 같이 표현합니다: "또 내가 새 하늘과 새 땅을 보니, 처음 하늘과 처음 땅이 없어졌고 바다도 다시 있지 않더라"(계 21:1).

"바다도 다시 있지 않다"는 것은, 필립 휴스가 아주 명료하게 잘 표현하고 있듯이, (물리적인) "바다 그 자체가 악하다는 것을 의미하지는 않습니다."36 이는 1세기 사람들의 관점에서 보았을 때 인간을 위협하는 세력이 더 이상 있지 않다는 것을 표현한 것이라고 보아야 합니다.37 휘튼 대학의 교수였던 알란 존슨도 "여기서도 강조점은 지리적

장도 보십시오. 이제는 심지어 달라스 신학교 교수들도 그렇게 표현합니다. Buist M. Fanning, "A Theology of Peter and Jude," in *A Biblical Theology of the New Testament*, 469: "So there is a consummation yet to come."

36 Philip E. Hughes, *The Book of Revelation* (Leicester: IVP, 1990), 222=오광만 역, 『요한계시록 주석』(서울: 여수룬, 1993), 323.
이에 반해서 세대주의자들은 이것도 문자적으로 생각합니다. 월부르드의 다음 말과 비교해 보십시오: "지금 지구의 대부분은 물로 덮여 있는데, 새로운 지구는 22:2에 언급된 강 외에는 많은 물들이 없다"(John F. Walvoord, *The Revelation of Jesus Christ* [Chicago: Moody Press, 1966], 311). 그리고 이렇게 바다가 있는가 없는가 하는 것이 천년 왕국과 영원 상태를 구별하게 하는 하나의 표라고 합니다(312). 다음 구절들에는 바다가 언급되었으므로 이는 영원 상태를 말하는 것이 아니라고 보는 것입니다: 시 72:8; 사 11:9, 11; 겔 47:10, 15, 17, 18, 20; 48:28; 슥 9:10, 14:8. 바로 이와 같은 것이 세대주의의 지나친 문자적 해석이 어떤 것이고, 그런 해석의 문제점이 무엇인지를 잘 알게 하는 예라고 할 수 있습니다.

37 이것과 비슷한 견해의 진술로 Leon Morris, *Revelation*, Tyndale New Testament Commentaries, revised (Leicester: IVP and Grand Rapids: Eerdmans, 1987), 237; Hughes, *The Book of Revelation*, 221f.=『요한계시록 주석』, 323; Anthony A. Hoekema, *The Bible and the Future*, 류호준 역, 『개혁주의 종말론』(서울: CLC, 1986), 381; 그리고 바로 뒤에 언급될 알란 존슨의 논의도 보십시오.
이에 대한 다른 견해들은 그 내용이나 맥락에서 모두 적절하지 않은 것들이라고 생각됩니다. 다른 해석들의 대표적인 예를 들자면, 다음 같은 것들을 언급할 수 있을 것입니다.
(1) 바다가 없다는 것은 태초의 악의 세력에 대한 하나님의 승리를 표현한다는 견해 (Charles, *Revelation of St. John*, 2:205; Michael Wilcock, *The Message of Revelation: I Saw Heaven Opened*, Bible Speaks Today Series (Leicester: IVP, 1975), 이종일 역, 『역사의 저편: 새 하늘과 새 땅』[서울: 기독지혜사, 1988], 260; 그리고 M. Eugene Boring, *Revelation*,

인 것에 있지 않고, 도덕적, 영적인 것에 있다"고 하면서,38 "바다라는 것은 악이라는 함의를 지닌 원형으로 보아야 한다"고 하고,39 "따라서 그 어떤 형태의 악의 흔적도 이 새로운 피조계에는 존재하지 않을 것이다."고 설명하고 있습니다.40 그러므로 휴스가 잘 표현하고 있는 바와

Interpretation (Louisville, Kentucky: John Knox Press, 1989), 216f.),
    (2) 바다는 기본적으로 죽은 자의 영역이고(20:13), 적-그리스도의 영역이므로(13:1) 새 하늘과 새 땅에는 바다가 있지 않다고 했다는 견해(Keener, *Revelation*, 486),
    (3) 그리고 물은 계시록 마지막 부분에서 "불 못"(the lake of fire)으로 언급되기에(15:2) 이곳은 신자들과는 상관없는 곳이어서 새 하늘과 새 땅에는 물이 있지 않다는 견해,
    (4) 이제 새 하늘과 새 땅에서는 해상 무역이 있을 필요가 없고(18:17) 하나님이 친히 모든 것을 공급하실 것이므로(22:2) 바다가 없다고 표현되었다는 견해.
    (이상은 듀크에서 학위를 하고 팔머 신학교 교수로 있는 Craig S. Keener, *Revelation*, The NIV Application Commentary [Grand Rapids: Zondervan, 2000], 485에 부분적으로 시사되어 있는 것들입니다. 물론 키너는 사사만 하고 이 견해들을 적극적으로 주장하고 있는 것은 아닙니다).
    (5) 또 다른 해석의 하나로 야고보서 1:6을 생각하면서 여기 바다가 "어려움과 환란으로 인한 현재 신앙의 불확실성이나 애매함을 상징하는" 것이라고 보고, 바다가 없어지는 것을 "재림으로 인한 복음 진리의 확실성이 분명히 드러나는" 것으로 보는 해석도(Robert W. Wall, *Revelation*, New International Biblical Commentary [Peabody, Mass.: Hendrickson Publishers, 1991], 247) 상당히 이상한 해석입니다.
    키너 자신이 잘 표현하고 있는 바와 같이, "계시록의 맥락에서는 바다가 더 이상 있지 않은 것은 바다로부터 나온 (13:1) 짐승을 따르는 자들의 '많은 무리들'(17:1, 15)의 종국을 잘 표현하는 것"이기 때문입니다(Keener, *Revelation*, 486). 계시록에서 악한 많은 무리들, 그 "백성과 무리와 열국과 방언들"을 "**많은 물들**"이라고 표현한 것(17:15)에 잘 주의하고 있는 이 논의는 매우 중요합니다. 그런데 이 점을 잘 언급한 키너 자신은 안타깝게도 바다가 더 이상 있지 않다는 것의 의미를 더 상세히는 설명하지 않습니다.

    38 Alan Johnson, "Revelation," in *Expositor's Bible Commentary*, vol. 12 (Grand Rapids: Zondervan, 1981), 593. 비슷한 견해로 Morris, *Revelation*, 236도 보십시오: "He [John] is concerned with spiritual states, not with physical realities."
    39 Johnson, "Revelation," 593.
    그러나 여기 바다가 다시 있지 않다고 언급된 것은 바빌론 신화와 이스라엘의 상징에서 물이나 바다로 표현된 악의 세력에 대한 하나님의 승리를 표현하는 것이라는 견해가 고대 신화와의 관계를 너무 의식하면서 표현된 것으로 보는 견해는 과연 견지될 수 있는 것인지 좀 더 재고해 보아야 합니다. 특히 창세기의 "깊음"("테홈", תְּהוֹם)과 바빌론의 "타아마트"를 연관하면서 이를 생각하는 것은 (이런 입장을 시사하는 Charles, *Revelation of St. John*, 2:205; Wilcock, *The Message of Revelation*, 『역사의 저편: 새 하늘과 새 땅』, 260; 그리고 Boring, *Revelation*, 216f.를 보십시오) 결국 심각한 문제를 야기하게 될 것입니다. 이런 견해에 대한 가장 좋은 논박으로 Robert H. Mounce, *Revelation*, NICNT (Grand Rapids: Eerdmans, 1977), 369를 보십시오. 다행히 존슨은 그렇게까지 생각하지는 않는 것으로 보입니다.
    40 Johnson, "Revelation," 593. 스위트는 바다가 있지 않다고 한 것은 "저자의 마음속에서 바다는 새로운 피조계의 성격과 잘 어울리지 않기 때문이었다"고 표현합니다(H. B. Swete, *The Apocalypse of St. John* [Grand Rapids: Eerdmans, 1906], 275). 마운스도 이에 동의합니다(Mounce, *Revelation*, 369f.). 그런데 그 이유는 잘 말하지 않고, 오히려 "바다가 심연에로 물러갔다"고 표현한 모세 승천기 10:6의 말이나 큰 별이 하늘에서 내려와 깊은 바다를 다 태운다는 〈시빌의 신탁〉 5:158-59의 말 등 유대 묵시문학의 표현을 언급하는 것으로 마무리하여(370) 아쉽습니다.

같이, "바다가 없다는 것은 재창조에 있을 온 인류의 조화와 하나됨, 그리고 안전을 상징한다"고 해야 합니다.41 이를 더 구체적으로 표현하면서, 요한계시록은 "다시는 사망이 없고 애통하는 것이나 곡하는 것이나 아픈 것이 다시 있지 아니하리니"(계 21:4)라고 말하고 있습니다. 그에 덧붙여서 요한은 "왜냐하면 처음 것이 다 지나갔음"이라(ὅτι τὰ πρῶτα ἀπῆλθαν)고 말합니다. 이것은 온 세상이 없어졌다는 말이기 보다는 **인간의 타락으로 인하여 인간이 처하게 된 죄악된 상태**가 다 지나갔음을 말해 주는 것입니다.

바로 그런 상황이 "새 하늘과 새 땅"입니다. 즉, 하나님께서 이전에 온전하게 창조하셨는데 인간의 죄로 말미암아 복잡해지고 더렵혀지고 신음 가운데 있는(롬 8:19-22) 피조계 전체가 새롭게 될 것이 "새 하늘과 새 땅"입니다. 윌리엄 헨드릭슨이 잘 표현하고 있듯이, "같은 하늘과 땅인데, 영광스럽고 새롭게 된 것입니다. 잡초가 없고, 가시떨기와 엉겅퀴가 없고 등등. 자연이 이제 본래의 위치에로 돌아 온 것입니다. 아주 오랫동안 잠들어 있던 그 가능성들이 이제 온전히 실현된 것입니다."42 많은 다른 분들이 시사(示唆)하고 레온 모리스가 잘 표현하고 있는 바와 같이, 여기서 "요한은 만물의 온전한 변혁을 묘사하고 있는" 것입니다.43 그러므로 이것이 예수님께서 마태복음 19:28에서 말하고 있는 "만물의 새로워짐"(παλιγγενεσία)이라는 마운스의 말은 매우 적절합니다.44 이것에 대해서 래드와 마운스는 "구속된 땅"이라고 하

---

41 Hughes, *The Book of Revelation*, 222=『요한계시록 주석』, 323.

42 Hendriksen, *More than Conquerors*, 198f.

43 Morris, *Revelation*, 236: "John is describing a complete transformation of all things." 또한 Wilcock, *The Message of Revelation*=『역사의 저편: 새 하늘과 새 땅』, 260: "이 세계는 근본적으로 새로와진 세계이며⋯."

44 Mounce, *Revelation*, 369, n. 2. 마운스는 스위트가 여기서 '팔라이오스'와 대조되는 '카이노스'라는 희랍어는 "부패와 옛 세계의 깨짐으로부터 일어나는 새로운 생명을 시사한다"고 한 것을(Swete, *The Apocalypse of St. John*, 275) 언급하면서, 바로 이것이 예수님이 말씀하신 "만물

고,45 후크마는 "새로운 땅"이라는 표현도 사용합니다.46

그러므로, 다시 한 번 더 강조하여 말한다면, 새 하늘과 새 땅의 임함은 기존의 만물이 **새로워지는 것으로 이루어**집니다. 그래서 하나님께서는 "내가 만물을 새롭게 하노라"라고 말씀하십니다(계 21:5, cf. 사 65:17).47 그 둘을 연관시켜서 말한다면, 시애틀 퍼시픽 대학교의 로버트 월 교수가 잘 표현하고 있듯이, "**새 하늘과 새 땅은 모든 것을 새롭게 하시는** 하나님의 작품입니다."48 이런 성경적 이해에 근거해서 개혁파 교회들은 온 세상의 마지막 상황을 만물의 갱신으로 이해하려고 해 왔습니다.49

의 새롭게 됨"이라고 합니다.

45 George Eldon Ladd, *A Commentary on the Revelation of John* (Grand Rapids: Eetdmans, 1972), 275: "a redeemed earth." See also Mounce, *Revelation*, 368. 헨드릭슨은 "구속된 미래의 우주"(the redeemed universe of the future)라고 표현하기도 합니다(William Hendriksen, *More than Conquerors: An Interpretation of the Book of Revelation* [1940, 1967; commemorative edition, Grand Rapids: Baker, 1982], 197).

더 나아가, 하나님의 백성들은 후에 온전히 경험할 하나님과 함께 함을 이미 맛보고 있다는 것을 모리스는 강조하고 있습니다: "지금 맛보고 있는 것이 후에 온전하게 실현된다"(Morris, *Revelation*, 237). 비슷한 생각의 표현으로 Hendriksen, *More than Conquerors*, 198도 보십시오: "That divine indwelling will be perfected in the new heaven and earth after the judgment day."

46 Hoekema, *The Bible and the Future*, chap. 20=『개혁주의 종말론』, 367-84.

47 그러나 여기 이 말이 현재형으로 진술되었다는 근거에서 이 선언에서 "하나님께서는 지금 여기서 계속해서 사물들을 새롭게 하시는 것임을 성찰해 보는 것이 좋을 것이다"고 하는 것은(Morris, *Revelation*, 239) 이 문단의 맥락을 무시한 논의라고 생각됩니다. 이는 이사야 65:17에서나 계시록 21:4에서만 종국적으로 최종 상태(the final state)가 도래할 때에 이루어질 상황을 언급하고 있는 것이기 때문입니다.

48 Wall, *Revelation*, 247, 강조점은 월 교수 자신의 것임.

그렇게 새롭게 된 우주 안에서의 새롭게 된 하나님 백성인 교회를 "새 예루살렘"으로 표현한 요한의 의미에 대한 좋은 설명으로 다른 책도 많이 있지만, 특히 Hendriksen, *More than Conquerors*, 199-201("the ideal Church of the future"); Haans Lilje, *The Last Book of the Bible: The Meaning of the Revelation of St. John* (Philadelphia: Fortress, 1967), 259; Wilcock, *The Message of Revelation*=『역사의 저편: 새 하늘과 새 땅』, 268-75; Hoekema, *The Bible and the Future*, 『개혁주의 종말론』, 381; Wall, *Revelation*, 245f.을 보십시오. Hunter, Preston and Hanson, Beasley-Murray에게 동의하면서, "하나님 백성으로서의 새 예루살렘"을 잘 논의하는 Mounce, *Revelation*, 370-71도 보십시오. (이 때 마운스는 John F. Walvoord [*The Revelation of Jesus Christ*, 313의 세대주의적 이해와 래드[*A Commentary on the Revelation of John*, 276]의 아직도 그런 이해를 어느 정도 유지하려는 견해를 잘 비판하면서 이 작업을 합니다).

49 Herman Bavinck, *Reformed Dogmatics 4*, Section, 577=박태현 역, 『개혁교의학 4』

그렇게 되는 과정을 베드로후서에서는, 예수님의 말씀(마 24:29, 35; 눅 21:25)과 이사야 34:4 (또한 사 12:10-13; 24:19; 64:1-4; 66:16; 미가 1:4) 등을 염두에 두면서,50 "그 날에는 하늘이 큰 소리로 떠나가고, 물질이 뜨거운 불에 풀어지고, 땅과 그 중에 있는 모든 일이 드러나리로다"(벧후 3:10)라고 표현했습니다. 루터파에서는 이 구절들을 문자적으로 이해하기도 하고, 혹은 그런 해석에 근거해서 다른 구절의 뜻을 달리 이해하면서 마지막을 현 세상의 폐기와 새로운 세상의 창조로 이해하는 경향이 있었습니다.51 그러나 현존하는 하늘이

(서울: 부흥과 개혁사, 2011), 849-55; Berkhof, *Systematic Theology*, 737; 그리고 Hoekema, *The Bible and the Future*, 280-82. 또한 다음 주석가들의 견해도 보십시오. G. B. Caird, *A Commentary on the Revelation of St. John the Divine* (New York: Harper & Row, 1966), 260, 265-66; Wall, *Revelation*, 247 ("Rather it consummates the renewal of the old order."); 그리고 R. J. Bauckham, *The Theology of the Book of Revelation* (Cambridge: Cambridge University Press, 1993), 49-50.

50 이 구절들을 언급하는 Michael Green, *2 Peter and Jude*, Tyndale New Testament Commentaries (London: Tyndale Press, 1968), 137을 보십시오.

51 스쳐 지나가면서 이점을 지적하는 Berkhof, *Systematic Theology*, 737; 그리고 Hoekema, *The Bible and the Future*, 280을 보십시오. 개혁파 중에는 베자(Beza)와 리베투스(Rivetus), 우니우스(Unius), 볼레비우스(Wollebius)와 프리도(Prideux) 등이 이와 비슷하게 생각했다고 합니다(이에 대해서는 Bavinck, 『개혁교의학 4』, 850을 보십시오). 세대주의자들도 그런 성향을 보입니다. 아주 명확하지는 않지만 그런 시사를 주는 Fanning, "A Theology of Peter and Jude," 470과 아주 명확히 "현존하는 세상의 갱신이 아니라 새로운 세상의 창조"라고 말하는 W. Hall Harris, "A Theology of John's Writings," in *A Biblical Theology of the New Testament*, eds., Roy B. Zuck and Darrel L. Bock (Chicago: Moody Press, 1994), 241; 그리고 세대주의의 고전인 Walvoord, *The Revelation of Jesus Christ*, 311을 보십시오.

최근에 베드로후서는 온 세상의 파멸과 온전히 새로운 세상의 창조를 말한다는 해석을 강하게 주장한 오스틴 장로교 신학교의 루이스 도넬슨(Lewis R. Donelson, *I & II Peter and Jude, A Commentary*, The New Testament Library [Louisville, Kentucky: Westminster John Knox Press, 2010], 278)을 보십시오. 그는 베드로후서는 이점에서 아주 명백하다고 하면서 피조계의 갱신을 말하는 신약의 대부분(e. g., 마 19:28; 롬 8:19-23)과 베드로후서를 대립시키면서 제시합니다(Donelson, *I & II Peter and Jude*, 278). 도넬슨의 논의는 성경의 다양성을 너무 강조하면서 베드로후서를 너무 한 편으로만 몰아가서 해석하는 문제들 드러내고 있습니다.

교부들 가운데서는 Justin Martyr과 Minucius Felix가 이런 입장을 취했다고 합니다(이에 대해서는 C. P. Thiede, "A Pagan Reader of 2 Peter: Cosmic Conflagration in 2 Peter 3 and the Octavius of Minucius Felix," *Journal for the Study of the New Testament* 26 (1986): 83-91과 이를 인용하는 Schreiner, *1, 2 Peter, Jude*, 392, n. 96을 보십시오).

아마도 후기의 저작으로 생각되는 에녹서 65:17에는 "처음 하늘이 사라지고 지나 갈 것이고 새로운 하늘이 나타날 것이다"(The first heaven will vanish and pass away, and a new heaven will appear)라는 표현이 나옵니다. 유대교의 묵시문학적 문서들에는 이렇게 우주의 온전한 파멸을 언급하는 것들이 있습니다(이에 대해서 휘튼, 미네소타, 시키고 대학교 출신으로 로욜라 대학

떠나간다고 해서 하늘이 없는 것이 아니라, 그것이 새롭게 되는 것입니다. 이렇게 말할 때, 나는 개혁파의 전형적 해석에 동감하면서 설명하는 것입니다.52 이미 오랜 전에 윌리엄 헨드릭슨도 요한계시록 21장과 베드로후서 3장을 연관시키면서 다음 같이 논의한 바 있습니다:

> 땅의 토대가 정화하는 불에 영향을 받게 된다. 그리하여 모든 죄의 흔적, 모든 잘못의 상처, 모든 죽음의 자취가 다 제거될 것이다. 큰 불로

교의 David E. Aune, *Revelation 17-22*, Word Biblical Commentary 52c (Nashville: Thomas Nelson Publishers, 1998), 1117f.를 보십시오).

52 Cf. Berkhof, *Systematic Theology*, 737; 그리고 Hoekema, *The Bible and the Future*, 280-82. 마치 후크마의 설명을 미리 바라보기라도 하듯이 1956년에 박윤선 목사님은 "새 하늘과 새 땅은 **질적으로 달라지는 것으로** 거기는 죄가 전혀 없다"고 표현한 바 있습니다(『신약주석 공동서신』 [서울: 영음사, 1956, 개정판, 1965, 개정 2판, 1987, 8쇄 2006], 227, 강조점은 덧붙인 것임). 또한 John Dennis, "Cosmology in the Petrine Literature and Jude," in *Cosmology and New Testament Theology*, eds., Jonathan T. Pennington and Sean M. McDonough (London: T&T Clark, 2008), 175도 보십시오: " … a *final* judgment which brings about the *final* renewal of the cosmos."

교부들 가운데서는 Irenaeus와 Origen이 이런 견해를 주장했다고 합니다(이에 대해서는 Schreiner, *1, 2 Peter, Jude*, 392, n. 96을 보십시오).

쉬라이너 자신은 이에 대해서 어떤 입장을 명확히 지지하지 않습니다. 때로는 "변혁된 세계"(a transformed world)라는 말도 사용하기는 하지만(Schreiner, *1, 2 Peter, Jude*, 391), 이 문제는 "확신할 수 없는 문제"라고 하면서 "하나님께서 어떻게 자신의 약속을 성취하실 지에 대해서는 조심스러운 태도를 취하는 것이 더 좋을" 것이라고 합니다. "어떻게 되든지, 미래 세계는 물리적 세계이고, 새로운 우주가 낳아질 것"이라고까지는 말할 수 있다고 합니다(Schreiner, *1, 2 Peter, Jude*, 392).

그런데 유대교 묵시문학에도 이 세상이 **변혁되고 갱신되어 잔존할 것**이라는 언급이 나오기도 합니다. Cf. *2 Apoc. Bar.* 19:2; *Targum Jer.* 33:25 (이에 대해서 Aune, *Revelation 17-22*, 1118을 보십시오). 이런 변혁에 대한 언급들로 다음을 보십시오. 주후 107년 이전의 것으로 여겨지는 Jub. 1:29 ("From the day of the creation till the heavens and the earth are renewed."), 4:26; 32:6 ("When the Mighty One will renew His creation"); (주전 94-64년 것으로 여겨지는) I Enoch 45:4 ("And I will transform the heaven and make it an eternal blessing and light, and I will transform the earth and make it a blessing"); (주전 110년 이전 것으로 여겨지는) I Enoch 72:1 ("Till the new creation is accomplished which dureth till eternity"), 2; 91:16; 2 Bar. 32:6, 44:9, 12 (주후 70년 이전 것으로 여겨지는) 57:2 ("And belief in the coming judgment was then generated, and hope of the world that was to be renewed was then built up, and the promise of the life that should come hereafter was implanted."); 4 Ezra 7:75 ("Until those times come in which Thou shalt renew Thy creation.") (이에 대해서는 R. H. Charles, *A Critical and Exegetical Commentary on the Revelation of John*, vol 2 (Edinburgh: T&T Clark, 1920, reprinted, 1976), 203; 그리고 Keener, *Revelation*, 485, n. 2; Donelson, *I & II Peter and Jude*, 278를 보십시오). 또한 Onkelos Targum on Deut. 32:12 ("in the world which God will renew") (이에 대해서는 Sidebottom, *James, Jude, 2 Peter*, The 124를 보십시오).

부터 새로운 우주가 있게 된다. 원어에 사용된 단어는 다른 세상이라는 것이 아니라, 이것이 새로운 세상이라는 함의를 지닌 단어이다. 같은 하늘과 땅인데, 영광스럽게 새롭게 된 것이다…53

여기 베드로후서 3:10에서 "큰 소리"(ῥοιζηδὸν)라고 표현된 것이 기본적으로는 "(화살 같은 것의) 빨리 지나 갈 때 나는 소리" 같은 것을 뜻하지만,54 "사물들이 화염에 싸여 불탈 때 나는 소리"를 뜻하기도 한다고 합니다.55 그런데 많은 해석자들은 여기 언급된 큰 소리가 심판자로서의 하나님의 현현과 관련된 큰 소리라고 이해하려고 합니다. 리쳐드 보쿰은 이렇게 말합니다:

> 따라 나오는 묵시문학적 표상은 단순히 우주의 파멸을 묘사하는 것이기 보다는 더 중요하게는 신적 재판관의 종말론적 오심을 묘사하는 것이다. **하나님의 진노에 찬 음성이** 하늘로부터 울려 퍼지고 그의 심판의 불이

---

53 Hendriksen, *More than Conquerors*, 198.

54 이를 잘 설명하는 옥스포드 대학교의 교회사 왕립 교수였던 Charles Bigg, *A Critical and Exegetical Commentary on the Epistles of St. Peter and St. Jude*, ICC (Edinburgh: T&T Clark, 1901, 2nd edition, 1902, reprinted, 1975), 290; 그리고 E. M. Sidebottom, *James, Jude, 2 Peter*, The New Century Bible Commentary (1967; London: Marshall, Morgan & Scott, and Grand Rapids: Eerdmans, 1982), 122. 또한 다음 각주에 언급될 켈리(J. N. D. Kelly) 교수와 이상근 박사님도 이는 "여기에만 보이는 특수한 낱말로서 화살이 지나가는 소리"라고 하십니다. Cf. 이상근, 『신약 성서 주해 공동서신』 (대구: 성등사, 1963, 21판, 1991), 242. 캐나다 세인트 스테판스 대학교의 피터 데이비스도 "이 부사는 신약에서 한번만 나오는 용어(a NT *hapax legomenon*)로 큰 힘으로, 그리고 빠르게 지나가는 어떤 것에 의해 나는 소리를 으미한다"고 합니다. 이때 그는 BDAG, 907의 정보를 반영하면서 말하는 것입니다. Cf. Thomas Schreiner, *1, 2 Peter, Jude*, The New American Commentary (Nashville, Tennessee: Broadman & Holman Publishers, 2003), 383; 그리고 Peter H. Davids, *II Peter and Jude: A Handbook on the Greek Text* (Waco, Texas: Baylor University Press, 2011), 103.

55 초기 기독교 교리의 저자이고 1951부터 1979년에 은퇴할 때까지 옥스퍼드의 세인트 에드먼드 홀(St. Edmund Hall)의 학장(principal)이었던 켈리의 이런 기본적인 의미를 잘 설명하는 논의를 보십시오. Cf. John Norman Davidson Kelly, *A Commentary on the Epistles of Peter and Jude* (1969, reprinted by A. & C. Black, 1976, reprinted Grand Rapids: Baker, 1981), 364. 또한 Michael Green, *2 Peter and Jude*, 138; R. C. Lucas and Christopher Green, *The Message of 2 Peter and Jude*, The Bible Speaks Today (Downers Grove, IL: IVP, 1995), 142; 그리고 Schreiner, *1, 2 Peter, Jude*, 384도 보십시오.

하늘을 타오르게 할 때 창공과 천체들이 파괴될 것이고, 인간의 사악함의 무대인 땅은 그의 진노에 노출될 것이다.56

보스톤 컬리쥐의 신약학 교수인 펨 펄킨스도 "큰 소리는 심판에서의 불의 소음 이상의 것이다. 그것은 하나님께서 심판자로 오심을 표하는 것이다."라고 말합니다.57

이렇게 온 세상이 새롭게 되는 과정을 베드로후서는 "물질이 뜨거운 불에 풀어지고"와 같은 표현으로 그려주고 있습니다. 여기서 불로 타지는 것은 무엇입니까? 우리 말 성경에서 "물질"이라고 번역된 말은 "스토이케이아"(στοιχεῖα)라는 말인데, 이는 **기본적으로는** 일종의 '배열된 것, 줄지어진 것'(one of a row, or series)이라는 뜻으로, 예를 들어서 알파벳의 각 글자가 표시하는 기초적인 음을 뜻하기도 하고, 지식과 학문의 초보적인 요소들을 뜻하기도 합니다.58 이에 대해서는 다음 같이 다양한 해석이 있어 왔습니다.59

---

56 Richard J. Baukham, *Jude, 2 Peter*, Word Biblical Commentary (Waco, Texas: Word Books, 1983), 321: "The apocalytic imagery which follows depicts not simple the dissolution of the cosmos but, more importantly, the eschatological coming of the divine Judge. When *the wrathful voice of God* thunders out of heaven and the fire of his judgment sets the sky blaze, the firmament and the heavenly bodies will be destroyed, and the earth, the scene of human wickedness, will be exposed to his wrath."(강조점은 덧붙인 것임).

57 Pheme Perkins, *First and Second Peter, James, and Jude*, Interpretation (Louisville: John Knox Press, 1995), 190: "Therefore the roar is more than the noise of fire at the judgement. It signals God's Appearance as Judge."

58 Bigg, *A Critical and Exegetical Commentary on the Epistles of St. Peter and St. Jude*, 296; Kelly, *A Commentary on the Epistles of Peter and Jude*, 364를 보십시오. 이상근 박사님도 이는 "줄, στοῖχος(列)에서 온 낱말로서 '줄지어 진 것들'을 표시한다. 가령 알파벳, 자연의 요소 등"이라고 표현하셨습니다(이상근, 『신약 성서 주해 공동서신』, 242). 이는 아마도 Bigg의 견해를 문자 그대로 제시하신 것이라고 생각됩니다. 그런데 켈리는, 다음의 논의를 생각하면서, "(그런데) 여기서는 이런 의미들은 별 상관이 없다"고 합니다(Kelly, *A Commentary on the Epistles of Peter and Jude*, 364).

59 이 모든 해석들을 잘 정리하여 제시하고 평가한 논의로 Bigg, *A Critical and Exegetical Commentary on the Epistles of St. Peter and St. Jude*, 297; Kelly, *A Commentary on the Epistles of Peter and Jude*, 364; Bauckham, *Jude, 2 Peter*, 315f.; Schreiner, *1, 2 Peter, Jude*, 384; Peter H. Davids, *The Letters of 2 Peter and Jude*, The Pillar New Testament Commentary

(1) 세상을 형성하는 물질들의 기본적 요소들을(the fundamental elements) 뜻한다는 해석이 있고, 이와 연관하여 헬라 철학자들이 만물을 이루는 기본적 요소들로 생각하던 물, 공기, 불, 흙을 생각하는 분들도 있습니다.60 이런 해석을 취하면, 이는 이 세상을 구성하는 기본적 물질들이 모두 다 "불 가운데서 풀어지게 된다"(καυσούμενα λυθήσεται, will be dissolved in the heat)고 이해됩니다. 이와 연관하여 여기 "스토이케이아"가 하늘과 대조되는 땅을 뜻하며 이는 이 세상의 물질세계 전체를 뜻한다고 보는 Gene Green의 견해도 있습니다.61

(2) 이 "스토이케이아"가 "천체들"(the heavenly bodies, the celestial bodies)을 가리키는 말이고, 따라서 이는 종국에 천체들이 파괴될 것임을 뜻한다고 보는 해석이 있습니다.62 보쿰에 의하면 이는 2세기에 일반적으로 받아들여지던 해석이라고 합니다.

(3) 갈라디아서 4:3과 골로새서 2:8, 20의 용례에 비추어, 이를 악한 천사의 세력들, 즉 하나님께 적대적인 세력들이 파괴된다고 보는

(Grand Rapids: Eerdmans, 2006), 283-86; Davids, *II Peter and Jude: A Handbook on the Greek Text*, 103; 오스틴 장로교 신학교의 Lewis R. Donelson, *I & II Peter and Jude, A Commentary*, The New Testament Library (Louisville, Kentucky: Westminster John Knox Press, 2010), 276-77; 그리고 채영삼, 『공동서신의 신학』 (서울: 이레서원, 2017), 557-58을 보십시오.

60 기본적으로 Gerhard Delling, "στοιχεῖον," TDNT 7:672-82를 보십시오. Bigg에 의하면, 영국 노덤브리아의 수도사였고, 후에 영국인으로서는 처음으로 '교회의 박사'(doctor Ecclesiae)라는 칭호를 수여받은 (1899년에 레오 13세 교황이 수여했다고 한다), 『영국 교회와 영국 국민들의 역사』의 저자인 Bede (672/3-735)가 이런 견해를 주장했다고 합니다. Cf. Bigg, *A Critical and Exegetical Commentary on the Epistles of St. Peter and St. Jude*, 297. 또한 Michael Green, *2 Peter and Jude*, 138에서는 저스틴 마터와 대부분의 희랍 교부들이 이렇게 생각했다고 합니다.

61 Gene L. Green, *Jude and 2 Peter* (Grand Rapids: Baker Academic, 2008), 328.

62 박윤선 목사님도 어거스틴, 마이어 등의 해석에 동의하면서 개역에 있던 '체질'이라는 말은 '모든 별들'을 의미하는 듯하다고 주석하셨습니다(『신약주석 공동서신』, 226), 이상근 박사님도 Alford, Bengel, Plumptre 등의 이런 해석에 동의하면서 논의하셨습니다. Alford, Bengel, Plumptre 등의 이름이 똑같이 등장하는 것을 볼 때 이 때도 Bigg의 견해를 그대로 옮기신 것입니다. Cf. 이상근, 『신약 성서 주해 공동서신』, 242의 해석도 보십시오: "장차 이 천체들이 뜨거운 불에 다 녹아지고 말 것이다." 다음에 나타나지만 켈리와 보쿰도 기본적으로 이런 해석이 옳다고 생각합니다. 또한 Simon J. Kistemaker, *Peter and Jude*, New Testament Commentary (Grand Rapids: Baker, 1987), 336도 보십시오.

해석이 있습니다. 특히 베드로후서 2:4이 말하는 그 악한 천사들이라고 보는 것입니다. 켈리는 인간의 운명을 주관하는 우주적 영들이라는 해석과 연관하여 이런 해석을 제시하고 있습니다.63

(4) 데이비스는 여기에 하나를 더하여 "배움의 토대를 구성하는 것들, 즉 근본적 원리들"이라고 해석하는 것도 제시하고 있습니다.64

이런 해석 가운데 쉬라이너는 첫 번째 해석이 "가장 적절하니, 이는 이 단어의 가장 기본적인 의미이기 때문이다"는 입장을 취합니다.65 이에 비해서 켈리는 '스토이케이아'를 천체로 생각하여 하늘과 땅과 함께 천체가 소멸하는 것을 언급하는 것이 자연스럽다고 보려고 합니다.66 보쿰도 이런 두 번째 해석을 가장 타당한 것으로 여기고, 세 번째 해석은 두 번째 해석에 부가된 것으로 보는 쉬라게(Schrage)의 해석에 동의하려고 합니다.67 또한 사이드보톰은 보쿰과 같이 보는 견해를 비판하면서 별들로 보는 두 번째 해석을 취하면서 첫 번째 해석의 가능성도 있다고 합니다.68 그런가 하면 오스틴 장로교 신학교의 루이스 도넬슨은 세 번째 해석, 즉 이를 세상을 주관하는 악한 천사들의 멸

---

63 Kelly, *A Commentary on the Epistles of Peter and Jude*, 364.
그러나 이에 대해서 Michael Green은 이것이 유대적이고 아마도 바울적인 의미일지도 모르지만, 현재 문맥에는 잘 맞지 않는다고 합니다(*2 Peter and Jude*, 138).

64 Davids, *II Peter and Jude*, 103.

65 Schreiner, *1, 2 Peter, Jude*, 384. 이 때 그는 TDNT 7. 672-79에 수록되어 있는 G. Delling, "στοιχέω" 항목에 의존하면서 그리합니다.

66 Kelly, *A Commentary on the Epistles of Peter and Jude*, 364. 데이비스도 "이 구절이 (1) 70인경 이사야 34:4에 의존하고 있는 것을 볼 때에, 그리고 (2) Theophilus of Antioch, *Autol.* 1.4과 Justin, *2 Apo.* 5.2; *Dial.* 23:2에 이런 의미가 명백히 나타난 것으로 볼 때, 이 의미가 이 맥락에 가장 적절한 의미 같다"는 견해를 진술하고 있습니다(Davids, *II Peter and Jude*, 104). 또한 Davids, *The Letters of 2 Peter and Jude*, 283-86도 보십시오.

67 Bauckham, *Jude, 2 Peter*, 316. Cf. W. Schrage, *Die katholischen Briefe*, with H. Balz, 11th edition (Göttingen: Vandenhoeck & Ruprecht, 1973), cited in Bauckham, *Jude, 2 Peter*, 316.

68 Sidebottom, *James, Jude, 2 Peter*, 122. Michael Green, *2 Peter and Jude*, 138도 비슷한 의견을 표합니다. 단지 첫 째 의견을 먼저 이야기하고, 천체를 의미할 수도 있다고 순서를 바꾸어 표현합니다.

망으로 보는 해석이 "표준적 유대적 우주론에 가장 잘 맞는 것이라고" 하면서 기본적으로 이를 지지합니다.[69] 그러나 곧바로 이 세 가지를 모두 생각하면서 주님께서 오시기 전에 이 모든 것이 녹으리라는 견해를 취하기도 합니다.[70] 그러므로 이에 대해 어떤 단언을 하지 않는 것이 좋을 것입니다.[71]

중요한 것은 이것들이 파괴되고 나면 이 땅과 그 안에 있는 것들이 보호 받음 없이 적나라하게 드러나게 된다는 것입니다.[72] 그런데 이를 물질적 의미로 이해하기 보다는 하나님의 심판으로 모든 것이 하나님 앞에 적나라하게 드러나게 되는 것을 뜻한다고 보는 것이 자연스럽습니다.[73] 그리하여 결국 모든 것들의 본질이 "드러나게 된다"(εὑρεθήσεται)고 했습니다(벧후 3:10).[74] 이를 "신적인 수동태로"(a divine passive) 보고,[75] 하나님 앞에 모든 것이 드러나는 것으로, 특히 사악한 행위와 그 동기들이 다 드러나는 것으로 이해하는 일이 많습니다. 보쿰은 이렇게 설명합니다: "그 때에는 사악한 자들이 하나님의

---

[69] Donelson, *I & II Peter and Jude*, 277.

[70] Donelson, *I & II Peter and Jude*, 277: "… everything that can be named will melt before the arrival of the Lord."

[71] 채영삼 교수도 "심판의 '불'의 정체가 무엇인지 분명하지 않은 것처럼 στοιχεῖα도 정확히 무엇을 지칭하는지 확실하지 않다. … 명백한 것은 στοιχεῖα가 명확히 무엇을 가리키는지 분명하지 않다는 사실뿐이다"라고 말합니다(채영삼, 『공동서신의 신학』, 557).

[72] 같은 의견의 표시들로 채영삼, 『공동서신의 신학』, 557 등을 보십시오.

[73] 박윤선 목사님도 "무서운 불 심판이 있을 때에 인간은 아무 것도 감출 수 없으니, 선악 간에 탄로 되지 않을 수 없다"고 주석하셨습니다(『신약주석 공동서신』, 226). 같은 의견들로 다음을 보십시오. Bauckham, *Jude, 2 Peter*, 319-20; Moo, *2 Peter, Jude*, 191; 그리고 Donelson, *I & II Peter and Jude*, 277.

[74] 이는 알렙(א), B, K, P 등의 사본을 따라 읽는 것인데, 리처드 보쿰은 이것이 "의심할 바 없는 최선의 독법"이라고 말합니다. Cf. Bauckham, *Jude, 2 Peter*, 303, n. 316.

[75] 이를 언급하는 Bauckham, *Jude, 2 Peter*, 319와 그를 따르는 애즈버리(Asbury) 신학교의 Ruth Anne Reese, *2 Peter & Jude*, The Two Horizons New Testament Commentary (Grand Rapids: Eerdmans, 2007), 171; 그리고 Schreiner, *1, 2 Peter, Jude*, 386을 보십시오. 이 용어를 사용하지는 않지만 이를 시사하는 Donelson, *I & II Peter and Jude*, 277도 보십시오.

심판적 사실 조사를 피할 수 없게 된다. 그들과 그들의 악한 행위들이 하나님에 의해 발견되어 정죄될 것이다."76

"드러나리라"는 개정개역의 표현은 "풀어지는(=소멸되는) 것으로 드러나리라"(will be found dissolved)는 독법이나77 (상당수의 영어 역과 개정개역 난하 주에 있는) "타지리라"는 (κατακαήσεται)78 독법보다, 또한 "드러나리라"로 보되 그것을 의문형으로 보아 "땅과 그 안의 것들이 과연 발견될 수 있겠느냐?"(will they be found)고 보는 독법보다79 (1) 사본 상의 증거로나 (2) 문맥상으로나 (3) 의미론적으로나 여러 면에서 더 나은 것 같습니다.

특히 문맥적으로, 14절에서 "점도 없고 흠도 없이 평강 가운데서 나타나기를"(ἄσπιλοι καὶ ἀμώμητοι … εὑρεθῆναι)에 나타난 비슷한 표현, 특히 "휴레떼나이"(εὑρεθῆναι)라는 표현을 살필 때 여기서도 "나

---

76 Bauckham, *Jude, 2 Peter*, 321: "Therefore it will be impossible for the wicked to hide from God's judicial scrutiny. They and their evil deeds will be discovered by him and condemned."

77 이는 ⟨P72 사본⟩의 "휴레떼스타이 루오메나"(εὑρεθήσεται λυόμενα)를 따르는 독법인데(이를 잘 지적해 주는 Bauckham, *Jude, 2 Peter*, 303), 오직 이 한 사본만이 지지하므로 이는 사본 상으로 연약한 독법이라고 하지 않을 수 없습니다.

78 이는 A, L 사본의 표현입니다. 그런데 이를 영어역의 흠정역, 개정역(RV), 개정표준역(RSV), 예루살렘 바이블(JB)이 따르고 있습니다(이를 잘 지적해 주는 Bauckham, *Jude, 2 Peter*, 303, 317). 학자들 가운데서는 1899년에 주석을 낸 독일 학자 폰 소덴(H. von Soden)만이 이를 따라 해석한다고 합니다. 그러나 이는 원본에 있을 수 없는 것이라고들 합니다(Bauckham, *Jude, 2 Peter*, 317). Bigg은 이를 제시한 후에 "본문이 훼손된 것"이라는 말만 하고 있습니다(Bigg, *A Critical and Exegetical Commentary on the Epistles of St. Peter and St. Jude*, 298).
이와 비슷한 것으로 "아파니스떼손타이"(ἀφανισθήσονται), 즉 "사라지리라"(will vanish)로 보는 것도 있는 데(이상근 박사님과 쉬라이너에 의하면, 이는 ⟨C 사본⟩의 독법이라고 합니다. Cf. 이상근, 『신약 성서 주해 공동서신』 242; Schreiner, *1, 2 Peter, Jude*, 385), 이것도 같은 근거에서 거부되어야 합니다.

79 이렇게 생각하고 제안한 분은 켈리 교수였습니다. Kelly, *A Commentary on the Epistles of Peter and Jude*, 364–66. 또한 Thomas R. Schreiner에 의하면 R. L. Overstreet도 ("A Study of Peter 3:10–13," *Bibliotheca Sacra* 137 (1980): 358) 같은 의견을 제시했다고 합니다 (*1, 2 Peter and Jude*, 386, n. 74). 그러나 쉴라이너가 잘 말하고 있는 바와 같이, "의문문을 의도했다는 것이 전혀 분명하지 않으므로 이런 해결책은 거부되어야 마땅합니다"(Schreiner, *1, 2 Peter and Jude*, 386).

타남, 드러남"의 뜻으로 해석하는 것이 매우 자연스럽습니다.[80] 결과적으로, 베드로후서 3장은 이전 세상의 소멸을 말하는 것이기 보다는 이전 세상이 새롭게 되는 과정을 묘사하며, 그 결과 심판 중에 만물의 진면목이 드러나게 되는 것을 분명히 합니다.[81]

그러므로 '새 하늘과 새 땅'은 이런 과정을 통해서 새롭게 된 만물, 즉 새롭게 된 우주라고 할 수 있습니다.[82] 이런 입장을 가장 잘 표현하는 분의 한 분으로 A. Wolters를 들 수 있습니다.[83] 그는 이 베드로후서 3장에서 최후의 심판이 "세상이 정화되는 녹는 과정으로" 묘사되고 있다고 표현합니다.[84] 결국에는 불로 정화된 새로운 세상이 나타나게 된다는 것입니다. 이런 과정을 통해서 온 세상이 새롭게 되었기에 옛 하늘과 옛 땅이 더 이상 있지 않는 것입니다(계 20:11; 21:1).

---

[80] 이 점을 지적하는 Bauckham, *Jude, 2 Peter*, 320을 보십시오.
이런 이해에 반해서, 이 본문은 손상되었기에("corrupt") 이 말의 정확한 의미를 찾으려는 시도는 개연성이 없다는 입장을 취하는 분도 있습니다(G. van den Heever, "In Purifying Fire: Worldview and 2 Peter 3:10," *Neot* 27 [1993], 107-18, cited in Schreiner, *1, 2 Peter, Jude*, 385).

[81] 이와 비슷한 생각이 Gale Z. Heide에 의해서도 표현된 바 있는데(G. Z. Heide, "What is New about the New Heaven and the New Earth? A Theology of Creation from Revelation 21 and 2 Pet 3," *JETS* 40/1 (1997): 35-56, at 52), 그의 견해를 채영삼은 다음 같이 동감하면서 소개하고 있습니다. "불의 심판에 의해 '풀어짐'은 그래서 말소(annihilation)가 아니며, 정화되는(refined) 과정이요 갱신(renewal)임을 강조한다"(채영삼, 『공동서신의 신학』, 559, n. 360).
물론 이 표현(ἔργα εὑρεθήσεται)이 난해한 표현이기에 (밥존스 대학교와 달라스 신학교 출신으로 바젤에서 학위를 하고 달라스 신학교에서 신약학을 가르치던) Edwin A. Blum이 표현하는 대로, 이 표현이 "아주 불분명하고 그 의미(를 확정하기)가 어렵다"고 말하는 것이 좋습니다("2 Peter," in *Expositor's Bible Commentary*, vol. 12 [Grand Rapids: Zondervan, 1981], 286, notes). 그러나 그도 "인간이 행한 모든 것이 심판 가운데서 알려지리라(고전 3:13-15)"는 해석 가능성도 소개하고 있습니다. 이 표현이 어렵게 이해되는 표현이기에 이런 해석을 이해하면서 이를 단정하지 않고 여러 가능성을 열어 놓고 잘 모른다고 표현하는 것도 좋은 태도입니다.

[82] 희랍어 "카이네"의 뜻에 유의하면서, 또 다른 몇 가지 이유를 들어서 이점을 강조하는 Hoekema, *The Bible and the Future*, 280-82=류호준 역, 『개혁주의 종말론』, (서울: CLC, 1998), 393.

[83] A. Wolters, "Worldview and Textual Criticism in 2 Peter 3:10," *WTJ* 49 (1987): 405-13.

[84] Wolters, "Worldview and Textual Criticism in 2 Peter 3:10," 408: "as a smelting process from which the world will emerge purified." 이에 대한 비판적 논의로 Schreiner, *1, 2 Peter, Jude*, 387도 보십시오.

(과거의 루터파 신학자들이나 세대주의자들이 생각하듯이) 그것이 사라져 버렸기 때문이 아니고, 그것들이 **새롭게 되었기 때문**입니다. 19세기 영국의 헨리 알포드(1810-71)도 같은 생각을 베드로후서 3장의 맥락에서 다음 같이 표현한 바 있습니다: "홍수가 땅을 전멸시키지 않고, 오히려 그것을 변화시켰다. 홍수의 결과로 새 땅이 된 것과 같이, 불에 의해서 최종적 새 하늘과 새 땅도 있게 된다."[85]

그런데 이것은 우리 주 예수님의 재림으로 이루어질 것이기 때문에 극치에 이른 하나님 나라의 도래를 기다린다는 것은 결국 예수님의 재림을 기다린다는 것과 같은 말이 됩니다. 마이클 그린이 잘 표현한 바와 같이, "주 예수님의 다시 오심이 하나님의 날"입니다.[86] 구약이 묘사하던 "여호와의 날"의 종국적 표현이 여기 있습니다. 신약에서도 "주의 날"이라는 말이 다양한 의미로 사용되지만, 그 종국적 의미는 결국 예수님의 재림의 날을 뜻하는 것입니다.

그런데 이 세상에는 매우 안타깝게도 예수님의 재림을 언급하지 않고 또는 그것을 상징적으로 보면서 극치에 이른 하나님 나라의 도래가 결국 예수님의 재림 목적을 다 이루는 것이니 재림을 구태여 문자적으로 생각할 필요가 없다고 논하는 사람들이 있기도 합니다. 예를 들어서, 20세기 초의 예일 대학교 신학부의 교수였던 더글라스 맥킨토쉬(1877-1948)는 "개인과 사회가 본질적 기독고의 도덕적 종교적 원리들에 의해서, 즉 그리스도의 정신으로 점차 지배되는 것"이 바로 그리스도의 재림이라고 말한 바 있습니다.[87] 또한 20세기 초 미국의 대표적

---

[85] Henry Alford, *Alford's Greek Testament: An Exegetical and Critical Commentary*, 5th edition, 4 vols. (1857; reprint, Grand Rapids: Guardian, 1976), 4/2:418. 이를 긍정적으로 인용하면서 키스트메이커는 "새로운 피조계는 옛 피조계로부터 나온다고 가르친다. 즉, 옛 것이 새 것을 낳은 것이다"고 말합니다(Kistemaker, *Peter and Jude*, 340).

[86] Michael Green, *2 Peter and Jude*, 141.

[87] Douglas Clyde Macintosh, *Theology as an Empirical Science* (New York: The

자유주의자로 알려졌었고, 해밀턴 신학교와 콜게이트 대학교의 기독교 신학 교수였던 윌리엄 뉴톤 클락(1841-1912)은 더 명백하게 말하기를, "그리스도께서 이 땅에 가시적으로 다시 오는 것은 기대될 필요가 없고, 단지 그의 영적인 나라가 오랜 세월에 걸쳐서 점차적으로 오는 것을 기대해야 한다"고 말하기도 했습니다.88 그는 "한 번의 놀라운 재림을 생각하는 것은 유대적인 것이고 기독교적인 것이 아니라"고까지 주장했습니다.

얼마 전에 작고한 제임스 던도 예수님의 재림에 대한 언어는 역사적 사건을 생각하는 언어로 다루어져서는 안 된다고 말합니다.89 과거 자유주의자들의 명백한 부인과는 대조적으로 현대의 비정통주의적 신학자들은 예수님의 재림에 대해서 **매우 모호하게** 진술합니다.90 그러나 그 어떤 방식으로든지 예수님의 재림을 실질적으로 거부하는 것은 성경의 명백한 가르침을 거부하는 것이며, 사실 하나님 나라가 극치에

Macmillan Company, 1919), 213.

88 William Newton Clark, *Outline of Christian Theology* (1898), fifth edition (New York: Charles Scribner's Sons, 1899), 444. 이 책은 "미국에서의 최초의 자유주의 조직신학 책"으로 언급되곤 합니다. 클락의 또 다른 책인 *The Christian Doctrine of God* (New York: Charles Scribner's Sons, 1909)에 대한 서평 논문으로 당시 뉴욕의 유니온 신학교 교수였던 William Adams Brown, "The Theology of William Newton Clarke," *The Harvard Theological Review* 3/2 (Apr., 1910): 167-80도 보십시오.

89 James Dunn, "We believe in One Lord Jesus Christ," *Interpretation* 51 (1997): 42-56, reprinted as Dunn, "He Will Come Again," in *The Christ & The Spirit*, vol. 1: *Christology* (Grand Rapids, Michigan: Eerdmans, 1998), 424-39. 이에 대한 자세한 논의로 이승구, "칭의와 구원 문제에 대한 제임스 던의 견해에 대한 비판적 고찰",「신학 정론」33/1 (2015): 70-108을 보십시오.

90 예수님이 가르치신 하나님 나라에 대해서 잘 말하는 것 같으면서도 그것을 실존주의적으로 재해석하는 루돌프 불트만은 좀 더 노골적이고, 하나님 나라의 언어를 희망과 변혁의 은유적 상징으로 제시하는 아모스 윌더(Amos M. Wilder, "Eschatological Imagery and Early Circumstance," *New Teatament Studies* 5 [1959]: 229-45, available at: https://www.cambridge.org/core/journals/new-testament-studies/article/eschatological-imagery-and-earthly-circumstance/3AB3B4F5871569F742C7492F805C76C2)와 후기 노르만 페린의 생각이(Norman Perrin, *Jesus and the Language of the Kingdom: Symbol and Metaphor in New Testament Interpretation* [Philadelphia: Fortress, 1976]) 이와 같이 재림에 대해 모호하게 표현하는 대표적인 예라고 할 수 있습니다.

이르는 것을 거부하는 것이 되고 맙니다. 우리는 예수 그리스도의 재림으로 하나님 나라가 극치에 이른다는 것을 강조하고 말해야 하고, 주님의 재림을 기다리고 그 일을 위해 기도해야 합니다.

예수님께서 이 세상에 계실 때, 후에 자신이 다시 오실 것임을 여러 번 시사하셨습니다. "땅의 모든 족속이 인자가 구름을 타고 능력과 큰 영광으로 오는 것을 보리라"(마 24:30, cf. 26:64)고 하셨고, 달란트 비유 중에 언급된 주인이 돌아 올 것을 말씀하셨으며(마 25:19), 십자가와 부활과 승천 등 일련의 그리스도의 구속사역이 다 이루어져서 거할 곳이 이미 많은 그 아버지의 집이 그 구속 사역을 통해서 제자들의 "거처"가 되면 "내가 다시 와서"라고 밝히 말씀하기도 하셨습니다(요 14:3).

또한 승천 장면에서 제자들 곁에 서 있던 흰옷 입은 "두 젊은 남자들은"(ἄνδρες δύο), 즉 두 천사들은 "너희 가운데서 하늘로 올려지신 이 예수는 하늘로 가심을 본 그대로 오시리라"고 증언하였습니다(행 1:11). 예수님 자신의 시사(示唆)를 제외하면, 천사들이 예수님의 재림의 최초의 증언자들로 나타납니다.

바울 사도도 예수님의 재림을 언급하면서, 우리는 지금 하늘에 계신 예수 그리스도를 "기다린다"고 하였고(빌 3:21), "그의 나타나실 것(ἐπιφάνειαν αὐτοῦ)"(딤후 4:1; 딛 2:13)을 확신하면서 그것에 근거해서 논의하고, 그것을 "주의 강림"(παρουσία τοῦ κυρίου)이라고 표현하면서(살전 4:15), 그 때에 "예수 안에서 자는 자들도… 그와 함께 데리고 오신다"고 하였습니다(살전 4:14). 그런 의미에서 그는 "주께서 가까우시니라"(ὁ κύριος ἐγγύς)고 말하기도 합니다(빌 4:5).

그것을 히브리서 기자는 "두 번째 눈에 보이심"이라고 표현합니다(히 9:28). 요한 계시록은 그 계시를 보이시고 계시하신 이가 "내가 진실로 속히 오리라"(Ναί, ἔρχομαι ταχύ)는 말을 마지막으로 하고 있으며(계 22:20), 요한은 이에 반응하여 "아멘! 주 예수여 오시옵소서"('Αμήν, ἔρχου κύριε 'Ιησοῦ)라고 화답하고 있습니다(계 22:20). 그러므로 성경은 예수님께서 다시 오실 것임을 분명히 하며, 성경적 교회는 항상 그리스도께서 친히(personally) 그 몸으로(bodily) 가시적으로(visible), 따라서 공개적으로(public), 갑자기, 그리고 승리 가운데서 영광스럽게(gloriously) 임하여 오시기를 기다려 왔습니다.[91] 로버트 월 교수도 하나님의 약속된 구원의 실현이 영적이고 개인적이기 보다는 "역사적이고 공적일 것"(historical and public)이라는 것을 강조합니다.[92]

또한 예수님께서 재림하여 오는 그 때에 최후의 심판이 주어질 것임을 시사(示唆)하시면서 우리 주님은 다음 같이 말씀하십니다. "그 날에 많은 사람이 나더러 이르되, 주여 주여 우리가 주의 이름으로 선지자 노릇을 하며, 주의 이름으로 귀신을 쫓아내며, 주의 이름으로 많은 권능을 행하지 아니하였나이까 하리니." 이 사람들은 그들의 사역에 "주의 이름"을 사용하던 사람들이었는데, "그 때에" 주님께서는 "내가 너희를 도무지 알지 못하니, 불법을 행하는 자들아 내게서 떠나가라"고 하실 것이라고 하십니다(마 7:22-23). "주의 이름"으로 사역하는 이 사람들이 실질적으로는 예수님의 공로를 온전히 의존하지 않고 자신들 나름의 방식으로 사역하였다는 것을 드러내는 것입니다. 이것이 최후의 심판에서의 주님의 선언이라는 것은 누구나 인정합니다.

그러므로 **실질적으로 예수님과 관련이 없는 사람들**은 이 "극치

---

[91] 그리스도의 재림에 대한 성경적으로 바른 묘사로 Berkhof, *Systematic Theology*, 704-706을 보십시오.

[92] Wall, *Revelation*, 245.

에 이른 천국"에[93] 들어 갈 수 없다고 주께서 선언하시는 것입니다(마 7:21). 이 구절은 21-23절의 문맥 속에서 보아야만 그 뜻을 제대로 이해하고 말할 수 있습니다. 그들은 예수님이 도무지 알지 못하는 이들이라는 것, 즉 예수님과 인격적 관계가 없는 사람들이라는 것을 분명히 하는 말입니다. 박윤선 목사님께서도 이는 결국 "율법을 완전히 행해야 구원을 얻는다는 교리를 가르치는 것"이 아니라는 것을 잘 논의하십니다.[94] 또한 이것이 단순한 인지적 지식을 의미하지 않는다는 것도 자명합니다. 그러므로 우리가 위에서 논의한 바와 같이, 예수 그리스도와의 인격적인 관계를 지니고 있는 사람들이 그런 관계성을 가지고 살다가 마지막 최후의 심판 후에 "극치에 이른 천국"에 들어가는 것입니다.

그렇기에 하나님 나라의 백성들은 그 나라가 극치에 이르기를 바라고 기다리며, 늘 그것이 이루어지기를 기도합니다. 심지어 성도들이 죽어서 예수님께서 재림하실 때까지 하나님께서 계신 그 "하늘"(heaven)에[95] 있는 상황에서도, 하나님 나라 백성들은 그 극치에 이른 천국이 이 땅에 임하기를 기다리면서[96] 그것을 위해 기도합니다. 이 점을 지적하면서, 후크마는 "중간 상태 동안 신자들의 상태는, 칼빈이 가르친 것과 같이, 아직 온전함이 다 오지는 않은 상태이며, 기다리는 상태이고, 잠정적 복됨의 상태이다"고 말하고 있습니다.[97] 그러므로 하나님의 백성인

---

[93] "극치에 이른 천국"이라는 말은 하나님 나라를 다 이해하고 난 후에 비로소 잘 이해될 수 있습니다. 기본적으로 그 온전함이 온전히 드러난 천국, 천국이 권능으로 임할 때를 지칭하는 것으로 이해해야 합니다. 그러므로 "극치에 이른 천국에 들어간다"는 표현이 결국 그 나라가 권능으로 임하여 올 때에 그에 동참하게 된다는 뜻으로 이해해야 합니다. 이에 대해서 이승구, "기독교 세계관의 신국적 토대", 86-89를 보십시오.

[94] 『정암 박윤선 주석 성경』 (서울: 영음사, 2016), 신약 부분, 14.

[95] 한국에서는 성도들이 죽은 후에 그 영혼이 예수님의 재림 때까지 하나님께서 계신 "하늘"(heaven)에 가 있는 것을 대개 "천국"에 있는 것이라고 표현하여 천국의 온전한 의미가 손상되고 잘 드러나지 않는 결과를 경험하게 됩니다. 한 단어를 특이하게 번역한 것이 얼마나 큰 손상을 주는지를 잘 드러내는 대표적인 경우입니다.

[96] 이점을 강조하는 Hoekema, *The Bible and the Future*, 107-108을 보십시오. 우리들은 "하늘"(heaven)에서도 천국이 극치에 이르기를 위해서 기도한다는 것을 항상 유념하고 표현해야 합니다.

우리들은 이 땅에서나 죽은 후 "하늘"(heaven)에서나 하나님의 나라가 극치에 이르기를, 즉 예수님의 재림이 있기를 기다립니다.

사도들은 예수님께서 하신 말씀을 반영하면서 "주의 날이 도둑 같이 온다"고 했습니다(벧후 3:10; 살전 5:2; 계시록 16:15; 마 24:43-44; 눅 12:39-40). 이는 주께서 오시는 때를 알 수 없다는 것이고, 적어도 가장 기대하지 않는 시간에 오시리라는 함의를 가집니다.[98] 믿지 않는 자들과 "일깨지 아니하는 자들에게는" 참으로 그것이 갑작스럽게 일어나는 일입니다(계 3:3). 갑자기 임할 것이므로(살전 5:2) 준비하지 않은 자들에게는 주님의 오심이 재난스러운 것이 됩니다.

그러나 항상 깨어 있는 우리들에게는 그 날이 도적 같이 오는 것이 아닙니다. 이런 뜻에서 바울은 "형제들아 너희는 어둠에 있지 아니하매 **그 날이 도둑 같이 너희에게 임하지 못하리니**"(살전 5:4)라고 **말합니다.** 왜냐하면 우리들은 주의 날이 임하기를 사모하며(벧후 3:12), 기다리며 있기 때문입니다. 주께서 언제 오실지 그 "시간의 문제는 하나님께 맡기고서, 우리는 항상 깨어 있어야 합니다."[99]

이런 것을 생각하면서 바울은 루스드라와 이고니온과 안디옥에 있던 제자들에게 "우리가 하나님 나라에 들어가려면 많은 환란을 겪어야 할 것이라"고 말했었습니다(행 14:22). 그러므로, 이 때 '하나님 나라'라는 말은 죽은 후에 우리가 있게 되는 곳인 "하늘"(heaven)이 아니고, "극치에 이른 하나님 나라"라는 것을 유의하지 않으면 매우 잘못된 이해가 있게 됩니다. 바울은 계속해서 이런 "극치에 이른 하나님 나

---

[97] Hoekema, *The Bible and the Future*, 108.

[98] 누구나 생각할 수 있는 것이나 이 두 요점을 잘 요약하여 제시하는 오스틴 장로교 신학교의 루이스 도넬슨의 견해(Donelson, *I & II Peter and Jude*, 276)도 보십시오.

[99] 이점을 잘 표현하는 Michael Green, *2 Peter and Jude*, 137을 보십시오: "We leave the time to God, but we must watch."

라"를 생각하면서 "불의한 자가 하나님 나라를 유업으로 받지 못할 줄을 알지 못하느냐?"고 묻기도 합니다(고전 6:9, 10). 극치에 이른 하나님 나라는 장차 올 것이기 때문입니다. 그렇게 "극치에 이른 하나님 나라"에 대해서도 "너희가 이런 일이 일어나는 것을 보거든 하나님의 나라가 가까이 온 줄을 알라"(눅 21:31)같이 표현하는 경우도 있기에, 성경의 모든 것을 다 살펴보면 이것들이 다 "극치에 이른 하나님 나라"에 대한 언급임을 잘 유념해야 합니다.

하나님 나라의 미래성을 위한 기도의 의미(1)

그러므로 "하나님 나라가 임하시오며"라는 기도의 일차적 의미는 그리스도 안에서 그 나라의 **극치(極致, consummation)가 속히 오게 하여 달라는 기도**입니다. 이는 (다음 장에서 우리가 살펴 볼 바와 같이) 예수님께서 지금도 온 세상의 왕이심을 온전히 믿는 믿음의 기도이며, 이미 예수 그리스도께서 이루신 사역에 근거하여 이제 주께서 이 세상 가운데서 이루고자 하시는 모든 것을 다 온전히 이루시고 당신님의 온전한 통치를 우리에게 속히 가져다 달라고 하는 기도입니다. 그것을 위해 예수님의 재림이 속히 이루어지기를 바라며 기다리는 기도입니다. 이는 예수님께서 이미 이루신 사역에 근거한 기도이고, 주께서 친히 그 나라를 극치에 이르게 하신다는 것을 믿는 기도입니다. 객관적으로 주어진 것에 근거하여 하나님의 뜻이 온전히 실현되기를 구하는 것입니다.

그러므로 이 기도는 예수님의 왕이심을, 즉 그가 바로 여호와 하나님이심을 인정하는 간구입니다.[100] 그런데 그 온전한 통치가 지금은

---

[100] 유대인들은 여호와라는 이름을 부르는 것을 삼가면서 그 대신에 "나의 주"라는 뜻으로

가시적으로 나타나고 있지 않으니 당신님께서 약속하신대로 이 세상에 다시 오셔서 약속하신 온전한 통치를 이루어 달라고 간구하는 것입니다. 하나님의 나라는, 리덜보스가 잘 말하고 있는 바와 같이, "지상적 진화의 산물이거나 인간들의 애씀의 산물이 아니고, 전적으로 하나님의 개입하심(divine intervention)에 달려 있는" 것이기 때문입니다.[101]

핍박 받고 있는 1세기와 그 후 시대의 성도들은 그들이 예수님을 믿는 것과 예수님을 전하는 것 때문에 극한 어려움을 당하면서도 예수님이 온 세상을 통치하고 계심을 온전히 믿었습니다. 그것을 믿으면서, 주께서 재림하여 오셔서 그 왕권을 온전히 드러내어 주시기를 바라면서 "나라가 임하옵시며"라고 계속 기도했습니다.

그러므로 이는 주의 계시를 그대로 믿는 믿음을 온전히 표현하는 '믿음의 기도'이며, 그가 약속하신 모든 것을 온전히 이루시기를 바라는 '소망의 기도'이고, 그렇게 이루실 주님을 참으로 사랑하여 그가 임하여 오시기를 간절히 사모하는 '사랑의 기도'이기도 합니다. 그렇게 볼 때 하나님 나라가 극치에 이르게 하여 달라는 이 기도 안에 기독교의 모든 덕목이 다 있다고 해도 과언이 아닙니다.

하나님 나라의 미래성을 위한 기도의 의미(2)

"아도나이"라고 발음하였고, 따라서 구약에서 이런 가장 높은 의미의 주(主)라는 말이 "여호와"였습니다. 그러므로 신약에서 예수님을 주라고 부른 것의 가장 높은 의미는 예수님을 여호와 하나님으로 인식하며 말하는 것입니다. 이렇게 가장 높은 의미에서의 주 칭호가 이미 예수님께 사용되었다는 가장 깊이 있는 논의로 다음을 보십시오. Gerhardus Vos, *The Self-disclosure of Jesus* (Phillipsburg: P&R, 1978), 이승구 역, 『예수의 자기 계시』 (1986, 최근판. 서울: 그 나라, 2014), 177-78; I. Howard Marshall, *The Origins of the New Testament Christology* (Downers Grove, IL: InterVarsity Press, 1976), 99; 그리고 David F. Wells, *The Person of Christ* (Westchester, IL: Crossway Books, 1984), 이승구 옮김, 『기독론』 (1992, 최근판. 서울: 부흥과 개혁사, 2015). 바로 이런 터에서 이 간구를 하는 것이라는 의미입니다.

[101] Ridderbos, *Matthew*, 47.

또한 이 간구에는 지금 현재는 아직도 이 세상에 온전한 공의가 실현되고 있지 않다는 **정확한 현실 인식이 담겨 있다**고도 할 수 있습니다. 그러므로 이 기도는 우리가 그 안에 처해 있는 매우 복잡한 현실, 이 부조리한 현실을 아주 잘 의식하는 매우 **현실적인 기도**라고 할 수 있습니다. 그리스도인들은 백일몽을 꾸는 사람들이 아닙니다. 비현실적이게 그저 자신들이 간절히 소원하는 바를 사고하는(wishful thinking) 사람들이 아닙니다. 그들은 종교라는 아편에 중독되어 있는 사람들이 아닙니다. 오히려 그리스도인들은 땅에 굳게 발을 디디고 서서 이 복잡한 현실을 직시하면서 우리 주께서 다시 오시는 날에는 이 세상의 모든 무질서를 바로 잡고 모든 것을 바르게 하시리라는 것을 온전히 믿으면서 참고 인내하면서, 온 세상 역사의 주님이신 분께 그 공의의 시행을 속히 이루어 달라고 간구하는 사람들입니다.

오래 전 〈하이델베르크 요리문답〉의 작성자들은 "나는 나의 모든 고뇌와 핍박 중에서 나의 눈을 들어 하늘을 향합니다"라고 고백한 바 있습니다(〈하이델베르크 요리문답 52문답〉의 앞부분). 이는 성도들이 대개 환란과 핍박 가운데서 이 기도를 드렸다는 것을 잘 보여 주는 것이 아닐 수 없습니다. 이 세상 속에서 하나님의 의가 온전히 실현되고 있지 않는 것을 그야말로 몸으로 깊이 있게 체험하면서, 그러나 그것이 비정상적임을 의식하면서 하나님의 나라가 온전히 임하여 하나님의 의가 이루어지게 해 달라고 간구하는 것입니다.

그리고 종국적으로 나타날 그 새 하늘과 새 땅은 "그 안에 의가 거하는"(εν οἷς δικαιοσύνη κατοικεῖ) 곳이므로(벧후 3:13)[102] 현존하는

---

[102] 대부분의 주석가들은 벧후 3:13의 "의의 거하는 바 새 하늘과 새 땅을 바라본다"는 말을 이와 같이 이해합니다. 특히 채영삼 교수는 "현재 세상의 스토이케이아가 해체되고 난 후에 새 하

세상과 대조됩니다. 그 때는 "모든 악이 파멸될 것이고, 구원 받은 열국 백성들이 그들의 하늘 아버지의 뜻을 행하는 것만을 열망하게 될 것이다"는 마이클 그린의 말은 정확한 말입니다.103 이 때 "여기서 말하는 의는 하나님의 의이고, 그것이 미래 세계를 하나님의 영광과 아름다움으로 채우는 것이다"라고 말하는 쉬라이너의 말을 다시 인용하며 강조하는 것이 좋을 것입니다.104 이에 덧붙여서 쉬라이너는 오직 하나님의 뜻대로 행하는 자들이 이 새 하늘과 새 땅에 거하게 될 것임을 말하면서, (사람들의 오해를 방지하기 위해) 아주 명확하게 "여기에는 행위로 말미암는 의 개념이 개입될 수 없다"고 합니다. 왜냐하면 "그들은 그들의 삶에 작용하는 하나님의 은혜로운 사역의 결과로 옳은 것을 하는 것이기" 때문입니다.105 우리가 은혜에 근거해서 행하는 바에 조금이라도 공로 개념을 넣으려는 모든 시도를 전적으로 차단하는 것입니다. 그것이 사도의 뜻이고, 하나님의 뜻입니다.

그러므로 이 세상에서 잠언서 등이 말하는 큰 원칙, 즉 하나님을 섬기는 경건한 자들에게 하나님께서 복을 주시고, 하나님을 저버리고 그의 도리를 무시하는 자들에게는 하나님께서 벌하신다는 큰 원칙이 잘 나타나지 않는 것 같은 상황에서라도 하나님께서는 살아 계시고, 그 큰 원칙은 (우리가 이 세상에서 때때로 또는 자주 경험하는 그 반대의 경험에도 불구하고) 반드시 실현되고야 만다는 것을 굳건히 믿으면서 드리는

―――
늘과 새 땅에 영원토록 남는 질서는 바로 '의'(rightousness)이다."고 하면서 "그래서 굳이 문맥적으로 표현하자면, 13절은 옛 불의의 스토이케이아가 무너지고 새로운 의의 스토이케이아가 세워지는 거대한, 종말의 최종적인 지각 변동의 장면을 보여 준다"고 표현하기도 합니다(채영삼, 『공동서신의 신학』, 558).

단지 키스트메이커만은 아주 독특하게 "의로운 자들이 살게 되는"이라고 이해하려고 합니다(Kistemaker, *Peter and Jude*, 340). 이런 독특한 해석에로 나아가기 보다는 일반적인 해석을 하는 것이 더 나을 것입니다.

103 Michael Green, *2 Peter and Jude*, 142.
104 Schreiner, *1, 2 Peter, Jude*, 392.
105 Schreiner, *1, 2 Peter, Jude*, 392.

기도가 바로 하나님 나라가 극치에 이르기를 기원하는 기도입니다.

예를 들어서, 시편 73편에서 시인이 제기하는 문제와 같은 경우에 직면해서도 우리는 "나라가 임하옵시며"라는 이 기도를 하나님 앞에 드릴 수 있고, 사실 반드시 드려야 합니다. 시편 73편에서 "하나님이 참으로 이스라엘[106] 중 마음이 정결한 자에게 선을 행하신다"는 것을 (시 73:1) 분명히 믿던 시인은[107] 이 세상 안에서 나타나는 이 믿음과는 다른 현상을 경험하고 거의 "실족할 뻔하였다"고[108] 말합니다(2절).

그가 경험한 이 세상의 현상은 무엇입니까? "악인이 형통하는 것을 보았다"는 것입니다(3절). "그들은 … 고통이 없고 그 힘이 강건하며, 사람들이 당하는 고난이 그들에게는 없고, 사람들이 당하는 재앙도 그들에게는 없는" 것을 본 것입니다(4-5절). 이 시인은 그것도 매우 극단적으로 제시합니다. 너무 많은 재물이 있어서 잘 먹으므로 "살찜으로 그들의 눈이 솟아나며,[109] 그들의 소득은 마음의 소원보다 많다"(7

---

[106] 이를 모음만 바꾸어서 "바른 자들에게"(to the upright)로 보려는 20세기의 시도 (BHS, Graetz, Gunkel, Kraus, RSV, NEB 등)는 "이를 지지하는 사본이 전혀 없다는 문제를 지니고 있으므로 마소라 본문 그대로" 이스라엘로 보는 것이 더 옳다고 하는 강한 의견 제시로 Mitchell Dahood, S.J., *Psalms II: 51-100*, The Anchor Bible, vol. 17 (Garden City, New York: Doubleday & Company, 1968), 188; 그리고 Marvin E. Tate, *Psalm 51-100*, Word Biblical Commentary 20 (Dallas, Texas: Word Books, 1990), 228, n. 1을 보십시오.

[107] 이런 해석과는 달리 1절을 2절 이하의 논의가 해결된 이 시편 전체의 요점을 요약적으로 제시하는 것이라고 보면서 주석하고 있는 Charles Augustus Briggs and Emilie Grace Briggs, *A Critical And Exegetical Commentary on the Book of Psalms*, ICC, vol. II (Edinburgh: T&T Clark, 1907), 142; 그리고 John Goldingay, *Psalms*, vol. 2: *Psalms 42-89*, Baker Commentary on the Old Testament (Grand Rapids: Baker Academic, 2007), 402를 보십시오. 이전에 Dahood도 "회중에게 자신의 의심을 펼쳐 보이기 전에(1-12절), 시편 기자는 온전함을 지닌 사람들에게 하나님이 분명히 선하시다는 것을 다시 확언해 주고 있다"고 말한 바도 있습니다(Dahood, *Psalms II: 51-100*, 188).

[108] 이 상황을 "재난에 가까이 간"(near disaster)이라고 표현한 만체스터 대학교에서 가르치셨던 Arnold Albert Anderson, *Psalms 73-150* [London: Marshall, Morgan & Scott, 1972, reprinted Grand Rapids: Eerdmans, 1985], 530의 표현은 적절합니다.

[109] 자연스러운 독법을 인정하는 Goldingay, *Psalms 42-89*, 405을 보십시오.
그런데 골딩게이는 이렇게 자연스럽게 읽고는 성경 전체에서 눈과 살찜의 의미를 생각하면서 "사람의 의도성을 표현하는 봄과 행동"을 생각하는 데까지 갑니다. 이런 자연스러운 독법을 버리고, 본문을 고쳐 "살찜 속에서 그들의 눈이 빛나며", 즉 "잘못을 추구하는 일에 빠르며"로 보려는 G. R. Driver나 LXX를 따라서 "살찜으로부터 그들의 악이 나오며"로 보려는 Oesterley, Kraus 등

절)고 합니다.

그러므로 "그들은 능욕하며 악하게 말하며, 높은 데서 거만하게 말하며, 그들의 입은 하늘에 두고" 이 세상 모든 것에 대해서 자신들의 관점에서 말하고 있습니다(8-9절). "오만으로 가득차서 마치 그들이 하늘을 통제하며, 온 땅을 다 소유한 듯이 행동합니다." 그들은 "하나님과 하나님 나라에 대해서 악의를 가지고" 말합니다.110 그들은 "교만이 그들의 목걸이요, 강포(חמס)가 그들의 옷"이라고 까지 표현되고 있습니다(6절). 심지어 그들은 죽을 때까지도, 세상의 관점에서는 잘 되는 것 같아 보입니다: "그들은 죽을 때에도 고통이 없고, 그 힘이 강건"합니다(4절).111

이런 악한 자들과 오만한 자들의 형통은 하나님 앞에서 경건히 살고자 하던 사람의 믿음조차도 무너뜨리는 나쁜 작용도 합니다. 그래서 사람들은 이 세상에서 경험한 자신들의 경험에 근거하여 다음 같이 말할 정도가 되었습니다.

하나님이 어찌 알랴? 지존자에게 지식이 있으랴?112
볼지어다. 이들은 악인들이라도 항상 평안하고 재물은 더욱 불어나도

의 논의를 더 나은 것이라고 소개하는 Anderson, *Psalms 73-150*, 531의 논의는 문제가 있다고 보여집니다. Briggs 등도 악으로 보는 해석을 취한 바 있습니다(*Psalms*, 143f.).

110 Steven J. Lawson, *Psalms 1-75*, Holman Old Testament Commentary (Nashville, Tennessee: Broadman & Holman Publishers, 2003), 366f.

111 JPSV (Jewish Publication Society of America Version)나 Briggs 등, *Psalms*, 143 등과 같이 본문을 수정하여 죽음의 의미를 제거하면 비슷한 주제를 다루는 시편 37편이나 49편, 심지어 욥기와 다른 이 시편이 말하는 독특한 뜻이 제거됩니다. 그러므로 본문을 수정하여 다른 뜻으로 볼 이유가 없습니다.

112 그런데 이 말까지는 이 시의 주된 대상인 오만하고 악한 자들이 하는 이야기로 보려는 것도 가능합니다. 이렇게 구조를 이해하고 번역한- 예로 Briggs and Briggs, *A Critical And Exegetical Commentary on the Book of Psalms*, vol. II, 140; Anderson, *Psalms 73-150*, 532 (그에 의하면 Kirkpatrick이 이런 제안을 하였다고 합니다); 그리고 Tate, *Psalm 51-100*, 227, 234를 보십시오. 그러면 다음 절 부터가 경건한 자들이 시험 받아 말하는 것으로 보아야 할 것입니다.

다.113
내가 내 마음을 깨끗하게 하며, 내 손을 씻어 무죄하다 한 것이 실로 헛되도다.
나는 종일 재난을 당하며 아침마다 징벌을 받았도다.(11-14절)

존 골딩게이가 재미있게 요약하고 있는 대로, "의로운 삶을 살 이유가 없고, 그것이 우리를 제대로 인도하지 못한다"고 말할 지경에 이르렀다는 것입니다.114 물론 시편 기자는 만일에 자신이 악한 자들의 견해에 동조하면서 이렇게 말하였더라면,115 "나는 주의 아들들의 세대에 대하여 악행을 행하였으리이다"고 합니다(시 73:15).116 그러므로 자신이 그렇게는 말하지 않은 것에117 대해서 감사하고 있습니다. 후에 바르게 판단하게 되었을 때에는 이런 생각을 하는 자신은 "우매 무지함으로 주 앞에 짐승이다"고까지 표현할 정도입니다(시 73:22). 후에 하나님에 의해 바르게 생각하게 되었을 때는 이전에 자신이 빠져 있던 "자신의 회

---

113 이 구절도 시편 73편이 문제 삼는 악한 자들에 대한 시인의 요약으로 보는 일이 많이 있습니다. 대표적인 예로, Anderson, *Psalms 73-150*, 532; Goldingay, *Psalms 42-89*, 407; 그리고 Lawson, *Psalms 1-75*, 367을 보십시오. 이런 견해를 취하게 되면 이후의 말씀부터가 경건한 자들이 영향받아 말하는 것으로 해석되어야 합니다. 또는 시인 자신이 이 요약을 하고 계속해서 그 다음의 말을 하는 것으로 볼 수도 있습니다. Goldingay, *Psalms 42-89*, 407이 그렇게 보고 있습니다.

114 Goldingay, *Psalms 42-89*, 408: "That righteous life is pointless. It led nowhere."

115 이런 의미를 지닌 구조라는 것을 분명히 하는 Dahood, *Psalms II: 51-100*, 191도 보십시오: "Were the Psalmist to speak and endorse the thoughts of the wicked (vs. 11), he would have been unfaithful to the Israelite congregation."

116 골딩게이가 주고 있는 정보에 의하면, J. Clinton McCann은 그의 "Psalm 73," in *The Listening Heart: Ronald E. Murphy Festschrift*, eds., Kenneth G. Hoglund et al. (Sheffield: JSOT, 1987), 247-57, 특히 250에서 15절이 이 시편의 중심이라고 주장하면서 이 시는 공동체를 지향하는(community oriented) 것임을 드러내고 있다고 합니다(Goldingay, *Psalms 42-89*, 408, n. 44에서 재인용). 과연 이 시의 중심이 15절인지, 아니면 17절인지는 재미있는 논의의 주제가 될 수 있을 것입니다.

117 필자의 해석과 같이 시인이 마음으로는 특히 13절 같이 생각했지만 실제로는 그렇게 말하지는 않았다는 것을 명시하여 언급하는 Briggs 등, *Psalms*, 145; 그리고 Goldingay, *Psalms 42-89*, 408도 보십시오: "They were never uttered outwardly as a public declaration." 강하지는 않지만 Lawson, *Psalms 1-75*, 367도 그런 시사를 주고 있습니다.

의(懷疑)가 아주 잘못된 것이며 어리석은" 것이었음이 잘 표현됩니다.118 그러나 악으로 치달아 가는 이 세상의 진행을 볼 때 경건한 자들의 생각과 말도 영향을 받을 정도가 되었음을 드러내어 줍니다.

바로 이런 상황에서 하나님 나라 백성들은 이 모든 문제를 종식시킬 여호와의 날이 곧 오기를 기다립니다. 시편 기자는 "하나님의 성소에119 들어갈 때에야 그들의 종말을 내가 깨달았나이다"라고 말합니다(시편 73:17).120 구약이므로 그렇게 표현했지만, 구약에서도 그 의미를 생각하고 더구나 신약적으로 표현하면, 이는 '하나님께 가까이하여 하나님의 뜻을 제대로 깨달을' 때에야,121 그리하여 하나님께서 주신 바른 관점도 가지게 되었을 때에야 문제를 바로 보게 되었다고 고백하는 것입니다.

---

118 Artur Weiser, *The Psalms: A Commentary* (1959), trans. Herbert Hartwell, Old Testament Library (London: SCM and Philadelphia: Westminster/John Knox, 1962), 513.

119 원문에 "성소들에"(שדקמ)라고 표현한 것은 "집중의 복수"(a plural of amplication or intensity)로서 이는 결국 예루살렘 성전을 말한다는 좋은 논의로 Anderson, *Psalms 73-150*, 533을 보십시오. 오래 전인 1907년에 Briggs 등도 이를 "집중의 복수"라고 하였습니다. 그래서 예루살렘 성전을 가리키는 이 말을 아예 "하나님의 큰 성소에서"라고 번역하여 제시하기도 했습니다(*Psalms*, 146).
성전이 파괴된 후에 "파괴된 그 지역"에서(ruined sanctuary) 하나님을 묵상하는 것일 수도 있다는 생각은(Robert Cole, *Shape and Message of Book III (Psalms 73-89)* [Sheffield: Sheffield Academic Press, 2000], 22-23; 그리고 Goldingay, *Psalms 42-89*, 410) 상당히 과한 논의라고 생각됩니다. 로버트 콜은 이 악한 자들이 파괴된 성전과 같이 결국 파괴될 것이라고 생각합니다(Cole, *Shape and Message of Book III*, 25, cited in Goldingay, *Psalms 42-89*, 410, n. 48).
이와는 달리, 거주지를 복수로 표현하는 가나안적 관례를 따라 복수로 표현되었다고 설명하는 것도 이상하지만, 이 성소를 "하늘 성소"(the celestial sanctuary)로 보는 다후드의 해석(Dahood, *Psalms II: 51-100*, 192)은 더 이상한 해석이라고 하지 않을 수 없습니다.

120 이것은 이 시편에서 매우 중요한 전환점 구실을 하는 구절입니다. 그러므로 본래 21-26절에 주어진 결론에 만족하지 않았던 후대의 편집자가 17-20절을 덧붙여 넣었다는 Briggs 등의 논의는(*Psalms*, 145f.) 이 시편의 의미를 크게 손상시키는 논의가 아닐 수 없습니다.

121 Lawson도 "아삽이 하나님과 영원을 기억할 때에야 사악한 자들을 기다리고 있는 영원한 형벌을 기억하게 되었다… 신적 진리의 프리즘을 통해서 그는 사악한 자들의 종국적 운명을 보고 그들의 최종적 심판을 이해하게 되었다"고 말하고 있습니다. 그렇게 보는 것이 "하나님의 관점"(God's perspective)이라고도 합니다(*Psalms 1-75*, 367). 독일의 알투르 바이저(Artur Weiser, 1893-1978)도 17절을 전환점으로 보면서 "시인은 이제 모든 것을 새로운 빛에서 보기 시작한다"고 말한 바 있습니다(Weiser, *Psalms*, 508, cf. 511).

물론 본문은 이런 "새로운 통찰이 어떻게 있게 되었는지를" 구체적으로 말하고 있지는 않습니다.[122] 여기서 "그가 하나님 자신에게 방향을 돌이켰을 때, 그것도 하나님을 사변의 대상이 아니라 경배의 대상으로 여기며 하나님께 돌이켰을 때에 빛이 비취었다"고 말하는 키드너의 말은 매우 의미심장한 것입니다.[123] 또한 그것이, 새로운 것이 아니라, **정해진 예배에서 다시 상기되는 가장 기본적인 교훈의 상기**라는 것을 지적하는 골딩게이의 말도 의미 있습니다.[124] 그는 이렇게 말합니다:

> 이스라엘 백성들이 예배할 때, 그들은 여호와께서 만왕의 왕이시며 만주의 주라는 것을 재확언한다. 성소에서 여호와를 본다는 것은 여호와의 능력과 영예에 대한 새로운 의식을 가지게 되는 것을 의미한다(시편 62:2 [3]). 사실 그것은 새로운 진리가 아니다. 그런데 지금 일상생활에서 그와는 대립되는 듯한 것을 경험하게 되는 것이 사실이다. 그러나 백성들이 이것이 참됨을 다시 한번 보게 될 때에, 이것은 그들을 예배로부터 이것이 참으로 옳다는 지식의 빛에서 일상생활을 살도록 내 보

---

[122] 이점을 잘 지적하는 Tate, *Psalm 51-100*, 238을 보십시오. 그러나 후에 테이트가 16절과 17절을 보면서 이 문제를 "이해해 보려는 노력이 예배 가운데서의 깨달음에 의해서 보충된다"고 말하는 것은(Tate, *Psalm 51-100*, 238) (1) 하나님께 경배할 때 비로소 깨달았다는 본문이 보여 주는 대조와는 상당히 다른 것이며, (2) 우리들의 인식적 노력이 일종의 기여를 하는 듯한 인상을 준다는 점에서 **바르지 않은 추론을 하는 것**이라고 해야 할 것입니다. 항상 본문에 우리의 생각을 더 집어 넣어 읽는 것에는 문제가 있습니다.
또한 본문이 말하지 않는데도 성소에서 신현(the theophany)에 의해 하나님과 만났다고 하며(Weiser, *Psalms*, 511), 계시의 말씀이 주어졌다(Ernest Wuerthwein)고 하는 것도(이상을 언급하는 Anderson, *Psalms 73-150*, 534를 보십시오.) 그리 좋은 것은 아니라고 여겨집니다. 오히려 후에 언급한 골딩게이의 진술이 더 적절하다고 생각됩니다. 그러나 그가 더 나아가서 이것이 꼭 예배 행위를 뜻하지는 않는다고 하는 것(Goldingay, *Psalms 42-89*, 410)은 그렇게까지 말할 필요는 없다고 여겨집니다.

[123] Derek Kidner, *Psalm 73-150*, Tyndale Old Testament Commentaries (Leicester: IVP, 1975), 261f. 키드너는 "자기-관심(self-interest)과 자기-연민(self-pity)으로부터 기본적 책임과 충성을 기억할" 때(261)라고 하기도 하고, "하나님 면전에서 자신을 발견할"(finding himself in God's presence) 때(262), 또는 거의 비슷한 말로 "하나님 면전에 서 있을 때"라고도 말합니다(264). 이를 "하나님을 향한 정향"(a Godward orientation)을 가지게 된 것으로 표현하는 Tate, *Psalm 51-100*, 238도 보십시오.

[124] Goldingay, *Psalms 42-89*, 409.

내게 하는 것이다…. 성소에 들어가는 것이 이 진리를 다시 생각하게 했고 이것에 대한 새로운 확신을 생성시켰던 것이다.[125]

이와 같이 하나님께서 종국적으로 모든 것을 바로 잡으실 것이라는 점을 중심으로 모든 것을 보아야 만사가 바르게 파악됩니다. 그런 바른 관점에서 보면, 시편 73편이 제기했던 그 아주 복잡한 문제가 사실 **"더 이상 대답될 수 없는 것으로 보이지 않으며,"** 오히려 참된 "신앙의 고백"과 찬양과 "다른 사람들과 나눌 놀라운 발견의 내용을 가지게" 되는 것입니다.[126] 그러므로 "하나님을 모신 사람은 생명을 가진 것이며, 하나님이 없는 사람에게는 죽음이 있을 뿐입니다."[127] 그러나 하나님의 종국적 심판을 생각하지 않으면 사람들은 언제나 사물을 왜곡하고, 하나님을 의심하며, 다른 사람의 신앙도 해치는 것입니다.

이것을 온전히 깨닫게 되는 것은 신약 계시의 빛에서는 예수님의 재림 때임을 배워 알기에, 우리들은 예수님의 재림을 기다리면서, "나라가 임하옵시며"라고 기도하기를 그치지 않습니다. 다시 말하지만, 이는 온 세상의 모든 복잡한 문제를 정확히 파악하면서 하는 기도이며, 또한 그 모든 문제에 굴복하여서 약속된 것을 더 이상 기다리지 않거나 또는 하나님의 의로운 통치를 부인하는 데로 가지 아니하는 사람의 기도입니다. 다시 말하지만, '극치에 이른 하나님 나라'에서 하나님께서 모든 것을 바로잡으실 종국적 귀정(歸正)의 빛에서라야 모든 것이 바르게 파악됩니다. "하나님 나라는 종국에는 모든 것을 포괄할 것이기" 때문입니

---

[125] Goldingay, *Psalms 42-89*, 409.

[126] 이를 잘 시사하는 Kidner, *Psalm 73-150*, 259도 보십시오: "… at the end they *no longer seem unanswerable*, and the psalmist has a confession and a supreme discovery to share." (Emphasis is given).

[127] Weiser, *Psalms*, 516: "He who has od, has life; but without God there is only death."

다.128 그러므로 하나님 나라의 극치에 이름을 바라보면서 오늘도 "나라가 임하옵시며"라고 간구하는 사람은 하나님께서 주신 옳은 시각과 관점을 지닌 사람입니다.129 이것이 바른 기독교 세계관입니다. 기독교 세계관은 다른 것과 함께 세상 끝에 대한 바르고 성경적인 이해를 가집니다. 기독교 세계관은 종말론적인 세계관일 수밖에 없습니다.130

나가면서

그러므로 오늘날도 하나님의 참된 백성들은 하나님의 나라가 극치에 이르기를 위해서 간절히 간구합니다. (다음 중에서 살펴 볼 바와 같이)

---

128 Cf. Davies & Allison, *The Gospel according to Saint Matthew 1-7*, 606: "The Kingdom of God will in the end embrace everything and all."

129 그러므로 시편 73의 문제는 악인이 "형통해 보이는 것만을" 본 것이지, 실제 문제의 본질을 다 보지 않은 것이며, 사실 사태를 바르게 보지 않은 데서 기인한 것이라는 것을 시사하는 Steven J. Lawson의 다음 논의도 의미심장합니다: "물론 [악인들도] 문제가 있었을 것이다. 그런데 아삽의 눈이 그 문제들을 보지 못했던 것이다."(*Psalms 1-75*, 366). 사실 오래 전에 키드너도 시편 기자가 실족할 뻔 했을 때는 "그가 보는 것만으로 판단하는"(having judged only what he *saw*) 잘못을 하였다고 말한 바 있습니다(Kidner, *Psalm 73-150*, 260). 또한 15절부터 "그의 관점의 변화(the transformation of his outlook)가 결정적 순간을 얻게 되었다"고 표현하기도 했습니다(261, cf. 264). 그 전에는 "전체 정황의 한 부분, 즉 이 세상적인 것들(worldlings)에 고착되어(fixation) 있었다"는 표현도(261) 매우 적절합니다. 만체스터 대학교의 앤더슨도 "18-28절은 시인으로 하여금 사물을 다른 빛에서 볼 수 있도록 하는 해결책을 제시한다"고 말한 바 있습니다(Anderson, *Psalms 73-150*, 529). 그 전에는 그들이 그들 자신의 "제한된 경험과 잘못된 사실 판단에 근거해서 일반화하였다"고도 말합니다(532).

독일의 바이저도 이미 1959년에 시인이 거의 실족할뻔한 것은 시인 자신의 잘못이었다고 말한 바 있습니다(Weiser, *Psalms*, 508). 자기 행복 추구적이기에 피상적인 판단을 하였기 때문이라는 것입니다(509). 사악한 자들이 "그저 행복해 보이던"(the seeming happiness) 것이지(513) 그것이 사실은 아니라는 것입니다. 그러나 "모든 것을 다 고려하고 종국을 성찰할 때"는 "(지금) 사실로 보이던 것이 사실은 환상"이었음이 드러납니다(512). 이것은 "신앙의 승리"이고(512), 결국은 이렇게 생각하는 것이 "하나님에 의해 정복된" 사람의 바른 생각입니다(513). 이전에는 보지 못하던 "새로운 실재의 차원이 그에게 떠올랐기" 때문입니다(513). 바이저에 의하면, "궁극적 진리는 오직 신앙을 통해서만 드러나는 것입니다"("ultimate truth becomes manifest only through faith." 513).

130 여기서 말하는 "종말론적인"이라는 말의 정확한 의미를 위해 이승구, 『개혁신학 탐구』, 재개정판 (수원: 합신대학원출판부, 2010), 제 1 장="죠오지 래드의 종말론 강의』(서울: 이레서원, 2017), 권말의 "부록"을 보십시오.

예수님의 사역으로 말미암아 온 세상에 임하여 온 하나님 나라에도 불구하고, "그 성취는 아직 대부분이 잠정적이고 감취어져 있기에,"131 아직도 이 세상에 남아 있는 모든 불의를 아주 명확히 의식하면서, 이것들이 다 사라져 그 "아직 아니"의 측면이 온전히 제거된, 참으로 극치에 이른 하나님의 나라가 이 땅에르 임하여 오기를 기도하는 것입니다.132 그 나라는 오직 하나님의 힘으로만 오는 것입니다.133 칼빈도 이렇게 표현합니다: "하나님의 나라가 세상 끝까지 점차적으로(stage upon stage) 증가해 갈(increase) 때에, 우리들은 날마다 **그것의 옴을 위해 기도해야만** 한다."134 구속 사역이 이루어진 시점에서 우리가 하나님 나라의 임함을 위해 기도할 때는 이와 같이 이미 임한 하나님 나라의 터에서 그 나라의 극치에 이름을 위해 기도하는 것입니다. 그러므로 이 기도는 "재림 때까지" 계속될 것입니다.135 이것이 "나라가 임하옵시며"라고 기도하는 우리의 간구의 한 측면입니다.

---

131 Ridderbos, *Matthew*, 129: "Nevertheless its fulfillment is still mostly provisional and hidden."

132 하나님 나라와 그 두 측면을 간단히 요약하여 제시하는 Ridderbos, *Matthew*, 176, 127f., 217f., 239; William Hendriksen, *The Gospel of Matthew* (Grand Rapids: Baker Book House, 1973), 330; 그리고 France, *Matthew*, 134, 45-46도 보십시오.

133 이에 대한 강조로 특히 VanderGroe, *The Christian's Only Comfort in Life and Death*, vol. 2, 475; 그리고 최낙재, "아브라함이 바라던 복은 무엇인가?" 『성경에서 그리스도를 보라』, 213를 보십시오.

134 John Calvin, *A Harmony of the Gospels: Matthew, Mark, and Luke*, Calvin's New Testament Commentaries, vol. 1 (Edinburgh: The Saint Andrews Press, 1972, reprint, Grand Rapids: Eerdmans, 1978), 208, 강조점은 덧붙인 것임.

135 다들 강조하지만 특히 Hendriksen, *The Gospel of Matthew*, 330을 보십시오.

제 7 장

두 번째 간구: "(당신님의) 나라가 임하시오며"(2)

본문: 마 4:17, 6:10, 33.

우리는 지난번에 구약 예언에 근거해서 하나님 나라가 이 땅에로 임하여 오기를 기다리면서, '극치에 이른 하나님 나라'가 속히 임하기를 위해 기도하는 일에 대해서 생각하였습니다.[1] 다시 강조하지만, 이 때 '하나님 나라'[천국]라는 말은 "메시아적 구원의 모든 것을 다 포함하는 전포괄적인 용어"입니다.[2] 그래서 성경에 충실한 학자들은 하나님

---

[1] Cf. 이승구, "'나라가 임하옵시며'라는 간구의 일차적 의미", 「신학정론」 35/2 (2017): 339-80=전장.

[2] 이는, 후에 베네딕트 16세가 된 죠셉 라칭거가 "20세기 후반에 가장 뛰어난 독일어권의 천주교 주석가"라고 높여 샀던, 밤베르크(The University of Bamberg, 1955-57)와 뷔르쯔부르크(The University of Würzburg, 1957-1982)의 신약 교수였던 루돌프 쉬나켄부르크(1914-2002)의 말을 인용하면서 사용하고 있는 조지 래드의 표현인데, 매우 적절합니다. Cf. Rudolf Schnackenburg, *Gottes Herrschaft und Reich* (1959), trans., J. Murray, *God's Rule and Kingdom* (New York: Herder & Herder, 1963), 94, cited in G. E. Ladd, *A Theology of the New Testament*, revised edition (Grand Rapids: Eerdmans, 1993), 70, n. 9.

나라는 "그저 하나님의 통치가 아니라 그 하나님의 통치의 역사적 실현"임을 강조합니다.3 그러므로 하나님 나라의 옴(the coming of the kingdom of God)을 위한 기도는 구약시대나 예수님 사역 시기의 유대인들에게도 중요한 것이었고, 동시에 지금 여기에 있는 우리들에게도 중요한 것입니다. 참된 교회는 과거에도 그랬고, 지금도 그러하고, 또한 예수님께서 재림하여 오시는 그 날까지는 계속해서 "나라가 임하시오며"라고 기도하기를 쉬지 않습니다.4 이점에서는 그리스도인들인 우리들의 기도가 과거 유대인들이 하나님 나라가 임하여 오기를 기다리며 그것을 위하여 기도하는 것과 같습니다.

그런데 예수님의 가르침과 행위를 잘 살펴본 우리들은 마땅히 그 이상의 생각을 해야만 합니다. 따라서 하나님 나라[천국(天國)]에 대한 우리의 기도도 이렇게 예수님에게서 배운 것에 근거해서 또 다른 내용을 가지게 됩니다. 이 장에서는 예수님의 가르침 가운데 있는 하나님 나라의 또 다른 측면을 중심으로 "나라가 임하옵시며"라는 간구의 두 번째 의미에 대해서 생각해 보겠습니다.

---

3 이 점을 특히 강조하는 Herman Ridderbos, *The Coming of the Kingdom* (Philadelphia: P&R, 1962), 19; Herman N. Ridderbos, *Matthew* (1950-51), Bible Student's Commentary, trans. Ray Togtman (Grand Rapids: Zondervan, 1987), 77을 보십시오. 이에 대한 자세한 논의로 이승구, 『성경신학과 조직신학』 (서울: SFC, 2018), 353f.를 보십시오. 또한 Craig L. Blomberg, *Matthew*, The New American Commentary 22 (Nashville, Tennessee: Broadman Press, 1992), 73도 보십시오: "Specifically, 'the kingdom' depicts *the interruption of God's power into history* in a new and dramatic way with the advent of the Messiah Jesus."(emphasis is given)

4 1983년에 번역해 낸 책들이 모두 그리스도인들은 "나라가 임하옵시며"를 계속 기도한다는 문장을 가지고 있었던 것을 신기하게 여긴 일이 있습니다. Cf. Francis Nigel Lee, *The Origin and Destiny of Man* (Nutley, N.J.: Presbyterian and Reformed Pub. Co., 1974), 이승구 옮김, 『성경에서 본 인간』 (서울: 엠마오, 1983), 개정역 (서울: 도서출판 토라, 2006); George Eldon Ladd, *The Last Things* (Grand Rapids: Eerdmans, 1978), 이승구 역, 『마지막에 될 일들』 (서울: 엠마오, 1983), 개정역, 『조지 래드의 종말론 강의』 (서울: 이레서원, 2017).

객관적 사실로서 "이 땅에 이미 임한 하나님 나라"[5]

예수님께서는 당시 유대인들이 기다리던 하나님 나라가 "가까이 왔다"고 선언하심으로써 갈릴리 사역을 시작하셨습니다(막 1:15: 마태 4:17).[6] 그리고 지난번에 살펴 본 바와 같이, 그 나라가 임하기를 위해 기도하라고 하셨고(마 6:10), 무엇보다 "먼저 그의 나라와 그의 의를 구하라"고 하셨습니다(마 6:33). 다시 말하지만, 이점에서는 우리의 기도가 이전의 유대인의 기도와 비슷합니다. 이는 그 하나님의 나라가 "이 땅에로 임하여 오기를" 기도하는 것입니다.

그런데 예수님의 가르침과 사역에는 예수님 이전이나 그 당시의 유대인들은 도무지 생각하거나 표현할 수 없었던 아주 놀라운 것이 있었습니다. 그것은 (하나님 나라에 대해서 유대인들이 늘 쓰는 방식대로 "장차 임할" 것이라든지, "곧 임할" 것이라든지, "가까왔다"든지 등 미래형으로만 말씀하지 않으시고), 그 나라가 "이미 임하여 왔다"고 선언하시고 그것을 몸소 드러내신 것입니다. 예수님과 그의 사역으로 말미암아 하나님 나라가 지금 여기에 있게 되었습니다. 이것이 예수님의 사역의 아주 새롭고 독특한 부분입니다.[7] 크랜필드가 잘 말한 것과 같이,

---

[5] 이에 대한 좀 더 자세한 논의는 박형용, 『신약성경신학』, (수원: 합신대학원 출판부, 2005), 167-288; 이승구, "기독교 세계관의 신국적 토대", 『기독교 세계관이란 무엇인가?』, (서울: SFC, 2003, 개정판의 최근판, 2016), 제 3 장; 그리고 양용의, 『하나님 나라, 어떻게 이해할 것인가?』, (서울: 성서유니온, 2003)와 그에 인용된 여러 책들을, 그리고 전포괄적으로 이 문제를 비교적 잘 다루었으나, 그의 다른 책들에서도 그러하듯이 너무 도식적인 인상을 주는 Greg K. Beale, *A New Testament Biblical Theology: The Unfolding of the Old Testament in the New* (Grand Rapids: Baker, 2011)을 보십시오.

[6] 이 구절에 대한 정확한 이해와 이에 대한 논의들에 대해서는 이승구, "기독교 세계관의 신국적 토대", 『기독교 세계관이란 무엇인가?』, 72-74; 박형용, 『신약성경신학』, 212-15와 그곳에 인용된 여러 저작들을 보십시오.

[7] 이 점을 잘 강조하는 다음 책들을 참조하십시오. C. H. Dodd, *The Parables of the Kingdom* (London: Nisbet, 1935), 49 (물론 다드는 현재성만 강조하여 미래성을 배제한 큰 잘못을 범하였다는 것은 이제 누구나 다 알고 있는 사실입니다); Ridderbos, *The Coming of the Kingdom*, 특히 27, 55, 95, 334,

"하나님의 나라는 예수님의 인격으로(in the person of Jesus) 사람들에게 가까이 온 것이고, 그의 인격에서(in the person of Jesus) 실제로 그들과 대면하는" 것입니다.8 이렇게 예수님 자신의 인격과 사역으로 말미암아 하나님 나라가 지금 여기에 현재함을 드러내는 말씀들에 대해서 생각해 보기로 하겠습니다.

1. 마태복음 12:28 (누가복음 11:20)

이를 드러내는 가장 현저한 말씀들 중의 하나는 "그러나 내가 하나님의 성령을9 힘입어 귀신을 쫓아내는 것이면 하나님의 나라가 **이미 너희에**

516-23, 520, 526; Joachim Jeremias, *The Parables of Jesus*, S. H. Hooke, trans., revised edition (New York: Charles Scribner's Sons, 1963), 30; J. Jeremias, *New Testament Theology*, vol. 1: *The Proclamation of Jesus* (New York: Charles Scribners's Sons, 1971), passim, 특히 108 ("Jesus' proclamation of the dawn of the time of salvation is without analogy. With regard to his environment, he is the 'only Jew known to us from ancient times,' who proclaimed 'that the new age of salvation had already begun.'"); Rudolf Schnackenburg, *The Gospel of Matthew* (1985, 1987), trans. Robert R. Barr (Grand Rapids: Eerdmans, 2002), 67; 그리고 Ladd, *A Theology of the New Testament*, 63.
  이전 사람들 가운데, 온 세상이 하나님의 통치라고 말하여 본문의 정확한 의미를 흐리기는 하지만 그의 통치가 우리에게 오는 것이 "하나님에 의해 약속되었고, 그리스도의 피와 수난으로 얻어졌다(obtained)"고 말하는 Chromatius Aquileia, *Preface to the Lord's Prayer*, CCSL 9:445-46, in D. H. Williams, ed., *Matthew Interpreted by Early Christian Commentators* (Grand Rapids: Eerdmans, 2018), 125; 그리고 Cyprian, *On the Lord's Prayer*, 13, CCSL 3A:97, in Williams, ed., *Matthew Interpreted by Early Christian Commentators*, 131도 보십시오. 오리겐은 이 용어를 좀 개인주의적으로 이해하는 듯합니다: "하나님 나라라는 말은 통치하는 정신의 복된 상태와 지혜로운 생각들의 바른 질서지워짐으로 이해될 수 있다고 생각된다. 그리스도의 나라란 구원하는 말씀이 (말씀을) 듣는 사람에게 와서, 의와 다른 덕들의 일들이 성취되는 것이다"(Origen, *On Prayer*, 25. 1, GCS 2:356-67, in Williams, ed., *Matthew Interpreted by Early Christian Commentators*, 131). 이것은 매우 오리겐다운 말로 성경이 말하는 하나님 나라의 풍성한 의미를 놓치는 이해라고 해야 할 것입니다.

  8 C. E. B. Cranfield, *The Gospel according to St. Mark* (Cambridge: Cambridge University Press, 1972), 68. 또한 Schnackenburg, *The Gospel of Matthew*, 41도 보십시오: "…one that *occurs in the presence of Jesus and through his person.*"(강조점은 덧붙인 것임).

  9 병행구절인 누가복음 11:20에서는 "하나님의 손가락"(finger of God)으로(ἐν δακτύλῳ θεοῦ) 라고 되어 있는데, 이는 "하나님의 직접적 간섭을 지칭하기 위해" 사용된 것으로(cf. Jeremias, *New Testament Theology*, vol. 1: *The Proclamation of Jesus*, 79), 결국 우리 말 성경에서 잘 의역하고 있는 대로 "하나님의 능력으로"라고 이해하는 것이 옳습니다. 우리들은 여기서 하나님의 능력

게 임하였느니라(ἔφθασεν ἐφ' ὑμᾶς)"는 마태복음 12:28의 말씀입니다. 이 말씀은 하나님 나라가 이미 여기에 와 있음을 아주 명확히 확언합니다.[10] 다양한 우리 말 번역본들도 다 이것을 명확히 하거니와[11] 영어 역들도 거의 일치하여 "the kingdom of God has come upon you"라고 번역하여[12] 예수님의 사역으로 하나님 나라가 이 땅에 현존하게 되었음을 드러내고 있습니다.

대부분의 주석가들도 여기 하나님 나라의 현재성이 나타나고 있다는 것을 잘 지적합니다.[13] 예수님의 축사(逐邪) 사건을 한 예로 하면

과 성령의 활동의 밀접한 관계성을 잘 살펴야 할 것입니다. 이에 대해서도 이승구, "기독교 세계관의 신국적 토대", 『기독교 세계관이란 무엇인가?』, 74f.를 보십시오. 또한 "구약이 메시아에 대해 약속한 것과 같이 그분은 '하나님의 성령'을 힘입어 행동하신다(사 11:2, 42:1; 61:1; 숙 4:6, 12:10)"고 말하는 게르하르트 마이어의 말도 새겨 보십시오(Gerhard Maier, *Matthäus-Evangelium* [Hänssler, SCM, 2007], 송 다니엘 역, 『마태복음』 [서울: 진리의 깃발, 2017], 436).

[10] "임하다"(come upon, arrive)라는 뜻을 가진 동사 "쁘따노"(φθάνω)의 부정과거 능동태 직설법인 "에쁘따센"(ἔφθασεν)의 의미(arrived or has come)를 생각할 때 "이 말씀은 전혀 모호하지 않게 하나님 나라가 이미 임하였음을 보여 준다"(이승구, "기독교 세계관의 신국적 토대: 하나님의 나라", 『기독교 세계관이란 무엇인가?』, 74). 그와 함께 같은 쪽 각주 30에 나온 이 동사의 다른 용례들을 잘 살펴보십시오. 또한 이를 잘 강조한 C. H. Dodd, *The Parables of the Kingdom* (London: Nisbet, 1936), 43–45; Ladd, *Jesus and the Kingdom*, 137ff.; Thomas R. Schreiner, *New Testament Theology: Magnifying God in Christ* (Grand Rapids: Baker, 2008), 55도 보십시오.

[11] 〈개역한글판〉은 동일하게 "그러나 내가 하나님의 성령을 힘입어 귀신을 쫓아내는 것이면 하나님의 나라가 이미 너희에게 임하였느니라"로 번역하였고, 〈새번역〉은 예수님의 사역으로 하나님 나라가 와 있음을 좀더 강조하면서 "그러나 내가 하나님의 영을 힘입어서 귀신을 쫓아내는 것이면, 하나님의 나라는 너희에게 왔다."고 하였고, 〈공동번역〉은 좀 더 의역하여 "그러나 나는 하느님께서 보내신 성령의 힘으로 마귀를 쫓아내고 있다. 그러니 하느님의 나라는 이미 너희에게 와 있는 것이다."라고 하고 있으며, 〈현대인의 성경〉은 "그러나 내가 하나님의 성령으로 귀신을 쫓아낸다면 벌써 하나님의 나라가 너희에게 와 있는 것이다."라고 번역하였습니다. Cf. 〈다국어 성경〉 사이트 (http://www.holybible.or.kr/).

[12] NASB, NIV 등이 그러합니다. KJV은 "the kingdom of God is come unto you"라고 하고 있습니다. 뜻은 동일하다고 할 것입니다.

[13] Cf. Ridderbos, *Matthew*, 239; R. E. Nixon, "Matthew," in *New Bible Dictionary*, revised edition (Leicester, IVP, 1970), 832; William Hendriksen, *The Gospel of Matthew* (Grand Rapids: Baker, 1973), 526; David Hill, *The Gospel of Matthew*, The New Cenrury Bible Commentary (London: Marshall, Morgan and Scott, 1972; reprint, Grand Rapids: Eerdamns, 1990), 217; G. E. Ladd, *The Presence of the Future* (Grand Rapids: Eerdmans, 1974), 138–45; D. A. Carson, "Matthew," in *The Expositor's Bible Commentary*, vol. 8 (Grand Rapids: Zondervan, 1984), 289; R. T. France, *Matthew*, Tyndale New Testament Commentaries (Leicester: IVP and Grand Rapids: Eerdmans, 1985), 209; Leon Morris, *The Gospel according to Matthew* (Grand Rapids: Eerdmans, 1992), 317 ("Mostly Matthew speaks of the kingdom as

서 그것을 포함한 예수님의 메시아로서의 활동이 나타나고 있는 곳에 하나님 나라의 현존이 있다는 것입니다.14 정암도 "하나님의 나라는 하나님의 영적 통치인 바 그 임접(臨接)은 곧, 그것의 대적인 사귀들을 용이하게 쫓겨나게 하는 원동력(原動力)이 된 것이다. 하나님 나라의 임접은 '강한 자' 곧 마귀를 결박하는 일이다. 이렇게 예수님으로 말미암아 마귀를 결박하는 영적 운동이 일어났기 때문에 마귀의 무리들이 내어쫓기게 된 것이다"라고 주석하였습니다.15 박형용 교수님께서도 "천국 실현의 증거는 예수님께서 사탄과 귀신을 쫓아내는 사실에서 나타난다. 복음서는 예수님의 통치의 영역이 확장됨으로 사단의 통치 영역이 분쇄됨을 말한다(마 12:28)"고 하십니다.16 래드도 마태복음 12:29을 언급하면서 "이 말씀으로 예수님께서는 자신이 사탄의 왕국에 침입하셔서 강한 자를 결박하셨다고 선언하신다"고 합니다.17 이것은 사탄에 대한 "영적인 승리"입니다.18

그런데 중요한 것은 누가 이 사역을 하느냐 하는 것이지, 축사

---

future, but here it is a present reality."); Blomberg, *Matthew*, 202; Schnackenburg, *The Gospel of Matthew*, 115f.; I. Howard Marshall, *New Testament Theology: Many Witnesses, One Gospel* (Downers Grove, Ill.: IVP, 2004), 99; Wilkins, *Matthew*, 447; 박형용, 『신약성경신학』, 244-46, 특히 246; Schreiner, *New Testament Theology*, 54; 그리고 주로 래드의 논의에 의존하며 좀 약하기는 하지만 Beale, *A New Testament Biblical Theology*, 435.

14 이를 강조하는 이승구, "기독교 세계관의 신국적 토대", 『기독교 세계관이란 무엇인가?』, 75를 보십시오.

15 박윤선, 『신약 주석 공관복음 상』, 개정판 (서울: 영음사, 1964, 영인본, 1996), 321.

16 박형용, 『신약성경신학』, 229.

17 Ladd, *A Theology of the New Testament*, 63.
그리고 후에 래드가 잘 말하고 있듯이, 이 "결박"은 비유적인 의미로 사용된 것이기에 결박 이후에도 사탄이 이 땅에서 제한된 활동을 한다는 것을 잘 생각해야 합니다. 이미 결박된 존재로서의 활동이라는 것을 잘 의식해야 합니다. 이 점은 칼빈과 래드, 칼빈의 표현을 조금 수정한 오스카 쿨만 등이 잘 드러내었습니다. Ladd, *A Theology of the New Testament*, 64: "Sometimes the metaphorical nature of this idiom is not recognized … However, Satan continues to be active…. Satan is not powerless, but his power has been broken." Oscar Cullmann, *Christ and Time*, revised edition (Philadelphia: Westminster/John Knox Press, 1964), 198: Satan "is bound, but with a long rope."

18 이를 강조하는 France, *Matthew*, 209를 보십시오.

사건(the exorcism) 자체가 아닙니다. 데이비스와 알리슨이 잘 지적하고 있듯이, "예수님께서는 다른 사람들이 행하는 이적들도 받아들이셨습니다. 그러나 자신이 행하는 이적은 그 자신의 정체성(identity) 때문에 **상당히 다른 의의를 지니는 것**이라고 주장하십니다. 결정적인 것은 축사 사건들이 아니라, **그 일을 행하시는 분**"이시기 때문입니다.[19]

데이비드 힐도 정확히 말하기를 "예수님의 인격, 특히 예수님의 행위 안에서 하나님의 주권적 권위가 사람들 가운데, 특히 예수님의 대적자들에게 ('너희에게') 나타났다"고 말하고 있습니다.[20] 사탄에 대한 예수님의 승리를 보면서 구약에 약속된 구원이 이르렀음을 백성들이 파악해야 한다고 예수님께서 선포하시는 것입니다.[21] 구약에 약속된 종말론적인 영이 예수님에게 임하셨고, 그 결과로 사탄이 쫓겨나는 것입니다.

오래 전에 에덴동산에서 아담이 실패했던 것과는 달리, 이제 예수님께서 사탄을 몰아내셨으므로 어떤 의미에서 새로운 창조가 실재(a reality)가 된 것입니다.[22] 그러므로 우리들은 마태복음 12:28과 같은 구절에서 예수님께서 자신의 사역으로 하나님 나라가 이 땅에 현존하게 되었음을 아주 명백하게 선언하셨다고 말할 수 있습니다. 그리하여 마이어 박사가 잘 표현하고 있는 대로, "이스라엘이 기대하던 하나님 나라가 동텄기 때문에 [이것은] 기쁜 소식이" 됩니다.[23]

---

[19] W. D. Davies and Dale C. Allison, *Commentary on Matthew VIII–XVIII*, vols 3 of ICC Matthew (Edinburgh: T&T Clark, 1991), 341 (강조점은 덧붙인 것임); 그리고 Schreiner, *New Testament Theology*, 54–55, n. 42. 쉬라이너는 예수님의 권위가 다른 이들의 권위와는 **질적으로 다름을 강조합니다**(55, n. 42).

[20] Hill, *The Gospel of Matthew*, 217.

[21] 이 점을 강조하는 Schreiner, *New Testament Theology*, 55를 보십시오.

[22] 쉬라이너는 비일(Beale)이 그렇게 주장했다(G. K. Beale, *The Temple and the Church's Mission: A Biblical Theology of the Dwelling Place of God* [Downers Grove, IL: IVP, 2004], 173)고 하면서 이를 긍정적으로 언급합니다(Schreiner, *New Testament Theology*, 55, n. 44).

[23] Maier, 『마태복음』, 436.

2. 마태복음 11:12

마태복음 11장 12절의 "세례 요한의 때부터 지금까지 천국은 [힘 있게 침노하나니]"라는[24] 구절도 하나님 나라의 현재성을 아주 분명히 하고 있는 구절입니다.

그런데 우리 말 성경은 대부분 수동태로 옮겨서 "천국은 침노를 당하나니"라고 번역하고 있습니다. 공동번역도 "세례자 요한 때부터 지금까지 하늘나라는 폭행을 당해 왔다."고 번역하며, 〈새 번역〉도 "'세례자 요한 때부터 지금까지 하늘나라는 폭행을 당해 왔다."고 하고, 현대인의 성경도 "세례 요한의 때부터 지금까지 하늘나라는 침략을 당하고 있다."고 번역하여 수동태로 취급하고 있습니다. 이는 "And from the days of John the Baptist until now the kingdom of heaven suffereth violence"라고 옮겼던 KJV, NASB와 비슷한 입장을 취한 것입니다.[25]

---

[24] 많은 주석가들이 이 구절은 복음서에서 가장 해석하기 어려운 구절의 하나라고 합니다(Nixon, "Matthew," 830; G. R. Beasley-Murray, *Jesus and the Kingdom of God* [Exeter: Paternoster Press, 1986], 91; 박형용, 『신약성경신학』, 241 [이 구절은 "이해하기 어려운 구절이며 번역하기도 어려운 구절이다"]). 이 구절의 해석사에 대해서는 P. S. Cameron, *Violence and the Kingdom: The Interpretation of Matthew 11:12* (Frankfurt: Peter Lang, 1984)을 보십시오. Davis와 Allison은 그들의 주석에서 7개의 다양한 해석들을 제시하기도 합니다(*The Gospel according to Matthew*, 2:254-55).

[25] 이런 입장에서 주석하고 있는 P. W. Barnett, "Who Were the 'Biastai' (Matthew 11:12-13)?" *Reformed Theological Review* 36 (1977): 65-70; France, *Matthew*, 195; Davies and Allison, *Matthew*, 2:256; Blomberg, *Matthew*, 188; Wilkins, *Matthew*, 416f.; 그리고 Maier, 『마태복음』, 391을 보십시오. 블룸버그는 헤롯을 비롯한 다양한 사람들의 저항을, 마어와 바넷은 열심당원들이(Zealots) 하나님 나라를 강제로 오게 하려고 시도하는 사람들이라고 보면서 주석합니다. 프랑스는 이 두 가지 가능성이 좋은 해석이라고 하면서, 결국은 옥에서 요한이 그의 제자들을 보내서 질문하는 이 맥락에서는 하나님 나라에 대한 저항 일반을 의미하는 것으로 보는 것이 더 좋겠다고 합니다(France, *Matthew*, 195). 이 모두를 다 포함하면서 하나님 나라에 저항하는 것이라고 보는 Wilkins, *Matthew*, 416f.도 보십시오.

그러나 NIV 성경은 "From the days of John the Baptist until now, the kingdom of heaven has been forcefully advancing"이라고 번역하여 '비아제타이'(βιάζεται)라는 용어의 데포넌트 동사의 성격을 잘 드러내고 있습니다. 이런 번역과 해석이 더 옳은 듯합니다.[26] 여기 사용된 동사인 '비아제타이'(βιάζεται)는 형태는 수동태 형과 같지만 능동의 의미를 지니는 소위 데포넌트(deponent) 동사로 중간태로(as a middle voice) 번역해야 하는 말입니다. 래드가 잘 표현한 대로, "이런 해석에 대한 문헌학적인(philological) 반대는 없습니다."[27] 그래서 NIV 성경은 그 점을 잘 반영하여 "세례 요한의 때로부터 천국이 힘 있게 전진해 오니"라고 번역한 것입니다.[28]

이 구절에 대한 누가복음의 병행구는 우리들의 이런 해석이 옳음을 잘 드러내어 줍니다: "율법과 선지자는 요한의 때까지요, 그 후부터는 하나님 나라의 복음이 전파되어 사람마다 그리로 침입하느니라"(눅 16:16).[29] 세례 요한을 "구약 시대의 마지막 공식적 구현자"로 제시하면서 그 때에는

---

[26] 그 근거는 아래에 제시하는 이 본문에 대한 설명- 특히 Ridderbos, *Matthew*, 217, n. 4를 보십시오.

[27] Ladd, *A Theology of the New Testament*, 69. Theodore Zahn, *Das Evangelium des Matthäus*, 430, n. 20을 인용하면서 중간태로 해석해야 한다고 말하는 Ridderbos, *Matthew*, 217, n. 4도 보십시오.

[28] 이런 번역을 지지하면서 주석하고 있는 학자들의 논의로 다음을 보십시오: Ridderbos, *The Coming of the Kingdom*, 54; Ridderbos, *Matthew*, 213ff.=『마태복음 주석』, 오광만 역 (서울: 여수룬, 1990), 338; R. C. H. Lenski, *The Interpretation of St. Matthew's Gospel* (Minneapolis: Augsburg Publishing Co., 1961), 437; Schnackenburg, *God's Rule and Kingdom*, 131; Ladd, *Jesus and the Kingdom*, 158-59; Ladd, *A Theology of the New Testament*, 69, n. 3; I. H. Marshall, "Luke," in *New Bible Dictionary*, 913; Hendriksen, *The Gospel of Matthew*, 489-90; Bruce D. Chilton, *God in Strength: Jesus' Announcement of the Kingdom* (Freistadt: F. Loechl, 1977); D. A. Carson, "Matthew," in *The Expositor's Bible Commentary*, vol. 8 (Grand Rapids: Zondervan, 1984), 267; J. Knox Chamblin, "Matthew," in *Evangelical Commentary on the Bible*, ed., Walter A. 』(Grand Rapids: Baker, 1989), 735; 박형용, 『신약성경신학』, 243, 250; 또한 주로 래드의 논의에 의존하며 좀 약하기는 하지만 Beale, *A New Testament Biblical Theology*, 434.

[29] 이와 관련해서 "요한에게는 천국이 미래로 남아 있지만 예수님에게는 이미 성취된 것이다"는 박형용 교수님의 말씀을 생각하는 것이 좋을 것입니다(『신약성경신학』, 229).

요한보다 더 뛰어난 이가 없다고 명확히 말하는[30] 그 앞 구절에 이어서, 이 구절은 '비아제타이'를 분명히 중간태로 제시하고 있습니다(βιάζεται, "침입하느니라").

그렇다면, 마태복음 11:12절에 나타나는 같은 단어도 같은 뜻으로 번역하여 그 나라가 강하게 침입하여 들어오는 것으로 보는 것이 옳을 것입니다.[31] 같은 단어를 한 구절에서는 수동태로 또 다른 구절에서는 중간태로 번역하는 것은 옳지 않을 것입니다. 이 '비아제타이' 동사는 신약에서 이 두 구절에서만 나타나고 있고, 다른 희랍어 자료들에서도 데포넌트 동사가 중간태로 사용된 일이 많다고 논의하는 카슨의 논의는[32] 매우 강력한 논의라고 할 수 있습니다. 래드도 이 두 구절 모두에서 "하나님의 나라는 예수님 안에서 적극적으로 나타나고 있는 하나님의 역동적 다스림"이요, 또한 "예수님의 말씀을 받아들이는 사람들이 지금 들어가는 현재적인 축복의 영역"이라고 잘 표현합니다.[33]

그러므로 이 구절은 예수님의 사역을 준비하는 세례 요한의 사역을 끌어안으면서, 결국 예수님의 사역을 통해 천국이 이 땅에로 힘있게 침입하여 오고 있음을 잘 말하는 것입니다. 리덜보스가 잘 표현하고 있듯이, 세례요한이 "선행자(forerunner)로서 하나님 나라에 대해서 선언하는 그 순간서부터 시작해서 '지금까지' - 그 과정이 아직 다 이루어지지 않았지만, 천국은 강력하게 진전하는" 것입니다.[34] "여기서는

---

[30] 마태복음 11:11도 이렇게 이해하면서 논의하는 Beale, *A New Testament Biblical Theology*, 433도 보십시오: "the last official representative of the OT age."

[31] 이렇게 이 두 구절을 연결시켜 생각하는 이들로 다음을 보십시오. Vos, *The Kingdom of God and the Church* (Nutley: Presbyterian and Reformed Publishing Co., 1972), 34; Ladd, *A Theology of the New Testament*, 69-70; 박형용, 『신약성경신학』, 242-43.

[32] Carson, "Matthew," 266. 여기서 카슨은 BADG, 140-41과 *Dictionary of the New Testament Theology*, 3:711-12도 언급하면서 이 논의를 하고 있습니다.

[33] Ladd, *A Theology of the New Testament*, 70: "In both of these sayings, the Kingdom of God is the dynamic rule of God active in Jesus; it is also a present realm of blessing into which those enter who receive Jesus' word."

천국이 사탄의 영역에 이미 강력하게 침입한 현재적 실재로 분명히 묘사되어 있습니다."35 박형용 교수님께서 잘 요약하고 있듯이, "예수님이 계신 그 곳에 하나님의 나라가 실현된" 것이기 때문입니다.36 그런 의미에서, 리덜보스가 말하듯이, 세례 요한은 "약속과 성취의 경계선에 서 있는" 것입니다.37 그래서 세례 요한 자신의 "사역은 아직 실제적 성취에 속하지는 않지만, 그의 때로부터 하나님 나라가 힘 있게 이 세상에로 뚫고 들어오고 있다"고 말할 수 있습니다.38

그러므로 이 구절은 "세례 요한의 준비에 이어 나타난 예수님의 사역으로부터 하나님 나라가 이 세상에로 파고 들어왔다(breaks into this world)고 확언"하는 구절입니다.39 혹시 번역을 달리 한다고 해도,40 게르할더스 보스가 잘 말한 바와 같이, "이 비유적인 말씀의 정확한 의미가 무엇이든 간에, 이는 분명히 세례 요한의 때부터 그 나라가 실재적임을 묘사하는" 것입니다.41

---

34 Ridderbos, *Matthew*, 216f.: Beginning from the moment that he a forerunner announced the kingdom's coming – "until now" – the process has not yet been completed – "the kingdom of heaven has been forcefully advancing."

35 Ridderbos, *Matthew*, 217.

36 박형용, 『신약성경신학』, 262. 또한 이 장의 앞부분에서 인용한 바 있는 Cranfield, *The Gospel according to St. Mark*, 68도 보십시오: "The kingdom of God has come close to men in the person of Jesus and in the person of Jesus it actually confronts them."

37 Ridderbos, *Matthew*, 218의 이 적절한 표현을 주목하십시오. 그는 이어서 다음 같이 잘 표현합니다: "선행자로서 그 후에 왕과 하나님 나라가 오는 것이다." France, *Matthew*, 194-95도 보십시오.

38 Ridderbos, *Matthew*, 218.

39 이승구, "기독교 세계관의 신국적 토대", 『기독교 세계관이란 무엇인가?』, 77.

40 이 어귀를 수동태로 번역하면서 "천국이 침노 당하고 있다"고 번역해야 한다는 주장으로 France, *Matthew*, 195f.을 보십시오. 그러나 그렇게 해도 하나님 나라의 현존을 전제하는 것이라는 그의 말을 유념해야 합니다(France, *Matthew*, 196: "Here again God's kingdom is clearly seen as already present, as a force sufficiently dynamic to provoke violent reaction").

41 Geerhardus Vos, *Biblical Theology* (Grand Rapids: Eerdmans, 1948), 이승구 역, 『성경신학』 (서울: CLC, 1985), 421. 마샬도 두 가지 해석 가능성을 다 허용하면서, 마지막에는 "어떻게 보든지 (하나님의) 나라는 분명히 적극적으로 작용하는 것이다"고 말합니다(Marshall, *New Testament Theology*, 102, n. 14).

이렇게 예수님에게서 하나님 나라가 이 땅에로 임하여 왔기에 세례 요한은 여자가 낳은 사람 중에 가장 큰 자이지만 그는 하나님 나라 안의 지극히 작은 자보다 더 작은 자가 됩니다: "내가 진실로 너희에게 말하노니, 여자가 낳은 자 중에 세례 요한보다 큰 이가 일어남이 없도다. 그러나 천국에서는 극히 작은 자라도 그보다 크니라."(마 11:11) 이것은 천국에서의 상급의 차이에 대한 말이 아니고, 예수님으로 인하여 이 땅에 임하여 온 하나님 나라의 현재성에 참여하는 그 복을 누릴 수 있느냐 아니냐의 차이에 대한 말입니다.42 예수님의 사역이 이런 놀라운 변화를 가져온 것입니다. 예수님의 사역을 준비하던 세례 요한은 "아직도 구원의 때의 문턱에만 있는" 것입니다.43 그는 아직도 천국 **안에**(*in*) 있는 것이 아니고, 천국이 오기 **전에**(*before*) 사역한 것입니다.44 우리가 구약 시대라고 말하는 약속의 시대에서는 세례 요한과 같이 중요한 역할을 한 사람이 없다고 할 정도입니다. 그는 하나님 나라를 가져오신 예수님의 바로 앞에 있는 선행자였기 때문입니다. 그러나 이렇게 위대한 요한이라도 성취의 시대의 지극히 작은 종들이 선포하는 하나님 나라의 현존에 대한 메시지와 비교하면, 그는 아무 것도 아니라고 할 정도입니다.45

필슨은 이것을 다음 같이 표현합니다: "요한이 크면 클수록, 동터 오는 (하나님) 나라에서 지극히 작은 자가 그 보다 더 큰 자이다. 그의 개인적 성취나 가치 때문에 그런 것이 아니고, 그 [지극히 작은 자]는 요한과는 달리 오직 하나님의 은혜로 하나님 나라 안에 있게 되

---

42 정확히 이렇게 표현하는 있는 Blomberg, *Matthew*, 187도 보십시오.

43 Ridderbos, *Matthew*, 276.

44 이점을 잘 표현한 Ridderbos, *Matthew*, 216; France, *Matthew*, 194를 보십시오. 또한 Carson, "Matthew," 264-65; Blomberg, *Matthew*, 187; Hagner, *Matthew*, 1:305-6; Morris, *Matthew*, 280-81; Wilkins, *Matthew*, 415도 보십시오.

45 이 몇 문장은 Ridderbos, *Matthew*, 216의 어귀를 좀 더 풀어 쓴 것입니다.

는 것이다."46 여기서 예수님께서는 요한과 다른 사람들을 비교하는 데 주안점을 두지 아니하시고, 선지자들이 활동하던 옛 시대와 "예수님의 사역으로 시작된 새 시대"를 대조하시는 것입니다.47

3. 누가복음 17:20

누가복음 17장에서 "하나님 나라가 어느 때에 임하나이까?"라고 질문하는48 바리새인들에게 예수님께서 하신 말씀도 이 맥락에서 매우 중요한 말입니다. 어떤 표지를 보고서 그 나라가 임하였음을 확인하려는 바리새인들의 생각을 예수님께서 전적으로 거부하시면서, 이 문제에 대한 "모든 사변을 거부"하셨습니다.49 그리고는 "하나님 나라는 너희 안에 있느니라(ἡ βασιλεία τοῦ θεοῦ ἐντὸς ὑμῶν ἐστιν)"(눅 17:20)고 선언하셨습니다. 이 말씀은 하나님 나라가 내면적인 것으로 있으려면 그들의 심령과 관계하여 있다고 보는 해석이 아주 안 되는 것은 아니지만, 이 말씀의 매우 자연스러운 뜻으로 여기기는 어렵습니다.50 이 맥

---

46 F. V. Filson, *A Commentary on the Gospel According to St Matthew* (London: Adam & Charles Black, 1960), 138. 같은 요점을 말하는 Ridderbos, *Matthew*, 217도 보십시오.

47 Cf. Ladd, *Jesus and the Kingdom*, 197; Ladd, *A Theology of the New Testament*, 70.

48 우리말이나 영어에는 자명하게 드러나지만, 비시간적인(atemporal) 아람어 분사의 번역어로 나온 "에르케타이"(ἔρχεται)는 문맥에 의해 그 시제가 결정된다고 할 수 있습니다. 여기서는 **문맥상, 미래의 의미로 나타난다**는 논의로 다음을 보십시오: Jeremias, *New Testament Theology*, 101, n. 1.

49 Schreiner, *New Testament Theology*, 57.

50 이 구절에 대한 여러 해석들에 대해서는 이승구, "기독교 세계관의 신국적 토대", 79-81을 보십시오. 이런 영적인 이해는 예수님과 초대 교회에서 거부되어졌다는 단언으로 Jeremias, *New Testament Theology*, 101을 보십시오. 바리새인들과 대화하기에 그렇게 볼 수 없다는 같은 논지에 근거해서 좀 더 강하게 이런 해석을 거부하는 Ladd, *Jesus and the Kingdom*, 224; Ladd, *A Theology of the New Testament*, 65; 그리고 Schreiner, *New Testament Theology*, 57도 보십시오("it is quite impossible that he cla.med that the kingdom of God was within them!).

락에서 바리새인들이 예수님의 대화 상대자라는 것을 염두에 두면서 볼 때, 그들의 심령 가운데 하나님 나라가 있다고 생각하기 어렵기 때문입니다. (혹시 그들이 마음을 돌이켜 회개하여 하나님과 바른 관계를 회복하여 예수님을 구주와 왕으로 섬긴다면 그 때에는) 그들의 심령에 하나님 나라가 있다고 할 수 있고, 그들의 관계성 가운데 하나님 나라가 있다고 할 수는 있습니다. 그러나 이는 원칙의 선언이 되는 것이고 부차적 해석을 더해서 하는 해석이 됩니다. 그러므로 매우 자연스러운 해석은 **"그들 가운데 있는 분"에게** 주목하게 하는 해석입니다.

지금 여기 이 대화중에 그들 가운데("among you" or "in the midst of you") 누가 있습니까? 여수 그리스도께서 계십니다. 그러므로 예수님께서 계신 그곳에 하나님 나라가 현존하고 있다고 해석하는 것이 매우 자연스럽습니다.[51] 그의 인격으로(the person of Jesus) 하나님 나라가 임한 것입니다. 다음 같은 메릴 씨 테니의 말은 매우 적절합니다: "예수님께서는 하나님의 나라가 이미 현존하고 있어서, 사람들에 의해서 인식되기만 하면 된다고 주장하신다. [왜냐하면] 그가 자신과 함께 그 나라를 가져 오셔서, 그가 그들 가운데서 살고 계시기 때문이다."[52] 그런 의미에서, 여러 주석가들은 이 구절을 "너희들 가운

이런 해석을 거부하면서 예레미아스는 이를 미래로 (종말적으로) 해석해야 한다고 주장하면서 하나님 나라는 "(갑자기) 너희들 가운데 있데 될 것이다"(will [suddenly] be in your midst… it is coming suddenly)라고 아주 독특한 해석을 제시합니다(Jeremias, *New Testament Theology*, 101). 이하의 논의는 이런 예레미아스의 해석도 옳지 않음을 분명히 해 줄 것입니다.

[51] 이런 해석들로 다음을 보십시오. Ridderbos, *The Coming of the Kingdom*, 531, n. 67; F. F. Bruce, *New Testament History* (Garden City, New York: Anchor Books, 1971), Chapter 13, n. 33=나용화 역, 『신약사』 (서울: CLC, 1978), 206, n. 33; Ladd, *Jesus and the Kingdom*, 224; Ladd, *A Theology of the New Testament*, 65; Beasley-Murray, *Jesus and the Kingdom of God*, 97-103, 특히 102-103; John P. Meier, *Mentor, Message and Miracles*, vol. 2 of *A Marginal Jew: Rethinking the Historical Jesus* (New York: Doubleday, 1994), 423-30; Darrell Bock, *Luke 9:51-24:53*, BECNT (Grand Rapids: Baker, 1996), 1415-17; 그리고 Schreiner, *New Testament Theology*, 58.

[52] Merrill C. Tenney, "Luke," in *Wycliffe Bible Commentary* (Chicago: Moody Press, 1962), 1056.

데"(in the midst of you) 또는 "너희의 손에 닿는 그곳에"(in the reach of you) 하나님 나라가 있다고 해석했습니다.53 바리새인들이 있는 그 가운데(in the midst of you) 계신 그리스도의 인격과 사역이 있는 그곳에 하나님 나라가 현존한다는 것입니다. 박형용 교수님께서 잘 표현하고 있는 대로, "예수님 자신의 인격적 임재 자체가 천국 실현의 강력한 증거가" 됩니다.54

그가 있는 그 곳에 하나님 나라가 있다고 생각하여 초대 교회부터 "그 자신이 나라"(*auto-basileia*, the Kingdom in person)라는 개념과 용어가 사용되기도 했습니다.55 이런 것들도 염두에 두면서 신약의 증거에 근거해서 크랜필드는 다음 같이 말합니다: "사실 하나님 나라는 예수님이고, 예수님은 하나님 나라라고 말하는 데까지 실제로 가게 된다."56

4. 천국 비유들

이렇게 명백하게 언급된 곳 외에도, 성경에서는 여러 곳에서 하나님 나라의 현존을 시사(示唆)하고 있습니다. 예를 들어서, 마태복음 13장에 제시된 천국 비유들(병행 구절들인 누가복음 8장, 마가복음 4장도 참

---

53 Ridderbos, *The Coming of the Kingdom*, 531, n. 67; Bruce, *New Testament History* Chapter 13, n. 33=『신약사』, 206, n. 33; Beasley-Murray, *Jesus and the Kingdom of God*, 102-10.

54 박형용, 『신약성경신학』, 229. 또한 다음 같은 노발 겔덴하위스의 표현도 잘 살펴보십시오: "… the sovereign dominion of God *has already come* on earth in the person of Jesus as a saving and judging force in the life of the Jewish people…"(Noval Geldenhuys, *The Gospel of Luke*, NICNT [Grand Rapids: Eerdmans, 1951], 440, Geldenhuys's own emphasis).

55 Cf. Tertullian, *ad Marcion*, 4.33; Origen, *Comm. Matt*, Tom 14.7 on Matthew 18:23.

56 Cranfield, *The Gospel According to St. Mark*, 66: "In fact, we may actually go so far as to say that the kingdom of God is Jesus and that he is the kingdom."

조)에는57 하나님 나라가 이미 와 있음을 시사(示唆)하는 씨를 뿌리는 때, 그물을 치는 때, 누룩을 가루에 넣는 때 등에 대한 언급이 있고, 추수하는 때, 그물을 거두는 때, 전부를 부풀게 한 때에 대한 언급이 나옵니다. 이렇게 두 때에 대한 언급이 있는데, 결국 그것은 하나님 나라의 이미 임한 현존과 종국적 극치(極致, consummation)라는 두 때에 대한 언급으로 이해됩니다. 바로 그런 방식으로 천국이 임하는 것을58 아는 것이 "천국의 비밀"을 아는 것입니다.59 래드가 잘 요약하고 있는 것처럼, "하나님 나라의 비밀은 하나님 나라의 최종적 드러남이 있기 전에 역사 안에로 그 나라가 오는 것"입니다.60 이렇게 하나님 나라가 "두 때에 오는 방식으로" 이 땅에로 오는 것임을 이 천국 비유들이 전달합니다.

그래서 제자들에게는 이 비유의 뜻을 설명해 주시면서, "천국의 비밀을 아는 것이 너희에게는 허락되었으나"(눅 13:11)라고 하셨습니다.

---

57 헨드릭슨과 게르하르트 마이어는 마태복음 13장의 비유들을 "일곱 개의 천국 비유들"이라고 언급합니다(Hendriksen, *The Gospel of Matthew*, 549; Maier, 『마태복음』, 456-501). 대부분의 주석가들은 마태복음 13장을 천국 비유들(the parables of the Kingdom)이라고 명명하고 있습니다: Carson, "Matthew," 300; Blomberg, *Matthew*, 211. 리덜보스는 이 비유들이 하나님 나라가 오는 방식에 대한 가르침이라고 합니다(Ridderbos, *Matthew*, 250).

58 이것이 "천국의 비밀"이라는 말의 가장 포괄적인 이해라고 여겨집니다. 예수님 안에 이미 천국이 왔다는 것이 천국의 비밀이라고 하는 쉬나켄부르크의 말(Schnackenburg, *The Gospel of Matthew*, 125)도 그런 이해의 토대라는 면에서 다른 견해로 여길 필요는 없을 것입니다.

59 바울(롬 11:25; 고전 2:1; 4:1; 13:2; 14:2; 15:51; 엡 1:9; 3:3, 4, 9; 5:32, 6:19; 골 1:27, 2:2, 4:3, 4; 살후 2:7; 딤전 3:6, 16)이나 요한(계 1:20, 10:7, 17:5)이 많이 사용하고 있는 "비밀"(τὰ μυστήρια 또는 μυστήριον)이라는 말이 복음서에서 사용된 곳은 오직 이곳뿐이라는 France, *Matthew*, 221의 말도 주목해 보십시오. 바울은 주로 단수로 쓰지만 복수로 쓴 곳도 있습니다(고전 4:1; 13:2; 14:2). 마태복음에서 이 말이 복수로 나온 것은 여러 비유들에 나온 것이기 때문인가라고 그저 의문으로 제시하고 지나가는 쉬나켄부르크의 생각은(Schnackenburg, *The Gospel of Matthew*, 125) 그리 신빙성이 있어 보이지는 않습니다.

60 Ladd, *A Theology of the New Testament*, 91. [그러나 율리허(Adolf Jülicher [1857-1938], *Die Gelichnisreden Jesu*, 2 vols. (Freiburg: Mohr, 1899)의 이야기를 따르면서 비유들이 오직 한 주제만을 전달한다는 성향을 나타내는 것에 대해서는(Ladd, *A Theology of the New Testament*, 90-91) 좀 더 조심스러워야 할 것입니다.) 카슨도 래드의 이 말을 인용하면서 그에게 동의하면서 천국의 비밀을 설명하고 있습니다(Carson, "Matthew," 307). 또한 Wilkins, *Matthew*, 476.f.도 보십시오. 또한 주로 래드의 논의에 의존하는, 좀 약한 Beale, *A New Testament Biblical Theology*, 431-33의 논의도 브십시오.

예수님의 의도를 제대로 아는 사람들은 천국의 비밀을 알게 된 것이라는 말입니다. 마샬이 잘 표현한 바와 같이, "제자가 된다는 것은 하나님 나라의 비밀을 소유한다는 것입니다. 즉, 예수님이 참으로 어떤 분이시지를 알고, 하나님 나라가 참으로 그 안에 현존함을 보는 것입니다."[61]

로버트 스타인은 누가복음 14:15-24의 잔치 비유와 마가복음 2:18-20의 혼인 잔치와 금식 비유, 마가복음 2:21-22의 생베 조각과 포도주 부대 비유, 겨자씨 비유(막 4:30-32 병행구절)와 누룩 비유(마 13:33), 누가복음 12:54-56의 날씨 징조 이야기와 마가복음 3:23-27의 사탄의 나라에 대한 이야기 등을, 상당히 예레미아스의 해석에 동의하면서, 하나님 나라의 현재성을 보여 주는 비유들로 제시하고 있습니다.[62] 그는 또한 밭에 감추인 보화의 비유(마 13::44)와 진주 비유(마 13:46), 불의한 청지기 비유(눅 16:1-8), 망대 비유와 전쟁 비유(눅 14:28-32) 그 외 누가복음 12: 58-59의 고발하는 자와 급하게 화해하라는 비유, 예복입지 않은 손님 비유(마 22:11-14), 지혜로운 건축자와 어리석은 건축자 비유(마 7:24-27), 네 가지 밭의 비유(막 4:3-9 병행구) 등을 "결단을 요구하는 하나님 나라의 비유들"로 제시하고 있습니다.[63] 스타인은 너무 많은 것을 하나님 나라와 연결시킨다는 문제는 있지만, 이것도 하나님 나라가 현존함을 전제로 하는 해석입니다.[64]

예수님의 비유들 중에서 어떤 비유들은 매우 직접적으로 하나님

---

[61] Marshall, *New Testament Theology*, 81.

[62] Robert H. Stein, *An Introduction to the Parables of Jesus* (Westminster John Knox, 1981), chapter 7=오광만 역, 『예수님의 비유를 어떻게 읽을 것인가?』 (서울: 따뜻한 세상, 2011), 135-63. Cf. Jeremias, *The Parables of Jesus*, 230.

[63] Stein, *An Introduction to the Parables of Jesus*, chapter 8=『예수님의 비유를 어떻게 읽을 것인가?』, 164-94. 특히 192.

[64] 그러나 C. H. Dodd의 주장, 즉 "모든 종말론적인 비유들을 예수님의 사역이라는 맥락에 적용할 수 있을 것 같다"고 하면서(Dodd, *Parables of Jesus*, 174), 이제 더 이상 올 것이 없다고 보는 그의 실현된 종말론(realized eschatology)의 제시는 주해 상 바르지 않은 것입니다.

나라가 임하는 두 때를 드러내는, 즉 '천국의 비밀'을 알려 주는 비유들이 있고, 또 어떤 비유들은 하나님 나라와 넓게 연관될 수 있는 비유들이 있다고 할 수 있습니다. 또한 하나님 나라와 별 관계없는 비유들도 있다고 해야 합니다.

5. 누가복음 4:16-21, 마태복음 11:2-6 (누가복음 7:19-22)

'하나님 나라'라는 말은 나타나고 있지 않아도 그 내용을 살펴보면 결과적으로 하나님 나라가 예수님의 사역을 통해 이 땅에 실현되고 있음을 보여 주는 구절들도 있습니다. 그 대표적인 것이 예수님께서 그의 자라신 곳인 나사렛 회당에서 이사야서를 읽고 하시는 말씀을 기록하고 있는 누가복음 4:16-21입니다.[65] 예수님께서 히브리어로 읽고 아람어로 통역하셨던[66] 이사야 58:6과 61:1, 2절 말씀에 대해서, "이 글이 오늘 너희 귀에 응하였느니라"(눅 4:21)고 선언하십니다. 이 말씀에 대해서 예레미아스는 다음 같이 표현하기도 했습니다: "너희들은 하나님의 은혜의 해가 동터 온다는 약속이 **오늘** 성취되고 있다는 것에 대한 증인들이다. – 바로 여기에 강조점이 있다."[67] 정확한 말입니다. 그러므로 예수님의 이 말씀은 결국 (1) 그 자신과 관련된 선언이고, 또한 (2) 그가 하시는 일과 관련된 선언이라고 할 수 있습니다.

---

[65] 사실 하나님 나라의 현재성에 대한 논의를 누가복음 4:21의 이 선언으로부터 시작하는 일이 많이 있습니다. Cf. Ladd, *A Theology of the New Testament*, 63.

[66] 이는 예수님 당시 회당 예배의 관례에 따라 표현한 것입니다. 회당 예배에 대해서는 William Hendriksen, *The Gospel of Luke* (Grand Rapids: Baker, 1978), 251; 박형용, 『신약성경신학』, 234 등을 보십시오.

[67] Jeremias, *New Testament Theology*, 105: "You are eye-witnesses that the promise that the time of God's grace is dawning. is being fulfilled *today* – that is where the stress lies."(Jeremias' own emphasis).

먼저 그 자신에 대한 선언과 관련해서 다음 같은 노발 겔덴하위스의 적절한 말을 생각해 보십시오: "이것은 그가 그들에게 읽어 주었던 그 말씀들이 종국적으로 그의 인격 안에서 성취되었다는 그 자신에 대한 선언과 같은 것이다. 이로써 그는 자신이 가난한 자들에게 기쁜 소식을 전하도록 성령님으로 하나님에 의해서 기름부음 받은 자라고 실제로 선언하셨다."[68]

그리고 그 내용과 관련해서 이는 '주의 은혜의 해'(the acceptable year of the Lord), 즉 '희년'(Jubilee)이 성취되었다는 말입니다. 종국적 희년의 선포는 결국 "메시야 시대"(the Messianic age)의 도래를 선언하는 말입니다. 즉, "하나님께서 그의 백성들에게 그의 구원을 베풀어 주시는 시기, 그의 나타나심으로 말미암아 도입된 시기(the period ushered in by His apprearance)"가 여기에 와 있음을 선언하는 것입니다.[69] 카슨도 (이사야 35:5-3, 29:18f., 61:1에 나타난 바와 같은) "메시아적인 이상이 자신이 행하는 이적들에서 성취되고 있다고 그리고 가난한 자들에게 그가 좋은 소식을 선포하는 것은 이사야 61:1-2의 메시아적 예언의 분명한 성취라고 예수님께서 분명히 주장하셨다"고 말합니다.[70] 또한 이에 대해서 박형용 교수님은 다음 같이 표명한 바 있습니다:

> 예수님은 여기서 하나님의 통치 약속이 실현되었다고 선포하신다. 하나님의 왕국이 시작된 것이다…. 예수님은 위대한 성취의 때가 확실히 시작되었다고 믿었다. 예수님은 왕국의 강림이 단순히 미래에 있을 사건이 아니며, 이미 현재 실현되었다고 가르친다. 즉, 종말론적 왕국에서의 하

---

[68] Geldenhuys, *The Gospel of Luke*, 168.
[69] Geldenhuys, *The Gospel of Luke*, 168.
[70] Carson, "Matthew," 262.

나님의 통치가 현재 이미 시작되었다.71

다른 많은 주석가들도 이와 같은 의견을 표명하고 있습니다.72 그러므로 비록 '하나님 나라' 라는 말은 나타나지 않아도 그 내용상 하나님 나라가 여기에 와 있음을 분명히 하는 구절들이 있는 것입니다.

세례 요한이 그 제자들을 보내어 "오실 그이가 당신이오니이까? 우리가 다른 이를 기다리오리이까?"라고(눅 7:19-20, 마 11:3) 예수님께 질문한 것에 대해서, 예수님께서 대답하신 말씀도 이런 뜻을 전달합니다. "맹인이 보며, 못 걷는 사람이 걸으며, 나병환자가 깨끗함을 받으며, 귀먹은 사람이 들으며, 죽은 자가 살아나며, 가난한 자에게 복음이 전파된다 하라."(마 11:5//눅 7:22) 이것은 예수님의 가르침과 그가 행하시는 이적을 언급하는 것입니다.73 이런 사역들과 관련해서 게르하르트 마이어는 예수님께서 주신 대답의 간접적 성격을 강조하면서 다음 같이 말합니다.

> 그분은 '나는 메시아다' 라고 직접적으로 진술하신 적이 없다. 요한복음에서도 그렇게 하지 않았다…. 그러나 그분이 하시는 일은 모두 메시아의 사역이므로, 이것을 보는 자는 그분이 메시아라는 것을 깨달아야 한다!74

박형용 교수님께서는 좀 더 적극적으로 "그들은 자신들의 조상이 받았

---

71 박형용, 『신약성경신학』, 236-37.

72 Cf. Jeremias, *New Testament Theology*, 103-105, 특히 105 ("예수님께서 [이 구절들을] 언급하셨다는 것은 모든 약속들, 희망들 그리고 기대들 보다 **더 놀라운 성취가 이루어졌음을** 의미하는 것이다." 강조점은 덧붙인 것임). Ridderbos, *Matthew*, 213에서 똑 같은 점을 말합니다.

73 Cf. Ridderbos, *Matthew*, 212. Schnackenburg, *The Gospel of Matthew*, 104도 보십시오.

74 Maier, 『마태복음』, 384.

던 약속들이 성취되고 있는 것을 보며 하나님의 종말론적인 통치가 임한 사실을 보고 있었다. 예수님의 대답은 바로 메시아가 임하셨다는 사실이다."고 명확히 말씀하십니다.[75] 윌킨스도 "예수님께서는 메시아 시대의 복이 당신님의 사역으로 이미 임하였다는 것을 요한에게 확언하신다"고 말합니다.[76]

6. 예수님의 이적들

예수님의 모든 이적들도 하나님 나라의 관점에서 바로 이해할 수 있습니다. 예수님의 이적들은 (1) 이 이적들을 행한 분이 과연 누구신지를 잘 드러내어 주며, 또한 (2) 그 분이 가져다주신 하나님 나라가 과연 어떤 것인지를 미리 보여 주며, 그 나라가 여기 있음을 명백히 드러내는 역할을 합니다. 장차 그 나라가 극치에 이를 때에 온 세상이 온전하게 될 것을 미리 분명히 보여 주면서 그 나라의 온전성을 때때로 여기서 보여 주시는 것이 이적들의 기능입니다. 그러므로 이 이적들을 하나님 나라를 보여 주는 이적이라는 뜻에서 하나님 나라의 '표적들'($\sigma\eta\mu\epsilon\hat{\iota}o\nu$, signs)이라고 합니다. 성경적 복음은 하나님 나라의 복음, 즉 하나님 나라가 임하여 왔다는 복된 소식인 것과 같이 예수님과 사도들의 이적은 하나님 나라의 온전함을 미리 보여 주는 하나님 나라의 이적들이라고 할 수 있습니다.

7. 골로새서 1:13

---

[75] 박형용, 『신약성경신학』, 240.
[76] Wilkins, *Matthew*, 413.

사도 바울도 예수님과 하나님 나라에 대해서 가르쳤다고 명기하고 있습니다(행 28:23, 31). 그 내용을 요약하고 있는 것은 아마도 다음 같은 말씀일 것입니다: "그가 우리를 흑암의 권세에서 건져내사(ὃς ἐρρύσατο ἡμᾶς ἐκ τῆς ἐξουσίας τοῦ σκότους) 그의 사랑의 아들의 나라로 옮기셨으니(μετέστησεν εἰς τὴν βασιλείαν τοῦ υἱοῦ τῆς ἀγάπης αὐτοῦ)"(골 1:13). 이 말씀은 삼위일체 하나님께서 이루신 구원이 어떤 것임을 분명히 하고, 그 구원을 받기 전의 우리의 형편이 어떠함도 밝히고 있습니다. 구원함을 받기 이전에 우리들은 다 "흑암의 권세"(ἡ ἐξουσία τοῦ σκότους) 가운데 있었다고 말하고, 하나님께서는 우리를 그 흑암의 권세에서(ἐκ τῆς ἐξουσίας τοῦ σκότους) 건져내서 그의 사랑의 아들의 나라, 즉 그리스도의 나라, 즉 메시야의 나라, 즉 하나님 나라에로 옮기셨다(μετέστησεν)고[77] 합니다.

어떤 사람들이 시도하는[78] 것과 같이 그리스도의 나라(아들의 나라)와 하나님의 나라를 너무 구별하는 것은 무의미합니다. 박형용 교수님께서 잘 말하고 있듯이 우리도 다음 같이 말할 수 있습니다: "하나님의 왕국은 예수님의 왕국이다. 이 두 개념은 교대로 사용된다. 그리스도의 통치와 하나님의 통치는 동일한 것이다(엡 5:5; 계 11:15; 22:5)."[79] 이 구절에서 바울은 구원 받은 사람들은 이미 하나님 나라

---

[77] 이는 "제거하다(remove), 집어넣다(bring into)"는 뜻의 μεθίστημι 그리고 μεθιστάνω의 부정과거 능동태 직설법 3인칭 단수로 명백히 이미 "집어넣어졌다"는 뜻을 전하는 것입니다.

[78] 이는 대표적으로 Oscar Cullmann (1946), G. Schrenk (1951), 그리고 Hans Bietenhard (1955)의 시도입니다. 이들에 대해서 또한 이에 대한 비판에 대해서 Herman Ridderbos, *Paul: An Outline of His Theology* (Grand Rapids: Eerdmans, 1975), 556과 Ridderbos, *The Coming of the Kingdom*, 96을 보십시오.

[79] 박형용, 『신약성경신학』, 265. 하나님 나라가 곧 그리스도의 나라라는 것을 강조하는 또 다른 논의로 G. Van Reenen, *The Heidelberg Catechism* (Paterson, NJ: Lont & Overkamp, 1955, reprint, 1979), 588, 589; 그리고 Herman Hoeksema, *The Triple Knowledge*, vol. 3

안에 있음을 분명히 밝히고 있습니다. 그 하나님 나라가 임하여 와 있어야만 지금 우리가 그 나라에로 옮겨지는 것이 가능합니다. 그러므로 예수님이나 바울 모두가 예수님의 사역으로 말미암아 하나님 나라가 이미 임하여 왔다고 그 나라의 현재성을 가르쳐주고 있습니다.

8. 고린도후서 5:17

또한 "그리스도 안에 있는 새로운 피조물"을 말하는 고린도후서 5:17 말씀도 이런 맥락에서 생각해 볼 수 있습니다. 이 구절(εἴ τις ἐν Χριστῷ καινὴ κτίσις)을 개인적으로 이해하고 해석하려는 해석들이 있지만,[80] 사실 이 구절은 그 보다 "더 근본적인 문제를 다루는 말씀"입니다.[81] 이는 그리스도의 십자가와 부활로 도입된 새로운 피조계를 지칭하는 말입니다. 그렇게 생각할 수 있는 몇 가지 점에 대한 논의를 시도해 보겠습니다.

첫째로, 여기서 언급된 "피조물"(κτίσις)이라는 말이 일반적으로는 피조계 전체를 지칭하는 중성 명사라는 것을 유념해야 합니다. 바울은 여기서 그 안에 있는 개인을 일차적으로 언급하는 것이 아니라, 피조계 전체에 대해서 말하는 것입니다. 헤르만 리덜보스가 그의 책 『바울』에서,[82] 또한 랄프 마틴이 그의 주석에서 이 점을 정확하게 지적

(Grand Rapids: Reformed Free Publishing Association, 1972), 519, 523, 525를 보십시오.

[80] 이런 해석들에 대해서는 이승구, "기독교 세계관의 신국적 토대", 82, n. 55을 보십시오. 그 외에 다음 저자들의 논의도 보십시오: Jan Lambrecht, *Second Corinthians* (Collegeville, MN: Liturgical Press, 1999), 96; Murray J. Harris, *The Second Epistle to the Corinthians:* A Commentary on the Greek Text (NIGTC) (Grand Rapids: Eerdmans, 2005), 432-33.

[81] 이승구, "기독교 세계관의 신국적 토대", 82.

[82] Ridderbos, *Paul*, 45: "When he [Paul] speaks here of 'new creation,' this is not

한 바 있습니다.[83]

둘째로, 문장 구조상 "그리스도 안"이라는 말은 근본적으로 "어떤 사람"(τις)을 수식하는 것이 아니라, "새로운 피조계"(καινὴ κτίσις)를 수식하는 것이라는 매우 강력한 논의가 있습니다.

셋째로, 같은 저자의 서신인 갈라디아서 6:15("할례나 무할례가 아무 것도 아니로되 오직 새로 지으심을 받는 것만이 중요하니라" – οὔτε γὰρ περιτομή τί ἐστιν οὔτε ἀκροβυστία ἀλλὰ καινὴ κτίσις)에서 "새로운 피조계"(καινὴ κτίσις)라는 어귀의 기본적인 의미가 새로운 피조계 전체이므로, 고린도후서의 같은 단어도 같은 의미를 지니는 것으로 해석하는 것이 보다 자연스럽다는 좋은 논의도 있습니다.[84] 갈라디아서 6:15과 고린도후서 5:17 모두의 맥락을 비추어 볼 때도 이 두 어귀에서 "카이네 크티시스"(καινὴ κτίσις)라는 말이 같은 의미로, 즉 피조계 전체를 지칭하는 것으로 사용되었다는 것입니다. 많은 학자들은 이 두 구절 모두에서 이 어귀가 같은 의미로 사용되었다는 점을 지적합니다.[85]

넷째로, 고린도후서 5장 16절의 "우리가 이제부터는 어떤 사람도 육신을 따라 알지 아니하노라"라고 할 때, "이제부터는"(ἀπὸ τοῦ νῦν)이라는 말은 고린도후서 6:2이 말하는 "은혜 받을 만한

---

meant merely in an individual sense (a 'new creature'), but one is to think of the new world of re-creation that God has made to dawn in Christ, and in which everyone who is in Christ is included."

[83] Ralph P. Martin, *2 Corinthians*, Word Biblical Commentary 40 (Waco, Texas: Word Books, 1986), 152

[84] 이 세 번째 요점은 더글라스 무의 논의 중에 나오는 논점의 하나입니다. Douglas Moo, "Creation and New Creation," *Bulletin for Biblical Research* 20/1 (2010): 39-60, at 43, 52.

[85] Robert C. Tannehill, *Dying and Rising with Christ: A Study in Pauline Theology*, BZNW 32 (Berlin: Alfred Töpelmann, 1967), 68. 그리고 이를 언급하고 이에 근거해서 논의하는 Moo, "Creation and New Creation," 53도 보십시오.

때"(καιρὸς εὐπρόσδεκτος), 즉 "구원의 날"(ἡμέρα σωτηρίας)과 자연스럽게 연관될 수 있으므로 문맥상 이는 그리스도의 십자가와 부활로 말미암아 새로운 세계가 이미 시작되었음을 말하는 것으로 보는 것이 자연스럽다고 할 수 있습니다.[86] 더구나 이런 표현들이 이사야 40장-55장의 피조계 전체에 대한 창조의 언어를 반영한 것이고, 특히 이 구절들에 이사야 49:8과 43:18-19이 직접 인용되거나 인유된 것으로 볼 때 이사야의 영향이라는 관점에서도 이는 피조계 전체를 지칭하는 것으로 보는 것이 매우 자연스럽습니다.[87]

그러므로 고린도후서 5:17은 태초에 하나님께서 피조계 전체를 창조하셨듯이, 그 피조계 전체가 그리스도 안에서 원칙상 새로운 피조계가 되었음을 선언하는 말로 보는 것이 타당합니다.[88] 바울은 이 구절에서 "개인의 새로워짐이 아니라, [피조계 전체의] 새 창조에 대해서 말하는 것"이라는 랄프 마틴의 말은[89] 옳습니다. 더글라스 무가 정확히 말하고 있는 바와 같이, "그리스도의 죽음과 부활은 역사의 전환점이므

---

[86] 이 점도 더글라스 무의 논점 중의 하나입니다. Cf. Moo, "Creation and New Creation," 54. 마틴(J. Louis Martyn)도 고후 2:14-6:10에서의 바울의 논의가 그리스도로 말미암아 시대가 전환 되었다는 점을 중심으로 하고 있다는 점을 지적했다고(J. Louis Martyn, "Epistemology at the Turn of the Ages: 2 Corinthians 5:16," in *Christian History and Intepretation: Studies Presented to John Knox*, eds., W. R. Farmer, C. F. D. Moule, and R. R. Niebuhr [Cambridge: University Press, 1967], 271)하면서, 더글라스 무는 마틴의 논의도 언급하면서 자신의 논의를 보강합니다(Moo, "Creation and New Creation," 54, n. 48).

[87] 이 점도 무(Moo) 교수가 잘 논의하고 있는 논점의 하나입니다. Moo, "Creation and New Creation," 54.

[88] 이런 입장의 표현으로 Geerhardus Vos, *Pauline Eschatology* (1930; Grand Rapids: Baker, 1979), 이승구 역, 『바울의 종말론』 (서울: 엠마오, 1989), 78-91; Ridderbos, *Paul*, 45, 57 ("it is in Christ's death and subsequent resurrection that the mystery of the redemptive plan of God has manifested itself in its true character and that *the new creation has come to light*." Emphasis is given); W. G. Kümmel, *Introduction to the New Testament*, trans. H. C. Kee (London: SCM Press and Nashville: Abingdon, 1975), 205; Martin, *2 Corinthians*, 152; Moo, "Creation and New Creation," 43 ("Galatians 6:15 and 2 Cor 5:17, I will argue, refer to the "creation" as a whole."), esp., 51-55; 이승구, "기독교 세계관의 신국적 토대", 82-83 또한 Mark S. Gignilliat, *Paul and Isaiah's Servants: Paul's Theological Reading of Isaiah 40-66 in 2 Corinthians 5:14-6:10*, Library of New Testament Studies 330 (London: T. & T. Clark, 2007), 98, 99도 보십시오.

[89] Martin, *2 Corinthians*, 152.

로, 그 사건들은 '그리스도 안에' 있는 사람이 그리스도께서 도입하여 들이신 '새로운 피조계'에 속하는 것을 의미"하는 것입니다.90

이와 같이 이 어귀의 기본적인 의미가 확정된 다음에는 개개인과 이 새로운 피조계의 의미를 밝히는 것도 의미가 있습니다.91 그렇게 되면 "어떤 사람이 그리스도 안에 있으며, 그는 새로운 피조계에 속하게 된다"는 의미라고92 이를 설명하는 것도 적절하다는 말입니다. 그러나 이런 개인적 적용은 언제나 객관적으로 피조계 전체의 변화를 먼저 분명히 한 터에서만 시도되어야 합니다.

9. 그런 뜻으로 볼 수 있는 예수님의 여러 행위들과 말씀들

이렇게 명확한 가르침에서 보면, 다른 예수님의 행위들도 바르게 해석할 수 있는 관점이 제공됩니다. 예를 들어서, 예수님께서 나귀를 타고 예루살렘에 입성하신 것(마태 21:1-11; 막 11:1-10; 눅 19:28-40)도 그런 함의를 지닌 것으로 볼 수 있습니다. 마태복음 21:5이 스가랴 9:9을 인용하며, 그것과 이사야 62:11과 연관시켜 표현하고 있음을 살피면서, 마이어는 다음 같이 말합니다: "이곳에서 구원은 메시아적인 왕에게 있다고 말한다. '보라, 너희 왕이 너에게 온다!' 그러므로 마태에게는 예수님이 이스라엘의 말세의 왕이시다. 요한에게도 마찬가지이다(참조 요 1:46; 12:15; 마 2:2; 25:34, 40; 27:11, 29, 37, 42)."93 "이제

---

90 Moo, "Creation and New Creation," 53: "Christ's death and resurrection, because they are the turning point in history, means that one who is "in Christ" belongs to the new creation Christ has inaugurated…"

91 이에 대해서도 이승구, "기독교 세계관의 신국적 토대", 83-84도 보십시오.

92 이차적으로 이런 해석을 제시하는 Moo, "Creation and New Creation," 52를 참조하십시오: "if anyone is in Christ, that person belongs to the new creation."

는 예수님께서 자신이 의로운 다윗적 메시아이시라는 것을 드러낼" 때가 된 것입니다.94 그래서 나귀를 타고 오시는 일로 이를 상징적으로 드러내신 것입니다. 그러므로 "그가 (이스라엘 백성들이) 고대하던 분, 메시아적인 다윗의 자손으로서 예루살렘에 입성하신다는 것이 아주 분명합니다."95 그런데, 브롬버그가 잘 표현하듯이, "이 메시야는 겸손하게, 온유하게, 그리고 평화로 오십니다."96

또한 마가복음서 11장의 기록을 언급하면서 하워드 마샬은 다음 같이 정확한 지적을 하고 있습니다.

> 그러므로 이미 마가복음에서도 하나님 나라의 도래는 메시아의 임재와 밀접히 연관되어 있어서, 메시아가 여기에 있다는 인정은 하나님 나라가 수립되어지고 있다는 것이다…. 그의 지상 사역 가운데서 그를 메시아가 되기로 지명된 분(the Messiah designate)이라고 묘사하는 것은 적당하지 않다. (성경 기록이 주고 있는) 분명한 인상은 이미 메시아가 나타나셨으므로, 하나님 나라가 동터 왔다는 것이다. 예수님께서 자신이 메시아로 임하였다는 말보다는 하나님 나라의 임재를 선언하신다. 그러나 그는 그가 과연 누구시며, 그 나라와 관련하여 그의 역할이 무엇인지에 대한 질문을 일으킬 정도로 권위를 가지고 말씀하시고 행동하신다.97

---

93 Maier, 『마태복음』, 708-9. 역시 스가랴를 인용하면서 비슷하게 말하는 Schnackenburg, *The Gospel of Matthew*, 200; Wilkins, *Matthew*, 686도 보십시오. 마이어의 다음 같은 말도 참조하여 보십시오: "이렇게 고대로부터 내려오는 이스라엘의 희망이 예수님 안에서 성취되었다. 그 외에도 랍비들은 스가랴 9:9을 메시아 예언으로 이해하고, 아내와 아들을 나귀에 태운 (출 4:20) 첫 구원자인 모세를, 또한 나귀를 타는 마지막 구원자와 비교하기도 했다."(Maier, 『마태복음』, 79).

94 Wilkins, *Matthew*, 686. 그는 여기에 창 49:12에 대한 인유도 있다고 합니다(686f.).

95 Wilkins, *Matthew*, 687.

96 Blomberg, *Matthew*, 211: "This Messiah comes in humility, gentleness, and peace."

97 Marshall, *New Testament Theology*, 79.

그리고 결국 그의 십자가에서의 죽음도 "하나님 나라를 가져 오는 하나님의 사역의 한 부분이다."고 명확히 말합니다.[98]

요한의 제자들은 금식하는데, 왜 예수님의 제자들은 금식하지 않느냐는 질문에 대해 예수님께서 "혼인 집 손님들이 신랑과 함께 있을 때에 금식할 수 있느냐? 신랑과 함께 있을 동안에는 금식할 수 없느니라"(막 2:19)고 대답하신 것도 하나님 나라의 현존에 대해 간접적으로 시사(示唆)한 것입니다. 예레미야스가 잘 표현한 대로, "혼인식은 구원의 시기를 표현하는 공통적인 상징"이기 때문입니다.[99] 그러므로 이 말씀으로 예수님께서는 구원의 때가 "동터 왔으며, 그것이 이미 와 있다"고 선언하시는 것입니다.[100]

10. 소결론

이와 같이 다양한 성경의 증거들을 잘 살핀 성경학자들은 예수님에게서 하나님 나라가 현존하고 있음을 발견하고 증언합니다. 철저하게 성경적이라고 할 수 없는 영국의 신약 학자 빈센트 테일러조차도 "예수님께서 [하나님] 나라가 그 자신과 그의 사역 안에 현존하고 있다고 믿으셨다

---

[98] Marshall, *New Testament Theology*, 80.

[99] Jeremias, *New Testament Theology*, 105f.: "The wedding is a common symbol of the time of salvation."

[100] Jeremias, *New Testament Theology*, 106: "It has dawned, it is already here." 예레미야스는 "빛이 비쳤다"(막 4:21, 마 5:14), "추수 때가 다가왔다"(막 4:8 병행구들; 마 9:37 병행구들; 요 4:35f.; 막 9:38 병행구들), "무화과나무의 비유를 배우라. 그 가지가 연하여지고 잎사귀를 내면 여름이 가까운 줄 아나니"(막 13:28), "새 술은 새 부대에"(막 2:22 병행구들), 탕자에게 "좋은 옷을 입히고"(눅 15:22), 혼인 손님들에게 "옷을 입히고"(마 22:11), 자녀들에게 생명의 떡을 줌 (막 7:24-30), 제자들에게 복 있다고 선언하신 것(눅 10:23f. 병행구절들, 마 13:16f.) 등이 모두 종말론적 구원의 때가 와 있음 (the dawn of the time of salvation)을 표현하는 것이라고 제시하고 있습니다(Jeremias, *New Testament Theology*, 106-107). 조금 지나친 것도 있으나 잘 주해하면 그런 함의를 찾을 수 있는 예들입니다.

는 분명한 증거가 있다"고 말할 정도입니다.101 곳곳에서 성경 비평적 입장을 표현하는 큄멜도 "예수님께서는 그의 사역과 선포와 관련해서만 하나님 나라의 현존을 말씀하셨다"고 말합니다.102 예수 그리스도에게서 하나님 나라가 이미 이 세상에 임하여 왔다는 것은103 성경의 증거에 근거해 볼 때 아주 명백한 사실이요, 따라서 그것이 기독교의 토대라고 할 수 있습니다.

물론 이 때에 우리가 지난번에 생각한 하나님 나라의 극치는 아직 남아 있어서, 하나님 나라가 예수님 안에서 "이미" 임하여 왔지만 동시에 "아직 아니"의 상태에 있다는 것을 명백히 해야만 온전한 진리를 다 표현한 것이 됩니다. 그러므로 "원칙적으로(in principle) 하나님 나라가 이미 임했다"고 말하는 것입니다.104 이를 흔히 "도입된" 또는 "이미 시작되어

---

101 Vincent Taylor, *The Gospel According to St. Mark*, 2nd edition, reprinted (New York: The Macmillan Co., 1969), 167: "[There] is clear evidence that Jesus believed the *basileia* to be present in Himself and His ministry."

102 Werner Georg Kümmel, *Die Theologie des Neuen Testaments nach seinen Hauptzeugen Jesus, Paulus, Johannes* (Göttingen: Vandenhoek & Ruprecht, 1969), John E. Steely, trans., *The Theology of the New Testament* (Nashville: Abingdon Press, 1973), 39. 그러나 그는 복음서에서 예수님께서 하신 말씀을 모두 다 예수님께로 돌리지 않고 회의하고 비판하며, 성경의 가르침을 좁히는 문제를 드러내고 있음을 주의해야 합니다. 위의 인용문도 "제자들의 공동체 안에 하나님 나라가 현존하고 있음을 증명할 수 없다"고 하면서(38) 좁혀서 하는 말임에 유의해야 합니다.

103 물론 이 때에 우리가 지난번에 생각한 하나님 나라의 극치는 아직 남아 있어서 "아직 아니"의 상태에 있다는 것을 명백히 해야 온전한 진리를 다 표현한 것이 됩니다. 그러므로 우리가 늘 그리하듯이, 예수님의 "초림에서 도입되었고(inaugurated), 그의 재림에서 극치(consummation)에 이를 하나님 나라"라고 표현하는 것이 가장 정확한 것입니다.
이런 입장에 상당히 충실하게 서서 하나님 나라의 입장에서 신학 전체를 논의하는 좋은 논의들로 다음을 보십시오: James M. Scott, "Jesus's Vision for the Restoration of Israel," in Scott J. Hafemann, ed., *Biblical Theology: Retrospect & Prospect* (Downers Grove, Ill.: IVP, 2002), 129-43; G. K. Beale, "The New Testament and New Creation," in Hafemann, ed., *Biblical Theology*, 159-73, 이것의 확대판인 "The Eschatological Conception of New Testament Theology," in *Eschatology in Bible and Theology*, ed., K. E. Brown and M. W. Ellicott (Downers Grove, Ill.: IVP, 1997), 11-52; Greg K. Beale, *A New Testament Biblical Theology: The Unfolding of the Old Testament in the New* (Grand Rapids: Baker, 2011). 또한 조금 아쉽기는 하지만, 중요한 논의점을 가지고 논의하는 Scott McKnight, *Kingdom Conspiracy* (Grand Rapids: Brazos Press, 2014), 김광남 옮김, 『하나님 나라의 비밀』(서울: 새물결플러스, 2016)도 보십시오.

104 다른 분들도 그리하지만 대표적으로 Ridderbos, *Matthew*, 239를 보십시오.

진행하여 가는"(inaugurated) 하나님 나라라고 표현합니다. 그래서 "예수님의 초림에서 도입되었고(inaugurated), 그의 재림에서 극치(consummation)에 이를 하나님 나라"라고 표현하는 것이 가장 정확한 것입니다.105

이미 임한 하나님 나라에 대한 "감사 기도"

그러므로 하나님 나라에 대한 우리의 간구는 (우리가 지난번에 살펴 본 바와 같이, 아직 그 나라의 극치에는 이르지 아니하였기에 지금도 "나라가 임하옵시며"라는 기도를 계속하는 그 나라의 강림에 대한 **요청의 기도**[petition]이기도 하지만) 그리스도의 사역이 성취된 지금은 기본적으로 하나님 나라가 예수 그리스도 안에서 이미 우리에게 임하여 왔다는 것을 인정하고, 그 사실에 대해서 감사하는, 이미 하나님께서 이루신 것에 대해 감사를 표하는 **"감사 기도"**(thanksgiving)이기도 합니다.

이 점이 과거 유대인들의 하나님 나라에 대한 기도와 우리들의 간구의 큰 차이점입니다. 물론 그리스도인인 우리들도, 지난 장에서 살펴 본 바와 같이, 하나님의 나라가 극치에 이르기를 바라면서 지금도 "나라가 임하옵시며"라고 기도합니다.106 그러나 예수님을 믿지 않는 유대인들이 지금까지 하나님 나라가 전혀 오지 않은 것처럼 그 나라가 임하기를 간구하는 것과는 달리, 우리는 하나님의 나라가 이미 온 측면

Hoeksema, *The Triple Knowledge*, vol. 3, 529도 보십시오: 그 나라의 온전한 실현은 재림에 있지만 "원칙적으로(centrally) 하나님 나라는 그리스도의 초림에서 실현되어졌다."

105 이런 표현으로는 George E. Ladd, *Jesus and the Kingdom* (London: SPCK, 1966), 101-17; A. A. Hoekema, *The Bible and the Future* (Grand Rapids: Eersmans, 1978), 류호준 역, 『개혁주의 종말론』 (서울: CLC, 1986); Marshall, *New Testament Theology*, 78, n. 26; 이승구, 『기독교 세계관이란 무엇인가?』, 84-90; 그리고 Turner, *Matthew*, 43 등을 보십시오.

106 그 풍성한 의미에 대해서는 지난 장의 논의를 참조하십시오(본서 6장).

이 있다는 것을 주어진 계시를 따라서 바르게 인정하면서, 또한 그것에 대해서 깊이 감사하면서, 그 나라가 극치에 이르게 해 달라고 간구하는 것입니다.107 이로써 하나님 나라에 대한 우리의 기도가 유대교적 기도와는 다른 "기독교적인 기도"(Christian prayer)가 됩니다.108

예수 그리스도의 사역으로 말미암아 이미 임한 하나님 나라에 대한 감사 기도에는 몇 가지 기독교적 신앙의 내용이 담겨 있습니다. 첫째로, 예수님께서 그 하나님 나라를 우리에게 가져 오신 "메시아"(즉, 그리스도)이신데, 그가 참으로 '신적인 메시아'(divine Messiah)로서 그 나라를 가져 오신 분이라는 신앙이 함의되어 있습니다. 그리고 결과적으로는 삼위일체 하나님에 대한 신앙이 이 안에 함의되어 있다고 할 수 있습니다.

둘째로, 메시아를 보내 주시고 하나님 나라를 이루게 하시겠다는 과거 구약 시대에 주신 하나님의 약속이 예수님에게서 성취되었다는 믿음이 함의되어 있습니다. 약속하시고 예언하신 것을 이루시는 하나님에 대한 믿음이 여기 나타나 있습니다. 이사야를 통해서 "내 입에서 나가는 말도 … 헛되이 내게로 되돌아오지 아니하고 나의 기뻐하는 뜻을 이루며 내가 보낸 일에 형통함이니라"(사 55:11)고 말씀하신 하나님의 말씀이 과연 옳다는 믿음이 포함되어 있는 것입니다. 따라서 하나님은 역사의 주관자이시고, 역사의 주님이시라는 것에 대한 믿음도 함의되어

---

107 그러므로 하나님 나라[천국(天國)]가 전혀 오지 않은 것처럼 생각하면서 그와 같이 기도하는 것은 (열심 있는 그들의 실천과 기도와 아주 모순되게도) 이미 예수 그리스도 안에서 그의 통치 가운데 살면서도 그것을 무시하고, 예수님의 가르침에 충실하지 않은 것이 된다는 것을 유념해야만 합니다. 예수님께서 하나님 나라를 이 땅에로 가져다주시고, 그것을 선언하고 가르쳐 주셨는데 그것을 다 무시하고 이전의 유대인들처럼 생각하면서 기도한다는 것은 결국 구속사를 무시하는 것이며, 주님의 가르침을 무시하는 것이 된다는 것을 깊이 생각해야만 할 것입니다.

108 기독교적 기도의 **또 다른 측면**은 우리의 기도가 **예수님의 이름으로 하는 기도**, 즉 예수님의 구속 사역의 공로와 그 일을 이루신 그리스도에게 의존하는 기도라는 점과 성령님 안에서의 기도이며, 그리하여 결국 삼위일체에게 하는 **삼위일체적 기도**라는 점에 있습니다.

있습니다.

셋째로, 따라서 구약 시대와 신약 시대는 그 시행 형식은 다르나 하나님의 주관 가운데서 이루어져 가고 있는 하나의 구원사의 시기들이라는 것이 고백되고, 신약 시대에 살며 그리스도를 참으로 믿는 우리들은 이제 예수 그리스도 안에서 우리에게 임하여 온 하나님 나라 안에 있는 사람들이라는 믿음이 포함되어 있습니다. 그러므로 우리의 왕이신 예수 그리스도께서 이 세상에 계실 때 선언하신 대로, 우리들은 천국에서 지극히 작은 자이지만 세례 요한보다 더 크다고 하신 말씀(마 11:11)의 적용 대상이 된다는 믿음이 포함됩니다. 그것은 우리들 자신의 어떤 자질이나 능력 때문이 아니고, 오직 우리가 메시아(그리스도)이신 예수님에 의해 그 나라가 이 땅에 이미 임하여 온 이후에 살고 있다는 이 시대의 독특성에 근거한 것입니다.

마지막으로, 그러하니, 주신 약속과 예언 가운데서 아직도 이루어지지 않은 것, 즉 예수님께서 하늘로 가신 그대로 이 땅에 오시리라는 것과 그리하여 하나님 나라를 극치(極致)에 이르게 하시리라는 것을 확실히 믿는 믿음이 이 기도에 포함되어 있습니다.

이와 같은 신앙의 내용을 다 포괄하면서 우리는 예수 그리스도께서 하나님 나라를 가져다 주셨기에 그 나라가 이 땅 가운데서 실현되기 시작하였을 뿐만 아니라 그를 참으로 믿는 우리에게 이미 와 있음을 인정하면서 마음 속 깊은 곳으로부터 그 나라의 임재에 대한 감사의 기도를 하는 것이고, 또 마땅히 그렇게 해야만 합니다.

여기에서 우리의 감사기도는 항상 믿음의 기도라는 것이 확인됩니다. 그리고 믿음은 항상 어떻게 믿는가와 함께 믿음의 내용을 매우 중요한 요소로 가지고 있습니다. 하나님이신 그리스도께서 역사 가운데 하나님 나라를 가져다 주셨음에 대한 인식과 믿음에 근거한 감사가 이

기도에 포함되는 것입니다.

이미 임한 하나님 나라의 성격

그런데 이렇게 이미 임한 하나님의 나라를 잘 생각하지 않으면 또 다른 오해가 발생할 수 있습니다. 교회 역사에서도 이에 대한 오해가 많았고 또 지금도 많기에, 항상 그 나라의 성격을 명확히 하는 것은 언제나 필요합니다.

첫째, 이미 말한 것에 함의되어 있지만, 우리가 신약 성경에서 배우고 그에 따라 말하는 이미 임한 하나님 나라는 **그 나라의 극치가 "아직 오지 않은"** 것이라는 것을 분명히 해야 합니다.[109] 그러므로 하나님 나라가 순전히 현재적인 것일 뿐이라고 논의하는 것은[110] 다 틀린 것입니다. 하나님 나라에 "이미 임한 성격"이 있습니다. 그래서 우리는 중생하면 그 나라에 이미 들어갑니다.[111] 중생하여 참으로 회개하고

---

[109] 이를 표현하는 래드의 말은 매우 적절한 것입니다: "극치에는 이르지 않은 완성"(fulfillment without consummation), in *Jesus and the Kingdom* (London: SPCK, 1966), 101-17. 이 용어는 *A Theology of the New Testament*, 91에서도 또 언급되고 있습니다. 래드는 하나님 나라가 두 가지 큰 순간들과 관계된다고 하면서 그것을 "역사 안에서의 성취"(fulfillment within history)와 "역사의 마지막 때의 극치"(consummation at the end of history)라고 표현하기도 합니다 (Ladd, *A Theology of the New Testament*, 90). 또한 Marshall, *New Testament Theology*, 78, n. 26에 나온 학계 의견의 일치를 제시하는 것을 보십시오: "그 나라는 시작되었으나 아직 그 극치에는 이르지 아니하였다"(the kingdom has been inaugurated but is still to be consummated.)

[110] 이런 대표적 논의로 다음을 보십시오. C. H. Dodd, *The Parables of the Kingdom* (London: Nisbet, 1935); J. Crossan, *In Parables: The Challenge of the Historical Jesus* (New York: Harper & Row, 1973).

[111] 이미 18세기에 이를 강조한 예로 Theodorus VanderGroe, *The Christian's Only Comfort in Life and Death*, vol. 2, trans. Bartel Elshout (Grand Rapids: Reformation Heritage Books & Dutch Reformed Translation Society, 2016), 470, 472, 494을 보십시오. 또한 20세기 중반에 Gerrit Hendrik Kersten, *The Heidelberg Catechism in Fifty-two Sermons* (Dutch edition, 1948; Sioux Center, Iowa: Netherlands Reformed Book and Publishing, 1968), 674, 676; Jean Vis, *We Are the Lord's* (Grand Rapids: Society for Reformed

참된 신앙을 가진 사람들은 이미 그 나라 백성입니다. 그러나, 여러 번 강조하고 있듯이, "아직 아니 온 성격"도 있습니다. 이를 생각하면서 다음 구절들을 잘 검토해 보면, 이는 극치에 이른 하나님 나라에 들어갈 것에 대한 언급이라는 것이 분명히 드러납니다.

> 또 너희에게 이르노니 동 서로부터 많은 사람이 이르러 아브라함과 이삭과 야곱과 함께 천국에 앉으려니와 (마 8:11)
>
> 우리가 하나님의 나라에 들어가려면 많은 환란을 겪어야 할 것이라(행 14:22).
>
> 주께서 나를 모든 악한 일에서 건져내시고 또 그의 천국에 들어가도록 구원하시리니 그에게 영광이 세세무궁토록 있을지어다. 아멘(딤후 4:18).

이런 구절들은 우리가 이미 임하여 온 하나님 나라의 백성으로서 어려움 중에서도 그 백성의 삶을 살아가게 하시고 급기야 예수님의 재림 때에 "극치에 이른 천국"에 우리들을 들어가게 하신다는 말씀으로 이해해야만 합니다. 지금 여기에 임하여 온 하나님 나라, 즉 천국을 무시하는 방식으로 이런 구절을 읽지 않도록 주의해야 합니다.

둘째로, 현재 임한 하나님 나라는 **눈에 보이지 않는 방식으로** 우리에게 임하여 온 것입니다. 바로 이런 뜻에서 예수님께서는 이 땅에 계실 때에 "하나님 나라는 눈에 보이게 임하는 것이 아니요"라고 말씀하셨습니다(눅 17:20).[112] 그래서 물리적인 눈에 아무 변화가 없다는 이

Publications, 1955), 164; Hoeksema, *The Triple Knowledge*, vol. 3, 529도 보십시오. 혹세마는 "천국 백성은 거듭났고, 위로부터 났으며, 그 생명이 천국 생명"이라고도 표현합니다(533). 혹세마는 이와 같이 여러 면에서 상당히 건전하게 표현하는데, 일반은총과 관련하여 이상한 주장을 합니다.

112 좀 약하기는 하지만 이점을 스쳐 지나가며 언급하는 Beale, *A New Testament*

유 때문에 하나님 나라의 현존을 알아채지 못하는 사람들을 영적으로 소경된 자들이라고 하는 것입니다. 이것은 주님의 초림의 방식에 비추어 하나님 나라의 임재에 대해서 하시는 말씀입니다. 낮아지신 지위로 오시는 초림의 방식과 일치하게 초림 때에 하나님 나라는 보이게 임하는 것이 **아니라**고 하신 것입니다. 초림으로 이루어진 하나님 나라는, 신구약 중간기 유대인들의 묵시문학적 프로그램이 그렸던 것과는 아주 다르게, 우주적 변화가 눈에 보이는 방식으로 오는 것이 아니었습니다. 존 루만이 잘 언급한 바와 같이, "여기 바울의 말에는 묵시문학적으로 새롭게 된 우주에 대한 언급이 없습니다: 잔디가 더 파래지지도 않았고, 이교에 속해 있을 때보다 석양이 더 아름답게 된 것도 아닙니다."113 세상에 눈에 보이는 변화는 없었습니다. 유대인들의 묵시문학이 그리던 그런 변화가 나타나지 않았습니다. 그래도 예수님의 메시아(그리스도)로서의 사역에 의해 그 나라는 **눈에 보이지 않는 방식으로** 이 땅에 임하여 와 있는 것입니다.114

이것이 '현존하는 하나님 나라'[regnum garatiae]와 장차 예수님께서 재림하셔서 이루실 '극치에 이른 하나님 나라'[regnum gloriae]와의 차이점입니다. '극치에 이른 하나님의 나라'는 모든 사람의 눈에

Biblical Theology, 433, n. 112을 보십시오. 더 구체적으로, 이 말씀을 하실 때 예수님께서 하나님 나라의 현재성을 언급하는 것이고 미래성을 언급하는 것이 아니라는 지적을 바르게 하는 Schreiner, *New Testament Theology*, 57과 Bock, *Luke 9:51–24:53*, 1417–18을 보십시오.

113 John Reumann, *Creation and New Creation: The Past, Present, and Future of God's Creative Activity* (Minneapolis: Augsburg, 1973), 87–98, cited in Moo, "Creation and New Creation," 58, n. 59: "there is no talk here of an apocalyptically renovated cosmos (the grass is not any greener, the sunsets no more colorful than in pagan days)."

114 이를 표현하려고 하나 좀 아쉽게 표현한 다음 같은 터너의 표현은 적절하지 않아 보입니다: "오히려 왕국이 오늘날은 소우주(a microcosm)로 있고, 예수님께서 다시 오실 때에는 큰 우주(a macrocosm)로 있다"(It is rather that the kingdom exists as a microcosm today and as a macrocosm when Jesus returns.) (Turner, *Matthew*, 43). 이는 macrocosm과 microcosm에 대한 우리의 선입견에 근거한 비판일 수도 있지만, 기본적으로 그 나라가 지금 영적으로 현존해 있다는 성격을 잘 표현하지 못한 것으로 여겨집니다.

보이는 찬연한 영광스러운 통치[regnum gloriae]입니다. 이사야서 65, 66장과 요한계시록 21, 22장이 말하는 "새 하늘과 새 땅"은 우주의 획기적 변화가 일어난 상태를 지칭하는 언어입니다. "내가 만물을 새롭게 하노라"고 선언하시는 하나님의 말씀(계 22:5)에 의해서 그야말로 만물이 새롭게 되는 결과를 낼 것입니다. 그 때를 "만물의 중생의 때"(ἐν τῇ παλιγγενεσίᾳ 마태복음 19:28)라고 할 수 있습니다.115 그 일이 일어나는 때에는 심지어 믿지 않는 사람들조차도 그 통치를 인정하지 않을 수 없게 됩니다. 그 때는 하나님의 통치하심이 모든 사람들의 눈에 보이고, 현저하게 드러나기 때문입니다. 그 때는 영적으로도 물리적으로도 그 나라의 놀라운 모습이 드러날 것입니다.

이에 비해서, 예수 그리스도 안에서 이미 우리에게 임하여 왔으나 아직 그 나라의 극치에 이르지 않은 현재의 하나님 나라는 우리의 눈에는 참으로 비가시적(非可視的)입니다. 그 말은 현재의 하나님 나라는 순전히 영적이기만(spiritual) 하다는 말입니다. 그래서 믿지 않는 사람들은 그 나라가 지금, 여기에(here and now) 와 있다고 인정하지 않습니다. 그 나라의 임함이 지금은 오직 영적이기에, 중생하지 않아서 성경이 말하는 의미로 영적이지 않은 사람들은 그 나라가 지금 여기에 현존해 있음을 인정하지 않습니다. 그런데 중생하여 신령한 존재가 된 사람들은 그 영적인 나라가 예수님의 구속 사역에 의해서 지금 여기에 임하여 있음을 인정합니다.116

---

115 이것이 마가복음 10:30이 말하는 "오는 세대"(the age to come), 즉 계시록 21:5이 말하는 "종말론적인 세계 재창조"(the eschatological re-creation of the world)라고 말하는 Schnackenburg, *The Gospel of Matthew*, 190; 비슷하게 말하는 Filson, *The Gospel according to Matthew*, 211도 보십시오. 역시 하나님 나라의 극치를 말하는 Carson, "Matthew," 425; "메시아 시기의 새 하늘과 새 땅"이라고 하는 France, *Matthew*, 287; Blomberg, *Matthew*, 301; "우주적 종말론적 갱신"을 말하는 Turner, *Matthew*, 475; 비슷하게 "모든 것이 새롭게 될 메시아의 종말론적 시기"를 말하는 Brown, *Matthew*, 226도 보십시오.

116 심지어 20세기 신약학이 잘 드러내준 하나님 나라 개념을 가지지 않은 루터조차도 하

그러므로 그 나라의 영적인 성격에 유의하고, 예수님의 재림 때까지는 그 성격이 유지되도록 해야 그 나라의 백성 역할을 제대로 하는 것입니다. 우리는 지금 여기서도 그 나라를 물리적인 형태로 구현해 보려는 여러 유혹에 빠지기 쉽습니다. 중세 기독교권(Christendom)의 시도가 그런 예의 하나입니다. 우리 시대에도 다른 형식으로 그 보이지 않는 나라를 외적으로 보이게 해보려는 시도가 있을 수 있기에 주의해야 합니다. 재림 때까지는 항상 그 나라의 영적인 성격에 충실하게 해야 할 것입니다.[117]

따라서 셋째로, 그 하나님 나라의 **영적인 성격이 우리의 모든 삶의 측면에 나타나도록** 하는 것이 우리의 과제입니다. 그 나라를 물리적으로 눈에 보이는 방식으로 나타내는 것이 아닙니다. 우리는 눈에 보이지 않는 그 나라를 **그 나라의 영적인 성격에 부합하게** 눈에 보이도록 드러낼 큰 책임을 가지고 있습니다. 래드가 잘 표현하고 있는 바와 같이, "하나님 나라의 현존은 급진적인 반응을 요구합니다."[118] 하나님 나라의 현존이 요구하는 급진적인 반응 – 여기에 우리의 사명이 나타나고 있습니다. 그러므로 다음 장에서는 이렇게 지금 여기서 우리가 그 나라와 관련하여 어떤 일을, 어떻게 해야 하는지 논의하도록 하겠습니다.

나님 나라가 성도들 안에 있다는 것을 강조합니다. 1519년에 낸 주께서 가르치신 기도에 대한 강해에서 루터는 한편으로는 이 땅에 있는 마귀의 나라(the kingdom of the devil)와 대조하면서 "하나님 나라가 오기까지는 우리들도 다 마귀의 왕국에 있다"고 표현하기도 하고(*Luther's Works*, vol. 42 [Philadelphia: Fortress Press, 1969], 38), 또 한편으로는 하나님 나라가 성도들 안에 있다고 말합니다: "하나님 나라에 대해서 알기를 원하면, 그것을 찾으러 멀리 갈 필요가 없으니, 그 나라는 심히 가까이 당신들[성도들] 안에 있기 때문입니다."라고 말합니다(*Luther's Works*, vol. 42, 41).

[117] 설교와 관련해서 이런 유혹을 언급하고 어떻게 피할 수 있는지를 논의하고 있는 이승구, "바울의 복음 이해와 전도 태도", 『개혁신학에의 한 탐구』 (서울: 웨스트민스터 출판부, 1995), 337–41을 보십시오.

[118] Ladd, *A Theology of the New Testament*, 69.

제 8 장

두 번째 간구: "(당신님의) 나라가 임하시오며"(3)

본문: 마 4:17, 6:10, 33.

우리는 지난번까지 하나님 나라의 미래성('아직 아니'의 성격)과 현재성('이미 이루어진 성격')을 논의하고, 그에 근거하여 하나님 나라에 대한 우리의 기도가 다음 같은 두 가지 의미를 지닌다는 것을 생각했습니다. (1) 하나님 나라의 미래성과 관련해서는 하나님 나라가 극치에 이르게 됨에 대한 탄원과 간구이고, (2) (하나님 나라의) '이미 이루어진 성격'과 관련해서는 예수 그리스도 안에서 이미 하나님 나라를 가져다주신 것에 대한 감사의 기도입니다. 이제 이 둘과 관련하면서, "지금 여기서" 우리들이 (하나님의) "나라가 임하시오며"라고 간구하는 것은 구체적으로 무엇을 간구하는 것인지에 대해서 생각해 보도록 하겠습니다.

기본적으로 "지금 여기서" 하나님 나라에 대해서 간구한다는 것은 그리스도 예수 안에서 이미 우리에게 임하여 온 그 하나님의 나라를 지금 여기서도 잘 드러내어 달라는, 즉 그 나라를 우리의 삶의 각 영역에서 증진시켜 달라는 간구입니다. 사실 〈하이델베르크 요리문답〉은 〈123문답〉에서 이 점을 중심으로 〈주께서 가르치신 기도〉의 두 번째 기원을 이해하며 제시하고 있습니다.

(제 123 문) 둘째 기원은 무엇입니까?

(답) "당신님의 나라가 임하시오며"입니다.
즉,
우리들이 점점 더 당신님께 순종해 가도록
우리들을 당신님의 말씀과 성령님으로 다스리시옵소서.
당신님의 교회를 강하게 하옵시며, 더하여 주시옵소서.
악마의 사역을 멸하시고,
당신님께 반역하는 모든 세력을 파괴하시며,
당신님의 말씀에 반(反)하는 모든 모략을 멸하소서.
당신님의 나라가 온전하여져서
그 안에서 당신님이 모든 것 안에서 모든 것이 되시기까지 그리하옵소서.

이제 이 〈하이델베르크 요리문답〉 123문에 대한 대답을 중심으로 하나님 나라를 위한 간구의 '지금 여기에서의 의미'에 대해서 생각해 보도록 하겠습니다.

기본적 의미: "말씀과 성령님으로 우리를 다스려 주옵소서!"

이는 하나님께서 지금 여기에 있는 우리를 통치하여 달라는 간구입니다. 그러니 이것은 피조된 인간의 가장 정상적 모습을 회복한, 그러므로 구원받아 정신을 차린 사람들의 간구입니다: "주님, 우리를 다스려 주옵소서!" 이것은 하나님을 왕으로 인정하며, 참으로 그의 뜻을 받아 나아가는 그의 백성으로 살겠다고 하나님과 온 세상과 자신에게 선언하는 것입니다. 이것이 그리스도의 십자가와 부활 사역으로 말미암아 정상성(正常性)을 회복한 사람들의 마땅한 반응입니다. 하나님의 통치를 거부하는 것이 '죄'라는 것을 인정한 사람들은 이제 하나님께 우리를 다스려 달라고 요청하고, 또한 예수님의 사역으로 그 나라가 이 땅에 임하여 왔음을 인정하면서, 지금 여기서도 기꺼이 그 통치 하에서 살기로 다짐하고 선언하는 것입니다.

그런데 하나님께서는 지금 여기서 우리들을 어떻게 다스리십니까? "말씀과 성령님으로 다스려 주옵소서!"라는 이 간구에 〈하이델베르크 요리문답〉이 매우 개혁파적인 문서라는 것이 잘 드러나고 있습니다. 이 말을 처음 듣는 사람들은 그저 하나님을 믿는 사람들이 늘 그렇게 말하는 것이라고 생각할 수 있습니다. 그러나 신학사(神學史)의 오랜 논쟁들을 잘 살펴 본 사람들은 "말씀과 성령님으로"라고 말하는 것은 개혁파의 아주 전형적인 특성임을 바로 생각하게 됩니다. 개혁파에서는 늘 이렇게 말해 왔기 때문입니다.[1] 하나님께서 성령님으로 우리들을 다스리시

---

[1] Cf. John Calvin, *A Harmony of the Gospels: Matthew, Mark, and Luke*, Calvin's New Testament Commentaries, vol. 1 (Edinburgh: The Saint Andrews Press, 1972, reprint, Grand Rapids: Eerdmans, 1978), 208; John Calvin, *The Acts of the Apostles*, 2 vols., trans. by John W. Fraser and W. J. G. McDonald, edited by David W. Torrance and Thomas F. Torrance (Grand Rapids, MI: Eerdmans, 1965); Louis Berkhof, *Systematic Theology*, 4th ed. (Grand Rapids: Eerdmans, 1942), 611-12; Richard B. Gaffin, Jr., "Challenges of the Charismatic Movement to the Reformed Tradition," Part 2 of a paper delivered at the ICRC in Seoul, Korea, on October 20, 1997, extracted from *Ordained Servant* 7/4 (Oct. 1998): 69-74; Joel R. Beeke & Derek W. H. Thomas, eds., *The Holy Spirit and Reformed Spirituality: A Tribute to Geoffrey Thomas* (Grand Rapids: Reformation Heritage Books, 2013); 그리고 David B. Garner, "The Holy Spirit and the Word of God," in *The Place for Truth*, available at: http://www.alliancenet.org/placefortruth/column/sine-qua-non/the-holy-spirit-and-the-word-of-god

는데, (갓 태어난 아기들이 죽는 경우의 중생과 같이 아주 예외적인 경우가 아닌) 통상(通常)의 경우에는 "말씀을 사용하셔서," 또는 "말씀과 함께"(*cum verbo*) 통치하신다는 것을 개혁파 사람들이 강조하였습니다. 이는 통상적으로는 성령님께서 말씀을 사용하셔서 중생시키시고 성화시키시는데, 아주 예외적인 경우에는 성령님께서 직접 역사하셔서 사람을 중생시키셔서 구원하시는 경우도 있음을 인정하는 것입니다.[2]

그러나 통상적으로는 지금 여기서 하나님께서 우리들을 다스리실 때에 성령 하나님께서 '말씀을 사용하셔서'(*cum verbo*) 다스리십니다. 그러므로 이 간구는 결국 우리들로 하여금 하나님의 말씀을 더 탐구하도록 하고, 그로부터 하나님의 뜻을 깨닫도록 하며, 우리의 구체적인 정황에 그 말씀을 잘 적용하도록 하시는 성령님의 사역을 기대하며 기원하는 것입니다.

여기에 하나님 나라에 속한 사람들의 인격과 하나님의 인격의 신묘막측한 작용이 나타납니다. 중생하여 하나님 나라에 속하게 된 사람들에게만 일어나는 이 놀라운 일은 자신들이 기꺼이 자원하여 하나님

, posted on October 14, 2014. 또한 다음도 보십시오: Theodorus VanderGroe, *The Christian's Only Comfort in Life and Death*, vol. 2, trans. Bartel Elshout (Grand Rapids: Reformation Heritage Books & Dutch Reformed Translation Society, 2016), 472f.; Otto Thelemann, *An Aid to The Heidelberg Catechism* (1892), trans. M. Peters (1896; reprint, Grand Rapids: Douma Publications, 1959), 424; 그리고 Jean Vis, *We Are the Lord's* (Grand Rapids: Society for Reformed Publications, 1955), 164, 165.

[2] Cf. Charles Hodge, *A Commentary on the Epistle to the Ephesians* (New York: Robert Carter and Bros., 1860), 320; Charles Hodge, *Systematic Theology*, vol. 1 (New York: Charles Scribner and Co, 1871, reprint, Grand Rapids: Eerdmans, 1940), 26 ("The Scriptures nowhere exclude any class of infants, baptized or unbaptized, *born in Christian or in heathen lands, of believing or unbelieving parents*, from the benefits of redemption in Christ." 강조점은 덧붙인 것임, 이것이 가장 강력한 주장입니다); vol. 3 (New York: Charles Scribner and Co, 1872, reprint, Grand Rapids: Eerdmans, 1940), 277; L. Boettner, *The Reformed Doctrine of Predestination* (Grand Rapids: Baker, 1932), 143, 144; Berkhof, *Systematic Theology*, 471-72, 474-75, 638, 639-40; 그리고 John Murray, *Christian Baptism* (Philadelphia: Presbyterian and Reformed, 1962), 85-87.

그러나 앞서 언급한 아주 예외적인 경우들에서 더 나아가 (칼 라너의 '익명의 그리스도인' 식으로) 이를 더 확대하여 생각하려고 하는 것은 성경의 가르침을 벗어나는 것이므로 성경과 성령님께 충실하지 않은 것입니다. 평상의 경우에는 '이미 계시로 주신 성경 말씀을 성령님께서 사용'하십니다.

의 말씀을 갈구하며(desiring the word of God), 그 말씀을 탐구하는 것으로부터 시작됩니다. 그들은 하나님의 말씀을 꿀과 송이 꿀보다 더 달다고 여기며(시 19:10), 그야말로 말씀에 탐닉(耽溺)해 들어갑니다. 그러나 이 탐구는 그저 지적인 유희가 아닙니다. 진정한 성도들은 말씀으로부터 하나님의 뜻을 제대로 깨달아 나아가는 일에 집중하게 되고, 이것이 후에 논의할 바른 실천(ortho-praxis)으로 이어지기 때문입니다. 그러므로 하나님 나라의 백성들은 말씀을 탐구하고 실천하는 사람들입니다. 그런데 이 일 전체가 성령님의 인도하심과 이끌어 가심으로 됩니다. 그러므로 이런 사람들은 자신들이 성경에서 특정한 것을 스스로의 힘으로 깨달았다고 하지 않고, 그것을 오직 성령님께서 깨닫게 하셨다고 하면서 오직 성령님과 말씀만을 중요시합니다. 이런 사람들에게는 자신들이 전혀 중요하지 않습니다.

바로 이런 것이 가장 정상적인 그리스도인의 모습입니다. 이런 사람은 말씀과 성령님을 모두 중요시합니다. 다시 강조하자면, (1) 하나님의 말씀을 열심히 탐구하여 하나님의 뜻을 발견하고 열심히 실천하지만, 자신은 언제나 뒤로 물러납니다. 말로만이 아니라 실질적으로 오직 말씀과 성령님만을 앞세우는 것입니다. 진정한 그리스도인은 항상 이렇게 좋은 의미에서 수줍어하는(shy) 성격을 가지게 됩니다. 물론 이 말은 그리스도인의 성격이 수줍다는 말이 아닙니다. 그리스도인은 오히려 주어진 말씀에 대해 적극적이고 능동적입니다. 그러나 그는 하나님과 말씀을 늘 앞세우고 자신은 겸손히 그것에 복속하는 성격을 지니며, 자신을 잘 드러내지 않으려고 하는 성격을 드러냅니다. 이것이 참 신자다운 태도입니다.

(2) 그리고 요한계시록까지의 성경이 완결되어 계시가 완성된 상황에서는 성령님께서 새로운 계시를 주시는 것이 아니고, 늘 성령님

께서 이미 주셨던 그 계시의 말씀을 사용하셔서 우리를 통치하심을 분명히 하면서,3 성도들은 항상 말씀을 사용하셔서 통치하시는 성령님께 순종합니다.

(3) 따라서 진정한 성도들은 말씀을 그 자체로만 취급하지 않습니다. 루터파의 "말씀을 통해서"(per verbum)라는 강조점이 말씀이 그 자체로 역사하는 것 같은 오해를 낳을까봐 개혁파 선배들은 항상 "말씀과 함께 하시는 성령님"(Spiritus cum verbo), 즉 말씀을 사용하시는 성령님의 역사를 강조했습니다.4 우리는 루터파와 같이 말씀을 중요시하지만, 항상 성령님께서 말씀을 사용하여 주시기를 바랍니다. 말씀을 읽고 생각할 때에 그저 성경의 문자와만 대화하는 것이 아니라, 지금도 살아계셔서 역사하시는 성령님과 대화하면서 객관적으로 무오하게 주어진 말씀을 탐구해 갑니다.

그러므로 하나님의 백성에게는 성경의 말씀이 죽은 문자일 수 없습니다. 성경을 그렇게 취급하는 사람들은 실제로는 성령님과 교제하지 않는다는 것을 드러내는 것입니다. 따라서 성경의 말씀을 죽은 문자와 같이 취급하며 언급하는 사람들이5 항상 잘못된 것입니다. 참으로 성령님과 교제하는 하나님 나라의 백성들은 "하나님의 말씀은 살아 있고 활력이 있어 좌우에 날선 어떤 검보다도 예리하여 혼과 영과 및 관절과 골수를 찔러 쪼개기까지 하며 또 마음의 생각과 뜻을 판단하나니"(히 4:12)라는 말씀을 날마다 체험합니다. 성경 말씀은 죽은 말씀이

---

3 이 점에 대한 강조와 논의로 이승구, 『21세기 개혁신학의 방향』 (서울: CCP, 2018), 1장, 3, 4장과 그에 언급된 책들을 보십시오.

4 사실 이것은 오해를 방지하기 위한 조치였다고 할 수 있습니다. 믿는 성인의 경우를 가지고 말하면 루터파와 개혁파의 차이가 없기 때문입니다. 루터도 그의 『대요리 문답』(1529)에서 "그래서 우리들은 말씀과 성령님의 능력으로 (하나님) 나라가 우리를 지배하기를, 즉 마귀의 나라가 정복되어 그가 우리들에 대한 권리와 능력을 가지지 못하기를 위해 기도하는 것입니다."고 말합니다 (The Book of Concord [Philadelphia: Fortress Press, 1959], 427).

5 현대 신학에서 누가 그렇게 하는 지를 잘 살펴보십시오.

아니고 살아 있는 생명력 있는 말씀입니다. 그렇기에 참된 성도들은 바로 해석된 하나님의 말씀이 지시하는 바를 따라 삶을 살아갑니다.

기본적 결과: "우리들로 하여금 점점 더 주님께 순종하게 하옵소서!"

그 결과, 하나님의 백성들인 우리들이 점점 더 주님께 순종하는 일이 나타나게 됩니다(하나님 통치의 기본적 결과). 여기서 〈하이델베르크 요리문답〉이 하나님 나라의 현재성을 중심으로 이 두 번째 간구를 이해하고 제시하고 있음이 잘 나타납니다. 원칙적으로 (지난번에 우리들이 잘 공부한 바와 같이) 주님의 특별한 통치가 이미 시작되었고, 우리가 그 다스림을 받는 백성이 되었음을 분명히 인정한 터에서 우리들로 하여금 점점 더 주님께 순종하게 해 달라고 간구합니다. 이 간구에 함의된 내용을 몇 가지로 나누어 생각해 보기로 하겠습니다.

첫째로, 하나님의 백성들은 기본적으로 하나님께 순종하는 백성들입니다. 하나님의 나라는 **기본적으로** 통치하시는 삼위일체 하나님과 그에게 순종하는 백성들로 이루어져 있다고 할 수 있습니다.[6] 그러므로 하나님의 나라는 결국 순종하는 백성을 재창조해 냅니다.[7] 그리스도의 십자가와 부활 사역은 이 땅의 불순종하는 무리들 가운데서 순종하는 백성을 만들어 냅니다. 중생은 십자가와 부활 사역이 개개인들에게 적용되는 일입니다. 십자가의 죄 용서와 죄 씻음이 적용되고, 그리스도의

---

[6] 여기에 천사들과 종국적으로는 피조계 전체를 넣어서 생각해야 합니다. 그래서 앞 문단에서 "기본적"으로라고 말한 것임에 유의하십시오.

[7] "하나님 나라는 교회를 창조한다"는 래드의 말을 참조해 보십시오(G. E. Ladd, *A Theology of the New Testament*, revised edition [Grand Rapids: Eerdmans, 1973], 113).

부활 생명이 우리에게 주어지는 일인 중생의 결과로[8] 하나님께 기꺼이 순종하는 사람들이 이 땅 가운데 있게 됩니다.

둘째로, 그런 하나님의 백성들은 삼위일체 하나님과 그 말씀에 **점점 더** 순종해 갑니다. 중생한 사람들이 하루아침에 온전케 된 사람들이 아니라는 것이 여기서도 드러납니다. 중생으로 우리들이 근본적으로 변화되어 하나님 나라에 들어가게 되었지만,[9] 중생에서 우리에게 주어진 새로운 생명의 원리, 즉 예수 그리스도의 부활 생명이 우리를 주관하여 나아가는 일에는 시간이 필요합니다. 그러므로 지금 여기에 있는 성도들인 우리는 그리스도의 구속으로 "이미" 근본적으로 새로워졌으나, "아직 온전하지는 않은" 사람들입니다. 바로 여기서 성화의 진정한 의미가 드러납니다. 중생한 사람들은 그 믿음으로 칭의함을 얻게 되고[以信稱義], 이렇게 중생하고 칭의함을 받은 사람들은 성화의 길로 나아가지 않을 수 없습니다. 이 때에 십계명과 구약의 율법과 신약의 명령법이 우리에게 살아 있는 의미를 지니게 됩니다.[10] 이것을 "율법의 제 3의 용도"(tertius usus legis), 또는 "율법의 규범적 용도"(usus normativus) 또는 "중생자를 위한 율법의 용도"(더 정확하게는, "중생자 안에서의 용도", usus in renatis)라고 하여 왔습니다.[11] 하나님의 명령이 우리의

---

[8] 이에 대해서, 이승구, "성령님의 특별 사역의 출발점인 중생", 『성령의 위로와 교회』, 재개정 3쇄 (서울: 이레서원, 2013), 32-37을 보십시오.

[9] 이에 대해서 이승구, 『기독교 세계관이란 무엇인가?』, 최근판 (서울: SFC, 2018), 35-52, 특히 46ff.와 그 토대가 된 문헌들을 보십시오. 또한 Van Reenen, *The Heidelberg Catechism*, 601f.도 보십시오.

[10] Cf. 이승구, 『위로 받은 성도의 삶』 (서울: 나눔과 섬김, 2015, 개정판, 서울: 말씀과 언약, 2020).

[11] 이를 언급한 사람들로 필립 멜랑흐톤, 요한 칼빈, 그리고 그를 따르는 사람들을 말해야 합니다. Cf. Phillipp Melanchthon, *Loci Communes*; 그리고 콘콜디아 신조, 6조 24항; John Calvin, *Institutes of the Christian Religion*, 2. 7. 12. 이를 잘 논의한 좋은 논문으로 취리히 대학교의 〈교회 발전 연구소〉(Center for Church Development)에 있는 Christina Aus der Au, "Being Christian in the World: The *Tertius Usus Legis* as the Starting Point of a Reformed Ethic," *Studies in Christian Ethics* 28/2 (2015): 132-41을 보십시오.

'삶의 규범'(the rule of life)으로 반드시 작용해야 합니다.

  이것은 우리들의 성화를 돕는 하나님의 방식입니다. 중생한 사람으로서 과연 어떻게 해야 하는지를 물을 때, 하나님께서 이미 성경의 명령으로 아주 구체적으로 지시해 주셨고, 중생한 우리들은 기꺼이 그 명령을 따라가는 과정에서 우리의 성화가 이루어집니다. 그러므로 진정한 성도들은 날마다 더 주님께 순종하게 해 달라고 기도하며, 그것을 진정 원합니다. 진정한 성화는, 어거스틴이 그의 청년 초기부터 마니교 시절까지 했다는 기도의 말인 "나에게 순결을 주소서. 절제를 주소서. 그러나 아직은 마소서"(*da mihi castitatem et continentam, sed noli modo*)라는 말의[12] 뒷부분을 제거합니다. 칼빈처럼 "주님! 나의 마음을 드리옵니다. **신속히** 그리고 진지하게"(*Cor meum tibi offero, Domine, prompte et sincere*)라고 하게 됩니다. 진정한 성도들은 우리 주님의 온전한 의(義)에 근거해서 하나님께서 우리를 온전히 성화시켜 주시기를 간절히 원합니다.

  셋째로, 그러나 이 세상을 사는 날 동안에는 우리가 완전함에 도달하는 일은 없고, 항상 부족함을 느낄 것입니다. 그렇지만 날마다 주께서 인도하시고, 말씀 가운데서 가르쳐 주시는 대로, 성령님께서 주시는 지혜와 힘을 사용해서 끝까지 온전함을 향해 갑니다. 바로 그런 뜻에서 우리 주님께서는 "하늘에 계신 너희 아버지의 온전하심과 같이 너희도 온전하라"(마 5:48)고 하셨습니다. 이 말씀이 이 땅에서 우리가 완전함을 이룰 수 있다고 가르치는 것이 아니라는 것을 주목하여 볼 필요가 있습니다.[13] 마운스가 잘 표현하고 있는 것과 같이, "예수님께서 그를 따

---

  [12] Augustine, *The Confessions of St. Augustine*, 8. 7, trans., F. J. Sheed (New York: Sheed & Ward, 1942), 139 ("Grant me chastity and continence, but not yet.")=성한용 옮김, 『성어거스틴의 고백록』(서울: 대한 기독교서회, 2003, 17쇄, 2016), 261.

  [13] 많은 사람들이 이 구절을 기독교적 완전주의의 근거 구절로 생각하려 했지만 그것이 잘못된 것이라는 좋은 논의로 Robert H. Mounce, *Matthew*, A Good News Commentary (New York: Parper & Row, 1985), 47-48을 보십시오. 완전주의 주장 전체에 대한 좋은 논박으로

르는 사람들에게 요구하신 온전함은 그 문맥에 의해 규정되는" 것입니다.14 성경에서 하나님이 온전하시다고 직접적으로 언급된 예는 이곳이 처음이라는 카슨의 말은 의미심장합니다.15 여기서 "완전하다는 말은 모든 삶을 하나님 당신님의 완전히 거룩한 사랑으로 재고, 평가하는 것을 강조하는" 것입니다.16 우리는 그렇게 온전하게(τέλειος) 되기를 지향하지만 이 땅에 있는 우리들은 늘 부족함을 느끼니, 이는 하나님의 기준이 아주 높기 때문이며, 또 한편으로 우리가 거룩해지면 거룩해질수록 우리들의 연약함과 부족함을 더 깊이 의식하게 되기 때문입니다.

Hodge, *Systematic Theology*, vol. 3, 20-58; B. B. Warfield, *Perfectionism*, edited by Ethelbert Dudley Warfield, William Park Armstrong, and Caspar Wistar Hodge, 2 vols. (New York: Oxford University Press, 1931-32)=*Studies in Perfectionism*, B. B. Warfield Collection Series (Phillipsburg, NJ: P&R, 1958, 1961); Berkhof, *Systematic Theology*, 534f.; Anthony A. Hoekema, *Saved by Grace* (Grand Rapids: Eerdmans, 1989), 214-25; J. I. Packer, *Keep in Step with the Spirit: Finding Fullness in Our Walk with God*, Second Revised Enlarged Edition (Grand Rapids, Baker Books: 2005); 그리고 Thelemann, *An Aid to The Heidelberg Catechism*, 424를 보십시오. 또한 이 책 13장 각주 9와 그 아래 문단들도 보십시오.

사람들은 대개 완전의 기준을 낮추어 제시하고 그렇게 하는 것이 하나님이 요구하신 완전에 이르는 것이라고 생각하는 경향이 있습니다. 쿰란 공동체도 완전함(타밈, תָּמִים)의 의미를 그 공동체가 해석한 토라에 온전히 따르는 것이라고 여기는 경향을 가졌다고 하면서 CD 2.15; 7.5; 1QS 1.8; 2.2; 8.1, 20-21을 언급하는 David L. Turner, *Matthew*, Baker Exegetical Commentary on the New Testament (Grand Rapids: Baker Academic, 2008), 177, n. 38, 또한 1QS 1.9, 13; 2.1; 4:22-23; 8:9-10를 언급하는 D. A. Carson, "Matthew," in *The Expositor's Bible Commentary*, vol. 8 (Grand Rapids: Zondervan, 1984), 161도 보십시오. 그렇게 기준을 낮추는 것을 극복해야만 우리는 비로소 예수님의 의도에 바르게 접근할 수 있습니다. 예수님이 하나님의 온전하심을 언급하심으로 그 기준을 무한히 높이셨다는 Carson, "Matthew," 161의 좋은 논의를 보십시오.

14 Mounce, *Matthew*, 47. 그러므로 여기서 "온전한 언약적 충성"(complete covenant royalty)(Jeannine K. Brown, *Matthew*, Teach the Text Commentary Series [Grand Rapids: Baker Books, 2015], 61)이라는 말을 쓸 때 조심해야 합니다.

15 D. A. Carson, "Matthew," in *The Expositor's Bible Commentary*, vol. 8 (Grand Rapids: Zondervan, 1984), 161. 그는 구약성경 욥기에서 엘리후의 말에 "지혜가 온전하신 자"(욥 37:16)라는 말이나 시편에서 "하나님의 길은 완전하다"(시 18:30)는 말이 나오고, 여호와는 온전하시다는 뜻을 지닌 사람의 이름인 "요담"이 두 번 언급되나(삿 9:5; 왕하 15:32), "하나님이 온전하시다"고 서술되는 곳은 이곳이 유일하다는 것을 지적합니다. 이 때 그는 다음 연구를 참조해서 말합니다. Cf. L. Sabourin, "Why is God Called 'Perfect' in Mt 5, 48?" *Biblische Zeitschrift* 24 (1980): 266-68, cited in Carson, "Matthew," 161.

16 Floyd Vivian Filson, *A Commentary on the Gospel according to St. Matthew* (New York: Harper and Row, 1960; reprint, Peabody, Massachusetts: Hendrickson Publishers, 1987), 91.

그러나 우리가 죽어서 하나님께서 계신 그 '하늘'(heaven)에 있을 때는 우리의 영혼이 온전해졌음을 성경을 통해서 알 수 있습니다. 그것은, 예를 들어서, "하늘에 기록된 장자들의 모임과 … 온전하게 된 의인의 영들"(히 12:23)이라는 말씀 때문입니다. 여기 사용된 "온전케 된 의인들의 영"에 대한 가장 자연스러운 해석은 믿음으로 구원받아서 지금은 "하늘"(heaven)에 있는 사람의 영을 지칭하는 것으로 보는 것입니다. 그런데 그들을 "온전케 된 의인들의 영"이라고 한 것에 근거해서, 그들이 그리스도의 구속에 근거해서 이제는 그 영혼에 관한 성화가 완성된 것으로 보는 것입니다. 이들은 "이 땅에서의 순례를 마치고 이제 예수님이 그들의 신앙의 주요 온전케 하시는 이(히 12:2)시라는 것을 스스로 경험한 사람들"입니다.[17]

또한 하나님 나라의 극치 상태에서는 우리의 몸과 영혼 전체를

---

[17] Philip Edgcumbe Hughes, *A Commentary on the Epistle to the Hebrews* (Grand Rapids: Eerdmans, 1977), 550. 그는 존 오웬, 프란츠 델리취, 알포드, 웨스트코트, 테오도리코(Teodorico) 등이 이런 해석을 한다고 언급합니다. 우리는 이 리스트에 "온전케 된 의인들의 영들"을 천상 교회라고 스쳐지나가면서 언급하는 Leon Morris, "Hebrews," in *The Expositor's Bible Commentary* (Grand Rapids: Zondervan, 1981), 142; Donald Guthrie, *Hebrews*, Tyndale New Testament Commentaries (Leicester: IVP and Grand Rapids: Eerdmans, 1983), 263와 조금은 애매하게 표현하긴 했지만 R. McL. Wilson, *Hebrews*, New Century Bible Commentary (Basingstoke, UK: Marshall Morgan & Scott and Grand Rapids: Eerdmans, 1987), 230-31; 그리고 Harold W. Attridge, *The Epistle to the Hebrews*, Hermeneia (Philadelphia: Fortress Press 1989), 376도 넣어야 할 것입니다. 윌슨과 애트리쥐는 이들이 죽어 "하늘"(heaven)에 있음을 아주 분명하게 말하면서, 그들이 온전하게 된 것이 그리스도의 깨끗하게 하시는 사역이라는 것을 말합니다. 그들이 말하는 바가 그리스도의 사역으로 원칙적으로 깨끗해진 이들이[현재 상황] 죽으면 그리스도의 그 속죄 사역 때문에 그 영혼이 온전해 진다[미래 상황]는 뜻이기를 바랍니다.

이로써 우리는 다음 같은 해석들과 우리의 해석을 구별하는 것입니다.

(1) 이들을 구약의 성도들만을 지칭하는 것으로 보는 해석(Cornelius à Lapide, Friedrich Loofs, James Moffatt, *Hebrews*, ICC [Edinburgh: T&T Clark, 1924], 218; F. F. Bruce, *The Epistle to the Hebrews*, NICNT (Grand Rapids: Eerdmans, 1964), 378; Donald A. Hagner, *Hebrews*, New International Biblical Commentary [Peabody, MA: Hendrickson Publishers, 1990], 226).

(2) 신약 시대에 그리스도 안에서 죽은 신자들만으로 보는 견해(Grotius, Bengel, Lünenmann).

왜 휴스와 같은 해석이 더 적절한지는 휴스의 주석과 히브리서 전체의 맥락을 살펴보십시오. 이런 다른 해석들은 히브리서의 맥락에 잘 부합하지 않는다는 논의로 Donald Guthrie, *Hebrews*, Tyndale New Testament Commentaries (Leicester: IVP and Grand Rapids: Eerdmans, 1983), 263도 보십시오.

사용해서 과연 온전한 순종을 주께 드리게 될 것이라는 성경적 입장으로부터도 이를 추론할 수 있습니다. 그야말로 흠도 없고 점도 없는 모습이 그 때에는 가장 온전한 형태로 드러나게 될 것입니다. 그러나 아직 이 땅에 있을 때에 우리들은 나름대로 온전함을 향해 나아가려고 하지만 항상 부족한 존재들일 뿐입니다. 그렇지만 이미 임한 하나님 나라에 속해 있으면서 그 나라가 극치에 이르기를 바라는 하나님 나라 백성인 우리들은 날마다 주님께 더 순종해 가는 것입니다.

교회적 결과: "주님의 교회를 보존하시고 흥왕하게 하옵소서!"

그 결과, 교회적으로는, 교회 공동체가 이 땅 가운데서 보존되고, 점점 흥왕해 갑니다. 이런 주님의 뜻을 깨닫고서 우리는 지금도 "주님의 교회를 보존하시고, 흥왕하게 하옵소서!"라고 기도합니다.

첫째로, 우리는 교회의 보존을 위해 기도합니다. 이 땅에 구약 교회를 갱신하시면서 확대하여 신약 교회를 세우실 때부터 교회의 머리이신 그리스도께서는 "내가 내 교회를 세우리니"라고 하셔서, 교회를 친히 당신님의 신적인 능력과 신적인 메시아의 사역에 근거하여 세우실 것임을 분명히 하셨습니다. 우리 주께서 "주의 교회로" 세우셨으니 이 신약교회는 든든합니다. 더구나 이어서 주님께서는 "내 교회를 세우리니 음부의 권세가 이기지 못하리라"(마 16:18)고 하셨으므로, 궁극적으로 교회를 해할 수 있는 세력은 이 땅에 아무 것도 없습니다. 그것이 주님의 뜻이라는 것을 믿기에 우리는 아주 강하게 교회를 보존하여 달라고 간구할 수 있습니다. 이것이야말로 성경 말씀으로부터 보장받은 주님의 뜻을 이루어 달라는 간구입니다. 우리는 이 기도를 참으로 간절히 간구합니다. 명시된 주님의 뜻이니 '간구하지 않아도 주께서 교회를 보존하시겠지'라는 생각을 도무지 가지지 않고, 모든 정황 가운데서 참으로 교회의 보존을 위해 간절히, 열심히 간구합니다.

둘째로, 교회를 위한 이 간구는 교회가 이 땅 가운데서 여러 위협과 어려움에 직면한다는 것을 의식한 간구입니다. "음부의 권세가 이기지 못하리라"는 말씀은 이 세상에서 교회를 위협하는 세력이 하나도 없거나 교회는 어려움을 전혀 당하지 않는다는 말이 아닙니다. 시시때때로 교회를 해하는 세력들이 나타나고, 교회를 멸할 것처럼 달려든다고 성경은 명시합니다. 바울도 자신이 믿지 않을 때 한 일을 "내가 이전에 유대교에 있을 때에 행한 일을 너희가 들었거니와 하나님의 교회를 심히 박해하여 멸하고"(갈 1:13)라고 표현하기도 했습니다(고전 15:9, 빌 3:6 참조). 교회는 이 땅에서 사방으로 우겨쌈을 당하고, 답답한 일을 당할 수도 있습니다. 그러나 교회의 머리 되시는 주님을 믿기에 "우리가 사방으로 우겨쌈을 당하여도 싸이지 아니하며, 답답한 일을 당하여도 낙심하지 아니하며"(고후 4:8)라고 고백합니다. 결국 주께서 우리들을 그 어려움으로부터 구원하실 것이기 때문입니다. 그러기에 우리들은 모든 정황에서 교회를 보존해 주시기를 위해 기도합니다.

셋째로, 구체적으로는 (1) 교회가 강해지기를 간구합니다. (이것이 교회의 "흥왕하여짐"의 첫째 의미라고 할 수 있습니다). 이 때 강해진다는 말의 의미를 세속적으로 이해하지 않도록 주의할 필요가 있습니다. 기본적으로 이를 영적으로 이해해야 합니다. 그것은 교회가 "영적으로 힘 있게 된다"는 의미입니다. 이 말이 마음에 들지 않는다면, 그것은 우리가 그만큼 세속에 물들어 있다는 증거입니다. 가장 정상적인 상황에서는 개개인 신자들이 날마다 성화되어가므로(이것이 근본적으로 영적인 것임에 주의하십시오!), 그 신자들로 이루어진 주님의 교회는 날마다 강하여 질 수밖에 없습니다. 개개인이 성화되지 않는데 교회가 강해지는 일은 없습니다. 한 사람 한 사람의 지체들이 날마다 성화되어야만 그들로 이루어진 주님의 교회도 강해집니다. 개개인이 실족하지 않아야 전체 성도들이 흔들리거나 넘어지지 않습니다. 사도행전에서도 정상적일 때에는 "이에 여러 교회가 **믿음이 더 굳건해지고**"(행 16:5)라고 표현합니다.

넷째로, 구체적으로 (2) 교회 공동체에 성도들이 날마다 더하는 결과가 나타납니다. (이것이 교회의 "흥왕하여짐"의 둘째 의미라고 할 수 있습니다). 앞서 인용한 사도행전에서도 "수가 날마다 늘어가니라"(행 16:5)고 합니다. 세월이 지날수록 구원받은 사람들을 주께서 더하시는데[18] 그들이 다 교회 공동체에 속하게 되어, 결국 교회의 수와 규모가 커지도록 되어 있습니다. 물론 역사 가운데 어떤 상황에서는 그렇지 않은 경우들도 있었습니다. 그러나 신약 교회가 시작된 1세기로부터 지금까지 교회에 속하여 구원받는 사람들이 늘어 간 것은 사실입니다. 그러므로 우리들은 오늘날 서구와 우리들의 교회가 날마다 줄어가는 것에 대해서 당연시해서는 안 됩니다. 전체로서의 교회에는 날마다 구원받는 사람들이 더하여지는 결과가 있어야 합니다. 주변 사람들에게 열심히 전도하지 않는데 그런 일이 일어나는 경우는 없습니다. 그러므로 교회는 항상 복음을 주변에 전하는 교회여야만 합니다. 이것이 우리가 가장 정상적으로 말하는 "선교적 교회"의 의미의 하나입니다.[19] 교회가

---

[18] Cf. VanderGroe, *The Christian's Only Comfort in Life and Death*, vol. 2, 473. 또한 이 구절에 대해서 설명하면서 종교개혁 시대의 교회가 복음 전도에 관심을 가지고 있었음을 잘 지적하는 Kevin DeYoung, *The Good News We Almost Forgot* (Chicago: Moody Publishers, 2010), 신지철 옮김, 『왜 우리는 하이델베르크 요리문답을 사랑하는가?』 (서울: 부흥과 개혁사, 2012), 407f.도 보십시오.

[19] 이 용어가 사용되기 전에 이런 의미에 충실하게 표현한 Thelemann, *An Aid to The Heidelberg Catechism*, 425f.; Jean Vis, *We Are the Lord's* (Grand Rapids: Society for Reformed Publications, 1955), 164를 보십시오: "Here the believer' is mission-minded and through this prayer is stirred into whole-souled mission-zeal."

항상 지향하던 진정한 선교적 교회란 이 땅에 교회 공동체와 그리스도인들은 그 존재 자체가 사명(mission)을 가지고 있음을 의식하며 존재하며 모든 활동을 하는 것입니다. 그 결과로 복음 전도와 해외 선교도 자연스럽게 강조되는 것입니다. 복음 전도와 해외 선교만이 선교적인 것이 아니라는 것은 바른 신학이 처음부터 강조한 바였습니다.

사실 교회가 강하여지고 교회에 수를 더하신다는 것이 우리에게서 제대로 되고 있는지는 (위에서 언급한) 교회 공동체에 속한 개개인의 성화가 참으로 일어나는지를 바라보면서, 그리고 또한 (후론하려고 하는) 악한 자의 세력이 날마다 멸하여지는지를 살펴보면 됩니다. 교회가 겉보기에 강하고 늘어난다고 하면서도 그 안에 속한 개개인의 성화가 이루어지지 않고 결국 사단의 세력이 멸하여지는 일이 없다면 그런 것은 그저 강하게 보이는 것이요 양적으로만 성장한 것일 뿐, 바른 교회의 증진은 아닙니다. 겉으로만 잘 되는 것처럼 보이는 것은 결국 교회를 무너뜨리는 일입니다. 그러므로 우리는 항상 영적으로 민감하여 교회가 참으로 하나님 보시기에 흥왕하는지를 살펴보아야 합니다. 하나님의 다스림은 결과적으로 이 땅에서 교회의 **진정한** 흥왕함으로 나타나기 때문입니다.

궁극적(영적인) 결과: "마귀의 일들과 그 세력들을 멸하여 주옵소서!"

성경적인 선교적 교회와 요즈음 유행하는 "missional church" 개념을 비교하여 제시한 Michael Horton, *The Gospel Commission* (Grand Rapids: Baker, 2011), 김철규 옮김, 『위대한 사명』 (서울: 복 있는 사람, 2012), 25-34; 이를 언급한 이승구, 『묵상과 기도, 생각과 실천』 (서울: 나눔과 섬김, 2015), 260-61; 그리고 이승구, "'선교적 교회' 운동에 대한 신학적 성찰," 「목회와 신학」 363 (2019년 9월): 134-38를 보십시오.

성도의 성화와 교회의 흥왕과 증진의 결과로 〈하이델베르크 요리문답〉은 이어서 "악마의 사역을 멸하시고, 당신님께 반역하는 모든 세력을 파괴하시며, 당신님의 말씀에 반하는 모든 도략을 멸하소서."라고 기도합니다. 이 기도 가운데서 우리들은 사탄의 일이 결국 (1) 하나님께 반역하는 모든 것이며, (2) 하나님의 말씀에 반하는 모든 것임을 알 수 있게 됩니다. 그러므로 하나님께 반역하는 모든 것들과 하나님의 말씀에 반하는 모든 모략은 결국 멸망할 수밖에 없습니다.[20]

이 간구의 마지막 부분인 "당신님의 나라가 온전하여져서, 그 안에서 당신님이 모든 것 안에서 모든 것이 되시기까지 그리하옵소서."라는 간구는 우리가 언제까지 이 간구를 드려야 하는지를 보여줍니다. 그리고 이 간구에 대한 온전한 응답이 언제 이루어지는지도 잘 보여 줍니다. 하나님 나라의 극치 상태, 즉 하나님께서 모든 것 가운데서 모든 것이 되시는 그 날에라야 모든 하나님의 뜻이 온전히 성취됩니다. 그 때까지는 이 땅 가운데서 "나라가 임하시오며"라는 간구를 계속하면서 그에 부합하는 존재 형태를 나타내야 합니다. 하나님 나라의 미래성을 생각하면서 그 때까지 우리가 하나님 나라를 위해 간구하는 일을 계속해야 합니다. 그리고 우리가 지금 여기서 진정으로 그 나라의 통치를 받아야 합니다.

나가면서 분명히 할 일

이제까지 우리는 예수 그리스도 안에서 이미 우리에게 임하여 온 하나님 나라에 근거하여 "지금 여기서" 그 나라가 진전하여 가고, 흥왕하여

---

[20] Cf. VanderGroe, *The Christian's Only Comfort in Life and Death*, vol. 2, 473f.

가는 일을 위한 간구에 대하여 생각하고, 진정으로 그런 간구를 하였습니다. 이 때 우리는 하나님 나라의 진전이 우리의 노력으로 실현되는 것이 아니라는 점을 결단코 잊지 말아야 합니다. 그것은 오직 하나님의 힘으로만 이루어집니다.

그래서 〈하이델베르크 요리문답〉의 작성자들은 "주님의 나라가 온전히 이루어져 주께서 만유의 주가 되실 때까지 그리하옵소서"라고 기도하였고, 우리도 그에 동의하면서 지금도 그와 같이 기도하는 것입니다. 우리들이 노력하지만 그것으로는 온전하지 않음을 분명히 의식하면서 결국 주님의 재림에 의해서 이 모든 것이 극치에 이르게 됨을 의식하면서 기도하는 것입니다.

하나님 나라의 "이미"가 주어진 것도 온전한 하나님이신 성자께서 인성을 취하시어 이 세상에 오심으로써 주어진 것이니, 오직 하나님께서만 하나님 나라를 가져다주심을 분명히 하였습니다. 그 나라가 극치(consummation)에 이르는 것도 바로 그 성자께서 지금 그가 계신 "하늘"(heaven)로부터 이 땅에로 임하여 오심으로써 이루어집니다. 그러니 하나님 나라는 시작과 그 끝이 모두 하나님의 힘으로만 되는 것임을 온전히 인정하면서, 그 안에서 '지금 이곳에서' 이 간구를 해야 합니다.

그 뿐만 아니라, 지금 여기서 그 나라가 드러나고, 점증하여 가고, 눈에 보이는 현실로 나타나는 것도 결국 하나님께서 친히 그의 말씀과 성령님으로 우리를 통치하심으로써만 이루어지는 일이니, 이것도 결국 하나님께서 친히 이루시는 일임을 우리는 분명히 인정해야 합니다. 그것이 바로 이 두 번째 간구의 진정한 의미입니다.

그러므로 이 두 번째 간구를 제대로 드리는 사람들은 주님께 순종하여 모든 일을 열심히 하면서도 자신들의 노력과 힘씀으로 하나님의 나라가 진전하여 가는 것이라고 감히 생각하지 않습니다. 또한 자신들의 노력이 그 어떤 공로를 지니는 것이라고 전혀 생각하지 않습니다. 이처럼 하나님 나라와 관련하여 우리가 할 수 있는 일은 구약 백성과 같이 온전히 하나님께 의존하여 기다리는 것과 신약 시대에는 예수님에 의해서 이미 임하여 온 것을 받아들이고 감사하는 것과 그 나라가 온전히 드러나도록 간구하는 것뿐입니다. 그것이 지금 여기서 하나님 나라의 백성 노릇함의 한 부분이고, 가장 큰 부분이라고 할 수 있습니다. 다음 강의부터 생각하려고 하는 "하나님의 뜻을 추구하고, 그것을 배워 가고, 발견한 하나님의 뜻을 수행해 나가는 것"도 역시 하나님 백성 노릇함의 한 부분이지만, 그것도 지금 여기서 이렇게 간구하는 태도로 기다리면서 그 나라가 극치에 도달하게 해 달라고 기도하면서 힘써 가는 것일 뿐입니다.

바로 여기에 진정한 그리스도인, 바른 하나님 나라 백성의 모습이 있습니다. 하나님께서 가져다주신 것에 참으로 감사하여서 모든 하나님의 뜻을 열심히 행하지만, 정말 열심히 행한 후에 늘 자신이 행하는 것은 부족한 것임을 인정하면서 주께서 온전케 해 주시기만을 바라며 그의 처분만을 기다리는 것입니다. 부디 우리들이 모두 이런 모습을 잘 드러낼 수 있었으면 합니다.

제 9 장

세 번째 간구: "(당신님의) 뜻이 이루어지이다."(1)

본문: 마 6:10.

이제 우리 주님께서 가르치신 기도의 세 번째 간구에 이르렀습니다. 〈주께서 가르치신 기도〉의 세 번째 간구는 하나님의 뜻의 실현을 위한 간구입니다. 하나님의 뜻이 이루어지기를 간절히 원하여 하나님께 "당신님의 뜻이 이루어지이다"라고 기도하는 것입니다.

〈주께서 가르치신 기도〉의 간구들의 밀접한 통일성

하나님 나라에 대해서 간구한 후에 하나님의 뜻의 실현을 위해 간구하는 것은 매우 자연스러운 일입니다. 사실 첫째 간구의 내용이었던 하나님의 이름이 거룩히 여김을 받는 것과 이 세 번째 간구의 내용인 하나님의 뜻의 실현은 결국 하나님 나라가 실현될 때 이루어집니다. 그러므로 이 세 가지 간구는 서로가 서로를 보충하며,[1] 서로가 서로에 대해서 일종의 시금석(criteria) 역할을 한다고 할 수 있습니다.

이 셋의 관계를 생각할 때, 기본적으로 둘째 간구인 하나님 나라를 중심으로 생각하는 것이 좋습니다.[2] (그러나 꼭 그렇게 해야 할

---

[1] 이렇게 이 세 기원이 서로 연관되어 있다는 것은 이미 많은 사람들이 언급한 바 있습니다. 여기 비슷한 견해를 표명한 사람들 중 일부를 언급해 봅니다: John Calvin, *A Harmony of the Gospels: Matthew, Mark, and Luke*, Calvin's New Testament Commentaries, vol. 1 (Edinburgh: The Saint Andrews Press, 1972, reprint, Grand Rapids: Eerdmans, 1978), 206 ("이 세 가지 기원들 사이에는 상당히 밀접한 관계성(a great affinity)과 유사성(likeness)이 있다"); W. C. Allen, *The Gospel according to Saint Matthew*, 3rd edition, ICC (Edinburgh: T & T Clark, 1912), 58; Herman N. Ridderbos, *Matthew* (1950–51), Bible Student's Commentary, trans. Ray Togtman (Grand Rapids: Zondervan, 1987), 127 ("처음 세 가지 기원은 근본적으로 같은 것을 구하는 것이니, 곧 그에게 대적하는 모든 것들에 대한 하나님의 전적인 승리를 구하는 것이다"), 128 ("이 세 가지 것들은 밀접하게 연결되어 있고 내적으로 상호 관련된다. 그러나 각각은 하나님 나라 도래의 다른 측면들을 드러내는 것이다."); G. Van Reenen, *The Heidelberg Catechism* (Paterson, NJ: Lont & Overkamp, 1955, reprint, 1979), 586, 596f.; Herman Hoeksema, *The Triple Knowledge*, vol. 3 (Grand Rapids: Reformed Free Publishing Association, 1972), 539; William Hendriksen, *The Gospel of Matthew* (Grand Rapids: Baker Book House, 1973), 330, 331의 세 간구를 연결시키는 논의 ("[하나님의] 왕적 통치가 인정되기 전에는 아버지의 이름이 온 세상에서 거룩히 여김을 받지 못할 것이다"; "둘째 기원도 셋째 기원에 함의되어 있으니, 하나님의 뜻이 이뤄지지 않으면 하나님 나라는 아직 안 온 것이다"); W. D. Davies & Dale C. Allison, Jr., *The Gospel according to Saint Matthew 1–7*, ICC, new series (Edinburgh: T & T Clark, 1988), 603 ("하나님 나라의 도래, 하나님 이름이 거룩히 여겨짐, 하나님의 뜻이 … 이루어짐은 본질상 모두 하나이다. 각각은 역사의 목적으로 지향하고 있으며, 각각은 하나님의 구원 역사의 완성과 관련되어 있다."); 최갑종, 『예수님이 주신 기도』(서울: 이레서원, 2000), 183; 또한 David L. Turner, *Matthew*, ECNT (Grand Rapids: Baker, 2008), 187 ("당신님의 것을 구하는 이 세 가지 간구(the three your requests)는 **본질적으로 같은 것을 요청하는** 세 가지 방식으로 이해되어야만 한다." 강조점은 덧붙인 것임); 그리고 Kevin DeYoung, *The Good News We Almost Forgot* (Chicago: Moody Publishers, 2010), 신지철 옮김, 『왜 우리는 하이델베르크 요리문답을 사랑하는가?』(서울: 부흥과 개혁사, 2012), 405.

[2] 이렇게 세 간구를 연결시켜 볼 때만 "나라가 임하시오며"라는 간구가 이 "하나님 나라 기도"(kingdom prayer)의 중심 간구(the central petition)라는 쉬나켄부르크의 말이 의미를 가질 수 있습니다. Cf. Rudolf Schnackenburg, *The Gospel of Matthew* (Grand Rapids: Eerdmans, 2002), 67. 오래 전에 알렌이 잘 말한 대로, "하나님 나라가 올 때에 하나님이 거룩히 여김을 받으시고, 하나님의 뜻이 이루어지기" 때문입니다(Allen, *The Gospel according to Saint Matthew*, 58). 그런 점에서 〈주께서 가르치신 기도〉는 "하나님 나라의 가치를 예증하고, 하나님 나라의 가치에 의해 이끌어지는" 기도라는 Turner, *Matthew*, 186의 말은 매우 적절한 말입니다.

필요는 없습니다.3 이 간구들은 모두 서로가 서로를 보충하는 것이기 때문입니다. 그러므로 어느 것을 먼저 놓고 논의해도 다 좋습니다). 즉, 과연 하나님 나라가 실현된 상태가 어떤 것인가, 우리가 과연 하나님의 통치를 제대로 받고 있는가를 알려면, (1) 하나님의 이름이 우리들에 의해서 거룩히 여겨지는가를 살피고, (2) 우리들에 의해서 하나님의 뜻이 실현되고 있는가를 살피면 됩니다. 우리들에 의해서 하나님의 영광이 인정되고 하나님의 뜻이 실현되고 있다면, 그것은 우리가 지금 여기서 하나님의 통치를 제대로 받으며 그 나라의 통치의 사실을 이 세상에 드러내는 것이 됩니다. 그러나 하나님의 이름이 모독되든지 그저 이 세상에 있는 것들 중의 하나로 범상(凡常)히 여겨진다면, 그것은 우리가 하나님의 통치를 제대로 받지 않음을 드러내는 것입니다.

19세기 유럽에서 나타났던 문화 개신교(culture protestantism)의 근본적 문제가 바로 여기 있었습니다. 하나님의 초월성이 전혀 인정되지 않고, 하나님이 이 세상 안에 순전히 내재적인 것으로만 여겨지는 것은 결국 하나님의 이름이 구별되게 여겨지지 않는 것입니다. 그것은 하나님의 통치를 받는 것이 아닙니다. 이것이 19세기 구-자유주의 신학(old-liberalism)의 아이러니(irony)입니다. 알브레흐트 릿츌(Albrecht Ritschl, 1822-1889)과 빌헬름 헤르만(Johann Georg Wilhelm Herrmann, 1846-1922), 아돌프 폰 하르낙(Adolf von Harnack, 1851-1930) 등은 "하나님 나라"에 대해서 상당히 많이 말했는데, 그들이 말한 하나님의 나라가 과연 예수님께서 가르치신 그 하나님 나라인가를 묻게 하는 상황이 있게 된 것이니 말입니다.4 예수님께

---

3 Van Reenen, *The Heidelberg Catechism*, 586에서는 첫째 기원을 중심으로 이를 연결시키고 있습니다. 이것도 가능합니다. 그러나 그는 셋째 기원은 이전 기원들의 면류관이라고 하면서, 누군가가 한 다음 같은 말도 인용하여 말합니다: "첫째 기원은 가장 뛰어난(the most exalted) 것이고, 둘째 기원은 가장 풍성하며(the richest), 셋째 기원은 가장 장엄한(the weightiest) 것이다."(Van Reenen, *The Heidelberg Catechism*, 596).

서 가르치신 하나님의 통치를 참으로 받는다면 하나님이 거룩히 여김을 받게 되어, 하나님께서는 우리와는 구별된 분이며 이 세상 역사와는 구별된 분이고, 이 세상에서의 우리의 경험과는 구별된 분이심이 분명히 인정되어야 합니다.[5] 그리고 하나님 나라가 그 영향력을 드러내는 곳마다 하나님의 뜻이 실현됩니다.[6]

마찬가지로, 하나님의 뜻을 추구하고 그 뜻이 이루어지도록 하는 곳에 하나님의 통치가 실현됩니다. 그러므로 성경에 나타난 하나님

---

[4] Cf. Adolf Harnack, *What Is Christianity?* (German ed., 1900; New York: Harper & Row, 1957), 51-74, 특히 하나님 나라를 "개인의 심령 안에서의 통치"(the rule of God in the hearts of individuals)로 보면서 "그것을 능력을 발휘하시는 하나님 자신"(it is God himself in his power)이라고 하는 56을 보십시오. 그래서 그는, 『예수전』을 쓴 르낭(Lenan)과 함께, "하나님 나라는 너희 안에 있느니라"(눅 17:21)는 말씀을 매우 중요시합니다(61, cf. Ernest Renan, *The Life of Jesus* (New York: Modern Library, 1955), 126-32). 또한 리츨은 하나님 나라는 "신앙에 의해서 격려된 행위를 통한 인간들의 도덕적 조직"(the moral organization of humanity through action inspired by love)이라고 합니다. Albrecht Ritschl, *The Christian Doctrine of Justification and Reconciliation* (3rd German ed., 1888; Edinburgh: T. and T. Clark, 1900), 9. 이에 대해서는 Gösta Lindström, *The Kingdom of God in the Teaching of Jesus* (Edinburgh: Oliver and Boyd, 1963), 18-23을 보십시오.
구~자유주의의 하나님 나라 개념과 관련하여 가장 흥미로운 것은 미국서 구~자유주의 운동을 벌이면서 사회복음을 주장한 월터 라우센부쉬의 하나님 나라 개념입니다. Cf. Walter Rauschenbush, *A Theology for the Social Gospel* (New York: Macmillan, 1917), 140-41. 결국 그도 "하나님 나라는 하나님의 뜻을 따라 조직된 인간들"(The Kingdom of God is humanity organized according to the will of God)이라고 합니다(142). 즉, 그도 하나님 나라가 실현되는 것은 "예수님의 의식적인 진화적 프로그램"이라고 하면서(the conscious evolutionary program of Jesus), "그것은 종교와 사회 과학과 윤리적 행동을 온전히 종합하는 것이다"(It combines religion, social science, and ethical action in a perfect synthesis)라고 말합니다(Walter Rauschenbusch, *The Social Principles of Jesus* [New York: Association Press, 1919], 73). 그러므로 그도 하나님의 나라는 인간들이 그 모든 것을 종합하여 애쓰는 것으로 이루어진다고 여기는 것입니다.

[5] 또 극단으로 나아가서 하나님께서는 결코 이 세상 역사 속에는 들어오실 수 없고, 이 세상에는 진정한 하나님과의 관계가 있을 수 없어서 이 세상에서 인간 스스로의 노력으로 하나님을 추구하는 모든 것을 종교로 치부하여 기독교 종교를 포함한 모든 종교에 대한 비판을 감행하는 칼 바르트(Karl Barth)와 같은 입장을 가져서도 안 될 것입니다. 바르트의 사상을 "초절주의"라고 여기며 비판하는 입장의 중요성이 여기서 잘 드러납니다. 우리는 오히려 거짓 종교와 참 종교를 나누어 설명하면, 성경에 근거한 참된 종교가 있음을 말하고 그런 것을 구현하려고 했던 개혁자들의 입장을 견지해야 할 것입니다. 이것이 진정으로 이 세상에 대한 하나님의 내재와 초월을 균형 있게 인정하는 입장입니다. 바르트에 대한 논의로 이승구, 『우리 이웃의 신학들』 (서울: 나눔과 섬김, 2014, 재판, 2015), 155-90을 보십시오.

[6] 같은 요점을 다음 같이 표현하는 Michael J. Wilkins, *Matthew*, NIV Application Commentary (Grand Rapids: Zondervan, 2004), 277도 보십시오: "Wherever the kingdom of heaven exerts its presence, God's will is experienced."

의 뜻을 무시하고 자신들의 견해를 내세우는 것은 하나님의 통치를 받지 않는 것입니다. 예를 들어서, 성경의 가르침을 훼손시키는 것은 하나님의 통치를 받지 않는 대표적인 일입니다. 성경의 어떤 부분을 제거하는 것도 문제이고, 성경을 자의적으로 해석하는 것도 결국 하나님의 통치를 제대로 받지 않는 일입니다.

다시 말하지만, 주께서 가르치신 기도의 처음 세 간구 중 어느 하나로부터 시작해도 다른 두 간구가 그것의 보충이라고 할 수 있습니다. 그리고 다른 것들이 제대로 이루어지는지를 살피는 일종의 시금석이라고 할 수 있습니다. 예를 들어서, 하나님의 이름이 거룩히 여김을 받는지는 '하나님의 나라가 여기에 눈에 보이지 않는 방식으로 이미 임하여 왔으나 아직 극치에 이르지 않았음'을 분명히 인정하면서, 하나님의 뜻의 실현을 위해 애쓰는 것에서 나타납니다. 마찬가지로, 하나님의 뜻을 수행한다고 하는 것이 과연 무엇인가에 대한 대답도 하나님의 이름이 거룩하게 여김을 받기 위해 애쓰고, 하나님의 통치를 기꺼이 받아 나가는지를 통해서 알 수 있습니다.

이와 같이 이 세 가지 간구들은 서로가 서로를 설명하는 역할을 합니다. 따라서 이 세 가지 간구들은 **결국 하나의 간구**라고도 할 수 있습니다. 바르게 기도하면 결국 하나님만이 우리들 개인의 의식과 삶, 우리 공동체의 의식과 삶에서 최대한의 위치에 있게 됩니다. 그것을 하나님의 이름이 거룩히 여김을 받는 것 또는 하나님의 영광을 추구하는 것이라고 할 수도 있고, 하나님의 통치를 받는 것이라고도 할 수 있습니다. 또는 하나님의 뜻의 실현을 위해 간구하고 그 실현을 위해 사는 것이라고도 할 수 있습니다. 결국 우리는 **오직 하나만을 위해** 삽니다. 즉, **하나님만을 위해** 삽니다. 그 하나님의 최고화(maximization)를 위한 간구가 이 첫 부분의 세 가지 간구입니다. 이것은 아주 당연한 것을 구하는 것이라고 할 수 있습니다. 하나님이야말로 가장 중요하고 크신 분이시기 때문입니다. 그러므로 중세에 안셀(Anselm of Canterbury, 1033-1109)이 하나님을 "그 이상을 생각할 수 없는 가장 크신 분"(that than which nothing greater can be conceived)이라고 생각했던 것은 상당히 의미 있다고 할 수 있습니다.[7]

기준: "당신님의 뜻이 하늘에서 이루어진 것과 같이"

우리가 하나님의 뜻을 추구할 때, 그 기준은 "하늘"에서 하나님의 뜻이 이루어진 것입니다.[8] 이 때 "하늘"이라는 말은 성경에서 하나님께서 계시는 곳으로 언급하는 영역을 뜻하는 말입니다.[9] 물론 이런 말을 쓸 때 우리는 매우 주의해야 합니다. 마치 하나님께서 오직 "하늘"에만 계시는 것으로 생각해서는 안 되기 때문입니다. 하나님께서는 당신님께서 창조하신 이 세상 어디에나 계십니다. 하나님께서 친히 "나는 천지에

---

[7] Cf. Anselm of Canterbury, *Anselm's Proslogium: or Discourse on the Existence of God*, Medieval Sourcebook, trans. Sidney N. Deane, Fordham University Center for Medieval Studies (https://sourcebooks.fordham.edu/basis/anselm-proslogium.asp), Chapter 2. 물론 이 말을 철학화하여 이상한 존재론을 만들어 나가는 후대의 시도들은 사실 안셀의 의도에 충실하지도 않고, 성경적이지도 않습니다.

[8] 여기 "하늘에서"(ἐν οὐρανῷ)라는 말을 〈주께서 가르치신 기도〉 앞부분의 "하늘에 계신"(ἐν τοῖς οὐρανοῖς)이라는 말과 연관시키면서, 이 기도의 앞부분의 수미쌍괄적(inclusio) 구조를 찾아보려는 시도는(대표적인 예로 Davies & Allison, *The Gospel according to Saint Matthew 1-7*, 606) 너무 지나친 것이라고 해야 할 것입니다. 이런 지나친 구조 파악의 시도는 늘 피해야 합니다.

[9] "하늘"을 지칭할 때 히브리어 "샤마임"(שָׁמַיִם)을 반영하면서 늘 복수(an idiomatic plural)로 나타난 것(Hebraism)에 비해서, 여기서는 단수로 "하늘에서(ἐν οὐρανῷ)"라고 표현되어 있습니다. 이 사실을 지적한 예로 Robert H. Gundry, *Matthew: A Commentary on His Literary and Theological Art* (Grand Rapids: Eerdmans, 19820, 106f.을 보십시오. 건드리는 땅이 단수로 언급된 것과 맞추기 위해 그리한 것이라고 합니다. 마태복음 28:18에서 "하늘과 땅의 모든 권세"(πᾶσα ἐξουσία ἐν οὐρανῷ καὶ ἐπὶ [τῆς] γῆς)를 말할 때도 역시 단수로 사용되었습니다. "하늘"의 복수형과 단수형의 차이에 큰 의미를 붙일 이유는 없을 것입니다. 이는 다 하나님께서 계신 그 "하늘"(heaven)을 지칭하는 것이니 말입니다.

충만하지 아니하냐?"(렘 23:24)라고 말씀하십니다.10 온 세상을 가득 채우고 계시는 분이 하나님이십니다. 그러니 하나님께서 계시지 않은 곳은 그 어디도 없습니다.11

그러나 우리 하나님은 이 세계에 갇혀 계신 분이 아닙니다. 그는 이 세상에 내재하시지만 동시에 이 세상을 초월하시는 분이십니다. 그 하나님의 초월성을 표현하는 말 중의 대표적인 것이 하나님께서 "하늘에 계신다"는 말입니다.12 따라서 이 말은 하나님께서 하늘에만 계신다는 말이 아니라, 하나님의 초월성을 시사(示唆)하는 말이면서, 동시에 이 세상과 구별되는 "하늘"(οὐρανός=heaven)을 독특한 하나님의 거주 공간으로 지칭하는 말이 됩니다.13 바빙크의 다음 말은 매우 정확합니다: "성경은, 그 어디서나 가르치기를, 피조된 것이기는 하나 그것이 있은 이후부터는 '하늘'이 하나님의 거처요, 그의 보좌라고 한다(신 26:15; 삼하 22:7; 왕상 8:32; 시 11:4; 33:13; 115:3, 16; 사 63:15;

---

10 이 말씀과 하나님의 무소 부재하심을 잘 표현하는 바빙크의 말을 잘 들어 보아야 합니다: "[하나님은] '어디에' 계시지 않으신다. 그는 빛이나 공기처럼 공간에 퍼져 계시는 것이 아니시다. 그러나 그는 그의 전존재로서 모든 공간에 계신다. 그는 전적으로 어디에나 계시나, 공간 안에 그 어디에도 계시지 않으신다. 즉, **그 한계 내에 그를 포함하고 있는 장소나 공간의 척도**는 없다."(Herman Bavinck, *The Doctrine of God* [Grand Rapids: Eerdamns, 1951, paperback edition, Baker, 1977], 160=이승구 역, 『개혁주의 신론』[서울: CLC, 1988], 236, 판본에 따라 페이지가 다르니 역주 77 위와 역주 77을 보십시오).

11 위의 각주를 다시 보고서 동시에 하나님의 무소부재(無所不在)하심, 즉 편재(遍在)성을 표현할 때 늘 반복되는 다음 말을 주의해 보아야 합니다. "하나님은 가능성으로서만(*per potentiam*) 어디에나 계실 수 있는 것이 아니고, 그 본질로(*per essentiam*), 즉 실제로 어디에나 계시는 것이다."(Louis Berkhof, *Systematic Theology*, 4th edition [Grand Rapids: Eerdamsnd, 1949], 61). 또한 Otto Thelemann, *An Aid to The Heidelberg Catechism* (1892), trans. M. Peters (1896; reprint. Grand Rapids: Douma Publications, 1959), 419f.도 보십시오.

12 이에 대해서는 앞부분에 있는 "하늘에 계신 우리 아버지" 항목에 대한 강해(본서 제 4장)를 다시 보십시오.

13 아주 정확하지는 않지만, 그래도 "하늘"(heaven)에 대한 자세한 설명으로 다음 책들을 보십시오. Colleen McDannell & Bernhard Lang, *Heaven: A History* (New Have: Yale University Ptrss, 1988); Jeffrey Burton Russell, *A History of Heaven: The Singing Silence* (Princeton, New Jersey: Princeton University Press, 1997); J. Edward Wright, *The Early History of Heaven* (Oxford, England: Oxford University Press, 2000); 그리고 Alister E. McGrath, *A Brief History of Heaven* (Oxford: Blackwell, 2003).

마 5:34; 6:9; 요 14:2; 엡 1:20; 히 1:3; 계 4:1 이하 등)."[14] 대개 이를 복수로 표현하는 것으로부터 결국 "하늘의 하늘"(신 10:14; 시 148:4), "하늘들의 하늘"(느헤미야 9:6)이라는 말도 나왔고, "셋째 하늘(삼층천)"이라는 말도 나왔습니다(고전 12:2). 그러나 이 모든 것이 다 하나님의 거주 공간으로서의 "하늘"(heaven)을 지칭하는 것입니다.

이와 같이 하나님이 계신 곳을 지칭하는 그 "하늘"은, 죄악의 영향을 받는 "이 땅"과는 달리, 하나님의 뜻이 온전히 실현되는 곳입니다. 윌킨스가 잘 표현하고 있는 대로, "하늘에서 하나님께서는 절대적으로 통치하십니다."[15] 예수님께서는 그 상태를 기준으로 보면서 이 간구를 하도록 가르치십니다. 그래서 온전히 하나님의 뜻이 이루어진 그 하늘은 우리의 모든 판단기준이 됩니다. "하늘"에서는 하나님의 교훈적 의지와 작정적 의지가 다 일치합니다. 하나님께서 생각하시면 그것이 그대로 실현되는 것입니다.

특히 하늘에서 하나님의 뜻을 다 실행하는 존재들을 성경에서 천사(天使)라고 지칭합니다. 그들은 기본적으로 하늘에서 하나님의 뜻을 실행하고, 때때로 하나님의 뜻에 따라서 이 땅에 내려와서 하나님의 뜻을 전달하거나, 하나님의 백성들을 돕기도 하며, 이 땅에서도 하나님의 뜻이 이루어지도록 합니다. 계시적 목적과 성도들을 돕기 위해 천사들이 이 땅에서 활동하기도 하지만, 천사들은 근본적으로 하늘에 속한 존재들입니다. 그래서 하나님을 "하늘의 하나님"이라고 표현하는 것과 같이, 천사들을 "하늘의 천사들"(οἱ ἄγγελοι τῶν οὐρανῶν)이라고 표현하기도 하고(마 24:36), "하늘의 군대"(חֵיל שְׁמַיָּא, 단 4:35), 또는 "하늘의 만군"

---

[14] Bavinck, *The Doctrine of God*, 157=『개혁주의 신론』, 231.

[15] Wilkins, *Matthew*, 277. 심지어 Davies & Allison, *The Gospel according to Saint Matthew 1-7*, 606에서도 이에 대한 오랜 논의 후에 "하늘은 하나님의 뜻이 이루어진 영역이다"라고 결론내립니다.

이라고 표현하기도 했습니다(כָּל־צְבָא הַשָּׁמַיִם, 대하 18:18). 그들이 하나님의 뜻을 수행하는 것을 잘 표현하는 말은, 예를 들어서 이사야서에서 "내가 내 손으로 하늘을 펴고 (하늘의) 모든 군대(כָּל־צְבָאָם)에게 명령하였노라"(사 45:12) 같은 말씀입니다. 다른 해석도 가능하지만 많은 분들이 이 "하늘 군대"라는 말이 천사들을 지칭하는 말이며, 주께서 이렇게 명령하시면 하늘 군대가 하나님의 뜻을 그대로 실현한다고 해석합니다.

영적인 존재들(spiritual being)이므로 몸을 가지지 않은 천사가 날개를 가진 것으로 환상 가운데 보이고, 그렇게 조각하도록 한 것도 천사들이 하나님의 뜻을 수행하기를 신속히 한다는 것을 표상적으로 표현하는 것입니다.16

이와 같이 신속하게 하늘에서 하나님의 뜻을 실현해 가는 것이 천사들의 존재 목적입니다.17 그런데 이것이 하나님의 뜻에 대한 우리의 간구의 "기준"입니다. 그래서 하나님 백성이 된 우리들은 하나님의 뜻이 하늘에서와 같이 "이 땅에서도" 실현되기를 위해 기도합니다. 부활하신 후에 예수님께서 비슷한 말을 사용하셔서 당신님을 "하늘과 땅

---

16 칼빈이 이런 견해를 가장 잘 표현했습니다(Calvin, *Institutes*, 1. 14. 8). 이를 언급하는 David W. Hall & Peter A. Lillback, eds., *A Theological Guide to Calvin's Institutes: Essays and Analysis* (Phillipsburg, NJ: P&R, 2008), 132도 보십시오.

17 "하늘의 천사들처럼 자원해서, 그리고 신실하게" 순종하게 해 달라고 말하는 〈하이델베르크 요리문답 124문답〉을 보십시오. 또한 Thelemann, *An Aid to the Heidelberg Catechism*, 429; 그리고 Jean Vis, *We Are the Lord's* (Grand Rapids: Society for Reformed Publications. 1955), 166도 보십시오 (비스는 "하늘"에서 뿐 아니라 이 땅에서 천사들이 하나님의 뜻을 행하는 바도 언급합니다).
이를 말하면서 Theodorus VanderGroe, *The Christian's Only Comfort in Life and Death*, vol. 2, trans. Bartel Elshout (Grand Rapids: Reformation Heritage Books & Dutch Reformed Translation Society, 2016), 488에서는 〈하이델베르크 요리문답 124문답〉이 직접적으로 말하는 천사들 외에도, 이미 죽어 하나님과 함께 하늘에 있는 온전케 된 영들도 하나님의 뜻을 온전히 행한다는 것을 말합니다. Van Reenen, *The Heidelberg Catechism*, 600과 Herman Hoeksema, *The Triple Knowledge*, vol. 3 (Grand Rapids: Reformed Free Publishing Association, 1972), 550, 553도 이들을 언급합니다. 옳습니다. 그러나 "하늘"에 있는 그들은 아직 몸이 없으므로 이 일에 제한이 있다는 것도 같이 말해야 합니다.

의 모든 권세를"(πᾶσα ἐξουσία ἐν οὐρανῷ καὶ ἐπὶ [τῆς] γῆς) 가진 분으로 제시하는 것과 이것을 연결시키는 것은 의미 있습니다. 그 하늘과 땅의 모든 권세를 지닌 분의 백성으로 우리는 이 땅에서 그의 뜻이 이루어지기를 구합니다. 이것이 우리의 세 번째 간구입니다.

간구: "당신님의 뜻이 이 땅에서도 이루어지이다."

그러므로 우리들의 세 번째 간구는 하나님의 뜻의 '이 세상에서의 실현'에 대한 간구입니다. 이 간구에서 이 땅 가운데서 하나님의 뜻이 이루어지기를 바라는 사람들이 있다는 것이 잘 드러납니다. 타락하여 하나님의 뜻을 구하는 사람들이 없는 이 세상에 드디어 하나님의 뜻을 구하며, 그 뜻의 성취를 위하는 사람들이 나타난 것입니다. "하나님의 뜻이 이 땅에서도 **온전히, 기꺼이, 그리고 곧바로** 순종되기를" 간절히 바라는 사람들이 있게 된 것입니다.18 중생하여 하나님 나라에 속하게 된 사람들의 간구가 여기 있습니다. 창조된 본래의 목적에 부합하게 변화된 사람들이 있게 된 것입니다. 하나님의 의도에 있어서는 이것이 참사람의 출현이라고 할 수 있습니다. 바로 이것이 중생하여 기도하는 사람들의 정체성입니다.

  그리하여 이제 중생한 우리들은 과연 이 땅에서 이루어져야 하는 하나님의 뜻이 무엇인가를 생각하게 됩니다. 루터는 그것이 칭의함을 받은 사람들의 모습이라고 합니다. 그 이전에는 사실 하나님의 뜻을 전혀 지향하지 않는다는 것을 잘 드러내면서, "우리들은 [스스로] 선한

---

18 Cf. Hendricksen, *The Gospel of Matthew*, 331: "It is the ardent desire of the person who sincerely breathes the Lord's Prayer tat the Father's will shall be obeyed as *completely*, *heartily*, and *immediately* on earth as this is constantly being done by all the inhabitants of heaven."(헨드릭슨 자신의 강조점).

의지를 가지고 있다거나 그것에 이를 수 있다고 생각하면 안 된다. [우리의] 의지가 없을 때, 최선의 것인 하나님의 의지가 현존하는 것이다."고 말하기도 합니다.19 하나님께서 우리의 의지를 깨시고 새롭게 하시는 "낯선 일"(alien works of God)을 하실 때만 이것이 가능하다고 루터는 강조합니다. 이 과정을 통해서 믿어 칭의함을 받은 사람들은 바로 이렇게 성경에서 하나님의 뜻을 배우고, 그것에 동의하면서, 그것을 구하며 그것이 이루어지기를 간절히 바랍니다. 시편 기자와 같이, "나의 하나님이여, **내가** 주의 뜻 행하기를 **즐기오니**(חָפַצְתִּי), 주의 법이 나의 심중에 있나이다"(시 40:8)라고 하게 됩니다. 이와 같이 하나님의 뜻을 (רָצוֹן) 행하는 것을 즐기는(חָפֵץ) 것이 하나님 백성의 모습입니다.

앞에서 우리가 잘 배우고 그것을 위해 기도한 하나님 나라 사상에 의하면, 기본적으로 이 세상을 창조하신 하나님의 뜻은 하나님의 통치가 제대로 구현되는 그 하나님 나라를 이 땅에 실현하는 것입니다. 그러므로 하나님의 뜻이 이루어진다는 것은 결국 하나님 나라가 이루어진다는 것과 같은 것입니다. 예수님의 십자가와 부활을 통해서 하나님 나라가 이 땅 가운데서 실현되어 예수님을 믿고 삼위일체 하나님의 통치에 의식적으로 복종하는 사람들이 더 많아 질 뿐만 아니라, 그 모든 사람들이 삶의 모든 측면에서 하나님의 뜻을 실현하는 데로 나아가는 것을 우리는 간구합니다. 일차적으로는 구속받은 하나님의 백성들 자신들이 구속받은 목적을 분명히 의식하고 그에 부합하게 생각하면서 하나님 나라가 점점 더 확연해 지는 것을 위해 기도합니다. 물론 기도해 가는 방법은 다양할 수 있습니다.

(1) 그 하나의 방도로, 각 개인이 자신의 인격 가운데서 하나님의

---

19 Martin Luther, "1519 Exposition on the Lord's Prayer," in *Luther's Works*, vol. 42 (Philadelphia: Fortress Press, 1969), 48.

온전한 통치가 잘 드러나기를 바라며, 그것을 위해 기도하는 것으로부터 시작할 수도 있습니다. 자신이 어떻게 그런 온전한 인격과 인간다운 삶의 역사를 이룰 수 있을까를 생각해야 합니다. 하나님께 저항하는 것이 다 없어지고, "그의 뜻이 우리들의 감정들을 지배하기를, 그리고 우리들이 신속하게 하나님 뜻의 실현을 위해 자신을 헌신하기를" 노력해야 합니다.[20] 이것을 '하나님의 뜻의 인격적, 개인적 실현'이라고 해 봅시다.

그러나 그렇게 기도하는 사람은 자신의 인격만이 아니라, 자신이 이 세상에서 맺고 있는 모든 관계에서 하나님의 뜻이 온전히 실현되기를 바라게 됩니다. 이것을 '하나님의 뜻의 관계적 실현'이라고 할 수 있습니다. 자신의 주변의 관계만이 아니라 이것이 어떻게 사회 속에서 실현되어야 하는지도 생각해야 합니다. 이를 하나님의 뜻의 사회적 실현이라고 해 봅시다. 이렇게 어떻게 하나님의 뜻이 국가적으로 실현되어야 하며, 국제적으로 실현되어야 하는 지를 생각하는 일이 지속되어야 합니다. 그 속에서 모든 관계성 가운데서 사람들이 만들어 내고 있는 문화가 어떻게 하나님의 뜻을 실현해야 하는지도 생각하게 됩니다. 이를 '하나님의 뜻의 문화적 실현'이라고 할 수 있을 것입니다.

또는 거꾸로 (2) 하나님 나라 전체의 실현과 그 문화의 빛으로부터 그것이 이 국가 속에서, 국제적 관계 속에서, 그리고 우리 사회 속에서 어떻게 나타나야 하는지를 생각하다가, 그러려면 내 주변의 관계들과 나 자신의 인격이 무엇을 지향하여야 하는지를 생각하는 데로 나아갈 수도 있습니다.

이 둘은[위에 언급된 (1)과 (2)는] 서로 다른 기도 방식이 아니라 서로를 보완하는 방식이라고 할 수 있습니다. 하나는 개인으로부터 점점 그 범위를 넓혀 나아가는 것이고, 다른 하나는 하나님의 우주 통

---

[20] Calvin, *A Harmony of the Gospels*, vol. 1, 209.

치로부터 시작하여 국제적 관계와 국가와 사회, 그리고 사적인 관계와 개인의 인격에로 좁혀 오는 것입니다.

결과적으로 하나님 뜻이 이루어지기를 구하는 사람들은 이를 다 생각해야 합니다. 개인의 취향에 따라서 개인에 대한 하나님의 온전한 지배로부터 우주적 통치에로 나아 갈 수도 있고, 우주 전체에 대한 하나님의 통치로부터 개인에게로 좁혀 올 수도 있습니다. 그러나 종국에는 모든 것에 대한 하나님의 통치로 하나님의 뜻이 이루어지기를 생각하고, 그것에 찬동하고, 그것을 간절히 바래야만 합니다.

그런데 하나님 나라의 실현이 타락한 세상 속에서 이루어지고 있다는 복잡한 현실 때문에 하나님의 뜻의 실현에 대한 생각은 그렇게 단순하고 쉬운 것은 아닙니다. 구속받은 개인과 구속받은 공동체인 교회만 해도 복잡한 상황 가운데 있기에 그 안에서 어떻게 하나님의 뜻이 실현되어야 하는가에 대한 생각이 쉬운 것이 아닌데, 특히 하나님의 뜻의 관계적 실현서부터 발생하는 여러 변수들이 우리들의 생각을 어지럽게 만들곤 합니다. 구속된 사람은 구속된 사람들과만 관계하는 것이 아니고, 아직 구속되지 않은 사람들과도 관계해야 하므로 그럴 때는 과연 어떻게 해야 하느냐의 문제부터, 여러 종류의 사람들이 구성원으로 있는 이 세상 사회 속에서 구속 받은 사람들은 과연 무엇을 어떻게 해야 하느냐의 문제, 여러 다른 사람들이 구성원으로 있는 국가 가운데서 그리스도인들은 어떻게 하나님의 뜻을 실현하려고 해야 하는가, 많은 세속 국가들과 몇몇 이슬람 국가들이 같이 있는 이 국제 관계 속에서 그리스도인은 과연 무엇을 어떻게 생각해야 하느냐의 문제에 이르기까지 복잡한 문제가 하나님의 뜻이 이루어지기를 간구하는 우리들의 생각을 복잡하게 합니다. (다음 장에서 이런 문제들을 좀 더 상세하게 생각해 보기로 하겠습니다).

복잡한 문제들에 대해서 생각하고 따라서 그것을 간절히 원하기가 어렵다고 해도 우리들은 모든 수준에서 하나님의 뜻이 이 땅에서 온전히 이루어지기를 간구해야 한다는 것은 분명하고, 사실 이것이 어려운 문제이기에 우리들은 하나님의 뜻이 실현되는 문제를 위해 열심히 생각하고, 간구해야 합니다. 여기에 구속함을 받은 하나님 나라 백성의 특성이 있습니다.

간구한 사람들의 책임

그 구체적인 내용에 대해서는 다음 장에서 좀 더 상세히 논의하기로 하고, 이렇게 이 땅에서 하나님의 뜻이 실현되기를 간구하는 사람들은 그저 기도만 해서는 안 되고, 그렇게 기도한 사람다운 책임이 있다는 것을 마지막으로 강조하고자 합니다.[21]

첫째로, 우리는 참으로 하나님의 뜻을 구하는 사람들로 이 땅에 있어야 합니다. 이것이 우리의 책임입니다. 혹시 다른 사람들은 하나님의 뜻을 추구하지 않는다고 해도, 적어도 우리들은 하나님의 온전한 뜻이 구현되기를 간구하는 사람으로 있어야 합니다.

둘째로, 우리는 우리 자신의 의지를 버리고 하나님의 뜻을 추구

---

[21] 기도한 사람들의 책임에 대한 비슷한 강조로 Ridderbos, *Matthew*, 128을 보십시오: "이 기원을 한 사람들은 자신이 구한 바의 실현을 위해서 평생 적극적 헌신을 하려고 해야 합니다." 비슷한 강조가 Ulrich Luz, "The Lord's Prayer," in *Matthew 1-7* (1985), trans. Wilhelm C. Linss (Minneapolis: Augsburg Fortress, 1989), 380, 또 처음 세 가지 기원 전체로 보면 377-80에도 나타납니다. 이처럼 루츠도 비슷한 강조를 하지만 내내 불안합니다. 하나님의 뜻을 이루려는 우리들의 노력이 하나님의 일하심의 결과라는 것이 충분하고도 자명하게 나타나 있지 않아서 그렇습니다. 항상 하나님이 하셔서 우리가 한다는 원칙이 잘 나타나야 합니다. 우리는 "신적인 수동태"(divine passive)라는 말을 언제나 그런 의미에서 사용하는 것임을 분명히 해야 합니다.

그러므로 데이비스와 알리슨 등이 하나님 뜻의 실현에 대한 종말론적 해석과 윤리적 해석이 같이 갈 수 있다고 할 때도(Davies & Allison, *The Gospel according to Saint Matthew 1-7*, 606), 한편으로는 동의하면서도, 그들이 의존하면서 언급하고 있는 Luz의 생각과 같은 생각이 있지 않은지에 대해서 불안합니다.

하고, 하나님의 뜻에 순종해야 합니다.22 우리의 영혼이 죽은 후에 "하늘"에 있을 때나 주께서 이 세상에 재림한 후의 "극치의 하나님 나라"에서는 우리의 의지가 항상 하나님의 의지를 즐겨 따를 것입니다. 그러나 이 땅에 있는 동안에는 구속함을 받은 하나님 나라 백성인 우리들에게도 하나님의 뜻과는 다른 자신의 의지를 지향하려는 마음이 나타나기 쉬우며, 주로 그것을 주장하려 합니다. 성경에서는 이것을 "육체를 따르는 것"이라고 표현합니다. 이 때 "육체"(σάρξ)라는 말은 우리 몸을 뜻하는 말이 아니라 부패한 인간성을 뜻하는 것이라고 이미 여러 번 언급한 바 있습니다.23 우리 안에 있는 부패한 인간성을 따르게 되면 우리는 우리의 의지를 고집하게 됩니다. 그러나 중생하여 하나님 백성답게 생각하며 기도하는 사람들은 자신의 의지를 버리고, 하나님의 뜻을 추구합니다. 그러므로 기도가 자신들이 바라는 바를 이루어지게 하는 것이라고 생각하거나 말하는 것은 결국 자신들의 의지를 주장하고 나가는 것이므로 진정한 기도가 아니고, 자기-주장을 하여 나가는 것이고, 죄입니다.

그러나 참 하나님 나라 백성들은 자신의 의지를 버리고 하나님의 뜻에 복종하는데, 그것도 "불평 없이", "자원해서" 그렇게 합니다.24 이것이 참으로 우리가 지향하고 나아가는 하나님 나라 백성의 경지입니다. 이보다 수준이 낮은 것을 주님은 원치 아니하십니다. 하나님께서는 참으로 자원하여 그에게 나아오는 백성을 원하십니다. 그렇게 수많은

---

22 위에서 인용한 루터를 생각하십시오. 또한 다음도 보십시오. VanderGroe, *The Christian's Only Comfort in Life and Death*, vol. 2, 485f.; 그리고 Gerrit Hendrik Kersten, *The Heidelberg Catechism in Fifty-two Sermons* (Dutch edition, 1948; Sioux Center, Iowa: Netherlands Reformed Book and Publishing, 1968), 681, 683.

23 특히 이승구, 『성령의 위로와 교회』, 재개정판 (서울: 이레서원, 2009), 60과 『위로 받은 성도의 삶』 (서울: 나눔과 섬김, 2015), 34-35를 보십시오.

24 Calvin, *A Harmony of the Gospels*, vol. 1, 208; VanderGroe, *The Christian's Only Comfort in Life and Death*, vol. 2, 487, 그리고 다음에 인용된 〈하이델베르크 요리문답 124문답〉을 참조하십시오.

사람들이 하나님 앞에 나아오는 모습을 시편 기자는 "주의 권능의 날에 주의 백성이 거룩한 옷을 입고 즐거이 헌신하니, 새벽 이슬 같은 주의 청년들이 주께 나오는도다"(시 110:3)라고 묘사하기도 했습니다. 이처럼 참 하나님 백성은 즐겨 헌신합니다.

구약 시대에도 참 하나님 백성은 그리하였으니, 예를 들어서 여호와께서 가나안 왕 야빈을 패하게 하신 것에 대해서 드보라와 바락은 한편으로는 "내 마음이 이스라엘의 방백을 사모함은 그들이 백성 중에서 즐거이 헌신하였음이니, 여호와를 찬송하라"(삿 5:9)고 하여 이스라엘의 방백들이 즐거이 헌신하였음을 말하여 하나님을 찬송하고, 또 한편으로는 "이스라엘의 영솔자들이 영솔하였고 백성이 즐거이 헌신하였으니, 여호와를 찬송하라"(삿 5:2)고 하고 있습니다.

다윗도 성전을 위한 준비를 다 마치고는 "내가 정직한 마음으로 이 모든 것을 즐거이 드렸사오며, 이제 내가 또 여기 있는 주의 백성이 주께 자원하여 드리는 것을 보오니 심히 기쁘도소이다"(대상 29:17)라고 말하여, 자신과 백성이 모두 자원하여 즐거이 헌신하였음을 말하며 하나님을 찬양합니다. 더구나 그것이 가능했던 것은 하나님의 능력이라고 다윗은 이렇게 선언합니다: "나와 내 백성이 무엇이기에 이처럼 즐거운 마음으로 드릴 힘이 있었나이까? 모든 것이 주께로 말미암았사오니, 우리가 **주의 손에서 받은 것으로 주께 드렸을 뿐이니이다**"(대상 29:14).

에스라도 이스라엘 백성들과 바빌론에서 예루살렘 성전에 다시 가져간 금과 은과 그릇들에 대해서 "너희는 여호와께 거룩한 자요 이 그릇들도 거룩하고 그 은과 금은 너희 조상들의 하나님 여호와께 즐거이 드린 예물이니"(에 8:28)라고 하여, 성전에 사용되었던 모든 것이 그 조상들이 여호와께 즐거이 드린 예물이라고 말하고 있습니다. 이처럼 헌상된 예물들과 그것의 실체인 그들 자신의 헌상은 모두 기쁘고 즐거이 드린 것이라고 합니다. 여기 우리 헌상의 정신이 과연 어떤 것이어야 하는지가 잘 나타납니다.

우리들이 이처럼 하나님의 뜻의 실현을 위해 간구하고, 그것의 실현을 위해 즐거이 헌신할 때 우리들은 기본적으로 두 가지에 대해서 하나님께 감사하지 않을 수 없습니다.

첫째는, 우리를 구속하셔서 이렇게 하나님의 뜻을 구하며, 하나님의 뜻의 실현을 위해 살게 해 주신 일에 대한 감사입니다. 기도하며 자신이 하는 기도에 책임을 지는 사람은 기본적으로 구원의 은혜에 대해 감사하는 사람입니다. 구원하는 은혜는 우리를 방종하게 하지 않고 오히려 열심히 주의 일에 힘쓰도록 합니다.[25] 하나님의 구원하신 은혜에 대한 감사가 이런 적극적이고 자원하는 헌신을 가능하게 하는 원동력입니다.

둘째는, (1) 우리가 이렇게 자원하여 주님께 헌신한다고 해도 우리의 이런 헌신으로는 하나님의 뜻의 온전한 실현이 이 땅에서 이루어지지 않을 것인데, 하나님께서 우리들의 부족한 것을 십자가에서 이루신 구속의 공로에 근거해서 기쁘게 받아 주시고, 또 (2) 우리에게 힘을 주셔서 주님의 뜻을 행할 수 있게 하시고, 또 (3) 하나님께서 놀라운 능력을 직접 동원하셔서 하나님 뜻의 온전한 성취가 이루어질 수 있게 해 주심에 대한 감사입니다. 그러므로 이 두 번째 감사는 우리의 삶의 열매를 받으시는 하나님께 대한 삼중적 감사라고 할 수 있습니다. 이 삼중의 감사는 구원의 은혜에 감사해서 사는 우리들이 매일의 삶에 대해서 주님께 표현하는 감사의 근원적 형식입니다.

참으로 감사하는 사람은 기꺼이, 자원하여 자신을 온전히 하나님과 그의 뜻의 실현을 위해 다 드리는 사람입니다. 그러면서도 자신의

---

[25] 이에 대해서 이승구, 『위로 받은 성도의 삶』, 18-20, 40-53을 보십시오.

헌신은, 자신 안에 남아 있는 부패한 인간성 때문에, 늘 부족한 것이어서 그것으로는 하나님의 뜻을 다 이룰 수 없음을 잘 알고 인정합니다. 그는 오로지 십자가를 지시기까지 자신을 온전히 드리신 그리스도의 헌신과 그 공로에 의해서만 하나님께 받아들여 질 수 있다고 믿기에 그리스도의 십자가의 공로에 의지하면서 주께 감사합니다. 그 뿐만 아니라, 그는 한순간도 그리스도의 십자가의 공로와 상관없이 자신이 자족하여 하나님 앞에 무엇을 낼 수 있다고 생각하지 않습니다.[26] 자신들이 하는 것이 부족함에도 그리스도의 온전한 공로 때문에 주께서 자신들을 받아 주심에 대해 감사합니다. 그런 점에서 이중 전가(double imputation)를 믿지 않는 사람들은 자신들의 헌신을 주께서 받으실 수 있는 근거를 받아들이지 않는 것이 됩니다.

오래 전 우리 조상들이 〈하이델베르크 요리문답 124문〉에서 표현한 우리들의 간구의 내용에는, 참으로 감사하면서 하나님의 뜻을 구하는 사람들의 태도와 책임이 다음과 같이 잘 표현되어 있습니다:

> 우리와 모든 사람들이 우리들 자신의 의지를 버리고서
> 아무런 불평 없이 당신님의 뜻에 순종하게 도와주옵소서.
> 당신님의 뜻만이 선하옵나이다.
>
> 우리 각자로 하여금 하늘의 천사들처럼
> 자원해서, 그리고 신실하게
> 우리가 부름 받은 그 사역을 수행할 수 있도록 도우소서.

---

[26] 이 강해서 시리즈에서 계속 강조한 바와 같이, 바로 이런 점에서 우리들은, (1) 스스로 하나님의 뜻을 수행하여 그 공로로 구원받을 수 있다고 생각하는 펠라기우스주의, (2) 구속을 위해 십자가의 공로를 필요로 하지만, 죽음 후에 "하늘"에 가려면 어느 정도 하나님의 뜻에 순종한 것이 있어야 한다고 주장하는 과거와 현재의 모든 반(半)-펠라기우스주의(Semi-pelagianism), 그리고 (3) 사람들은 아무 것도 할 수 없지만 적어도 복음을 듣고 스스로 믿을 수는 있다고 생각하는 알미니우스주의(Arminianism)를 모두 거부하게 됩니다. 이 중에 알미니우스주의는 그런 사상이 나오기도 전에 〈하이델베르크 요리문답〉이 이미 성경에 근거해서 배제하고 있습니다.

제 10 장

세 번째 간구: "(당신님의) 뜻이 이루어지이다."(2)

본문: 마 6:10.

지난 장에서 우리는 하나님의 뜻이 이 땅에서 이루어지게 해 달라고 간구하는 사람들이며, 따라서 우리가 그 뜻의 실현을 위해 애써야 하는 존재들이라는 것을 살펴보았습니다. 그 마지막 부분에서 강조한 것과 같이, 궁극적으로 하나님의 뜻을 이루시는 분은 하나님 당신님이십니다. 그러나 성경은 그것을 강조하면서 동시에 하나님 나라의 백성된 우리가 기꺼이(willingly) 주님의 뜻을 실현하는 존재들임도 강조하고 있습니다. 우리는 과연 우리 삶의 각 영역에서 하나님의 뜻이 어떻게 실현되기를 위해 기도하고 힘써야 합니까?

기본 전제

이 문제에 대해서 생각할 때 가장 기본적인 전제는 〈하이델베르크 요리문답〉 124문에 대한 답에서 잘 제시하고 있는 바와 같이, 우리가 하나님께 "당신님의 뜻만이 선하옵나이다."라고 고백하는 것입니다.[1] 모든 영역에서 이것을 분명히 할 때 우리는 과연 하나님의 뜻을 추구하며 그것을 구하는 것입니다. 그렇게 하지 않을 때, 즉 하나님의 뜻만이 선하다는 것이 분명히 천명되지 않을 때 모든 면에서 혼란이 일어납니다.

이교 사회(pagan society)와 현대 사회(modern society), 그리고 소위 '현대 이후'(post-modern) 사회는 이 점을 아주 명확하게 부정하는 사회입니다. 이교 사회에서 살던 신약의 사도들과 그들에게 동의하던 참된 성도들은 자신들이 사는 사회의 시대정신(*Weltgeist*)에 거슬러 가면서, 오직 하나님의 뜻만이 선하다고 주장하였습니다. 오늘의 하나님의 백성들인 우리도 반드시 그렇게 주장해야만 합니다. 그것이 하나님의 뜻을 구하고 추구하는 것입니다.

하나님의 뜻만이 선하다고 주장한 초대 교회의 가르침을 받아 그것을 주장하는 것 같으면서도 결과적으로는 이성으로 그 하나님의 뜻을 미리 규정할 수 있는 듯 생각하는 사유가 중세에 나타났습니다.[2] 이것이 중세의 아이러니 가운데 하나입니다. 여기 소위 기독교권(Christendom)이[3] 잘못된 것임의 한 측면이 드러납니다. 중세에 인간

---

[1] 〈하이델베르크 요리문답 124문〉의 대답을 보십시오.

[2] 이 중세적 사유, 특히 그 대표자인 토마스 아퀴나스(1225-1274)의 이런 특성에 대한 예리한 지적으로 Cornelius Van Til, *The Defense of Faith*, revised 3rd version (Philipsburg, NJ: P&R, 1967), 39; idem, *A Christian Theory of Knowledge* (Nutley, NJ: P&R, 1969), 173; Gilbert Weaver, "Man: Analogus of God," in *Jerusalem and Athens* (Philipsburg, NJ: P&R, 1971), 321-27; 그리고 John Frame, *Cornelius Van Til: An Analysis of His Thought* (Philipsburg, NJ: P&R, 1995), 92-93 등을 보십시오.

의 이성이 하나님의 이성과 연관되어 있다고 여기면서, 결과적으로 모든 것을 이성 중심으로 생각하는 경향이 나타났습니다. 이를 흔히 "주지주의"(主知主義, intellectualism)라고 합니다. 본래는 하나님에게 있어서 그의 이성이 그의 의지보다 앞선다는 논의에서 시작된 논의가 복잡한 논의 과정을 거치면서 우리네 인간들이 생각하는 그 이성에 하나님의 의지도 종속하는 듯한 함의를 가지게끔 발전해 간 것입니다.

이에 반해서, 소위 유명론(唯名論, nominalism)을 주장하는 분들은 하나님의 의지가 모든 것에 대해 앞서는 것이며, 따라서 하나님의 의지가 근원적으로 선하다고 주장하는 소위 "주의론"(主意論, volitionalism)을 말하였지만, 논의의 과정에서 하나님께서 마치 "때에 따라서 이랬다가 저랬다"(arbitrary) 할 수 있는 듯이 느끼도록 하여 사람들로 하여금 유명론이 과연 성경적인지를 의문시하게 했습니다.[4]

주류 종교개혁자들은 때로 유명론의 영향을 받은 듯하면서도[5]

---

[3] 이는 기독교(Christianity)와는 다른 말임에 주의해야 합니다. '제대로 된 기독교에 충실하지 않은 데, 외양으로는 기독교적인 사회'를 기독교권(Christendom)이라고 합니다. 이에 대한 가장 건전한 비판으로 S. Kierkegaard의 여러 저작들, 특히 영역자인 Walter Lowrie가 오래 전에 Attack upon Christendom이라고 제목을 붙여 영역한 〈순간〉(Moment)이라는 팜플렛들의 모음 (Princeton: Princeton University Press, 1944)을 보십시오. 이에 대한 최근 번역으로 Howard V. Hong and Edna H. Hong, trans., Kierkegaard's Writings XXIII: The Moment and Late Writings (Princeton: Princeton University Press, 1998)을 보십시오.

[4] 유명론의 선구자라고 할 수 있는 둔스 스코투스(Duns Scotus, 1265/6-1308)와 본격적인 유명론자라고 할 수 있는 오캄(Wlliam of Occam, 1300-1347) 등의 유명론적 사유 과정과 그 문제점에 관한 좋은 논의로 Herman Bavinck, The Doctrine of God (Grand Rapids: Eerdamns, 1951, paperback edition, Baker, 1977), 230-32=이승구 역, 『개혁주의 신론』(서울: CLC, 1998), 338-41을 보십시오.

[5] 그래서 하이코 오벌만은 "루터가 유명론자였다는 것은 의심할 수 없는 사실이다"고 말하기도 합니다. Cf. Heiko A. Oberman, Man between God and the Devil (New Haven, CT: Yale University Press, 2006), 122: "Martin Luther was a nominalist, there is no doubt about that." 또한 오캄파를 자신의 학파요 그 사상을 자신이 절대적으로 받아들인다고 한 루터 자신의 말도 보십시오(Martin Luthers Werke, Kritische Gesamtausgabe, Abteilung Werke, vols. I - (Weimar, 1883-), 6.195, 4f., quoted in Oberman, Man between God and the Devil, 120). 그래서 오버만은 유명론을 통해 종교개혁이 "보편교회적 뿌리"(catholic roots)를 주장할 수 있다고도 합니다. Cf. Heiko A. Oberman, The Harvest of Medieval Theology: Gabriel Biel and Late Medieval Nominalism (Grand Rapids, MI: Baker Academic, 2000).

그러나 후론할 바와 같이, 그럼에도 불구하고 하나님이 자의적(恣意的)인 것 같다는 인상

"하나님의 뜻은 자의적(恣意的, arbitrary)이지 않다"는 것과 "하나님의 뜻은 항상 선하다"는 것을 아주 분명히 하였습니다.6 따라서 종교개혁자들은 주의론(主意論)자들이면서도 유명론의 함정에 빠지지 않고, 성경에 따라 하나님의 뜻의 절대성을 명확히 했습니다. 그들을 따라서 성경의 입장에 충일(充溢)한 사람들은 항상 모든 정황에서 하나님의 뜻이 선하다는 것을 분명히 주장하며, 모든 정황에서 하나님의 뜻을 실현하려고 노력해 왔습니다. 물론 논의의 과정에서 다시 번쇄적 논의를 하거나 하나님의 뜻을 선하다고 하면서도 문제를 복잡하게 하는 사람들의 논의도 있었지만,7 그래도 정통주의에서는 항상 선하신 하나님의 뜻을 강조하면서 그것을 중심으로 사유하는 '주의론'(主意論, volitionalism)이 주조(主潮)를 이루었습니다. 이는 특히 이 세상과 관련된 일에 있어서는 하나님께서 결정하신 대로 하나님께서 아시며,8 따라서 우리들도 하나님의 의지를 중심으로 생각해야 한다는 것입니다. 헤르만 바빙크가 잘 정리한대로, 성경에 일치하게 기독교 신학은 하나님의 뜻을 매우 존

을 주지 않은 것에 개혁자들의 특징이 있다는 것을 강조해야 합니다. 또한 루터가 자신이 자신의 학파라고 한 오감주의에 반대한다고 말한 것도 잊어서는 안 될 것입니다. 유명론은 특히 비엘의 유명론은 종교개혁을 잘 준비하였지만 유명론은 종교개혁은 아닙니다. 다른 말로 하면, 비록 가브리엘 비엘에게 많은 영향을 받았다고 해도 루터는 유명론자인 가브리엘 비엘이 아닙니다. 비엘과 루터의 차이가 개신교에 가까운 천주교도와 개혁자의 차이라고 할 수 있습니다.

6 종교개혁자들과 정통파 신학이 어떻게 유명론을 받아들이면서도 유명론을 이겨 내고 막았는가에 대한 좋은 논의로 Bavinck, *The Doctrine of God*, 232-35=『개혁주의 신론』, 341-45를 보십시오. 이 문제에 대한 칼빈의 입장에 대한 좋은 설명으로 칼빈주의적 입장에 충실한 철학자인 폴 헬름 교수의 다음 논의도 보십시오. Paul Helm, "Will of Calvin's God Can be Trusted?" (https://paulhelmsdeep.blogspot.com/2008/02/will-of-calvins-god-can-god-be-trusted.html).

7 이것이 개신교 정통주의 내의 일부 사람들이 나타낸 잘못된 의미의 스콜라주의의 문제라고 할 수 있습니다. 그러나 이런 것 때문에 '철저히 학문적'이라는 의미에서 '좋은 의미의 스콜라주의'와 그와 밀접히 연관되는 정통주의 스콜라 사상을 방기(放棄)하는 것은 매우 어리석은 일이 될 것입니다. 좋은 의미의 스콜라주의에 대한 좋은 논의들로 Richard Muller와 그와 연관된 분들의 여러 논의를 참조하십시오. Cf. 이승구, "개혁파 정통신학에 대한 딜러 테제에 대한 교의학적 성찰", 『성경과 신학』 43 (2007): 71-110.

8 이 순서를 유념해야 합니다. 하나님의 작정이 이 세상에 대한 하나님의 지식인 '자유로운 지식'(*scientia libera*)에 앞서는 것입니다. Cf. Bavinck, *The Doctrine of God*, 224=『개혁주의 신론』, 329.

중하면서 "하나님의 뜻을 모든 존재 사실의 가장 깊이 있는 최종 근거요, 모든 모순의 종국"이라고 봅니다.[9]

그러면 어떻게 하는 것이 하나님의 뜻을 구하고, 실현하는 것입니까? 이에 대해 간단히 논의해 봅시다. 이 때 우리는 주로 '하나님의 규범적인 뜻'(*voluntas praecepti*, the prescriptive will of God), 즉 그의 '교훈적인 뜻'을 중심으로 생각합니다.[10] 우리들은 대개 하나님의 뜻을 작정적인 뜻(*voluntas decreti vel beneplacit*, the decretive will, 즉 감취어진 뜻, the secret will)과 교훈적인 뜻(*voluntas praecepti*, 계시된 뜻, *voluntas signi, volutas revalata*=revealed will)으로 나누어 설명합니다.[11] 이에 대해서 오래 전 쟌 비스는 다음 같이 잘 표현한 바 있습니다: "하나님의 감취어진 뜻은 '인정하면서 받아들임'(submission)을 요구는 데 비해서, 하나님의 계시적인 뜻은 (의지적) 순종(obedience)을 요구한다."[12] 아주 적절하게 표현한 것이라고 여겨짐

---

[9] Bavinck, *The Doctrine of God*, 187-39=『개혁주의 신론』, 275f.

[10] 같은 입장을 표현하는 Kevin DeYoung, *The Good News We Almost Forgot* (Chicago: Moody Publishers, 2010), 신지철 옮김, 『왜 우리는 하이델베르크 요리문답을 사랑하는가?』(서울: 부흥과 개혁사, 2012), 414를 보십시오.

[11] 신명기 29:29을 참조하십시오. 이런 용어와 그 구별에 대해서 Bavinck, *The Doctrine of God*, 239-41=『개혁주의 신론』, 350-54; Otto Thelemann, *An Aid to The Heidelberg Catechism* (1892), trans. M. Peters (1896; reprint. Grand Rapids: Douma Publications, 1959), 428-29; Louis Berkhof, *Systematic Theology* (Grand Rapids: Eerdmans, 1949), 77; 그리고 Herman Hoeksema, *The Triple Knowledge*, vol. 3 (Grand Rapids: Reformed Free Publishing Association, 1972), 542-46을 보십시오.

좋은 정리로 Richard A. Muller, *Dictionary of Latin and Greek Theological Terms: Drawn Principally from Protestant Scholastic Theology* (Grand Rapids: Baker, 1996); idem, *Post-Reformation Reformed Dogmatics*, III: *The Divine Essence and Attributes* (Grand Rapids: Baker, 2003), 461-75; Douglas S. Huffman, ed., *How Then Should We Choose?: Three Views on God's Will and Decision Making* (Grand Rapids: Kregel, 2009), 15; 그리고 Richard A. Muller, *Divine Will and Human Choice: Freedom, Contingency, and Necessity in Early Modern Reformed Thought* (Grand Rapids: Baker, 2017)를 보십시오.

[12] Jean Vis, *We Are the Lord's* (Grand Rapids: Society for Reformed Publications. 1955), 165. 비슷한 입장을 표현하는 G. Van Reenen, *The Heidelberg Catechism* (Paterson, NJ: Lont & Overkamp, 1955, reprint, 1979), 599; Gerrit Hendrik Kersten, *The Heidelberg Catechism in Fifty-two Sermons* (Dutch edition, 1948; Sioux Center, Iowa: Netherlands Reformed Book and Publishing, 1968), 683-85, 특히 685를 보십시오. 이런 표현이 하나님 뜻의

니다. 그러므로 우리들은 기본적으로 하나님께서 과연 우리가 무엇을 하도록 교훈하시며, 어떻게 이루기를 바라시는가를 중요시합니다. 그래서 여기서는 이런 하나님의 교훈적인 뜻을 중심으로 생각하려고 합니다.

하나님 뜻의 개인적, 인격적 실현

실천하기는 어렵지만, 그래도 생각하기에 제일 쉬운 영역이 개인의 인격적 영역에서의 하나님의 뜻의 실현입니다. 우리는 과연 하나님 나라 백성으로서 어떤 사람들이 되어야 합니까? 〈하이델베르크 요리문답〉 124문은 우리 개인이 어떻게 해야 하는지에 대해서 아주 분명히 말합니다: (1) 우리와 모든 사람들이 우리 자신의 의지를 버리고 아무런 불평 없이 하나님의 뜻에 순종하게 되는 것과 (2) 우리 각자가 하늘의 천사들처럼 자원해서, 그리고 신실하게 우리가 부름 받은 그 사역을 수행하는 것입니다.[13]

첫째는, 우리의 의지를 버리고 아무 불평 없이 하나님의 뜻을 순종하는 것입니다. 그런 사람이 가장 온전한 사람이요, 하나님의 통치를 받는 하나님의 백성입니다. 하나님 나라의 백성들은 이런 주장에 대해서

실현을 위한 간구가 작정적 의지와 교훈적 의지 전체의 실현을 위한 것이라고 주장하는 것 (Theodorus VanderGroe, *The Christian's Only Comfort in Life and Death*, vol. 2 [Grand Rapids: Reformation Heritage Books & Dutch Reformed Translation Society, 2016], 481-82) 보다 좀 더 나을 것입니다. 물론 결과적으로 하나님의 작정적 뜻이 다 이루어지는 것이지만, **우리가 알고 그것을 위해 간구하고 이루기 위해 노력해야 할 것**은 하나님의 "교훈적인 뜻"이기 때문입니다.

중도적인 입장을 표현한 것이 혹세마의 입장입니다. 그는 작정적 의지와 그가 "명령된 뜻"이라고 즐겨 표현하는 교훈적인 뜻은 상당히 연결되어 있기에 우리들이 그 둘을 구별하기 어려운 경우가 많으므로, 결국 그 둘 모두의 실현을 위한 간구가 된다고 합니다. 그러면서 이렇게 말합니다. "우리가 주 우리 하나님을 순종하고 그의 선하신 명령에 따라서 그 앞에 행한다면, 우리의 삶 가운데서 실현되는 작정적 의지를 우리도 의도하는 것을 끊임없이 배우게 될 수밖에 없다"(Hoeksema, *The Triple Knowledge*, vol. 3, 548). 결국 비스의 의도에 근접하는 표현을 한 것입니다. 그러나 비스의 표현이 이 문제를 정리하는 가장 좋은 표현 같습니다.

13 〈하이델베르크 요리문답〉 124문의 답을 잘 보십시오.

"아멘"으로 반응하지만, 이 세상의 여러 사람들, 특히 니체(Friedrich Nietzsche, 1844-1900)와 그를 존중하는 여러 사람들은 "이는 사람들에게 노예 도덕(slave morality)을 부과하는" 것이라고 주장하면서 우리는 "주인의 도덕성"(master morality)을 가지고 우리의 의지를 주장하고 나아가야 한다고 강하게 나올 것입니다.14 여기서 이 세상적 사유와 성경을 따르는 사유의 큰 차이가 나타납니다. 자신들의 의지를 버리고 아무 불평 없이 하나님께 순종해야 한다고 하는 것은 타락한 인간이 어떠함을 하나님의 백성된 우리가 정확히 알기 때문입니다. 자신들의 의지를 주장하고 나간 그 결과가 어떠함을 성경을 통해 제대로 알게 된 우리는 이제 매 순간 자신들의 의지를 버리고 하나님의 뜻에 겸손히 순종합니다. 이는 하나님 나라 백성의 가장 기본적 태도입니다.

이것을 강조하는 이유는 우리는 조건이 형성되고 시간이 주어지면 계속해서 자신의 의지를 주장하려고 한다는 것과 그렇게 자기 의지가 실현되지 않으면 불평하는 우리의 타락한 성향 때문입니다. 과거 하나님 나라 백성들의 역사와 우리의 경험이 이를 실증합니다. 놀라운 구원을 받은 이스라엘 백성들이 여러 정황 속에서 하나님께 얼마나 많이 불평하였습니까? 그들만이 아니라, 역사 속의 많은 하나님 백성들도 기회가 날 때마다 하나님께 불평하며, 결국은 자기-주장을 하였습니다. 우리들의 기도와 신앙생활의 역사를 살펴보면 우리도 같은 것을 무수히 경험합니다. 그러므로 우리는 그런 조짐이 우리의 의식에서 머리를 들 때마다 매우 조심해야 합니다. 이런 자기-주장과 그것대로 되지 않을 때의 불평은 우리가 무엇인가 잘못되어 가고 있다는 증상입니다. 모든 정황 속에서 자기 말을 하고 사는 – 이 세상에서 멋있다고 여겨지는

---

14 Cf. Friedrich Nietzsche, *Beyond Good and Evil: Prelude to a Philosophy of the Future*, trans. Helen Zimmern (New York: The Macmillan Co., 1907), 257-61; idem, *On The Genealogy of Morals* (New York: Vintage Books, 1967), 19-39.

이와 같은 것은 잘 살펴보면 멋있는 것이 아니라, 오히려 죄의 표현일 뿐입니다.

하나님의 백성들은 항상 자기 의지를 버리고 하나님의 의지에 종속합니다.15 그리하여 최종적으로 "하늘"에서와 "새 하늘과 새 땅"에서는 하나님께서 원하시는 것만을 자신도 원하고 의도하게 될 것입니다. 이 세상에서도 우리들이 항상 그러면 얼마나 좋겠습니까? 그러므로 언제 어디서나 자신이 하나님이 원하시는 바를 지향하고 있는가를 늘 살펴서 자신의 의지가 하나님이 원하시는 바와 일치할 때는 그리로 나아가고, 그렇지 못할 때에는 자신의 의지를 버리고 하나님의 뜻을 따라야 합니다.

그러니 자연스럽게, 자신이 원하는 대로 되지 않을 때에도 "아무 불평 없이" 하나님의 뜻에 순복하는 것이 참으로 하나님의 백성된 사람의 바람직한 모습입니다. 성경은 항상 그렇게 할 것을 우리에게 명령합니다. 예를 들어서, 시편 37:8에서는 "분을 그치고, 노를 버리며, 불평하지 말라. 오히려 악을 만들 뿐이라"고 합니다. 대개 불평하는 사람은 분노하고 있음을 아주 명확히 하면서, 그런 상황에서 불평하는 것은 악을 만드는 결과를 낼 뿐이라고 합니다. 때로는 자신이 선한 길을 향해 나아가고 있는데 어려워지고, 오히려 악을 행하는 자들이 더 득세하는 상황 속에서 불평하기 쉬움을 생각하면서 "악을 행하는 자들 때문에 불평하지 말라"(시 37:1)고 명령합니다.

어떻게 그럴 수 있을까요? 시편 37편은 그렇게 할 수 있는 이유를 잘 제시하고 있습니다. 우리가 불평하지 않을 수 있는 이유는 바로 우리가 하나님을 의존하기 때문이라고 합니다. "여호와 앞에 잠잠하고

---

15 성경을 참으로 믿는 사람들은 다 그렇게 말하지만 특히 Kersten, *The Heidelberg Catechism*, 681, 683을 보십시오.

참고 기다리라. 자기 길이 형통하며 악한 꾀를 이루는 자 때문에 불평하지 말지어다"(시 37:7). 하나님 나라 백성인 우리들은 여호와 앞에 잠잠하고, 참고 기다리는 사람들이어야 합니다. 이것은 "문제를 물질적 관점에서가 아니라, 영적인 관점에서 볼 때만" 가능합니다.16

그런 상황에서 울고 싶습니까? 그럴 때에는, 사람들 앞에서 울지 말고, 잠잠히 하나님 앞에서 우십시오. 물론 그것이 매우 성숙한 태도는 아닙니다마는 하나님께서는 우리들의 그런 모습도 받아 주실 것입니다. 나중에 "하나님께서 그들의 눈에서 모든 눈물을 씻어 주실 것임이라"(계 7:17, 계 21:4 참조)는 말씀에 근거해서 우리는 그렇게 말할 수 있습니다. 그러므로 연약하여 아직은 하나님 앞에서 우는 그런 과정을 거쳐서, 결국 하나님 앞에서도 참으로 잠잠하며 하나님을 기다리는 사람이 되는 것 – 그것이 가장 성숙한 사람의 모습입니다.

하나님의 뜻을 알려면 성령님과의 깊은 교제 속에서 부지런히 성경을 읽어서 성경에 나타난 하나님의 뜻을 잘 살피고, 역시 성령님과의 깊은 교제에 근거하여 그 성경에 명시된 하나님의 뜻이 자신의 정황에 어떻게 적용되어야 하는가를 살펴가야 합니다.17 말씀이 없이는 하나님의 뜻을 알 수 없고, 성령님 없이는 그 말씀을 자신의 삶에 적용할 수 없습니다. 그러므로 하나님의 뜻을 추구하는 참 하나님의 백성은 항상 말씀과 성령님과 함께 하는 사람들입니다.

그리하여, 둘째로, 우리 각자가 하늘의 천사들처럼 "자원해서, 그리고 신실하게" 우리가 부름 받은 그 사역을 수행해야 합니다. 각자

---

16 시편 37편을 73편 특히 73:17과 연관시키면서 이를 언급하는 Leslie S. M'Caw and J. A. Motyer, "Psalms," in *The New Bible Commentary*, 3rd edition (Leicester: IVP and Grand Rapids: Eerdmans, 1970), 474.

17 이에 대해서 이승구, 『개혁신학 탐구』 (수원: 합신대학원 출판부, 2012), 47-52, 68-80, 81-96; 이승구, 『묵상과 기도, 생각과 실천』 (서울: 나눔과 섬김, 2015) 19-59 등을 보십시오.

에게 주께서 불러 시키신 사명(*vocatio*)이 있음을 성경에서 배운 하나님 나라 백성들은 일차적으로 무엇이 하나님께서 자신에게 불러 시키신 일인지를 알아 가려고 합니다. 하나님 백성은 그저 인생을 사는 사람들이 아닙니다. 자신이 무엇을 위해 사는지를 알고 사는 사람들입니다. 그러므로 어린 아이 때와 청소년기에 부지런히 힘써서 해야 할 것은 앞으로 무슨 일이든지 할 수 있는 기본적인 소양을 분명히 다지면서, 동시에 주께서 자신을 불러 시키시는 일이 과연 무엇인지를 찾는 것입니다. 기도하면서 하나님 나라와 하나님의 뜻의 성취를 위해 자신이 무엇을 하면서 인생을 살아가야 하는지를 부지런히 찾아야 합니다.

그 사명을 확인한 사람들은 "자원해서, 그리고 신실하게" 우리가 부름 받은 그 사역을 수행해야 합니다. 주어진 일에 대해서 "늘 기쁘게" 그리고 "열심히" 일하는 사람이 되어야 합니다. 자원하는 마음과 신실함이 하나님의 백성들에게 늘 요구되는 덕목임이 여기서 드러납니다. 신자는 항상 그렇게 합니다. 그런 항상성(恒常性)이 하나님 나라 백성의 특성입니다.

그러므로 자신의 의지를 하나님의 의지에 종속시키고 불평하지 않는 기본적 태도를 지닌 하나님 나라 백성이 자원해서 신실하게 자신의 사명을 수행해 나아갈 때 그 개인에 대한 하나님의 뜻이 이루어집니다. 우리가 이 세상에서 사람들이 보기에 놀라운 일을 이룰지라도 이런 모습을 가지고 있지 않다면 우리는 하나님의 뜻을 이루는 사람들이 아닙니다. 그러나 이런 태도와 이런 성실함으로 열심히 하나님께서 부여하신 사명을 이루어 가는 그 사람에게서는 하나님의 뜻이 이루어집니다. 그러므로 하나님 백성은 한편으로는 조용히 하나님의 뜻이 이루어지기를 바라고 있는 매우 조용한 사람이면서도, 동시에 하나님의 뜻을 열심히 이루어 나아가는 매우 역동적인(dynamic) 사람이기도 합니다.

그 자신으로서는 정태적(static)이지만, 하나님 뜻에 대해서는 역동적(dynamic)입니다. 그러므로 이런 사람은 그저 정적주의(quietism)나 일에 빠져 있는(workaholic) 사람일 수 없습니다. 하나님 앞에서 조용히 그를 기다리면서도 하나님의 일에는 매우 열성적으로, 그리고 역동적으로 활동하는 사람입니다.

그러면서 **그 과정 중에서** 다른 사람과의 관계가 형성되는데 **바로 거기서** 하나님의 뜻의 또 다른 성취가 이루어집니다. 이에 대한 논의에로 나아가 봅시다.

하나님 뜻의 관계적 실현

참 하나님의 백성은 하나님께서 사명으로 주신 일을 이 세상 속에서 열심히 하면서 다른 사람들과 관계를 가집니다. 그 관계성을 넓게는 '다른 사람들에 대한 사랑'이라고 규정할 수 있습니다.[18] 하나님을 사랑해서 열심히 일하면서 그 과정에서 그는 사람들을 사랑하는 일을 이루게 됩니다. 여기서 하나님의 뜻의 **관계적 실현**이 이루어집니다. 열심히 일하다가 그 일이 너무 중요해서 그 과정에서 사람들이 무시되거나 소외되는 것이 아니라, 참으로 하나님의 일을 열심히 하는데 그 과정에서 사람에 대한 사랑이 실현됩니다.

물론 이 문제와 관련하여 아주 기본적인 말을 여기서 다시 한번 하자면, 사람들에 대한 사랑이 하나님에 대한 사랑을 다 소진(消盡)할 수는 없습니다.[19] 사람들을 사랑하는 이것이 하나님에 대한 사랑을 다

---

[18] 이때 사랑의 진정한 의미가 무엇인가에 대한 복잡한 논의에 대해서는 Seung-Goo Lee, *Kierkegaard on Becoming and Being a Christian* (Zoetermeer: Meinema, 2006), 72-115와 그에 인용된 여러 저작들을 참조하십시오.

표현한 것이라고는 할 수 없습니다. 하나님을 사랑하는 사람들은 반드시 사람들을 사랑하게 되어 있습니다. 그러나 사람들에 대한 사랑이 하나님을 사랑하는 것을 대신하거나 그것을 다 소진할 수는 없습니다.[20]

우리의 관계성은 개인의 성취나 일의 성취 외의 별도의 일을 통해서 이루어지는 것이 아니라, 우리가 주님을 위한 일을 하는 그 과정에서 이루어집니다. 그러므로 우리의 사명을 위한 노력은 하나님의 뜻을 성취하면서 하나님에 대한 사랑을 표현하는 것이면서 동시에 사람들에 대한 사랑의 표현이기도 합니다. 그러므로 우리의 일들은 이런 이중 의미에서 "사랑의 역사(役事)"(works of love)입니다. 우리가 하나님을 사랑하는 마음으로 일을 하는지가 중요한 판단의 시금석이지만, 동시에 그것이 과연 사람들을 사랑하는 방식인가 하는 것도 아주 중요한 판단의 시금석입니다. 하나님의 뜻을 수행하는 것은 사람들을 사랑하는 결과를 내기 때문입니다. 내가 하나님의 백성답게 어떤 일을 제대로 하고 있는지를 판단할 수 있는 시금석 중의 하나가 과연 사람들을 사랑해서 그 일을 하는 것인가, 그리고 결과적으로 그 일을 통해서 사람들에게 유익이 되는가 하는 것입니다. 비슷한 의미를 전달하면서 오래 전에 흐로쉬이데는 다음 같이 말한 바 있습니다: "사랑은 사람을 하나님의 사람으로 만든다. 사랑은 그를 하나님의 영광을 위해, 그리고 그의 형제의 잘됨(well-being)을 위해 살도록 가르친다."[21]

진정한 사랑은 성경 여러 곳에서 표현하고 있는 "그리스도적인 품성"이 나타나는 것이라고 이해하는 것이 좋습니다. 이런 점에서 고린

---

[19] 이에 대한 논의로 Seung-Goo Lee, *Kierkegaard on Becoming and Being a Christian*, 93을 보십시오.

[20] 여기서 기독교적 입장이 엠마누엘 레비나스(Emmanuel Levinas, 1906-1995)의 입장과 어떻게 다른지가 잘 드러납니다.

[21] F. W. Grosheide, *The Fist Epistle to the Corinthians*, NICNT (Grand Rapids: Eerdmans, 1953), 308.

도전서 13장, 특히 4-7절은 하나님의 뜻의 관계적 실현인 사랑을 이해하기에 좋은 출발점이 됩니다. 이 부분에 대한 설명을 시작하면서, "바울은 이제, 사랑이 존재할 때의 상황을 지켜봅니다"는 말로 시작하는 레온 모리스의 표현을 보십시오.[22] 여기서 사랑은 흐로솨이데가 잘 표현한 바와 같이 "인격화된 사랑"(love personified)입니다.[23]

진정으로 사랑하는 사람은 다른 사람에 대해서 "오래 참습니다(μακροθυμέω)." 베일러 대학교의 죠오지 트루잇 신학교(George W. Truett Seminary)의 프레벤 팡이 근자에 잘 표현한 바와 같이, "열심히 참는 것은 성령님께서 내주하신다는 표지이고(갈 5:22), 거룩한 삶의 증거이며(엡 4:22; 골 1:11; 3:12; 살전 5:14), 바울을 본받아 고린도 그리스도인들이 배워야 할 것입니다(고후 6:6; 딤전 1:16; 딤후 3:10)."[24] 원칙적으로 말하면, 우리는 그들이나 우리가 죽기까지 참습니다. 그야말로 오래 참는("long-suffering," KJV) 것입니다. 그런 참음이 지속되기를 하나님은 원하십니다. 이는 "화내기 쉬움"(short-tempered)의 반대말이며,[25] 특히 상황에 대해서보다도 사람들에 대해서 그리하는 것이라는 바클레이와 모리스의 말은 의미심장합니다.[26]

결국 이 말의 의미는, 안토니 티슬톤이 잘 표현하고 있는 바와

---

[22] Leon Morris, *1 Corinthians*, Tyndale New Testament Commentaries, revised edition (Leicester: IVP and Grand Rapids: Eerdmans, 1985), 180. 여기서 말하는 사랑이 존재할 때의 상황이 바로 하나님의 뜻이 이루어 질 때의 상황입니다. "15개의 일련의 동사로 바울은 기독교적 행위의 필수 불가결한 것(the *sine qua non*)이라고 주장했던 사랑을 묘사하는 데로 나아간다"고 표현하는 고든 피의 적절한 말도 참고하십시오. Cf. Gordon D. Fee, *The First Epistle to the Corinthians*, NICNT, new series (Grand Ra[ids: Eerdmans, 1987), 636.

[23] Grosheide, *The Fist Epistle to the Corinthians*, 306.

[24] Preben Vang, *1 Corinthians*, Teach the Text Commentary Series (Grand Rapids: Baker Books, 2014), 182.

[25] Cf. Morris, *1 Corinthians*, 180. 정암도 이는 "화를 내는 데서 멀리함"이라고 합니다(박윤선, 『고린도전서 주석』 [1962, 20쇄, 서울: 영음사, 1999], 189).

[26] Morris, *1 Corinthians*, 180.

같이, "하나님의 때에 이루어짐을 바라면서 인내하며 기다리는" 것입니다.[27] 그래서 참으로 사랑하는 사람은 그야말로 "모든 것을 참는 것입니다(πάντα στέγει)"(고전 13:7).[28] "사랑은 쉽게 포기하지 않습니다. 사랑은 (끝까지) 견디는 것입니다."[29] 그리고 7절 맨 마지막에서 말하듯이, 사랑하는 사람은 모든 일에 대해서 인내합니다(πάντα ὑπομένει).

또한 그런 사람은 다른 사람들에 대해서 "온유합니다"(χρηστεύομαι). "친절한, 온유한"이라는 뜻의 "크레스토스"(χρηστός)라는 단어와 그 명사형인 "크레스토테스"(χρηστότης)는 1세기에 일반적으로 많이 사용되었는데, 이 말의 동사형은 사용되지 않았다고 합니다.[30] 따라서 이는 "(신약 성경에서) 여기에만 나오는" 말인데, 결국 "악하게 대하는 사람에게도 선으로 반응하는 것을 뜻하는 말입니다."[31]

---

[27] Anthony C. Thiselton, *The First Epistle to the Corinthians*, NIGTC (Carlisle: Paternoster and Grand Rapids: Eerdmans, 2000), 1046f.

[28] 이것이 "스테게오"(στέγω)의 보다 직접적 의미라고 여겨집니다. 다음에 설명할 다른 의미도 생각하면서, 그러나 이것이 여기서의 바울의 의도일 것이라고 설명하는 Morris, *1 Corinthians*, 181; Hans Conzelmann, *1 Corinthians*, Hermeneia, trans. James W. Leitch (Philadelphia: Fortress Press, 1975), 224; 그리고 Fee, *The First Epistle to the Corinthians*, 640을 보십시오.
이와는 달리 "스테게"(στέγη)가 '지붕'이라는 뜻이므로(막 2:4 참조), 이를 "덮다"(cover, hide by covering)는 뜻으로 해석하여 "항상 보호하고"(always protects)라고 번역한 NIV와 이를 잘 설명하는 Morris, *1 Corinthians*, 181; Vang, *1 Corinthians*, 183, 또한 "다른 이들의 잘못을 기뻐하기 보다는 그것들을 덮어준다"고 설명하는 Craig, "The First Epistle of the Corinthians: Introduction and Exegesis," 184; Ceslaus Spicq, O.P., *Agapē in the New Testament*, trans. Sister Marie Aquinas McNamara, O.P., and Sister Mary Honoria Richter, O.P. (St. Louis: Herder, 1965), 2:159; F. F. Bruce, *I & II Corinthians*, The New Century Bible Commentary (London: Marshall, Morgan & Scott and Grand Rapids: Eerdmans, 1971), 127; 그리고 W. Harold Mare, "1 Corinthians," in *The Expositor's Bible Commentary*, vol. 10 (Grand Rapids: Zondervan, 1976), 268도 보십시오. (이것에서 나아가 "지지하다"[support]는 의미로 해석하는 C. K. Barrett, *A Commentary on the First Epistle to the Corinthians*, 2nd edition (London: Black, 1971), 304; 그리고 Thiselton, *The First Epistle to the Corinthians*, 1058도 보십시오).
두 가지 해석이 다 문맥에 잘 적용된다고 하면서 둘 다를 취하는 해석으로는 Grosheide, *The Fist Epistle to the Corinthians*, 307을 보십시오.

[29] Morris, *1 Corinthians*, 181.

[30] 이 점을 그 용례를 들어 설명하고 있는 Thiselton, *The First Epistle to the Corinthians*, 1047을 보십시오. 그래서 핀들레이는 바울이 자신의 목적을 위해 이런 동사를 만들어 사용하였을 수도 있다고 추론합니다. Cf. G. G. Findlay, "St. Paul's First Epistle to the Corinthians," in *Expositor's Greek Testament*, ed., W. R. Nicoll (London: Hodder & Stoughton, 1900; reprint, Grand Rapids: Eerdmans, 1961), 899.

그러므로 이는 그저 친절하다는 정태적인 의미보다는 적극적으로 온유함을 표현해 내는(shows kindness) 것을 강조하는 말입니다.32

이 두 가지를 묶어 보면서 이는 "다른 사람들에 대한 수동적 반응과 적극적 반응을 표현하는" 것이라고 보는 고든 피의 관찰도33 흥미롭습니다. 그는 더 나아가 이것이 성경에 나타난 하나님의 사랑의 성격을 묘사하는 것과 매우 비슷하다고도 말합니다.34

또한 참으로 사랑하는 사람은 시기하지(ζηλόω) 않고,35 (자신을) 자랑하지(περπερεύομαι) 않습니다. 더 나아가 (그 마음이 속으로) 교만하지도(φυσιόω) 않습니다.36 이 세 가지를 묶어서 생각하면서 정암은 "(1) 자기와 남을 비교하여 경쟁하는 심리로 범하는 죄를 범치 않

---

31 이점을 지적하는 Morris, *1 Corinthians*, 180; Fee, *The First Epistle to the Corinthians*, 636, n. 6 ("a NT *hapax legomenon*")을 보십시오. 더 나아가 이 "크레스튜오마이"(χρηστεύομαι)라는 말이 오직 기독교 문헌에만 나온다고 말하는 Conzelmann, *1 Corinthians*, 224; Fee, *The First Epistle to the Corinthians*, 636 그리고 Thiselton, *The First Epistle to the Corinthians*, 1047도 보십시오.
초대교회 때의 그리스도인들이 얼마나 온유했는지 그리스도인을 뜻하는 "크리스티아누스"(*Christianus*)에 외부인들이 "온유와 자비를 드러내는 자"라는 뜻의 *Chrestianus*를 별명으로 붙이던 상황을 묘사하는 Tertullian의 글도 참고해 보십시오. Cf. Tertullian, "*Apology*," chap. 3, in *Ante-Nicene Fathers*, eds., Alexander Roberts and James Donaldson (Edinburgh: T&T Clark, 1885-87; reprint, Grand Rapids: Eerdmans, 1989), 3:20.

32 이 단어의 적극적 성격을 강조하는 Thiselton, *The First Epistle to the Corinthians*, 1047을 보십시오.

33 Fee, *The First Epistle to the Corinthians*, 636. 이는 이전 시리즈에서 Grosheide가 이미 시사한 바를(*The Fist Epistle to the Corinthians*, 306, n. 3) 다시 상세히 언급하는 것이기도 합니다.

34 Fee, *The First Epistle to the Corinthians*, 636f. 오래 전에 이와 비슷한 언급을 한 Clarence T. Craig, "The First Epistle of the Corinthians: Introduction and Exegesis," in *The Interpreter's Bible*, vol. 10 (Nashville: Abingdon, 1953), 174도 보십시오.

35 이에 대해서 칼빈이 하는 말은 의미심장합니다: "시기가 통치하는 곳, 모든 사람들이 첫째가 되려고 하고 그렇게 나타나는 곳에는 사랑의 자리가 없다."(John Calvin, *Commentary on the Epistles of Paul the Apostle to the Corinthians*, trans. John Pringle, vol. 1 [Edinburgh: Calvin Translation Society, 1848; reprinted, Grand Rapids: Baker, 1993], 422).

36 칼빈은 그 결과를 명시하면서, 교만한 사람은 "다른 사람들을 업신여기고, 자기 스스로 만족하게 여긴다"고 말합니다(Calvin, *Commentary on the Epistles of Paul the Apostle to the Corinthians*, 1:423). 띠슬톤은 "하나님과 다른 사람들을 도외시한 채 자기 자신에게 사로잡힌" 것의 문제를 잘 지적하면서, 이것이 루터가 말하는 '영광의 신학'(*theologia gloriae*)과 사람들의 허세 부림(ostentation)과 연관시켜 설명합니다(Thiselton, *The First Epistle to the Corinthians*, 1047).

음이고, (2) 명예주의를 가지지 않음이다"라고 설명합니다.37 사랑하는 사람은 그리스도를 바르게 이해함으로 "지위와 명예와 축복이 다른 사람들에게 쏟아 부어질 때 기뻐하게 됩니다."38 따라서 그는 다른 사람들에게 무례히 행하지 않고,39 자신의 유익을 구하지 아니하며,40 성내지(παροξύνω) 아니합니다.41

그 뿐만 아니라 그 내면에 있어서 하나님의 사람들은 **소극적**으로는 악한 것을 생각하지 않고,42 불의를 기뻐하지 않으며, **적극적**으로는 진리

---

37 박윤선, 『고린도전서 주석』, 189.

38 Vang, *1 Corinthians*, 182.

39 "무례하다"(ἀσχημονέω)는 말은 "적절하지 않게 행하다"(behave unseemly) 또는 "불명예스럽게 하다"(dishonor others)는 말인데, 같은 단어가 이미 고전 7:36에서 사용되었기에 "이치에 합당하지 않게 행하는 모든 것을 뜻할 수 있다"고 논의하는 Grosheide, *The Fist Epistle to the Corinthians*, 307; 그리고 Craig, "The First Epistle of the Corinthians: Introduction and Exegesis," 176을 참조하십시오. 특히 성경 전체의 입장에서 보았을 때 고전 7:36, 그리고 5:1-2의 빛에서 잘못된 성행위를 하는 것을 포함할 수 있다고 논의하는 Vang, *1 Corinthians*, 182도 보십시오. Craig와 Mare는 바울이 아마도 11:2-16 이나 14장에서 언급하고 있는 예배에서의 무질서도 생각하면서 이를 언급했을 수도 있다고 합니다(Craig, "The First Epistle of the Corinthians: Introduction and Exegesis," 176; Mare, "1 Corinthians," 268). 그러므로 "무례하다"(rude)는 번역은 좀 약하게 표현한 것이고 "부끄러운 행위를 언급하는 더 강력한 단어"라고 말하는 리쳐드 헤이스의 말에 좀 더 귀를 기울여야 할 것입니다(Richard B. Hays, *First Corinthians*, Interpretation [Louisville: John Knox, 1997], 226).
이를 달리 번역하면 "부끄럽게 또는 은혜스럽게 행하지 않음"이라고 합니다. Cf. Mare, "1 Corinthians," 268; 그리고 Fee, *The First Epistle to the Corinthians*, 638("bahaves shamefully or disgracefully").

40 이는 "자신의 것들을 추구하지 않는다"(does not seek its own things), "자신의 방식을 고집하지 않는다"(does not insist on its own way) 또는 "이기적이지 않다"(is not selfish)는 의미를 모두 함의하는 말입니다. 이를 지적하는 Morris, *1 Corinthians*, 180을 보십시오. 또한 이는 "오직 사랑으로만 극복할 수 있는 인간의 뿌리 깊은 죄악"이라는 Grosheide, *The Fist Epistle to the Corinthians*, 307의 논의도 보십시오.

41 "성내는 것은 잠재하였던 증오가 폭발함이니 그것에 곧 살인 독(殺人毒)"이라고 하면서 성경 전체의 의미에서 왜 성내지 아니해야 하는가를 설명하는 정암의 설명을 참조해 보십시오. Cf. 박윤선, 『고린도전서 주석』, 192. 이렇게 "성내다"는 뜻이 더 적절한 번역이라는 또 다른 해석들로 Morris, *1 Corinthians*, 180; Conzelmann, *1 Corinthians*, 224; Mare, "1 Corinthians," 267; 그리고 Fee, *The First Epistle to the Corinthians*, 639을 보십시오.

42 그런데 '로기조마이'(λογίζομαι)의 뜻을 NIV에서는 "잘못한 것의 기록을 계속 가지고 있지 않는다"(It jeeps no record of wrongs)라고 번역하고 있습니다. 이를 강조하면서 언급하는 Craig, "The First Epistle of the Corinthians: Introduction and Exegesis," 179 ("여기서 '로기조마이'는 생각하다는 뜻이 아니라, '염두에 두다, 기록하다'는 뜻이다. 이 단어의 가장 일반적인 용례는 산술적 계산에서 발견된다"); Conzelmann, *1 Corinthians*, 224; Mare, "1 Corinthians," 268; Fee, *The First Epistle to the Corinthians*, 639; 그리고 Thiselton, *The First Epistle to the Corinthians*, 1053도 보십시오. 그러므로 결과적으로, 사랑은 "보복이라는 개념을 거두한다"고 말하는 Vang, *1 Corinthians*,

와 함께 기뻐합니다. "사랑은 진리의 기쁨을 공유합니다."⁴³ 이 때 진리와 함께 기뻐한다는 것은 "진리의 인격적 개인적 체현"(a personification of truth)이라고 말하는 흐로솨이데의 말도 의미 깊습니다.⁴⁴

여기서 우리가 말하는 사랑이 진정한 기독교적 사랑임이 아주 잘 드러납니다. 이 세상의 사랑에 대한 그 어떤 생각 중에 진리와 함께 기뻐하는 것이 사랑이라고 생각하는 일은 없습니다. 참으로 기독교적인 사랑을 생각하는 사람들만이 진정한 사랑은 진리와 함께 기뻐하는 것이라고 말합니다. 그리고 진리가 무엇인지를 생각하면서 그것은 결국 하나님과 하나님께서 계시하신 것이라고 단언합니다.⁴⁵ 그래서 모리스는 "사랑은 하나님의 진리, 복음의 진리를 기뻐한다"고 잘 표현하였습니다.⁴⁶

그 후 7절에, 고든 피가 "마지막 '동사들의 스타카토'"라고 표현한 것이⁴⁷ 나옵니다. 참으로 사랑하는 사람은 (1) 항상 견뎌내고 (πάντα στέγει),⁴⁸ (2) (하나님께서 계시하신) 모든 것을 믿으며(πάντα

182도 보십시오.

⁴³ Morris, *1 Corinthians*, 181: "Love shares truth's joy."

⁴⁴ Grosheide, *The Fist Epistle to the Corinthians*, 307.

⁴⁵ 이에 대한 정확한 이해를 자세히 살펴보려면, 이승구, "기독교적 진리 이해", 『기독교 세계관이란 무엇인가』, 최근판 (서울: SFC, 2018), 143-72, 특히 160-62, 166-69; 또한 이승구, 『코넬리우스 반틸』 (서울: 살림, 2007), 57-79; Seung-Goo Lee, *Kierkegaard on Becoming and Being a Christian*, 261-318도 보십시오.

⁴⁶ Morris, *1 Corinthians*, 181. 정암도 "진리"라는 말이 "여기서는 복음 진리를 가리킨다"고 하였습니다(박윤선, 『고린도전서 주석』, 193). 고든 피도 그렇게 생각하면서 "사랑은 복음의 편에 서서 모든 사람들에게 자비와 공의를 바란다"고 말하며, 따라서 그 앞에 언급된 악은 복음에 대립하는 것이라고 해석합니다(Fee, *The First Epistle to the Corinthians*, 639).
이와는 달리 '진리'라는 말 앞에 있는 정관사도 복음 진리 그 자체를 뜻하는 것이 아니고, 결국 "그 상황 속에서의 참됨"을 뜻하는 것이라고 하면서(Thiselton, *The First Epistle to the Corinthians*, 1056), 바울이 말하는 바는 "사랑은 존재의 **참됨**을 발견하였다"(Thiselton, *The First Epistle to the Corinthians*, 1055: "Love has discovered *integrity*." 띠슬톤 자신의 강조점임)는 의미라고 보는 띠슬톤의 논의도 보십시오. 그러나 이런 일반적 이해보다는 좀 더 복음 자체를 중심으로 이해해야 할 것입니다. 바울이 진리라는 말을 할 때 그의 의식 속에 결국 복음 진리와 관련되지 않을 수 없었을 것입니다.

⁴⁷ Fee, *The First Epistle to the Corinthians*, 639: "This final staccato of verbs."

⁴⁸ 여기서 "판타"(πάντα)는 그 의미상 "항상"("in everything" or "always")을 뜻한다는 논

πιστεύει),49 (3) (하나님께서 약속하신) 모든 것을 바라고(πάντα ἐλπίζει), (4) 모든 상황에서 인내합니다(πάντα ὑπομένει). 여기서 말하는 바람은 "하나님의 은혜로 말미암아 있게 될 궁극적 승리를 바라보는 확신"이라는 모리스의 표현은 정확한 것입니다.50 그러기에 하나님의 백성은 모든 상황에서 참으로 인내할 수 있습니다.51 즉, "사랑은 (상황에) 밀려 정복되지 않고, 그 어떤 어려움에 대해서도 남자답게 자신의 일을 하는 것입니다."52

이런 덕의 목록이 사랑과 연관되어 나타나는 것은 어쩌면 성경이 말하는 다른 모든 덕의 목록들도 다 사랑과 연관되어 있다고 생각하도록 합니다. 그러므로 소극적으로 말하자면, 진정한 하나님 나라 백성

의로 Ralph P. Martin, *The Spirit and the Congregation: Studies in 1 Corinthians 12-15* (Grand Rapids: Eerdmans, 1984), 51; 그리고 Fee, *The First Epistle to the Corinthians*, 639을 보십시오. "반복된 '모든'(all)은 사유의 절대성을 표현한다"는 Grosheide, *The Fist Epistle to the Corinthians*, 308; 또는 이것이 "모든 제한의 부재"(the absence of all limits)를 전달한다는 헤링의 표현도(Jean Héring, *The First Epistle of St. Paul to the Corinthians*, trans. A. W. Heathcote and P. J. Allcock [London: Epworth Press, 1962], 141) 주목해 보십시오.

49 그러므로 이는 그저 "항상 최선을 믿기 갈망하며"(ɛlways eager to believe the best)라고 생각하는 James Moffatt, *The First Epistle of Paul to the Corinthians* (New York: Harper and Bros., 1938)의 해석 이상의 의미를 지닌 것입니다. (Moffatt의 견해를 동감적으로 인용하면서 설명하는 Morris, *1 Corinthians*, 182를 보십시오). 이와 같이 사람에 대한 믿음을 중심으로 이해하고 설명하는 Grosheide, *The Fist Epistle to the Corinthians*, 307; Craig, "The First Epistle of the Corinthians: Introduction and Exegesis," 182; Bruce, *I & II Corinthians*, 127; 그리고 Vang, *1 Corinthians*, 183도 보십시오. 사랑은 항상 믿음을 가지기를 그치지 않는다고 번역하는 Fee, *The First Epistle to the Corinthians*, 640의 해석도 중립적이지만 이런 의미를 지닐 수 있습니다.
이런 인간 중심적 해석에 대해서 아쉬움을 표하고자 합니다. 우리는 위의 본문에서 표현한 바와 같이 "하나님께서 계시하신 것을 모두 다 믿으며"라고 해석해 보고자 합니다. 혹시 인간적 해석을 한다고 해도 어거스틴처럼 하나님의 말씀을 믿음을 잘 언급하고(Augustine, *Freedom and Letter*, 32), 그 후에 사람들에 대한 최선을 믿는다고 말하는 것이 나을 것입니다(Augustine, *Confession* 10:3).
이 "모든 것을 믿고," "모든 것을 바란다"는 말이 미라의 것에 대한 반응이고, 첫째와 넷째 스타카토에 해당하는 "견디고, 인내한다"가 현재 상황에 대한 것이라고 보는 G. G. Findlay, "St. Paul's First Epistle to the Corinthians," 2:899와 그에 동의하는 Fee, *The First Epistle to the Corinthians*, 640의 논의는 좀 의미부가적이라고 판단됩니다.

50 Morris, *1 Corinthians*, 182. 비슷한 이해로 박윤선, 『고린도전서 주석』, 195를 보십시오.

51 바울은 처음과 나중에 거의 비슷한 것을 언급하여 일종의 싸고 있는(*inclusio*) 구조를 나타내고 있는 듯합니다. 바울이 동의어를 사용하여 논의하고 있다고 비슷하게 논의하는 Fee, *The First Epistle to the Corinthians*, 636을 보십시오.

52 Morris, *1 Corinthians*, 182

들은 열심히 주어진 사명을 수행하면서 참된 사랑을 하는 사람들이라고 할 수 있습니다. 적극적으로 말한다면, 하나님 나라 백성들은 주어진 사명을 수행하면서 성경이 말하는 덕을 실현하여 사랑을 이룬다고 할 수 있습니다. 성경이 말하는 덕들은 궁극적으로 우리 안에 그리스도적 품성이 발휘될 때 나타납니다. 이런 점에서 앞서 고찰한 고린도전서 13:4-7에 "그리스도의 품성"이, 더 나아가서 "하나님의 어떠하심"이 묘사되어 있다고 하는 브루스의 생각은 흥미롭습니다.[53] 우리는 그 그리스도적 품성을 드러내게끔 부름 받았습니다. 그런데 그것은 성령님께서 힘주시지 않으면 이루어 질 수 없습니다. 그래서 그리스도적 품성이 잘 발휘되는 것을 **단수로** "성령의 열매"(ὁ καρπὸς τοῦ πνεύματος, 갈 5:22)라고 합니다. 그러므로 하나님의 뜻의 관계적 실현이 "성령의 열매"라고 할 수 있습니다.

하나님 나라 백성이 그 주변의 사람들과 관련하여 이렇게 그리스도적인 품성을 잘 드러내는 것은 매우 자연스러운 것이므로 기독교 가정과 기독교회는 원칙적으로 하나님의 뜻이 실현되는 가장 기본적인 장(場)입니다. 그러므로 기독교 가정과 기독교회는 원칙상(in principle) 사랑의 공동체이며, 그리스도적인 품성이 실현되는 공동체입니다.[54] 여기서 "원칙상"이라고 표현한 것은 "실제에 있어서는"(in practice) 아직 그렇지 못한 모습을 나타낼 때가 있음을 표현하는 말입니다. 그러므로 우리들은 계속해서 그 원칙에 부합하게 우리 가정과 교회가 그 성경적 모습을 드러내도록 노력해 가야만 하고, 그것이 바로 우리의 성화의 과정이라고 할 수 있습니다.[55]

---

[53] Bruce, *I & II Corinthians*, 126.

[54] 하나님의 뜻에 비추어 기독교 가정이 어떻게 나타나야 하는지에 대해서는 이승구, 『위로 받은 성도의 삶』 (서울: 나눔과 섬김, 2015), 165-73을 보십시오. 성경적 교회의 모습에 대해서는 이승구, 『성령의 위로와 교회』, 최근판 (서울: 이레서원, 2013), 69-253; 『교회란 무엇인가?』, 최근판 (서울: 말씀과 언약, 2020); 『한국 교회가 나아 갈 길』, 개정판 (서울: CCP, 2018)을 보십시오.

하나님 뜻의 사회적, 국가적 실현

하나님 나라 백성들은 자신[**하나님의 뜻의 인격적(人格的) 실현(實現)**]과 자신과 직접적 관계에 있는 사람들에게서만[**하나님의 뜻의 관계적 실현**] 하나님의 뜻이 실현되는 것을 바라고 지향하며 노력하는 것이 아니라, 좀 더 넓은 사회 속에서도 하나님의 뜻이 이루어지기를 바라고 노력합니다. 지역 사회에서도, 자신이 속한 국가에서도, 심지어 국제적 관계에서도 하나님의 뜻이 실현되는 것을 바라고, 그것을 위해 애쓰게 됩니다.

이때 중요한 것은 어떻게 해야 하나님의 공의가 이 세상에 실현될 수 있는가 하는 것입니다. 그리고 그것이 하나님의 공의인 한, 그것은 사랑과 대립하지 않고 같이 있습니다. 하나님에게는 공의와 사랑이 같이 있다는 것이 아주 분명하지만,[56] 그것이 과연 어떻게 우리 사회 속에서도 실현될 수 있는가가 우리에게는 어려운 문제로 나타납니다. 우선 여기서는 우리가 지향하는 기독교 사회 속에서 과연 하나님의 뜻이 어떻게 실현될 수 있는지를 중심으로 논의해 보겠습니다. 사실 중세 유럽과 종교 개혁기에 하나님의 뜻이 온 세상에 실현되기를 바라던 신실한 하나님의 백성들이 생각하던 바는 바로 자신들이 속한 사회가 진정한 의미의 기독교 사회가 되기를 바라면서 논의한 것이라고 할 수 있습니다. 주일이면 거의 대부분의 사람들이 예배에 참석하던 그 사회 속

---

[55] 이에 대하여 이승구, 『성령의 위로와 교회』, 56-64를 보십시오.

[56] 하나님의 단순성(simplicity) 개념을 설명하면서 이를 시사하는 바빙크의 다음 표현을 주의하여 보십시오: "하나님을 '가장 단순한 본질'이라고 묘사함으로써 우리는 그를 온전한 본질이라고 지칭하는 것이다. 우리는 그에게 본질의 무한한 충만을 돌리는 것이다. 우리는 그가 무한하고, 끝없는 '본질의 대양'(ocean of essence)이라고 고백하는 것이다"(Bavinck, *The Doctrine of God*, 171=『개혁주의 신론』, 252).

에서는 그런 교우들이 이루는 사회도 하나님의 뜻을 실현하는 사회여야 한다고 생각하는 일이 매우 당연한 것이었습니다. 그들이 생각하는 황제와 왕과 군주들이 모두 형식상으로는 기독교인이니 그들의 통치가 기독교적인 통치여야만 한다고 생각했고, 그 신민들이 모두 세례 받은 사람들이니 그들이 이루는 사회가 기독교 사회여야만 한다고 여기면서 논의했던 것입니다.

그러나 엄밀한 의미에서 중세 유럽 사회나 성경적 입장에 좀 더 충실하고자 했던 종교개혁기도 진정한 의미에서 기독교 사회를 이룬 때는 거의 없다는 현실을 우리들은 진지하게 받아들여야 합니다. 심지어 "사도 시대 이후로 그리스도의 가장 완벽한 학교"라고 언급된 바 있었던 제네바조차도[57] 엄밀한 의미에서 기독교 사회였다고 말하기는 어렵습니다. 제네바를 진정 하나님께서 통치하시는 영역(the Christian commonwealth)으로 만들기 원하던 칼빈도 지속적으로 저항하는 제네바 시민들의 모습을 우리에게 잘 제시해 주고 있습니다. 인간들의 하나님에 대한 불순종이 얼마나 심각한가 하는 것이 이런 데서 잘 드러납니다. 이 땅에서 참된 의미의 기독교 사회가 나타나기를 기대하기는 어렵습니다.

그러므로 여기서의 우리의 논의는 우리들 모두가 예수님을 참으로 자신들과 우리 사회의 구주와 주님으로 믿고 성경을 따라서 진정 하

---

[57] 이는 1554-59에 제네바에 피신하여 영국 피난민 교회를 목회하면서 제네바를 경험한 요한 낙스의 표현이라고 합니다:

> 제네바는 사도 시대 이후로 이 땅에 있었던 그리스도의 가장 완벽한 학교이다. 그리스도를 참되게 선포하는 다른 곳들은 있다. 그러나 [예배와 삶의] 방식과 종교는 아주 심각하게 개혁되어져야 한다고 여겨진다. [제네바에서는 그런 것도 개혁되었으니] 그 외의 다른 곳을 본 일이 없다"(It is the most perfect school of Christ that ever was in the earth since the days of the Apostles. In other places I confess Christ to be truly preached; but manners and religion to be so seriously reformed, I have not yet seen in any place besides).(Carter Lindberg, *The European Reformation*, 2nd edition [Oxford: Wiley-Blackwell, 2010], 234에서 재인용).

나님의 뜻에 복종한다면 우리의 지역 사회와 국가와 국가 간의 관계가 어떠해야 하는지에 대해서 선언적으로 진술하는 것일 뿐입니다. 일종의 이상형(ideal type)이 제시되는 셈입니다. 즉, 우리 모두가 다 그리스도인이 되고, 하나님의 의에 온전히 복종하려고 할 때는 마땅히 이러하여야 한다는 뜻으로 선언되는 것입니다.

그러나 이것은 어떤 사람들이 생각하듯이 전혀 무의미한 일은 아닙니다. 이것은 마치 이스라엘 백성들을 구속하신 하나님께서 너희들은 이렇게 살라고 하시면서 이스라엘 사회의 제도와 법을 주셨던 그 의도와 상당히 유사한 것입니다. 이스라엘 백성들이 온전히 하나님의 의도에 비추어 온전히 산 일은 별로 없습니다. 그래도 그들은 항상 율법의 가르침을 받으면서 이것이 우리들이 마땅히 나가가야 할 방향이라는 교훈을 받았고, 또 실제로 그렇게 살라는 격려도 받았습니다. 그와 아주 유사하게 우리도 성경을 통해서 우리 사회가 과연 어떤 방향으로 나아가야 하는지의 원칙을 가르침 받고, 나아가야 할 방향에 대한 지시와 격려를 받는 것입니다.

그러므로 그리스도인인 우리는 우리 사회도 그 모든 범위에 있어서, 즉 우리의 지역 사회든지, 국가든지, 심지어 국제적 관계에 있어서도 하나님의 통치를 받도록 해야 합니다. 각 사람이 주님께 의식적으로 순종함에서 나오는 그런 사회를 이루려고 해야 합니다. 아주 단순하게 표현해서 하나님의 공의와 하나님의 사랑이 표현되는 사회를 이루려고 해야 합니다.[58] 어떤 지역 사회든지, 국가나 국제적 관계에 있어서 하나님의 공의를 실현하며 그를 통해 하나님의 사랑을 드러내는 방향으

---

[58] 십계명과 관련하여 어떻게 하는 것이 하나님의 공의와 사랑을 실현하는 것이 되는 것인지에 대한 논의로 다음을 보십시오. John Murray, *Principles of Conduct* (Grand Rapids: Eerdamns, 1957); John M. Frame, *The Doctrine of the Christian Life* (Philipburg, NJ: P&R, 2008); 그리고 이승구, 『위로 받은 성도의 삶』, 특히 147-255.

로 가는 것이 하나님의 뜻대로 하는 것입니다.

따라서 그 모든 영역에서 하나님의 공의가 침해 받고, 하나님의 사랑이 시행되지 않는 것은 모두 다 비정상적 상황입니다. 그럴 때마다 그와 같이 하나님의 뜻이 실현되지 않는 것에 대해서 우리들은 탄식하면서 이 상황이 제대로 될 수 있는 길이 무엇인지를 생각하고, 그 정황 속에서 하나님의 공의와 사랑에 가장 가까운 길로 나아가도록 노력해야 합니다. 우리의 기도와 노력은 '하나님 보시기에 비정상적인 것'을 '하나님 보시기에 정상적인 것'으로 되돌리는 방식입니다. 우리의 온전하지 않음도 비정상적인 것이고, 그런 것들이 집적(集積)되어 더 크게 나타나는 이 사회의 여러 문제들도 다 비정상적인 것입니다. 따라서 우리들은 항상 하나님의 뜻이 이 땅에서도 이루어지기를 위해 간구해야 하고, 우리와 사회의 비정상을 정상으로 돌이키기 위해 노력해야 합니다. 이 때 도움이 되는 것이 십계명과 같은 하나님의 직접적 명령들이고, 그것을 요약하는 공의와 사랑의 원리입니다.

세속 사회 속에서 하나님의 뜻의 실현을 위해 기도하면서 사는 법

그런데 우리가 오늘날 실제로 살고 있는 사회는 성경이 이상적으로 제시하고 있는 사회가 아니고, 타락 이후의 사람들이 만들어낸 타락한 사회입니다. 우리들은 마치 노아 시대 홍수 이전에 하나님의 뜻에 복종하지 않던 사람들로 우글거리던 그런 사회 속에서 사는 노아의 가족들과 같고, 여러 어려움 때문에 애굽 땅에 내려가 살던 아브라함과 이삭, 심지어 애굽으로 팔려 가는 요셉과 같습니다. 그리고 그 후손인 이스라엘 백성과 같으며, 바벨론에 포로로 잡혀가 사는 이스라엘 백성 같고, 이

교로 둘러싸인 로마 시대에 복음을 전하러 두루 다니던 바울 일행과 그들이 전하는 천국 복음을 듣고 믿어 하나님 나라 백성으로 사는 사람들, 또한 약 150년 전 서양 선교사들의 복음 선포를 통해 예수님을 믿고 살기로 한 우리 선배 신앙인들과 같습니다.

하나님 나라 백성된 우리는 그와 같은 세속 사회 속에서 살고 있습니다. 이미 성경 안에 이렇게 많은 예들이 있기에 세속 사회 속에서 사는 것이 하나님 백성들에게는 낯선 상황은 아닙니다. 우리들은 과거의 많은 분들이 잘 표현한 바와 같이 "세속 속의 성자들"입니다.[59] 그러므로 우리는 이런 세속 사회 속에서 하나님의 뜻을 구하는 방법을 찾아야 합니다.

이렇게 세속 사회 속에 있다고 해도 하나님의 백성인 우리가 하나님의 뜻을 구하는 일에 큰 차이가 있는 것은 아닙니다. 우리는 모든 정황 가운데서 하나님의 뜻의 실현을 위해 간구하고 그것을 위해 사는 사람들이기 때문입니다. 신약 성경이 "너희는 이렇게 살라"고 명한 모든 말씀은 다 이런 세속 사회 속에서의 그리스도인의 삶의 방향에 관한 것입니다. 우리 주변 사회는 그런 방향을 향해 나아가 가려고 하지 않습니다. 그래도 우리는 그런 세속 사회 속에서 하나님의 뜻을 구하고, 추구하고, 그것을 이루려고 노력해 가야 합니다.

이런 정황에서 우리에게 주어지는 첫째 명령은 "이 세상이나 세상에 있는 것들을 사랑하지 말라"(요일 2:15)입니다. 이 때의 "이 세상"은 앞서 말한 세속 사회라는 점을 유념해야 합니다. 이 말이 일종의 현실 도피주의나 피안(彼岸)을 추구하는 마음이나 고행주의를 뜻하는 것이 아니라는 것을 강조해야 합니다.[60] 이 말씀은 세속 사회가 된 세상

---

[59] Cf. Robert Webber, *The Secular Saint* (Grand Rapids: Zondervan, 1979); 그리고 Leland Ryken, *Worldly Saints: The Puritans as They Really Were* (Grand Rapids: Zondervan, 1986).

과 세상에 있는 것들을 사랑하지 말라는 말씀입니다.[61] 이런 세속 사회와 관련하여 말씀하시기를 "세상과 벗된 것이 하나님과 원수 됨을 알지 못하느냐"(약 4:4)라고 하십니다. 왜냐하면 "세상에 있는 모든 것이 육신의 정욕과 안목의 정욕과 이생의 자랑이니, 다 아버지께로부터 온 것이 아니요 세상으로부터 온 것"이기 때문입니다(요일 2:16). 그러므로 우리는 이런 세속 사회로서의 세상을 버리고, 이 세상 사람들이 행하는 것과 같이 행하지 말라는 명령을 받습니다.

유대인들은 세상(cosmos)이라는 개념을 "세대"(αἰών, age)라고 표현했었습니다. 그래서 "이 세대를 본받지 말라"고 합니다(롬 12:2). 왜냐하면 "그리스도께서 하나님, 곧 우리 아버지의 뜻을 따라 '이 악한 세대에서'(ἐκ τοῦ αἰῶνος τοῦ ἐνεστῶτος πονηροῦ) 우리를 건지시려고 우리 죄를 대속하기 위하여 자기 몸을 주셨기" 때문입니다(갈 1:4). 이 모든 것이 다 세속 사회로서의 이 세상을 본받지 말라는 말입니다.

그러므로 이런 세속 사회에서 이미 구원받아 "이 세상"['중립적 의미의 세상']에 있으나 "이 세상"['세속 사회로서의 세상']에 속하여 있지 않은 하나님의 백성인 우리는 계속해서 이 세상에서 살되, 특별한

---

[60] 그러므로 많은 사람들이 교회에 속해 있던 중세에 나타난 수도원과 그 안에서의 여러 삶의 모습은 성경의 가르침에 유의하지 않고, 이전 박해시대에 어쩔 수 없어서 그런 모습을 가지게 된 경험을 따라가려는 데서 나타난 잘못된 것임을 지속적으로 지적해야 할 것입니다.

[61] 이런 점에서 우리는 이 세상에 있는 것들을 하나님이 주신 선물로 알고 잘 향유해야 한다는 칼빈과 그를 따르는 사람들의 강조점이 얼마나 성경적 건전함에로 되돌아오게 된 것인지를 말하지 않을 수 없습니다. Cf. John Calvin, *Institutes*, 1. 14. 20; *Institutes*, 3. 10. 2; Calvin, *Comm*. Psalm 8:7; Comm. *Psalm* 128:3; Psalm 36:9. Cf. *Comm*. 1 Cor. 10:25; *Comm*. 1 Tim. 4:5; *Comm*. Phil. 2:27; Sermons on Job, 3:1–10; Sermons on 1 Cor. 10:31–11:1. Cf. *Comm*. 1 Tim. 6:17; Ps. 104:15; Michael Horton, *Calvin on the Christian Life: Glorifying and Enjoying God Forever* (Wheaton: Crossway, 2014); Gregory E. Reynolds, "The Humanity of John Calvin," in *Ordained Servant* (October 2009), accessed on 14th September, 2019, available at: https://opc.org/os.html?article_id=168&issue_id=48; Joe Rigney, *The Things of Earth: Treasuring God by Enjoying His Gifts* (Wheaton: Crossway, 2014); 그리고 Trillia J. Newbell, *Enjoy: Finding the Freedom to Delight Daily in God's Good Gifts* (Colorado Springs, Colorado: Multnomah, 2016).

의미로 사용되는 "이 세상," 즉 '세속 사회로서의 세상'에 속하지 않은 사람으로 살아야 합니다. 이 세대는 하나님의 뜻을 따라가지 않고 하나님께 순종할 마음이 일절 없으나, 우리는 이 세상 안에서도 하나님의 뜻을 구하고 그것을 추구하며 그 뜻의 성취를 위해 살아야 합니다. 그러므로 이 세상에서 우리는 이 세상 사람들이 사는 방향과는 정반대의 방향으로 가는 사람들인 셈입니다.

그 대표적인 예가 이 세상이 말하는 사랑과 우리가 말하는 사랑이 다르다는 데에서 잘 나타나며,[62] 이 세상이 말하는 정의와 우리가 말하는 정의가 다르다는 데서 잘 나타납니다.[63] 같은 "덕"(virtue)이라는 말을 사용해도 결국 그 의미가 대립적입니다. 그래서 루터는 심지어 "실제로 아리스토텔레스의 윤리 전체는 은혜에 대해 가장 적대적 원수"라고 합니다.[64] 마찬가지로, 같은 "인권"이라는 말을 사용하여도 결국 다른 방향으로 나아갑니다. 그 대립이 오늘날처럼 적나라하게 드러나는 때도 없다고 할 수 있습니다. 그러므로 이 세상이 말하는 정의가 아닌, 하나님이 옳다고 하시는 정의를 추구하며, 이 세상이 말하는 사랑과는 다른 사랑을 지향하는 것이 우리의 기도와 활동입니다.

이런 상황에서 우리는 과연 어떻게 해야 합니까? 우선 (1) 이런 세상에서 이런 세상 방식에 완전히 동화해 가는 것이나, (2) 개인적이고 종교적인 영역에서는 하나님께 순종하는데, 사회생활에서는 이 세상

---

[62] 이 세상이 말하는 사랑과 기독교가 말하는 사랑이 전혀 다르다는 것을 잘 드러내고 있는 S. Kierkegaard, *The Works of Love* (1847, Princeton: Princeton University Press, 1994), 특히, 53, 147와 이를 분석하여 제시한 Seung-Goo Lee, *Kierkegaard on Becoming and Being a Christian*, 72-103을 보십시오.

[63] 정의를 비롯한 모든 가치에 대한 이해가 상호 적대적임을 설명한 논의로 이승구, "기독교적 가치 이해", 『기독교 세계관이란 무엇인가?』, 제 7 장, 173-92를 보십시오.

[64] Martin Luther, *Disputation Against Scholastic Theology* (1517), These 41, in *Luther's Works* 31: *Career of the Reformer*, I, trans. Harold J. Grimm (Philadelphia: Fortress, 1957), 12 ("Virtually the entire Ethics of Aristotle is the worst enemy of grace."); idem, *Lectures on Romans* (Philadelphia: Westminster Press, 1961) 269.

의 다른 사람들과 같은 방식으로 살려고 하는 것이 모두 잘못된 것임을 분명히 해야 합니다. 그것은 진정한 그리스도인으로서는 있을 수 없는 삶의 양식입니다.[65] 이런 적응주의는 결국 하나님의 뜻을 따라 가지 않는 것이고, 결국 이 세상 사람들이 사는 방식대로 사는 것이기 때문입니다. 예를 들어서, 북한 사회에서 사는 사람이 온전히 북한식 공산주의를 따라 살아가든지, 속으로는 하나님을 섬긴다고 하면서도 외적으로는 북한식 공산주의를 따라 산다면 그것이 하나님의 뜻을 따라 사는 것이라고 할 수 없는 것과 같은 것입니다. 마찬가지로, 미국에 살면서 완전히 현대적이거나 후-현대적 사유 방식을 따라 사는 것, 또는 상당히 많은 이 세상 사람들이 그리하듯이 돈을 최고의 가치로 삼고 사는 것은 하나님 나라 백성다운 것이 아닙니다. 하나님 나라 백성들은 이 세상이 생각하고, 이 세상이 지향하는 방향으로 나아갈 수 없습니다. 만일 그렇게 한다면 그것은 결국 그가 실질적으로는 "하나님의 뜻이 이 땅에도 이루어지리이다"라고 기도하지 않는다는 것을 드러내는 것입니다.

이와는 정반대로, (3) 이 세상에 대해서 완전히 담쌓고 사는 것도[66] 기독교적인 삶의 방식이 아닙니다. 이런 반사회적이고 반문화적인 삶의 태도도 결국 "하나님의 뜻이 이 땅에서도 이루어지리이다"고 기도하는 사람다운 삶의 태도와 방식은 아닙니다. 때때로 그리스도인들이 이와 비슷한 입장을 드러내면서 이 세상과는 단절하고 자신들의 단체만을 중심으로 산 때가 있었습니다.

---

[65] 이것은 리쳐드 니이버가 "문화의 그리스도" 또는 로버트 웨버가 "적응주의 모델"이라고 하는 방식으로 문화와 그리스도인의 관계를 규정하는 것입니다. Cf. H. Richard Niebuhr, *Christ and Culture* (New York: Haper and Row, 1951); Richard Webber, *The Secular Saint: The Role of the Christian in the Secular World* (Grand Rapids: Zondervan, 1979), 이승구 옮김, 『기독교 문화관』 (서울: 엠마오, 1984).

[66] 이것은 니이버가 "문화에 대립하는 그리스도"(Christ against Culture) 또는 웨버가 "분리주의 모델"이라고 한 것에 해당하는 것입니다.

특히 그리스도인의 수가 너무 적은 상황에서나 심각한 박해 상황에서는 **어쩔 수 없이** 이런 입장을 가질 수밖에 없을 때가 있습니다. 예를 들어서, 심각한 박해 때문에 그리스도인들이 외부에서 집회를 가질 수 없어서 은밀하게 동굴에 모여서 예배하는 상황이나 아예 그 사회에서 내쳐져서 생활 자체를 그런 동굴에서 해야 하는 때는 결과적으로 주변 사회와 절연한 모습을 드러내게 됩니다.

그러나 박해 상황에서 어쩔 수 없이 이런 삶을 사는 것과 기독교인이 지향하는 것이 꼭 같은 것은 아닙니다. 여기서 우리가 비판하는 대립 모델은 그런 박해 상황이 아닌데도 불구하고 이 세상에 대해서 별 관심을 기울이지 않고 자신들의 공동체를 유지하는 소위 공동체 생활을 중심으로 산다든지, 의식적으로 이 세상과 사회와 문화에 대해서 대립적이고 분리적 태도를 가지는 것입니다. 예를 들어서, 아미쉬 사람들이 그 대표적인 예가 될 수 있습니다.

그렇다면 세속 사회 속에서 "하나님의 뜻이 이 땅에서도 이루어지리이다"라고 기도하는 사람들은 과연 어떤 태도를 가지고, 어떻게 살아야 합니까? 그는 근본적으로 하나님의 통치가 온전히 이 땅에 실현되기를 바라며, 그것을 위해 기도합니다. 그러므로 그는 타락한 이 땅의 모든 현실을 하나님의 말씀의 빛에서 비판적으로 바라보면서 대립하는 입장을 가집니다. 타락한 이 세상은 하나님 나라가 아니기 때문입니다. 근본적으로 하나님 나라 백성들은 항상 지금 이 세상에서 되어지는 일과 이 세상이 지향하는 것에 대해서 비판적인 태도를 가질 수밖에 없습니다. 그러나 이 말은 그리스도인이 이 세상에 대해서 관심이 없거나 이 세상을 피하여 사는 사람이라는 말이 아닙니다. 이 세상은 하나님이 창조한 세상이기에 이 세상이 지금 하나님의 뜻에 부합하지 않는 현실에 대해서 비판적인 태도를 가지는 것입니다.

심지어 자신과 교회가 행하는 일에 대해서도 비판적이게 됩니다. 그러나 그것이 파괴적으로 나타나서는 안 되고, '회개'로 표현되어야 합니다. 자신과 교회가 하나님을 위하고, 하나님 나라를 위한다고 노력하여 형성해 낸 산물에 대해서도 항상 그것이 과연 하나님의 온전하신 뜻을 제대로 구현하고 있는지를 살피면서 온전히 그렇지 못한 것을 하나님 앞에 제시하면서 우리가 제대로 하지 못한 것을 용서해 달라고 합니다. 또한 주께서 우리에게 힘을 주셔서 더 온전한 노력을 하게 해 달라고 간구합니다. 그러므로 이러한 우리들의 회개는 주님을 위한 우리의 노력을 다 잘못된 인간적 노력으로서 일종의 우상 숭배로 보는[67] 입장과는 상당히 다른 것입니다. 우리들은 참으로 성령님에 의해서 하나님 나라를 위해 애쓰는 것이지만 인간의 타락성 때문에 잘못된 것이 공존함을 인정하면서 그렇게 잘못된 것들을 계속해서 바꾸어 가려고 해야 합니다. 이것이 계속되는 회개요, 계속하는 종교개혁(*Nadere Reformatie*)이라고 할 수 있습니다.

이렇게 진정한 그리스도인과 참된 교회가 스스로의 문제들에 대해서 진정한 회개를 한다면, 이 세상이 하나님 없이 스스로 모든 것을 해 나가려는 것에 대해서 상당히 비판적일 수밖에 없다는 것은 매우 자명한 일입니다. 그러므로 하나님의 뜻의 실현을 위해 기도하며 애쓰는 그리스도인들은 세속사회의 모든 일에 대해서 가장 비판적이게 됩니다. 그러나 이는 이 세속 사회의 모든 일에 한없는 관심을 가지기 때문에

---

[67] 이는 칼 바르트의 유명한 입장입니다. 그는 기독교회의 활동도 인간적인 것인 한, 다 우상 숭배적이라는 상당히 과격한 입장을 길게 논의하였습니다. Cf. Karl Barth, *Church Dogmatics*, eds., G. W. Bromiley and T. F. Torrance (Edinburgh: T. & T. Clark, 1957), I/2, 237-56, 281-327; II/1, 17-20, 84. 이 문제에 대한 논의로 다음을 보십시오: David Clough, "Karl Barth on Religious and Irreligious Idolatry," in *Idolatry: False Worship in the Bible, Early Judaism, and Christianity*, ed., Stephen C. Barton (New York: T&T Clark, 2007), 213-27; 그리고 William J. Brennan, III, "Idolatry in the Theology of Karl Barth," Ph. D dissertation, The University of St Andrews, 2016. 바르트는 이신칭의를 여러 상황에 적용하여 개념적 혼란을 만들어 내었습니다.

일어나는 비판입니다. 자신이 섬기는 하나님께서 이 세상을 창조하시고 유지시켜 가시는 분이시기 때문입니다. 그러므로 이 세속 사회에 대해 한없이 비판적인 그리스도인들은 동시에 이 세속 사회의 정치, 경제, 사회, 문화, 예술 모든 방면에 관심을 기울이면서 이 모든 영역에서 다음 같은 두 가지 작업을 하게 됩니다.

그 하나는 세속 사회의 이 모든 것어 관심을 가지면서 **그 자신으로서는** 그 안에서 자신이 하는 모든 활동을 하나님 나라를 위해 행합니다. 그러니 그는 마치 오른 쪽을 향해 가는 항공모함 안에서 왼쪽을 향해 열심히 뛰어 가는 사람과 같습니다. 이것은 이 세상의 시각으로는 아무 의미 없는 일로 보여집니다. 그러나 그는 자신이 믿고 있는 하나님께서 하나님 나라를 위해 그가 하는 일을 의미 있게 만드실 것임을 믿고, 자신으로서는 모든 일을 하나님 나라를 위해 하는 것입니다. 선거에 임하여 투표를 해도 그는 이 세상적 판단 기준을 가지고 하지 않고 하나님 나라를 위해, 어찌하면 하나님 나라의 뜻에 좀 더 가까운 것이 이 세상에 실현될 수 있는지를 위해 열심히 기도하면서 깊이 생각하여 투표를 하게 됩니다. 열심히 경제적인 일을 하여 돈을 벌어도 그는 하나님 나라와 그 하나님 나라를 위한 자신의 존재 의미를 생각하면서 경제 활동을 합니다. 물론 그렇게 하지 못할 때도 있습니다. 바로 여기서 그의 회개가 나타납니다. 그리하여 그저 자신과 자신의 가족의 평안을 위해 경제 활동을 하는 것이 아니라, 자신으로서는 결과적으로 하나님 나라를 위해 경제 활동을 해야 하늘에 계신 하나님의 뜻을 행하는 사람의 모습을 드러내는 것입니다.

그저 예배와 기도를 하면서 어떤 활동을 하면 그것이 모두 다 정당화 될 수 있다는 것은 아닙니다. 히틀러도 그의 1933년 5월 1일의 연설을 기도로 마쳤고, 그 때 많은 독일 사람들은 상당한 경외감을 느꼈다고 하는 것을 보면,68 그저 기도와 예배하는 것으로 진정한 기독교적 의미와 하나님 나라적 의미가 나타나는 것은 아니라는 것을 알 수 있습니다. 심정 깊은 곳으로부터 과연 자신이 하는 일이 하나님의 뜻하시는 바를 수행하는 일인가를 성찰하면서 끊임없이 스스로를 비판하며 진정한 회개를 하면서, 계속해서 하나님 나라를 위한 활동을 해 가야 합니다.

그리스도인의 이런 삶의 노력을 믿지 않는 분들은 알 길이 없습니다. 그러므로 그들에게 우리들이 하는 일이 하나님 나라를 위한 일이고, 하나님의 뜻을 실현하기 위한 것이라고 말하는 것은 무의미한 일입니다. 이 세상 사람들을 위해서 그들이 이해할 수 있는 말로 우리들이 지향해 나가는 바를 설명하면서 어떤 일은 같이, 또 어떤 문제에 대해서는 아주 다른 주장과 활동을 해야 합니다. 일단은 이 세속 사회 속의 사람들이 이해할 수 있는 언어로 말을 해야 합니다.69 그러나 그것이 우리의 최종적인 말은 아니라는 것을 그리스도인인 우리들은 유념해야 합니다.

이것이 우리로 하여금 이 세상에서 그래도 덜 악한(less evil) 쪽을 취해 나가도록 합니다. 그러나 우리는 그저 덜 악한 것을 최종적 목표로 하여 사는 것은 아닙니다. 예를 들어서, 선거하는 일에 직면해서 우리는 상당히 많은 경우에 덜 악한 쪽을 선택하게 됩니다. 이와 같이 상당히 많은 경우에 우리들은 최선이 아니라 차선을 선택합니다. 이 타락한 세상의 구조와 여건 상 최선이라는 것이 잘 나타나지 않기 때문입니다. 그러므로 우리는 지금 자신이 선택하는 그것이 최선은 아니라는 것을 잘 알면서도, 이 세상에서 아주 악한 것보다는 덜 악한 것을 선택합니다. 이것이 아주 소극적으로 그려 본, 이 세속 사회에서의 그

---

68 이에 대해서는 Timothy Gorringe, *Karl Barth: Against Hegemony* (Oxford: Clarendon Press, 1999), 129-30의 정보를 활용하여 말하는 것임을 밝힙니다.

69 이런 것을 좀 더 구체적으로 하는 작업을 공적 신학(public theology)이라고 합니다. 이에 대해서는 이승구, 『광장의 신학』 (수원: 합신대학원 출판부, 2010), 1장과 2장을 보십시오.

리스도인의 모습이라고 할 수 있습니다.

이 절에서 언급한 바를 좀 더 구체적으로 이해할 수 있도록 하기 위해서 이 점을 문화에 대한 그리스도인의 관계와 연관하여 다음 두 절에서 논의해 보도록 하겠습니다.

하나님 뜻의 문화적 실현(1): 기본 원칙

문화와 관련하여 하나님의 뜻을 구하는 우리는 하나님의 의도가 우리들의 문화 속에서도 잘 나타나기를 위해 기도하고 그것을 위해 애써야 합니다.[70] 하나님과 우리의 관계가 궁극적으로 나타나는 것은 역시 문화입니다. 이 때 문화란 넓게는 우리들의 삶의 방식 전체를 가리키는 것이고, 좁게는 정치, 경제, 사회, 그리고 (좁은 의미의 종교 문제를 제외한) 다른 영역 전체를 지칭하는 것입니다. 그 모든 영역에서 하나님을 위한 문화(culture)는 우리의 신앙(*fides*)과 예전(*cultus*)의 외적 표현입니다.[71] 그러므로 하나님의 뜻을 구하는 진정한 그리스도인이 반문화적일 수 없습니다.[72] 우리가 하나님께 대한 신앙을 가지고 있고, 진정으로 "하나님의 뜻이 이 땅에서도" 구현되기를 위해 기도한다면, 우리는

---

[70] 여기서 논의한 것을 좀 더 상세하게 논의한 것으로 이승구, 『한국 교회가 나아 갈 길』, 개정판 (서울: CCP, 2018), 61-84에 있는 제17장 "기독교적 문화 변혁론"을 보십시오.

[71] 여기서 우리는 문화 신학을 말한 Paul Tillich의 유명한 표현인 "종교는 문화의 본질이고, 문화는 종교의 (외적 표현) 형태"(religion is the substance of culture, culture is the form of religion)라는 말을 생각할 수 있습니다(Paul Tillich, "Aspects of a Religious Analysis of Culture," in *Theology of Culture* (New York & Oxford: Oxford University Press, 1958), 42; 또한 그의 *On the Boundary: An Autobiographical Sketch* [New York: Scribner, 1966], 69-70). 이 표현은 아주 옳은데, 문제는 과연 틸리히가 말하는 바가 우리가 말하는 바와 같은 것인지 입니다. 결과적으로 상당히 다른 방향으로 그의 논의를 진행하고 있기 때문입니다. 이런 데서 같은 표현을 사용한다고 해서 다 같은 의미로 그 말을 하는 것이 아니라는 것을 유념해야 합니다.

[72] 여기에 사회와 문화 문제에 무관심한 소위 근본주의가 어떤 점에서 잘못된 것인지가 잘 드러납니다. 성경적인 기독교는 항상 사회와 문화에 대해 적극적이고, 적극적이어야 합니다.

반드시 그것이 구현된 문화적 양상까지를 신경 써야 합니다.

참된 신앙은 삶으로 구현되는 것이기에 삶의 양식에 신경을 쓰지 않는 신앙은 참 신앙이 아닙니다. 그러므로 우리는 문화 영역에서도 하나님의 뜻이 실현되도록 애쓰는 사람들입니다. 그리고 우리가 궁극적으로 지향하는 문화는 하나님의 뜻이 이루어지는 문화입니다. 우리는 그것을 위해 살고 있습니다. 우리는 하나님의 문화가 이 땅에 나타나기를 위해 애쓰는 사람들입니다.

창조함을 받고 타락하기 이전의 아담과 그의 부인은 이런 문화가 이 땅에 나타나도록 하기 위해 부름 받은 사람들이었습니다. 그들은 하나님의 문화 창달을 위한 사명을 가지고 있었습니다. 창세기 1:28 말씀을 "문화 명령"(cultural mandate)이라고 부르며, 그 빛에서 아담과 그의 부인의 사명을 이해하려던 우리 선배들의 의도가 여기 있습니다.[73] 그런데 인간이 타락한 뒤에는 그들이 만들어 내는 문화도 타락한 것이기에 여기 우리들의 문화 변혁적 사명이 나타납니다.[74] 구속함을 받은 우리는 궁극적으로 문화의 변혁자들(the transformers of culture)로 나타나야 합니다. 그리스도께서 이 땅의 문화 변혁자이셨던 것과 같이 말입니다. 이 점에서도 우리는 우리의 구주와 주님이신 그리스도를 따라가야 합니다.

하나님 뜻의 문화적 실현(2): 세속 문화 속에서 우리들은?

그런데 우리가 지금 살고 있는 사회와 문화는 타락한 사회와 문화여서

---

[73] 이에 대해서 이승구, 『기독교 세계관이란 무엇인가?』, 최근 판 (서울: SFC, 2018), 138-40; 이승구, 『한국 교회가 나아 갈 길』, 364-66과 그곳에 인용된 여러 저작들을 보십시오.

[74] 여기서 니이버가 문화의 변혁자이신 그리스도 모델로 제시한 칼빈 등의 생각이 매우 의미 있게 드러납니다.

여러 면에서 비정상적인 상황 속에 있습니다. 역사 속에 있는 거의 모든 문화가 다 비정상적인(abnormal) 문화입니다.[75] 이 비정상적 문화 속에서 계속해서 그것과 관여해 나가는 것이 지금 여기에서 삶을 살아가는 그리스도인들의 사명입니다. 이 땅에 있으면서 우리는 믿지 않는 사람들과 같은 문화 속에서 같은 문화의 공기를 숨 쉬며 살아갑니다. 그럼에도 불구하고 우리는 그 세속 문화에 속한 사람이 아니라는 것을 매순간 의식해야 합니다. 우리는 이 세상 안에 있으나 이 세상에 속한 사람들이 아니기 때문입니다. 그것을 "깨어 있음"[警醒]이라고 할 수도 있고, 건전한 정신(sound mind)을 유지함이라고 할 수도 있습니다.

이와 같이 하나님 나라 백성인 우리는 이 세속 문화를 비판적으로 같이 누려가면서 그 정신을 내면으로부터 고쳐서 이 문화 내에서의 저항과 변혁을 시도합니다. 일단 표면적으로는 이 땅의 문화를 사용하는 것처럼 보입니다. 예를 들어서, 이집트에서 살게 된 요셉 일가는 야곱과 요셉이 죽었을 때에 이집트 고위층이 사후에 적용하였던 미이라로 만들어 시신을 보존하는 방식을 사용한 것 같습니다.[76] "향 재료를 몸에 넣는다"(창 50:2)는 말과 "사십 일이 걸렸으니, 향 재료를 넣는 데는 이

---

[75] 이에 대해서 이승구, "기독교적 문화변혁론", 366과 그곳 각주 9에 인용된 (그 배후 사상이라고 할 수 있는) Abraham Kuyper와 Cornelius Van Til의 글들을 보십시오.

[76] 이를 단언하는 다음 주석들을 보십시오. John Skinner, *Genesis*, ICC, 2nd edition (Edinburgh: T.& T. Clark, 1930), 537; Kyle M. Yates, "Genesis," in *The Wycliffe Bible Commentary* (Chicago: Moody Press, 1962), 48, 49; Meredith G. Kline, "Genesis," in *The New Bible Commentary*, 3rd edition (Leicester: IVP, and Grand Rapids: Eerdamns, 1970), 113; Gerhard von Rad, *Genesis: A Commentary*, OTL, revised edition (London: SCM Press, 1972), 430; Harold G. Stigers, *A Commentary on Genesis* (Grand Rapids: Zondervan, 1976), 337; Victor P. Hamilton, "Genesis," in *Evangelical Commentary on the Bible*, ed. Walter A, 」 (Grand Rapids: Baker, 1989), 36; Gordon J. Wenham, *Genesis 16-50*, WBCC (Dallas, Texas: Word, 1994), 488; Victor P. Hamilton, *The Book of Genesis 18-50*, NICOT (Grand Rapids: Eerdmans, 1995), 692 (여기서는 상당히 유보적이고 시사적이기만 하다); Henry Wansbrough, *Genesis*, Doubleday Bible Commentary (New York: Doubleday, 1998), 114; Kenneth A. Matthews, *Genesis 11:27-50:26*, New American Commentary (Nashville, Tennesee: Broadman & Holman Publishers, 2005), 916f. 또한 이를 시사하는 Bill T. Arnold, *Encountering the Book of Genesis* (Grand Rapids: Baker, 1998), 163도 보십시오.

날수가 걸림이며"(창 50:3)라는 말이 이를 시사해 줍니다. 그리하여 야곱의 경우에는 일단 이집트에서 70일 동안 애곡하고(창 50:4),[77] 그 후에 이집트에서 가나안 땅으로 옮겨 가는 동안 야곱의 시체가 썩지 않도록 하여 결국 요단강 건너편 아닷 타작마당에 이르러(창 50:10) 이전에 아브라함이 헷 족속 에브론에게서 산 땅인 (마므레 앞) 막벨라 밭 굴에 장사를 지냈습니다(창 50:13). 또한 요셉의 경우에는 그의 사후에 역시 같은 방법을 사용하여 그의 시신을 보존하여(창 50:26), 후에 하나님께서 약속하신 대로 출애굽할 때 그의 시신을 가지고 가게끔 했습니다(창 50:24, 25, 출 13:19 참조).

이 때 요셉이 당시 이집트 사람들이 미이라를 만들 때 가지고 있었던 관념을 가지고서 사후에도 그 영혼(the ka)이 그 몸을 인식할 수 있게(recognizable) 모든 방법을 동원하여 보존해야 영혼이 다시 돌아와 새로운 몸을 가지고 다시 환생할 수 있을 것이라는 의식(意識)을 가지고[78] 이와 같이 했다고 하기 어렵습니다.[79] 야곱과 요셉의 경우에는 그저 시체를 썩지 않게 보관하려고 이 방식을 사용했던 것입니다. 방법은 사용하되, 그 사상과 정신은 같이 하지 않는 것입니다.

---

[77] 디오도루스(Diodorus, *Histories* 1. 72)가 말하는 것에 근거해서 왕의 경우에 72일을 애곡하는 이집트의 관습을 언급하면서 이를 이해하려는 (비록 야곱의 경우 70일 애곡했다는 것을 역사적 사실로 받아들이지 않으면서도) Hermann Gunkel, *Genesis* (1901, German edition; Macon, Georgia: Mercer University Press, 1997), 463; Skinner, *Genesis*, 537; von Rad, *Genesis: A Commentary*, 430; 그리고 Hamilton, *The Book of Genesis 18-50*, 692를 보십시오.

[78] 고대 이집트 사람들의 미이라 만드는 것 배후의 이런 의식에 대한 설명으로 다음을 보십시오. Salima Ikram, "Mummification," in *UCLA Encyclopedia of Egyptology 2010 edition*, available at: https://escholarship.org/content/qt0gn7x3ff/qt0gn7x3ff.pdf, 2.또한 오래 전 주석인 Skinner, *Genesis*, 537도 보십시오.

[79] 이를 명확히 언급하는 Skinner, *Genesis*, 537; Yates, "Genesis," 48; Kline, "Genesis," in *The New Bible Commentary*, 113; Wansbrough, *Genesis*, 114; Matthews, *Genesis 11:27-50:26*, 917, 이를 시사하는 Derek Kidner, *Genesis*, Tyndale Old Testament Commentaries 1 (Leicester: IVP, 1967), 223; 그리고 von Rad, *Genesis: A Commentary*, 430을 보십시오. 오랜 기간의 영향을 하면서 가나안으로 가서 굴에 묻었다는 역사적 사실을 믿지 않으면서도 오랜 기간의 수송을 위해 이런 과정이 필요했다고 말하는 Gunkel, *Genesis*, 463도 보십시오.

이와 같이 우리도 이 세상에서 통용되는 장례 문화적 방식을 어느 정도는 사용합니다. 그래서 옛날 유대인들이 사망 당일에 장례를 하던 것과는 달리, 한국, 중국, 일본 등의 소위 극동 아시아에서는 믿는 분들도 3일장, 5일장 등의 방식을 사용해서 장례 의식을 행합니다. 그러나 이 세상 사람들이 이런 것에 부여한 관념을 그대로 가지고 그리하지 않고, 그저 사람들이 걸려 넘어지지 않게 하려고 이런 방식은 취하면서도 죽음과 장례와 관련된 생각을 전적으로 변화시켜서 장례 절차를 진행합니다. 우리는 죽음을 극복한 부활의 빛에서 장례도 행하는 것입니다.[80] 여기 우리가 이 세상 문화의 어떤 방식은 취하면서도 그 정신은 달리하여 살아가는 것을 잘 알 수 있습니다.

그러므로 우리는 이 세속 문화 가운데 어떤 것에 대해서는 전혀 참여하지 않지만,[81] 어떤 것은 믿지 않는 사람들과 같은 문화를 가지고, 향유합니다. 심지어 믿지 않는 사람들과 같은 운동을 할 수도 있습니다. 예를 들어서, 환경과 생태계를 보존하는 운동이나 인간 수정란과 태아의 생명을 위하는(pro-life) 운동이나 민주적인 절차에 따라 선거가 이루어지게 노력하는 공익 선거 운동이나 이 사회 안에 좀 더 나은 문화가 있도록 애쓰는 일에서는 믿지 않는 사람들과 같이 할 수도 있습니다. 이 때 우리는 순전히 개인과 일반 시민의 자격과 이름으로 이런 운동에 참여하는 것입니다.[82]

---

[80] 이에 대해서는 이승구, "추모를 위한 가정 예배 모님안 제시를 위한 신학적 한 논의", 「교회와 문화」 26 (2011 봄): 119-65를 보십시오.

[81] 이 세상에 점점 만연하고 있는 매춘 문화, 포르노그라피 문화, 심각한 음주 문화와 같은 것이 이에 해당합니다. 이전 시대의 축첩 문화, 가계 계승을 중심으로 하는 문화로서 씨받이 허용, 남아 선호 사상 등등이 이에 해당하는 것이었습니다. 그러므로 시대 시대에 그리스도인들은 과연 자신들은 이런 문화로부터 자유로운지를 늘 심각하게 자문하고 진정한 회개를 해야 합니다.

[82] 이런 일에 교회와 교단과 교회 단체의 이름으로 참여하는 것은 할 수 있는 한(限), 하지 말아야 합니다. 오직 모든 점에서 하나님의 뜻에 확연히 어긋나는 것을 교회에 요구할 때에는 교단과 교회가 그 이름으로 저항해야 할 것입니다. 신사 참배 요구나 독일 히틀러 하에서의 교회에 대한 요구가 그런 것에 해당할 것입니다.

비록 같은 운동에 참여하지만 우리가 이 일에 참여하는 동기와 믿지 않는 분들이 참여하는 동기는 서로 다른 것이므로 그 점을 유념하면서 노력해야 합니다. 그러므로 어는 일종의 중립 영역이 있어서 그 일에 우리와 믿지 않는 사람들이 같이 참여하는 것이 아니라는 것을 잘 알아야 합니다. 이런 일에 있어서 우리는 어떤 점에서 좀 과격하게 표현하자면 일종의 "적과의 동침"을 하는 것입니다. 비록 같은 공간에서 같은 일을 그것도 협력하여 하지만, 그 둘이 지향하는 궁극적 방향은 완전히 다르기 때문입니다.

이런 운동을 하는 우리의 이유를 **소극적으로** 표현하자면, 그래도 우리 사회의 문화를 좀 덜 악한 방향으로 인도하기 위한 것입니다. 이를 좀 더 **적극적으로** 표현하자면, 불손종하는 이 세상이라도 그래도 하나님의 뜻에 좀 더 가까운 방향으로 이끌어 가기 위한 것입니다. 그러니 우리의 노력은 지극히 미약한 것으로 나타날 수밖에 없습니다. (이것을 어떻게라도 표현하기 위해 앞에서 거대한 항공모함 안에서 그 배가 진행하는 방향과 반대 방향으로 뛰는 사람의 예를 든 것입니다). 그러나 우리가 절망하거나 실망하지 않는 것은 역사 속에서 아주 때때로이기는 하지만 이런 노력으로 주님의 뜻에 조금 더 가까운 현실들이 이 세상에 나타난 경험이 있기 때문이고, 종국적으로는 우리 주께서 다시 오셔서 그 나라의 통치를 온전히 수립하실 것이기 때문입니다.

전자의 예로는 영국에서 노예무역(slave trade)을 없애자고 주장하고 애쓰던 캠브리쥐 출신의 윌리엄 윌버포스(William Wilberforce, 1759-1833)의 노력과 같은 것을 들 수 있습니다.[83] 그가 이를 주장하

---

[83] Cf. Robin Furneaux, *William Wilberforce* (London: Hamish Hamilton, 1974, reprinted 2006); John Pollock, *Wilberforce* (London: Constable, 1977); David J. Vaughan, *Statesman and Saint: The Principled Politics of William Wilberforce* (Nashville, Tennessee: Cumberland House, 2001); Murray Andrew Pura, *Vital Christianity: The Life and Spirituality of William Wilberforce* (Toronto: Clements, 2002); Kevin Belmonte, *Hero of Humanity: A*

자 처음에는 무역과 부획득(富獲得) 중심의 사고에서 그의 주장을 비판하고 무시했었습니다. 그러나 계속해서 노력하자 이렇게 조롱하던 영국 사회의 여론이 점차 바뀌어, 결국 영국이 막대한 부를 창출하던 노예무역을 하지 않게 되었습니다. 물론 이것은 쉬운 일이 아니었습니다. 20년 이상의 노력이 경주되었고, 1807년에라야 영국에서 노예무역을 금하는 법안의 통과를 보았습니다. 그리고 1833년 그가 죽기 3일 전에라야 대영제국의 모든 식민지에서 모든 노예무역을 금하는 것이 명확히 되었습니다. 이런 긍정적인 예들이 그리 많지는 않습니다. 당시 영국과 같이 많은 주민들이 주일에 예배에 참석하는 상황에서도 이것이 이렇게 어려웠다면, 그렇지 않은 노골적인 세속 사회에서는 더 어려운 일임에 틀림없습니다.

그러나 어려워도 우리 주 예수 그리스도께서 다시 오셔서 모든 것을 귀정(歸正)하시고, 하나님의 뜻을 실현하실 것임을 믿기에, 우리들은 세속 문화가 지배하는 이 땅에서도 하나님의 뜻이 구현되기를 위해 애써야 합니다. 우리 그리스도인들은 힘써서 이 사회의 문화가 좀 더 나은 문화가 되도록 노력하는 일을 지속해야 합니다.

나가면서

이렇게 타락한 세상 속에서 하나님의 뜻을 구하며 그것의 실현을 위해

Biography of William Wilberforce (Colorado Springs, CO: NavPress 2005; paperback edition, Grand Rapids: Zondervan, 2007); John Piper, *Amazing Grace in the Life of William Wilberforce* (Wheaton, Illinois: Crossway Books, 2006); 그리고 Eric Metaxas, *Amazing Grace: William Wilberforce and the Heroic Campaign to End Slavery* (New York, NY: HarperCollins, 2007). Cf. Adam Hochschild, *Bury the Chains: The British Struggle to Abolish Slavery* (Basingstoke: Pan Macmillan, 2005).

노력하는 하나님 나라 백성이 과연 어떠한 자들이 되어야 마땅하며 과연 무엇을 추구해야 하는지에 대해 논의해 보았습니다. 부족하지만 우리로서는 이런 방향으로 가기 위해 애쓰면서 이 땅에 이미 임한 하나님 나라의 그 눈에 보이지 않는 성격[不可視性, 즉 영성]과 그 의롭고 거룩한 성격을 드러내기 위해 애쓰는 것입니다. "하나님 뜻에 대한 순종은 **믿음과 확신과 헌신**을 요구합니다."[84]

그런데 그것을 이 세상적인 방식으로 가시화하고 싶은 유혹은 항상 있습니다. 예를 들어서, (1) 로마 가톨릭이 그렇게 주장한 바와 같이 제도적 교회가 곧 하나님 나라라고 이해하는 이해와 (2) 번영의 복음과 (3) 또 다른 극단으로는 인간의 윤리적 노력 그 자체가 하나님 나라를 이루는 것이라고 생각하는 구-자유주의와 (4) 오늘날 여러 신학들의 사유들의 비성경적 방향이 바로 그런 유혹에 굴복한 예들이라고 할 수 있습니다. 이런 모든 예들의 문제점을 잘 의식해야 합니다. 세상적 방식으로 가시화 되지 않는 그 하나님 나라의 성격을 지금 여기서 우리의 여러 활동을 통해서 드러내면서도 동시에 우리의 행하는 것에 그 어떤 공로와 의미를 전혀 부여하지 아니하고, "아멘 주 예수여 오시옵소서"라고 기도하면서 급기야 주께서 친히 임하셔서 온 세상에 하나님의 뜻을 온전히 이루어 주시기를 간절히 바라는 것이 지금 여기에 있는 우리의 모습입니다.

---

[84] 이 아름다운 표현은 Vis, *We Are the Lord's*, 165의 마지막 문장입니다. 강조점은 덧붙인 것입니다.

Exposition on Heidelberg Catechism Series IV
Hear Our Prayer:
Prayer as the Chief Expression
of Our Thankfulness

제 3 부
하나님 나라의 백성들인 우리들과 관련한 간구들

1. 네 번째 간구: "오늘날 우리에게 일용할 양식을 주시옵고" (제 11, 12 장)
   보존을 위한 간구

2. 다섯 번째 간구: "(오늘) 우리의 죄를 사하여 주시옵고" (제 13, 14 장)
   죄 용서를 위한 간구

3. 여섯 번째 간구(1): "(오늘) 우리를 시험에 들게 하지 마시옵고" (제 15 장)
   유혹 문제에 대한 간구

4. 여섯 번째 간구(2): "(오늘) '그 악한 자'에게서 구하시옵소서" (제 16 장)
   '그 악한 자'로부터의 보호를 위한 간구

제 11 장

네 번째 간구: "오늘날 우리에게 일용할 양식을 주옵시고"(1): 가장 기본적 의미

본문: 마 6:11, 출 16:1-36.

하나님의 이름과 그의 나라와 그의 뜻의 실현을 위해 간구한 우리는 이제 하나님의 이름과 나라와 그의 뜻의 실현과 관련된 사람들로서 "우리들에 대한 간구"를 시작합니다. 그 첫 부분이 "오늘날 우리에게 일용할 양식을 주옵시고"라는 간구입니다.

      이 간구의 의미를 생각하기 전에, 네 번째 간구부터 시작되는 '우리를 위한 간구' 전체의 의미부터 생각해 보기로 하겠습니다.

"우리들에 대한 간구"(we petition)의¹ 토대

제일 먼저 아주 분명히 해야 하는 것은 우리들과 관련된 이 모든 것에 대한 간구는 이 세상의 일반적인 사람들의 요구와 같은 것이 아니라는 것입니다. 물론 이 세상의 모든 사람들이 여기서 언급되는 것을 다 필요로 합니다. 그리고 하나님께서 그것을 공급해 주지 않으시면 이 세상의 모든 사람들은 제대로 존재하며 살아 갈 수 없습니다. 이것들은 인간의 필수적인 필요이고, 이를 위한 간구는 인간적 존재 방식의 필수적인 것에 대한 간구입니다. 그러나 〈주께서 가르치신 기도〉의 구조는 이 간구들이 그저 이 세상의 아무나 할 수 있는 간구가 아니라는 것을 분명히 드러내어 줍니다. 사실 세상은 이 간구들을 절실히 필요로 하는데도 타락한 사람들은 살아계신 삼위일체 하나님께 이렇게 기도하면서 그 하나님과 교통하려고 하지 않습니다. 여기 타락하여 죄 가운데 있는 사람들이 또 죄를 더해 나가는 모습의 한 측면이 있습니다. 이 세상은 삼위일체 하나님께 자신의 필요성을 드러내며 자신을 불쌍히 여겨 주시기를 구하지 않고 스스로 문제들을 해결하려고 애를 쓰든지, 아니면 아무리 구해도 그에 대해서 응답해 줄 수 없는 헛된 우상들을 향해 열심히 간구합니다.

    전자에 대해서는 무신론적이고 인간 중심주의적인 애씀을 잘 표현하는 까뮈(Albert Camus, 1913-1960)의 생각을 대표적인 예로 들 수 있습니다. 특히 희랍의 시지푸스의 신화에 대한 그의 현대적 적용을 생각해 보십시오. 1942년 그의 대표작인 소설 『이방인』과 같이 낸 이 철학적 에세이에서 까뮈는 신들의 노여움을 사서 바위를 끝없이 언덕 위

---

1 이 용어에 대해서는 제 5장 각주 2를 보십시오.

로 밀어 올리는 형벌을 받은 시지푸스의 모습을 묘사합니다. 그런데 까뮈는 이것을 이 세상에서 무의미한 일을 계속해야 하는, 그야말로 부조리에 가득 찬 삶을 살아 내야 하는 인간 실존에 비유하고 있습니다. 그런 애씀 속에서도 이렇게 어렵게, 산 정상(頂上)을 향해 가는 "투쟁 그 자체가 인간의 마음을 가득 채우기에 충분하다. (그런) 시지푸스가 행복하다고 상상해야만 한다."고 결론짓는² 까뮈의 생각은 결국 이런 인간 중심주의적 노력을 높이 사려고 하는 것입니다. 실존은 무의미하지만 그렇기에 우리가 의미를 만들어 내야 한다고 주장하던 싸르트르(J. P. Sartre, 1905-1980)도 비슷한 생각을 표현한 바 있습니다.³

헛된 우상들에게 간구하는 일에 대해서는 오늘날도 세계 도처의 많은 사원들에서 행해지고 있는 여러 희생 제시와 다양한 기도들을 생각해 보시면 됩니다. 한 곳에서 이것을 확인하고 싶으면, 작은 도시 국가인 싱가포르만 잠시 둘러 봐도 이를 확인할 수 있습니다.⁴ 2019년 통계로 580만 조금 넘는 인구를 지닌 싱가포르 국민 중에 11%는 도교를, 14%는 이슬람교를, 5%는 힌두교를, 0.6%는 다른 종교를, 18.7%가 기독교를 믿는다고 하며, 17.5%는 무교(無敎)라고 합니다.⁵ 그래서 그 속에는 힌두교 사원도 있고, 이슬람교 사원도 있고, 도교의 사원도 있고,

---

² 알베르 카뮈, 김화영 옮김, 『시지프 신화: 부조리에 관한 시론』 (서울: 책세상, 2013), 마지막 부분의 번역을 영문에 부합하게 조정하였습니다. 김화영의 번역은 "산정(山頂)을 향한 투쟁 그 자체가 인간의 마음을 가득 채우기에 충분하다. 행복한 시지프를 마음속에 그려보지 않으면 안 된다"로 되어 있습니다. 영문은 "The Struggle itself … is enough to fill a man's heart. One must imagine Sisyphus happy."이기에 그에 부합하게 조정해 보았습니다.

³ Jean-Paul Sartre, *Existentialism and Human Emotions* (New York: The Wisdom Library, 1957, new edition, New York: Citadel Press, 1987), 49: "당신이 깨어나기 전에는 삶이 무의미합니다. 삶에 의미를 주는 것은 당신에게 달려 있고, 당신이 선택하는 그 의미만이 가치로운 것입니다."(Before you come alive, life is nothing; it's up to you to give it a meaning, and value is nothing else but the meaning that you choose.)

⁴ 1980년대 말에 싱가포르를 처음 방문했을 때 이 작은 도시에서 받은 가장 큰 인상이 이런 종교들의 백화점 같은 양상이었습니다.

⁵ 이 정보는 세계 인구에 대한 다음 사이트에서 얻었습니다: accessed on 24th September, 2019, available at: http://worldpopulationreview.com/countries/singapore-population/.

불교 사원도 있고, 거의 모든 종교의 사원들이 있어서 그들의 방식대로 예배하고 기도하는 것을 볼 수 있습니다. 이처럼 세계 곳곳의 여러 사원에서 진지한 기도가 드려지고 있는데, 그들이 기도하는 대상은 사실상 존재하지 않는 것이니 이것도 참으로 헛된 것입니다.

그런데 〈주께서 가르친 기도〉는 이와는 달리 삼위일체 하나님께 구속함을 받아 하나님의 이름을 위해, 하나님 나라를 위해, 그리고 하나님의 뜻이 하늘에서와 같이 이 땅에서도 이루어지기를 간절히 기도하는 사람들이 그렇게 하나님을 위해 사는 삶에 필요한 것들을 위해 하나님께 구해야 한다는 것을 분명히 해 줍니다. 따라서 누구의 기도인가 하는 것이 중요합니다. 이 때 〈주께서 가르치신 기도〉가 철저히 하나님 나라적인 기도라는 것을 다시 상기하는 것이 좋습니다.6 이 간구들은 하나님 뜻의 실현을 위해 애쓰는 **하나님 백성**의 기도입니다. 이것이 진정한 기도입니다. 기도를 참으로 가능하게 하신 하나님의 구속하심과 그 구속의 주체이신 삼위일체 하나님의 존재와 그 구속에 의해 건져진 구속의 대상(객체)인 하나님의 백성이 있기에 이런 진정한 기도가 있을 수 있습니다.

더 놀라운 것은 구속된 백성들 안에서 성령 하나님께서 그들로 참으로 하나님을 "아빠 아버지"(αββα ὁ πατήρ)라고 부르며 간구하게 하신다는 것입니다(롬 8:15). 이 말씀에 의하면, 오직 "양자의 영"(πνεῦμα υἱοθεσίας)을 받은 사람들만이 진정으로 이렇게 기도할 수 있습니다. 그러므로 기도는, 늘 강조한 바와 같이, 삼위일체적인 활동에 의해 이 세상에 있게 됩니다.7 여기 믿음의 비밀이 있습니다. 참

---

6 〈주께서 가르치신 기도〉를 잘 관찰한 사람들은 누구나 그렇게 말하지만, 특히 근자의 Jeannine K. Brown, *Matthew*, Teach the Text Commentary Series (Grand Rapids: Baker, 2015), 66을 보십시오: "The Lord's prayer is thoroughly kingdom focused and thus focused on God and God's coming reign." 또한 이 책의 9장 각주 2도 보십시오.

으로 기도하는 사람들은 이렇게 삼위일체 하나님의 활동이 그들 내면에도 작용하고 있음을 의식합니다. 기도는 날마다 우리를 삼위일체 하나님께로 가깝게 이끌어 삼위일체 하나님과 깊이 교제하게 합니다.

이렇게 하나님과 밀접하게 연관된 사람들이 하나님 나라를 위해 필요한 것을 간구하는 것이 바로 "우리들과 관련된 간구"(we petition)입니다.8 우리는 하나님 나라를 위해 일용할 양식을 구하고, 하나님 나라와 하나님을 위해 살고 활동하는 우리에게서 나타나는 죄를 용서해 달라고 기도하며, 이렇게 하나님 나라를 위해 살아가는 우리가 시험에 들지 않게 해 달라고 기원하고, 우리를 "그 악한 자"(ὁ πονηρός)로부터 구해 달라고 구합니다. 우리를 위한 간구들을 이렇게 이해해야만 이 간구들에 대해서 오해하지 않고, 바르게 기도할 수 있습니다.

〈주께서 가르치신 기도〉의 이 구조를 생각하지 않고 각 기원을 그저 인간 필요에 대한 간구로만 보는 것은 이 간구들의 진정한 위상과 그 의미를 버리는 것입니다. 이 후반부의 간구들은 우리의 필요에 대한 간구지만 **일차적으로는** 공동체 안에서의 간구이며,9 **더 나아가서는** 하나님 나라를 추구하는 사람들의 그 신국(神國) 추구(追求)에 필요한 것들에 대한 간구입니다.

그러므로 '우리들을 위한 간구'(we petition)는 하나님을 위한 간구(Thou petition)에 종속합니다.10 우리가 하나님을 위한 존재가 되

---

7 이에 대해서 이 책의 제 1 장과 2장을 보십시오.

8 같은 의견을 표현하는 William Hendriksen, *The Gospel of Matthew* (Grand Rapids: Baker Book House, 1973), 332; 김홍전, 『주기도문 강해』 (서울: 성약, 1989), 89-90; 그리고 김홍전, 『예수께서 가르치신 기도』 (서울: 성약, 2003), 215-18을 보십시오.

9 이 점을 강조하는 John Calvin, *Institutes of the Christian Religion*, 3. 20. 38; Williams Hendricksen, *Exposition of the Gospel According to Matthew*, New Testament Commentary (Grand Rapids: Baker Book House, 1973), 325; 그리고 Michael J. Wilkins, *Matthew*, NIV Application Commentary (Grand Rapids: Zondervan, 2004), 275 ("petition for their personal needs in a community context")를 보십시오.

어야만 우리를 위해 간구하는 것이 의미를 가집니다. 우리들을 위한 간구는 우리가 진정 하나님의 백성으로 하나님의 뜻을 수행하기 위해 필요한 것을 간구하는 것입니다. 그런 성격의 '우리 간구'(we petition)가 아닌 것은 참된 기도가 아닙니다.

"일용할 양식을 주옵시고"의 가장 기본적 의미

우리를 위해 간구하면서 제일 먼저 우리는 우리의 보존(preservation)을 위해 하나님께 간구합니다. 이것은 우리의 존재 자체가 중요해서가 아니라, 주께서 우리를 보존해 주셔야 **우리들이 하나님의 뜻을 행하고 하나님의 백성 역할을 할 수 있기에** 보존해 주심을 위해 간구하는 것입니다. "일용할 양식"(τὸν ἄρτον τὸν ἐπιούσιον)을[11] 위한 간구는 이와

---

[10] 같은 점을 강조한 또 다른 이로 Herman Hoeksema, *The Triple Knowledge*, vol. 3 (Grand Rapids: Reformed Free Publishing Association, 1972), 478f., 560f.를 보십시오.

[11] 이 때 복음서에서 처음 나오는 (W. D. Davies & D. Allison, Jr., *The Gospel according to St. Matthew 1-7*, ICC, new series [Edinburgh: T&T Clark, 1988], 607), 이 "에피우시온"(ἐπιούσιον)이라는 단어를 어떻게 해석해야 하느냐 하는 어려운 문제가 학자들에게는 있습니다. 오리겐(약 185-254) 때부터 이 단어의 의미에 대한 논의가 있었지만 1901년까지도 "이 놀라운 단어의 기원과 정확한 의미에 대해서 우리는 여전히 무지 가운데 있다"고 말했던 알프레드 플루머와 함께 그 이후에도 여러 사람들이 여러 이야기를 하지만 여전히 오리무중입니다. Cf. Alfred Plummer, *The Gospel according to St. Luke*, ICC, 3rd edition (Edinburgh: T&T Clark, 1900), 295; Hans Dieter Betz, *The Sermon on the Mount*, Hermeneia, edited by Adela Yabro Collins (Minneapolis, MN: Augsburg Fortress, 1995), 397: "… *for which a fully convincing explanation and translation cannot be given even today.*" (강조점은 덧붙인 것임). 플루머의 주석의 초판이 1896년에 나왔으니 100년 이상의 탐구로도, 또는 오리겐 때부터를 생각하면 거의 2,000년의 탐구로도 우리는 이 용어의 정확한 기원과 의미를 밝히지 못한 것이라고 할 수 있습니다.
여기에 대해서는 이 장에 마지막 부분에서 간단히 정리하겠지만, 그 정확한 기원과 의미에 대한 탐구는 이 분야의 전문가인 학자들에게 맡기고, 우리는 "일용할 양식"이라는 가장 자연스러운 의미를 취하는 것이 최선입니다. "오늘" 우리의 "존재에 필요한 것"을 주시도록 간구하는 것입니다("necessary or needful for existence," Origen, Jerome, Cyril of Alexandria, 페쉬타 번역 등이 이렇게 보았다고 합니다 – Davies & Allison, *The Gospel according to Saint Matthew 1-7*, 607). 이와 같이 이 두 개념은 쉽게 어울릴 수 있다고 하면서 "오늘을 위해, 그리고 우리의 존재에 필요한 양식을 위해" 기도하는 것이라는 해석을 제시하는 Hendriksen, *The Gospel of Matthew* 332도 보십시오. "필수적인"(essential) 것에 대한 간구임을 강조하는 Theodorus VanderGroe, *The Christian's Only Comfort in Life and Death*, vol. 2, trans. Bartel Elshout (Grand Rapids: Reformation Heritage Books &

같이 기본적으로 우리의 보존을 위한 간구입니다. 그런 의미에서, '일용할 양식'이라는 말은 양식만이 아니라, 인간을 위한 모든 것을 총체적으로 언급하는 일종의 제유법(a synecdoche)이라는 말이 옳습니다.[12] 하나님께 우리를 보존해 달라고 하면서, 구체적인 예로 그것을 위해 하루에 필요한 양식을 달라고 간구하는 것입니다. 인간은 창조 때부터 하나님께서 공급해 주셔서 살 수 있었습니다. 우리의 삶에 필요한 모든 것을 하나님께서 제공하셨습니다. 다시 말하지만, **하나님께서 분부하신 일을 제대로 하기 위하여** 우리를 보존하여 주시기를 위해 이 간구를 하는 것임을 잊어서는 안 됩니다.

하나님의 내려 주심에 의해서만 인간이 생존할 수 있음을 가장 잘 보여 주는 예로 출애굽한 이스라엘 백성들이 경험한 만나 사건을 들 수 있습니다. 출애굽 이후 광야라는 독특한 정황 속에서, 또한 궁극적으로 가나안 땅을 향해 가야 하는 소위 여행 기간 중에 있는 이스라엘 백성들로서는 오랜 기간 동안 스스로 음식물을 공급할 만한 충분한 자원을 가지고 있지 못했습니다. 이 때 나타난 것이 '만나'라는 독특한 양식(糧食)이었습니다. 이를 통해서 이스라엘 백성들은 날마다 하나님께서 친히 양식을 공급하신다는 것을 생생하게 경험했습니다.

이런 놀라운 깨달음을 주는 만나 공급이 여행 상황 가운데서 불평하는 이스라엘의 문제에서 시작되었다는 것도 흥미롭습니다. 인간들

Dutch Reformed Translation Society, 2016), 498를 보십시오.

[12] John Calvin, *A Harmony of the Gospels: Matthew, Mark, and Luke*, Calvin's New Testament Commentaries, vol. 1 (Edinburgh: The Saint Andrews Press, 1972, reprint, Grand Rapids: Eerdmans, 1978), 210; Hoeksema, *The Triple Knowledge*, vol. 3, 561; Betz, *The Sermon on the Mount*, 399; 그리고 Michael J. Wilkins, *Matthew*, NIV Application Commentary (Grand Rapids: Zondervan, 2004), 278. 제유법이라는 말은 사용하지 않았지만 같은 의미에서 "넓은 의미로 사용된 양식"이라고 말하는 Gerrit Hendrik Kersten *The Heidelberg Catechism in Fifty-two Sermons* (Dutch edition, 1948; Sioux Center, Iowa: Netherlands Reformed Book and Publishing, 1968), 693, 707도 보십시오.

이 잘못한 것을 통해서도 그 죄(罪)를 선(善)으로 하나님께서 바꾸어 놀라운 깨달음을 얻게 하시는 것입니다. 출애굽하고(출 13장) 홍해에서의 놀라운 구원 경험을 한(출 14-15장) 후, 이스라엘 백성들은 수르 광야에 갑니다. 그런데 사흘 길을 행하고도 물을 얻지 못한 상황에서 마라의 쓴 물을 경험한 이스라엘(출 15:33)에게 하나님께서 한 나무를 지정하여 던지게 하사 하나님은 "치료하시는 여호와"(יְהוָה רֹפֶא)이심을 깨닫게 하셨습니다(출 15:26). 그 후에 물 샘 열둘과 종려나무 칠십 주가 있는 엘림을(출 15:27) 지난 후 신 광야에 이른 출애굽 후 2월 15일된 날, 다시 이스라엘 백성의 불평이 시작됩니다.[13] 그들은 모세와 아론을 원망하면서 이렇게 말합니다:

> 우리가 애굽 땅에서 고기 가마 곁에 앉아 있던 때와 떡을 배불리 먹던 때에 여호와의 손에 죽었더라면 좋았을 것을 너희가 이 광야로 우리를 인도해 내어 이 온 회중이 주려 죽게 하는도다(출 16:3).

이스라엘이 애굽 땅에서 실제로 있었던 형편과는 상당히 다르게 그 때를 "고기 가마 곁에 앉아 있던 때와 떡을 배불리 먹던 때"라고 하면서, 이집트에 있던 그 때와 광야에 있는 지금의 현실을 비교하는 이 불평의 내용을 생각하면 안타까운 마음이 강하게 듭니다. 과거의 일은 쉽게 잊고 낭만화하는 인간의 속성이 작용하기도 했겠지요. 그렇지만 지금 당장 눈앞에 있는 어려움이 여기에 나타나 있습니다: "이 온 회중이 주려 죽게 하는도다." 이에 여호와께서 모세에게 다음 같이 말씀하십니다:

---

[13] 여기서 이전 장에서 말한 타락한 사람들의 불평하기 쉬운 심정에 대한 논의들을 다시 생각해 보는 것이 좋을 것입니다. 그러니 출애굽과 홍해 경험을 한지 두 달 되는 시점에서 불평하는 이 백성들은 우리가 과연 어떤 존재들인지를 잘 보여줍니다.

> 보라! 내가 너희를 위하여 하늘에서 양식을 비 같이 내리리니, 백성이 나가서 일용할 것을 날마다 거둘 것이라. 이같이 하여 그들이 내 율법을 준행하나 아니하나 내가 시험하리라. 여섯째 날에는 그들이 그 거둔 것을 준비할지니 날마다 거두던 것의 갑절이 되리라(출 16:4-5).

이 말씀에 앞으로 하나님께서 하시려는 일이 잘 나타나 있습니다. 첫째는, 하늘에서 양식을 비같이 내려 주시겠다는 것입니다. 하나님께서 이를 통해서 "내가 여호와 너희의 하나님인 줄 알리라"고(출 16:12) 말씀하시기도 합니다. 하나님께서 이렇게 하시면, 이스라엘 백성은 나가서 "일용할" 것을 날마다 거두라는 것입니다. 이곳이 "일용할"이라는 말이 성경에 가장 의미 있게 나타나는 대표적인 경우입니다. 바로 이 표현을 그대로 차용하셔서 우리 주님께서는 하나님께 "우리에게 일용할 양식을 주옵시고"라고 기도하도록 가르치셨습니다.

둘째로, 이것은 이스라엘 백성들이 하나님의 율법을 준행하는지를 알아보기 위한 것이라고 합니다. 이곳이 "율법"(תּוֹרָה)이라는 말이 처음으로 아주 의미 있게 사용된 곳이라고 할 수 있습니다. 이 때는 십계명을 비롯하여 처음 언약서의 내용이 주어지기 전이므로 후일에 율법이라는 말이 의미하는 아주 전문적 의미가 나타나기 전에 이미 이 말이 "하나님의 백성들이 마땅히 따라야 하는 법"이라는 뜻으로 사용된 경우라고 할 수 있습니다.[14] 이는 놀라운 구원을 받은 이스라엘 백성은 반드시 하나님께서 원하시는 바를 준행해야 한다는 의미를 담고 있는 말

---

[14] 그전에 사용된 "법도와 율례"(מִשְׁפָּט וְחֹק 출 15:25) 또 "계명"(מִצְוָה)과 "그의 규례(חֻקָּיו)"(출 15:26)라는 말과 비슷하면서도 앞으로 이 모든 말들과 함께 그 모든 것을 지칭하는 말로 "율법"(תּוֹרָה)이라는 말이 사용된 경우라고 할 수 있습니다. 그 이전에는 "너는 내 앞에 행하여 완전하라"(창 1:1)라고 요구하셨던 하나님께서 이제 구체적으로 어찌해야 할지를 알려 주시는 것입니다.

임에 유의해야 합니다.

성경의 다른 곳에서도 마찬가지이지만, 여기 나타난 조건적 표현을 문자적으로 조건적으로 이해하면 안 됩니다. 이는 하나님의 참 백성들이 이 세상에서 어떻게 하나님의 뜻을 잘 준행해야 하는지를 분명히 하는 말씀입니다. 이것을 분명히 하면서 "여섯째 날에는 그들이 그 거둔 것을 준비할지니, 날마다 거두던 것의 갑절이 되리라"고 하십니다. 이 말씀을 믿고 이것에 따라 살면서 배워야 할 것이 있음을 알리고자 하시는 하나님의 의도가 여기 있습니다.

과연 약속하신 대로 "저녁에는 메추라기가 와서 진에 덮이고, 아침에는 이슬이 진 주위에 있더니, 그 이슬이 마른 후에 광야 지면에 작고 둥글며 서리 같이 가는 것이" 있었습니다(출 16:13-14). 그것에 대해서 백성들이 서로 묻기를 "이것이 무엇이냐"(מָן הוּא)고 하였고, 이에 대해서 모세는 "이는 여호와께서 너희에게 주어 먹게 하신 양식이라"(출 16:15)고 합니다. 여기서 나온 말이 "만나"(히브리말로는 그저 "무엇"이라는 뜻의 "만"[מָן])입니다(출 16;31).

만나 사건을 통해 이스라엘 백성들은 적게 거둔 자도 많이 거둔 자도 그 거둔 것이 한 오멜이 되는 특이한 경험을 하였습니다(출 16:17-18). 이것은 만나를 주시는 방법뿐만 아니라, 만나를 백성들이 거두고 나서도 하나님께서 아주 독특하게 관여하셨음을 잘 보여 주는 일입니다. 인간들이 어떤 일을 (이 경우에는, "만나를 거두는 일"을) 하도록 하시지만, 결국 그 인간들이 하는 일이 궁극적으로 일을 이루는 것이 아님을 잘 보여 줍니다. 만나 사건을 통해서 우리는 그저 하나님께서 양식을 공급해 주셨다는 것만을 배우는 것이 아니라, 그 이상의 세심한 가르침도 같이 주셨음을 배우게 됩니다.

그런데 이를 생각하지 않는 사람들 중의 일부는 혹시 하나님께서 그 다음 날 만나를 내려주지 아니하실까 봐 그 중의 일부를 남겨 놓습니다. 하나님의 말씀을 그대로 믿지 못하는 타락한 인간들의 문제점이 하나님께서 기적적으로 양식을 공급해 주시는 이 상황 속에서도 나타나는 것입니다. 만일 오늘날 하나님께서 양식을 이런 식으로 직접 공급해 주시면 하나님과 그 사랑의 마음을 누구라도 믿을 것이라고 생각하는 것은 타락한 인간의 마음을 잘 모르는 단순한 생각임을 우리는 이런 데서 잘 확인할 수 있습니다. 하나님께서 친히 놀라운 일을 하셔도 우리는 그런 사실 조차도 우리의 생각으로 왜곡해 버리는 일이 많습니다.[15] 하나님께서는 분명히 "백성이 나가서 일용할 것을 날마다 거둘 것이라"(출 16:4)고 말씀하셨는데도 그것을 불신(不信)하는 것입니다. 그래서 아주 분명한 명령인 "아무든지 아침까지 그것을 남겨두지 말라"(출 16:19)는 명령도 불순종합니다. 그러자 "벌레가 생기고, 냄새가" 났습니다(출 16:20).

하나님께 순종하지 아니하면 나가서 거두는 것도, 그것을 절약하여 아껴둔 것도 아무 유익이 없는 것입니다. 후에 시편 기자가 말하

---

[15] 이런 데서 오늘날 많이 논의되는 사유의 틀(frame in thought)이 얼마나 중요하고, 일정한 틀(frame)을 가지고 주어진 사건을 바라보면 심각한 왜곡이 일어난다는 것을 잘 확인하게 됩니다. 학계에서는 이미 오래전부터 사용되는 말이었지만(예를 들어서, Erving Goffman, *Frame Analysis: An Essay on the Organization of Experience* [Cambridge, Mass.: Harvard University. Press, 1974], 정치에서 특히 진보 시각에서 "프레임 전쟁"이라는 말을 유행시킨 다음 책도 참조해 보십시오. George P. Nakoff, *Thinking Points: Communicating Our American Values and Vision* [New York: Farrar, Straus and Giroux, 2006], 나익주 옮김, 『프레임 전쟁』 [서울: 창비, 2007]).

미국의 인지 언어학자로서 UC 버클리의 인지 언어학 교수로 1972년부터 가르치다 2016년에 은퇴한 레이코프 교수는 흔히 "개념적 은유 이론"(the conceptual metaphor thesis), 즉 개인의 삶은 그가 복잡한 현상을 설명하는 데 주로 사용하는 중심적 은유들(central metaphors)에 의해 큰 영향을 받는다는 주장을 한 것으로 유명합니다. 1980년에 Mark Johnson과 함께 낸 *Metaphors We Live By* (Chicago: University of Chicago Press, 1980)부터 시작된 그의 이런 사유는 그가 이를 미국 정치 영역에 적용해서 논의한 *Moral Politics: What Conservatives Know that Liberals Don't* (Chicago: University of Chicago Press, 1996); *Don't Think of an Elephant: Know Your Values and Frame the Debate* (Chelsea Green Publishing, 2004)에서 "프레임"이라는 용어 사용을 유행시켰다고 할 수 있습니다.

는 대로, "일찍이 일어나고, 늦게 누우며, 수고의 떡을 먹음이 헛되도다"(시 127:2)라고 할 만한 상황입니다. 이는 부지런히 일하고 애쓰는 것이 불필요하다는 말이 전혀 아닙니다. 성경 전체에서 우리는 부지런히 하라는 명령을 많이 받습니다(잠 27:23, 31:13, 벧전 1:17 등). 또한 힘쓰라는 말을 많이 듣습니다(눅 13:24; 롬 12:13; 살전 4:1, 11; 딤후 2:15, 4:2; 벧후 3:14). 부지런히 주어진 일을 성실하게 하는 일은 매우 중요합니다. 그러나 그것으로 우리가 무엇인가를 할 수 있고, 이룰 수 있는 듯이 생각하는 것은 잘못된 것이고, 오산(誤算)이라는 것을 성경은 여실히 보여 줍니다. 우리는 하나님의 뜻 행하기에 항상 힘써야 하지만, 그것으로 무엇을 이룰 수 있는 존재들이 아닙니다.

또한 절약하는 것이 중요합니다. 그러나 하나님을 불신하고 자신들이 절약해서 무엇인가를 이룰 수 있는 듯이 생각하면 그것이 문제라는 것을 이 본문은 잘 보여 줍니다. 하나님을 믿으면서 하나님을 의지해서 무엇을 하기 위해 절약하는 것은 귀한 일입니다. 특히 하나님을 신뢰하면서 자신들을 위해서 절약하고, 다른 사람들을 돕기 위해 절약하는 것은 귀한 일입니다. 그러나 하나님을 신뢰하지 않고서 절약하는 것은 어리석은 일입니다. 부지런함과 절약과 같은 덕들은 그 자체로 독립하여 설 수 있는 덕이 아님을 이런 데서 잘 알 수 있습니다. 그런 것은 그 자체로 선하고 덕스러운 것이 될 수 있는 것이 아니고, 기껏해야 상대적인 선이고, 상대적인 덕일 뿐입니다. 더구나 그것이 하나님을 믿지 않고 의뢰하지 않음과 연관되면, 그것은 더 이상 덕(德, virtue)이 아니라, 오히려 악(惡, vice and evil)이 됩니다.

그러므로 중요한 것은 하나님의 말씀을 잘 듣고 그 뜻을 잘 파악해서 하나님께서 원하시는 방향으로 나아가는 것입니다. 주어진 만나를 그 날 소비하는 것이 그들이 하나님의 말씀을 순종하는지 아닌지 여부를 알아보는 하나의 시금석(criterion)이었다면, (1) 안식일에는 만나가 내리지 않으니 안식일 전 날에는 배(倍)를 거두라는 명령과 따라서 (2) 안식일에는 만나를 거두러 나가지 말라는 명령에 순종하는 것 또한 하나의 시금석이 됩니다. 이스라엘 백성들이 하나님의 말씀을 순종하는지 여부에 대한 시금석이라는 말이지요.

그런데 이스라엘 백성 중에는 이를 잘 유의하지 않는 사람들이 있었습니다. 그래서 "일곱째 날에 백성 중 어떤 사람들이 거두러 나갔다가 얻지 못하니라"(출 16:27)는 사실을 적시(摘示)하는 기사가 나타납니다. 그래서 하나님께서는 다시 강조하여 말씀하십니다: "어느 때까지 너희가 내 계명과 내 율법을 지키지 아니하려느냐? 볼지어다. 여호와가 너희에게 안식일을 줌으로 여섯째 날에는 이틀 양식을 너희에게 주는 것이니, 너희는 각기 처소에 있고 일곱째 날에는 아무도 그의 처소에서 나오지 말지니라"(출 16:28-29). 안식일을 지키는 방식이 아주 명확히 주어졌습니다. 안식일에는 심지어 만나를 거두러 나오지도 말고 안식하라는 것입니다.

이로써 매일 주어지는 만나가 그저 자연 현상으로 주어지는 것이 아니라는 것이 명확해 집니다. 그저 자연 현상이라면 안식일에도 만나가 있어야 하기 때문입니다. 그러므로 만나는 하나님께서 놀라운 초자연적인 방식으로 준비해 주신 것입니다.[16] 이로써 하나님께서는 오고 오는 시대에 적용될 큰 원칙을 분명히 해 주십니다. 우리들이 먹을 양식은 궁극적으로 하나님께서 날마다 공급하여 주시는 것이라는 그 원칙

---

[16] 신 광야에서 관찰할 수 있는 이와 비슷한 자연적 현상과 대조하면서 만나는 그것들과는 달리 하나님의 초자연적인 공급이었음을 언급하는 다음을 보십시오. Philip C. Johnson, "Exodus," in *The Wycliffe Bible Commentary* (Chicago: Moody Press, 1962), 66; Hywel R. Jones, "Exodus," in *The New Bible Commentary*, 3rd edition (Leicester: IVP and Grand Rapids: Eerdmans, 1970), 129; 그리고 James K. Hoffmeier, "Exodus," in *Evangelical Commentary on the Bible* (Grand Rapids: Baker, 1989), 51.

을 말입니다.

　　본래 처음 창조하실 때 하나님께서는 "내가 온 지면의 씨 맺는 모든 채소와 씨 가진 열매 맺는 모든 나무를 너희에게 주노니 너희의 먹을거리가 되리라"(창 1:29)고 선언하셨습니다. 그러므로 맨 처음 아담과 그의 부인이 채소와 열매를 먹은 것도 근본적으로는 하나님께서 그들에게 그것을 주셔서 먹게 된 것입니다. 우리도 지금까지 하나님이 주셔서 먹고 삽니다. 다른 때는 그것을 생각하지 못하다가도 지독한 흉년이 들면 우리는 이것을 절감하게 됩니다. 만나만 하나님께서 내려 주시는 것이 아니라, 이 세상에서 우리가 먹고 사는 모든 것이 다 하나님께서 주셔서 우리가 먹을 수 있는 것입니다.

　　노아 홍수 이후에는 인간에게 동물 단백질이 필요함을 명확히 하시면서 "모든 산 동물은 너희의 먹을 것이 될지라. 채소 같이 내가 이것을 다 너희에게 주노라"(창 9:3)고 선언하셨습니다. 그 이후로 우리는 동물을 잡아, 고기를 먹게 되었습니다. 이 모든 것을 다 하나님께서 우리에게 주셨기에 우리가 먹을 수 있습니다. 이런 생각에 충실한 시편 기자는 심지어 동물들에 대해서도 다음 같이 묘사하고 있습니다.

> 여호와께서 샘을 골짜기에서 솟아나게 하시고 산 사이에 흐르게 하사,
> 각종 들짐승에게 마시게 하시니 들나귀들도 해갈하며(시편 104:10, 11)

> 그가 그의 누각에서부터 산에 물을 부어 주시니
> 주께서 하시는 일의 결실이 땅을 만족시켜 주는도다.
> 그가 가축을 위한 풀과 사람을 위한 채소를 자라게 하시며
> 땅에서 먹을 것이 나게 하셔서,
> 사람의 마음을 기쁘게 하는 포도주와 사람의 얼굴을 윤택하게 하는 기름과
> 사람의 마음을 힘 있게 하는 양식을 주셨도다(13-15절).

이것들은 다 주께서 때를 따라 먹을 것을 주시기를 바라나이다.
주께서 주신즉 그들이 받으며 주께서 손을 펴신즉 그들이 좋은 것으로
만족하다가,
주께서 낯을 숨기신즉 그들이 떨고,
주께서 그들의 호흡을 거두신즉 그들은 죽어 먼지로 돌아가나이다(27-29절).

모든 사람의 눈이 주를 앙망하오니
주는 때를 따라 그들에게 먹을 것을 주시며
손을 펴사 모든 생물의 소원을 만족하게 하시나이다(시 145:15-16).

동물들이 먹이를 사냥하고 애쓰는 일이 있지간 결국 근원적으로 살피면 스스로의 노력으로 되는 일이 아니라는 것을 분명히 선언하는 것입니다. 동물들도 그러하니, 사람이 먹고 사는 것도 다 하나님께서 주시는 것이라고 생각해야만 합니다. 어떤 경우에는 만나와 같이 그 누구라도 부인할 수 없는 방식으로 이를 명확히 해 주십니다.

그렇게 주께서 주시는 만나를 먹고 살면서 '우리가 매일 거두러 나가서, 우리 노력으로 만나를 거두어 살고 있다'고 생각한다면 그 얼마나 이상한 일입니까? 그들은 분명히 나가서 거두는 노동과 수고를 합니다. 그러나 그것이 그들이 양식을 먹을 수 있는 근본적 이유는 아닙니다. 사람들이 일을 하지만 그것 때문에 자신들이 사는 것은 아니라는 것, 결국 하나님께서 양식을 주셔야 하고, 나가서 일할 힘도 주셔야 하며, 그들의 호흡을 계속할 수 있도록 하셔야만 사람이 살 수 있다는 것을 생각해야 합니다.

광야 생활에서 이를 깨닫지 못한다면 그들은 놀라운 이적에는 참여했지만 그 이적을 통해서 주께서 주시려는 의도는 제대로 깨닫지

못하는 사람들이 됩니다. 이것이야말로 보기는 보아도 보지 못하고, 듣기는 들어도 듣지 못하는 일의 대표적인 예라고 할 수 있습니다. 광야 생활을 하면서 이 점을 절실히 느끼고, 모든 정황에 이를 적용하며 사는 것이 하나님 백성들의 마땅한 바입니다.

광야 40년 생활을 마치고 이스라엘 백성들이 드디어 요단강을 건너간 후에는 어떻게 되었습니까? 길갈에서 할례를 행하고(수 5:2-9), 유월절을 지킨(수 5:10) 후, 그들이 그 땅의 소산물을 먹은 "다음 날에 만나가 그쳤습니다"(수 5:12). 그러므로 여호수아서에서 "이스라엘 사람들이 다시는 만나를 얻지 못하였고, 그 해에 가나안 땅의 소출을 먹었더라"(수 5:12)고 합니다.

그러므로 우리는 (1) 출애굽기 16장에서부터 안식일을 제외하고는 날마다 만나가 주어졌다는 것, (2) 가나안 땅에 들어가서 할례를 행하고 유월절을 지킨 후에는 더 이상 만나가 내리지 아니하였다는 것, 그러니 (3) 만나가 40년 동안 계속해서 주어졌다는 것을 확인할 수 있습니다(출 16:35; 수 5:12). 이렇게 놀라운 이적 속에서 살며 또 주께서 함께 하시는 여러 정황을 경험한 이스라엘 백성들이 하나님께 신실한 백성으로 있지 못했다는 것은 매우 의아스럽지만, 그것이 타락한 인간의 본성을 잘 표현한다는 것을 알 수 있게 됩니다. 하나님의 놀라운 구원의 은혜를 받고 사는 우리도 날다다 여러 면에서의 은혜를 경험하면서도 신실한 하나님의 백성답게 살지 못하는 우리의 경험을 통해서도 이를 확증하게 됩니다.

이렇게 참으로 하나님의 은혜 가운데서 사는 사람들은 먹고 사는 방식이 바뀌어도 근본적으로 우리가 먹는 이 양식을 주께서 주셨다는 것을 생각하고, 이것을 위해 기도하고, 주께서 주시면 감사해야 합니다. 날마다 만나를 주시는 방식으로 양식을 주실 때 그것을 주께서 주시는 것이라고 인정하는 것이 마땅했다면, 이제 가나안 땅에 들어와서 그 땅의 소산물을 먹고 살 때에도 그것을 주께서 주시는 것이라고 인정하며 살아야 합니다.17 하나님께서 양식을 주시는 방식이 달라졌다고 해서 '이제는 하나님께서 양식을 주시는 것이 아니고, 우리가 힘써서 경작하여 양식을 얻는' 것이라고 생각하는 사람은 그야말로 성경이 말하는 "어리석은 자"이고, 하나님을 불신하는 자입니다. 광야에서 이적적이고 초자연적인 방식으로 양식을 주셨던 바로 그 하나님께서 이제 가나안 땅에서는 하늘에서 우로(雨露)를 내려 주시고, 잘 돌아 보아 주셔서 다음 같이 찬양하게 하신다고 진심으로 인정해야 합니다.

> 땅 끝에 사는 자가 주의 징조를 두려워하나이다.
> 주께서 아침 되는 것과 저녁 되는 것을 즐거워하게 하시며,
> 땅을 돌 보사 물을 대어 심히 윤택하게 하시며,
> 하나님의 강에 물이 가득하게 하시고,
> 이같이 땅을 예비하신 후에 그들에게 곡식을 주시나이다.
> 주께서 밭고랑에 물을 넉넉히 대사 그 이랑을 평평하게 하시며,
> 또 단비로 부드럽게 하시고 그 싹에 복을 주시나이다.
> 주의 은택으로 한 해를 관 씌우시니
> 주의 길에는 기름방울이 떨어지며,
> 들의 초장에도 떨어지니,
> 작은 산들이 기쁨으로 띠를 디었나이다.
> 초장은 양 떼로 옷 입었고 골짜기는 곡식으로 덮였으매
> 그들이 다 즐거이 외치고 또 노래하나이다(시 65:8-13).

---

17 Cf. Thelemann, *An Aid to The Heidelberg Catechism*, 431; Hoeksema, *The Triple Knowledge*, vol. 3, 574f. 그리고 이런 상황에도 결국 하나님과 그의 돌보아 주심, 인간의 관여, 온 우주, 심지어 인간 사회 등이 다 관여되어야 "우리의 양식"이라는 말의 진정한 의미를 말할 수 있다는 Hans Dieter Betz, *The Sermon on the Mount*, Hermeneia, edited by Adela Yabro Collins (Minneapolis, MN: Augsburg Fortress, 1995), 397, 399를 보십시오.

이와 같이 하나님의 참 백성들은 오늘날도 자신들이 먹고 사는 것이 하나님께서 내려 주셔서 먹는 것임을 인정하며 살아야 합니다. 심지어 부자들도 날마다 주께서 주셔서 먹고 사는 것이라고 인정해야 합니다. 우리가 마땅히 그리해야 한다는 것에 대해서 칼빈은 다음과 같이 말한 바 있습니다.

> 일용할 양식이 우리에게 주어지기를 구한다는 사실은, **그것이 어떤 식으로 우리에게 오든지 간에, 그것이 하나님의 순전하고 값없는 선물이라는 것을 의미한다.** 우리 자신의 기술과 부지런함으로 그것을 얻은 것처럼 보일 때조차도 말이다.[18]

어리석게도 '오늘날은 우리가 나가 힘써서 그 결과로 먹고 사는' 것이라고 생각해서는 안 됩니다.[19] 이런 사고방식의 문제점을 소위 재물을 쌓아 두고 스스로 만족해하는 어리석은 부자 비유를 통해 우리 주님께서 잘 말씀해 주셨습니다(눅 12:16-21). 그에게 주께서는 "어리석은 자여! 오늘 밤에 네 영혼을 도로 찾으리니, 그러면 네 준비한 것이 누구의 것이 되겠느냐?"(눅 12:20)고 물으십니다. 우리는 우리의 재능과 힘씀이나 우리의 노력, 그리고 그 결과로 우리가 쌓아 놓은 부(富)를 의지하면 안 됩니다. 그러므로 부자들도 날마다 주께서 주셔서 먹고 사는 것이라고 인정해야 합니다.[20] "혹시 창고가 가득 차 있다고 해도, [그

---

[18] John Calvin, "제 1 차 신앙교육서"(1538), in John H. Hesselink, 『칼빈의 제 1 차 신앙교육서: 그 본문과 신학적 해설』, 이승구, 조호영 공역 (서울: CLC, 2019), 87, 강조점은 덧붙인 것임.

[19] 비슷한 점을 언급하면서 "일하여 양식을 얻을 수 있는 우리의 능력까지를 포함한 모든 좋은 것이 다 하나님의 손에서 온다"고 하는 D. A. Carson, "Matthew," in *The Expositor's Bible Commentary*, vol. 8 (Grand Rapids: Zondervan, 1984), 172를 보십시오.

[20] 그러니 "부자도 이 기도를 해야 합니다."(Van Reenen, *The Heidelberg Catechism*, 615). 이점을 잘 지적하면서 "부요함이나 풍부를 믿는 것이 얼마나 우리를 속이는" 것인지를(the deceptive

창고에 있는 것을 의존하지 말고 하나님께서 주시기를 바라면서 하나님을 의존해야 합니다."[21]

그러므로 하나님의 백성들은 주께서 가르치신 것처럼 "날마다"[22] "일용할 양식을 주옵시고"라고 기도하며 하나님의 내려주심에 의지하며, 하나님께서 일용할 양식을 주시면 그에 대해서 참으로 감사하며, 그것에 의해 힘을 얻어 하나님의 뜻을 수행해야 합니다. 따라서 우리는 날마다 "일용할(ἐπιούσιον) 양식을 주시며"라고 간구합니다. 이는 우리가 많은 것을 구하지 않고 그저 오늘 필요한 것을 주께 구하고 그로 인해 사는 겸손한 기원을 하는 사람임을 표합니다. 그러므로 이 간구는 겸손한 간구입니다.[23] 또한 이로써 우리는 매일 매일, 아니 "매순간 하나님을 의존하여 사는" 사람들임을 분명히 합니다.[24] 레온 모리스가 잘 표현했듯이, "그리스도인은 계속하여 하나님께 의존하는 상태로 삽니다."[25]

그 뿐만 아니라, 우리가 하나의 공동체로서 "우리들의 양식을"

---

confidence of plenty) 잘 지적하는 Calvin, *A Harmony of the Gospels*, vol. 1, 210을 보십시오.

[21] Jean Vis, *We Are the Lord's* (Grand Rapids: Society for Reformed Publications, 1955), 168.

[22] 따라서 이 기도는 날마다 해야 한다는 논의는 여러 사람이 하였습니다. 그 대표적인 예로 다음을 보십시오. Chromatius Aquileia, *Preface to the Lord's Prayer*, CCSL 9:445-46, in D. H. Williams, ed., *Matthew Interpreted by Early Christian Commentators* (Grand Rapids: Eerdmans, 2018), 125; Augustine, *Sermon*, 58. 12, PL 38:399=WSA, III/3:124, in Williams, ed., *Matthew*, 140; Augustine, *Civitas Dei*, 21. 27=*The Nicene and Post-Nicene Fathers of the Christian Church*, vol. II: *St. Augustine's City of God and Christian Doctrine* (Grand Rapids: Eerdmans, 1988), 476; VanderGroe, *The Christian's Only Comfort in Life and Death*, vol. 2, 500, 502; Jeremias, "Daily Prayer in the Life of Jesus and the Primitive Church," in *The Prayer of Jesus*, 77; Betz, *The Sermon on the Mount*, 400; 그리고 Robert H. Gundry, *Matthew: A Commentary on His Literary and Theological Art* (Grand Rapids: Eerdmans, 1982), 107.

[23] 이 점을 지적하는 Betz, *The Sermon on the Mount*, 400 ("an expression of modesty.")을 보십시오.

[24] 성경을 믿는 사람들은 다 그렇게 말하지만 특히 Calvin, *A Harmony of the Gospels*, vol. 1, 210; VanderGroe, *The Christian's Only Comfort in Life and Death*, vol. 2, 500; 그리고 키에르케고어의 여러 저작들에 나오는 순간에 대한 강조를 보십시오.

[25] Leon Morris, *Luke*, Tyndale New Testament Commentaries, revised edition (Leicester: IVP and Grand Rapids: Eerdmans, 1988), 212.

구하는 것이라는 것도 유념해야 합니다.26 이 기도의 공동체적 성격을 생각하는 것은 우리에게 절실한 필요를 구할 때에도 적용되어야 합니다. 나에게 필요한 것만을 구하는 것이 아니라 우리들의 양식을 구하는 것임을 유념하고, 우리의 것들은 다 나누도록 되어 있음을 생각하면서 간구해야 합니다. 그러나 그 나눔이 자원함으로 되어지는 것임을 잊어서는 안 됩니다.27

"오늘날"(σήμερον)과 "일용할"(ἐπιούσιον)

바로 이런 태도를 분명히 할 때 우리 말로는 그 앞에 있는 (그러나 사실 희랍어로는 **맨 뒤**에 나오는) "오늘날"(σήμερον)의 의미가 잘 드러납니다.28 이 말은 문자적으로는 "오늘"이라는 말이지만, 단순히 그것만을 뜻하는 것이 아닙니다. 물론 오늘이라는 것이 중요합니다. 디터 한스 베츠가 잘 표현한 바와 같이, "중요한 것은 오늘 일어나는 일입니다."29 또한 그가 잘 지적하고 있듯이, "기아를 경험해 본 모든 사람이 다 알듯

---

26 이미 오래 전에 이를 언급한 VanderGroe, *The Christian's Only Comfort in Life and Death*, vol. 2, 498; G. Van Reenen, *The Heidelberg Catechism* (Paterson, NJ: Lont & Overkamp, 1955, reprint, 1979), 611; 그리고 이 맥락에서 "형제 사랑"을 강조하는 Hoeksema, *The Triple Knowledge*, vol. 3, 564f.도 보십시오.

27 이 기도가 공동체의 기도라는 것을 강조하는 판데어흐루도 이 자원하는 성격을 매우 강조합니다(VanderGroe, *The Christian's Only Comfort in Life and Death*, vol. 2, 498: "Believers must willingly, as an expression of Christian love, share this bread with others.") 또한 Vis, *We Are the Lord's*, 167도 보십시오.

28 누가복음 11:3에 나오는 〈주께서 가르치신 기도〉에는 맨 마지막에 "매일, 각각의 날"(each day)이라는 뜻의 "토 카쯔 헤메란"(τὸ καθ' ἡμέραν)이라는 어귀로 나오고 있음에 주의하십시오.

29 Betz, *The Sermon on the Mount*, 400: "What counts is what happens today." 예수님 당시 날마다 빵을 구워내던 생존에 필수적인(indispensable) 것이며, 따라서 떡 세 덩이(눅 11:5-8)는 하루에 필요한 양식임을 언급하는 Rudolf Schnackenburg, *The Gospel of Matthew* (1985, 1987), trans. Robert R. Barr (Grand Rapids: Eerdmans, 2002), 68도 보십시오. 그러나 쉬나켄부르크가 이 말을 "오늘"에만 한정하지 않음도 주의하십시오.

이, '오늘'이 중요하지, 과거나 미래가 그것을 대신할 수 없습니다."30 이렇게 오늘은 중요합니다. 그러나 '오늘'이라는 문자적인 의미만을 고집하면, 〈주께서 가르친 기도〉와 이에 근거한 기도를 반드시 아침에 해야 하는 것이 됩니다. 그러니 "일용할"(ἐπιούσιον)이라는 말이 **오직** "오늘"을 위한 것뿐이라고 하는 것은31 너무 지나친 것입니다.

또한 이 "에피우시온"(ἐπιούσιον)을 "τῇ ἐπιούσα ἡμέρᾳ," 즉 "오는 날에"(for the coming day, venientem)로 보려는 해석도, 내일(the following day)만을 생각한다면,32 그것도 좀 지나친 해석이 됩니다. 예를 들어서, 지금 희랍어로 "일용할"(ἐπιούσιος)이라고 쓰인 단어

---

30 Betz, *The Sermon on the Mount*, 400.

31 David Hill에 의하면 Friedrich Blass와 Albert Debrunner의 희랍어 문법책에서 "일용할"(ἐπιούσιος)이라는 말을 "오늘을 위한"(for the present (day), i.e. *epi tēn ousan (hēmeran)*)이라고 해석했다고 합니다. Cf. Friedrich Blass & Albert Debrunner, *The Greek Grammar of the New Testament and Other Early Christian Literature* (Chicago: University of Chicago Press, 1961), 66, cited in David Hill, *The Gospel of Matthew*, The New Century Bible Commentary (London: Marshall, Morgan & Scott, 1972; Grand Rapids: Eerdmans, 1981), 137f. 또한 앞서 언급한 베츠(Betz, *The Sermon on the Mount*, 400); Gerhard Maier, *Matthäus-Evangelium* (Hänssler, SCM, 2007), 송 다니엘 역, 『마태복음』 (서울: 진리의 깃발, 2017), 233; 그리고 Wilkins, *Matthew*, 278도 보십시오 (그러나 윌킨스도 후에 적용하면서는 오늘과 내일의 양식을 모두 하나님께 의존해야 한다고 해석합니다).

32 콥틱 역 주기도문에서도 그렇다고 합니다(Ulrich Luz, "The Lord's Prayer," in *Matthew 1-7* [1985], trans. Wilhelm C. Linss [Minneapolis: Augsburg Fortress, 1989], 382). 다음에 언급할 제롬, 시릴(Cyril of Alaxandria), 오리겐 외에도 이런 해석을 선호하는 분들로 다음을 보십시오. R. E. Nixon, "Matthew," in *The New Bible Commentary*, 3rd edition (Leicester: IVP and Grand Rapids: Eerdmans, 1970), 824 (그러나 그는 이로부터 다음에 언급할 두 가지 해석으로도 진전해 가고 있음을 잘 보십시오); I. Howard Marshall, "Luke," in *New Bible Commentary*, 906 (그는 이것과 필수적인 것을 위한 간구 둘 다 가능하다고 보면서, "내일의"라는 의미로 보면 왕국의 복을 지금 미리 맛보기를 기도하는 것에로 나아 갈 수도 있다고 합니다); Gundry, *Matthew*, 107; C. J. Hemer, "ἐπιούσιος," *Journal for the Study of the New Testament* 22 (1984): 81-94; Walter L. Liefeld, "Luke," in *The Expositor's Bible Commentary*, vol. 8 (Grand Rapids: Zondervan, 1984), 947: "... *epiousion* may mean 'for tomorrow.' 'Tomorrow' may be literally the next day." (그러나 그는 '에피우시온'을 '필요한'(necessary), '충족한'(sufficient)으로 보는 해석도 가능하다고 하면 그것을 후에 놓아 그것을 더 선호하는 듯한 의견도 제시합니다.); Davies & Allison, *The Gospel according to St. Matthew 1-7*, 609 (그런데 그들은 여기서 좀 더 나아가 다음에 언급할 종말론적 해석을 향해 갑니다); 그리고 단언은 하지 않지만, "내일을 위한 양식"이라는 해석이 **최선이라고 강하게 제시**하는 Craig L. Blomberg, *Matthew*, The New American Commentary 22 (Nashville, TN: Broadman Press, 1992), 119도 보십시오.

내일을 위한 양식으로 보는 것에 대한 비판적 논의로 John Nolland, *Luke 9:21-18:34*, Word Biblical Commentary (Dallas, Texas: Word Books, 1993), 616을 보십시오.

배후에 있는 아람어가 "마하르"(מָחָר, mahar=of tomorrow)라고 하면서, 이는 『히브리인들에 의한 복음서』(*The Gospel according to the Hebrews* 또는 *The Gospel of the Nazarines*)에 나온 것처럼 "다음 날을 위한"(of the tomorrow, or for tomorrow, *crastinum*) 양식"이라고 말한 제롬(약 347-420)의 해석은[33] 지나친 것입니다.[34] 이것이 옳다면 내일을 위한 양식을 구하는 것이므로, 우리는 주로 저녁에만 이 기도를 해야 하는 것이 됩니다. 물론 이를 선호하시는 분들은 아무 때나 기도할 수 있으니, 나사렛 복음에서와 같이 "내일을 위한 우리의 양식을 오늘 주옵소서"라고 기도하는 것이라고 합니다.[35]

더 이상한 해석으로, 예수님께서 여기서 물리적 양식을 위해 기도하라고 했다는 것이 적절하지 않다고 하면서, "일용할 양식"을 위한 간구를 "영적 양식"을 위한 간구라고 하는 해석이 있습니다. 이는 이 때 여기 언급된 "떡"이 "성찬의 떡"이라고 해석하던 일부 교부들과 중세의 해석입니다.[36] 제롬은 "일용할 양식"(τὸν ἄρτον τὸν ἐπιούσιον)이라는 말을

---

[33] 이에 대한 소개와 언급으로 Joachim Jeremias, *Prayers of Jesus* (London: SCM Press, 1967), 23f., 100f.; 그의 *New Testament Theology*, I (London: SCM, 1971), 199f.; 그리고 Hill, *The Gospel of Matthew*, 138을 보십시오. 이를 소개하면서 이런 해석에 적극적으로 찬성하는 Luz, *Matthew 1-7*, 382를 보십시오. 이 견해에 대한 소개와 비판으로 Betz, *The Sermon on the Mount*, 397f.을 보십시오.

[34] 이 견해를 현대에 대표하는 루츠 자신이 이 "에피우시오스" 배후에 있는 아람어가 무엇인지는 불분명하다고 합니다(Luz, *Matthew 1-7*, 373).

[35] Luz, *Matthew 1-7*, 382. 또는 "**오늘이라는 의미로서** "오는 날"을(the following day) 위한 양식을 주시옵소서"라고 하는 이상한 말을 하는 Davies & Allison, *The Gospel according to Saint Matthew 1-7*, 609의 말도 보십시오(강조점은 덧붙인 것임). 이렇게 말하려면 차라리 그냥 "오늘을 위한"으로 생각하는 것이 더 좋지 않겠습니까? 그러나 이런 이해는 "예수님의 말씀을 왜곡한 것"이라는 마이어의 말(Maier, 『마태복음』, 234)도 지나친 것이라고 해야 합니다.

[36] 오리겐(약 185-254)이 231-250년경에 쓴 글에서 이런 해석을 했습니다. Cf. Origen, *On Prayer*, 27. 1-2, 4, 9, 12-13, GCS 2:363-65, 369-72, in D. H. Williams, ed., *Matthew Interpreted by Early Christian Commentators* (Grand Rapids: Eerdmans, 2018), 133f. (Cf. Eric George Jay, *Origen's Treatise on Prayer*, translation and notes [London: S.P.C.K., 1954], 175).
또한 Gregory of Nyssa (335-394)와 Augustine (약 354-430)에게도 이런 해석이 나타난다고 합니다. 아퀴나스는 이 일용할 양식이 그리스도라고 보았습니다(Aquinas, 『마태복음과 요한복음 주석』(1861), 1. 71, cited in Bruce McNair, "Martin Luther and Lucas Cranach Teaching the Lord's

"아주 본질적인 떡"(*panem superstantialem*)이라고 번역하면서, 이는 우리에게 아주 본질적인 것, 즉 성찬을 주시라는 간구라고 하였습니다.37

또한 "내일을 위한 간구"에 대해서 생각하면서 그 내일의 의미를 너무 강조하면서 이것이 메시아 잔치를 함의하는 일종의 종말론적 식사에 참여하게 해 달라는 의미라고 해석하는 것은38 더 지나친 해석입니다.

Prayer," in *Teaching the Reformations*, ed., Christopher Metress [Basel: MDPI, 2018], 41, n. 7). 이 간구가 영적인 것에 대한 간구라는 이런 해석에 대해 비판하면서 이는 이 세상에서 필요한 것들을 위한 간구라고 논의하는 Van Reenen, *The Heidelberg Catechism*, 609f.; Kersten, *The Heidelberg Catechism*, 692을 보십시오.

루터는 〈1519년 기도에 대한 강해〉에서는 제롬을 따르던서 말씀과 성찬이 우리가 구하는 오늘의 양식이라고 합니다(Martin Luther, "1519 Exposition on the Lord's Prayer," in *Luther's Works*, vol. 42 [Philadelphia: Fortress Press, 1969], 56-57, 또한 Kenneth Stevenson, *The Lord's Prayer: A Text in Tradition* [Minneapolis: Fortress, 2004], 117-50 참조). 그런데 1528년의 〈요리문답 설교〉에서와 1529년 〈대, 소요리문답〉에서는 루터도 물질적 양식으로 해석합니다. 1535년에는 "현세적이고 물리적인 삶에도 복 내려 주시고, 평화를 주시며, 전쟁과 무질서를 물리쳐 달라고" 이 의미를 가장 폭넓게 해석합니다(*Luther'2s Works*, vol. 43, 196). 현대에는 쳔주교 저자들과 성공회 저자들 중 일부가 성찬적 해석도 용인하려고 합니다. 성공회 저자 가운데서 노텅험의 St. John's College 학장이셨던 Nixon, "Matthew," 824도 보십시오.

키프리안 때부터 이 마태복음 6:11에 근거해서 성찬을 날마다 해야 한다는 주장이 나왔고, 역시 이 구절에 근거해서 성찬 때 빵만 주면 된다는 잘못된 결정을 천주교의 바젤 공의회와 트렌트 공의회에서 했다고 합니다(이에 대한 언급으로 Luz, *Matthew 1-7*, 381, n. 82를 보십시오). 루츠는 이런 성찬적 해석은 "개연성이 없다"(not plausible)고 합니다(Luz, *Matthew 1-7*, 381).

37 그러므로 제롬은 여러 견해를 표명한 것입니다. 에라스무스도 이와 같이 생각했다고 하면서, 이런 해석이 "상당히 부조리한 것"이라고 평하는 칼빈의 언급도 보십시오(Calvin, *A Harmony of the Gospels*, vol. 1, 209). 또한 제롬의 번역이 부분적으로는 Marius Victorianus (약 290-364)의 영향 하에서 이루어 질 수 있을 것이라는 것을 포함한 제롬의 이런 번역에 대한 설명과 그러나 "이런 번역은 언어학적 정당화를 받을 수 없다"는 좋은 논의로 D. A. Carson, "Matthew," in *The Expositor's Bible Commentary*, vol. 8 (Grand Rapids: Zondervan, 1984), 171을 보십시오. David Hill도 이를 설명하면서 이런 "제롬의 성찬적 해석"(Jerome's Eucharistic interpretation)은 있을 법하지 않다고 합니다(Hill, *The Gospel of Matthew*, 137). 놀란드도 이 구절의 "성찬적 연관성을 생각하도록 격려하는 것은 아무 것도 없다"고 합니다(Nolland, *Luke 9:21-18:34*, 617).

38 David Hill에 의하면 P. Bonnard의 불어판 마태복음 주석(1963), 86에서 이런 해석이 주어져 있다고 하면서 힐 자신도 이런 해석을 따르고 있습니다(Hill, *The Gospel of Matthew*, 138). 그와 비슷하게 이를 "종말론적인 만나"로 해석한 Jeremias, *Prayers of Jesus*, 100-102; 그의 *New Testament Theology*, I, 199-201; Raymond E. Brown, "The Paternoster as an Eschatological Prayer," *Theological Studies* 22 (1961): 175-208, in his *New Testament Essays* (Garden City: Doubleday, 1968), 301-8; E. Earle Ellis, *The Gospel of Luke*, The New Century Bible Commentary (Thomas Nelson & Sons, 1966, revised edition London: Marshall, Morgan & Scott, 1974), 165; Nixon, "Matthew," 824 (그러나 닉슨은 이를 가장 분명한 것이라고 확신하면서도, 다른 해석도 받을 수 있다는 입장을 보입니다); Liefeld, "Luke," 947 (르펠트도 다른 해석의 가능성을 열어 놓습니다); D. A. Hagner, *Matthew 1-13*, Word Biblical Commentary (Dallas: Word, 1993), 149-50; 그리고 Rodney Reeves, *Matthew*, The Story of God Bible Commentary (Grand Rapids: Zondervan, 2017), 130도 보십시오(그런데 로드니 리브즈는 이 간구를 비롯하여 주께서 가르치신 기도 전부가 "오늘

또한 이를 그저 "우리에게 오는 양식"(the bread that is coming to us)이라고 해석하는 것도39 지나친 것의 하나입니다. 이렇게 너무 지나치게 나아가는 해석들을 하지 않도록 늘 주의해야 할 것입니다.

그러므로 아람어적 배경으로 해석할 때 이는 "날마다"(day by day)를 지칭하는 아람어 관용구라는 매튜 블랙의 논의는 (아람어로 바꾸어 생각하려고 하는 점에서 너무 현학적이기는 하지만) 본래 의도에 근접하는 것이라고 할 수 있습니다.40 이는 우리에게 필요한 (necessarium) 양식을 달라고 기도하던 잠언서의 아굴의 기도와 연관될 수 있습니다. "나를 가난하게도 마옵시고 부하게도 마옵시고, 오직 '필요한 양식'(לֶחֶם חֻקִּי)으로 나를 먹이시옵소서"(잠 30:8).41 마태복음

을 위한 날마다의 기도"[a daily prayer for today]라는 말도 하고 있으니[Matthew, 120] 전체를 조화롭게 보아야 합니다).

이는 다 지나치게 나간 것으로 보입니다. 그러므로 이런 종말론적인 의미로 볼 필요는 없다고 하는 Gundry, Matthew, 107의 말에 동의할 수 있습니다.

Davies & Allison, The Gospel according to St. Matthew 1-7, 609는 내일을 위한 양식이라는 해석과 이런 종말론적 의미를 연결시켜 생각하려고 합니다. 그러면서 자신들의 해석이 결국 예레미아스의 견해와 비슷하다고 하며 예레미아스의 말(New Testament Theology, I, 200)을 길게 인용합니다. 이런 해석은 일차적으로 매일의 식사를 성찬과 상당히 유사하게 표현하는 문제가 있고, 예수님의 일반적인 말을 너무 마지막 때의 식사와 지나치게 연관시키는 문제를 드러낸다고 여겨집니다.

39 Hoeksema, The Triple Knowledge, vol. 3, 563. 물론 이것을 풀어 쓴 내용은 우리가 해석하는 것과 같습니다. 즉 "이 특정한 날에 적당한 양의 양식을 주옵소서"라고 해석하기 때문입니다. 아마도 "오는"의 의미를 생각하면서 그러나 이것이 내일이라는 의미가 아니라고 여겨서 이런 독특한 해석을 하는 것으로 보입니다. 결론적 해석은 같으나 그에 이르는 길이 좀 다른 대표적인 해석이라고 해야 할 것입니다.

40 Cf. Matthew Black, An Aramaic Approach to the Gospels and Acts, 3rd edition (Oxford: Clarendon Press, 1967), 203-207. 이에 대한 언급으로 Hill, The Gospel of Matthew, 138을 보십시오. "날마다"(daily)로 보는 것이 이 용어에도 적합하고 주께서 가르치신 기도의 주조(主調)와도 가장 잘 어울린다는 입장의 표현으로 이하의 언급될 주석들과 함께 Hendriksen, The Gospel of Matthew 333; Morris, Luke, 212; 그리고 Fred B. Craddock, Luke, Interpretation (Louisville: John Knox Press, 1990), 153f.도 보십시오. 현대어 이런 입장을 제시하면서 강하게 논증한 예로 J. Starcky (Harvard Theological Review 64 [1971]: 401-409)와 P. Grelot의 불어 논의(New Testament Studies 25 [1978/79]: 299-314)가 있다고 합니다(이에 대해서 Nolland, Luke 9:21-18:34, 615f.를 보십시오).

41 이 네 번째 간구를 잠언 30:8과 연관시켜 언급한 것으로 VanderGroe, The Christian's Only Comfort in Life and Death, vol. 2, 496; Kersten, The Heidelberg Catechism, 694; W. C. Allen, The Gospel according to St. Matthew, ICC. 3rd edition (Edinburgh: T& T Clark, 1912), 59를 보십시오. 알렌은 시리아 역의 일부(S¹, S²)는 "계속적인 양식"(continual bread)이라고 번역하고 있

6:34에서 "내일 일을 위해 염려하지 말라"는 교훈을 받는 제자들이 일용할 것을 위해 기도하도록 가르침 받는 것은 자연스러운 일입니다. 더구나 성경 시대에 노동자들이 매일 그들이 일한 품삯을 받던 상황을 생각하면(마 20:8 참조),42 매일 매일 날마다(cottidianum) 주님께 필요한 것을 공급해 주시기를 기원하는 것은 매우 자연스럽습니다.

그래서 오래 전에 여러 사람들이 잘 표현한 바와 같이, 만일에 아침에 이 기도를 하는 것이라면 이는 오늘 필요한 일용할 양식을 달라고 구하는 것이고, 저녁에 이 기도를 한다면 그것은 내일 필요한 일용할 양식을 달라고 주께 구하는 것입니다.43 그러므로 이 말이 "오늘에 필요한" 것에 대한 간구인지, "내일에 필요한" 것에 대한 간구인지를 찾아보려고 하는 것은 사실 무의미합니다.44 칼빈은 이에 대해서 다음

고, 또 일부(S^3)는 "우리들에게 필수적인 양식"(bread of our necessity)이라고 번역하고 있다는 정보도 제공합니다(59). 또한 Hendriksen, *The Gospel of Matthew* 333; Nolland, *Luke 9:21-18:34*, 617; Maier, 『마태복음』, 233도 보십시오.

일반적으로 "일용할"로 번역되는 "에피우시온"(ἐπιούσιον)을 "ἐπι την ούσιαν" 즉, "(우리들의) 본질적 필요를 위하여"(for [our] essential need)로 풀어 이해하는 것에 대해서는 의미 있게 생각할 수 있지만, 이로부터 너무 사변해 나가지 않도록 주의해야 합니다. 이런 해석을 하는 J. A. Fitzmyer, *The Gospel according to Luke*, 2 vols., Anchor Bible (Garden City, NY: Doublday, 1981-85), 905, 그리고 이런 입장을 취하는 H. Bourgoin의 논의에 대한 소개로 Nolland, *Luke 9:21-18:34*, 615를 보십시오.

기본적으로 우리에게 필수적인 것을 구한다는 그 의미는 옳지만, 이런 논의는 상당히 현학적으로 여겨집니다. 특히 이 용어(ἐπιούσιον)에 시간적 의미가 전혀 없어서 시간과는 전혀 상관없는 것이라는 Jannarius의 논의는 너무 지나친 것입니다(Jannarius의 견해에 대한 소개와 논박으로 Plummer, *The Gospel according to St. Luke*, 296을 보십시오. 그러나 "일용할"(ἐπιούσιος)이라는 말을 설명하면서, 이는 근본적으로 시간적 의미가 아니므로 "내일에 필요한"이란 뜻은 배제된다고 하는 마운스(Mounce, *Matthew*, 54)도 좀 과한 논의를 하는 것이라고 할 수 있습니다.

42 이 구절을 이해할 때 이런 정황을 생각하도록 하는 Hendriksen, *The Gospel of Matthew* 333; Turner, *Matthew*, 188; Liefeld, "Luke," 947; Carson, "Matthew," 171("the precarious lifestyle of many first-century workers")도 보십시오.

43 이를 언급하는 다른 분들로 다음을 보십시오. 시카고 신학교에서 교수하시던 Floyd V. Filson, *A Commentary on the Gospel according to St. Matthew* (New York: Harper & Brothers, 1960, reprinted, Hendrickson Publishers, 1987), 96; 장로교 목사로 쉐필드 대학교 Senior Lecturer를 하시던 Hill, *The Gospel of Matthew*, 138; 그리고 독일의 Betz, *The Sermon on the Mount*, 400. 복음서의 아람어 배경을 말하는 St. Andrews의 매튜 블랙도 결과적으로 이런 해석을 제시했습니다 (Black, *An Aramaic Approach to the Gospels and Acts*, 203-207).

44 이점을 지적하는 R. T. France, *Matthew*, Tyndale New Testament Commentaries (Leicester: IVP and Grand Rapids: Eerdmans, 1985), 135를 보십시오.

같이 말한 바 있습니다.

> 우리가 "날마다" 그리고 "오늘"이라고 말하는 것이 의미하는 바는 우리가 **필요한 만큼만 매일** 구해야 한다는 것이다. 우리는 우리의 하늘 아버지께서 오늘 우리에게 일용할 양식을 주시듯이, 내일도 우리에게 그리하실 것이라는 확실한 확신을 갖고 그렇게 구해야 한다.45

왜냐하면 하나님께서는 "모든 유익의 유일하신 원천"이시기 때문입니다.46 그러므로 핵심은 우리가 우리 생존에 필요한 모든 것을 주님께 구하는 것이고, 주께서 우리를 살게 하실 때 과연 주께서 모든 것을 공급하셔서 우리가 사는 것임을 인정하는 것입니다. "하나님께서는 우리의 필요에 날마다 반응해 주십니다."47

나가면서

'우리를 위한 간구'(we petition)의 출발점에 서서 우리는 우리의 생존을 위해 우리에게 일용할 양식을 달라는 기도를 하고, 그 의미를 생각했습니다. 이렇게 어린 아이들처럼 하나님께 전적으로 의존해서, 오늘

---

45 Calvin, "제 1 차 신앙교육서"(1538), 86f., 강조점은 덧붙인 것임.

46 Calvin, *A Harmony of the Gospels*, vol. 1, 209: "the unique source of all benefits." Cf. Calvin, *Comm*, 1 Thess 1:3; *Comm*, Heb 4:2. 〈하이델베르크 요리문답 125문답〉: "*der einige Ursprung alles Guten*"="the only fountain of all good"(Schaff), "the only source of everything good."(1975, CRC).

47 Robert H. Mounce, *Matthew*, A Good News Commentary (New York: Harper & Row, 1985), 54: "God responds to our needs day by day." 그는 이 "일용할"(ἐπιούσιος)이라는 단어가 신약에서 여기만 나타나는 단어라는 것과 세속 문헌에서도 거의 안 나타난다고 지적하고 있습니다. 이는 거의 모든 주석가들이 지적하는 내용입니다. Cf. Plummer, *The Gospel according to St. Luke*, 295; Hoeksema, *The Triple Knowledge*, vol. 3, 562; Hendriksen, *The Gospel of Matthew* 332; 그리고 Wilkins, *Matthew*, 278.

우리가 살 수 있도록 오늘 우리에게 필요한 양식을 달라고 간구하는 것에서 신앙의 한 측면이 잘 드러납니다. 연약하여 스스로 기댈 것이 없음을 분명히 하면서 하나님께만 의존하는 아주 순진하고 소박한 신앙의 자세가 여기서 잘 표현됩니다. 참으로 믿고 기도하는 자에게는 "내일에 대한 염려의 여지가 남아 있지 않은" 것입니다.[48]

그런데 이 간구는 과연 오늘에 필요한 "양식"만을 간구하는 것일까요? 이 질문을 가지고 다음 강의로 넘어가 보기로 하겠습니다.

---

[48] Cf. Gundry, *Matthew*, 107: "No room remains for anxiety over tomorrow." 비슷한 강조로 Wilkins, *Matthew*, 278도 보십시오.

제 12 장

넷째 간구: "오늘날 우리에게 일용할 양식을 주시옵고"(2): 한 걸음 더 나아간 의미

본문: 마 6:11; 신 8:3; 마 4:4.

"오늘날 우리에게 일용할 양식을 주시옵고"라는 간구는 기본적으로, 우리가 지난 장에서 살펴본 바와 같이, 우리가 먹고 사는 것에 필요한 것을 간구하는 것입니다. 그러나 이 간구는 단순히 그것만을 위한 간구는 아닙니다.[1] 이 세상에서는 우리가 양식을 먹어야 우리의 생명이 유지됩

---

[1] 지난 장에서도 보았듯이 "양식"이라는 말은 모든 필요한 것에 대한 제유법적인 표현(synecdoche)으로 보아야 합니다(11장, 각주 11).
그러나 이런 제유법적인 해석은 예수님께서 말씀하신 의도를 벗어나는 것이라고 하면서 칼빈 등의 이런 확대를 비판하는 Ulrich Luz, "The Lord's Prayer," in *Matthew 1-7* (1985), trans. Wilhelm C. Linss (Minneapolis: Augsburg Fortress, 1989), 383, 그리고 n. 93을 보십시오. 이런 루츠의 견해는 한편으로는 지나치게 현학적이며, 결과적으로 예수님의 의도를 충분히 생각하지 않은 것이라고 해야 합니다.
18세기에 이를 "물리적 필요"에 대한 것만으로 보자는 제안을 했던 Theodorus VanderGroe,

니다. 하나님께서 그렇게 만드셨기 때문입니다. 그러나 하나님께서 하나님의 형상으로 창조하신 사람들은 그저 먹는 것만으로 사람답게 살 수 있는 존재가 아닙니다. 그러므로 결과적으로 보면, 이 간구는 우리가 이 세상에서 제대로 **하나님 백성으로서 하나님 나라 일을 하기 위해 필요한 모든 것을 위해 간구**하는 것입니다. 칼빈도 이 간구를 하나님께 드릴 때 우리는 "세상에서 우리 몸이 필요로 하는 모든 것 일반, 즉 음식과 의복뿐만 아니라 **하나님께서 우리에게 유익하다고 미리 아신 모든 것을** 그에게 구한다."고 말하고 있습니다.[2] 같은 입장에서 〈하이델베르크 요리문답〉은 넷째 기원이 다음 같은 간구라고 설명하고 있습니다.

(제 125 문) 넷째 기원은 무엇입니까?

(답) "오늘 우리에게 일용할 양식을 주옵시며",

즉

"우리의 모든 물리적 필요를 돌보아 주소서.
그리하여 우리가 당신님만이 모든 선한 것의 유일한 원천이시요,
당신님의 복 주심 없이는 우리의 노력이나 근심과 염려, 또 그 어떤 은사도
그 어떤 선을 이룰 수 없음을 알게 하여 주옵소서.

The Christian's Only Comfort in Life and Death, vol. 2, trans. Bartel Elshout (Grand Rapids: Reformation Heritage Books & Dutch Reformed Translation Society, 2016), 495f.도 보십시오. 그는 성경 말씀을 단순하게 읽고 받아들여야 한다는 생각과 다른 영적인 필요는 다른 기원들에서 기원된다는 생각과, 성찬적 해석에 대한 반론에서 이 점을 강하게 주장한 듯합니다. 이는 〈하이델베르크 요리문답〉 125문의 외적 표현에는("우리의 모든 물리적 필요를 돌보아 주소서") 충실한 것이지만, 그 함의에 반하는 해석이라고 할 수 있습니다.

[2] John Calvin, "제 1 차 신앙교육서"(1538), in John H. Hesselink, 『칼빈의 제 1 차 신앙교육서: 그 본문과 신학적 해설』, 이승구, 조호영 공역 (서울: CLC 2019), 86. 루터의 〈소요리문답〉에서도 이를 매우 폭 넓게 이해합니다: "일용할 양식이라는 것은 음식고· 옷, 신발, 집, 가정, 땅, 가축들, 돈, 재화들, 헌신적인 남편과 아내, 헌신적인 자녀들, 헌신적인 일꾼들, 헌신적이고 신실한 통치자들, 선한 정부, 좋은 날씨, 평화, 건강, 자제(自制), 좋은 평판, 좋은 친구들, 신실한 이웃들 그 외 그와 같이 우리의 몸을 지지하는 것들과 몸의 필요 모두를 다 포괄하는 것입니다"(Martin Luther, *Luther's Small Catechism* [Philadelphia: Lindsay & Blakiston, 1860], 16). 루터의 요리문답서를 비롯하여, 거의 모든 요리문답들에서는 이렇게 폭 넓은 의미에서 우리에게 필수적인 것을 위한 간구라고 합니다.

> 그리고 우리로 하여금 그 어떤 피조물에게 신뢰를 두지 않고,
> 오직 당신님에게만 신뢰를 드릴 수 있도록 도우소서."

이 내용에 따라서, 이제 이 〈네 번째 간구〉의 더 깊은 의미들에 대해서 찬찬히 생각해 보기로 하겠습니다.

모든 물리적 필요에 대한 간구

우리들이 지난 장에서 살펴 본 "일용할 양식"과 직접적으로 연결되는 생각은 '모든 물리적 필요'입니다. 그러므로 우리는 일차적으로 우리의 모든 물리적 필요를 주께서 채워 주시기를 위해 기도합니다.

이로써 우리가 물리적으로도 하나님께 의존적인 존재라는 것을 아주 분명하게 인정하는 것입니다. 하나님께서 돌보시지 않으시면 우리는 도무지 살아 갈 수 없다고 인정하면서, 하나님께서 모든 것을 공급하시고 인도해 주시기를 위해 기도합니다. 칼빈도 "이 간구를 통해 우리는 하나님이 우리를 먹이시고 양육하시며 보존하시도록 우리 자신을 하나님의 돌보심에 맡기고, 우리 자신을 그의 섭리에 위탁한다"고 표현한 바 있습니다.[3] 이사야서에서도 하나님의 참 백성은 "오직 공의롭게 행하는 자, 정직히 말하는 자, 토색한 재물을 가증히 여기는 자, 손을 흔들어 뇌물을 받지 아니하는 자, 귀를 막아 피 흘리려는 꾀를 듣지 아니하는 자, 눈을 감아 악을 보지 아니하는 자"라고 하면서(사 33:15), 그에 대해서 비유적으로 말하기를 "그는 높은 곳에 거하리니, 견고한 바위가 그의 요새가 되며, 그의 양식은 공급되고, 그의 물은 끊어지지

---

[3] Calvin, "제 1 차 신앙교육서"(1538), 86.

아니하리라"(사 33:16)고 말합니다.

하나님께서 견고한 바위처럼 그를 보호하는 요새가 되실 것이라고 하는 것입니다. 이에 대해서 그라슨 아쳐는 "하나님의 뜻의 중심 보다 더 안전한 곳은 없다. 거기서 신자는 주님의 보호하시는 돌보심에 둘러 싸여, 모든 가능한 공격자들로부터 보호를 받는다."고 합니다.4 이는 시편 기자가 여호와는 "나의 바위"(סַלְעִי ⇐ סֶלַע, 시 18:2; 시 72:3; 시 89:26; 92:15) 또는 "나의 요새"(삼하 22:2, 33; 시 18:3; 시 59:9, 16, 17; 시 62:2, 6; 시 71:3; 91:2; 시 94:22; 시 144:2; 렘 16:19)라고 부르던 것과 같은 의미입니다. 이와 연관하여서 하나님께서는 아브라함에게 나는 "네 방패"(מָגֵן לָךְ)라고 하셨습니다(창 15:1). 카일 예이츠가 잘 표현 한바와 같이, "하나님을 방패라고 표상적으로 표현한 것은 희망과 용기와 믿음을 주려고 하시는" 것입니다.5 이런 말씀의 의미를 따라서 구약의 많은 성도들이 하나님을 "나의 방패"(삼하 22:3; 시 3:3; 시 7:10; 시 18:2, 30; 시 84:11; 시 119:114; 시 144:2; 잠 30:5, Cf. 삼하 22:36 ["나의 구원의 방패"]) 또는 "우리의 방패"(시 33:20; 시 59:11; 시 84:9; 시 89:18) 또는 "너희의 방패"(시 115:9, 10, 11; Cf. 신 33:29: "너의 방패")라고 고택하였습니다.

이는 그저 방패와 보호자라는 의미 이상으로 하나님께서 필요한 모든 것을 공급해 주신다는 의미입니다. 하나님께서는 과연 우리의 모든 물리적 필요를 채워주시는 분이십니다. 하나님께서 그 백성들에게 "그의 양식은 공급되고, 그의 물은 끊어지지 아니하리라"(사 33:16)고 하십니다. 이것은 단순히 양식과 물만이 아니라, 물리적 생존에 필요한

---

4 Gleason L. Archer, Jr., "Isaiah," in *The Wycliffe Bible Commentary* (Chicago: Moody Press, 1962), 632.

5 Kyle M. Yates, "Genesis," in *The Wycliffe Bible Commentary*, 21.

모든 것의 공급에 대해서 말하는 것입니다.

모든 심리적, 정신적, 사회적 필요에 대한 간구

〈하이델베르크 요리문답〉 125문답에서는 앞서 언급한 물리적 필요에 대해서 언급하고 있습니다. 그러나 이 〈넷째 간구〉에는, 물리적 필요만이 아니라 앞으로 두 절에서 우리가 말하려 하는 바도 함의되어 있다고 하지 않을 수 없습니다. 왜냐하면 인간들에게는 그저 물리적 필요만 있는 것이 아니라, 심리적 필요도 있고, 정신적 필요도 있으며, 사회적 필요도 있고, 다음에 따로 논의할 영적인 필요도 있기 때문입니다. 이 모든 필요를 오직 하나님께서만 만족시켜 주실 수 있습니다. 다른 데서 이를 충족 받으려고 하는 것은 헛된 길로 나아가는 것이며, 진정한 만족을 도외시하고 대체물을 추구하는 것입니다. 하나님 백성들은 다른 것은 유사품이라는 것을 제대로 파악하고 있습니다. 그래서 우리는 하나님께 이 모든 필요를 채워 달라고 간구합니다. 하나님의 뜻을 수행하는 하나님 나라의 백성들이기에 우리의 왕이신 하나님께서 모든 면에서 우리의 필요를 채워 주셔야만, 우리에게 맡기신 사명을 제대로 수행할 수 있다고 하면서 이를 간구하는 것입니다.

네 번째 간구의 이런 '더 깊은 의미'의 간구는 영원히 지속되는 간구라고도 할 수 있습니다. 이후에 우리가 간구할 것들인 죄 용서를 위한 간구나 유혹에 빠지지 않게 해 달라는 간구나 그 악한 자로부터 우리를 구해 달라는 간구는 우리가 죽어 우리 영혼이 "하늘"(heaven)에 있을 때와 우리 주님의 재림 후에 있을 영원 상태에서는 하지 않을 간구입니다. 그 때에는 죄가 있지 않고, 유혹도 없으며, 그 악한 자의 위협도 없기 때문입니다. 그러나 그 때에도 우리의 심리적, 정신적, 사회적 필요는 있고, 오직 하나님께서만 그것을 만족시켜 줄 수 있기에 우리는 "하늘"에서도 그리고 영원 상태에서도 이를 위한 간구를 지속할 것입니다. 물론 그 때는 일용할 "양식"을 주시라고 기도하지는 않을 것입니다.

죽은 후에 영혼만 우리 주님과 함께 하늘의 즐거움을 만끽하고 있는 "하늘"(heaven)에서는 우리가 몸을 가지고 있지 않으므로 무엇을 먹어야 하는 것이 아니기에 "일용할 양식"이 필요하지 않습니다.6 그러나 "하늘"에서도 우리의 심리적, 정신적, 사회적, 그리고 영적 필요는 충족될 필요가 있기에 우리는 삼위일체 하나님께 이런 것들을 만족시켜 주시기를 위해 기도할 것입니다.

또한 우리 주께서 재림하신 이후에 우리가 누릴 영원 상태에서는 우리가 변화된 몸을 가질 것이기에 우리는 무엇을 먹을 수는 있으나 먹는 것이 꼭 필요한 것은 아닙니다.7 따라서 그 때에도 우리는 "오늘날 우리에게 일용할 양식을 주옵시고"라고 기도하지는 않을 것입니다. 그러나 그 영원 상태에서도 우리의 심리적, 정신적, 사회적 필요와 영적 필요는, 그 필요의 차원이 달라질 것이기는 하지만 그런 필요들은 계속 있기에, 그 때도 하나님께서 이 모든 영역에서 우리에게 필요한 모든 것을 공급해 주실 것임을 믿고 주께서 그리해 주시기를 위해 간구할 것입니다.

인간의 심리적 필요는 지금과 영원 상태에서도 있는 필요입니

---

6 특히 이점을 언급하는 G. Van Reenen, *The Heidelberg Catechism* (Paterson, NJ: Lont & Overkamp, 1955, reprint, 1979), 615f. 그런데 그는 그 곳에서 우리 영혼도 온전히 만족한다고 합니다.

7 영원 상태에서 우리가 먹을 수는 있으나 먹는 것이 꼭 필요한 것이 아니라는 점에 대한 좋은 논의로 다음을 보십시오. Cornelius P. Venema, *The Promise of the Future* (Edinburgh: Banner of Truth Trust, 2000), 474: "오늘 우리가 먹고 마시는 것이 하나님을 위해 하는 것이듯이(고전 10:31), 새 하늘과 새 땅에서도 하나님의 말씀과 기도로 거룩해진(딤전 4:5) 음식을 먹고 마시는 것이 살아계신 하나님을 경배하고 섬기는 계기가 될 것이다. 물론 이 문제에 대해서 한쪽으로 너무 교의적일 필요는 없다. 그럼에도 새로운 피조계에서의 삶은 분명히 하나님의 성도들이 함께 앉아서 최선의 음식을 나누는 풍요한 잔치와 같은 것이 될 것이다."

다. 지금도 영원에서도 인간의 심리적 필요는 오직 하나님께서만 충족히 만족시켜 주실 수 있습니다. 하나님을 배제한 심리적 안정과 평화는 참되고 실질적인 심리적 안정과 평화가 아닙니다. 오히려 다른 것으로 진정한 심리적 만족의 대체물을 추구하는 것입니다. 이전에 말한 바와 같이, 그것은 진정한 치료제가 아니고, 그저 잠시 고통을 잊어버리게 하는 안정제(sedative)일 뿐입니다. 하나님이 없는 인간은 근원적 불안을 가지고, 결국 이 세상에서 절망할 수밖에 없습니다.

물론 대부분의 사람들은 그것을 잘 의식하지 않아서 자신들이 사실은 불안하거나 더구나 절망에 빠져 있다는 것도 의식하지 못합니다. 불안과 절망을 깊이 안다고 하는 싸르트르나 하이데거 같은 경우도 궁극적으로 보면 그 불안과 절망을 다 헤아리지 못하는 것입니다. 그러나 하나님과의 관계를 바르게 가지고 있는 사람들은 하나님 없는 삶은 결국 절망이며, 오직 그리스도만이 인간들을 절망에서 벗어나게 해 준다는 것을 알게 됩니다.[8] 오직 그리스도에게로 돌아 갈 때만 모든 면에서 자유와 해방이 주어지는데, 그리스도 안에서 불안과 절망으로부터의 해방도 주어집니다.

그러므로 "하늘"에서와 영원 상태에서 우리의 심리가 과연 어떤 것인지, 그 때의 우리의 심리적 필요를 주께서 어떻게 만족시키실 것인지에 대해서 우리는 희망찬 기대를 가지게 됩니다. 기본적으로 우리가 말할 수 있는 것은 그 때의 우리의 심리, 심리적 경험, 심리적 필요와 그것에 대한 충족이 지금 우리의 심리적 필요 등과는 차원이 다르다고 하는 것입니다. 그 때는 지금 우리가 말하는 불안, 절망 같은 것이 없

---

[8] 진정한 그리스도인들은 누구나 그렇게 말하지만 특히 S. Kierkegaard, *The Sickness unto Death*, trans. Howard V. Hong and Edna H Hong (Princeton: Princeton University Press, 1980)을 보십시오. 이에 대한 자세한 분석으로 Seung-Goo Lee, *Kierkegaard on Becoming and Being a Christian* (Zoetermeer: Meinema, 2006), 171-205를 보십시오.

습니다. 초조함, 긴장 같은 것도 느끼지 않습니다. 이 모든 것에서 해방된 인간의 심리가 어떤 것이며, 그것을 주께서 어떻게 만족시켜 주실지 우리는 큰 기대를 가지고 기다립니다. 그것을 짐작할 수 있게끔 주께서 오실 때의 정황을 성경은 다음 같이 그려 주고 있습니다.

> 보라! 하나님의 장막이 사람들과 함께 있으매 하나님이 그들과 함께 계시리니, 그들은 하나님의 백성이 되고 하나님은 친히 그들과 함께 계셔서, 모든 눈물을 그 눈에서 닦아 주시니, 다시는 사망이 없고 애통하는 것이나 곡하는 것이나 아픈 것이 다시 있지 아니하리니, 처음 것들이 다 지나갔음이러라.(계 21:3-4. 계 7:17도 참조하십시오.)

그러므로 새 하늘과 새 땅에서는 더 이상 슬픔이 우리를 지배하지 않습니다: "모든 눈물을 그 눈에서 닦아 주시니." 또한 그 때는 새로운 슬픔의 계기(occasion)도 더 이상 있지 않습니다: "다시는 사망이 없고 애통하는 것이나 곡하는 것이나 아픈 것이 다시 있지 아니하리니." 그러므로 슬픔이라는 것, 그리고 그와 관련된 심리적 작용이 있지 않습니다. 또한 "각 나라와 족속과 백성과 방언에서 아무도 능히 셀 수 없는 큰 무리가 나와 흰 옷을 입고 손에 종려 가지를 들고 보좌 앞과 어린 양 앞에 서서 큰 소리로 외쳐 이르되 '구원하심이 보좌에 앉으신 우리 하나님과 어린 양에게 있도다'라고 찬양한다고 하니(계 7:9-10), 참으로 제대로 된 찬양을 하는 사람들의 큰 기쁨과 심리적 만족이 있을 것입니다. 그러나 정확히 그들의 기쁨과 복이 어떤 것인지는 우리가 짐작만 할 뿐, 이 이상을 알 길은 없습니다. 단지 그 때에 하나님께서 하나님 백성들의 모든 심리적 필요를 채워 주시리라는 것은 확언할 수 있습니다.

인간의 정신적 필요도 지금과 "하늘"에서와 영원에서도 계속 되는 필요입니다. 물론 그 정신적 필요의 표현 양식은 지금과 "하늘"에서와 영원 상태에서 상당히 다르게 표현됩니다. 지금도 우리는 날마다 배워 나가고 그래서 정신적으로 성장해 갑니다. 그러나 모든 죄악의 지배가 온전히 사라진 후에 우리가 얼마나 놀라운 진보를 이룰 것인지는 그저 짐작만 할 뿐입니다. 분명한 것은 하나님의 백성들은 지금도, 그리고 영원 상태에서도 날마다 하나님의 생각을 따라서 생각해 가는 일에 최선을 다해야 한다는 것입니다.

영원 상태에서는 그야말로 온전히 하나님의 생각을 따라서 생각할 것이니, 정신의 모든 영역에 있어서 놀라운 진보를 이룰 것입니다. 그 때에는 "하나님의 영광이 비치고 어린 양이 그 등불이 되시니"(계 21:23), 그 빛에서 우리가 모든 것을 밝히 이해하게 될 것입니다. 그 때에 "만국이 그 빛 가운데로 다닌다"(계 21:4)고 하셨으니, 그 밝은 빛 가운데서 더 진전하여 나갈 것입니다. 한 마디로, 우리들은 항상 주님을 섬기며, 항상 "그의 얼굴을 볼" 것입니다(계 22:4). 그러니, 바울이 말한 바와 같이, "그 때에는 얼굴과 얼굴을 대하여 볼 것이요 …. 그 때에는 주께서 나를 아신 것 같이 내가 온전히"(고전 13:12) 알게 될 것입니다. 그 때 앎의 기준이 "주께서 나를 아신 것 같이"라고 했으니 그야말로 완전한 지식이 추구될 것임에 틀림없습니다. 물론 이 말은 우리들이 하나님과 같은 전지성(全知性)을 가지게 되리라는 말이 아님은 자명합니다. 그 때도 우리의 지식은 제한된 것이고, 유한하며, 한 마디로 피조물적인 것입니다. 그 때에도 우리의 지식은 파생적이고 의존적이고, 반틸적인 의미로 유비적인 것일 뿐입니다.[9] 그러나 지금 우리가 최선의 노력을 하여 아는 것 보다 훨씬 뛰어난 지식을 가지게 될

---

[9] 이런 점들에 대해서 이승구,『코넬리우스 반틸』(서울: 사림, 2007), 64-69; 이승구,『기독교 세계관이란 무엇인가』, 최근판 (서울: SFC, 2018), 158-60, 165-69를 보십시오.

것입니다. 지식만이 아니라 다른 모든 정신적 필요도 주께서 충족시켜 주실 것입니다. 그래서 그 때는 우리들도 피조물의 한계에서는 가장 지혜롭게 될 것입니다. 참 하나님의 백성들은 모든 지식이 충만하고, 동시에 지혜로울 것이며, 또한 참되게 될 것입니다.

그 때를 소망하면서 우리는 지금 이 땅에 있을 때에도 그런 방향을 지향하면서 "오늘 우리에게 일용할 양식을 주옵시며"라고 기도할 때에 이런 정신적 성장도 허락하여 달라고 기도하는 것입니다. 특히 지혜에 대해서는 구약에서나 신약에서나 하나님의 백성이 주께 구하여 지혜롭게 되어야 한다고 많이 강조합니다. 대표적인 예로, "너희 중에 누구든지 지혜가 부족하거든 모든 사람에게 후히 주시고 꾸짖지 아니하시는 하나님께 구하라. 그리하면 주시리라"(약 1:5)는 말씀을 생각해 보십시오. 지혜를 구하는 것도 "오늘날 우리에게 일용할 양식을 주옵시며"라는 간구에 속하는 것이라고 할 수 있습니다. 우리는 그저 양식만 먹으면 되는 돼지가 아니기 때문입니다.[10] 그러므로 우리가 이 세상에서 필요한 것을 위해 간구할 때에 우리는 정신적 필요도 만족시켜 달라고 하나님께 의존하며 기도해야 합니다.

인간의 사회적 필요도 지금과 "하늘"에서와 영원에서도 계속 있는 필요입니다. 이에 대한 궁극적 만족도 오직 하나님께만 있습니다. 기본적으로 하나님께서 직접 우리의 사회적 필요를 채워주십니다. 이것은 매우 중요합니다. 이를 하나님에 대한 우리의 관계라고 할 수도 있습니다. 그러므로 하나님과의 관계를 가지고 있을 때만 인간의 사회적 관계가 충족된다고 할 수 있습니다. 하나님과의 관계는 이전에 고찰한

---

[10] 돼지들도 지능이 75-85은 된다고 하는 현대의 관찰에 비추어 보면 우리네 사람은 과연 어떤 방향을 행해 가야 하는 지는 분명합니다. Cf. https://www.yna.co.kr/view/AKR20191007138500009, 또한 Journal of Comparative Psychology에 실린 논문에 대한 기사 참조 (https://nownews.seoul.co.kr/news/newsView.php?id=20150614601007).

심리적 필요와 연관되기도 하고, 다음에 고찰할 영적인 필요로 생각될 수 있지만, 또한 사회적 필요로도 설명할 수도 있습니다. 하나님과의 관계가 없는 사람들은 결국 온전한 사회적 관계를 가지고 있다고 하기 어렵습니다.

어거스틴(354-430)이나 블레즈 빠스칼(1623-1662)이 잘 표현한 바와 같이, 인간의 심령에는 오직 하나님으로만 채워질 수 있는 어떤 것이 있기 때문입니다.

> 오 주님, 당신님께서는 당신님을 향해 우리들을 만드셨습니다. 우리들의 마음은 당신님 안에서 안식하기까지는 안식할 수 없습니다.[11]

> [우리에게 있는] 이 갈망과 무력함은, 이전에 [즉, 타락 이전에] 사람 안에 참된 행복이 있었다는 것, 그런데 지금 남아 있는 모든 것은 결국 그것의 공허한 인상과 흔적일 뿐이라는 사실 외에 과연 무엇을 선포하는 것입니까? 이것을, 결국 그 어떤 것도 그에게 도움을 줄 수 없는데도, 그는 존재하는 것들에서는 찾을 수 없는 도움을 존재하지 않는 것들 가운데서 찾아보려고, 자신 주변에 있는 모든 것으로 채워 보려고 헛되이 애씁니다. 왜냐하면 이 무한한 심연은 무한하시고 불변하시는 분, 다른 말로 하면, 하나님 자신으로만 채워질 수 있기 때문입니다.[12]

다시 말하지만, 이것은 지금이나 우리가 죽어서 우리 영혼이 "하늘"에

---

[11] Augustine, *Confessions*, I. 1: "Thou hast made us for Thyself, O Lord, and our hearts are restless until they rest in Thee"(*Nos fecisti ad te et inquietum est cor nostrum donec requiescat in te*).

[12] Blaise Pascal, *Pensees* (New York: Penguin Books, 1966), 75: "What else does this craving, and this helplessness, proclaim but that there was once in man a true happiness, of which all that now remains is the empty print and trace?

This he tries in vain to fill with everything around him, seeking in things that are not there the help he cannot find in those that are, though none can help, since this infinite abyss can be filled only with an infinite and immutable object; in other words by God himself."

있을 때나, 재림 후에 영원 상태에 있을 때나 항상 적용되는 말입니다. 우리는 항상 하나님을 필요로 합니다.

하나님과의 관계는 하나님과의 직접적 관계뿐만 아니라 다른 사람과의 관계에서도 작용합니다. 우리가 다른 사람과 제대로 관계할 때 항상 하나님께서 함께 하심을 의식해야 합니다. 이에 대해서 생각할 때, 진정한 사랑에서는 항상 "하나님이 중간 항"(middle term)이라고 말하는 키에르케고어의 말을 생각해 보는 것이 도움이 됩니다.13 그에 의하면, 사람과 사람이 직접 관계하는 것이 아니라고 합니다. 항상 하나님께서 그 중간에 계시다는 것입니다. 이것은 매우 성경적이고 기독교적인 통찰이 아닐 수 없습니다. 이를 도식화하면 다음과 같습니다. 사람과 사람과의 관계는, 이 세상 지혜가 말하는, 다음 같은 것이 아니라는 것입니다.

(사람) ──────── (사람)

그것이 눈에 보이지는 않지만 오히려 기독교가 다음 같이 생각하는 것이 정확한 사태 파악이라는 것입니다.

(사람) ── (하나님) ── (사람)

바로 이런 뜻에서 키에르케고어는 하나님이 중간 항(middle term)이라고 한 것입니다. 특히 사랑의 관계에서 이를 말하는 그는 매우 놀라운 통찰을 잘 표현했습니다. 그러므로 다른 사람과의 관계에서도 하나님이

---

13 S. Kierkegaard, *The Works of Love*, trans. Howard V. Hong and Edna H. Hong (Princeton: Princeton University Press, 1994), 106f.

고려되지 않으면 진정한 사회적 관계가 있지 아니하고, 오히려 사랑이 아닌 것이 나타나 결과적으로 그 관계를 해치는 것입니다.

모든 영적 필요에 대한 간구

그 뿐만 아니라 하나님께서는 우리의 모든 영적인 필요도 만족시켜 주시는 분이십니다. 그러므로 이 간구는 제자들의 몸과 영혼에 필요한 모든 것을 포괄하는 것이라는 이해가 옳습니다.[14] 기본적으로 사람에게 영적인 필요가 있다는 것을 인정해야 합니다. 예수님께서 시험하는 자, 즉 사탄에게 시험을 당하시는 중, 돌로 떡을 만들어 먹으라는 유혹에 대해서 아주 명백히 선언하셨습니다: "사람이 떡으로만 살 것이 아니요, 하나님의 입으로부터 나오는 모든 말씀으로 살 것이라"(마 4:4). 이것은 사람이 하나님의 모든 말씀을 필요로 하는 존재라는 것입니다. 이런 성경의 뜻을 잘 살핀 성도들은 사람에게는 오직 하나님으로만 채워 질 수 있는 영적인 필요가 있다고 하였습니다. 우리가 위에서 언급한 어거스틴부터 파스칼까지 다 그리하였을 뿐만 아니라, 인간의 영적인 필요를 인정한 사람들은 많이 있습니다.

이렇게 영적 필요를 인정한 것은 좋은데 배타적으로 영적인 필요만을 중심으로 생각하는 것도[15] 예수님께서 가르치신 의도와 부합하

---

[14] 루터, 칼빈 등 여러 사람이 다 이를 언급합니다(이 장의 각주 2를 보십시오). 또한 Joachim Jeremias, *The Prayers of Jesus* (London: SCM. Press, 1967), 102; Grant R. Osborne, *The Hermeutical Spiral* (Downer's Grove, IL: IVP, 1991), 100-101, 108; 그리고 Wilkins, *Matthew*, 278도 보십시오.

[15] 이렇게 보면서 이는 오직 "영적 양식"(spiritual food)을 구한 것이라고 하는 아퀼라의 크로마티우스, 그리고 예상할 수 있듯이 오리겐, 그리고 "일용할 양식이란 이 삶을 유지하는 데 필요한 모든 것을 의미한다"고 잘 말해 놓고서는 그것과 성찬적 의미와 영적 양식을 의미하는 것 중에 결국 영적 양식으로 결론내리는 어거스틴을 보십시오. Cf. Chromatius Aquileia, *Preface to the Lord's Prayer*, CCSL 9:445-46, in D. H. Williams, ed., *Matthew Interpreted by Early Christian Commentators* (Grand Rapids: Eerdmans, 2018), 125; Origen, *On Prayer*, 27. 1-2, 4, 9, 12-13, GCS 2:363-65, 369-72, in Williams, ed., *Matthew*, 133f.; 그리고 Augustine, *The Sermon on the Mount*, 2. 7.

지 않습니다.

또한 타락한 사람들은 자신들의 영적인 필요를 인식하면서도 그것을 다른 방식으로 채워 넣으려고 합니다. 여기서 수없이 많은 우상들이 탄생하고, 거짓된 경배가 나타나게 됩니다. 우리 시대의 문제는 영성의 빈곤을 가장 많이 말하면서, 여러 가지 잘못된 방식으로 스스로의 힘으로 영적인 추구를 하려고 한다는 데에 있습니다.16

오직 삼위일체 하나님과 그의 말씀만이 우리의 영적인 기근과 갈증을 채워 줄 수 있습니다. 다른 것으로 영적인 문제를 해결하려고 하는 것이 다 잘못된 것입니다. 그러므로 우리는 오직 삼위일체 하나님께만 우리의 영적인 필요를 채워달라고 간구해야 합니다. 이와 같이 "예수님의 제자들은 그들의 삶의 모든 측면에서 하나님께서 도와주시도록 기도할 수 있습니다."17

이 간구의 존재적 이유: 하나님의 존재와 복 주심

그러므로 우리가 이 간구를 하는 근거는 근본적으로 삼위일체 하나님께

25-27, CCSL 35:113-16, in Williams, ed., *Matthew*, 134f.를 보십시오.

그런데 어거스틴은 다른 곳에서는 좀 더 균형 잡히게 우리의 존재를 유지시키고 강하게 하는 음식에 대한 간구라는 이야기도 합니다(*Sermon on the Mount*, 2. 11. 38-39, CCSL 35:128-30 in Williams, ed., *Matthew*, 142). Tertullian도 이 간구가 주로 그리스도를 구하는 것이며 "그리스도께서 영속적으로 우리 안에 계시기를, 그리고 우리가 그의 몸에서 떨어지지 않기를 위해 간구하는" 것이라고 강조합니다. 그러나 그는 마지막에 신자들에게 필요한 양식을 구하라고 하셨다는 말도 잠깐 합니다(Tertullian, *On Prayer*, 6. 1-4, CCSL 1:260-61, in Williams, ed., *Matthew*, 133).

16 우리 주변의 잘못된 영성 추구와 소위 "영성" 개념의 근본적 문제점에 대한 논의로 다음과 그에 언급된 여러 논의들을 보십시오. 이승구, "소위 '영성' 문제에 대하여", 『기독교 세계관으로 바라보는 21세기 한국 사회와 교회』, 개정판 (서울: CCP, 2018), 81-91; 이승구, "'영성' 개념의 문제점과 성경적 경건의 길", 『한국 교회가 나아갈 길』, 개정 증보판 (서울: CCP, 2018), 315-41.

17 정확히 같은 표현을 하는 Floyd V. Filson, *A Commentary on the Gospel according to St. Matthew* (New York: Harper & Brothers, 1960, reprinted, Hendrickson Publishers, 1987), 96을 보십시오.

서 계시며, 그가 예수 그리스도 사역에 근거해서 우리에게 복 주시는 하나님이시라는 것입니다. 만일 삼위일체 하나님께서 계시지 않다면, 우리들은 결코 기도할 수 없으며, 기도한다고 한들 그것은 전혀 무의미한 일이 될 것입니다. 우리의 기도가 의미 있고 그것이 하나님과의 교제가 될 수 있는 **가장 근본적 근거**는 삼위일체 하나님의 존재 사실입니다. 삼위일체 하나님께서 계시기 때문에 우리가 하나님과 교제할 수 있습니다.

또한 삼위일체 하나님이 계셔도 예수님의 구속 사역이 없었다면 우리는 그 거룩하신 하나님과 교제할 수도 없었을 것입니다. 그런데 역사 속에서 이루어진 그리스도의 구속을 통하여 우리가 하나님께 나아갈 수 있게 되었고,[18] 십자가에서 이루신 그 구속 때문에 우리는 "자기 아들을 아끼지 아니하시고 우리 모든 사람을 위하여 내주신 이가 어찌 그 아들과 함께 모든 것을 우리에게 주시지 아니하겠느냐"(롬 8:32)는 확신을 가지고 살 수 있습니다. 그리스도의 구속 때문에 하나님께서 우리에게 복을 베푸십니다. 복음을 통해서 이것을 알게 된 우리는 그리스도 안에서 우리에게 베푸신 복에 근거해서 하나님께 모든 것을 구할 수 있습니다.

〈하이델베르크 요리문답 125문〉의 답에서는 이를 "당신님의 복 주심 없이는 우리의 노력이나 근심과 염려, 또 그 어떤 은사도 그 어떤 선을 이룰 수 없음을 알게 하여 주옵소서."라고 고백하고 있습니다. 이 고백은 여러 함의를 지니는 매우 풍성한 고백입니다.

첫째는, 우리가 이미 언급한 것처럼, 그리스도의 구속을 통한 하나님의 복 주심만이 모든 선의 근거입니다. 우리가 지난번에 논의한

---

[18] 이에 대해서 이승구, 『한국 교회가 나아갈 길』, 최근판 (서울: CCP, 2018), 48-52, 79를 보십시오.

바와 같이, 하나님께서 모든 선의 근원이요 선의 원천이십니다. 구속에 근거한 하나님의 복 주심만이 모든 선을 가능하게 합니다.

따라서, 둘째로, "우리의 노력, 근심, 염려, 또한 그 어떤 은사" 그 자체로써는 하나님이 말씀하시는 선(善)인 "영적인 선"을[19] 이룰 수 없습니다. 하나님의 복 주심 없는 우리의 노력, 애씀, 근심, 염려, 심지어 하나님께서 주신 은사에 근거한 것으로도 영적인 선을 온전히 이룰 수 없습니다. 하나님의 복 주심 없는 그런 것들은 자신들이 선이라고 하는데 하나님께서는 그렇지 않다고 하는 잘못된 의미의 선이든지,[20] 최선의 경우라고 해도 그저 상대적인 선(相對的 善)일 뿐입니다.[21]

우리의 근심으로도 우리는 하나님이 원하시는 영적인 선을 낼 수 없습니다. 우리의 염려로도 우리는 아무 좋은 열매를 낼 수 없습니다. 예수님께서 말씀하신 것처럼, 우리 "중어 누가 염려함으로 그 키를 한 자라도 더할 수" 있습니까(마 6:27//눅 12:25)? 그러므로 하나님의 뜻을 잘 배워서 이렇게 모든 사태를 그 궁극에까지 잘 알게 된 진정한 성도들은 그 염려를 주께 맡깁니다. 사도 베드로는 "너희 염려를 다 주께 맡기라. 이는 그가 너희를 돌보심이라"(벧전 5:7)고 하였습니다. 사도 바울도 "아무 것도 염려하지 말고 다만 모든 일에 기도와 간구로, 너희 구할 것을 감사함으로 하나님께 아뢰라"(빌 4:8)고 하였습니다. 더구나 예수님께서 친히 "염려하여 이르기를 무엇을 먹을까 무엇을 마실까 무엇을 입을까 하지 말라"(마 6:25, 31//눅 12:22)고 하셨고, "그러므로 내일 일을 위하여 염려하지 말라 내일 일은 내일이 염려할 것이요 한 날의 괴로움은 그 날로 족하니라"(마 6:34)라고 말씀하셨습니다.

---

[19] 이에 대해서는 이승구, 『기독교 세계관이란 무엇인가?』, 최근판 (서울: SFC, 2018), 180-184; 이승구, 『위로 받은 성도의 삶』 (서울: 나눔과 섬김, 2015), 40-47을 보십시오.

[20] 이에 대해서는 이승구, 『위로 받은 성도의 삶』, 47-50을 보십시오.

[21] 이에 대해서 이승구, 『기독교 세계관이란 무엇인가?』, 최근판, 184-85를 보십시오.

따라서 기도하는 사람은 내일 일을 위해 염려해서는 안 됩니다.

  셋째로, 그리스도의 구속에 근거한 하나님의 복 주심에 의해서만 우리들이 성경의 가르침을 따르고 성령님을 의존하는 삶에서 영적인 선을 실현할 수 있습니다. 이런 것을 확언하는 것이 성경적인, 따라서 개혁파적인 이해입니다.[22]

이 간구의 전제와 결과: 하나님을 신뢰함

이렇게 삼위일체 하나님으로부터만 모든 것을 채움 받아 사는 사람은 근본적으로 하나님을 의존하고 의뢰하며 살며, 결과적으로 하나님을 더 의존하게 됩니다. 그래서 "믿음에서 믿음으로" 나아가는 일의 한 부분을 잘 경험합니다. 그러므로 하나님에 대한 진정한 신뢰 – 그것이 신앙의 핵심인데 – 하나님에 대한 존재 전체의 신뢰가 우리 간구의 전제요, 결과라고 할 수 있습니다.

  그래서 〈하이델베르크 요리문답 125문〉의 답의 마지막 부분에서 기도를 드리면서 "우리로 하여금 그 어떤 피조물에게 신뢰를 두지 않고, 오직 당신님에게만 신뢰를 드릴 수 있도록 도우소서."라고 간구하고 있습니다. 진정으로 기도하는 사람은 자신에게 의존하지 않습니다. 또 진정으로 기도하는 사람은 다른 어떤 피조물에게도 의존하지 않습니다. 그것이 다른 사람이든지, 아니면 천사든지 그 어떤 것도 의지하지 않습니다. 진정으로 기도하는 사람은 오직 하나님에게만 신뢰를 둡니다. 그런 사람이 진정한 그리스도인입니다. 이를 부정적으로 진술하면,

---

[22] 그 구체적 과정에 대해서 이승구, 『기독교 세계관으로 바라보는 21세기 한국 사회와 교회』, 27-30; 이승구, 『위로 받은 성도의 삶』, 23-27, 50-53을 보십시오.

자신을 의존하는 사람은 진정으로 기도하는 사람이 아니며, 다른 피조물을 의존하는 사람도 진정으로 기도하는 사람이 아닙니다.

그리고 하나님을 의존하는 것은 하나님을 의존하면서 동시에 다른 것들도 의존하는 것이 아닙니다. 진정한 그리스도인들은 오직 하나님만을 철저히 의존합니다. 그리고 기도는 하나님께 그렇게 전적으로 의존함을 표현하는 것입니다. 말로는 하나님을 의지한다고 하면서 (그래서 기도하면서) 사실은 하나님을 전적으로 의존하지 아니하는 것은 심각한 문제가 있는 것이며, 그리하는 사람은 진정으로 기도하는 사람이 아닙니다. 부디 우리 모두가 참으로 하나님을 믿는 사람, 참으로 하나님만을 철저히 의존하는 사람, 참으로 하나님께 기도하는 사람이 되었으면 합니다.

제 13 장

다섯째 간구: "우리의 죄를 사하여 주시옵고"(1): 죄 용서를 위한 간구의 의미

본문: 마 6:12, 14-15.

다섯째 간구에서 우리는 우리의 죄를 용서해 달라고 주께 간구합니다. 이것은 구원 받기 전의 우리의 삶에서는 말할 것도 없거니와 구원 받은 후의 우리의 삶에서도 죄가 발생한다는 안타까운 현실을 분명히 하면서, 그 죄를 용서해 달라고 기도하는 것입니다. 우리의 삶의 과정에서 늘 죄가 발생하기에 죄 용서는 매우 중요한 일이 아닐 수 없습니다.[1] 심지어 이 간구가 우리에게 "가장 필요한 간구"라고 하는 일도 있었습

---

[1] 마태복음 18:23-35의 비유를 주석하면서 이점을 말하는 Leon Morris, *The Gospel According to Matthew* (Grand Rapids: Eerdmans and Leicester: IVP, 1992), 472를 보십시오.

니다.2 지난 장에서 살펴 본 넷째 간구, 즉 "일용할 양식에 대한 간구"에서 우리의 존재가 유지되는 것에 대해서 간구하고서, 그 과정에서 자연히 나타나는 우리의 죄의 문제를 해결해 달라고 이어서 간구하는 것은 매우 자연스러운 일입니다. 이는 존재의 순서(ordo essendi)를 따른 자연스러운 전개라고 할 수 있습니다.3

죄라는 명확한 현실의 인정에서 오는 두 가지 오류 극복

여기서 우리는 "한번 참으로 회개하고 믿은 사람들은 더 이상 회개할 수 없다"는 구원파 이단의 주장이 〈주께서 가르치신 기도〉에 정면으로 어긋나고 있다는 것을 아주 분명히 해야 합니다. 왜 이점을 사람들이 생각하지 않는지 모르겠습니다. 너무나도 명확한 것인데 말입니다. 예수님을 믿는 사람들은 예수님의 가르침 전체, 성경의 가르침 전체에 주의하고,4 날마다 그 가르침을 받아 스스로의 생각을 고쳐 나가는 사람들입니다. 성경을 믿는다고 하면서도 이렇게 성경의 가르침 전체에 유의하지 않는 것은 결국 성경을 무시하는 것이며, 결국 예수님을 의존하지 않음을 드러내는 것입니다. 구원파적인 오류는 결국 모든 점에서 성경에 근거해서 자신들의 생각을 고치지 않는데서 발생하는 것입니다. 구원파의 주장은 모든 공교회의 가르침과 반대되기에 모든 공교회가 이

---

2 동감하면서 이를 언급하는 G. Van Reenen, *The Heidelberg Catechism* (Paterson, NJ: Lont & Overkamp, 1955, reprint, 1979), 619도 보십시오.

3 이와 같이 보는 것이 자연스럽다고 여겨집니다. "중요한 것이 후에 오도록 하는 셈족 언어의 법칙 때문에" 죄 용서를 위한 간구가 뒤에 왔다는 Gerhard Maier, *Matthäus-Evangelium* (Hänssler, SCM, 2007), 송 다니엘 역, 『마태복음』 (서울: 진리의 깃발, 2017), 234의 논의는 좀 더 추론적이라고 여겨집니다.

4 여기서 개혁파 신학이 말하는 "성경 전체"를 강조하는 원리(the principle of *tota scriptura*)를 다시 한번 더 강조하지 않을 수 없습니다. 이에 대해서 이승구, 『21세기 개혁신학의 방향』 (서울: CCP, 2018), 19-21을 보십시오.

단적인 것이라고 선언한 오류입니다. 죄 용서를 위해서 날마다 간구하면서 구원파와 같이 생각을 한다는 것은 그야말로 말이 되지 않는[語不成說] 것입니다.[5]

또한 매일 하도록 되어 있는[6] 〈주께서 가르치신 기도〉에서 죄 용서를 위해 기도하라고 하셨다는 것은 우리가 하나님께서 요구하신 수준에 비추어 볼 때 늘 부족하다는 것을 아주 분명히 드러냅니다.[7] 그런 점에서 "하나님께 마땅히 해야 하는 도덕적 의무가 다 이루어지지 않았다(have not been met)는 개념이 마태복음에 있다"고 말하는 데이비드 터너의 논의는 정확합니다.[8] 바로 이런 이해로부터 터너는 "다 성취하지 못한 의무(unfulfilled obligation)가 죄라고 보는 것이 마태복음 6:14-15절에서 용서의 확대의 길을 내고 있다. 제자들이 죄 용서를 위해 기도할 때, 그들이 아직 완전하지 못하다는 것, 그들의 태도와 행동

---

[5] 이와 같은 구원파적 생각에 대한 좋은 비판적 논의로 Herman Hoeksema, *The Triple Knowledge*, vol. 3 (Grand Rapids: Reformed Free Publishing Association, 1972), 585f.; Gerrit Hendrik Kersten, *The Heidelberg Catechism in Fifty-two Sermons* (Dutch edition, 1948; Sioux Center, Iowa: Netherlands Reformed Book and Publishing, 1968), 711f.; 그리고 William Hendriksen, *The Gospel of Matthew* (Grand Rapids: Baker Book House, 1973), 334를 보십시오.

[6] 위에서 말했지만 "일용할 양식"이라는 표현에 이런 함의가 포함되어 있다고 해야 합니다. 날마다 이 간구를 하도록 되어 있음을 강조하는 Theodorus VanderGroe, *The Christian's Only Comfort in Life and Death*, vol. 2, trans. Bartel Elshout (Grand Rapids: Reformation Heritage Books & Dutch Reformed Translation Society, 2016), 507; 그리고 Otto Thelemann, *An Aid to The Heidelberg Catechism* (1892), trans. M. Peters (1896; reprint. Grand Rapids: Douma Publications, 1959), 434도 보십시오.

[7] 비슷한 점을 말하면서 불신자의 죄나 신자의 죄가 "본질적으로 하나님의 거룩성을 손상하고 따라서 그의 진노와 저주와 정죄를 받아 마땅하다는 점에서 같은" 것이라고 강조하는 VanderGroe, *The Christian's Only Comfort in Life and Death*, vol. 2, 508-509, 또한 신자의 선한 것도 잘못된 것과 섞여 있음을 강조하는 511 ("continually contaminates even their best and most holy activities"); Kevin DeYoung, *The Good News We Almost Forgot* (Chicago: Moody Publishers, 2010), 신지철 옮김, 『왜 우리는 하이델베르크 요리문답을 사랑하는가?』 (서울: 부흥과 개혁사, 2012), 428; 그리고 신자들의 부족함을 강조하는 Ulrich Luz, "The Lord's Prayer," in *Matthew 1-7* (1985), trans. Wilhelm C. Linss (Minneapolis: Augsburg Fortress, 1989), 384도 보십시오. 그런데 루츠는 이 간구를 하는 공동체가 이것을 의식한다는 것 중심으로만 말하기에 불안한 마음도 있습니다. 이것이 예수님의 의도라는 것을 아주 명시적으로 말하지 않아서 말입니다.

[8] David L. Turner, *Matthew*, Baker Exegetical Commentary on the New Testament (Grand Rapids: Baker Academic, 2008), 188.

이 하나님 나라의 기준에 못 미치는 경우가 많다는 것을 인정하는 것이다"고 정확히 말합니다.9 이처럼 예수님의 가르침과 성경에 참으로 의존하는 사람들은 우리가 이 세상에 사는 동안에는 아직 주께서 말씀하시는 온전함에 도달하지 못한다는 것을 분명히 합니다. 그래서 건전한 신학은 우리가 이 세상에서 완전 성결에 도달할 수 있다고 주장하는 소위 "완전주의"(perfectionism)를 거부해왔습니다.10 완전주의는 성경의 가르침과 부합하지 않는다고 판단해서입니다.

"하늘에 계신 너희 아버지의 온전하심과 같이 너희도 온전하라"(마 5:48)는 말씀에 근거해서 참으로 노력하는 매우 좋은 의도에서 주장된 것이기는 하지만, 이 땅에서 완전 성화에 도달할 수 있다는 "완전주의" 주장은 이 말씀을 하신 예수님의 의도를 잘 반영하지 못하는 것이고,11 성경의 가르침 전체와 우리의 경험에 비추어 볼 때 잘못된 가르침

---

9 Turner, *Matthew*, 188.

10 "완전주의"(perfectionism)가 잘못된 생각임을 잘 드러낸 건전한 신학적 논의의 대표적인 예로 본서 8장 각주 11을 보십시오.
또한 〈하이델베르크 요리문답 114문답〉: "하나님께로 들이킨 사람들은 이 계명들을 완벽하게 지킬 수 있습니까?" (답) "그렇지 않습니다. 가장 거룩한 사람들이라도, 이 세상에서 사는 동안에는 [그들이] 마땅히 해야 하는 순종의 지극히 작은 부분을 순종하기 시작한 것 뿐입니다(have only a small beginning of this obedience)"; VanderGroe, *The Christian's Only Comfort in Life and Death*, vol. 2, 488-90, (약 3:2과 왕상 8:46, 시 19:12; 욥 9:3을 인용하여 언급하는) 509, 510; Thelemann, *An Aid to The Heidelberg Catechism*, 424; Jean Vis, *We Are the Lord's* (Grand Rapids: Society for Reformed Publications. 1955), 169; Kersten, *The Heidelberg Catechism*, 663f., 686, 709, 711; Hoeksema, *The Triple Knowledge*, vol. 3, 583, 585f., 611, 626-34; Hendriksen, *The Gospel of Matthew*, 317f., 334; Maier, 『마태복음』, 215 ("우리가 이 계명을 성취하는 것은 불가능하다!"); 그리고 DeYoung, 『왜 우리는 하이델베르크 요리문답을 사랑하는가?』, 418, 429-33도 보십시오.

11 "너희들은 온전한 자들이 되어라"(Εσεσθε οὖν ὑμεῖς τέλειοι)는 이 말씀은 "최고로 가능한 기준을 제시한" 것이라고 하면서, "그 누가 그것에 이르렀다고 주장할 수 있는가?"라고 묻는 레온 모리스는 예수님의 의도를 잘 드러낸 주석을 했다고 할 수 있습니다(Morris, *The Gospel According to Matthew*, 134, n. 173). 모리스는 여기 사용된 "텔레이오스"(τέλειος)의 의미를 "목적(τέλος)에 이름"이라고 잘 설명하면서, "무엇이 그 목적을 위해 고안된(designed) 그 목적에 온전히 이르렀으면 온전한 것이다. 이것은 어떤 아이가 지향하는 목표인 성인의 성숙성을 지칭할 수도 있다. 예수님께서는 그의 제자들이, 그 목적을 위해 하나님께서 사람을 만드신 목적에 이른 성숙한 사람이 되도록 부르신다. 하나님께서는 우리들 앞에 최고의 기준을 제시하셨다. 그 목적에 이르도록 계속해서 노력하기를 기대하시는 것이다."(133f., n. 172)고 하며, 우리가 어디까지 이르렀든지 "아직도 우리가 여전히 노력해야 할 것이 있다"(134)고 정확히 그 의미를 드러내고 있습니다.

입니다. 이 구절에서도 "하나님께서는 자신의 절대적 거룩성을 기준으로 제시하고 계시고, 따라서 그 어떤 사람도 이 기준에 이를 수 있는 사람이 없는" 것입니다.12 훅세마가 잘 표현하듯이, "그가 죄 용서를 위해 기도할 필요가 있는 한, 그는 아직 완전에 이른 것이 아닙니다."13 이미 오래 전에 키프리안(Cyprian=Thaschus Cæcilius Cyprianus, c. 200-258)도 다음 같이 말했습니다.

> 그 누구도 자신은 (이제) 죄 없다고 생각하여 자긍해서는(flatter himself) 안 된다. 왜냐하면 우리가 이와 같은 방식으로 자신을 높이면, 그는 더 많이 파괴될(all the more ruined) 것이기 때문이다. 그래서 우리는 우리가 날마다 죄를 범한다고 그러므로 우리들의 죄를 용서해 달라고 기도하도록 가르침 받았다. 요한도 그의 서신에서 다음 같이 말하여 우리를 경고했다[요한일서 1:8-9절 인용].14

그러므로 참으로 성경에 온전히 주의를 기울이면 누구나 구원파의 주장이나 완전주의 같은 잘못된 가르침으로부터 성경의 생각을 온전히 반영하는 바른 가르침을 향해 나갈 수밖에 없습니다. 그것도 죄 용서를 구하는 것이며, 우리의 잘못된 생각을 고쳐가는 경험도 죄 용서를 받는 경험입니다.

이와 같이 성경 전체와 예수님의 의도를 생각하면 주께서 가르

---

12 Louis A. Barbieri, Jr., "Matthew," in *The Bible Knowledge Commentary, New Testament Edition* (Wheaton, IL: Victor Books, 1983), 32. 또한 인간의 전적 무능을 잘 표현하는〈하이델베르크 요리문답 114문〉도 보십시오.

13 Hoeksema, *The Triple Knowledge*, vol. 3, 611.

14 Cyprian, *On the Lord's Prayer*, 22, CCSL, 3A:103-4, in D. H. Williams, ed., *Matthew Interpreted by Early Christian Commentators* (Grand Rapids: Eerdmans, 2018), 135; 비슷한 의미로 말하는 Augustine, *Sermon*, 181. 4. 6, PL 38:981-82=WSA III/5:326-27, in Williams, ed., *Matthew*, 137f.; 더 강하게 비판하는 John Calvin, *A Harmony of the Gospels: Matthew, Mark, and Luke*, Calvin's New Testament Commentaries, vol. 1 (Edinburgh: The Saint Andrews Press, 1972, reprint, Grand Rapids: Eerdmans, 1978), 211을 보십시오.

치신 기도의 다섯째 간구는 우리에게서 지속적으로, 끊임없이 발생하는 죄를 용서해 달라는 간구입니다.

오해 방지 (1): 방종의 길을 위한 간구일 수 없음

여기서 오해를 방지하는 말을 먼저 하자면, 이 기도를 하면서 우리는 우리가 "앞으로도 **의도적으로** 계속해서" 죄를 범할 터이니 그 죄를 용서해 달라고 하는 것이 아님을 분명히 해야 합니다. 구원함을 받아 하나님 나라 백성으로 살면서 하나님의 뜻을 구하며, 날마다 주께서 내리시는 양식에 근거해 살아가는 존재가 의도적으로 계속해서 죄를 범해서는 안 되고, 또 그렇게 할 수도 없습니다. 바로 그런 뜻에서 성경은 "하나님께로부터 난 자는 다 범죄하지 아니하는 줄을 우리가 아노라"(요일 5:18)라고 말합니다. 이는 우리에게는 도무지 죄가 없다는 말이나 또 어떤 분들이 잘못 생각하듯이 중생한 영혼은 "무죄하다"는[5] 말이 아니고, 하나님 나라의 백성은 그렇게 상습적인 죄의 길에 있지 않다는 것을 천명(闡明)하는 말입니다. 구속함을 받은 사람들은 원칙상(in principle) 죄의 지배에서 벗어났다는 사실을 선언하고, 이제 자유롭게 하나님의 뜻을 행하는 삶의 길로 간다고 선언하는 것입니다. 그러므로 "우리의 죄를 용서해 달라는" 이 간구는 결코 방종의 길로 가기 위한 수단일 수 없습니다.

우리는 "은혜를 더하게 하려고 죄에 거하겠느냐?"는 물음에 대

---

[15] 우리나라 일부 사람들이 주장하는 이런 잘못된 주장은 달라스 신학교 일부에서 주장되었던 것이기도 합니다. 아주 대표적인 Zane C. Hodges는 요한일서 3:3, 9와 이 구절(5:18)과 관련해서 "하나님에게서 난 사람은 그의 참된 내면적 본성이 근본적으로(inherently) 무죄하다"고 주장합니다("1 John," in *The Bible Knowledge Commentary, New Testament Edition* [Wheaton, IL: Victor Books, 1983], 903).

해서, 바울과 함께 "그럴 수 없느니라(μὴ γένοιτο). 죄에 대하여 죽은 우리가 어찌 그 가운데 더 살리요."라고 강하게 말해야 합니다(롬 6:1, 2). 이로써 바울과 우리는 복음이 방종주의의 수단이 되는 것을 철저히 막았습니다. 그와 동시에 하나님의 율법의 의도를 전혀 무시하는 반법주의(反法主義, anti-nomianism)의 길로[16] 나아가는 것도 같이 봉쇄한 것입니다. 복음은 방종주의나 반법주의를 허용하지 않습니다.

그러므로 우리는 "우리의 죄를 사하여 주옵소서"라고 고백할 때 우리가 구원받고 하나님 나라 백성으로 최선을 다해 살아 나가지만, 그럼에도 매우 안타깝게도 여전히 우리에게서 발생하는 죄악을 사하여 달라고 청원합니다. 그러므로 **아주 엄밀하게 말하자면 이 간구는 열심히 하나님의 뜻을 구하여 나아가는 사람만이 할 수 있는 간구**입니다. 하나님의 백성이 아닌 사람, 또는 하나님의 백성답게 살려고 노력하지 않는 사람들은 죄 용서를 위한 간구를 할 수 없습니다.[17]

오해 방지(2): 사죄는 조건적이지 않음

---

[16] 반법주의 또는 반율법주의 또는 율법 폐기론과 그 문제에 대해서는 이승구, 『위로 받은 성도의 삶』 (서울: 나눔과 섬김, 2015), 18-21을 보십시오. 복음을 오해한 사람들이 이렇게 나아가는 것을 방지하기 위해 루터가 이런 입장을 강하게 반박했습니다. Cf. Martin Luther, *Only the Decalogue Is Eternal: Martin Luther's Complete Antinomian Theses and Disputations* (Minneapolis: Lutheran Press, 2008).

[17] 그러나 이 말을 오해하면 안 됩니다. 뒤에 말할 것처럼 조건적으로 이를 이해하지 않도록 해야 합니다. 더구나 성령님의 능력에 의해 처음으로 죄 용서를 간구할 때에는 그야말로 철면피처럼 우리로서는 용서받을 만한 것이 전혀 없지만 우리를 용서해 달라고 간구하는 것입니다. 그러므로 위의 몇 문장은 하나님 나라 백성들이 원칙적으로 스스로의 공로 없이 죄 용서를 간구하는 것이지만, 그렇게 간구하는 사람들은 나름대로 하나님의 뜻대로 살아 보려고 성령님께 의존하여 노력하는 그런 정황 가운데서 이 간구를 하는 것이라는 것을 표현하기 위한 지난한 표현으로 여겨져야 합니다. 그런 심정을 가진 사람들은 이를 이해할 수 있을 것입니다. 그러므로 죄 용서를 위한 우리의 간구는 (1) 근본적으로 우리 상태나 조건과 관계없는, 후론할 바와 같이, 오직 그리스도의 공로에만 의존한 간구입니다. (2) 그러나 이미 용서함을 받은 성도의 의식에서는 성령님을 의존한 애씀 속에서 자신의 죄를 더 발견하고, 그 문제를 하나님께 내어 놓습니다.

바로 여기서 또 다른 오해 방지를 해야 합니다. 이 간구는 그 앞뒤에 나오는 모든 것이 다 조건적인 것처럼 표현되어 있습니다. 겉으로 보면 어떤 조건을 말하고 그 조건에 근거해서 용서해 달라고 기도하는 것처럼 보이고, 또 그렇게 들립니다. 표현 자체는 분명히 그렇게 되어 있습니다. 즉, "우리가 우리에게 죄 지은 자를 사하여 준 것 같이"라는 말을 조건으로 하고, 그 조건 아래서 "우리 죄를 사하여 주옵소서"라고 간구하는 것으로 보입니다. 표현이 그런 식으로 되었다는 것은 누구나 인정합니다. 그 대표적인 예로, 쉐필드 대학교에서 신약학을 가르쳤던 데이비드 힐은 이 표현에 집중하면서 "제자들의 용서가 하나님의 용서에 앞선다. 마땅히 그래야만 한다"고까지 표현합니다.[18]

더구나 〈주께서 가르치신 기도〉 바로 뒤에 나오는 말들은 이런 인상을 더 강화하는 듯이 보입니다. "너희가 사람의 잘못을 용서하면 너희 하늘 아버지께서도 너희 잘못을 용서하시려니와 너희가 사람의 잘못을 용서하지 아니하면 너희 아버지께서도 너희 잘못을 용서하지 아니하시리라"(마 6:14-15).[19] 이를 얼듯 들으면 우리가 사람의 잘못을 용서하는 것이 조건이 되어 하늘 아버지께서 우리의 죄를 용서하시는 것처럼 들립니다. 그래서 과거에 그런 식으로 강조하는 사람들도 많이 있었습니다.[20] 이 표현 방식을 그대로 드러내면서 마운스는 "죄 용서를 위한 간구는 다른 사람들을 용서하려는 우리의 의도에 근거한다. 용서

---

[18] David Hill, *The Gospel of Matthew*, The New Century Bible Commentary (London: Marshall, Morgan & Scott, 1972), 138.

[19] 한스 디터 베츠는 이 구절이 예수님께로부터 직접 온 것이기 보다는 여기에 후에 넣어진 것이라는 주장을 합니다. Hans Dieter Betz, *The Sermon on the Mount*, Hermeneia (Minneapolis: Fortress Press, 1995), 415. 이런 논의가 이 구절의 의미를 밝히는 데에 과연 도움을 줄 수 있는지 모르겠습니다. 그러면서도 그는 조건적으로 표현된 이 구절의 종국적 의미는 "이미 받은 하나님의 용서에 대한 반응"임을 드러내고 있습니다(416, n. 602).

[20] 그 대표적인 예로 Chromatius Aquileia, *Preface to the Lord's Prayer*, CCSL 9:445-46, in Williams, ed., *Matthew*, 125를 보십시오.

하지 않는 사람은 용서를 받을 수 없다"고 말하기도 합니다.[21] 다른 사람들에 대한 우리들의 용서가 하나님의 용서를 받을 수 있는 근거가 되고, 심지어 그런 공로를 가진다고까지 표현하는 분들도 있었습니다.[22]

  이런 오해를 피하면서 이 구절을 해석하려 하면서도 역시 오해를 드러낸 분이 1951-76년까지 25년 동안 영국 캠브리쥐의 레이디 마가렛 신학 교수(Lady Margaret's Professor of Divinity)를 하면서 신약 연구에 좋은 기여를 하였던[23] "찰리" 뮬(Charles Francis Digby

---

[21] Robert H. Mounce, *Matthew*, A Good News Commentary (San Francisco: Harper & Row, 1985), 54. 마운스는 55쪽에서 14-15절과 관련하여 같은 말도 합니다. 그러나 이렇게 말한 후에, 우리가 논의하려고 하는, 이 말의 진정한 의도를 잘 드러내고 있습니다.
  오래전 키프리안도 그런 시사를 주는 방식으로 말한 바 있습니다(Cyprian, *On the Lord's Prayer*, 23, CCSL, 3A:104-5, in Williams, ed., *Matthew*, 141) 어거스틴도 "'우리 자신이 용서하는 것 같이'라는 이 조건을(this condition) 우리가 준수하지 않는다면 우리의 그 어떤 기도도 열매를 맺을 수 없다"고 말하기도 합니다(Augustine, *Sermon on the Mount*, 2. 11. 38-39, CCSL 35:128-30 in Williams, ed., *Matthew*, 141f., 강조점은 덧붙인 것임). 또한 비슷하게 말하는 듯한 Maier, 『마태복음』, 235, 239도 보십시오. 애매하게 논의하나 "조건"이라는 말을 사용하는 Rudolf Schnackenburg, *The Gospel of Matthew* (1985, 1987), trans. Robert R. Barr (Grand Rapids: Eerdmans, 2002), 69도 보십시오.

[22] 유대인들이 그렇게 이해하였다고 합니다. 이 점을 잘 논의하는, 특히 벤시락, Ecclus 28:2, 4을 인용하면서 이를 설명하는 Francis Wright Beare, *The Gospel according to Matthew* (New York: Harper and Row, 1981; reprint, Hendricksen Publishers, 1987), 177f.을 보십시오.
  그런데 굉장히 복음주의적 입장을 가진 분들이 이렇게 주장했다는 것을 상상하기 어렵지만, 죄 용서의 "법적인 근거"(legal ground)를 말하는 고전적 세대주의자들의 주장에 이런 함의가 있었습니다. 예를 들어서, A. C. Gaebelein, *The Gospel of Matthew* (Wheaton: Van Kampen, 1910), 143을 보십시오. 이점을 잘 지적하며 비판하는 Turner, *Matthew*, 189f.도 보십시오. 아마도 세대주의자들의 지나친 문자주의가 12절과 14-15절의 표현을 문자 그대로 수용하여 발생한 문제라고 여겨집니다.
  그런 점에서 근자의 달라스 신학교 교수님들이 이런 생각에서 벗어나서 성경을 주해하시는 것은 감사한 일입니다. Louis A. Barbieri, Jr.는 "죄에 대한 하나님의 용서는 우리가 다른 사람들을 용서하는 것에 근거하는 것은 아니지만, 그리스도인의 용서는 그가 용서 받았다는 것을 인식함에 근거한다"고 하면서 "서로 친절하게 하며 불쌍히 여기며 서로 용서하기를 하나님이 그리스도 안에서 너희를 용서하심과 같이 하라"(엡 4:32) 말씀을 같이 연결시키고 있습니다("Matthew," 32). 그러면서 그는 이 구절이 죄로부터의 구원에 대해서 말하는 것이 아니라, 하나님과의 인격적 관계를 생각하고 있다고 합니다. 그리하면서 "만일에 다른 사람들을 용서하기를 거부하면 하나님과 계속해서 교제할 수 없다"고 표현하여 조건성을 구원과 연관시키지 않고, 하나님과의 교제 관계라는 영적인 건강과 연결시켜 설명하고 있습니다. 흥미로운 시도입니다.

[23] 그에게서 박사 학위 논문을 지도받은 학생들 중에 대표적인 인물들로 James D. G. Dunn, Carl Holladay, Andrew T. Lincoln, Graham Stanton 등이 언급될 수 있습니다. 필자가 보기에 그의 가장 큰 기여는 1977년에 출간했던 *The Origin of Christology* (Cambridge: Cambridge University Press, 1977)에 제시된 그의 논의들이라고 여겨집니다. 특히 "인자" 칭호에 대한 그의 해석은 매우 적절하다고 할 수 있습니다.

Moule, 1908-2007)이라고 할 수 있습니다. 그는 유대인들처럼 죄 용서를 우리가 공로로 얻는 것과 죄 용서가 가능한 태도를 취하는 것을 **구별하면서**, 여기서 예수님께서 말씀하신 것은 "참된 회개가 죄 용서를 받기 위한 필수적(*sine qua non*) 조건"이라고 주장했습니다.[24] 그러나 이것도 문제입니다. 우리의 용서를 공로화하는 유대인적 태도를 가지든지, Moule의 해석을 따르든지 하면, 결국 이 문제에 있어서 일종의 펠라기우스주의를 따르는 듯이 보이기 때문입니다. 그런데 예수님께서 과연 그런 뜻으로 이런 말씀을 하셨을까요? 만일에 이 조건적 표현을 문자 그대로 받아들인다면 우리에게는 희망이 없습니다.[25] 바로 여기서 우리는 성경의 표현 방식에 늘 유의하면서 성경을 해석해야 한다는 것을 분명히 해야 합니다. 성경의 표현 방식에 주의하지 않으면 우리들은 성경에 충실하게 말하는 것 같아도 실상은 성경의 뜻을 해치는 일을 할 수 있기 때문입니다.

다시 말하지만, 여기서 유대인들이 말하는 방법을 주의해서 생각해 보아야 합니다. 그들은 무엇을 강조하기 위해서 좀 과하게 표현하는 때가 있습니다. 이런 것을 소위 '셈어적 과장법'(semitic hyperbole)이라고 합니다. 예를 들어서, 예수님께서 "만일 네 손이나 네 발이 너를 범죄하게 하거든 찍어 내버리라. 장애인이나 다리 저는 자로 영생에 들어가는 것이 두 손과 두 발을 가지고 영원한 불에 던져

---

[24] C. F. D. Moule, "' … as we forgive…': A Note on the Distinction between Deserts and Capacity in the Understanding of Forgiveness," in *Donum Gentilicium*, eds., E. Bammel et al. (Oxford: Clarendon Press, 1978), 68-77, at 71-72. 이와 똑같지는 않지만 상당히 비슷하게 공로로 얻는 것도 아니고, 조건적인 것도 아니라고 말하면서도, 인간이 용서하려 하지 않으면 하나님께서 화목케 하는 사역을 하실 수 없다는 식으로 논의하는 Floyd V. Filson, *A Commentary on the Gospel to St. Matthew* (New York: Harper & Row, 1960, reprint, Hendrickson Publishers, 1987), 96f.의 논의도 보십시오. 그는 다른 곳에서는 죄 용서의 조건(the condition of forgiveness)이라는 표현도 씁니다 (97). 안타까운 논의들입니다.

[25] 여기서 내가 말한 것과 정확히 같은 요점을 표현한 분으로 Van Reenen, *The Heidelberg Catechism*, 624를 언급할 수 있습니다.

지는 것보다 나으니라"(마 18:8//막 9:43, 45), 또는 "만일 네 눈이 너를 범죄하게 하거든 빼어 내버리라 한 눈으로 영생에 들어가는 것이 두 눈을 가지고 지옥 불에 던져지는 것보다 나으니라"(마 18:9//막 9:47)고 말씀하셨을 때, 그것이 문자적으로 눈이나 손이나 발을 찍어 버리라는 말이 아니라,[26] 그만큼 힘써서 아주 심각한 의식을 가지고 모든 긴급 조치를 다 사용해서 죄를 범하지 않도록 노력하라는 말입니다.

에딘버러에서 최종 학위를 하고, 벧엘 신학교 서부 캠퍼스의 신약 교수였던 월터 웨셀(Walter W. Wessel)도 "예수님께서는 우리 몸의 지체를 절단할 것을 요구하시는 것이 아니라, 이런 지체들을 가지고 죄악된 행위를 하는 것을 그칠 것을 요구하신다. 근본적인 영적 수술(radical spiritual surgery)이 요구된다. 바로 영생이 문제되기 때문이다"고 정확하게 지적하고 있습니다.[27]

이와 비슷한 이해가 죄 사함을 위한 간구의 표현에도 적용되어야 합니다. 다시 말하지만, 표현은 마치 조건처럼 되어 있습니다. 그러

---

[26] 여기서 더 나아가서 교회 공동체로부터 합당치 않은 지체들을 출교할 것을 함의하는 말이라고 이 구절들을 주해하는 분들은 예수님이나 마태가 의도한 생각을 넘어 자신들의 생각을 본문에 넣어 주해하는 것입니다. 그렇게 너무 나가는 주석의 대표적인 예로 Hill, *The Gospel of Matthew*, 274; 다른 면에서 잘 논의하고서는 마지막에 이를 넣어서 주석하는 Turner, *Matthew*, 438을 보십시오. 그는 "만일에"라는 말로 이 주해를 하고 있지만 그런 생각을 하지 않는다면 이런 가정적 논의를 할 필요도 없습니다. 이런 식의 주해에 대한 비판으로 D. A. Carson, "Matthew," in *The Expositor's Bible Commentary*, vol. 8 (Grand Rapids: Zondervan, 1984), 399; 그리고 R. T. France, *Matthew*, Tyndale New Testament Commentaries (Leicester: IVP and Grand Rapids: Eerdmans, 1985), 272를 보십시오.

[27] Walter W. Wessel, "Mark," in *The Expositor's Bible Commentary*, vol. 8 (Grand Rapids: Zondervan, 1984), 708. 이와 비슷하게 이것이 문자적으로 볼 것이 아니라고 하면서 "만약 우리가 이렇게 행할지라도 우리는 구원 받지 못한다! 단지 위로부터 새롭게 나아지만, 즉 하나님의 영을 통해서 거듭나야 (요 3:3 이하) 해결책이 있다"고 말하는 게르하르트 마이어(Maier, 『마태복음』, 629)도 보십시오. 이와 비슷하게 예수님의 말씀을 과장법(hyperbole)이라는 수사법으로 잘 이해하고 논의하는 Robert Stein, *Basic Guide to Interpreting the Bible*, 2nd edition (Grand Rapids: Baker Academic, 2001), 185; Turner, *Matthew*, 438; 그리고 Jeannine K. Brown, *Matthew*, Teach the Text Commentary Series (Grand Rapids: Baker Academic, 2015), 210도 보십시오. 비슷한 어구인 마태복음 5:29, 30에 대해서 이를 언급하는 France, *Matthew*, 122도 보십시오. "극적인 언어(picturesque language)를 사용함" 또는 "지나친 표현"(vigorous expression)으로 돌려 표현한 Morris, *The Gospel According to Matthew*, 463, 464도 보십시오.

나 이것은 너희가 다른 사람을 용서하는 것이 조건이 되어 너희 죄를 사한다는 것이 아니라, 하나님으로부터 용서함을 받은 사람들은 용서하는 것이 마땅하다는 것을 이렇게 표현한 것입니다.

이 점을 레온 모리스가 정확히 언급합니다: "용서하는 행위가 영원한 보상을 공로로 얻을 수 있다(merits)는 것이 아니라, 오히려 용서하는 사람 안에 하나님의 은혜가 작용하고 있다는 증거이다."28 더 명확하게 하면서, 이는 우리가 용서해야만 용서 받는다는 말이 아니고, "다른 사람들을 용서함이 제자들의 죄가 용서 받았다는 **증거**(proof)이다"고 말하는 윌킨스의 말은 아주 정확합니다.29 이미 오래 전에 칼빈도 우리의 용서가 원인(cause)이라고 하는 것이 아니라, 하나님께 나아가는 사람들이 태도(attitude)를 가르치는 것이라고 말한 바 있습니다.30 즉, 용서 받은 사람들의 태도는 과연 어떤 것인지를 가르치시는 것이 그리스도의 의도라는 말입니다. 믿음으로 하나님께서 주시는 용서를 받아들인 사람들은 매우 자연스럽게 용서하며 사랑하는 성화의 길로 나아갑니다.31

---

28 Morris, *The Gospel According to Matthew*, 149: " … it is *evidence that the grace of God is at work in the forgiving person*…."(강조점은 주어진 것임). 아주 비슷한 강조를 루터도 한 바 있습니다(*Luther's Works*, vol. 51 (Philadelphia: Fortress Press, 1969), 178-79). 또한 그는 다른 사람들을 용서함으로 "우리들이 용서받았다는 위로와 확신을 얻게 된다"고 말하기도 했습니다(*Book of Concord* [Philadelphia: Fortress, 1959], 433).
이보다는 조금 못 미치지만, 우리의 용서가 공로가 안 됨("not with a meritorious act")을 잘 지적한(108) 후에 "다른 사람들을 용서함은 하나님의 용서를 구하는 진정성을 드러낸다"고 말하는 건드리의 말도 언급할 만합니다(Robert H. Gundry, *Matthew: A Commentary on His Literary and Theological Art* [Grand Rapids: Eerdmans, 1982], 109).
그러나, 죄용서는 우리의 공로로 얻는 것이 아니고 받는 것임("it cannot be merited, must be received")을 아주 잘 말한 후에 "다른 사람들을 용서하려는 의지가 없는 사람들은 용서 받을 수 없다"고 표현하여 강조점을 흐리는 W. D. Davies and D. Allison, Jr., *The Gospel according to St. Matthew 1-7*, ICC, new series (Edinburgh: T&T Clark, 1988), 611의 논의는 상당히 아쉽습니다.

29 Wilkins, *Matthew*, 279, 280. 그는 비슷한 이해로 P. S. Cameron, "Let Us Not into Temptation," *Expository Times* 101 (1990): 299-301도 언급합니다. 오래 전에 비슷하게 표현한 Vis, *We Are the Lord's*, 170도 보십시오: "That willingness to forgive is rightly stated as 'an evidence of thy grace in us.'" 또한 Kersten, *The Heidelberg Catechism*, 713f. 도 보십시오.

30 Calvin, *A Harmony of the Gospels*, vol. 1, 212.

성경에 나타난 이 과장법적인 표현 방식에 따라 자신도 강하게 조건적으로 다 말한 후에 마운스도 이는 우리의 죄 용서가 공로가 되어 죄 용서를 얻을 수 있다는 것이 **아니고**, "우리에게 잘못한 사람들을 용서함이 하나님에 의해서 우리가 용서함 받음에서 자연적으로 따라 나온다는 것을 표현하는 방식이다"고 하여, 그의 논의의 마지막에는 예수님의 의도를 잘 드러내고 있습니다.32 이와 같이, 우리의 용서하는 행위가 우리의 용서를 공로로 얻을 수 있는 조건이 아니라는 것을 명확히 하는 것이 중요합니다.

하나님으로부터 큰 용서를 받은 사람들만이 참으로 용서할 수 있습니다. 닉슨의 표현을 따라 말하자면, "하나님의 자비가 인간 자비의 유일한 참된 근거입니다."33 왜냐하면, 스토트 목사님께서 잘 표현한 바와 같이, "우리의 눈이 열려서 하나님에 대한 우리의 범과가 얼마나 큰 것인지를 일단 보게 되면, 다른 사람들이 우리들에게 행하는 잘못들은 (비교할 때) 아주 사소한 것들로" 보이기 때문입니다.34

이 문맥과 관련해서 이를 좀 더 구체적으로 표현한다면, 우리가 하나님께 범한 그 많은 죄악들을 용서하셨다는 것을 깊이 깨닫게 된 사람들은 주께서 행하신 그 큰 사죄에 대해서 참으로 감사하면서 우리 주변의 사람들이 때때로 우리에게 행하는 잘못들이 참으로 사소한 것이라고 판단하고, 그 모든 것들을 기꺼이 용서하게 됩니다. 그러므로, 터너

---

31 이와 비슷하게 "믿음"과 그로부터 나오는 "성화"로 이를 정리하여 설명하는 VanderGroe, *The Christian's Only Comfort in Life and Death*, vol. 2, 516도 보십시오.

32 Mounce, *Matthew*, 55. 마이어도 오해하게 하는 표현을 하지만 그것들을 제거해 버리고 그 자신이 말하는 "죄인은 이미 (믿음으로) 의롭다 함을 입었으므로 제자가 해야 할 일을 하지 않는다면 이것은 위선이 아닌가?"라는 말(Maier, 『마태복음』, 239)을 중심으로 재 진술하는 것이 좋았을 것입니다.

33 Nixon, "Matthew," 840: "The divine mercy is the only true basis for human mercy."

34 John Stott, *Christian Counter-Culture* (Downers Grove: IVP, 1978), 149-50.

가 잘 표현하고 있는 바와 같이, 이 구절에서의 "요점은 하나님께서 우리를 은혜롭게 용서하셨다는 하나님의 주도권(initiative)이 우리로 하여금 다른 사람들을 용서하게 하는 동기가 되어야 한다"는 것입니다.[35] 그러므로 우리의 용서는 주께서 우리에게 베푸신 놀라운 일(*magnalia dei*)을 받아들인 사람들의 매우 자연스러운 반응의 하나입니다. 즉, 우리가 행하는 용서도 복음에 대한 감사의 표현입니다. 먼저 주님의 큰 용서가 있고, 그 결과로 우리의 작은 용서가 있는 것입니다. 터너가 잘 표현하고 있는 것과 같이, "용서 받은 사람은 용서하는 사람입니다."[36] 우리의 용서는 예레미아스가 표현하듯이, 그저 이미 주신 "하나님의 용서를 전달하려는 것"일 뿐입니다.[37]

그러므로 전체적으로 성경적 이해를 하는 사람들은 예수님께서 말씀하신, 오직 마태복음에만 나타나는[38] 다음 비유가 이 문제를 제대로 이해할 수 있는 매우 적절한 비유라고 생각합니다.

> 천국은 그 종들과 결산하려 하던 어떤 임금과 같으니 결산할 때에 만

---

[35] Turner, *Matthew*, 190. 아주 비슷하게 설명하면서도 맨 마지막에 "우리들 자신이 용서하는 정신을 드러내지 않으면 우리는 용서를 기대할 수 없다"고 표현하여 전체의 의도를 흐리는 R. V. G. Tasker, *The Gospel According to St. Matthew*, Tyndale (Leicester, IVP, 1961, reprint Grand Rapids: Eerdmans, 1981), 73; 또는 비슷하게 표현하는 Hendriksen, *The Gospel of Matthew*, 335, 336의 안타까운 논의와 비교해 보십시오.

[36] Turner, *Matthew*, 189. 그는 "다른 사람들을 용서하는 것은 우리가 하나님으로부터 용서 받았음을 드러내는 것이다. 용서 받음으로 우리는 자유롭게 용서할 수 있게 해방된 것이다"(190, 449, 452)라고 더 정확히 표현하기도 합니다.

[37] 그러므로 이 간구는 "**하나님의 용서를 전달하려는 마음의 선언**"이라고 합니다(Jeremias, *The New Testament Theology*, I, 201: "*a declaration of readiness to pass on God's forgiveness*." 강조점은 덧붙인 것임).

[38] 너무 자명한 사실이지만, 이점을 지적하는 Tasker, *The Gospel According to St. Matthew*, 15; Beare, *The Gospel according to Matthew*, 383; Mounce, *Matthew*, 179; 그리고 Morris, *The Gospel According to Matthew*, 472를 보십시오.
그런데 Beare는 그렇기에 이 비유가 얼마나 정확히 예수님의 말씀대로 전승된 것이지 확언할 수 없다고 하면서, 아마도 마태가 왕 개념을 도입시키고, 일만 달란트 등의 개념으로 확대했을 것이라는 추론을 하고 있습니다(383). 그러나 이 비유의 전체적 주제는 예수님에게로 거슬러 올라 갈 수 있다고 합니다(383). 그의 기본적인 성경 접근 태도가 안타깝습니다.

달란트 빚진 자 하나를 데려오매 갚을 것이 없는지라. 주인이 명하여 "그 몸과 아내와 자식들과 모든 소유를 다 팔아 갚게 하라" 하니, 그 종이 엎드려 절하며 이르되 "내게 참으소서, 다 갚으리이다" 하거늘 그 종의 주인이 불쌍히 여겨 놓아 보내며 그 빚을 탕감하여 주었더니,

그 종이 나가서 자기에게 백 데나리온 빚진 동료 한 사람을 만나 붙들어 목을 잡고 이르되 "빚을 갚으라" 하매, 그 동료가 엎드려 간구하여 이르되 "나에게 참아 주소서 갚으리이다" 하되 허락하지 아니하고 이에 가서 그가 빚을 갚도록 옥에 가두거늘, 그 동료들이 그것을 보고 몹시 딱하게 여겨 주인에게 가서 그 일을 다 알리니 이에 주인이 그를 불러다가 말하되 "악한 종아 네가 빌기에 내가 네 빚을 전부 탕감하여 주었거늘, 내가 너를 불쌍히 여김과 같이 너도 네 동료를 불쌍히 여김이 마땅하지 아니하냐" 하고 주인이 노하여 그 빚을 다 갚도록 그를 옥졸들에게 넘기니라(마 18:23-34).[39]

이 비유를 '일만 달란트 빚진 자와 일백 데나리온 빚진 자의 비유'라고 해봅시다. 일백 데나리온이 얼마인지는 사람들이 생각하기 쉽습니다. 예수님 당시 한 데나리온이 노동자의 하루 품삯이라는 것은 누구나 알고 있습니다. 그 정확한 값어치를 말하기는 매우 어렵지만, 1972년에 주석을 낸 데이비드 힐은 4-5 파운드라고 하고,[40] 1984년에 주석을 낸

---

[39] 같은 의견을 표하면서 마태복음 6:14-15을 마태복음 18:23-35의 빛에서 보아야 한다고 논의하는 다음 저자들의 논의를 보십시오. Cyprian, *On the Lord's Prayer*, 23, CCSL, 3A:104-5, in Williams, ed., *Matthew*, 141; Thelemann, *An Aid to The Heidelberg Catechism*, 435; Willoughby C. Allen, *Gospel According to S. Matthew*, ICC, third edition (Edinburgh: T&T Clark, 1912), 60; Matthew Black, *An Aramaic Approach to the Gospels and Acts* (Oxford: Clarendon Press, 1946), 102; Kersten, *The Heidelberg Catechism*, 716; Filson, *A Commentary on the Gospel to St. Matthew*, 97; Hendriksen, *The Gospel of Matthew*, 335; 그리고 Davies and Allison, *The Gospel according to St. Matthew 1-7*, 610. 이를 언급하기만 하는 Gundry, *Matthew*, 109도 보십시오.(그런데 건드리는 이 비유에는 전 세리였던 마태가 구성(composition)했다는 견해를 가지고 있음을 드러냅니다. 특히 372f.). 또 마태복음 18장의 이 비유가 마태복음 6:15 말씀을 확대한 것이라는 Mounce, *Matthew*, 180; 그리고 Brown, *Matthew*, 67, 214도 보십시오. 마태복음 6:14-15에 대해서 좀 다른 견해를 표하는 힐(Hill) 조차도, (15절과 같은 말이 마태복음 18:35에 있다는 것 때문이긴 하지만) 이 구절은 18장의 비유의 빛에서 해석해야 한다고 말합니다(Hill, *The Gospel of Matthew*, 140).

마운스는 약 20달러 쯤 되는 돈이라고 표현합니다.[41] 오늘날 상황으로는 좀 더 많은 금액일 것입니다.

그에 비해서, 일만 달란트가 얼마인지를 헤아리는 것은 쉽지 않습니다. 다윗이 성전 건축을 위해 준비한 것이 오빌의 금 삼천 달란트와 은 칠천 달란트(대상 29:4)라고 했으니, 그와 비교해서 일만 달란트가 얼마나 많은 것인지를 짐작만 할 뿐입니다. 또한, 요세푸스에 의하면, 주전 4년에 유다와 이두메(에돔)와 사마리아와 갈릴리와 베뢰아 전체에 일 년에 부과된 세금이 800 달란트라고 하니,[42] 그 12배 이상에 해당하는 일만 달란트가 얼마나 큰 것인지 짐작할 수 있습니다.

사실 이 비유는 우리로 하여금 이 금액을 산정하라고 주어진 비유가 아닙니다. 사람들이 생각할 수 있는 최대치를 생각하게 하려고, 돈의 단위도 그 당시에 사용하는 단위 가운데서 가장 큰 단위인 달란트로 쓰고, 그것도 "일만 달란트"라고 하여 당시 사람들이 생각할 수 있는 최고의 계산 단위로 제시하고 있습니다.[43] 한 달란트는 6,000 데나리온의 값을 가진다고 합니다.[44] 그러니 한 달란트는 6,000일 어치 품삯에 해당합니다.[45]

그러면 "일만 달란트"는, 일 년에 일할 수 있는 날을 310일로 치

---

[40] Hill, *The Gospel of Matthew*, 278.

[41] Mounce, *Matthew*, 180. 흥미롭게 1960년에 주석을 쓴 Filson (*A Commentary on the Gospel to St. Matthew*, 203)은 이것이 7 파운드 또는 미화 20 달러 정도 된다고 말하고 있습니다. 1982년에 주석을 쓴 건드리도 "20달러"라고 합니다(Gundry, *Matthew*, 374). Barbieri는 1 데나리온이 16센트 정도의 가치를 가진다고 합니다("Matthew," 63). 그러면 100데나리온은 16달러 정도입니다.

[42] Josephus, *Ant.*, 17. 11. 4, sections 317-20, cited in Gundry, *Matthew*, 373. 이를 밝히면서 베어는 유대, 에돔, 사마리아에서 600달란트요, 갈릴리와 베레아에서 200 달란트라고 세부적인 정보도 언급합니다(Beare, *The Gospel according to Matthew*, 282).

[43] 이점을 지적하면서 이는 우리가 하나님께 지은 죄, 즉 빚진 것이 한량없는 것을 표현하기 위한 것이라고 말하는 France, *Matthew*, 277을 보십시오.

[44] Filson, *A Commentary on the Gospel to St. Matthew*, 203; Carson, "Matthew," 516; 그리고 Brown, *Matthew*, 215도 같이 말합니다.

[45] Carson, "Matthew," 516; Brown, *Matthew*, 215. NIV 각주에서도 그렇게 제시합니다.

면 터너가 말하는 193,000년 치 임금이며, 일할 수 있는 날을 300일로 하면 거의 **20만년** 치 연봉에 해당하는 액수입니다.46 그러므로 이 비유는 사실 비실재적으로 높은 금액의 빚을 탕감 받은(ἀπέλυσεν) 것을 표현합니다.47 이 비유 속의 임금이 그를 불쌍히 여겨(σπλαγχνίζομαι) 베푼 자비는 결국 예수님을 통해서 하나님께서 우리에게 얼마나 큰 자비를 베풀어 주셨는지를 말해 줍니다.48 주님은 "우리의 죄를 다 더하여 셈하시는데 오직 용서하기 위해 그리하신다"는 판 레이넌(Van Reenen) 목사님의 말씀을 기억하십시오.49 우리 주님께서는, 이 비유 속에 나오는 주인과 같이, 우리가 "구하는 것보다 더 많은 것을 해 주신" 것입니다.50

20만년 치 연봉과 100일치 임금51 – 그 둘을 대조하는 이 비유

---

46 Brown, *Matthew*, 215 ("approximately two hundred thousand years' wages!"). 이를테면, 1960년에 주석을 쓴 필슨은 미국 단위로는 천만 달러[10 million dollars])라고 하고(Filson, *A Commentary on the Gospel to St. Matthew*, 203), 1955년에 주석에서 Van Reenen은 1,170만 달러라고 합니다(Van Reenen, *The Heidelberg Catechism*, 617). 1983년에 주석을 쓴 Louis Barbieri는 "several million dollars"에 해당하는 액수라고 좀 적게 제시합니다("Matthew," 62). 1961년에 주석을 낸 Tasker는 "2-3백만 파운드"로 제시합니다(Tasker, *The Gospel According to St. Matthew*, 178). 그런가 하면 1972년에 마태복음 주석을 쓴 힐은 약 "10억 파운드 정도"를 표현하는 것이라고 합니다 (something like 'a billion pounds'). 1985년에 주석을 낸 France, *Matthew*, 277도 같은 수치를 말합니다. (약 2조원이 됩니다.) 그러나 이는 계산하라고 주어진 수치가 아님을 다시 강조합니다.

47 같은 의견의 표시로 다음을 보십시오. R. E. Nixon, "Matthew," in *The New Bible Commentary*, third edition (Grand Rapids: Eerdamns, 1970), 840 ("The figure is unrealistic in a human story but it sharpens the point of the extent of human sin and divine forgiveness."); Gundry, *Matthew*, 373 ("… cannot be calculated and therefore means 'zillions'"); France, *Matthew*, 277; W. D. Davies and D. Allison, Jr., *The Gospel according to St. Matthew*, vol. 2, ICC, new series (Edinburgh: T&T Clark, 1991), 798 ("an immeasurable debt"); Morris, *The Gospel According to Matthew*, 473, and n. 71 ("Jesus is simply speaking of a very large sum of money. The sum is made up of the highest number used in arithmetic and the largest monetary unit employed in the ancient Near East (E. Schweizer, *The Good News according to Matthew* [London: SPCK, 1976], 377)."), 476 ("that immense amount"); 그리고 Turner, *Matthew*, 450 ("the unimaginably large amount"). 힐도 이는 "상상할 수 있는 큰 금액"(the largest sum imaginable)이라고 표현합니다(Hill, *The Gospel of Matthew*, 278).

48 Cf. Turner, *Matthew*, 450: "The mercy of the king speaks of the compassion of Jesus (9:36; 14:14; 15:32; 20:34)."

49 Van Reenen, *The Heidelberg Catechism*, 618: "The Lord adds up our sins only to forgive them."

50 이 비유 속 주인의 행동을 이렇게 묘사한 Gundry, *Matthew*, 374를 보십시오.

51 이것이 힐이 표현하는 일조 파운드와 4-5 파운드의 대조(Hill, *The Gospel of Matthew*,

는 우리가 실상 하나님 앞에 헤아릴 수 없는 빚을 탕감 받은 사람들이 니, 그런 사람들로서 서로 잘못한 것을 용서함이 마땅하다는 것을 아주 분명하게 가르치는 비유입니다. 힐이 잘 표현한대로, "하나님의 용서를 받은 사람들은 다른 사람들에게 그와 같은 용서하는 태도를 보여야" 합니다.52 우리들이 행하는 용서는 "하나님께서 먼저 하신, 계속되는 용서 (God's initial and ongoing forgiveness)에 근거하는" 것이라는 제닌느 브라운(Jeannine Brown)의 설명은53 정확합니다. 이 비유를 말씀하신 후에도 예수님께서는 "너희가 각각 마음으로부터 형제를 용서하지 아니하면 나의 하늘 아버지께서도 너희에게 이와 같이 하시리라"(마 18:35)고 하셨습니다. 그러나, 계속해서 강조하지만, 이것도 조건적으로 이해하지 말아야 합니다. 표현은 그렇게 되어 있지만, 이 말씀은 실상 조건적이지 않고, 우리는 먼저 하늘 아버지께서 우리의 죄를 용서하신 것에 근거해서 모든 것을 생각해야 한다는 것을 분명히 하는 것입니다.

하나님으로부터 그 큰 죄 값을 모두 탕감(蕩減)받은 참 하나님의 백성들은 늘 그리해야 합니다. 모리스가 잘 표현한 대로, "놀라운 은혜를 받은 사람들은 그들이 받은 은혜에 상응하게(in accordance with) 행동해야 합니다."54 하나님께서 엄청난 죄를 사하여 주었으니, "용서받은 사람은 용서받은 사람답게 행동하는 것, 따라서 다른 이들을

---

278) 나 터너가 말하는 579배의 탕감이라는 대조(Turner, *Matthew*, 451)보다 명백하게 이해될 것입니다.

52 Hill, *The Gospel of Matthew*, 278. 그러나 "용서하지 않는 사람은 하나님의 자비에서 제거될 것이다"고 35절에 근거해서 말하는 힐과(Hill, *The Gospel of Matthew*, 278) "이렇게 얻은 은혜를 불순종을 통해서 잃을 수 있다"고 말하는 마이어(Maier, 『마태복음』, 649)는 또 다시 이 말씀이 과장법이라는 수사법으로 주어졌다는 것을 생각하지 않고 말하는 것이 됩니다. 이렇게 잘 말하다가 핵심을 놓치는 경우들이 안타깝습니다. Maier, 『마태복음』, 629에서 말하던 입장, 즉 문자적으로 이해할 수 있는 것이 아니라는 것을 스스로 유념하는 것이 좋았을 것입니다.

53 Brown, *Matthew*, 67.

54 Morris, *The Gospel According to Matthew*, 476. 비슷하게, 우리가 하는 용서가 우리의 용서 받음의 근거나 조건이 아님을 강조하고서, 우리가 하는 용서는 용서받았음의 "필연적 열매와 삶의 증거요, 하나님의 자비를 맛보았음의 증거"라고 하는 Herman Hoeksema, *The Triple Knowledge*, vol. 3 (Grand Rapids: Reformed Free Publishing Association, 1972), 598f., 601, 603도 보십시오.

용서하는 것이 마땅합니다(ἔδει, necessary)."55 예수님께서는 "하나님의 거저 주시는 용서가 다른 사람들을 용서하는 우리의 준비에 반영되기를 기대하시는" 것입니다.56

따라서 우리는 계속적으로 용서해야 합니다. 이 비유가 베드로가 "주여 형제가 내게 죄를 범하면 몇 번이나 용서하여 주리이까 일곱 번까지 하오리이까?"(마 18:21)라고 물은 것에 대해서,57 "네게 이르노니 일곱 번뿐 아니라 일곱 번을 일흔 번까지라도 할지니라"라고 대답하시면서58 주신 비유라는 것을 생각할 때, 그것이 아주 명백합니다. "일곱 번씩 일흔 번"이라는 말도 490번을 말하는 것이 아니라, 그야말로 끝없이 용서해야 한다고 말씀하시는 것입니다.59 예수님께서는 여기서 하나님 나라 공동체(the kingdom community)를 특징짓는 무한한 용서

---

55 Morris, *The Gospel According to Matthew*, 476. Cf. Gundry, *Matthew*, 375: "Being forgiven by Jesus demands forgiving others as a sign that one has truly accepted forgiveness."

56 Beare, *The Gospel according to Matthew*, 383. 그가 본문에 대해서 성경 비평적 태도를 드러내지만 이 전체적 주제를 잘 드러낸 것은 매우 정확한 것입니다.

57 유대인 랍비들의 논의에서 형제에 대한 용서의 최대 기준은 네 번까지로 제시된 것에 비하면(이에 대해서 "어떤 사람이 네 번째 죄를 범하면 그를 용서하지 않을 것이다"라고 말하는 Yama 5: 13을 인용하여 언급하는 Mounce, *Matthew*, 179를 보십시오), 베드로의 7번은 유대적 기준을 상당히 초과하여 더 많이 확대된 것이라는 논의로 Hill, *The Gospel of Matthew*, 277을 보십시오. 그런데 예수님께서는 그 이상을 요구하십니다. 그러므로 유대적 기준을 훨씬 넘어서는 베드로의 7번에 대한 언급도 "기독교 공동체 안에서는 충분하지 않은 것입니다"(277).

58 이 말은 한글 개정역과 같이 번역할 수도 있고(같은 번역으로 KJV, NABV, NILT, RSV을 보라), 그저 "칠십 칠 번"으로 해석할 수도 있습니다(NIV, NRSV; BDGA, 269; Augustine; Gundry, *Matthew*, 371; 그리고 Mounce, *Matthew*, 179, 181). 어거스틴은 77번의 용서가 언급된 이유는 누가복음 족보(눅 3:23-38)에 77세대가 언급되었기 때문이라고 하면서, 인류의 모든 죄는 77세대에 포함되어 있다는 함의를 말하는데(Augustine, in Manlio Simonetti, ed., *Matthew 14-28*, ACCS 1B [Downers Grove, IL: IVP, 2002], 83) 이는 매우 지나친 생각이라고 하지 않을 수 없습니다. 그러나 중요한 것은 몇 번이라는 것이 아니고, 끝없는(unending) 용서라는 데에 있습니다. Cf. Hoeksema, *The Triple Knowledge*, vol. 3, 600; 그리고 France, *Matthew*, 277.

59 여기서 창세기 4:24의 라멕의 오만한 주장에 대한 비판적 인유가 있다는 지적으로 Alan Hugh McNeile, *The Gospel according to St. Matthew* (London: McMillan and Co., 1915), 268; Nixon, "Matthew," 840; Hill, *The Gospel of Matthew*, 277; Mounce, *Matthew*, 179; Maier, 『마태복음』, 645; 그리고 Turner, *Matthew*, 449를 보십시오. 맥네일의 다음 말은 특히 의미심장합니다: "옛 사람의 무한한 보복이 그리스도인들의 무한한 용서에 자리를 내어 주었다"(The unlimited revenge of primitive man has given place to the unlimited forgiveness of Christians.)(McNeile, *The Gospel according to St. Matthew*, 268).

(unlimited forgiveness)에 대해서 말씀하시는 것입니다.60 그리고 그 근거는 바로 셀 수 없는 빚을 하나님께서 이미 탕감해 주신 것입니다.

그렇기에 우리가 우리 이웃의 죄를 용서하지 않으려고 하는 것은 결국 하나님의 크신 용서를 인정하지 않는 것이며, 그것에 감사하지 않는다는 표현이 됩니다.61 모리스는 그것을 "감사치 않음과 불의의 절정"이라고 표현하기도 했습니다.62 용서하지 않으려고 하는 것은 자신이 "자비를 받지 않았음을 표현하는 것"이라고 말하는 마운스의 강한 말도63 이에 이어서 그가 말하는 "하나님의 용서는 용서하는 정신을 반드시 내고야 만다"는 말에 근거해서 오해하지 말고 생각해야 합니다. "참된 제자는 그 주인에게 복종하기를 원하니,"64 참으로 용서받은 하나님 백성은 용서하지 않을 수 없다는 것이 바로 이 비유가 말하려는 요지입니다.

죄 용서의 유일한 근거: 그리스도께서 십자가에서 이루신 구속

그런데 예수님께서 이 비유를 말씀하실 때에는 이 비유 안에 그런 말이 있지는 않았지만, 신약 계시 전체를 바라보면 여기서 말하는 하나님의

---

60 이점에 대한 강조로 Maier, 『마태복음』, 645 "[이넘 일상생활에서 셀 수 없는 숫자이다… 용서는 제한할 수 없다는 것을 가르치신다"); 그리고 Brown, *Matthew*, 214, 215, 217-19 등을 보십시오. 특히 하나님의 방식과 하나님 나라의 회복이 무한한 용서의 가능성을 가져 왔다는 것을 강조하는 Brown, *Matthew*, 215, 그리고 "놀라운 용서(extravagant forgiveness)가 사람들이 교회를 생각할 때 떠오르는 것이어야 한다"고 강조하면서 말하는 Brown, *Matthew*, 219도 보십시오. 또한 France, *Matthew*, 278도 보십시오.

61 Brown, *Matthew*, 217.

62 Morris, *The Gospel According to Matthew*, 476: "It is the height of ingratitude and injustice."

63 Mounce, *Matthew*, 180.

64 Gundry, *Matthew*, 375.

무한한 탕감은 그저 추상적인 것이 아닙니다. 신약 계시의 빛에서 우리는 이것이 예수님께서 얼마 후에 십자가에서 이루실 구속의 사건을 이미 전제하고 말씀하는 것이라고 할 수 있습니다.65 그런 의미에서 "사도 바울이 로마서 3장에서 말한 것이 마태복음 18:23 이하에 포함되어 있다"는 게르하르트 마이어의 말은66 옳습니다.

그러므로 이 비유는 십자가에서 이루신 구속이 얼마나 놀라운 것인지를 미리 보여 주는 비유라고 할 수 있습니다. 구속된 사람들은 마치 하나님으로부터 일만 달란트를 탕감 받은 사람과 같은 입장에 있습니다. 그러므로 구속함을 받은 우리는 그것에 대해 "무한히 감사하면서 그리스도에게 의존해서"67 다른 사람들을 무한히 용서해야 합니다. 성경을 전체적으로 읽는 사람들은 누구든지 이런 이해를 가지게 됩니다. 지금 우리가 공부하고 있는 〈하이델베르크 요리문답〉도 같은 이해를 다음 같이 표현하고 있습니다.

(제 126 문) 다섯째 기원은 무엇입니까?

(답) "우리가 우리에게 죄 지은 자를 사하여 준 것 같이
우리 죄를 사하여 주옵소서.

---

65 비슷하게 이를 강조하는 Van Reenen, *The Heidelberg Catechism*, 621f.; Kersten, *The Heidelberg Catechism*, 710f., 713; 그리고 Hoeksema, *The Triple Knowledge*, vol. 3, 584를 보십시오: "The prayer for forgiveness *is based on the faith in the atonement of Christ*,"(강조점은 덧붙인 것임). 또한 같은 책, 605 등도 보십시오.
여기서 성경을 전체적으로 읽는 사람들과 성경을 매우 중요시한다고 하면서도 그 전체의 의미를 무시하는 사람들의 차이가 극명히 드러납니다. 우리의 큰 빚을 탕감해 주신 것이 그저 추상적인 것이거나 인간과 하나님의 관계라는 철학적 의미를 말해 주는 것이 아니라, 하나님께서 어떤 일을 하셔서 우리의 죄에 대한 빚을 다 갚아 주셨다는 것을 전제로 하고 말한다는 분들이 성경을 전체적으로 바로 믿는 분들이라고 할 수 있습니다.

66 Maier, 『마태복음』, 649. 그러나 이것을 잘 강조한 후에 그가 다른 말을 하는 부분들은 재고되어야 할 것입니다.

67 당연한 것이지만 여기서와 같이 이 점을 강조하는 Nixon, "Matthew," 840도 보십시오.

> 즉,
> 우리들 자신은 비록 심각한 죄인들이지만, **그리스도의 피를 보셔서**
> 우리가 행하는 그 어떤 죄나 우리가 끊임없이 집착하는 악 때문에
> 우리에게 대립하여 서지 마소서.
> 우리 안에 있는 당신님의 은혜의 증거로서
> 우리가 우리의 이웃을 용서하기로 온전히 결심하는 것처럼
> 우리를 용서하여 주시옵소서.
> (강조점은 덧붙인 것임)

주께서 우리를 용서하시는 근거는 가장 기본적으로 "그리스도의 피" 때문이라고 하고 있습니다. 그리스도의 피가 없이는 하나님께서는 우리를 대립하여 서실 수밖에 없습니다. 더 정확히 말하자면, 하나님의 저주와 진노가 우리에게 쏟아 부어질 수밖에 없는 상황 속에 우리가 서 있는 것입니다. 그것이 그리스도의 피와 상관없을 때 우리의 존재의 진상(眞相)입니다. 과거에 행한 죄 때문에 그러하고, 지금 우리가 행하는 죄 때문에 그러하며, 우리가 끊임없이 집착하는 악 때문에 우리는 도무지 하나님 앞에 그대로 설 수 없는 존재들입니다. 그러므로 그런 우리에 대해서 하나님께서는 대립하여 서실 수밖에 없습니다.

  그러나 하나님께서 우리와 대립하지 않으시는 것은 "오직 그리스도의 피" 때문입니다. 그리스도의 온전하신 속죄로 말미암아 우리가 하나님 앞에 설 수 있게 되었고, 하나님의 뜻을 구하며 그 방향을 향해 나아갈 수 있게 된 것입니다. 그러므로 "죄에 대하여 용서함을 구할 때에 우리는 결국 예수 그리스도의 속죄의 크신 공로를 전제로 하고 기구(祈求)하는 것입니다."라고 말하는 김홍전 목사님의 말씀은[68] 매우 정

---

[68] 김홍전, 『예수께서 가르치신 기도: 산상보훈 3: 마태복음 6:1-34 강해』 (서울: 성약, 2003), 283.

확한 것입니다.

그런데 그 큰 속죄의 은혜를 받은 사람들은 그 은혜의 증거가 성령님의 역사(役事)로 그들 안에 있게 됩니다. 그 대표적인 예로, 〈하이델베르크 요리문답 126문답〉은, 우리가 "우리의 이웃을 용서하기로 온전히 결심하는" 것을 언급하고 있습니다. 이것은 우리가 자연인으로서 자연스럽게 행하는 일이 아니고, 십자가 구속에 근거해서 하나님께서 우리에게 은혜를 베풀어 주신 것에 근거해서 있게 되는 것입니다. 〈하이델베르크 요리문답 126문답〉의 이 표현은 매우 성경적이기도 하고, 또한 매우 현실적이기도 합니다. 우리는 구속의 은혜에 근거해서 "우리의 이웃을 용서하기로 온전히 결심하는" 일을 합니다. 그리고 매우 부족하게나마 용서도 합니다. 그러나 우리가 그렇게 하는 것이 온전한 것이 아닙니다. 〈하이델베르크 요리문답〉은 이것을 잘 인식하면서 "우리가 용서하는 것처럼"이라고 표현하지 않고, 은혜에 근거해서 우리가 "용서하기로 온전히 결심하는 것처럼"이라고 표현합니다. 우리로서는 최대한 노력해야 하지만 그것이 우리의 죄 용서 받음의 근거가 아니고, 주께서 이미 십자가 구속을 통해서 우리를 용서하셨음을 믿고 용서해야 한다고 표현하는 것입니다.

나가는 말

십자가의 구속에 근거한 성령님의 역사하심이 우리 안에 있어서 우리는 하나님께서 우리에게 베푸신 용서하시는 은혜에 근거하여 우리 이웃의 잘못을 용서합니다. 칼빈이 잘 표현한 바와 같이, "성령님께서 우리 마음을 통치하시면, 모든 악의(惡意)와 복수하려는 감정들이 사라져야 합니다."69 그러므로 은혜 아니면 우리는 아무 것도 할 수 없습니다. 은혜만이 우리를 하나님 백성답게 만듭니다. 따라서 우리는 매순간 이미 주신, 그리고 날마다, 아니 매순간마다 주시는 은혜에 근거해서 모든 것을 행할 뿐입니다. 우리가 최선을 다해 그리한다고 해도 우리가 행하는 바는 하나님 앞에서 그 어떤 공로(merit)가 되지 못합니다. 기본적으로 우리의 이런 애씀(striving)도 하나님의 기준에 비하면 한없이 부족한 것이기 때문이며, 또한 이런 애씀과 행함도 결국 성령님의 역사하심으로 된 것이기 때문입니다. 그러므로 엄밀히 말하면, 우리의 애씀과 선행도 우리의 것이 아닙니다. 그러나 부족해도, 하나님 나라의 백성들은 받은 은혜에 감사해서 날마다 누구나 용서하며 사는 사람들입니다.

그리하지 않는 것은 거짓된 경건(false pity)을 드러내는 것이며, 실상 용서받지 않은 사람이라는 것을 드러내는 무서운 일입니다. 모리스가 좀 강하게 표현한 바와 같이, "(여기서, 특히 마태복음 6:15) 예수님께서는 다른 사람들을 용서하지 않는 것은 우리가 하나님의 구원하시는 손길을 느끼지 못했음을 드러내는 것이라고 말씀하는" 것입니다.70 하나님께서는 용서하지 않는 무자비한 사람들을 그에 상응하게 판단하실 것입니다.71 그러나 항상 이를 조건화하는 것에 주의하면서, 그러나 용서받은 사람다움이 우리의 모든 삶의 태도와 행동에서 나타나야 합니다. 그러므로, 사실 다른 기원도 그렇지만, "우리의 죄를 용서하여 주옵소서"라는 간구는 "항상 심정을 잘 살피면서" 해야 하는 간구입니다.72

---

69 Calvin, *A Harmony of the Gospels*, vol. 1, 212.

70 Morris, *The Gospel According to Matthew*, 149: "Jesus is saying that to fail to forgive others is to demonstrate that one *has not felt the saving touch of God.*"(강조점은 주어진 것임).

71 너무 공식화하지 않으면서도 다음 주장에 주의하는 것이 좋을 것입니다. Rodney Reeves, *Matthew*, The Story of God Bible Commentary (Grand Rapids: Zondervan, 2017), 368: "*God will judge the merciless.*"(his own emphasis).

72 Morris, *The Gospel According to Matthew*, 477: "a prayer that we must pray *with*

우리는 부족해도 그런 방향으로 나아가려는 그 지난한 몸부림의 그 마음(affection)이[73] 있음을 보면서 과연 약속하신대로 성령님께서 우리 안에서 역사하심을 확신하게 됩니다. 그리고 이렇게 역사하시는 성령님께서 영원히 우리 안에 계시겠다는 약속을(요 14:16) 믿고, 하나님께서 그의 능력으로 우리를 끝까지 보호하시며(벧전 1:5), 우리를 그리스도 예수의 날, 즉 재림 때까지 이끌고 나가신다는 성경 말씀을(빌 1:6) 확신함으로 우리의 구원이 확신이 있게 됩니다. 그러므로 구원의 확신은 매순간 성령님의 역사하심으로 우리 안에 있게 되는 그 하나님 백성다운 마음의 실재가 계속해서 나타남과 성경 말씀을 믿음이 조화롭게 작용해서 나타나는 매우 역동적이고, 신비로운 것입니다.

그렇게 성령님의 역사로 말미암아 우리가 우리에게 잘못한 사람들을 용서하게 되었을 때 우리는 하나님의 어떠하심을 본받는 것이 됩니다. 오래 전인 4세기에 니사의 감독이었던 니사의 그레고리(Gregory of Nyssa, c. 335–c. 395)가 이에 대해서 이렇게 말했습니다.

> 그는 하나님께서만이 하실 수 있는 것을 행하니 거룩해진(divine) 듯하다. 죄를 용서한다는 것은 하나님만의 특권이니, "하나님 한 분 외에는 누가 능히 죄를 사하겠는가?"라고 했기 때문이다(눅 5:21; 막 2:7). 어떤 사람이 그 자신의 삶에서 신성(the divine nature)의 특성들을 본받는다면, 그는 그가 눈에 보이는 형태로 본받아 가는 그 분과 비슷해져 가는 것이다.[74]

---

due searching of heart."(강조점은 덧붙인 것임).

[73] 요나단 에드워즈가 사용한 이 용어의 독특성을 생각하면서 김남준 목사님은 "정서(情緒)의 충동(衝動)"이라는 뜻에서 "정동(情動)"이라는 독특한 번역어를 사용하기도 했습니다. 다른 곳에서도 그렇지만 김남준, 『영원 안에서 나를 찾다: 아우구스티누스 《고백록》 미셀러니』 (서울: 포이에마, 2015), 제 29 장을 보십시오. 그의 책과 번역, 발제 곳곳에서 이런 용어를 사용합니다. "정서"라는 말로는 좀 연약한 이를 잘 표현해 보려는 노력입니다. 여기서는 가장 일반적인 말로 그저 "마음"이라고 했습니다. 그러나 affection의 독특한 의미를 생각하면서 보아야 합니다.

[74] Gregory of Nyssa, *Lord's Prayer*, 5, GNO 7/2:9, ACW 18:71–72, in Williams, ed.,

우리도 이런 통찰에 따라, 그리스도의 구속하심과 성령님의 역사하심으로 이 땅에서도 우리 아버지의 어떠하심을 본받으려고 최선의 노력을 해야 합니다. 비록 부족해도 날마다 계속해서 그렇게 노력해 가는 것이 "우리의 죄를 용서하여 주옵시고"라고 기도하는 성도의 마땅한 본분입니다.

Matthew, 136. 동방 교부들의 글은 항상 신화(神化, deification) 개념을 철학화하는 것을 주의하면서 읽을 필요가 있습니다.

제 14 장

다섯째 간구: "우리의 죄를 사하여 주시옵고"(2): 죄 용서를 위한 간구의 더 깊은 의미

본문: 마 6:12, 14-15.

"우리의 죄를 사하여 주시옵고"라는 간구의 더 깊은 뜻을 생각해 보기로 하겠습니다. 죄 용서를 위한 이 기도는 무죄 상태에서는 있을 수 없는 간구입니다. 따라서 아담이 타락하기 이전 상태, 우리가 흔히 '무흠상태' 또는 '순수 상태'(status inocentiae, status integritatis, status purae naturae), 또는 '원의 상태'(status iustatiae originalis)라고 부르는 그 '시원적 상태'(the original state)에서는 죄가 없으므로 죄를

---

1 이 상태들에 대한 설명들로 다음을 보십시오: Kevin Timpe, *Free Will in Philosophical Theology* (New York: Bloombury Academic, 2014), 14-15; Kevin Timpe and Audra Jenson, "Free Will and Sates of Theological Anthropology," in Joshua R. Farris, Charles Taliaferro, eds., *The*

용서해 달라는 기도가 있지 않습니다. 또한 하나님 나라가 극치에 이른 예수님의 재림 이후 상태인 '영광의 상태'(the *status gloriae*)에서는 온전히 구속된 성도들이 더 이상 죄를 범하지 않으므로 그 때도 우리의 죄를 용서해 달라고 기도하지 않습니다. 구속된 성도들이 하나님께서 계신 그 "하늘"(heaven)에 영혼으로만 있을 때도, 온전케 된 의인들의 영혼들이(히 12:23) 죄를 범하지 않으니 하늘 낙원에서도 우리는 죄를 용서해 달라고 기도하지 않습니다. 그러므로 죄 용서에 대한 간구는 우리가 이 땅에 사는 동안에만 하는 간구라고 할 수 있습니다.[2]

그런데 '타락한 상태'(*status corruptionis*)에 있는 사람은 그 의지가 죄에 묶여져 있으므로 하나님의 은혜가 없으면 엄밀한 의미에서는 죄를 용서해 달라고 간구하지도 않고, 그렇게 간구할 수도 없습니다.[3] 이것이 "죄의 종"된 사람들(요 8:34)의 가장 비참한 모습입니다. 그들은 죄를 죄로 인정하지 않습니다.

그러므로 죄 용서를 위한 간구는 이미 하나님의 성령님의 역사가 그들에게 작용하는 '구속된 상태'(*status redemptionis*) 또는 '은혜의 상태'(*status gratiae*)에 있는 사람들이 하는 기도입니다. 진정으로 이 기도를 한다는 것은 그/그녀가 이미 은혜의 상태에 들어와 있음을

Ashgate Research Companion to Theological Anthropology (Burlington, VT and Surry, UK: Ashgate, 2015), 233; 그리고 John J. Bombaro, *Jonathan Edwards's Vision of Reality: The Relationship of God to the World, Redemption History, and the Reprobate* (Eugene, OR: Wipf and Stock Publishers, 2011), 192. 고전적 표현으로는 Augustine, *Enchiridion*, Chap. 118; Thomas Aquinas, *Summa Theologiae*, Tertia Pars, Q 84. Art. 6; 토마스 보스톤, 『인간의 사중 상태』(*Human Nature in Its Fourfold State*) (서울: 부흥과 개혁사, 2015); Francis Turretin, *Institutes of Elenctic Theology* (Phillipsburg, NJ: P&R, 1992), vol. 1, 569; 그리고 Louis Berkhof, *Systematic Theology* (Grand Rapids: Eerdmans, 1941), 211을 보십시오.

[2] 비슷하게 이점을 말하는 Herman Hoeksema, *The Triple Knowledge*, vol. 3 (Grand Rapids: Reformed Free Publishing Association, 1972), 584도 보십시오.

[3] 이는 타락한 사람들에게서 "죄 용서"에 대한 말이 나오는 것을 전적으로 부인하는 것은 아닙니다. 그러나 엄밀하게 살펴보면, 죄 용서를 비는 참된 기원은 이미 성령님께서 그 심령에 역사한 후에라야 나올 수 있는 것이고, 그 이전에는 진정한 의미의 죄 용서를 위한 간구가 나오지 않는다는 성경적이고 현실적인 관찰을 표현하는 말입니다.

표현합니다. 그리스도의 공로가 적용되기 시작한 사람들만이 진정으로 하나님께 우리의 죄를 용서해 달라고 기도할 수 있습니다. 일생일대 최초로 하는 죄에 대한 고백은 일생 일대 최초로 하는 믿음의 작용과 밀접히 연결되어 있고, 이 둘을 우리는 변개(變改, conversion) 또는 회심(回心)이라고 합니다.4 그리고 한번 믿고 회개한 사람들은 일생 동안 계속해서 회개하고 더 많은 것을 믿어 나갑니다. 이렇게 계속되는 회개와 믿음의 과정을 성화라고 하였습니다.5 그러므로 오직 은혜의 상태에 있는 사람들만이 진정으로 회개하고, 계속해서 회개합니다. 회개와 죄 용서에 대한 예수님의 말씀을 잘 살펴보면, 성경이 말하는 진정한 인간의 모습이 어떤 것인지를 잘 알 수 있습니다.

"우리의 빚을 면해 주옵소서."

회개와 죄 용서를 예수님의 가르침을 따라서 잘 공부하면 기본적으로 용서함을 받은 우리가 하나님께 많은 빚을 지었다는 것을 알게 됩니다. 예수님께서 사용하신 용어의 특성이 여기서 나타납니다. 〈주께서 가르치신 기도〉에서 "우리의 죄를 사하여 주시옵고"라는 표현이 문자적으로는 "우리의 빚들을 탕감(蕩減)하여 주옵소서"(ἄφες ἡμῖν τὰ ὀφειλήματα ἡμῶν, forgive us our debts)이기 때문입니다. 여기 사용된 "오페일레마"(ὀφείλημα)라는 말과 그 배후에 있을 아람어 "호바"(חוֹבָא, hoba)는 기본적으로 "빚"(a debt, Latin Vulgate 역의 *debita*)이라는 뜻입니다.6

---

4 이에 대한 설명으로 이승구, 『성령의 위로와 교회』 (서울: 이레서원, 2009), 48을 보십시오.

5 이에 대한 설명으로 이승구, 『성령의 위로와 교회』, 56-58을 보십시오.

6 Cf. Jeremias, *The Prayer of Jesus*, 92, 103f.; idem, *New Testament Theology*, I, 201; Robert H. Mounce, *Matthew*, A Good News Commentary (San Francisco: Harper & Row, 1985), 54;

그것의 복수형이 "오펠일레마타"(ὀφειλήματα)입니다. 그러니 이 기도는 문자적으로는 우리의 "빚들", 즉 우리들의 많은 빚을 탕감해 달라는 말입니다.7 매튜 블랙이 잘 표현한 바와 같이, 여기서 "죄는 빚이라는 개념으로(in terms of a debt)" 사용되었습니다.8

이는 기본적으로 "우리가 하나님께 마땅히 온전히 순종해야 한다"는 것을 인정하는 표현입니다.9 죄를 여러 방식으로 바라 볼 수 있지만 여기서는 우리가 하나님과 사람들에게 마땅히 해야 할 것들을 하지 않은 것으로 표현하는 것입니다.10 더 나아가 우리로서는 그 빚을

Matthew Black, *An Aramaic Approach to the Gospels and Acts* (Oxford: Clarendon Press, 1946), 102; Francis Wright Beare, *The Gospel according to Matthew* (New York: Harper and Row, 1981; reprint, Hendrickson Publishers, 1987), 177; Ulrich Luz, *Matthew 1–7* (1985) (Minneapolis: Augsburg Fortress, 1989), 371; W. D. Davies and D. Allison, Jr., *The Gospel according to St. Matthew 1–7*, ICC, new series (Edinburgh: T&T Clark, 1988), 611; Jeremias를 따르는 최갑종, 『예수님이 주신 기도』 (서울: 이레서원, 2000), 225; Craig A. Evans, ed., *The Bible Knowledge Background Commentary*, vol 1: *Matthew–Luke* (Colorado Springs, Colo.: Victor Books, 2003), 232; James Strong, *Strong's Exhaustive Concordance of the Bible*, updated and expanded edition (Peabody, MA: Hendrickson, 2007), 1495; John S. Kloppenborg, *Q, the Earliest Gospel* (Louisville: Westminster/John Knox Press, 2008), 58; 그리고 Kenneth E. Bailey, *Jesus Through Middle Eastern Eyes: Cultural Studies in the Gospels* (Downers Grove, Il: IVP, 2008), 252. 이 아람어 "호바"(הוֹבָא)는 탈굼 역 이사야 53:5에서 히브리어 "페샤"(פֶּשַׁע)의 번역어로 쓰였다고 합니다(W. C. Allen, *Gospel According to S. Matthew*, ICC, third edition [Edinburgh: T&T Clark, 1912], 60).

그런데 로버트 건드리는 이에 해당하는 아람어를 "후브"(חוּב)라고 제시합니다. Cf. Robert H. Gundry, *Matthew: A Commentary on His Literary and Theological Art* (Grand Rapids: Eerdmans, 1982), 108. 대부분은 호바라고 하니, 아마 건드리가 잘못 표기한 듯합니다. 또한 그는 마태가 죄라는 말을 빚이라는 말로 바꾸었다고 제안합니다(108). 때때로 좋은 통찰도 나타내긴 하지만, 여러 면에서 건드리의 논의는 만족스럽지 않습니다.

7 같은 의견을 표하면서 강조하는 G. Van Reenen, *The Heidelberg Catechism* (Paterson, NJ: Lont & Overkamp, 1955, reprint, 1979), 619도 보십시오.

8 Black, *An Aramaic Approach to the Gospels and Acts*, 102. 그는 더 나아가 "이런 용례는 일반적이다"고 말합니다.

9 Leon Morris, *The Gospel According to Matthew* (Grand Rapids: Eerdmans and Leicester: IVP, 1992), 147. 같은 점을 지적하는 Van Reenen, *The Heidelberg Catechism*, 619; 그리고 Michael J. Wilkins, *Matthew*, NIV Application Commentary (Grand Rapids: Zondervan, 2004), 278f. ("… with the additional nuance in Matthew that humans owe obedience to God")를 보십시오.

10 이점을 지적하는 다음을 보십시오. Theodorus VanderGroe, *The Christian's Only Comfort in Life and Death*, vol. 2, trans. Bartel Elshout (Grand Rapids: Reformation Heritage Books & Dutch Reformed Translation Society, 2016), 508; Allen, *Gospel According to S. Matthew*, 60; Herman Hoeksema, *The Triple Knowledge*, vol. 3 (Grand Rapids: Reformed Free

감당할 수 없다는 것과 따라서 이 문제에 있어서 우리는 절박한 도움을 필요로 한다는 것까지를 레온 모리스는 이 구절과 관련하여 잘 지적하고 있습니다.[11] 하나님께 마땅히 해야 하는 온전한 순종을 하지 않으면 하나님 앞에 빚진 자가 됩니다. 그런 상황에서는 하나님께서만이 그 빚을 탕감해 줄 수 있습니다.[12]

예수님의 이 말씀에 주의하면서 주석하는 분들은 누구나 여기서 죄가 빚 개념으로 사용되었다는 것과 죄를 용서하는 것이 빚진 자에게 빚을 탕감해주는 개념으로 사용되었다는 것을 말합니다. 그리고 그 빚이 문자적인 빚이 아니고 하나님 앞에 죄를 지은 것임을 분명히 하면서, 누가는 "우리의 **죄들을** 용서하여 주옵소서"(ἄφες ἡμῖν τὰς ἁμαρτίας ἡμῶν)라고 풀어 썼다고 보는 것이 좋습니다. 또한 누가복음에서도 뒷부분에서는 "우리에게 빚진 모든 사람들을 용서하는 것 같이"(ἀφίομεν παντὶ ὀφείλοντι ἡμῖν)라고 하여 본래의 의미를 살리고 있습니다. 또한 마태복음에서도 6:14에서는 우리가 행한 "잘못들을"(τὰ παραπτώματα) 용서하여 달라고 표현합니다.[13] 그러므로 마태복음은 '빚'과 '죄'를 동일하게 여기는 것입니다. 12절에서 "빚"(ὀφείλημα)이라는 말을 사용해서 죄를 표현하여 그 의미를 부가했다고 보는 것이 좋습니다. 이런 가르침의 빛에서 보면, 죄는 하나님과 이웃에게 마땅히 해야

Publishing Association, 1972), 588; F. V. Filson, *A Commentary on the Gospel to St. Matthew* (New York: Harper & Row, 1960, reprint, Hendrickson Publishers, 1987), 96; 그리고 Morris, *The Gospel According to Matthew*, 147f.

[11] Morris, *The Gospel According to Matthew*, 148.

[12] Morris, *The Gospel According to Matthew*, 147. 이것이 구약의 가르침을 받은 사람들의 기본적 개념이라는 논의로 보십시오. Allen, *Gospel According to S. Matthew*, 60을 보십시오.

[13] 이점에 주목하도록 언급하는 모리스의 다음 말을 보십시오. Morris, *The Gospel According to Matthew*, 149, n. 53: "12절에서는 우리의 죄들이 '빚들'(debts)이라고 언급되었는데, 여기서는 '잘못들'(offenses)이라고 언급된다. '파랖토마'(παράπτωμά, "a falling besides")는 잘못된 걸음을 지칭할 때 쓰는 말이니 범과(transgression)를 뜻한다. 이는 대부분 하나님께 대한 잘못들을 언급할 때 사용되는데, 여기서는 사람들에 대한 잘못들을 언급하는 것으로 사용되었다."

할 것을 하지 않거나 하지 말아야 할 것을 하여 빚을 진 것입니다.14

여기서 하나님께 대해 우리가 마땅히 해야 하는 온전한 순종이 있고, 그것을 온전히 하지 않을 때에 빚이 발생한다는 개념과 그 빚은 하나님께서만이 탕감(蕩減)하실 수 있다는 개념이 매우 중요합니다. 그리고 신약의 전체의 가르침에 주의하면 그 빚을 탕감하는 방식으로 하나님께서 정하신 것이 우리 주 예수 그리스도의 십자가 구속 사건입니다. 그러므로 우리의 죄를 탕감하실 수 있는 유일한 분이신 하나님께서 이 빚을 탕감하는 방식으로 정하신 십자가 구속(救贖)을 우리는 존중해야 하고, 하나님께서 이렇게 우리의 죄를 탕감하신다는 것을 믿어야 합니다. 다른 식으로는 우리의 죄 문제를 해결할 길이 없다는 것이 신약 성경의 가르침입니다.15

그러므로 성경의 가르침을 존중하는 사람들은 하나님께 대한 빚과 그 빚을 하나님께서 처리하신다는 사상을 일반화하거나 철학화하지 않도록 주의해야 합니다. 오랜 세월을 지내면서 이런 구체적인 성경적 생각에서 벗어나 그저 인간은 창조주에게 두한한 빚을 지고 있으며 따라서 이 세상에서 사는 것이 빚을 지는 것이며 동시에 그 빚을 조금씩이나마 갚아 나가는 것이라고 하면서, 인간이 이 세상에 존재하는 것 자체가 신에게 빚진 것이며, 우리의 존재 방식이 그 빚을 조금씩이라도 갚아 나가는 방식이 될 수도 있고, 아니면 그 빚을 증가시키는 방식이

---

14 여러 사람이 이를 분명히 하지만, 특히 이 중요한 요약을 제시하는 다음 저자들을 보십시오. Morris, *The Gospel According to Matthew*, 147f.; C. Keener, *Matthew*, The IVP Commentary Series (Downers Grove, IL: IVP, 1997), 222-23; 그리고 Rodney Reeves, *Matthew*, The Story of God Bible Commentary (Grand Rapids: Zondervan, 2017), 131.

15 그러므로 십자가의 구속을 생각하지 않고 이 구절의 의미를 생각하는 것은 결국 이 구절의 전체 의도를 파괴하는 것이 됩니다. 우리의 죄가 하나님께 빚을 지는 것이며 오직 하나님께서만이 용서하실 수 있다고 아주 잘 논의하고서는, "그런데 만일에 하나님의 용서를 진정으로 바라기만 하면 하나님께서는 기꺼이 용서하실 것이다"(And he is ready to do so, when his forgiveness is sincerely wanted.)라고 논의하는 필슨의 논의(Filson, *A Commentary on the Gospel to St. Matthew*, 96)가 그 대표적인 예가 됩니다.

될 수도 있다는 듯이 논의하는 분들이 있습니다. 대개 그런 논의는 그리스도의 십자가 구속이 이 빚을 청산하는 유일한 길이 된다는 것을 별로 생각하지 않는 식으로 진행되곤 합니다.

그래서 우리는 이 "빚"(a debt) 용어의 성경적 배경에 유의하면서, 사람이 하나님께 마땅히 하여야 하는 온전한 순종을 강조하고, 그 온전한 순종에 미치지 못하는 것이 "빚"이라고 생각해야 합니다. 하나님의 말씀에 전혀 순종하지 않는 것은 말할 나위 없거니와 하나님을 순종하는 일에서 "부족한" 모든 것이 다 "죄"입니다. 여기서 지난 강의 초두에서 언급한 "완전주의" 주장이 옳지 않음이 잘 드러납니다. 우리는 언제나 하나님의 온전한 뜻에 온전히 순종하는 일에서 늘 부족하기 때문입니다. 흥미로운 것은 주님의 뜻에 가장 가깝게 근접한 사람들일수록 자신이 한없이 부족하다고 느끼며 그렇다고 고백한다는 것입니다. 그러니 우리가 스스로의 힘으로 다 이룰 수 있다고 생각하는 것이야말로 온전함을 향해 나가지 않는 태도입니다. 이런 부족함의 문제를 해결해 주시는 유일한 길은 그리스도께서 십자가에서 성취하신 구속임을 우리는 온전히 인정해야 합니다. 다시 말하지만, 인간이 하나님 앞에서 빚진 존재라는 것을 그저 일반화하는 방식으로 이 중요한 용어를 사용해서 예수님께서 우리에게 말씀하시려는 의도를 손상시키지 않도록 해야 합니다.

분산과 다시 모아짐으로서의 "지속"을 통해 본 인간 존재의 특성

위에서 언급한 하나님 앞에 빚진 인간은 결국 하나님께서 창조하셔서 나아가도록 한 그 방향을 향해 나아가 하나님께서 의도하신 '더 높은 상태'(the higher state)에 이르지 못하고,[16] 결국 원래의 상태에서 떨어진 '타락한 상태'(*status corruptionis*)의 인간입니다. 그런 인간은 그 자체로도 그렇고, 특히 하나님 말씀 앞에서 "부셔져 분산된" 존재라고 할 수 있습니다.

그런데 여기서도 이런 개념을 그저 일반화하면 안 됩니다. 포스트모던 철학은 이를 일반화하는 가장 대표적인 사상일 것입니다. 대표적인 포스트모던 철학자인 쟈끄 데리다에 의하면, 주체는 "스스로 나누어지면서 스스로 간격을 만들어 내면서, 대기하면서, 그리고 스스로를 연기시키면서 구성될 뿐"이라고 합니다.[17] 이런 생각을 전개시킨 것이 그의 『산종』이라는 책입니다.[18] 데리다는, 글을 쓰고 학문을 하는 사람들이 전통적으로 생각하던 대로, 이론이나 개념을 통해 의미의 중심을 향한 체계화가 일어나는 것이 아니라고 봅니다. 오히려 의미의 중심부가 해체되고, "경계의 바깥으로 의미가 흩뿌려지"는 것을 강조합니다. 이것을 "분산" 또는 "산종"(dissemination)이라고 했습니다. 우리의 활동이 모두 "흩어짐"[分散/散種]이며, 우리의 존재가 "흩어짐"[分散/散種]이라는 것입니다. 그러니 17세기 이래로 주체(subject)라고 부르던 것은 결국 타자의 흔적일 뿐이라고 합니다.

문제는 하나님께서 과연 처음부터 인간을 그런 방식으로 존재하게끔 창조하셨는지를 생각하지 않고, 인간이 본래 이런 존재라고 생각

---

[16] 이 "더 높은 상태"에 대한 좋은 설명으로 본서 제 6장 각주 13-15와 그 사이 본문을 참조해 보십시오. 그리고 Geerhardus Vos, *Biblical Theology* (Grand Rapids: Eerdmans, 1948), 32, 37-51; 이승구 역, 『성경신학』 (서울: CLC, 1985), 38, 43-56; Berkohof, *Systematic Theology*, 213-16; O. Palmer Robertson, *The Christ of the Covenants* (Grand Rapids: Baker, 1980), 55-57, 67-87; Anthony A. Hoekema, *Created in God's Image* (Grand Rapids: Eerdams, 1986), 117-21; 이승구, 『인간 복제, 그 위험한 도전』, 개정판 (서울: 예영, 2006), 21; 그리고 이승구, "생명에 대한 종말론적 접근", 「신학 정론」 27/2 (2009):217-44=『광장의 신학』 (수원: 합신대학원출판부, 2010), 299-308, 특히 284f. 등을 보십시오.

[17] J. Derrida, *Positions* (Paris: Minuit, 1972), 41, 강영안, 『주체는 죽었는가』 (서울: 문예출판사, 1996), 63에서 재인용. Cf. *Positions*, trans. Alan Bass (Chicago & London: University of Chicago Press, 1981).

[18] J. Derrida, *Dissemination* (Chicago: The University of Chicago Press, 1981)

하는데 있습니다. 데리다는 하나님에 의한 창조를 인정하지 않으니 그런 식으로 생각합니다. 이런 것을 우리가 위에서 그저 일반화하는 것이라고 언급하였습니다. 물론 타락한 인간은 명확히 자신이 누구라고 말할 수 없는, 그 존재가 분산된 존재임이 분명합니다. 그러나 이것은 인간이 본래 그런 존재이기 때문이 아니라, 타락하여 그야말로 정처 없는 존재가 되었기 때문입니다. 타락한 인간은 분산됩니다. 그 자체로도 그러하고, 특히 하나님 말씀 앞에서 그는 그야말로 산산히 부셔질 수밖에 없고, 마땅히 산산히 부서져야만 합니다.

구약 선지자들의 대표적인 예로 예레미아를 세우신 하나님의 뜻을 이렇게 언급합니다: "보라 내가 오늘 너를 여러 나라와 여러 왕국 위에 세워 네가 그것들을 뽑고 파괴하며 파멸하고 넘어뜨리며 건설하고 심게 하였느니라 하시니라"(렘 1:10). 하나님의 뜻에 온전히 순종하지 않는 개인과 국가 전체를 "뽑고, 파괴하며, 파멸하고, 넘어뜨린다"고 합니다. 하나님 말씀에 직면해서 우리의 죄된 존재와 그 모든 산물은 마땅히 다 파괴되어야 합니다.

마치 느브갓네살 왕이 꾸고서 잊어버린, 그리하여 결국 다니엘이 밤에 이상으로 받아(단 2:19) 왕에게 아뢴 그 꿈의 내용의 절정부에서, "사람의 손으로 하지 아니하고 뜨인 돌이 신상의 철과 진흙의 발을 쳐서 부서뜨리"면(단 2:34), "철과 진흙과 놋과 은과 금이 다 부서져 여름 타작마당의 겨 같이 되어 바람에 불려 간 곳이 없었고 우상을 친 돌은 태산을 이루어 온 세계에 가득하였었"던 것과 같이(단 2:35), 이 세상의 모든 것은 다 부서뜨려지고 "열왕의 때에 하늘의 하나님이 한 나라를 세우시리니 이것은 영원히 망하지도 아니할 것이요 그 국권이 다른 백성에게로 돌아가지도 아니할 것이요 도리어 이 모든 나라를 쳐서 멸하고 영원히 설 것이라"(단 2:44)고 다니엘이 예언한 것처럼, 예수님께서 오셔서 세우신 영원한 하나님 나라가 이미 이 세상 안에서 작용하고 있고, 예수님의 재림 때에 그 나라의 극치에 이르게 될 것임을 믿는 하나님 나라 백성들은 하나님 말씀에 의해서 "건설되고, 심겨지는" 것입니다(렘 1:10 후반).

그러므로 '은혜의 상태'에 있는 하나님 나라 백성들은 그저 분산하고 산종하여 있는 것이 아닙니다. **그 개개인도** 더 이상 그저 분산된 존재가 아니라, 하나로 다시 모아지고 (여기 **진정한 주체의 탄생**이 있습니다!), **전체적으로도** 하나님의 통치권과 주권 아래 그 믿는 것과 아는 일에 하나가 될 뿐만 아니라(엡 4:13), 온전히 하나님 통치 아래에서 하나가 됩니다(엡 2:14-18, 여기 예수님 안에서 이 땅에 이미 임하여 온 하나님 나라의 드러남이 있습니다!).

그러므로 우리는 계속해서 "모든 이론을 파하며, 하나님 아는 것을 대적하여 높아진 것을 다 파하고, 모든 생각을 사로잡아 그리스도에게 복종하게" 해야 합니다(고후 10:5). 이것이 우리가 지속적으로 해 나가야 하는 일입니다. 이 본문도 우리가 계속해서 그리해야 함을 함의하고 있습니다. 바울은 "너희의 복종이 온전하게 될 때에 모든 복종하지 않는 것을 벌하려고 예비하는 중에 있노라"라고 말합니다(고후 10:6). 그러니 우리도 계속해서 우리의 모든 생각을 사로잡아 그리스도에게 복종하게 해야 합니다.

이렇게 하나님 나라 백성들은 한번 부서지고 새롭게 되었을 뿐만 아니라, 계속해서 그 존재를 새롭게 하며 말씀에 근거하여 계속해서 변혁해 나갑니다(*semper reformanda*). 개개인이 그러하고, 교회도 계속 그렇게 합니다. 개개인이 계속 자신을 개혁해 가는 것을 "계속되는 회개"라고 하였습니다. 바로 이 시점에서 죄 용서를 위한 기도가 작동합니다. 개개인이 그러할 뿐만 아니라, 모든 참된 교회는 항상 그렇게 합니다. 그래서 참된 교회는 항상 회개하는 일로 시작하는 교회입니다. 여기서 "개혁된 교회는 항상 개혁된다"(*Ecclesia reformata semper reformanda*)라는 그 유명한 어귀가 나왔습니다. 이는 특히 화란에서 "더 나가는 개혁"(*Nadere Reformatie*)을 하려던 신학자인 요도쿠스 판 로덴스타인(Jodocus van Lodenstein)이 그의 1674년에 쓴 경건서적 중에서 사용하여 널리 알려진 용어입니다.[19] 그 후로 개혁파 신학에서 항상 쓰던 용어이고, 특히 19세기 말과 20세기 초에 아브라함 카이퍼가 강조하면서 사용한 용어입니다. 그러므로 참된 교회는 항상 하나님 말씀에 비추어 자신을 개혁하는 교회입니다. 그래서 이 용어를 처음 쓴 것으로 알려진 요도쿠스 판 로덴스타인은 "개혁된 교회는 항상 하나님 말씀과 함께, 말씀에 따라서 개혁되어야 한다"(*ecclesia reformata, semper reformanda secundum verbi Dei*)고 했습니다. 여기서 중요한 것은 하나님의 말씀입니다. 개혁자들이 그렇게 인식한 바와 같이 정확무오한 성경 말씀에 비추어 우리를 개혁해 가는 일이 우리가 마땅히 힘써야 하는 일입니다.[20]

"공동체 기도"로서의 죄 용서를 비는 기도

여기서 〈주께서 가르친 기도〉에서 사죄를 위한 기도가, 다른 '우리들을 위한 기원들'(소위 "we-petitions")과 마찬가지로, 공동체의 기도로 나타나고 있다는 사실에 다시 주의를 환기하고자 합니다. 자명한 사실을

---

[19] 이에 대해서 다른 분들도 말하지만, 특히 Michael Horton, "Reformed and Always Reforming," in *Always Reformed: Essays in Honor of W. Robert Godfrey*, eds., R. Scott Clark & Joel E. Kim (Escondido: Westminster Seminary California, 2010), 116-34를 보십시오.

[20] 그러나 오늘날은 성경을 정확무오한 하나님의 말씀으로 믿지 않는 사람들이 이 어귀를 즐겨 사용합니다. 예를 들자면, 성경에 대해서 어느 정도 비판적 입장을 견지하는 칼 바르트가 이 어귀를 강조해서 사용하며, 한스 큉과 제 2 바티칸 공의회의 정신을 강조하는 천주교도들이 이 어귀를 자신들 나름의 의미로 사용합니다. 이런 일로 말미암아 결국 이 어귀의 중요한 의미가 퇴색됩니다.

다시 언급하는 이유는 우리가 이 자명하고도 문자적인 사실을 잊고 특히 죄 용서를 위한 기도를 지나치게 개인적으로 생각하며, 그렇게만 기도하기 때문입니다. 물론 죄 용서를 위한 개인의 기도가 중요합니다. 그것이 있어야 공동체의 죄 용서를 위한 기도가 참된 것이 됩니다. 개개인이 하나님 앞에서 진정으로 죄 용서를 비는 기도를 해야 한다는 것을 강조합니다. 그런 개개인이 모여서 제자들의 공동체, 하나님 나라의 공동체, 천국의 제자된 서기관들의 공동체를 구성합니다.

본문이 기본적으로 드러내고 있는 것은 죄 용서를 위한 간구가 공동체의 간구라는 것입니다. 이것은 **"우리들의 간구"**입니다. "예수님을 따르는 사람들에게는 죄 용서가 중요합니다."[21] 이것이 공동체의 간구의 하나라는 점을 가장 강조한 주석가로 사우뜨웨스턴 침례교 신학교에서 학위를 하고 자신의 모교에서 가르치고 있는, 최근에 마태복음 주석을 쓴 로드니 리브스를 들 수 있습니다.[22] 그는 "우리가 죄를 개인주의적으로 취급하면서, 나의 죄는 나의 문제이고, 너의 죄는 너의 문제라는 식으로 취급하는 경향이" 있음을 잘 지적합니다. 그런데 이 본문에 대명사가 복수형으로 사용되어져 있다는 것에 주의하면서 이것이 공동체의 집단적 기도(corporate prayer)임에 주목할 것을 요청합니다.[23] 그는 "우리가 심지어 골방에서 기도할 때에도 우리로 하여금 공동체의 기도를 하도록 하신다"고 잘 지적합니다.[24]

이 점을 생각할 때 우리는 첫째로, 개개인의 죄와 개개인의 죄 용서가 무한히 중요함을 잊지 않으면서도, 동시에 죄의 연대성, 죄의

---

[21] Morris, *The Gospel According to Matthew*, 149.

[22] Rodney Reeves, *Matthew*, The Story of God Bible Commentary (Grand Rapids: Zondervan, 2017), 130f.

[23] Reeves, *Matthew*, 130.

[24] Reeves, *Matthew*, 130f.

집합적이고 공동체적 성격에도 주의해야 합니다. 리브스가 잘 강조하고 있는 대로, "나의 죄는 나에게만 영향을 미치는 것처럼 생각하는 것은 오만과 어리석음의 극치입니다."[25] 개개인의 죄가 하나님 앞에서 엄청나게 심각한 것임을 늘 강조하면서, 동시에 개인적 죄가 다른 이들에게도 영향을 미치고, 사회 전체에도 심각한 영향을 미친다는 것을 생각해야 합니다. "죄는 단지 개인적 경험들로 환원할 수 없는 사회적 실재"라는 것을 깊이 유념해야 합니다.[26] 그러므로 개개인의 죄가 엄청나게 심각한 것이지만, 동시에 우리 공동체의 죄도 역시 심각한 것임을 의식해야 합니다. 그것은 내가 범한 죄가 아니니 우리는 책임이 없다는 생각은 이미 개인주의화 하는 것입니다.

그런데 개인의 죄에 대해서 분히 여기고 안타까워하는 것이 전제되어야 공동체에 대한 통한히 여김도 그 의미를 지닐 수 있습니다. 어느 하나를 가볍게 여기는 것은 죄를 죄로 바로 보지 못하는 것이 됩니다. 이런 점에서 죄를 범하는 것을 첫째는 하나님께 빚을 지는 것으로, 그리고 이웃들에게 빚을 지는 것으로 생각하는 것이 이런 공동체적 간구의 좋은 토대가 됩니다. 우리는 우리 개개인의 죄에 대해서 통회하면서, 동시에 개개인의 죄가 어떻게 사회에 크고 나쁜 영향을 미치는지를 생각하고, 사회 속에 있는 죄도 심각하게 여기며 통회할 수 있어야 합니다.

둘째로, 우리는 죄 용서를 간구할 때에 개인적인 죄를 용서해 달라고 하는 것뿐만 아니라, 우리에게 죄를 범한 사람들의 죄를 용서해 달라고 간구하는 것임도 의식해야 합니다.[27] 예수님께서 십자가에서 그에

---

[25] Reeves, *Matthew*, 131.

[26] Reeves, *Matthew*, 131.

[27] 나는 이점에 대해서도 리브스의 논의에서 큰 통찰력을 발견했습니다. Cf. Reeves, *Matthew*, 131: "I am not only asking him to forgive my debts but also to forgive my debtor." 이에 대해서 리브스 교수님께 감사를 표합니다.

게 죄를 범하는 사람들을 용서해 달라고 간구하신 것과 같이, 또한 스데반이 자기를 향하여 돌을 던지는 사람들을 보면서 "저들의 죄를 용서하여 주옵소서"라고 간구한 것처럼, 또한 손양원 목사님께서 자신의 아들들인 동인이와 동신이를 죽인 안재선을 용서하셨던 것처럼 이제 우리도 우리의 죄를 용서해 달라고 할 때 같은 기도를 하나님께 드리는 것입니다. 자신이 죄에 대해서 안타까워하듯이, 우리에게 잘못을 범하는 사람들의 잘못에 대해서도 마치 우리가 그 문제에 대해서 책임이 있는 듯이 안타까워하면서 절절한 마음으로 기도해야 합니다. 그렇게 하지 않는 것은 결국 외식하는 것이 된다는 리브스 교수의 지적을[28] 아프게 들어야 합니다. 여기에 죄 용서를 위한 기도의 또 다른 의미가 있습니다.

또한 우리와 직접 관련은 없지만 이 사회에 큰 영향을 미치는 모든 죄악에 대해서도 우리는 우리의 죄를 용서해 달라고 하늘 아버지께 간구해야 합니다. 여기 죄 용서를 위한 간구의 가장 큰 의미가 있습니다. 우리는 그야말로 "우리의 죄를 용서하여 주옵소서"라고 기도하는 것이기 때문입니다. 이제부터는 이 기도를 그저 개인의 기도로만 하지 말아야 합니다. 물론 개인의 죄악도 안타까워하면서 통회하고, 나 개인의 죄를 포함한 "우리의 빚을 탕감하여" 달라고 간구해야 합니다.

그러므로 우리의 마음을 살펴야 합니다. 심정 깊은 곳에서 (1) 자신의 죄를 참으로 심각하게 생각하며 통회하며 자복하는 마음이 기본적으로 있어야 하고 (그러나 그것만으로는 온전한 신앙이 아니고, 이 기도를 하라고 가르쳐 주신 예수님의 의도를 제대로 반영하지 못하는 것임을 의식하면서), (2) 나에게 잘못한 사람들의 죄에 대해서 나 자신이 통회하면서 참으로 용서해 달라고 간구하는 마음이 있는지를 살피고, (3) 우리 교회 공동체가 아닌 다른 교회 공동체에서 나타나고 있는 여러 가지

---

[28] Reeves, *Matthew*, 131.

심각한 죄악에 대해서도 그저 비판만 하는 것이 아니라, 참으로 통회하는 마음이 있는지를 살피고 (여기 진정한 의미의 "공교회"[universal church] 의식(意識)이 나타납니다), (4) 이 사회 곳곳의 심각한 죄들, 우리와 직접 상관없는 그 죄들에 대해서도 안타까워하면서 용서를 비는 마음이 있는지를, 그리고 과연 그렇게 통회의 기도를 하는지를 살펴야 합니다.

셋째로, 주께서 우리의 공동체의 기도를 들으시고 우리를 용서해 주신다는 것을 믿어야 합니다. 그러므로 사죄의 기도를 하는 **기도 공동체**(a community of prayer)는 또한 엄청난 **신앙 공동체**(faith community)임을 드러내는 것입니다. 사실 교회 공동체는 본래 신앙 공동체이니, 이는 교회가 교회답게 되는 방식이기도 합니다. 또한 교회 공동체는 용서받은 공동체이며, 그 결과로 용서를 실천하는 **용서의 공동체**(a community of forgiveness)입니다. 우리 주께서 다시 오시는 그 날까지 우리는 이 공동체의 기도를 하며, 이에 응답하셔서 우리들의 죄를 용서하시는 것을 경험하며 개인적, 공동체적 성화를 경험해 가게 됩니다. 그리하여 교회 공동체는 **성화 공동체**(a community of sanctification)임을 드러내게 되고, 그 일을 이루시는 성령님께 온전히 복종하는 **영적인 공동체**(spiritual community, a community of the Holy Spirit)요, 성령님의 능력 아래 있는 교회임을 드러내게 됩니다. 이 모든 일은 교회가 주께서 주신 말씀을 참으로 믿으며 그 말씀을 항상 탐구하고 해석해 가는 **말씀 공동체**(a community of the Word of God, a community of scripture)요, 말씀을 함께 해석해 가는 **해석 공동체**(hermeneutical community)가 될 때에 이루어집니다.

마지막 주의: 우리의 회개가 아니라 그리스도의 공로!
(Not Our repentance, but only the Merits of Christ! – *Solus Christus*)

죄 용서를 위한 회개를 강조한 후에는 다시 마지막 주의를 할 필요가 있습니다. 사실 이것은 예수님을 믿는 사람들이 다 아는 사실이고, 우리가 믿는 복음에 이미 다 함의되어 있는 것입니다. 그런데 우리가 너무 자주 잊어버리기 때문에 다시 강조합니다. 그것은 하나님께서 우리의 죄를 용서하시는 **근거**는 우리의 철저한 통회와 자복 때문이 **아니라, 다른 사람들의 죄까지에 대한 우리의 통회 때문이 아니라, 오직 십자가에서 이루신 그리스도의 속죄의 공로 때문**이라는 것입니다. 이것은 아무리 강조해도 지나치지 않습니다. 그런데 이것에 충실한 사람들은 그리 많지 않기에 이 점을 다시 강조합니다.

물론 우리의 회개가 중요합니다. 그저 말로만 하는 회개가 아니고 심령 깊은 곳에서의 통회와 하나님 앞에서의 자복, 그 결과로 회개에 합당한 열매를 내는 것은 중요합니다(마 3:8//눅 3:8; 눅 19:1-10 참조). 그러나 우리가 얼마나 회개하면서 우는가, 우리가 얼마나 진심으로 그리하는가, 우리가 어떤 삶의 변화를 내었는가가 공로가 되어서 우리의 죄가 용서되는 것은 아닙니다. **오직 예수 그리스도께서 이루신 속죄의 공로만**이 우리의 죄 용서의 근거입니다. 죄 용서의 유일한 근거는 십자가에서 이루어진 구속뿐입니다. 그리스도께서 죄를 위하여 영단번의 속죄를 완성하셔서 우리의 죄를 다 사하셨기에 "다시 죄를 위하여 제사 드릴 것이 없느니라"(히 10:18)고 말하는 것을 우리는 참으로 믿어야 합니다.[29]

---

[29] 이것을 믿는 것처럼 말하면서도 실상은 믿지 않는 다양한 사조들에 대한 분석과 비판으로 이 하이델베르크 요리문답 강해의 첫째 권인 『진정한 기독교적 위로』, 최근판 (서울: 나눔과 섬김, 2015), 83-89를 보십시오.

제 15 장

여섯째 간구: "우리를 시험에 들게 하지 마시옵고"(1):

유혹 문제에 대한 간구

본문: 마 6:13

"그리고 우리를 시험에 들게 하지 마시옵고"(καὶ μὴ εἰσενέγκῃς ἡμᾶς εἰς πειρασμόν)라는 간구가 여섯째 간구입니다.[1] 죄 용서를 구한 후에 그 죄가 사람들 사이에서 발생하는 그 근원적 이유를 생각하면서 하나님께, 우리가 "유혹"에 넘어가지 말게 해 달라고 간구하는 것입니다. 죄에 대한 인정에서 오는 '죄 용서를 위한 간구'와 함께 유혹(temptation)의 현실성을 인정하고 우리가 그 유혹에 넘어가지 **않게 해 달라고** 간구하는 것도[2] 매우 현실적인 기도입니다. 후에 다시 강조하겠

---

[1] 여섯 번째 간구의 뒷부분은 다음 장에서 다루기로 합니다.

지만, "우리를 위한 간구들"(we petitions) 세 가지 중에서 죄와 관련된 간구가 두 가지나 된다는 것은 죄가 우리네 인간들에게 얼마나 심각한 실재인지를 잘 드러냅니다. 이처럼 죄는 우리의 존재의 지속 보다 더 심각한 문제로 다루어지고 있습니다. 지난번에 생각한 "죄 용서를 위한 간구"에서는 이미 죄가 발생한 그 현실 가운데서, 하나님께서 십자가 구속에 근거해서 우리의 죄를 용서해주시기를 간구했습니다. 이미 죄가 범해졌음을 인정하고 그 문제를 해결해 달라는 의미에서 그것은 소극적 간구라고 할 수 있다면, 이번에 생각하는 것은 **적극적으로** 우리가 죄를 범하지 않게 해 달라고, 그러기 위해서는 **유혹에 빠지지 않게** 해 달라고 간구하는 것입니다. 죄 문제에 대해서 **보다 적극적인 이 간구**의 의미를 탐구해 보겠습니다.

유혹과 유혹 받을 가능성의 문제

이 간구를 한다는 것은 인간들의 죄는 상당 부분 유혹되어 생긴다는 현실을 반영하는 것 같습니다. 영적 세계에서 죄악이 발생했을 때, 즉 천사들이 타락했을 때는 다른 유혹하는 자가 있었던 것이 아니고 천사들 가운데 일부가 **스스로 타락**했습니다.[3] 그런데 인간들은 인류 최초의 죄

---

[2] 이전 간구가 '과거의 죄들'(past sins)을 용서해 달라는 간구임에 비해서 이것은 "미래의 죄"(future sin)를 범하지 않게 해 주시기를 위한 간구라는 비슷한 관찰로 R. T. France, *Matthew*, Tyndale New Testament Commentaries (Leicester: IVP and Grand Rapids: Eerdmans, 1985), 136을 보십시오.

[3] 이 점을 강조하면서 천사 세계에서의 타락과 인간 세계에서의 타락의 차이를 설명하는 바빙크의 다음 설명을 보십시오: "천사들은 인간처럼 유혹을 받지 않았다. 유혹은 외부로부터 그들에게 온 것이 아니었다. 그들은 스스로 타락했다."(Herman Bavinck, *Gereformeerde Dogmatiek*, I-IV, 2nd enlarged edition, [Kampen, 1906-1911], vol. 3 [1906], section 315=Reformed Dogmatics [Grand Rapids: Baker, 2006], 3:68=『개혁교의학』, 3권 [서울: 부흥과 개혁사, 2011], 78). 또한 Louis Berkhof, *Systematic Theology*, 4th edition (Grand Rapids, 1949), 221도 보십시오.

로부터 계속해서 유혹자의 유혹에 넘어가서 죄에 빠집니다. 물론 늘 강조하는 것이지만, 유혹자가 있다는 것이 죄에 빠진 인간들의 책임을 면제하지 않습니다. 마지막에 강조하겠지만, 그 유혹을 이기고 굳게 서야 하는 것이 인간들의 책임이기 때문입니다. 그러므로 유혹자가 있어도 근본적 책임은 그 죄를 범하는 개개인에게 있습니다. 이것을 유념해야 합니다. 어떤 의미에서 '나는 유혹되어 죄를 범했으니 내게는 책임이 없거나 덜 하다'고 생각하는 것이 최후의 유혹이라고 할 수 있습니다. 그렇게 생각하는 것도 유혹에 넘어가서 죄를 범하는 것입니다.

그러므로 인간의 죄와 관련해서는 항상 유혹 문제를 심각하게 여겨야 합니다. 예수님의 이 말씀을 생각한 사도들은 예수님께서 가르치신 이 기도의 정신을 늘 잘 반영하면서 다들 유혹의 문제를 심각하게 다룹니다. 여기서 "시험"과 "유혹"이라는 단어에 대해서 먼저 우리 나름의 정리를 해 보는 것이 좋을 것입니다. 여기 사용된 "페이라스모스"(πειρασμός)라는 말은 "유혹"을 뜻할 수도 있고, 연단의 의미의 "시험"을 뜻할 수도 있는 말입니다.4 그래서 마태복음 번역에서 "우리를 시험에 들게 하지 마옵시고"라고 "시험"이라는 단어를 사용하여 번역했습니다. 그러나 우리가 생각하고 말하는 과정에서 혼돈에 빠지지 않기 위해서 다음과 같이 우리 나름대로 정리를 하고, 이런 정리에 근거해서 일관성 있게 용어를 사용하는 것이 혼돈에 빠지지 않고 바르게 생각하는 일에 도움을 얻을 수 있습니다.

일단 바울의 말로부터 시작해 보기로 하겠습니다. 바울은 고린

---

4 거의 모든 주석가들이 이를 언급하지만 특히 다음을 보십시오. Robert H. Mounce, *Matthew*, A Good News Commentary (San Francisco: Harper & Row, 1985), 54; Ulrich Luz, *Matthew 1-7* (1985), trans. Wilhelm C. Linss (Minneapolis: Augsburg Fortress, 1989), 384; W. D. Davies and D. Allison, Jr., *The Gospel accoorlng to St. Matthew 1-7*, ICC, new series (Edinburgh: T&T Clark, 1988), 613; 그리고 Michael J. Wilkins, *Matthew*, NIV Application Commentary (Grand Rapids: Zondervan, 2004), 279. Leon Morris, *The Gospel According to Matthew* (Grand Rapids: Eerdmans and Leicester: IVP, 1992), 148에도 이런 시사가 있습니다.

도전서에서 "사람이 감당할 시험 밖에는 너희가 당한 것이 없나니, 오직 하나님은 미쁘사 너희가 감당하지 못할 시험 당함을 허락하지 아니하시고, 시험 당할 즈음에 또한 피할 길을 내사 너희로 능히 감당하게 하시느니라"(고전 10:13)고 말한 바 있습니다. 여기서도 같은 단어 ("πειρασμός")가 사용되었는데, 중요한 것은 그것에 대해서 사람이 당하는 것으로 수동태로 표현된 것입니다. 그리고 하나님께서는 사람들이 감당할 수 없는 유혹 당함을 허락하지 아니한다고 표현하여 이 유혹의 주체는 하나님이 아님을 분명히 한 것입니다. 이 구절에 대해서는 이점들을 잘 생각하지 않는 것 같아서 강조할 필요가 있습니다.

이를 아주 분명히 하는 것은 다음 같은 야고보의 말입니다. "사람이 시험을 받을 때에 '내가 하나님께 시험을 받는다' 하지 말지니 하나님은 악에게 시험을 받지도 아니하시고 친히 아무도 시험하지 아니하시느니라"(약 1:13). 이 구절이 아주 명료하게 하는 것은 "그는[하나님께서는] 그 누구도 시험하지 않으신다는 것입니다(πειράζει αὐτὸς οὐδένα). 그래서 "유혹"이라는 말로 이 용어에 대한 번역을 통일시켜 보는 것이 유익할 수 있습니다. 그래서 이하의 논의에서는 "하나님께서는 그 누구도 유혹하지 않으신다"는 번역으로 통일해 보겠습니다.[5] 하

---

[5] 물론 이것은 상당히 자의적인 것임을 잘 생각해야 합니다. 이점을 지적하는 Luz, *Matthew 1-7*, 384, n. 103을 보십시오: "영어에서는 시험(testing)과 유혹(temptation)을 구별할 수 있지만, 독일어에서는 그렇지 않다." 또한 성경의 용례가 우리가 아래에서 말하려고 하는 것처럼 아주 선명하게 구별해서 사용된 것은 아닙니다. 예를 들어서, 창세기 22장의 사건을 묘사하면서 70인경은 "시험했다"(ἐπείραζεν)고 하는 예들을 의식해야 합니다.

그러므로 우리의 논의는 그저 논의의 편의를 위해 이와 같이 정리해서 말하는 것입니다. 일반적으로 사람들은 "페이라스모스"라는 말의 이중적 의미 - 즉, (1) 연단이라고 할 수 있는 의미와 (2) 넘어뜨리려는 유혹이라는 나쁜 의미로 나누어 설명하곤 합니다. 그렇게 정리한 대표적인 예로 다음을 보십시오. Theodorus VanderGroe, *The Christian's Only Comfort in Life and Death*, vol. 2, trans. Bartel Elshout (Grand Rapids: Reformation Heritage Books & Dutch Reformed Translation Society, 2016), 521f.; Otto Thelemann, *An Aid to The Heidelberg Catechism* (1892), trans. M. Peters (1896; reprint. Grand Rapids: Douma Publications, 1959), 436; Gerrit Hendrik Kersten, *The Heidelberg Catechism in Fifty-two Sermons* (Dutch edition, 1948; Sioux Center, Iowa: Netherlands Reformed Book and Publishing, 1968), 720; Jean Vis, *We Are the Lord's* (Grand Rapids: Society for Reformed Publications, 1955), 170f.; Herman Hoeksema, *The Triple*

나님께서 "시험"("testing")은 하시나, 유혹(temptation)은 하지 않으신 다고 일관성 있게 용어를 사용하는 분들도 있습니다.⁶ 좋은 시도입니다. 더 나아가, 야고보서의 이 구절은 하나님께서는 악에 의해 "유혹 받지도 않으신다", 즉 "유혹 받으실 수 없다"는 것을 아주 분명히 하고 있습니다(ὁ θεὸς ἀπείραστός ἐστιν κακῶν). 그러므로 사람은 그 어떤 상황에서도 "내가 하나님에 의해 유혹 받는다"(ἀπὸ θεοῦ πειράζομαι)는 말을 하거나 그런 생각을 하지 말라고 합니다. 그것은 전혀 사실이 아니기 때문입니다. 이와 같이 이 문제에 대해서 생각할 때에 "유혹"이라고 번역하여 생각하는 것이 정리에 도움이 됩니다.

성경 전체를 잘 살펴보면, 하나님께서 사람이 그 신앙이 더 굳건해 지도록 어려움을 통과 하도록 허용하시는 경우들이 있습니다. 소위 허용적 작정의 한 예에 해당하는 것이지요. 그런 것에 대해서 고래로부터 그 의미를 잘 살려서 "연단(鍊丹, tentatio)"하신다고 표현하여 왔고, 여기서 "연단(鍊丹)" 또는 "시련(試鍊)"(Anfechtung)이라는 독특한 신학적 개념이 나왔습니다.⁷ 그 시련의 과정을 통해서 믿음이 더 굳

Knowledge, vol. 3 (Grand Rapids: Reformed Free Publishing Association, 1972), 611-15; 그리고 Mounce, *Matthew*, 54.

   본문의 어귀를 있는 그대로 놓아두고 그것에 직면해서 생각하도록 한다고 하면서 "하나님이 유혹하신다"고 말하려고 하는 Hans Dieter Betz, *The Sermon on the Mount*, Hermeneia (Minneapolis: Fortress Press, 1995), 411; 그리고 Thelemann, *An Aid to The Heidelberg Catechism*, 436f.; Kersten, *The Heidelberg Catechism*, 720; 그리고 Hoeksema, *The Triple Knowledge*, vol. 3, 620을 보십시오. 이와 같은 논의는 아주 복잡한 상황을 만들어 내게 됨을 베츠의 논의로부터도 발견할 수 있습니다. 베츠의 논의는 결국 "유혹에로 인도해 들이는 분이 천부이시다"라고까지 말하는 데로 나아갑니다(411). 텔레만, 케르스튼, 혹세마도 같은 표현을 하기도 합니다. 그리고는 "인간이 직면한 유혹은 현존하는 악의 유혹(lure)일 뿐"이라고 한다(411). 성경의 용례에 일치하게 한다고 하면서 결국 우리를 복잡하게 만드는 이런 논의의 유익이 과연 무엇일까요? 그러므로 하나님께서 유혹하지 아니하신다는 야고보서의 말씀을 굳게 붙잡는 것이 좋을 것입니다.

   6 Cf. R. T. France, *Matthew*, Tyndale New Testament Commentaries (Leicester: IVP and Grand Rapids: Eerdmans, 1985), 136.

   7 이 단어를 매우 의미 있게 사용한 사람이 루터입니다. 이에 대해서 다음 논의들을 보십시오: David P. Scaer, "The Concept of *Anfechtung* in Luther's Thought," *Concordia Theological Quarterly* 47/1 (1983): 15-30; Simon D. Podmore, "The Lightning and the Earthquake: Kierkegaard on the Anfechtung of Luther," *The Heythrop Journal* 47/4 (2006): 562-78 (DOI:

어지고 더 확고하게 하려는 목적으로 그 믿음과 그 사람을 그야말로 연단하시는 과정이라고 생각한 것입니다. 그 결과, 그 사람이 정금과 같이 나타나도록 하기 위해 일련의 어려움이 있도록 허용하시며, 모든 악도 결국은 선으로 변화시켜 그를 더 하나님 백성답게 만들어 가시는 과정을 말하는 것입니다.

그러나 이런 연단으로서의 시험을 야고보서가 말하는 "유혹"과 혼돈하지 않는 것이 중요합니다. 그러므로 (지금 현재 우리 말 성경의 번역과는 좀 다르지만) 하나님께서는 유혹하지 않으시나,[8] 연단하시는 시험을 하실 수는 있다고 생각하면서 시험에 대해서는 연단의 의미로 사용하고, 유혹은 그와는 성격이 다른 것임을 분명히 하면서 용어를 사용하는 것이 좋습니다. 이와 비슷하게, 블룸버그도 하나님께서 우리를 유혹하지 않으심을 아주 분명히 말한 후에 "하나님께서는 우리를 연단하시고(prove) 성숙에 이르도록 하기 위해서 시험하신다(약 1:2-4; 벧전 1:6-9). 그런 시험들은 두려워 할 것이 아니고 그것들을 잘 견뎌 나가도록 기도해야 한다"고 말하기도 합니다.[9]

그래서 예수님께서도 "유혹 받으셨다"(πέπονθεν αὐτὸς πειρασθείς – 히 2:18)고 표현하는 히브리서의 표현을 잘 보면서 그러기에 예수님께서는 유혹 받는 자들을(τοῖς πειραζομένοις) "능히 도우실 수 있다"(δύναται βοηθῆσαι)는 말을 의미 있게 받아들이는 것이 좋습니다.

10.1111/j.1468-2265.2006.00298.x); 그리고 김주한, "마르틴 루터의 영성신학: 그의 *Anfechtung*에 관한 연구," 「대학과 선교」 15 (2008): 141-70.

[8] 이를 잘 강조하는 모리스의 말을 보십시오. Morris, *The Gospel According to Matthew*, 148: "God tempts no one."

[9] Craig L. Blomberg, *Matthew*, The New American Commentary 22 (Nashville, TN: Broadman Press, 1992), 120.

하나님께서 유혹하지 않는다면 과연 누가 유혹하는 것입니까? 마태복음은 예수님의 공생애 초기에 "유혹하는 자"(ὁ πειράζων)가 와서 그를 유혹했다고 합니다(마 4:1-11). 예수님께서는 그 존재를 향하여 "사탄"이라고 언급하셨습니다(마 4:10). 그러므로 우리를 유혹하는 자도 예수님을 유혹한 "그 유혹하는 자"(ὁ πειράζων), 즉 "사탄"이라고 해야 합니다(살전 3:5 참조). 이에 대해서는 다음 강의에서 좀 더 자세히 생각해 보기로 하겠습니다.

이렇게 유혹하는 자가 있다고 해도 결국 우리가 유혹을 받는 것은 야고보서가 잘 말하고 있듯이, "자기 욕심에 끌려(ὑπὸ τῆς ἰδίας ἐπιθυμίας ἐξελκόμενος) 미혹됨(δελεαζόμενος)" 때문입니다(약 1:14). 그래서 야고보는 "욕심이 잉태한즉(ἡ ἐπιθυμία συλλαβοῦσα) 죄를 낳고(τίκτει ἁμαρτίαν), 죄가 장성한즉(ἡ δὲ ἁμαρτία ἀποτελεσθεῖσα) 사망을 낳느니라(ἀποκύει θάνατον)"고 선언할 수 있었습니다(약 1:15). 결국 타락한 인간성이 원하는 바를 따라가다 보면 유혹에 빠지게 된다는 말입니다. 그러므로 바울이 말하는 바를 따라서 말하면, 부패한 인간성인 육신을 따라(κατὰ σάρκα) 행하면 유혹에 빠지게 됩니다.

여기서 "유혹받을 가능성"과 "유혹에 빠짐(넘어 감)"을 구별해야 합니다. 우리가 이 세상에 있는 한, 늘 "유혹 받을 가능성"은 있습니다. "유혹하는 자"라고 언급된 사탄이 온전하신 분이신 예수님조차도 유혹하려 했으니, 우리에게 늘 그런 가능성이 있다는 것은 더 분명합니다. 그러나 유혹 받을 가능성은 죄가 아니고,[10] 유혹 받아서 유혹에 넘어가

---

[10] 이에 대한 매우 시사적이고 중요한 논의로 Geerhardus Vos, *Biblical Theology* (Grand Rapids: Eerdmans, 1948), 이승구 역, 『성경신학』 (서울: CLC, 1985), 376-78을 잘 살펴보십시오. 또한 Davies and Allison, *The Gospel according to St. Matthew 1-7*, 613도 보십시오. 오래 전 오리겐도 유혹은 이 땅에 항상 있음을 밝히고 있습니다. Origen, *On Prayer*, 29. 1, 9, 11, 17, in GCS 2:381-82, 385-86, 391-92, in D. H. Williams, eds., *Matthew Interpreted by Early Christian Commentators* (Grand Rapids: Eerdmans, 2018), 138. 비슷한 이해로 Hoeksema, *The Triple*

는 것이 죄입니다.11

"유혹에 들지 말게 하옵소서"라는 간구의 의미

그러므로 오늘 우리가 고찰하는 간구는 "유혹 받을 가능성이 없게 하여 주옵소서"라는 간구가 아닙니다. 우리의 영혼이 온전하게 되어 "하늘"(heaven)에 있을 때나 예수님께서 재림하여 우리가 부활한 몸을 가지고 있을 때는 유혹 받을 가능성이 없습니다. 그러나 이 땅에서 사는 하나님의 백성들에게는 항상 유혹 받을 가능성이 있습니다. 그래서 이 간구를 하라고 하시는 것입니다: "유혹에 빠지지 않게 하옵소서"(μὴ εἰσενέγκῃς εἰς πειρασμόν).

이를 너무 문자적으로 번역해서 "유혹 속으로 인도하지 마옵소서" 또는 "유혹 속으로 이끌지 마옵소서"라고 하는 것은 너무 지나친 것입니다. 물론 문자적으로는 그것이 가능합니다. '에이스페로'(εἰσφέρω)라는 말이 "인도하다"(lead in), "데리고 가다"(bring in, carry in)라는 뜻이기 때문입니다. 그러나 우리는 늘 성경을 성경 전체의 빛에서 보아야 합니다. 위에서 살펴보았듯이, 하나님께서는 우리를 유혹하지 않으십니다. 그러니 하나님께서 우리를 유혹에로 이끌어 가시거나 유혹받도록 하시는 것이 아닙니다. 그러므로 우리는 "유혹에 빠지지 않게 하옵소서"라고 간구합니다.12

Knowledge, vol. 3, 616, 619도 보십시오.

11 여기서와 같이 이를 분명히 나누어 진술하는 Betz, *The Sermon on the Mount*, 412를 보십시오: "Temptation is not by itself evil; rather, it is human agent who commits evil."

12 힐은 이 말 배후의 본래의 아람어(the original Aramaic)는 하나님께서 유혹에로 인도해 가신다는 생각이 도무지 들지 않는 "유혹에 들어가는 것을 허용하지 마옵소서"(allow us not to enter)라는 뜻임을 강하게 말합니다. Cf. David Hill, *The Gospel of Matthew*, The New Century Bible Commentary (London: Marshall, Morgan & Scott, 1972), 138. 비슷한 논의로 Blomberg, *Matthew*, 120도 보십시오. 그는 아람어적 배경을 생각할 때, 이 간구는 "우리로 하여금 유혹에 굴복하지 않게 하옵소서"(don't let us

이와 같이 여기 사용된 "유혹"이라는 말을 일반적인 의미로 생각하는 것이 이 용어에 대한 전통적이고 자연스러운 이해라고 할 수 있습니다. 때로 유대인들이 생각하던 마지막에 있는 큰 시험, 소위 "메시야적인 화"(Messianic woe)를 염두에 두면서 우리를 그 곳에로 이끌지 말아 달라는 간구로 이해하려는 시도들이 있었습니다.13 마지막 때의 큰 어려움이 사람들을 배도(apostasy)에로 이끈다고 생각하면서, 이런 일이 있지 않게 해달라는 간구로 해석하는 것입니다. 이런 해석을 이 간구에 대한 "종말론적인 해석"이라고 합니다. 그래서 이런 해석을 하시는 분들은 이를 "유혹"으로 번역하기 보다는 "시련의 때"(a time of trial)로 번역하면서, "우리를 어려운 시험에로 인도하지 마옵소서"라고 번역하려고 합니다("do not bring us to hard testing" [GNB]; "do not bring us to the test" [NEB]).

그러나 성경을 전체적으로 살핀 분들은 고전적이고 전통적인 이해를 유지하면서 이 땅에 있는 인간들에게 항상 있는 "유혹"에 **넘어가**

---

succumb to temptation) 또는 "우리를 유혹에 버리지 마옵소서"(don't abandon us to temptation)로 번역할 수 있다고 주장합니다. 비슷하게 해석하려는 Robert H. Gundry, *Matthew: A Commentary on His Literary and Theological Art* (Grand Rapids: Eerdmans, 1982), 109도 보십시오: "Do not let us succumb to temptation." 오리겐도 그렇게 보았습니다: Origen, *On Prayer*, 29. 1, 9, 11, 17, in Williams, eds., *Matthew*, 138: "the person defeated in temptation enters into temptation."

13 그 대표적인 예로 예레미아스의 해석을 들 수 있습니다. Joachim Jeremias, *Prayers of Jesus* (London: SCM Press, 1967), 104-107; idem, *New Testament Theology* (New York: Scribner's, 1971), 202. 그 외에도 R. V. G. Taker, *The Gospel according to St. Mathew*, Tyndale New Testament Commentary (Grand Rapids: Eerdmans and Leicester: IVP, 1961), 74;마태 24:9-13, 22과 관련하여 배도의 유혹이 되는 최종적 유혹에서의 상황이라고 하는 R. E. Nixon, "Matthew," in *The New Bible Commentary*, third edition (Grand Rapids: Eerdamns, 1970), 825; J. P. Meier, *Matthew*, New Testament Message (Wilmington, DE: Glazier, 1980), 62; 그리고 Gundry, *Matthew*, 109 등이 이런 종말론적인 해석을 합니다. W. D. Davies and D. Allison, Jr., *The Gospel according to St. Matthew 1-7*, ICC, new series (Edinburgh: T&T Clark, 1988), 613은 일반적 환란이 종국적 환란을 반드시 포괄한다고 하면서 일반적 환란과 종국적 환란을 연관시키는 해석을 합니다.

Hill은 의견을 확정하지 않은 채, 본문이 이것을 뜻할 수도 있다는 입장을 취합니다(Hill, *The Gospel of Matthew*, 139). Tasker, *Matthew*, 74에서는 이런 뜻을 가질 수도 있어서 "마지막 시련에서 잘 견디게 해달라고 기도해야 하지만, 이 말은 **더 일반적인 의미를 가졌을**" 것이라고 잘 지적하면서 조금 후에 우리가 하려는 논의에로 우리를 잘 인도합니다.

지 않게 해 달라고 일반적으로 해석합니다. 레온 모리스도 그렇게 보면서, 이 구절에 대한 "종말론적인 해석은 있을 법하지 않다(unlikely). 물론 우리가 '어려운 시기들을 겪지 않게 하옵소서'라고 기도할 수는 있다. 그러나 전체적으로 판단할 때, 이 단어를 '유혹'으로 보는 전통적 해석이 가장 개연성이 높다"고 잘 설명합니다.[14]

요한일서에서는 "유혹"이 어떤 방식으로 오는지를 인류 최초로 유혹 받아 죄를 범하게 된 창세기 3장 사건과 연관시키면서 다음 같이 진술하고 있습니다. "세상에 있는 모든 것이 육신의 정욕과 안목의 정욕과 이생의 자랑이니, 다 아버지께로부터 온 것이 아니요 세상으로부터 온 것이라"(요일 2:16). 일단 이 구절이 말하는 것 가운데서 바로 앞에서 우리가 강조했던 바를 다시 생각하면서, 유혹의 원인이 되는 것들과 그로 말미암는 유혹이 "다 아버지께로부터 온 것이 아니요, 세상으로부터 온 것이라"고 해야 합니다. 요한도 유혹은 하나님에게서 오는 것이 아니라고 말합니다. 야고보도 유혹은 하나님께로부터 오는 것이 아님을 강조한(약 1:14) 후에 적극적으로 진술하기를 "온갖 좋은 은사와 온전한 선물이 다 위로부터 빛들의 아버지께로부터 내려오나니"(약 1:17)라고 했습니다. 하나님 아버지로부터는 온갖 좋은 은사와 온전한 선물들만이 주어집니다. 그야말로 전선(全善)하신(onmi-benevolent) 하나님이시니 그럴 수밖에 없습니다. 그러니 유혹은 다 이 세상으로부터 오는 것입니다. 하나님께서 창조하셨으나 인간의 타락으로 저주받은

---

[14] Morris, *The Gospel According to Matthew*, 148. 비슷한 의견으로 Tasker, *Matthew*, 74; Mounce, *Matthew*, 54; 그리고 Craig S. Keener, *The IVP Bible Background Commentary, New Testament*, 2nd edition (Downer Grove, IL: IVP, 2014), 61 등을 보십시오. 이 구절에 대한 종말론적 해석에 대한 가장 강한 반대자는 루츠입니다. Ulrich Luz, "The Lord's Prayer," in *Matthew 1-7* (1985), trans. Wilhelm C. Linss (Minneapolis: Augsburg Fortress, 1989), 384f. 루츠는 종말론적 해석이 전혀 증거에 근거한 것이 아니라고 강하게 반대하면서(384), 일반적 해석을 제시합니다. 그는 "이 땅에서의 인간의 삶 전체가 유혹이다"는 오리겐의 말을(Origen, *On Prayer*, 29. 2, cited in Luz, *Matthew 1-7*, 384, n. 101) 따르면서 해석하는 것이 좋다고 합니다.

이 세상으로부터 유혹이 옵니다. 본래 좋은 선물로 창조된 세상이 인간의 타락으로 말미암아 유혹의 요인들이 되어 버렸습니다.

그리하여 하나님께서 선하게 창조하신 몸이 악한 정욕에 사로잡히게 되면 인간들을 잘못된 대로 유도하게 됩니다. 하나님께서 선하게 창조하신 "보는" 것이 "타락한 인간성"["육체," σάρξ]에 사로잡히면 그 본래적 지향성에서 벗어난 잘못된 안목의 정욕이 인간을 죄악에로 인도합니다. 이 세상에서 하나님께서 하라고 하신 일을 잘 감당해야 하는 인간의 노력이 "부패한 인간성"에 사로잡히면 결국 "이 생의 자랑"이라는, "자기를 추구하고, 자기가 만들어 낸 것이 자긍할 요소로 작용하는 죄를 이끌어 내는 유혹의 원인의 하나"가 됩니다. 이 모든 것이 다 "육신의 정욕"(ἡ ἐπιθυμία τῆς σαρκὸς), 즉 "부패한 인간성"이 원하는 바를 따라가는 것과 연관됩니다. "원하는 바"(ἐπιθυμία)는 중립적인 인간의 활동입니다. 그런데 그것이 "부패한 인간성"에 사로잡히면 부패한 인간성이 원하는 바를 따라 가는 죄악 형성 원인이 됩니다.

이와 같이 이 세상에는 유혹이라는 아주 강력한 현실이 있습니다. 그래서 우리 주님께서는 우리로 하여금 이런 정황 속에서 **유혹에 빠지지 않게 해 달라고** 간구하라고 하셨습니다. 유혹의 현실 속에서 하나님의 백성들은 모든 것의 주관자 되시는 분에게 간구하라고 합니다. 그러므로 이 간구는 '하나님께서는 유혹 보다도 강하시고, 유혹하는 자 보다도 강하시다'는 것을 인정하면서, 하나님의 보호하심과 인도하심을 간구하는 것입니다.

죄는 매우 현실적인 것이고, 강한 것이어서 그것을 인정하면서 우리의 죄를 용서해 달라고 간구한 것에 이어서, 이번에는 유혹이 현실적이고, 강한 것임을 분명히 인정하면서 그러나 하나님께서는 이 유혹이나 유혹하는 자 보다 강하시니 하나님의 손에 우리를 의탁하는 것입니다. 하나님께서는 이미 발생한 죄 문제도 해결하시는 분이지만, 우리가 유혹에 빠져 들어가 죄를 범하는 일도 벗어나게 해 주실 수 있는 분이시기 때문입니다. 따라서 이 두 가지 간구 모두에서 우리는 하나님에 대한 믿음을 드러내고, 하나님을 의지함을 드러냅니다.

이 간구를 하는 사람들의 책임: 어떻게 해야 할 것인가?

이 간구는 그저 진공 상태에 우리를 내어 놓는 것이 아닙니다. 기도하는 사람은 그 기도와 함께 하나님께 의존하는 책임 있는 존재가 됩니다. 여기 기도의 한 측면인 기도하는 사람의 책임이라는 현실이 있습니다. 기도하는 사람이 책임을 감당하지 않는다면, 형식으로는 기도하지만 **진정으로 기도하는 것은 아닙**니다. 우리 주변에 그런 현실이 얼마나 많은지요? 우리는 이런 점을 무섭게 생각하면서, 하나님의 뜻을 잘 추구하면서 진정으로 기도하는 사람들이 되어야 합니다.

첫째로, 우리는 하나님께서 이미 계시하신 그 계시의 내용을 잘 배우고 그것에 의존해야 합니다. 하나님의 계시의 내용을 알고 그것에 따라 가는 것이 유혹에 빠지지 않는 길입니다. 이것을 잘 알기 위해 인류가 최초로 죄에 빠지는 과정을 잘 생각해 보는 것이 좋습니다. 하나님께서는 '선과 악을 알게 하는 나무의 실과'를 먹지 말라고 하시면서 그것을 "먹는 날에는 정녕 죽는다," 즉 "반드시 죽는다"는 큰 원칙을 선언하셨습니다(창 2:15-17). 이것은 하나님 뜻대로 온 세상을 잘 다스리되, 하나님을 의존하면서 그 일을 해야 한다는 뜻이라고 했습니다.[15]

---

[15] 이와 같은 해석에 대해서 다음을 참조하십시오. 이승구, 『진정한 기독교적 위로』 (1996),

그러니 '선과 악을 알게 하는 나무의 실과'를 먹느냐 아니냐 하는 것은 평소에 하나님을 잘 의존하고 있느냐 아니냐 하는 것을 잘 드러내는 일종의 시금석(criterion)과 같은 것이라고 했습니다. 그러므로 최초의 부부는 이런 하나님의 의도를 잘 생각하면서 그 의도를 생각하게 할 수 있도록 하나님께서 주신 말씀인 그 계시에 근거해서 모든 것을 생각하고 판단했어야 했습니다.

그런데 최초의 여자는 "너희가 결코 죽지 아니하리라"(출 3:4)라고 말하는 "유혹하는 자"의 말을 하나님의 말보다 더 신뢰하였습니다. 또한 그가 그 근거로 제시하는 "너희가 그것을 먹는 날에는 너희 눈이 밝아져 하나님과 같이 되어 선악을 알 줄 하나님이 아심이니라"(창 3:5)는 말도 그대로 받아들였습니다. 그런 마음으로 그 여자가 "그 나무를 본즉, 먹음직도 하고 보암직도 하고 지혜롭게 할 만큼 탐스럽기도 한 나무"로 보였습니다(창 3:6)."[16] 그래서 그녀는 "그 열매를 따먹고, 자기와 함께 있는 남편에게도 주매 그도 먹은지라"(창 3:6하). 이것이 인간의 타락 사건입니다.

그러므로 인간의 타락은 하나님의 말씀보다도 유혹하는 자의 말을 더 신뢰하고 믿은 데서 발생했습니다. 그러므로 중요한 것은 "무엇이 우리의 궁극적 신뢰의 대상인가?" 하는 것입니다. 하나님의 말씀인가, 아니면 다른 말인가? 이것이냐, 저것이냐? 여기 궁극적 선택이 있습니

최근판 (서울: 나눔과 섬김, 2015), 65-68. 그리고 그 배후에 있는 Geerhardus Vos, *Biblical Theology* (Grand Rapids: Eerdmans, 1948), 32, 37-51, 이승구 역, 『성경신학』 (서울: CLC, 1985), 38, 43-56; Louis Berkhof, *Systematic Theology* (Grand Rapids: Eerdmans, 1949), 213-16; O. Palmer Robertson, *The Christ of the Covenants* (Grand Rapids: Baker, 1980), 55-57, 67-87; Anthony A. Hoekema, *Created in God's Image* (Grand Rapids: Eerdmans, 1986), 117-21; 이승구, 『인간 복제, 그 위험한 도전』, 개정판 (서울: 예영, 2006), 21; 그리고 이승구, "생명에 대한 종말론적 접근," 「신학정론」, 27/2 (2009): 217-44=『광장의 신학』 (수원: 합신대학원출판부, 2010), 299-308, 특히 284f. 등을 보십시오.

16 앞서 언급한 바와 같이, 바로 이 구절을 인유하면서 요한은 "세상에 있는 모든 것이 육신의 정욕과 안목의 정욕과 이생의 자랑이니"(요일 2:16)라고 표현했습니다.

다. 하나님의 말씀, 즉 하나님의 계시를 의존하는가, 아닌가 하는 것입니다.

하나님의 말씀을 중요시하고 그것에 의존한다는 사람들은 결국 그 말씀을 주신 하나님의 의도를 잘 깨달아 가야 합니다.[17] 겉으로 하나님의 말씀을 존귀하게 여긴다고 하면서도 결국 그 말씀을 하신 하나님의 의도에 주의하지 않는 사람들은 그 말씀을 진정으로 존중하는 사람들이 아닙니다. 여기서 일단 세 종류의 사람들이 유혹의 길로 나아가고 있음을 단언할 수 있습니다.

(1) 이미 주신 하나님의 말씀을 그대로 받아들이지 않고 신뢰하지 않는 사람들입니다. 아담과 그의 부인이 그렇게 하다가 인류 최초로 죄의 길로 나아갔음을 생각하면서 우리는 각 시대에 주어진, 그러다가 이제는 성경으로 성문화(成文化)된 하나님의 계시를 잘 받아들여야 합니다.[18]

(2) 성경 외에 다른 방식으로 지금도 하나님께서 계시해 주신다고 하면서 실질적으로는 그 성경 외적인 것을 중심으로 성경을 해석해 가는 사람들입니다.[19]

(3) 이들과는 달리 성경을 존귀하게 여긴다고 하지만 성경을 통해 주신 하나님의 진정한 의도는 생각하지 않고 자기 나름의 생각을 지속해 나가는 사람들도[20] 사실 아주 교묘하게 유혹의 길을 향해 가는 것

---

[17] 그 외의 또 다른 한 측면에 대한 중요한 논의로 Vos, 『성경신학』 (서울: CLC, 1985)에 실린 "역자 후기"(443-44)와 이승구, 『성경신학과 조직신학』 (서울: SFC, 2018)의 제 1 장을 자세히 살펴보십시오.

[18] 그렇게 하지 않고 성경에 대해서 "의심의 해석학"(hermeneutics of suspicion)을 적용하는 모든 사람들이 이미 이런 유혹의 길로 나아가고 있음을 우리는 주의해야 합니다. 성경은 "의심의 해석학"의 대상이 아니고, "신뢰와 동의의 해석학"을 적용할 대상입니다. 오히려 우리의 생각하는 기능과 마음과 우리의 존재에 "의심의 해석학"을 적용해야 합니다. 늘 우리가 문제이지, 성경은 온전한 것입니다.

[19] 거의 모든 이단들이 그리하고 있고, 거의 그런 방향으로 나아가는 소위 직통 계시파가 이에 해당합니다. 이 문제점에 대해서는 이승구, 『기독교 세계관으로 바라보는 21세기 한국 사회와 교회』, 최근 판 (서울: CCP, 2018), 285-304; 이승구, 『거짓과 분별』 (서울: 예책, 2014), 제 4 부, 특히 213-21을 보십시오.

[20] 과연 누가 이런 사람들인지를 정말 심각하게 생각해야 합니다. 우리 모두 "내니이까?" 하

입니다. 이 세 번째 종류의 사람들이 제일 안타까운 사람들입니다. 이들은 스스로 생각할 때는 가장 성경적인 방향으로 나아가는 사람들이기 때문입니다. 그러므로 우리는 이 모든 종류의 문제들에 빠지지 말아야 합니다. 그것이 유혹의 길로 나아가지 않는 길입니다.

여기 "주야로 그 말씀을 묵상하는" 일의 중요성이 있습니다. 그렇게 하는 사람이 참으로 "복 있는 사람"임은 그런 사람들만이 온갖 유혹에서 벗어날 수 있기 때문입니다. 그렇게 계시의 말씀에 유의하면서 말씀의 뜻을 궁구하는 사람들은 "주야로 그 말씀을 묵상하는" 사람들이고(시 1:2), 오직 그런 사람들만이 "악인들의 꾀를 따르지 아니하며, 죄인들의 길에 서지 아니하며, 오만한 자들의 자리에 앉지 아니하는" 사람들입니다(시 1:1). 그런 사람으로 사는 중요한 방식은 하나님께서 이미 계시로 주신 말씀, 다윗 시대에는 "하나님의 율법"을 주야로 묵상하는 것이었습니다. 우리 시대에는 그야말로 "성경 전체"(*tota scriptura*)를 잘 묵상하며 연구하고, 그 말씀을 통해서 우리에게 주시는 하나님의 뜻을 잘 궁구(窮究)해 가며, 그것을 실천해 가야 합니다.[21]

둘째로, 이미 설명한 것에 함의되어 있기는 하지만, 유혹에 빠지지 않는 길은 성령님께 온전히 의존하는 것입니다. 신약 성도들로서 우리는 이미 우리에게 주어져서 우리 안에서 역사하시는 성령님의 존재를 참으로 인정하고,[22] 그 성령님께 온전히 순종해 가야 합니다. 성령님께 의지할 때만 성령님께서 영감하여 주신 성경을 제대로 이해하게 되고, 그 성경의 가르침을 잘 파악해서 순종해 갈 수 있습니다.[23] 그래

면서 스스로를 잘 살펴야 합니다.

[21] 이와 관련해서 다음 책을 참조해 보십시오. 이승구, 『묵상과 기도, 생각과 실천』 (서울: 나눔과 섬김, 2015).

[22] 이 점에 대한 강조와 좋은 설명으로 A. M. Stibbs and J. I. Packer, *The Spirit Within You* (Grand Rapids: Baker, 1979), 이승구 옮김, 『그리스도인 안에 계신 성령』 (서울: 웨스트민스터출판부, 1996)을 보십시오..

서 〈하이델베르크 요리문답 127문〉에 대한 대답에서 이 여섯째 기원에 대해 언급하면서 "당신님의 성령님의 힘으로 우리를 붙들어 주시고, 강하게 하여 주시옵소서."라고 말하고 있습니다. 성령님의 힘이 아니고는 우리가 아무 것도 할 수 없기 때문입니다.

　　이와 같이 말씀과 성령님께 사로잡힌 존재가 되는 것이 우리가 유혹에 빠지지 않는 길입니다. 그래서 우리는 날마다 계시의 말씀을 앞에 놓고 그 뜻을 생각하며, 성령님에 의존해서 그 뜻을 궁구하고, 그 뜻을 실천하며 살아가야 합니다. **성령님에게 둘러 싸여서** 하나님 말씀인 성경을 해석하고, 그 배운 말씀을 실천해 가야 합니다.

마지막 강조점: 공동체의 기도

이미 우리의 논의 속에 함의되어 있지만, 마무리하면서 다시 강조합니다. 우리는 이 기도도 교회 공동체의 기도라는 것을 유념해야 합니다. 이것도 "우리의 간구들"(we-petitions) 중의 하나입니다. 그래서 하나님께 **"우리를** 시험에 들게 하지 마시옵고"라고 간구하는 것입니다. 교회 전체가 그렇게 중요합니다.

　　물론 교회의 지체인 한 사람 한 사람이 유혹에 빠지지 말아야 합니다. 그래야 우리들 전체가 유혹에 빠지지 않을 수 있습니다. 교회의 지체로서의 한 사람 한 사람의 중요성은 아무리 강조해도 지나치지 않습니다. 그런데 그 한 사람은 그저 외톨이가 아니라, 교회 즉 "그리스도의 영적인 몸"의 지체임을 깊이 느껴야 합니다. 그런데 흥미로운

---

23 그런 과정에 대한 설명으로 이승구, "성령의 인도하심과 성도의 삶", 『개혁신학탐구』, 개정판 (수원: 합신대학원출판부, 2010), 81-96, 그리고 42-52, 368-94도 보십시오.

것은 그렇게 될 수 있는 유일한 길은 하나님 앞에 외롭게 홀로 서는 일을 통해서만 가능하다는 것입니다. 그 과정에서 우리 한 사람 한 사람은 (그리스도와 함께) 정죄되고, 죽습니다.[24] 그것은 하나님 앞에서 홀로 개별적으로 통과해 가야 합니다.[25] 그 길을 통해서만 그/그녀는 그리스도와 함께 같이 살아납니다. 그런 사람들은 자신들이 그저 홀로만 있는 것이 아니고, 그리스도의 영적인 몸을 구성하는 다른 지체들과 연결하여 교회 공동체를 이루고 있음이 드러납니다.

따라서 공동체로서의 교회가 하나님 앞에서 우리 가운데 한 사람도 유혹에 빠지지 않고 교회로서의 사명을 잘 감당하게 해달라고 간구하는 것이 "우리를 시험에 들게 하지 마시옵고"라는 간구입니다. 우리는 서로가 서로를 붙들면서 다 같이 유혹에 빠지지 않기 위해 간구해야 합니다. 따라서 이 기도는 교회를 위한 간구이기도 합니다. 사실 더 정확히 말하면, 이 간구는 그저 교회를 위한 간구일 뿐입니다. 우리 한 사람 한 사람이 유혹에 빠지지 않음이 그 한 부분이 됩니다. 그러므로 이 간구를 하는 사람들은 교회 공동체로서 이 간구를 드린다는 점을 분명히 의식해야 합니다.

이런 이야기를 할 때, 우리는 주님께서 후일에 될 일에 대해서 말씀하신 것을 기억하면서 참으로 깨어서 기도하며, 주님의 뜻을 추구하고, 주님의 뜻을 실천하는 일에로 나아가야 합니다. 주께서 마지막 큰 환란의 때에 대해서 말씀하시면서 "그 때에 많은 사람이 실족하게 되어 서로 잡아 주고, 서로 미워하겠으며"(마 24:10)라고 말씀하신 바 있습니다. 교회 공동체 전체가("우리를") "유혹에 빠지지 않게 하옵소서"라고

---

[24] 여기 루터의 복음적 깨달음(break through) 그의 소위 탑 경험의 의미가 있습니다. 특히, 시편 119편을 따르면서 연단(*tentatio* = spiritual trials, including *anfechtungen*)도 신학자를 만드는 것의 하나라고 말하는 *Luthers Works* 34:279-88을 보십시오.

[25] 여기서 키에르케고어의 "신 앞에서 단독자"의 진정한 의미가 드러납니다.

기도해야 하는 교회 공동체 안에서 "많은 사람들이 실족하게 되어 서로 잡아 주고, 서로 미워할" 것이라고 하시니, 이 얼마나 안타까운 일입니까? 그러므로 우리는 그런 실족에 빠지지 않도록 스스로 주의하고, 주변의 형제와 자매들을 위해서 참으로 간구해야 합니다. 그 방식의 하나가 이 말씀의 경고를 제대로 받는 것입니다. 잘못 사는 사람들이 "서로 미워"한다고 했으니, 우리는 참으로 서로 사랑해야 합니다.

제 16 장

여섯째 간구: "다만 악에서 구하시옵소서"(2)[1]

본문: 마 6:13

---

[1] 이를 독자적인 기원(independent petition)으로 보는 해석들도 있습니다. 그렇게 되면 〈주께서 가르치신 기도〉에 7개의 기원이 있는 것이 됩니다. 이런 입장은 어거스틴 때부터 있던 주장입니다(Augustine, *Sermon*, 58. 12, PL 38:399=WSA, III/3:124, in D. H. Williams, ed., *Matthew Interpreted by Early Christian Commentators* [Grand Rapids: Eerdmans, 2018], 140; 그리고 *Sermon on the Mount*, 2. 11. 38–39, CCSL 35:128–30 in Williams, ed., *Matthew*, 141f.). 그런데 칼빈은 어거스틴이 두 간구를 연결시켜야 한다고 주장했다고 말합니다(John Calvin, *A Harmony of the Gospels: Matthew, Mark, and Luke*, Calvin's New Testament Commentaries, vol. 1 [Edinburgh: The Saint Andrews Press, 1972, reprint, Grand Rapids: Eerdmans, 1978], 212). 아마 어거스틴이 둘을 연관시킬 수 있다고 한 것을 너무 강하게 지적하는 듯합니다. 어거스틴은 위에서 보았듯이, 분명히 〈주께서 가르치신 기도〉 안의 간구를 7개로 나누어 제시하고 있기 때문입니다.

루터도 7개의 간구로 보는 입장을 취하고(Bruce McNair, "Martin Luther and Lucas Cranach Teaching the Lord's Prayer," in *Teaching the Reformations*, ed., Christopher Metress [Basel: MDPI, 2018], 37, n. 5), 떼오도르 쟌도 그의 마태복음 주석에서 그리했습니다. 현대에 이런 입장을 제시한 루터파의 Richard Charles Henry Lenski, *Interpretation of St. Matthew's Gospel* (Columbus, Ohio: 1932), 263; Gerhard Maier, *Matthäus-Evangelium* (Hänssler, SCM, 2007), 송 다니엘 역, 『마태복음』 (서울: 진리의 깃발, 2017), 233; 미국 복음주의자 Robert H. Gundry, *Matthew: A Commentary on His Literary and Theological Art* (Grand Rapids: Eerdmans, 1982), 105; 천주교의 Rudolf Schnackenburg, *The Gospel of Matthew* (1985, 1987), trans. Robert R. Barr (Grand Rapids: Eerdmans, 2002), 66도 보십시오. 꼭 그리해야 한다는 것은 아니지만 이렇게 보는 것도 있을 수 있다고 하는 Herman Hoeksema, *The Triple Knowledge*, vol. 3 (Grand Rapids: Reformed Free Publishing Association, 1972), 607도 보십시오. (그러나 그는 결국 마지막 두 가원은 하나의 청원이라면서 6개의 기원으로 보고 해석합니다[607, 623]). 이틀 꼭 배제할 이유는 없을 것입니다. 이를 나누어 다른 기원으로 취급할 수도 있기 때문입니다.

그러나 마태복음 5장의 복을 7복으로 보면서 그와 연결시켜서 이것을 7가지 간구로 보는 어거스틴의 시도(*Sermon on the Mount*, 2. 11. 38–39, CCSL 35:128–30 in Williams, ed., *Matthew*, 141f.)는 문제가 있어 보입니다. 그렇게는 아니어도 숫자 7을 중시하면서, 이것이 삼위일체의 3과 피조물의 숫자인 4의 합임을 강조한 Hoeksema, *The Triple Knowledge*, vol. 3, 607의 논의도 이상합니다. 더구나 전통적 7이라는 숫자에 맞추기 위해 이를 일부러 나누어 7로 제시하던 천주교적 이해 때문에 "7 개의 기원"(seven petitions)으로 제시하는 것은 더욱 문제가 있어 보입니다.

여섯째 간구의 뒷부분은 "오히려 우리들을 그 악으로부터 (또는 그 악한 자로부터) 구하시옵소서"(ἀλλὰ ῥῦσαι ἡμᾶς ἀπὸ τοῦ πονηροῦ)입니다.2 이는 지난번에 생각한 유혹에 빠지지 말게 해달라는 간구에 이어서 그 보다 **더 적극적인**3 **조치**를 취해 주시기를 모든 것을 주관하시는 하나님께 구하는 것입니다. 우선 여기 사용된 일반적으로 "다만"이라고 번역된 말이 이 구절에서 "오직"이라는 뜻으로 사용된 것이 아니고, (위의 번역에서 제시한 것과 같이) "오히려"라는 의미로 사용된 것임을 밝히는 것이 도움이 될 것입니다. 이 같은 강한 역접을 나타내는 표현입니다.4 즉, "유혹에 빠지지 말게 하시고, **오히려**(ἀλλὰ) 악에서 구하옵소서"라고 간구하는 것입니다.

그리고 "악"이라는 말을 "이 세상에서 사람들을 저하(底下)시키고 끌어 내리려고 하는 악"이라는 일반적 또는 추상적 생각을 하면서 "그 악으로부터"(from the evil) 또는 그저 "악으로부터"(from evil)라고 하는 것이 좋은지,5 아예 그 뜻을 더 분명히 하면서 "그 악한 자로부터"(from the evil one)라고 하는 것이6 더 좋은지에 대한 논란이 있을 수 있습니

---

2 이 부분이 누가복음에는 생략되어 있는(눅 11:4) 사실에 대해서, 본래는 이 말이 있지 않았던 것이라든지, 따라서 이는 본래 간단한 기원에 "시적인 병행법을 따라 덧붙여진 마태의 주석"이라고 생각하는(Sherman E. Johnson, "Exegesis of the Gospel according to St. Matthew," in *The Interpreter's Bible*, vol. 7 [New York & Nashville: Abingdon Press, 1951], 315) 등의 이상한 여러 생각을 하기 보다는 누가복음에서는 이 부분이 앞의 말에 포함된 것으로 여겼다고 보는 것이 더 좋을 것입니다.

3 이것이 더 **적극적으로** 말하는 것임을 지적하는 같은 논의로 Craig L. Blomberg, *Matthew*, The New American Commentary 22 (Nashville, TN: Broadman Press, 1992), 120을 보십시오: "… phrases the same plea *positively*."(강조점은 덧붙인 것임)

4 Cf. Leon Morris, *The Gospel According to Matthew* (Grand Rapids: Eerdmans and Leicester: IVP, 1992), 148: "*But* is the strong adversative; it starts the following course of action in marked contrast to the preceding."

5 개역판, 개정개역판 한글 성경과 Knox 등의 번역, KJV, NAS, NAU, 대개의 독어와 프랑스어 번역 등에는 "from evil"로 되어 있고, YLT는 "from the evil"이라고 번역합니다. 터툴리안을 제외한 서방 교회는 어거스틴을 포함하여 일반적으로 이렇게 해석해 왔다고 합니다. 이에 대한 구체적인 목록은 J. B. Lightfoot, "Last Petition of the Lord's Prayer," in his *On a Fresh Review of the English New Testament* (London: Macmillan, 1891)에 주어져 있습니다.

다. 희랍어 표현(ἀπὸ τοῦ πονηροῦ)은 이 둘 중의 어느 해석을 해도 다 가능한 표현입니다.7 중성(τὸ πονηρόν)의 소유격으로 볼 수도 있고, 남성형(ὁ πονηρός)의 소유격으로 볼 수도 있기 때문입니다.

데이비드 힐은 "히브리어에서나 아람어도 사탄을 '그 악한 자'라고 언급한 일이 없으므로 이 단어를 중성으로 취급하는 것이 더 낫다"고 합니다.8 그래서 그는 그저 "악으로부터 우리를 구하여 주옵소서"라고 번역하는 것이 좋을 것이라는 의견을 제시합니다.9 그것이 아니면 13절에 대한 종말론적 해석의 빛에서 마지막 때에 제자들을 위협하는 "배도의 악"(the evil of apostasy)으로부터 구해 주옵소서라는 뜻으로 볼 수도 있다고 합니다.10 힐은 이 두 가지 중에 어느 한 쪽으로 자신의 견해를 정하지 않고 의견을 제시하나 그 두 경우 모두에 있

---

6 이런 번역을 하는 화란어 번역과 RSV, NIV와 근자의 번역들을 참조해 보십시오. 대개 동방 교회 교부들은 이런 해석을 해왔고, 서방 교회에서는 터툴리안이 이런 입장을 취했다고 합니다(Hans Dieter Betz, *The Sermon on the Mount*, Hermeneia [Minneapolis: Fortress Press, 1995], 413). 터툴리안 외에도 서방 교회에 속한 아퀼라의 크로마티우스도 그렇게 봅니다(Chromatius Aquileia, *Preface to the Lord's Prayer*, CCSL 9:445-46, cited in Williams, ed., *Matthew*, 124, 125). 동방 교부인 크리소스톰의 이런 견해에 대해서는 John Chrysostom, *Homily*, 19. 10, PG 57:282, in Williams, ed., *Matthew*, 139f., 그리고 이에 대한 칼빈의 언급으로 Calvin, *A Harmony of the Gospels*, vol. 1, 213을 보십시오. 오리겐도 이렇게 언급합니다(Origen, *On Prayer*, 18 1-3, GCS 2:340-41, in Williams, ed., *Matthew*, 124), Cyril of Jerusalem, *Mys. Cat.* 5. 18에서도 이렇게 보았다고 합니다(W. D. Davies and D. Allison, Jr., *The Gospel according to St. Matthew 1-7*, ICC, new series [Edinburgh: T&T Clark, 1988], 614).

7 라틴 벌게이트의 "*libra nos a malo*"도 중립적이어서 두 가지 해석이 다 가능하다고 합니다 (Pace 벌게이트는 중성으로 보았다는 Ulrich Luz, *Matthew 1-7* (1985), trans. Wilhelm C. Linss [Minneapolis: Augsburg Fortress, 1989], 385, n. 106; Hoeksema, *The Triple Knowledge*, vol. 3, 624). 그러나 많은 사람들이 이를 "중성으로 번역하는 경향"이 있었습니다(cf. Betz, *The Sermon on the Mount*, 413, n. 571). 그래서 결정하지 않고 그저 그 두 입장을 제시하는 해석도 있습니다. Cf. Jeannine K. Brown, *Matthew*, Teach the Text Commentary Series (Grand Rapids: Baker Academic, 2015), 66. 이미 오래 전에 칼빈은 "'악'이라는 말을 우리가 마귀(the devil)로 이해하느냐 죄(sin)로 이해하느냐 하는 것이 큰 차이를 내지 않는다"고 말한 일도 있습니다(*Institutes*, 3. 30. 46; 그리고 Calvin, *A Harmony of the Gospels*, vol. 1, 213).

8 David Hill, *The Gospel of Matthew*, The New Century Bible Commentary (London: Marshall, Morgan & Scott, 1972), 139.

9 그는 Paul Gaechter, *Das Matthäus Evangelium* (Inssbruck: Tyrolia, 1964), 220에서도 같은 견해가 제시되고 있다고 말합니다(Hill, *The Gospel of Matthew*, 139).

10 Hill, *The Gospel of Matthew*, 139.

어서 "악"이라는 말을 중성으로 보려는 입장을 분명히 합니다. 레온 모리스도 이를 중성으로 볼 수도 있고 남성으로 볼 수도 있다고 하면서, 그러나 전체적으로 보았을 때 이는 그저 중성으로 일반적인 "악"(evil)을 지칭하는 것으로 보인다고 결론내립니다.[11] 이와 비슷하게, 여기서는 이 "악"이라는 말을 "삶에 있는 악한 요소들 전부"를 뜻하는 것으로 보는 것이 더 나을 것이라는 오래 전 알렌의 언급도 있었습니다.[12] 이 두 번째 어구가 마태의 주석(gloss)이라고 생각하면서 따라서 이는 "그 악한 자"를 뜻하지 않을 것이라는 셜만 존슨의 주장도 있었습니다.[13] 한스 디터 베츠는 이 악이 하나님께서 이 땅에서 그의 구원 행위를 아직 다 이루시지 않았음의 결과라고 하면서 바로 그것 때문에 인류에 대한 유혹도 생긴다고 하면서, 결국 이 기도는 하나님께 구원을 완성해 달라고 청원하는 것이라고 독특하게 주장합니다.[14] 후에 우리가 논의할 종국적 구하심과 연결시킬 수 있는 해석이지만 이는 이 어구를 "그 악한 자"로 보아도 할 수 있는 해석입니다. 그러므로 그 때문에 여기 언급된 악을 그저 아직 구원이 이루어지지 않은 상태로 보는 것은 상당히 이상한 해석으로 보이고, 이런 해석에는 죄와 악을 좀 덜 심각한 것으로 보는 경향도 있어 보입니다.

이런 해석들에 비해서, 도날드 카슨은, 모든 학자들과 함께 이 말이 문법적으로 중성으로 사용될 수도 있고 남성으로 사용될 수도 있

---

[11] Morris, *The Gospel According to Matthew*, 149.

[12] W. C. Allen, *Gospel According to S. Matthew*, ICC, third edition (Edinburgh: T&T Clark, 1912), 60. 유대적 표현의 예를 생각하면서 이와 비슷하게 논의하는 Luz, *Matthew 1-7*, 385도 보십시오.

[13] Johnson, "Exegesis of the Gospel according to St. Matthew," 315.

[14] Hans Dieter Betz, *The Sermon on the Mount*, Hermeneia (Minneapolis: Fortress Press, 1995), 412. 그런데 그는 "중성으로 보는 것이 대부분의 학자들의 입장"이지만(413, n. 572) "사탄과 연관시키는 것도 초점을 벗어난 것은 아니다"고 말합니다(Betz, *The Sermon on the Mount*, 413, 특히 n. 577).

음을 논하면서, 그러나 여기서는 이 말이 사탄을 뜻하는 "그 악한 자"로 보는 것이 더 나을 것이라고 합니다. 그는 그 근거로 다음 두 가지 이유를 제시합니다.[15] 첫째 논거는 "무엇으로부터 우리를 구해 달라고 할 때 "에크"(ἐκ)라는 전치사를 사용할 수도 있고 "아포"(ἀπὸ)라는 전치사를 사용할 수도 있는데, "에크"라는 전치사는 대개 어떤 사태나 사물로부터 구한다는 뜻으로 사용되는데 비해서, "아포"는 대개 인격체로부터 구한다는 뜻으로 사용된다는 것입니다. 그런데 이 구절에서 "아포"라는 전치사와 함께 사용되었으니 이는 인격체인 "그 악한 자로부터" 구해 달라는 뜻으로 보는 것이 자연스럽다는 것입니다.[16]

둘째 논거는 마태가 앞부분에서 예수님에 대한 유혹에 이미 사탄을 언급하였으니(마 4:1-11), 사탄을 이기신 〈주께서 가르치신 기도〉

---

[15] D. A. Carson, "Matthew," in *The Expositor's Bible Commentary*, vol. 8 (Grand Rapids: Zondervan, 1984), 174. 또한 Otto Thelemann, *An Aid to The Heidelberg Catechism* (1892), trans. M. Peters (1896; reprint, Grand Rapids: Douma Publications, 1959), 438; 그리고 Davies and Allison, *The Gospel according to St. Matthew 1-7*, 614도 보십시오.

필슨은 이유를 제시하지 않고 그저 이 맥락에서는 이 말이 "그 악한 자, 사탄(the Evil One, Satan)"을 지칭하는 것으로 보는 것이 개연성이 더 높다고 하면서, 그 앞의 유혹 문제와 연관하여 "유혹이 올 때에 그것을 그 악한 자가 우리를 통제하는 수단이 되지 말게 하시고, 우리가 그 유혹에 직면해서 더 깊고 성숙한 충성을 하도록 도와주옵소서"라는 의미라고 설명합니다(Floyd V. Filson, *A Commentary on the Gospel to St. Matthew* [New York: Harper & Row, 1960, reprint, Hendrickson Publishers, 1987], 97).

또한 그저 이것을 "그 악한 자"로 취하여 제시한 다음 분들을 보십시오. G. Van Reenen, *The Heidelberg Catechism* (Paterson, NJ: Lont & Overkamp, 1955, reprint, 1979), 633; Hoeksema, *The Triple Knowledge*, vol. 3, 625f.; R. V. G. Tasker, *The Gospel According to St. Matthew*, Tyndale New Testament Commentaries (London: The Tyndale Press, 1961, reprint, Grand Rapids: Eerdmans, 1981), 72; Gundry, *Matthew*, 109; Michael J. Wilkins, *Matthew*, NIV Application Commentary (Grand Rapids: Zondervan, 2004), 279f.; 그리고 David L. Turner, *Matthew*, Baker Exegetical Commentary on the New Testament (Grand Rapids: Baker Academic, 2008), 189. Schnackenburg, *The Gospel of Matthew*, 68에서는 둘 다 가능성을 내비치면서, 여러 번 "그 악한 자로부터의 구원"을 말합니다.

[16] 다른 이유들과 함께 또한 "내가 비옵는 것은 그들을 세상에서 데려가시기를 위함이 아니요, 다만 악에 빠지지 않게 보전하시기를 위함이니이다"(요 17:15)에 있는 예수님의 간구에서도 같은 용어가 사용되었는데, 이 용어가 다른 곳에서 사용된 용례를 볼 때에 "그 악한 자"라고 보는 것이 낫다고 하는 Davies and Allison, *The Gospel according to St. Matthew 1-7*, 614-15와 비교해 보십시오. 그들의 논의는 위의 카슨의 논의와 같은 결론을 내리면서도 양립할 수 없으니, 요 17:15은 카슨의 설명을 따른다면 "악으로부터"라고 할 수 있는 "ἐκ τοῦ πονηροῦ"이기 때문입니다.

에 "그 악한 자"로부터의 구함을 청원하는 것이 매우 자연스럽다는 것입니다. 늘 그렇듯이, 카슨의 논의는 상당히 정교하고 설득력 있습니다.

더구나, 마태복음 13장의 비유에서 사탄을 지칭하면서 "그 악한 자"(ὁ πονηρός)라고 언급한 일이 있습니다(마 13:19, 38).[17] 더 나아가서, 예수님을 유혹하는 장면에서 예수님께서 사탄이라고 지칭하신 그 존재가 "유혹하는 자"(ὁ πειράζων)로 등장하고 있다는 것도 의미심장합니다(마 4:3). 사탄은 성경의 다른 곳에서도 "유혹하는 자"("시험하는 자")로 언급된 일이 있습니다. 데살로니가전서 3:5에서도 같은 단어(ὁ πειράζων)가 사용되어 여기서는 성도들을 시험하는 것으로 언급되고 있습니다. 그러므로 〈주께서 가르치신 기도〉의 이 구절도 "그 악한 자"(ὁ πονηρός)에 대한 언급으로 보고, 이 간구를 "그 악한 자로부터"(ἀπὸ τοῦ πονηροῦ) 우리들을 구해달라는 간구로 이해하는 것이 더 자연스러운 것으로 보입니다.

다른 곳의 용례에 비추어 볼 때도 이런 방향으로 가는 것이 자연스럽습니다. 그 대표적인 예로 "청년들아! 내가 너희에게 쓰는 것은 너희가 악한 자를(τὸν πονηρόν) 이기었음이라"(요일 2:13); "가인 같이 하지 말라 그는 악한 자에게 속하여(ἐκ τοῦ πονηροῦ) 그 아우를 죽였으니"(요일 3:12); "하나님께로부터 난 자는 다 범죄하지 아니하는 줄을 우리가 아노라. 하나님께로부터 나신 자가 그를 지키시매 악한 자(ὁ πονηρὸς)가 그를 만지지도 못하느니라. 또 아는 것은 우리는 하나님께 속하고 온 세상은 악한 자 안에(ἐν τῷ πονηρῷ) 처한 것이며"(요

---

[17] 이 두 구절에서는 분명히 "그 악한 자"의 의미로 쓰였다고 단언하는 Davies and Allison, *The Gospel according to St. Matthew 1-7*, 614도 보십시오. 그런데 그들은 마태복음 13:19을 마태의 편집에서 온 것이라고 하니(615), 그들의 논의는 그대로 따르기 어렵습니다.

일 5:18, 19)와 같은 말씀들을 생각할 수 있습니다.

  이렇게 우리는 예수님께서 우리로 하여금 "그 악한 자로부터 우리를 구해 달라고" 기도하도록 가르치셨음을 말할 수 있습니다. 더구나 〈하이델베르크 요리문답 127문답〉은 "우리의 불구대천(不俱戴天)의 원수인 마귀"를 우리를 공격하는 적의 하나로 명백히 제시하므로, 이 간구가 그 악한 자로부터의 구출을 위한 간구라는 것을 분명히 합니다.

  예수님께서 이 기도를 가르치신 시점에서는 다음에 말할 모든 것이 모두 미래의 일이었습니다. 그런데 예수님께서 십자가와 부활로 구속 사역을 완성하신 시점에서는 다음 같은 세 가지 측면에서 이 간구를 이해하는 것이 보다 자연스러울 것입니다.

종국적 구하심에 대한 간구

가장 쉽고 자연스러운 것은 "그 악한 자"로부터 우리를 **종국적으로** 구해 주실 것을 요청하는 것입니다. 〈하이델베르크 요리문답 127문답〉에서도 이 기도의 의미를 설명하는 중에 이 기도는 "우리가 이 영적 전투에서 패하지 않도록 하시며, 우리가 **온전한 승리를 종국적으로 얻기까지** 우리의 적들에게 확고하게 저항할 수 있도록 하옵소서."라는 뜻의 기도라고 하였습니다.[18] "그 악한 자"에게서 우리를 구하시는 것이 그리스도의 승리일 뿐만 아니라, 우리의 승리이기도 하다는 것을 분명히 하면서, 최후 승리를 얻기까지 주께서 우리를 보호하시고 지켜 주시기를 간구하는 것입니다.

---

[18] Cf. https://www.crcna.org/welcome/beliefs/confessions/heidelberg-catechism; 또한 이승구, 『진정한 기독교적 위로』, 최근판 (서울: 나눔과 섬김, 2015), 360, 강조점은 덧붙인 것임.

이 간구는 그 자체로도 매우 당연한 것입니다. 주께서 그 악한 자로부터 우리를 구하지 아니하시면 우리는 승산이 없고, 날마다 유혹에 넘어 가서 결국 패하게 될 것이기 때문입니다. 특히 성경이 그려 주고 있는 마지막 때까지의 모습은 상당히 어두운 그림입니다. 우선 예수님께서 그의 초림부터 재림 때까지의 전체적 정황을 묘사해 주시는 것을 볼 때도, 기본적으로 이 시기에 어둠의 그림자가 내려져 있음을 직감할 수 있습니다. 흔히 예수님의 "소묵시록"[19] 또는 "종말론적 강화,"[20] 더 일반적으로 "감람산 강화"(the Olivet discourse)라고 묘사되는[21] 마태복음 24장에 나타난 '구속 사건 이후부터 재림 때까지의 전체

---

[19] 그러나 이를 마태복음 24장, 마가복음 13장, 누가복음 21장 배후에 기본적 문서가 있었다고 하면서 1864년에 T. Colani가 주장하기 시작한 소위 "소묵시록 이론"(the little-apocalyse theory)이 제시하는 것과 동일시하면 안 됩니다. 이런 "소묵시록 이론"에 대한 설명으로 Tasker, *The Gospel According to St. Matthew*, 225; Carson, "Matthew," 491; Hill, *The Gospel of Matthew*, 316; 그리고 Francis Wright Beare, *The Gospel according to Matthew* (New York: Harper and Row, 1981; reprint, Hendricksen Publishers, 1987), 468f.를 보십시오. 이는 이 말씀이 예수님에게서 온 것이 아니며, 주후 70년 바로 전에 어떤 유대 그리스도인이 만든 문서라고 생각하는 것이기 때문에 받아들일 수 없습니다.
이와 같이 비평적 입장에서 이 부분을 보는 분들의 견해 중 Francis W. Beare의 입장이 가장 비평적입니다. 그는 "이 묵시적 내용이 예수님에게로까지 갈 수는 없다"고 주장할 정도입니다(Beare, *The Gospel according to Matthew*, 463). 알렌과 힐, 그리고 포로이드 필슨의 견해도 그 진정성(authenticity)에 대한 생각에 있어서 비평적이라는 것을 의식하면서 우리들은 오히려 그들의 입장을 비평적으로 보아야 합니다.

[20] "예수님의 종말론적 강화"라는 용어를 사용한 예로 다음을 보십시오: Hill, *The Gospel of Matthew*, 316; William Hendriksen, *The Gospel of Matthew* (Grand Rapids: Baker, 1973), 846; Louis A. Barbieri, Jr., "Matthew," in *The Bible Knowledge Commentary, New Testament Edition* (Wheaton, IL: Victor Books, 1983), 76; David Wenham, *The Rediscovery of Jesus' Eschatological Discourse* (Sheffield: JSOT, 1984); Robert H. Mounce, *Matthew*, A Good News Commentary (San Francisco: Harper & Row, 1985), 227; Blomberg, *Matthew*, 351; Schnackenburg, *The Gospel of Matthew*, 235; Turner, *Matthew*, 568; 그리고 Brown, *Matthew*, 274ff. 비슷하게 "마지막 일들에 대한 강화"(Discourse on the last things)라고 한 Allen, *Gospel According to S. Matthew*, 252과 Herman N. Ridderbos, *Matthew*, Bible Student's Commentary, trans. Ray Togtman (Grand Rapids: Zondervan, 1987), 436 ("The Speech about the End of the Age")도 보십시오.
힐은 마태복음에 나타난 강화들을 5개로 제시하면서 이들이 모두 하나님 나라에 대한 강화들임을 언급하고 있습니다. 5-7장에서는 하나님 나라의 의, 10장에서는 하나님 나라의 선포, 13장에서는 지금은 숨겨져 있는 하나님 나라의 비밀, 18장에서는 하나님 나라에 속한 사람들의 관계, 그리고 24장에서는 지금 숨겨져 있는 하나님 나라가 모든 사람들이 알게 드러날 것과 그 앞에 될 일들에 대해서 말한다고 흥미롭게 분석하고 있습니다(Hill, *The Gospel of Matthew*, 318). 힐을 언급하고 있지는 않지만 거의 비슷한 제시로 Wilkins, *Matthew*, 770f., 788도 보십시오.

[21] 이 용어를 사용하는 사람들은 너무 많지만, 대표적으로 다음을 보십시오. Donald A. Carson, "Matthew," in *The Expositor's Bible Commentary*, vol. 8 (Grand Rapids: Zondervan,

적인 그림'에 대해서 생각해 보겠습니다.

> 너희가 사람의 미혹을 받지 않도록 주의하라.
> 많은 사람이 내 이름으로 와서 이르되,
> "나는 그리스도라" 하여 많은 사람을 미혹하리라.
>
> 난리와 난리 소문을 듣겠으나 너희는 삼가 두려워하지 말라.
> 이런 일이 있어야 하되 아직 끝은 아니니라.
> 민족이 민족을, 나라가 나라를 대적하여 일어나겠고,
> 곳곳에 기근과 지진이 있으리니,
> 이 모든 것은 재난의 시작이니라.
> 그 때에 사람들이 너희를 환난에 넘겨주겠으며, 너희를 죽이리니,
> 너희가 내 이름 때문에 모든 민족에게 미움을 받으리라.
> 그 때에 많은 사람이 실족하게 되어 서로 잡아 주고 서로 미워하겠으며,
> 거짓 선지자가 많이 일어나 많은 사람을 미혹하겠으며,
> 불법이 성하므로 많은 사람의 사랑이 식어지리라.
> 그러나 끝까지 견디는 자는 구원을 얻으리라.
> 이 천국 복음이 모든 민족에게 증언되기 위하여 온 세상에 전파되리니,
> 그제야 끝이 오리라(마 24:4-14).

우리 주님께서는 기본적으로 당신님의 구속 사역 성취부터 재림 때까지의 전체적인 그림을 먼저 그려 주십니다.[22] 마태복음 24장 4-14절은

1984), 488 ("Fifth Discourse: The Olivet Discourse"); Mounce, *Matthew*, 229; Wilkins, *Matthew*, 770f.; Turner, *Matthew*, 565 (이미 앞에서 말한 바와 같이, 그는 268에서는 "종말론적 강화"라는 말도 사용하므로 두 용어를 다 사용하고 있습니다); 그리고 Rodney Reeves, *Matthew*, The Story of God Bible Commentary (Grand Rapids: Zondervan, 2017), 469ff.

[22] 이 예언이 말하는 시기가 예수님의 "초림부터 재림까지의 시기 전체"(the entire interadvent period), 즉 우리가 흔히 교회 시대(the church age)라고 말하는 기간이라는 좋은 논의로 Blomberg, *Matthew*, 355, 356-57, 361; J. Knox Chamblin, "Matthew," in *Evangelical Commentary on the Bible* (Grand Rapids: Baker, 1989), 752; D. A. Hagner, *Matthew 14-28*, Word Biblical Commentary [Dallas: Word, 1995], 684-85, 693-94; Wilkins, *Matthew*, 772, 773, 774; 그리고 Turner, *Matthew*, 565, 571, 575를 보십시오. 비슷한 이해를 표현하면서 이를 "승천부터

초림부터 재림 때까지의 전체적인 그림을 그려 주는 것이고, 그 후에 예루살렘 성전 파괴에 대한 예언(15-20)이 나오고, 21절에 나타나는 "큰 환란"이라는 말을 **경첩으로 하여** 세상 끝에 있게 될 "큰 환란"과 재림에 대한 예언(21-31)이 있고, 이에 근거해서 따라서 제자들은 항상 깨어 있어야 한다는 지침(32-51)으로 마태복음 24장의 전체 구조를 이해하면 도움이 됩니다.23

여기서 제시한 것처럼 21절에 나오는 "큰 환란"(θλῖψις μεγάλη)이라는 말을 경첩으로 더 확대하여 설명하고 있다는 이해를 가지지 않으면 여러 복잡한 난제들이 나타나게 됩니다.24 이 구절들에 대한 철저한 과거주의적 해석을 하는 분들은 마태 24:29-31도 성전 멸망의 신학적 의미를 드러내는 구절들로 해석하면서 이 모든 예언들이 모두 다 70년에 성취된 것으로, 따라서 큰 환란에 대한 말씀들이 다 예루살렘 멸망 사건과 관련된 것으로 해석하려 하여 결국 이상한 결과를 나타냅니다.25

재림까지"로 말하는 Carson, "Matthew," 495, 498도 보십시오.

23 이와 상당히 유사하게 본문을 분석하고 제시한 예로 Carson, "Matthew," 497-511, 특히 499, 501; 그리고 Wenham, *The Rediscovery of Jesus' Eschatological Discourse*; Chamblin, "Matthew," 753도 보십시오. 챔블린은 15-21절이 곧 있게 될 사건들을, 그리고 26-31절이 더 먼 미래에 있을 것에 대한 예언이라고 합니다. 또한 Ridderbos, *Matthew*, 442, 445; Wilkins, *Matthew*, 788, 90f. 등을 보십시오. 비슷하게 해석하는 브롬버그는 **때로는** 이 대부분의 예언이 주후 70년 이전에 거의 성취되었다고 하면서(Blomberg, *Matthew*, 356), 그런 입장에서 이 구절을 보려고 하기에 주의해야 합니다.

24 이 난제를 피하려는 브롬버그 나름의 문제 해결 방식도 이상한 것입니다. 그는 대 환란이 주후 70년 조금 전부터 재림 때까지 **계속되는 기간**이라고 합니다(Blomberg, *Matthew*, 359, 360). 카슨도 32-35절에 나오는 경고들은 승천부터 재림까지의 "환란 시기 전체"(the whole tribulation period)를 묘사하는 것이라고 합니다(Carson, "Matthew," 495). 브롬버그와 카슨은 "환란 시기"와 최후로 그것이 집중되어 나타나는 "대 환란"을 나누어 제시하지 않고, 그저 환란 시기만을 넓게 제시합니다.

더 이상한 해석으로는 이 예언들 특히 29-30절의 예언들이 예수님께서 하늘 천상 보좌에 등극하신 "영적 실재의 상징적 표현들"(symbolic representations of a spiritual reality)이라고 하는 해석을 들 수 있습니다. 그 대표적인 예로 N. T. Wright, *Jesus and the Victory of God* (Minneapolis: Fortress, 1996), 513-19를 보십시오. 그는 심지어 예수님의 물리적 재림을 기대하는 것을 조롱할 정도로(Wright, *Jesus and the Victory of God*, 516) 비판적입니다. 이를 비판하면서 예수님의 재림은 역사의 끝에 시간과 공간 안에서 일어날 것임에 대한 명시적 강조로 Ulich Luz, *Matthew: A Commentary*, Hermenia, 3 vols. (Minneapolis: Fortress, 2001-7), 3:205; 그리고 Reeves, *Matthew*, 474를 보십시오.

25 마 24:21-35절, 특히 29-34절에 대한 철저한 과거주의적 해석으로 다음을 보십시오: Tasker, *The Gospel According to St. Matthew*, 225-28; R. T. France, *Jesus and the Old*

그런가 하면, 이 모든 것을 다 미래에 속한 것으로 해석하는 미래주의적(futurist) 해석도[26] 여러 문제를 낳습니다. 그러므로 우리는 (다시

Testament (London: Tyndale Press, 1971; Grand Rapids: Eerdmans, 1982), 227-39; idem, Matthew, Tyndale New Testament Commentaries (Leicester: IVP and Grand Rapids: Eerdmans, 1985), 333-34, 특히 345f.; J. Kik, Matthew Twenty-Four (Philadelphia: P& R, 1948); R. C. Sproul, The Last Days according to Jesus (Grand Rapids: Baker, 1998). 아마 칼빈도 그렇게 본 듯합니다. 특히 6-8절 말씀에 대한 자세한 것에 대해서는 죠세푸스의 글을 보라고 한데서 이것이 잘 나타납니다. Cf. John Calvin, A Harmony of the Gospels: Matthew, Mark, and Luke, vol. 3, James and Jude, trans. A. W. Morrison, Calvin's New Testament Commentaries 3 (Edinburgh: The Saint Andrews Press, 1972, reprint, Grand Rapids: Eerdmans, 1978), 78.

그러나 이 분들이 미래적인 것이 전혀 있지 않다고 하는 것은 아니기에 주의해야 합니다. 특히 4-14절에는 **"역사 안에서 계속 되는 것들에 대한 언급"**이라는 이해가 잘 표현됩니다(Tasker, The Gospel According to St. Matthew, 223f.; France, Matthew, 338, 339). 또 때로 23-25절과 관련해서도 이것이 교회 역사 속에서 자주 일어나는 것임도 말하고, 26-28절에 대한 설명에서는 재림이 공개적(obvious)이라고 합니다(France, Matthew, 342f.). 그러므로 (France, Matthew, 340이 잘 표현한대로 "사실은 15절부터가 성전 멸망에 대한" 것이라는 통찰에 더 충실해서) 15-20절은 성전의 멸망에 대한 것이고, 21절 이하의 말씀은 더 먼 미래에 관한 것이라고 했으면 좋았을 것인데, 이 분들은 29-30절의 상당 부분도 예루살렘 멸망에 대한 것이라고 하기에 이를 과거주의적 해석이라고 합니다.

이런 이해를 가지는 이유 중의 하나는 34절 말씀을 문자적으로 이해하려 하기 때문입니다. 이를 시사하는 France, Matthew, 335, 343, 346을 보십시오.

이런 해석의 또 다른 난점 중의 하나는 30절을 그런 문자적 해석에 맞추어 **무리하게 해석**하게 된다는 점입니다. 그런 무리한 해석의 대표적인 예로 이것이 성전 멸망에 대한 이야기라고 보기에 "땅의 모든 족속들"을 "유대 땅의 모든 지파들"로 해석하는 Tasker, The Gospel According to St. Matthew, 230을 보십시오.

이 말이 스가랴 12:10-14절에 대한 인유이므로 그에 충실하려고 이를 따르면서도, 타스커와는 달리 이는 유대인들의 "미래 회개에 대한 힌트"이지 않을까를 아주 조심스럽게 말하는 프랑스의 논의(France, Matthew, 345)는 분위기가 좀 다릅니다. 같은 견해를 말하는 Wilkins, Matthew, 783f.도 보십시오. 이런 미래에 대한 이해에 좀 더 충실했으면 그들의 논의가 더 건전해졌을 것입니다. 프랑스는 31절 말씀이 "역사 과정 가운데서의 교회의 성장"에 대한 이야기라고 해석하면서 (그러므로 이것이 미래에 대한 이야기임을 인정하는 것입니다!) 이는 "성전 멸망으로 상징적으로 표현된 이스라엘의 특별한 지위가 그쳐진 결과"라고 합니다(France, Matthew, 345). 이런 논의를 더하여, 과거주의적 해석이라는 무리하고 지나친 해석을 하지 않는 방향으로 더 갔어야 했을 것입니다.

제닌느 브라운과 로드니 리브스도 명시하지는 않으나 결국 이런 과거주의적 입장에서 본문을 해석합니다(Brown, Matthew, 274-79; Reeves, Matthew, 470, 471). 제닌느 브라운은 24장 3-35절을 성전 멸망에 대한 대답으로, 36-51을 재림에 대한 대답으로 분석합니다(274). 이런 해석은 문제가 있어 보입니다. 적어도 22절부터는 세상 끝과 관련된 언급으로 보는 것이 자연스러워 보입니다. 브라운은 좀 더 나아가서 24:30이 "인자가 오는 것"이 다니엘 7:13-14를 인유한 것이기에 이는 땅에로 오는 것이 아니라, "하늘 궁전에로의 상징적 움직임"을 뜻한다고 하면서, 이는 예수님이 "옳으심을 드러낸 것"(vindication)이라고 해석합니다(Brown, Matthew, 277, 280). 그는 마태 24:34의 "이 세대"도 예수님께서 이를 말씀하시는 때부터 한 세대 안에 예루살렘 멸망이 성취되었으니(A.D. 70) 이는 문자적인 한 세대로 보아야 한다고 하며, 큰 환란도 결국 예루살렘 멸망과 관련된 언급이라고(Brown, Matthew, 276, 277; Reeves, Matthew, 470, 471) 주장합니다.

[26] 과거 교부들 가운데서도 그렇게 해석하는 이들이 있었고(대표적으로 Hilary of Poitiers, On Matthew 25:5-6, 7, in D. H. Williams, ed. and trans., Matthew: Interpreted by Early Christian Commentators, The Church's Bible [Grand Rapids: Eerdmans, 2018], 446f.; Ephrem of Nisibis, Exposition of the Gospel 91, in Williams, ed., Matthew, 448). 힐러리는 지붕에 있는 자가 중생한 자라고 하고, 중생한 자는 몸의 감정들에 유혹을 받아서는 안 된다고 하든지 우리는 죄의 차가움 가운데 있지

요약하자면) 14절까지는 구속 사건 이후 재림 때까지의 전체적 그림을 그려 주는 것이며, 15-20절까지는 예루살렘 성전 멸망에 대한 예언을 하고, 21절을 경첩으로 하여 22절부터 마지막까지는 최종적 환란인 "큰 환란"과 그 이후에 오는 재림에 대한 이야기와 그에 대한 태도를 교훈하는 것으로 마태복음 24장을 잘 살피면서 이 부분을 해석해야 합니다.

먼저 예수님께서는 이 시기가 "미혹의 때"라는 것을 강조하시면서 "미혹 받지 말라," 직역하면 "누가 너희들을 미혹하지 않도록"(μή τις ὑμᾶς πλανήσῃ) "조심해서 잘 살펴보라"(βλέπετε)고 말씀하시는 것으로 시작하십니다.

이 미혹의 때는 기본적으로 (1) 전쟁, 기근, 지진 등이 그 대표적 양상으로 제시되는 어려운 일들이[27] 곳곳에서(κατὰ τόπους) 계속된

않도록 해야 한다는 알레고리적 해석도 합니다), 20세기에는 대부분 세대주의자들이 이렇게 해석하려 합니다. Cf. J. F. Walvoord, *Matthew: Thy Kingdom Come* (Chicago: Moody Press, 1974), 179-82; Stanley D. Toussaint, *Behold the King: A Study of Matthew* (Portland, OR: Multnomah, 1980), 266-72; 그리고 Barbierie, "Matthew," 76-77. 호머 켄트 교수도 성전 멸망만 70년에 성취되었고, 나머지는 전적으로 미래적이라고 하면서 주해하고 있습니다(Homer A. Kent, "Matthew," in *The Wycliffe Bible Commentary* [Chicago: Moody Press, 1962], 971-74).

이런 해석에 의하면, 이 강화가 말하는 것은 "예수님께서 세우시는 교회와는 상관이 없다"고 합니다(Barbierie, "Matthew," 76, 78, 79). 이는 이 세상과 특히 이스라엘에게(단 7:25) 내려질 계시록의 재앙들과 같은 예언이라고 합니다. "교회 시대의 택자들은 환란 전에 이미 하늘에로 휴거되었다"고 여기기 때문입니다(77). 그래서 25:1-30도 이스라엘에 대한 심판을 말하는 것이고(79-80), 25:31-46이 이방인들에 대한 심판을 말하는 것이라고 합니다(80-81). 소위 점진적 세대주의자들을 포함해서 세대주의자들은 지금도 이런 이상한 전제를 가지고 주해를 하므로, 본문의 의도와는 전혀 다른 논의를 이 본문에서 이끌어 내는 것입니다. 그와는 달리, 호머 켄트 교수는 4-14이 예언하는 전 삼년 반의 환란 후에 교회가 휴거한다고 주장합니다(Kent, "Matthew," 972). 소위 중간 휴거설을 주장하는 것입니다. 중간 휴거설은 Wilkins, *Matthew*, 779도 표명합니다. 이것도 옳지 않은 견해입니다.

이런 문제에 대한 가장 좋은 논박으로 G. E. Ladd, *The Last Things* (Grand Rapids: Eerdmans, 1978), 이승구 역, 최근판, 『조지 래드의 종말론 강의』(서울: 이레서원, 2017); 그리고 Hoekema, *The Bible and the Future*, chapter 13, 특히 『개혁주의 종말론』, 228-37을 보십시오.

[27] 전쟁, 기근, 지진을 "마지막 때를 특징짓는 전반적인 요동(unsettlement)의 부분들이다"고 말하는 Morris, *The Gospel According to Matthew*, 598을 보십시오.

자신이 살던 시기(4세기)가 세상 끝이라고 하면서 주변의 이런 모습을 열거하는 밀란의 암브로우스(340-397)의 생각도 살펴보십시오(Ambrose of Milan, *Commentary on the Gospel of Luke 10:9-12*, in Williams, ed. and trans., *Matthew*, 445). 그는 이 맥락에서 이와 함께 그리스도인들이 마땅히 싸워야하는 내면의 적인 정욕(lust) 등의 잘못된 감정들과의 영적 전쟁도 언급합니다(445f.).

대개 세대주의자들은 전쟁에 대한 언급을 계시록 6:3, 4이 말하는 둘째 인 재앙과 관련시키고, 기근을 계 6:5, 6이 말하는 셋째 인 재앙과, 지진을 계 6:7, 8이 말하는 땅의 1/4의 죽음을 가져 오는 넷

다고 합니다. 이렇게 말씀하셨으니 이에 대한 말을 들을 때에, (우리 말에 번역된 대로 근심하지(troubled) 말라기 보다는) "놀라지 (alarmed) 말라"고 하십니다(μὴ θροεῖσθε).28 왜냐하면 이 모든 것은 그저 "재난들의 시작"(ἀρχὴ ὠδίνων)이기 때문입니다. 유대인들이 기대하던 메시아가 오기 전에 있을 재난, 소위 "메시야적인 화"(the Messianic woes)를 생각하면서,29 재난이 시작되었으나 아직 "끝"(τὸ τέλος)은30 아니라는 것입니다. 이 때는 모든 사람들에게 다 어려운 때이고, 이 재난은 점점 더해 가는 것으로 시사(示唆)되어져 있습니다.31 이점을 주목하는 것이 중요합니다.

그러므로 우리는 이런 예언들의 "다중 성취"를32 생각하면서 이

째 인 재앙과, 9절의 죽임을 계 6:9, 11이 말하는 다섯째 인 재앙과, 지진을 계 6:12-14가 말하는 여섯째 인 재앙 연관시켜 해석하려 합니다(Kent, "Matthew," 972; Barbierie, "Matthew," 76).

28 이렇게 해석하는 Ridderbos, *Matthew*, 438을 보십시오. 그러나 이 "뜨로에오마이"(θροέομαι)에 그 두 가지 의미가 다 포함된 것으로 볼 수도 있다는 Morris, *The Gospel According to Matthew*, 598, n. 14도 보십시오.

29 이 "birth pains"를 말하는 다음을 보십시오. Ridderbos, *Matthew*, 438f.; R. E. Nixon, "Matthew," in *The New Bible Commentary*, third edition (Grand Rapids: Eerdamns, 1970), 845; Hill, *The Gospel of Matthew*, 320; France, *Matthew*, 338; Morris, *The Gospel According to Matthew*, 598f., n. 17; Mounce, *Matthew*, 230; Carson, "Matthew," 498; Wilkins, *Matthew*, 773; 그리고 Turner, *Matthew*, 573. 카슨은 이 어구가 이사야 13:8, 26:17; 예레미야 4:31, 6:24; 미가 4:9-10 등의 구절에서 근원한 것이라고 합니다(Carson, "Matthew," 498). 이 용어를 유대교에서 어떻게 사용했는지에 대한 용례 제시로 Allen, *Gospel According to S. Matthew*, 255를 보십시오. 요한복음 16:21f.를 연관시키면서 같은 요점을 말하는 Beare, *The Gospel according to Matthew*, 465도 보십시오.
그러나 이것으로부터 그 과정이 단속적인 것을 생각하든지 일련의 과정이라는 논의를 하는 (Conrad Gempf, "The Imagery of Birth Pangs in the New Testament," *Tyndale Bulletin* 45 (1994): 119-35, esp., 132-34, 그리고 이를 인용하여 말하는 Wilkins, *Matthew*, 773f.) 것은 오히려 추론에 추론을 더해 가는 것이니 주의해야 합니다.

30 문맥 상 그 "끝"을 예루살렘 멸망이라고 말하는(Allen, *Gospel According to S. Matthew*, 254, 255) 것은 제자들의 생각을 교정하시려는 예수님의 의도를 전혀 생각하지 않는 이상한 해석이 아닐 수 없습니다. 이런 생각 때문에 (1) 예루살렘 멸망과 (2) "파루시아"(παρουσία)에 따라 오는 "세상 끝"(συντελεία τοῦ αἰῶνος)을 다 연결시켜 논의하는 알렌의 이상한 해석이 나타납니다.
비슷하게 예수님께서 하신 말씀을 온전히 다 믿지 않기에 "예수님의 지식의 한계"를 말하고, Filson, *A Commentary on the Gospel to St. Matthew*, 257, 258), 예수님의 파루시아에 대한 시간 계산에서의 잘못을 언급하는(Dale C. Allison, *Jesus of Nazareth, Millenarian Prophet* [Minneapolis: Fortress, 1988], 218) 안타까운 해석들도 나타납니다.

31 이에 대해서 같은 견해를 말하는 Hoekema, *The Bible and the Future*, chapter 12, 특히 『개혁주의 종말론』, 209-27; Chamblin, "Matthew," 752; 그리고 Wilkins, *Matthew*, 78을 보십시오.

본문들을 해석하려고 해야 합니다. 윌킨스의 다음 같은 말은 이런 입장을 잘 요약합니다: "예수님께서는 주후 70년에 있을 성전 파괴에 대해서 언급하신다. 그러나 이 사건을 사용하셔서 마지막 때의 사건들을 미리 보여 주시는 것이다."33

(2) 그런데 이 때가 특히 그리스도인들에게는 더 어려운 때이니, 그리스도인들은 예수님을 믿고 전한다는 것 때문에34 "환란"(θλῖψις)을 당하는 때이기 때문입니다.35 그리스도인들이 환란에 넘겨질 뿐만 아니

---

³² 예언의 "다중 성취"(multiple fulfillment) 또는 "예언적 원근법"(prophetic foreshortening)에 대한 좋은 논의와 적용으로 William Hendricksen, *The Gospel of Matthew* (Grand Rapids: Baker, 1973), 846-48; Mounce, *Matthew*, 235; George Eldon Ladd, *The Presence of the Future* (Grand Rapids: Eerdmans, 1974), 310-11; idem, *Theology of the New Testament*, 198; Turner, *Matthew*, 566f.; 그리고 Gerhard Maier, *Matthäus-Evangelium* (Hänssler, SCM, 2007), 송다니엘 역, 『마태복음』 (서울: 진리의 깃발, 2017), 824 등을 보십시오. "이중 성취"(double fulfillment)라는 용어를 사용한 예로는 Craig L. Blomberg, "Interpreting Old Testament Prophetic Literature in Matthew: Double Fulfillment," *Trinity Journal* 23 (2002): 17-33을 보십시오.

주후 70년의 예루살렘 멸망이 예수님 재림 전의 상황에 대한 예기라는 견해도(Chamblin, "Matthew," 753; Blomberg, *Matthew*, 352; Carson, "Matthew," 495; Hagner, *Matthew 13-28*, 685; W. D. Davies and D. Allison, Jr., *Commentary on Matthew 19-28*, ICC, new series [Edinburgh: T&T Clark, 1997], 328-33; Craig S. Keener, *A Commentary on the Gospel of Matthew* [Grand Rapids: Eerdamns, 1999], 578-83; Frederick Dale Brunner, *Matthew: A Commentary*, revised edition, 2 vols. [Grand Rapids: Eerdamns, 1999], 2:474; Wilkins, *Matthew*, 771, 779, 782 (그런데 마 24:29-31이 과연 윌킨스가 말하고 있듯이 성전 멸망에 대한 예언도 포함하고 있는지는 의문입니다); 그리고 Ridderbos, *Matthew*, 441, 442f., 444) 이와 같은 견해로 볼 수 있습니다. 윌킨스는, 데이비드 터너를 인용하면서, 이런 입장이 "보수적 입장을 지닌 분들의 대다수의 견해"라고 합니다(Wilkins, *Matthew*, 771). 그런데 윌킨스는 세대주의적 색채를 어느 정도 유지하면서 이를 주장합니다(1) Wilkins, *Matthew*, 779, n. 24, 780 마지막 부분 등의 함의, 그리고 (2) Wilkins, *Matthew*, 784에서 "모든 지파"로 해석하는 이유, 그리고 (3) 31절이 말하는 "택자"들이 "대환란 시대에 그를 믿은 사람들"이라고 해석하는 785 등을 잘 보십시오). 그래서 그는 Alva J. McClain (1959), Ed Glasscock (1997) 등도 이런 견해를 말하는 이들로 제시합니다(790, n. 60).

이런 접근을 따르지 않으려는 France, *Matthew*, 335를 보십시오. 예언의 다중성취를 피하려고 그는 마태복음 24:21-35에 대한 과거주의적 해석을 하는 것입니다.

³³ Wilkins, *Metthew*, 771: "Jesus does allude to the destructions of the temple in A.D. 70, but he uses these events to foreshadow end-time events."

³⁴ 요 15:21, 딤후 3:12; 벧전 4:13-14을 인용하면서 ㅇ 것은 예수님에 대한 적대감이 그대로 그를 따르는 사람들에게 돌려지는 것 때문에 발생하는 것이라는 Wilkins, *Matthew*, 775도 보십시오.

³⁵ 여기 사용된 "환란"(θλῖψις)이라는 말은 그저 일반적인 어려움(trouble)이라는 말이지만, 문맥을 보면 독특한 의미가 부여되어 있음을 말할 수 있습니다. 이를 잘 구별하여 제시한 모리스의 다음 언급도 보십시오. Morris, *The Gospel According to Matthew*, 599: "They [Christians] must expect *special trouble* in the last days and not simply the suffering they share with all people.... They will suffer persecution simply because they bear the name 'Christian.'"(강조는 덧붙인 것임). 그래서 이를 아예 "박해"(persecution)라고 표현하는 Wilkins, *Matthew*, 774; Turner, *Matthew*, 574

라, 죽임을 당하는 일도 발생한다고 하시고, 그리스도인이라고 하는 사람들이 서로 잡아 주고,36 서로 미워하는 일도 발생한다고 합니다.

이에 대해서 우리는 구속 성취 후부터 재림까지의 기간 전체가 그리스도인들에게는 "환난 시기"인데, 이 본문은 예루살렘 멸망에 대한 예언을 사용하여 더 앞에 있을 일, 즉 "재림 직전의 더 집중된 환난 시기"인 "대 환난"(θλῖψις μεγάλη)에 대해서 예언하고 있는 것으로 보는 것이 좋을 것입니다. 이런 입장을 가장 잘 표현하고 있는 안토니 후크마의 다음 같은 말에 주의해 보십시오:

> 초림과 재림 사이의 기간을 환난의 때로 특징짓는 것이 좋으리라고 결론 내릴 수 있다. … 예수님이 다시 오실 바로 그 직전에 **최후의, 결정적인 대환난**이 있으리라는 것도 동시에 인정해야 한다. … 지금까지 일어났던 환난들 중 가장 강도가 높은 형태의 큰 환난이 될 것임에 틀림없다.37

같은 입장에서 해그너는 이 큰 환난에 대한 묘사가 70년의 격변적 사건에 대한 언급으로서는 과장법이고, 종말론적인 상황에 대한 언급으로는 문자적이라고 적절하게 말합니다.38

그러므로 기본적인 그림은 그리스도인들이 이 환란을 통과해 가는 것으로 말씀하셨음을 분명히 해야 합니다. 하나님께서 성도들이 이

도 보십시오.

그런데 세대주의자들은 **그들의 문자주의적 해석**을 드러내면서, 여기서 말하는 "너희들은" 유대인들이라고 합니다. 그래서 이는 적-그리스도가 등장하여 이스라엘과 맺은 언약을 깨고(단 9:27), 유대인들에게 큰 박해를 가하게 할 것이고, 심지어 예루살렘에 그의 성전을 세울 것이고(살후 2:3-4), 많은 유대인들을 죽일 것임(마 24:9)에 대한 말씀이라고 아주 독특하게 해석합니다(Barbierie, "Matthew," 76f.). Kent, "Matthew," 972에서도 이는 다니엘 9:25-27에서 언급된 70째 주의 이스라엘의 환란에 대한 것이고, 계시록 6-19장과 같은 미래 재앙에 대한 말씀이라고 합니다. 그는 4-14이 전삼년 반에 대한 예언이고, 이후에 교회가 휴거하고, 15-28이 후삼년 반에 대한 예언이라고 해석합니다(972).

36 "이런 배교는 그들이 참 제자들이 아니었다는 증거이다"(Wilkins, *Matthew*, 775).

37 Hoekema, *The Bible and the Future*, chapter 12, 특히 『개혁주의 종말론』, 210f. , 강조점은 덧붙인 것임. 비슷한 이해의 표현으로 Chamblin, "Matthew," 753도 보십시오.

38 Hagner, *Matthew 14-28*, 702-3.

어려움 속에서 잘 견디도록 해 주신다고 했습니다.[39] 즉, 이 환란을 피하라고 또는 환란을 면할 것이라고 하지 않으셨음에 주목해야 합니다.[40] 특히 조금 후에 말씀하시는 "그러나 끝까지 **견디는 자는** 구원을 얻으리라"(ὁ δὲ ὑπομείνας εἰς τέλος οὗτος σωθήσεται, 마 24:13)는 말씀은 이것을 더 분명히 합니다. 모리스가 잘 표현하고 있는 것처럼, "구원 받는 신앙(saving faith)은 어떤 확고한 선언이나 좋은 의도를 가진 시작에 의해서가 아니라, 인내로 알려지는 것입니다."[41] 성도들은 환란 가운데서 끝까지 견뎌야 하는 자들로 묘사되고 있습니다.

(3) 더구나 초림부터 재림까지의 시기에 거짓 선지자가 많이 일어나 많은 사람을 미혹케 하고, 거짓 그리스도들도 많이 등장할 것이라고 하셨음을 유념해야 합니다. 그래서 자세한 설명을 하시면서는 "그 때에 사람이 너희에게 말하되 보라 그리스도가 여기 있다 혹은 저기 있다 하여도 믿지 말라"(마 24:23)고 말씀하기도 하십니다.[42] 참된 성도는 믿

---

[39] 이 점을 강조하는 Morris, *The Gospel According to Matthew*, 601; 그리고 Maier, 『마태복음』, 821, 826을 보십시오. 이전에 이 시기 전체가 어려운 시기이지만 "그리스도에게 의존하여 그들은 끝까지 확고히 설" 것이라는 강조를 한 John Calvin, *A Harmony of the Gospels: Matthew, Mark, and Luke*, vol. 3, *James and Jude*, trans. A. W. Morrison, Calvin's New Testament Commentaries 3 (Edinburgh: The Saint Andrews Press, 1972, reprint, Grand Rapids: Eerdmans, 1978), 77, 80을 보십시오.

[40] 이점을 잘 설명하고 강조하는 Hoekema, *The Bible and the Future*, chapters 12, 13, 특히 『개혁주의 종말론』, 211 ("... 환난을 겪지 않고 통과할 것이라는 주장은 예수님의 말씀 어느 곳에서도 지지 받을 수 없다."); 232 ("교회의 휴거는 대환란 이후에 오는 것으로 묘사하고 있음을 볼 수 있다."); 그리고 Maier, 『마태복음』, 826을 보십시오.
그러므로 J. F. Walvoord, *Matthew: Thy Kingdom Come* (Chicago: Moody Press, 1974), 184 등에 표현된 세대주의자들의 주장의 문제점은 나름대로 성경에 충실하려고 한다고 하면서 사실은 성경에 충실하지 않은 것입니다. 이런 문제점에 대한 비판과 교정으로 Ladd, 『조지 래드의 종말론 강의』도 보십시오.

[41] Morris, *The Gospel According to Matthew*, 601. 리더보스의 다음 말도 주목하여 보십시오: "그렇게 끝까지 견디는 사람들만이 구원 받는다. 그러나 그들의 구원은 확실하다(certain)." (Ridderbos, *Matthew*, 440). 왜냐하면 하나님께서 성령님을 통해 끝까지 견디게 해 주시기 때문이라고 잘 설명하는 Wilkins, *Matthew*, 776도 보십시오.

[42] Blomberg, *Matthew*, 361에서는 예수님께서 1914년에 은밀하게 공중에 재림하셔서 다스리고 계신다는 여호와의 증인들의 주장이 하나의 대표적인 예로 언급될 수 있다고 합니다. 본래 찰스 러셀(Charles Taze Russell)이 1874년에 재림이 있으리라고 하였고, 여호와의 증인들은 이를 1914년으로, 또 1918년으로, 또 1925년으로 바꾸어 갔습니다.

어야 할 것과 믿지 말아야 할 것을 잘 구별하여, 성경이 가르치는 믿을 것은 목숨까지 다하여 믿고, 믿지 않을 것은 전혀 믿지 말아야 합니다. 이와 연관해서 카슨은 "빈 머리로 그저 믿는다고 하는 것은 고질적인 회의주의만큼이나 **참 신앙에 대한 대적**"이라고 말하기도 합니다.[43]

계속해서 거짓 선지자들과 거짓 그리스도가 등장하여 "큰 표적과 기사를 보여 할 수만 있으면 택하신 자들도 미혹하리라"(마 24:24)고 했습니다.[44] 따라서 표적과 기사가 일어나는 것이 다 옳은 것이 아니며, 그것들 때문에 미혹 받지 않도록 주의해야 합니다. 이런 것에 미혹되는 것도 유혹에 넘어가는 것이고, 그 악한 자에게 빠지는 것이 됩니다. 우리는 "보라 내가 너희에게 미리 말하였노라"(마 24:25)라고 말씀하시는 예수님의 그 심정을 헤아릴 수 있어야 합니다.[45]

예수님의 실제 "오심"(παρουσία)은,[46] 후에 말씀하실 것(마 24:27, 30)과 같이, 누구나 볼 수 있는 방식으로 "보편적"이고, "그 범위와 효과에 있어서 우주적으로" 이루어집니다.[47] 즉, 그 일이 이루어

---

[43] Carson, "Matthew," 503, 강조점은 덧붙인 것임.

[44] 이 때 거짓 선지자들은 그리하려 하지만 실제로 택하신 자들은 하나님께서 지키심으로 미혹되지는 않는다는 좋은 논의로 Carson, "Matthew," 503; Morris, *The Gospel According to Matthew*, 607; 그리고 Blomberg, *Matthew*, 361, 특히 n. 51을 보십시오(*Pace* I. Howard Marshall, *Kept by the Power of God*, revised edition [Minneapolis: Bethany, 1975], 72-73).

[45] 터너의 다음 말도 주목해 보십시오. Turner, *Matthew*, 578: "예수님께서는 하나님의 택자들을 보존하시기 위해서 이 위험에 대해서 미리 경고하신 것이다."

[46] 이 본문에서 제자들의 질문(마 24:3)과 예수님의 말씀 가운데서(24: 27, 37, 39), 신약의 다른 부분에서 예수님의 재림을 지칭하는 전문 용어로 사용된(고전 15] 23; 살전 2:19; 약 5:7-8; 요일 2:28) "임함"(παρουσία)이라는 용어가 복음서 가운데서는 유일하게 마태복음에서만 사용되어 있습니다. 객관적 사실이므로 이를 지적하는 사람들이 많으나 대표적인 예로 Tasker, *The Gospel According to St. Matthew*, 228; R. E. Nixon, "Matthew," in *The New Bible Commentary*, third edition (Grand Rapids: Eerdamns, 1970), 845; 그리고 Brown, *Matthew*, 275를 보십시오.

여기 사용된 "파루시아"를 예수님께서 천상 보좌에 등극하신 것으로 보는 해석(Brown, *Matthew*, 277)이나 역시 같은 입장을 취하면서 "파루시아의 이미와 아직 아니"를 말하는 리브스의 논의(Reeves, *Matthew*, 474)는 오히려 논의를 복잡하게 하고 혼동을 일으키는 논의라고 여겨집니다.

[47] Blomberg, *Matthew*, 361. 또한 다음도 보십시오. Filson, *A Commentary on the Gospel to St. Matthew*, 255, 256 (그의 전체적 논의는 안타깝지만, 적어도 이점은 분명히 하고 있다); Carson, "Matthew," 503; Chamblin, "Matthew," 752; 그리고 Morris, *The Gospel According to Matthew*,

졌을 때 예수님의 재림이 왔다는 것을 인식하지 못할 사람이 하나도 없게 하는 방식으로 이루어집니다. 그러나 그 때까지는 언제 주께서 재림하실지 아무도 모른다고 하셨습니다. 그러므로 모든 시한부 종말론은 성경의 가르침에서 벗어나 그 악한 자의 유혹에 넘어간 것입니다.

(4) 초림부터 재림까지의 이 시기는 불법(ἀνομία), 즉 죄가 성하고,48 많은 사람들의 사랑이 식는 시기로 묘사되어 있습니다. 그 둘의 인과 관계를 드러내며 말씀하신 것에 주의해야 합니다. "불법의 성함을 통해서"(διὰ τὸ πληθυνθῆναι τὴν ἀνομίαν), 또는 그것으로 말미암아 "많은 사람들의"(τῶν πολλῶν)49 "사랑이 식는다"(ψυγήσεται ἡ ἀγάπη)고 표현되었습니다.50 인간 사회가51 사랑으로 묘사되기 보다는 불법, 즉 죄로 묘사되는 시기가 된다는 것입니다. 이것이 속죄의 완

607: "It will be open and public; nobody will need to be told about it."
그러므로 세대주의자들이 말하는 은밀한 재림(secret coming) 같은 것은 없는 것입니다. 이를 잘 강조하는 다음을 보십시오. Louis Berkhof, *Systematic Theology* (Grand Rapids: Eerdmans, 1949), 695f.; George E. Ladd, *Blessed Hope* (Grand Rapids: Eerdmans, 1956); Robert H. Gundry, *The Church and Tribulation* (Grand Rapids: Eerdmans, 1973); Ladd, *The Last Things*, chapters 4, 5; Hoekema, *The Bible and the Future*, chapter 13; 그리고 Reeves, *Matthew*, 474.

48 우리말에서 "성하고"로 번역된 것이 잘 된 번역이니, "플레뚜노"(πληθύνω)는 "더 많아 지다, 증가하다"(increase, multiply) 등의 의미를 가지기 때문입니다.

49 이는 "대다수"(the majority)를 뜻하는 말이라고 하는 Moffatt ("most of you")와 모리스의 말에 주의하십시오(Morris, *The Gospel According to Matthew*, 601). Mounce, *Matthew*, 231; Davies and Allison, *The Gospel according to St. Matthew*, 3:343, n. 98; Gundry, *Matthew*, 480; France, *Matthew*, 338; 그리고 Wilkins, *Matthew*, 775도 같은 의견을 표합니다.

50 이런 희랍어 표현과 (이를 유의하면서 번역된 영어 번역들에) 주목하면서 이에 대해서 다음과 같이 말하는 모리스의 표현도 주목해 보십시오: "So with the upsurge of lawlessness there is a cooling off of love. The one necessarily involves the others."(Morris, *The Gospel According to Matthew*, 601).

"하나님은 불이시고(히 12:29; 신 4:24), 천사들은 불의 화염(히 1:7; 시 104:4)이며, 성도들은 모두 열정적(롬 12:11, fervent in spirit)이어야 하니, 하나님의 사랑에서 떨어진 사람들은 그 반대로 하나님에 대한 정서가 차가와 지는 것은 분명하다"고 하면서 이를 설명하는 오리겐의 알레고리적 해석으로 Origen, *On the First Principles*, 2. 8. 4, in Williams, ed., *Matthew*, 445를 보십시오. 그는 심지어 사단이 뱀과 용이라고 불리웠으니 얼마나 차가운가라고 물으면서 바다에서 올라온다(겔 29:3, 32:2, 렘 1:14)는 표현들과 북방으로부터라는 구절에서 북에서 부는 바람(시락 43:20)의 차가움까지를 이와 연결시켜 말합니다. 오리겐의 전형적인 알레고리적 해석이 어떤 문제를 가지고 있는지를 잘 보여주는 것입니다.

51 이점을 강조하는 Filson, *A Commentary on the Gospel to St. Matthew*, 254: "… in their social environment."

성 이후 예수님의 재림 때까지의 특성으로 묘사되고 있습니다. 상당히 부정적인 것이 지배하는 세상이 될 것임을 말씀하십니다.

이와 같이 부정적인 시기에 유일하게 의미 있고 가치 있는 일은 (5) 이전에 예수님께서 선포하신(마 4:23; 9:35) "이 천국 복음"(왕국 복음, τοῦτο τὸ εὐαγγέλιον τῆς βασιλείας)이[52] "모든 민족에게"(πᾶσιν τοῖς ἔθνεσιν) "증언되기 위하여"(혹 "증언으로," εἰς μαρτύριον)[53] "온 세상에"(ἐν ὅλῃ τῇ οἰκουμένῃ)[54] 전파되는(κηρυχθήσεται) 일입니다.[55] 이것이 온전히 이루어지면 "그제야 끝이 온다"(τότε ἥξει τὸ τέλος)고 하셨습니다. 그러므로 우리들은 이 어려운 시기를 지내면서 어려움 가운데서도 "그리고 때로는 그 핍박들 때문에(행 8:1, 4)"[56] 더욱 더 열심히 천국 복음을 전파하던 이전 선배들과 같은 사람들이 되어야 합니다.[57]

이와 같이 예수님께서는 앞으로 그가 다시 오실 때까지 큰 어려

---

[52] 이전에 예수님께서 선포하신 이 천국 복음을 이제는 제자들이 선포합니다(Cf. Morris, *The Gospel According to Matthew*, 601). 이 "천국 복음"(마 4:23; 9:35; 24:14)이 뜻하는 것이 무엇인지는 성경이 말하는 "천국," 즉 "하나님 나라"를 잘 생각해 보아야 제대로 말할 수 있습니다. 이 책의 6, 7, 8장을 잘 살펴보고서 우리가 전파해야 할 천국 복음의 의미를 정리해 보십시오.

[53] 이에 대해서 설명하면서 "복음의 본질은 하나님께서 그리스도 안에서 행하신 일이니," 그리스도께서 구속을 이루셔서 "많은 사람을 위한 대속물"이 되셨음을 증언하는 것이 복음 전도라고 하면서 복음 선포는 이 큰 사실에 대한 증언으로 이루어지는 것임을 잘 설명하고 있는 Morris, *The Gospel According to Matthew*, 602를 보십시오. 또한 Maier, 『마태복음』, 822도 보십시오.

[54] 이를 "사람들이 사는 모든 곳"이라고 직역한 Ridderbos, *Matthew*, 440도 보십시오.

[55] 그러므로 이 선포가 예수님의 제자들이 하는 선포가 아니라, 천사들이 하늘에서 모든 것을 종결지우기 위해서 하는 묵시적(apocalytic) 사건이라고 주장하는 예레미아스의 견해는(Joachim Jeremias, *Jesus' Promise to the Nations* [London: SCM Press, 1958], 22ff.) 너무나 독특한, 그리고 이상한 견해라고 해야 합니다.

또한 로마서 10:16-18에 근거해서 바울이 로마서를 쓸 즈음에는 이미 복음이 당대의 땅 끝까지 다 전파되었다고 생각했다고 하면서(과거주의적 해석을 하는 분들과 근자의 Brown, *Matthew*, 275) 이 모든 예언이 70년 이전에 다 이루어진 것이라고 보는 것도 이상한 해석이라고 해야 할 것입니다.

[56] 이점을 언급하는 Carson, "Matthew," 499를 보십시오. 이와 관련해서 터툴리안의 그 유명한 말인 "순교자의 피는 교회의 씨앗"이라는 말을 인용하는 Blomberg, *Matthew*, 357도 보십시오.

[57] 여기서 배도하는 사람들은 "핍박을 피하기 위하여 이 세상에서 그리스도의 법에 따라 살기를 그만 둘 뿐만 아니라, 이 세상에 복음 전하기를 그만 둔다"고 지적하는 건드리의 말을 유념하는 것이 좋을 것입니다(Gundry, *Matthew*, 480). 마태의 작업을 강조하면서 논의하여 이 말씀들이 예수님에게서 온 것임을 모호하게 하는 문제를 가진 건드리지만, 이는 중요한 요점이니 명심해야 합니다.

움이 계속 있을 것을 담담하게 그려 주십니다. 그러나, 모리스가 잘 관찰하고 있듯이, "제자들로 하여금 최후 승리의 확실성을 잊지 않도록 하십니다."[58] 하나님 나라 백성들은 그것을 확신하면서, "그 악한 자"에게서 우리들을 종국적으로 구하여 달라고 기도합니다.

다니엘서 7장에 나타나는 이상(vision)과 그에 대한 설명을 통해서도 비슷한 그림을 그려 볼 수 있습니다. 앞으로 나타날 세계 제국들에 대한 묘사와 설명이 있고(단 7:2-8, 17), 그 중에 가장 강력하여 다니엘에게 큰 심리적 압력을 준 마지막 제국에 대하여 다음과 같은 설명이 주어져 있습니다.

> 넷째 짐승은 곧 땅의 넷째 나라인데 이는 다른 나라들과는 달라서 온 천하를 삼키고 밟아 부서뜨릴 것이며, 그 열 뿔은 그 나라에서 일어날 열 왕이요 그 후에 또 하나가 일어나리니, 그는 먼저 있던 자들과 다르고 또 세 왕을 복종시킬 것이며, 그가 장차 지극히 높으신 이를 말로 대적하며, 또 지극히 높으신 이의 성도를 괴롭게 할 것이며, 그가 또 때와 법을 고치고자 할 것이며, 성도들은 그의 손에 붙인 바 되어 한 때와 두 때와 반 때를 지내리라(단 7:23-26).[59]

일차적으로 이는 로마 제국의 등장과 무너짐에 대해서 말하는 것이지만, 동시에 궁극적으로는 최종의 적 그리스도적 세력의 등장에 대해서 말하는 것입니다.[60] 그 중의 가장 극심한 어려움의 때를 "세 때 반"으

---

[58] Morris, *The Gospel According to Matthew*, 602. 또한 (비평적 입장을 가지기에 모호한 내용과 함께 있지만) 이점에서는 비슷한 요점을 말하는 Schnackenburg, *The Gospel of Matthew*, 245도 보십시오.

[59] 이 구절에 대한 전혀 다른 해석으로 Ladd, *The Last Things*, ch. 6, 『개혁주의 종말론 강의』, 76-77을 보십시오. 이하에 제시한 해석과는 전혀 다른 해석이므로 이는 다른 해석의 문제로 놓고, 그 중에 어떤 해석이 좋은지에 대해서는 후에 생각하는 것이 좋을 것입니다. 지금으로서는 래드의 이 해석이 자신이 한 동안 가졌던 세대주의 해석에 대한 반감에서 나온 너무 지나친 해석이라고 여겨집니다.

[60] 이를 이와 같이 일차적으로는 로마 제국의 흥망을 말하며 결국 종국적 적-그리스도(the

로 표현하여 과거 이스라엘 백성들이 마음에 뼈저리게 기억하고 있는 지극한 어려움의 때인 아합 아래서 기근이 있던 "3년 반"을 생각하도록 합니다.61 이를 통해서 장차 상상하기 어려운 어려움의 때가 있을 것임을 말합니다.62

이것이 예수님께서 소묵시록에서 말씀하신 "큰 환란"의 때입니다. 예수님께서는 "창세로부터 지금까지 이런 환난이 없었고, 후에도 없으리라"(마 24:21)고 말씀하십니다. 여기서도 성도들은 그 어려움의 때를 피하여 가는 것이 아니라, 인내하면서 그것을 견뎌나가는 것으로 묘사되고 있음에 주목해야 합니다. 예수님께서 "그 날들을 감하지 아니하면 모든 육체가 구원을 얻지 못할 것이나 그러나 택하신 자들을 위하

Anti-Christ)에 대한 상징적 예언으로 보는 다음 해석들을 보십시오: C. F. Keil, *Daniel*, Commentary on the Old Testament, vol. IX, trans. M. G. Easton (Grand Rapids: Eerdmans, 1976), 241-42, 265, 267f., 특히 계시록 13장에 나오는 짐승과 연관시켜 설명하는 275f., 281-83; Robert D. Culver, "Daniel," in *Wycliffe Bible Commentary* (Chicago: Moody Press, 1962), 789-790 (그는 네 번째 제국은 로마 제국인데, 작은 뿔이 최종적 적그리스도를 말하는 것이라고 세분하여 제시합니다); Edward J. Young, "Daniel," in *New Bible Commentary*, 3rd edition (Leicester, IVP and Grand Rapids: Eerdmans, 1970), 697; J. Dwight Pentecost, "Daniel," in *The Bible Knowledge Commentary, Old Testament* (Wheaton, IL: Voctor Books, 1985), 1351-54; 그리고 Willem A. VanGemeren, "Daniel," in *Evangelical Commentary on the Bible* (Grand Rapids: Baker, 1989), 596f.

그러나 이 최종적 적-그리스도가 어떤 것인지를 단언하지 않는 것이 좋습니다. 드와이트처럼 "전세계적 독재자 아래서의 세계 정부"라고 너무 구체적으로 말하는 것(Pentecost, "Daniel," 1354)이나 그가 "3년 반 동안 예루살렘을 그의 수도로 삼을"(Pentecost, "Daniel," 1354) 것이라고 단언하는 것은 지나치다고 여겨집니다. 영(Young)이 말하고 있듯이, "상징적 표현으로부터 이 작은 뿔이 한 사람인지, 한 정부인지, 정부들의 연합인지, 아니면 이데올로기인지를 단언하여 말하는 것은 불가능하다"(Young, "Daniel," 697)고 하는 것이 훨씬 건전할 것입니다. 그러나 이로부터 최종적 적그리스도적 존재가 없다 (G. C. Berkouwer, *The Return of Christ* [Grand Rapids: Eerdmans, 1972], 271)는 식으로 논의를 전개하는 것은 또 다른 심각한 문제를 일으키니 주의해야 합니다. 데살로니가후서 2:1-12에서 이에 대한 좀 더 구체적 정보를 주고 있는 바에 따라 가야 합니다. 이에 대해서 Herman Ridderbos, *Paul: An Outline of His Theology*, trans. John Richard De Witt (Grand Rapids: Eerdmans, 1975), 521-26, 그리고 Hoekema, *The Bible and the Future*, ch. 12, 특히 『개혁주의 종말론』, 221-27을 보십시오.

61 비슷한 의견을 제시한 사람들 가운데, 기본적으로 7의 반이라는 상징적 의미를 우선으로 해야 하지만, 이것까지를 추론할 수 있지 않을까 하는 Keil, *Daniel*, 243을 보십시오. 카일은 이것이 래머트(Lämmert)가 제시한 견해라고 하면서, 그와 함께 이런 추론까지 할 수 있지 않을까 하는 논의를 합니다. 그는 아마도 Eberhard Lämmert를 말하는 것이라고 보여집니다.

62 그러므로 이것과 이를 풀어 표현한 계 12:6의 1,260일, 계 11:2, 13:5 등의 42달을 동일시할 수는 있지만, 그것에서 더 나아가 이를 구체적으로 3년 반이라고 생각하는 것은 건전한 성경해석이 아니라고 보아야 합니다. 이는 극심한 어려움의 시기를 유대인들이 잘 이해하도록 표현하는 표현일 뿐입니다.

여 그 날들을 감하시리라"(마 24:22)고 하실 때 그 의미도 참 성도들이 이를 피한다는 의미로 말씀하신 것이 아니라, 이 기간이 전체적으로 한정되어 있어서 참 성도들이 비록 어렵지만 견딜 수 있게 하실 것이라는 의미로 이해해야 합니다.63

적 그리스도적 세력은 "일정한 기간 동안" 다스릴 것입니다.64 그러나 그의 때는 짧습니다.65 "한 때, 두 때, 반 때"라는 표현은 무한히 계속될 것 같던 그 세력이 갑자기 멸망하는 것을 표현하는 것입니다.66 더구나, 그 세력을 표현하는 뿔에 대해서 이전에 말씀하시기를 "내가 본즉 이 뿔이 성도들과 더불어 싸워 그들에게 이겼더니"(단 7:21)라고 말합니다. 그런 상황에서 하나님께서 개입하지 아니하시면 성도들은 도무지 희망이 없는 것으로 나와 있습니다.

그러나 바로 그 때에 하나님께서 개입하여 오셔서 "심판이 시작되면 (이제까지 강력한 권세를 부리고 성도들을 억압하던) 그는 권세를 빼앗기고 완전히 멸망할 것"이라고 합니다(단 7:26).67 하나님께서 그 악한 자와 그의 세력을 종국적으로 심판하실 것임을 말합니다. 영 교수가 잘 표현하는 대로, "이 심판은 하나님께서 그의 백성들을 위해서 행하시는 심판입니다. 그리하여 그들이 그 나라를 영원히, 그리고 확고히 소유하게 될 것입니다."68 그래서 종국적으로 우리는 그 때를 바라보면

---

63 이에 근접하는 Blomberg, *Matthew*, 360도 보십시오.

64 "세 때 반"이 "일정한 기간"(a definite period) 등안 다스릴 것임을 말한다고 해석하는 VanGemeren, "Daniel," 597을 보십시오.

65 "세 때 반"이라는 언급이 이 세력이 "짧음"을 표현하기 위한 것이라고 해석하는 Culver, "Daniel," 791을 보십시오("His time will be short.") 마 24:22과 연관하여 이렇게 볼 수 있는 가능성도 말하는 Keil, *Daniel*, 243도 보십시오.

66 이런 해석을 잘 설명하는 Young, "Daniel," 697을 보십시오. 그 배후에 카일이 인용하여 소개한 Johann Heinrich August Ebrard (1818–1888)의 *Die Offenbarung Johannis* (Königsberg: Unzer, 1853), 49와 Theodor Friedrich Dethlof Kliefoth (1810–1895)의 다니엘서 주석(*Daniel* (Schwerin, 1868))이 있을 것입니다(Keil, *Daniel*, 244).

67 이 구절과 사후 2:8, 계 19:20을 연관시키는 것은 좋습니다.

서 "그 악한 자에게서 우리를 구하옵소서"라고 기도합니다. 하나님께서 친히 개입하지 않으시면 우리 자신으로서는 멸망하는 것인데 하나님께서 심판하러 오셔서, 그 악한 자가 권세를 빼앗기고, 온전히 멸망합니다. 이것에 대해서 "옛적부터 항상 계신 이가 와서 지극히 높으신 이의 성도들을 위하여 원한을 풀어 주셨고, 때가 이르매 성도들이 나라를 얻었더라"(단 7:22)라고 표현합니다.[68] 하나님께서 친히 오셔서 우리를 구하시고 원수들을 심판하시는 것을 "원한을 풀어 주시는" 것이라고 했습니다.

이런 과정을 통해서 "나라와 권세와 온 천하 나라들의 위세가 지극히 높으신 이의 거룩한 백성에게 붙인 바" 될 것이라고 합니다(단 7:27). 그리고 그들이 계속해서 통치에 참여함을 분명히 하면서 "지극히 높으신 이의 성도들이 나라를 얻으리니, 그 누림이 영원하고 영원하고 영원하리라"(단 7:18)고 표현합니다. 다니엘서의 표현 중의 아주 독특한 부분은 이렇게 성도들이 나라를 얻는 것을 인자 같은 이가 나라를 얻는 것과 연관시키고 있는 것입니다.[70]

잘 생각해 보면, 이는 자연스러운 것이니, 이 인자 같은 이는 참으로 성도들을 위해서 놀라운 일을 성취하시고 결국 구속 사역을 통해 그들을 위해 나라를 얻어 주시는 것이기 때문입니다.[71] 그래서 때로

---

[68] Young, "Daniel," 697.

[69] 이 세대주의자들은 여기 언급된 "성도들"이 이스라엘을 말하는 것이고 신약 교회는 포함하지 않는다고 그들의 전형적인 문자주의적 해석을 합니다(Culver, "Daniel," 791; Pentecost, "Daniel," 1352, 1354). 이런 것이 그들의 지나친 문자주의적 해석의 문제입니다. 이런 문자주의적 해석에 대한 좋은 비판으로 Hoekema, *The Bible and the Future*, chapter 15를 보십시오.
세대주의적 입장을 반박하면서 이 구절들이 말하는 "성도들"이 유대인들이 아니고 "구속된 사람들인 참 신자들" 전체를 언급하는 것이라는 Young, "Daniel," 697; 그리고 Keil, *Daniel*, 239의 논의를 보십시오.

[70] 이 구절에 대한 자세한 설명을 위해서는 이승구, 『성경신학과 조직신학』 (서울: SFC, 2018), 149ff.에 나오는 "다니엘 7장의 '인자 같은 이'와 '성도들'의 관계"를 보십시오.

[71] 영(Young)은 "그들은 스스로 그 나라를 얻은 것이 아니라 인자에 대한 믿음으로 이를 받게 되었음"도 강조합니다(Young, "Daniel," 697). 이에 대해서 위의 각주가 언급한 논의도 참조해 보십시오.

는 인자 같은 이에게 "권세와 영광과 나라를 주고 모든 백성과 나라들과 다른 언어를 말하는 모든 자들이 그를 섬기게 하였으니 그의 권세는 소멸되지 아니하는 영원한 권세요 그의 나라는 멸망하지 아니할 것이니라"(단 7:14)라고 말하여, 인자 같은 이의 영원한 통치를 말하기도 하고, 또 때로는 "지극히 높으신 이의 성도들이 나라를 얻으리니, 그 누림이 영원하고 영원하고 영원하리라"(단 1:18)와 같이 성도들이 나라를 얻어 영원히 누리게 될 것임을 말하기도 합니다.

그리고 한 번은 이 둘을 섞어서 표현하기도 하니, "나라와 권세와 온 천하 나라들의 위세가 지극히 높으신 이의 거룩한 백성에게 붙인 바 되리니, 그의 나라는 영원한 나라이라 모든 권세 있는 자들이 다 그를 섬기며 복종하리라"(단 7:27)라고 표현합니다. 앞부분에서는 성도들이 그 나라를 얻는다고 말하고, 뒷부분에서는 이것이 하나님의 영원한 통치임을 표현하기도 합니다. 그것을 기대하면서 성도들은 계속해서 "나라가 임하옵시며"라고 기도하면서, 예수님께서 재림하여 이 일을 온전히 이루시기를 바라는 것입니다.

이와 같이 성도들은 이 세상에서 계속해서 고난과 환란을 통과해 가면서 굳게 견뎌 나갈 것이고, 종국적으로 우리로서는 실패할 수밖에 없는 상황 속에 있을 때, 하나님께서 오셔서 온 세상을 심판하여 그 악한 자로부터 우리들을 종국적으로 구하신다는 것이 다니엘서가 그려 주고 있는 종국의 모습입니다.

요한계시록에서도 이런 다니엘서의 예언을 반영하면서 성도들이 그 스스로는 실패할 수밖에 없는 상황에서 그리스도의 재림으로 모든 것이 반전(反轉)될 것임을 다양하게 묘사하고 있습니다. 소위 일곱 인(印) 재앙을 말하는 부분에서도(계 6:1-7:17) 온 세상에 있을 어려움을 예언적으로 묘사한 후에 하늘에서 순교자들의 "영혼들이" 하나님께 큰 소리로 "거룩하고 참되신 대주재여! 땅에 거하는 자들을 심판하여 우리 피를 갚아 주지 아니하시기를 어느 때까지 하시려 하나이까?"라고 기도할 때에(계 6:10), 하나님께서는 "아직 잠시 동안 쉬되 그들의 동무 종들과 형제들도 자기처럼 죽임을 당하여 그 수가 차기까지 하라"(계 6:11)고 대답하시면서, 소위 여섯 번째 인의 재앙인 "어린 양의 진노"가 내려지는 것을 묘사하고 있습니다(계 6:12-17). 이것이 믿지 않는 사람들에게도 어려운 때여서 그들은 "산들과 바위에게 말하되 '우리 위에 떨어져 보좌에 앉으신 이의 얼굴에서와 그 어린 양의 진노에서 우리를 가리라"라고 말할 정도로 어려운 때이지만, 이전의 하나님의 말씀에 비추어 보면 이 때에 "동무 종들과 형제들도 [순교자들]처럼 죽임을 당하여 그 수가 차기까지" 하는 기간이기도 합니다. 성도들이 극한 환란과 어려움을 당하는 때라는 말입니다.

이렇게 극한 어려움 후에야 "각 나라와 족속과 백성과 방언에서 아무도 능히 셀 수 없는 큰 무리가 나와 흰 옷을 입고 손에 종려 가지를 들고 보좌 앞과 어린 양 앞에 서서[72] 큰 소리로" 하나님을 찬양하기를 "구원하심이 보좌에 앉으신 우리 하나님과 어린 양에게 있도다"라고 할 것입니다(계 7:9-10). 이들을 묘사할 때도 "이는 **큰 환난에서 나오는 자들**"(계 7:14)이라고 합니다.[73] 승리한 성도들은 이와 같이 큰 환란을 **통과한 존재들**로 묘사되고 있습니다. 이와 관련해서 성도들에게는 순교, 즉 죽음도 승리라는 것을 유념할 필요가 있습니다.

---

[72] 이런 표현이 문자적으로 취할 것이 아니고 그리스도의 구속을 통해 죄를 극복하였음을 표현하는 것이라는 점을 잘 지적하고 있는 G. R. Beasley-Murray, "Revelation," in *New Bible Commentary*, 3rd editin (Leicester: IVP and Grand Rapids: Eerdamsnd, 1970), 1291; 그리고 Alan F. Johnson, "Revelation," in *Expositor's Bible Commentary*, vol. 12 (Grand Rapids: Zondervan, 1981), 486을 보십시오.

[73] 이 "큰 환란"이 마태복음 24:9, 21, 29이 말하는 큰 환란이라는 전천년주의자인 Wilber Smith, "Revelation," in *Wycliffe Bible Commentary* (Grand Rapids: Zondervan, 1962), 1508의 논의도 보십시오. 역시 일반적 어려움이 아니라 최종적 시련에 대한 언급이라는 Beasley-Murray, "Revelation," 1290f.도 보십시오. 그러나 이 말은 이들이 모두 순교자들이라는 뜻은 아님에 주의해야 합니다.

또한 같은 상황을 달리 표현하는 소위 일곱 나팔 재앙에 대한 묘사(계 8:2-10:11)에서도[74] 결국 이 세상 삼분의 일이 죽임을 당하고, 나머지도 고통을 받는 재앙이 묘사되어 있습니다. 그 다음 예언에서도 용으로 상징적으로 나타난 사단이 교회를 표현하는 "그 여자의 남은 자손 곧 하나님의 계명을 지키며 예수의 증거를 가진 자들과 더불어 싸우려고 바다 모래 위에 서 있더라"(계 12:17)고 묘사하고는, 그 후에 바다에서 나오는 한 짐승이 "입을 벌려 하나님을 향하여 비방하되 그의 이름과 그의 장막 곧 하늘에 사는 자들을 비방하고" "또 권세를 받아 성도들과 싸워 이기게 되고 각 족속과 백성과 방언과 나라를 다스리는 권세를" 받았다고 합니다(계 13:6-7). 이때도 성도들에게 큰 어려움이 있음이 함의되어 있습니다. "사로잡힐 자는 사로잡혀 갈 것이요 칼에 죽을 자는 마땅히 칼에 죽을 것이니, 성도들의 인내와 믿음이 여기 있느니라"(계 13:10)고 말하는 것에 그것이 시사되고 있습니다.[75]

또한 같은 상황을 달리 설명하는 소의 일곱 대접 재앙에 대한 묘사(계 15:1-16:21)에서도 성도들이 같이 어려움을 당하지만, "누구든지 깨어 자기 옷을 지켜 벌거벗고 다니지 아니하며, 자기의 부끄러움을 보이지 아니하는 자는 복이 있도다"(계 16:15)라고 합니다.[76]

또 다른 시리즈(계 17-19장)에서도 이 세상에 대한 심판을 묘사

---

[74] 그러므로 여기서 취한 계시록 해석 방법은 점진적 병행법(progressive parallelism)입니다. 이에 대해서는 William Hendrickson, *More than Conquerors*, 2nd edition (Grand Rapids: Baker, 1940), 22-64; 그리고 Hoekema, *The Bible and the Future*, ch. 16, 한역 303-306, 그리고, n. 1을 보십시오.

[75] 여기에 성도들의 어려움 당함이 나타나 있다는 것을 분명히 하는 R. H. Charles, *Revelation*, ICC (Edinburgh: T&T Clark, 1920), 1:355; Johnson, "Revelation," 528f.; 그리고 Walter A. Elwell, "Revelation," in *Evangelical Commentary on the Bible* (Grand Rapids: Baker, 1989), 1217을 보십시오. 심지어 그것이 이 13장의 중심이라고 믿는 Martin Kiddle, *The Revelation of St. John* (New York: Harper and Brothers, 1940), 248도 보십시오.

[76] 이 구절이 마태 24:42-44과 그 병행구들과 연관될 수 있음을 잘 언급하는 Elwell, "Revelation," 1221도 보십시오.

하는 중에 성도들은 계속해서 어려움 중에 있고, 그 중에 많은 성도들이 순교 당함을 표현하고 있습니다. 그 대표적인 예를 표현하는 표상적 표현들이 "이 여자[소위 음녀 바빌론]가 성도들의 피와 예수의 증인들의 피에 취한지라"(계 17:6); "선지자들과 성도들과 및 땅 위에서 죽임을 당한 모든 자의 피가 그 성 중에서 발견되었느니라"(계 18:24) 같은 것들입니다.[77]

또 같은 정황을 달리 표현하는, 계시록 20장 이하의 마지막 묘사에서도 결국 성도들과 사탄의 세력 사이의 영적인 전투를 표상적 표현으로 에스겔서 38-39장(특히 38:2)의 예언을 인유하여 말하는 북방, 특히 "마곡(Magog) 땅"(אֶרֶץ הַמָּגוֹג)에서 오는 이방 군대의 왕으로 언급된 "곡"(גּוֹג, Gog), 즉 "로스와 메섹과 두발 왕"을 생각하게 하는 소위 "곡과 마곡"의[78] 전투를 위한 준비 모습을 다음 같이 묘사합니다: "땅의 사방 백성 곧 곡과 마곡을 미혹하고 모아 싸움을 붙이리니, 그 수가 바다의 모래 같으리라. 그들이 지면에 널리 퍼져 성도들의 진과 사랑하시는 성을 두르매"(계 20:8-9).[79] 이 상황에서도 성도들 자신들의 힘으로는 도무지 구원을 받을 수 없는 것으로 묘사되어 있습니다.

그런 상황에서 하나님께서 친히 개입하셔서 우리를 구하여 내심

---

[77] 이점을 잘 언급하는 Johnson, "Revelation," 557, 568f.도 보십시오.

[78] 아마도 북해 근처에 거주하는 이들을 언급하는 이 명칭은 "히브리 사람들로서는 잘 알 수 없는 모호하고 잘 모르는 지역"을 언급하는 것으로 "곡과 마곡"이라는 말로 요한은 "땅의 사방에서 오는 적대적 연합 군대 모두를" 지칭하려고 했다는 Beasely-Murray, "Revelation," 1306을 보십시오. 더 나가서, 계시록에서는 이 이름이 사탄의 부추김 아래서 "성도들의 공동체를 공격하는 최후의 원수"로 표현되고 있다고 말하는 Johnson, "Revelation," 587도 보십시오.

[79] 유대적 해석을 따라서 이를 예루살렘으로 이해하려는 Charles, *Revelation*, 2:145; Wilber Smith, "Revelation," 1520; Hendrikus Berkhof, *Christ the Meaning of History* (London: SCM, 1966), 153; 그리고 Ladd, *A Commentary on the Revelation of John* (Grand Rapids: Eerdmans, 1972), 270 등의 견해 보다는, 계시록에 나타난 이전 용례를 생각할 때 이는 "구체적인 지리적 위치를 염두에 두지 않고 구속된 자들의 공동체"를 지칭하는 것이 더 좋다고 논의하는 Johnson, "Revelation," 588을 보십시오. Beasely-Murray, "Revelation," 1306에서는 이를 "하늘의 예루살렘"이라고 합니다.

을 다음 같이 예언적으로 묘사합니다. "하늘에서 불이 내려와 그들을 태워버리고, 또 그들을 미혹하는 마귀가 불과 유황 못에 던져지니, 거기는 그 짐승과 거짓 선지자도 있어 세세토록 밤낮 괴로움을 받으리라"(계 20:9-10). 이처럼 하나님의 개입만이 우리에게 승리를 줄 수 있음을 말하고, 사탄과 그 조력자들이 지옥에서 영원히 형벌 받음을 이야기합니다.

이것이 "그 악한 자"(ὁ πονηρός)로부터 우리를 구하시는 종국적 구원입니다. 이와 같은 과정 후에 있을 최후의 심판이 있은 후에 "새 하늘과 새 땅"(계 21:1-5), 즉 만물의 새롭게 됨이 있게 됩니다(마 19:28).[80] 성도들은 그 새로워진 피조계에서 주님과 함께 영원히 살게 될 것입니다. 이것을 증언하신 이가 "내가 속히 오리라"(ἔρχομαι ταχύ)고 말씀하셨으니(계 22:7, 20), 우리는 "아멘!(Ἀμήν) 주 예수여!(κύριε Ἰησοῦ) 오시옵소서"(ἔρχου)라고 고백하면서, 하나님 나라가 극치에 이르도록 간구하며, 그 악한 자로부터 우리를 종국적으로 구해 주시기를 간구해야 합니다.

지금도 날마다 구하심에 대한 간구

그러나 "우리를 그 악한 자로부터 구하옵소서"라고 기도할 때에 우리는 이런 종국적 구원만을 위해서 간구하는 것은 아닙니다. 이 기도 속에서는 지금 여기, 이 순간에도 우리를 해하려고 다가서는 사탄의 세력을 물리치셔서 그 악한 자로부터 지금도 구해 달라고 하는 현재적 도움을 위한 간구도 포함되어 있습니다.

---

[80] 이에 대한 정확한 이해의 묘사로 Hoekema, *The Bible and the Future*, chap. 20을 보십시오.

그러므로 우리는 날마다 "오늘, 그리고 이 순간도" 그 악한 자에게서 건져 달라고 간구하며 이렇게 간구할 때에 (이것이 다음에 생각할) 주께서 우리를 그 세력에서 이미 구하셔서 하나님의 것으로 삼아주셨다는 말씀을 믿음으로 적용하는 것임을 분명히 해야 합니다. 이는 하나님께서 이루신 구속이 사실임을 믿고 당당하게 하나님께 요청하는 것입니다.

가장 기본적으로 우리는 "죄의 세력"(the power of sin)으로부터 구하셨음을 믿으면서 날마다 우리가 죄의 세력 아래 있는 존재가 아님을 분명히 해가야 합니다. 즉, 우리는 날마다 죄를 범하지 않으려고 투쟁해야 합니다.

이에 대해서 설명하면서 교회는 오래 전부터 전통적으로 "사탄"(마귀)과 "세상"과 부패한 인간성을 뜻하는 "육체"가 우리를 공격한다고 생각해 왔습니다. 〈하이델베르크 요리문답 127문답〉에서도 "우리의 불구대천(不俱戴天)의 원수인 마귀와 세상과 우리의 육신이 끊임없이 우리를 공격하나이다."라고 언급하면서, 이것들과의 영적인 전투를 분명히 하고 있습니다. 이 땅에서의 그리스도인의 삶은 이 세 가지 원수들과 끊임없이 투쟁하는 영적인 투쟁입니다.

우리는 날마다 사탄과 그 휘하에 있는 악한 영들과 싸움을 하여 나가야 하며, 이 영적 전투에서 승리할 수 있도록 만유의 주재께 간구하며 하나님을 의지해 가야 합니다. 이를 위해 먼저, 사탄과 그 휘하의 악한 영들이 어떤 존재들인지를 성경을 통해서 바로 알 필요가 있습니다. 성경적으로 확인되지 않는 것은 정확한 것이 아니며, 성경에 없는 것을 믿는 것 역시 사탄의 유혹에 넘어가 싸워야 할 대상도 제대로 알지 못하게 하려고 성도들을 혼동시키려는 전략에 넘어간 것입니다.[81]

---

[81] 그러므로 **성경이 말하는 것을 넘어서** 사탄과 그 휘하의 존재들에 대해서 말하는 것 자체가 이미 잘못된 것이며, 그 유혹에 넘어가는 것임을 다시 한 번 더 강조합니다. 우리 주변에 이런 시도가 얼

오늘날 영적 전투를 강조하는 사람들 가운데서 사탄과 악한 영들에 대한 성경적인 관념을 가지지 못한 사람들이 많은 것을 보면, 사탄의 전략에 넘어 간 사람들이 많이 있음을 우리는 즉각적으로 알게 되어 안타까움이 더 합니다. 그러므로 성경이 말하는 사탄과 그 휘하의 악한 영들의 정확한 정체를 **성경이 말하는 대로, 성경이 말하는 한도 내에서** 분명히 하는 것이 우선되어야 할 일입니다. 그리고는 그것들을 의식하면서 살되 우리 주 예수 그리스도께서 이미 이 세력을 이기고 정복하셨음을 확고히 믿으면서 사탄과 그 휘하의 세력들과의 영적인 전투를 해야 합니다. 이미 승리하셨으나 아직 사탄의 활동이 남아 있음을 성경이 말하고 있으니, 너무 두려워하지 말고, 이미 정복된 원수들에 대한 잔당 소탕 작전을 효과적으로 수행해야 합니다.

그런데 대개는 타락한 이 세상과 우리 안에 잔존하는 부패한 인간성인 "육체"(σάρξ)를 통해서 우리를 넘어뜨리려고 하기에, 사탄과 이 세상과 육체와의 투쟁이라고 하는 것은 세 가지로 나뉘어진 투쟁이 아니라 하나의 투쟁에 관여하는 여러 존재들을 언급하는 것으로 생각하는 것이 좋습니다. 타락한 이 세상이 좋아 보이는 것이 문제입니다. 사탄이 그렇게 생각하도록 우리를 몰아갑니다. 바로 이런 것을 염두에 두면서 요한 사도는 "이 세상이나 세상에 있는 것들을 사랑하지 말라"(요일 2:15)고 말합니다. 이 때 "세상"이라는 말이 바로 타락한 세상을 뜻하는 말임에 주의해야 합니다.[82] 이렇게 타락한 세상을 의미하는 "세상을 사랑하면, 아버지의 사랑이 그 안에 있지 아니하다"(요일 5:15) 말씀도 같은 뜻을 전달합니다.[83] 하나님의 백성들은 타락한 이 세상을 추구하

마나 많은지요. 항상 성경의 가르침에 주의하도록 해야 합니다.

[82] 그러나 하나님께서 창조하신 세상, 유대인들이 말하던 "오는 세대"(the age to come), 그리스도의 구속 사역으로 그 오는 세상이 보이지 않는 형태로 이 세상 안에 있는 그 구속된 세상, 그리스도 재림으로 극치에 이를 하나님 나라인 "새 하늘과 새 땅"인 "새로운 세상"은 우리가 사랑해야 할 세상입니다. 그러므로 성경이 말하는 바는 언제나 전체적 맥락을 분명히 하면서 이해해야 합니다.

지 않습니다. 오히려 이 세상에 대해서 죽었다고 성경은 표현합니다. 그러니 우리는 이 타락한 세상에서 출세하고 잘 되기 위해 사는 것이 아닙니다. 이 세상에서 유력한 위치를 점하기 위해 노력하는 것이 아닙니다. 그런 것에 대해서는 이미 죽은 것입니다.

그러나 우리는 이 세상 속에서 그 누구보다도 열심히 살아야 하니, 우리 자신이 높아지기 위해서나 잘 살기 위해서 그리하는 것이 아니라, 우리를 구원하신 하나님께 너무 감사해서 그 하나님의 뜻을 이 땅에서 실현하기 위해 열심히 사는 것입니다. 그러므로 하나님의 백성들은 사는 동기(motivation)가 전혀 다릅니다. 우리는 하나님께 감사해서 하나님을 사랑해서 열심히 삽니다. 우리가 사는 동기는 "하나님을 사랑함"(amor dei)입니다. 또한 하나님의 백성들은 이 세상을 사는 목적이 다릅니다. "하나님의 영광을 위해서"(pro gloria Dei), 하나님의 뜻을 실현하기 위해 삽니다. 삶의 기준도 다릅니다. 중생한 사람들에게는 "오직 성경"(sola Scriptura)만이 삶의 규범(the rule of life)입니다.[84] 그리고 하나님 나라 백성들은 오직 성령님의 인도하심을 받아 살아 나갑니다.[85]

그런데 때때로 이에 충실하지 않은 자신들의 모습을 잘 찾아내서 하나님께 아뢰고, 주께서 힘주셔서 그런 죄악과 문제들을 벗어나 더 온전한 데로 나아가는 일이 우리가 매일, 매순간 그 악한 자로부터 구

---

[83] 아버지의 사랑이 그 안에 있는 사람은 위의 각주에서 언급한 의미의 선한 세상을 사랑한다는 것은 자연스러운 말입니다. 항상 "세상"이라는 말을 주의해서 사용하도록 해야 합니다.

[84] 이 점에 대한 상세한 설명이 〈하이델베르크 요리문답〉 강해 시리즈의 3권인 『위로받은 성도의 삶』 (서울: 나눔과 섬김, 2015)입니다. 또한 그 책이 강조하는 있는 John Murray, *Principles of Conduct* (Grand Rapids: Eerdmans, 1957); John M. Frame, *The Doctrine of the Christian Life* (Phillipsburg, New Jersey: P&R, 2008)도 보십시오.

[85] 이에 대해서도 이승구, 『위로받은 성도의 삶』, 23-26, 36-39; 『성령의 위로와 교회』 (서울: 이레서원, 2013), 20-22, 56-64; 이승구, 『개혁신학 탐구』 (수원: 합신대학원 출판부, 2012), 제 5장 "성령의 인도하심과 성도의 삶"(81-96), 그리고 그 곳에 인용된 여러 저작들을 보십시오.

해지는 일입니다. 이것이 부패한 인간성인 "육체"와의 투쟁이기도 합니다. 그러므로 여러 번 말한 바와 같이, 계속되는 회개와 믿음이 바로 "성화"입니다.[86] 그러므로 하나님 나라 백성들은 날마다 우리를 그 악한 자로부터 구해 달라고 간구하면서, 이렇게 온전히 하나님께 의존하여 성화되어 가는 존재들입니다.[87]

그런 사람들은 어떤 특별한 일을 하면서 준비하는 것이 아니라, 일상생활에서 하나님께서 우리에게 맡겨 주신 일들을 열심히 감당해 나가고(마 24:45-25:30), 특히 연약한 자들을 잘 도와가는 일에 힘쓰는(마 25:31) 일상생활에 충실한 삶을 살아갑니다. 그것이 항상 깨어 있는 성도의 삶의 모습입니다.

이런데서 "성경이 말하는 깨어 있음"과 사람들이 흔히 종교적으로 만들어 내는 전통적인 "깨어있음"(vigilance)의 차이가 현저하게 드러납니다. 성경이 말하는 "깨어 있음"은 밤에 잠을 자지 않고 깨어 있는 것이 아니고, 일상생활을 정상적으로 하면서 계속해서 하나님의 뜻을 추구하는 영적으로 "계속적으로 깨어 있음"(enduring vigilance)이고, 주변의 연약한 자들을 돌보는 "긍휼히 여기는 깨어 있음"(compassionate vigilance)입니다.[88] 모든 사람들과 같이 "먹고, 마

---

[86] 이에 대한 강조로 이승구, 『성령의 위로와 교회』, 56-64를 보십시오.

[87] 그래서 과거 개혁파 선배들은 우리의 성화도 실질적으로는 하나님께서 이루시는 일이라고 표현하기를 즐겨했습니다. Cf. Francis Turretin, *Institutes of Elenctic Theology*, ed. James T. Dennison, Jr., trans. George Musgrave Giger (Phillipsburg, NJ: P&R Publishing, 1994), XVII. 1. 2; *Westminster Shorter Catechism*, Q. 37; *Westminster Larger Catechism*, Q. 75; Heinrich Heppe, *Reformed Dogmatics: A Compendium of Reformed Theology*, rev. and ed. Ernst Bizer, trans. G. T. Thomson (Grand Rapids: Baker, 1950), 565-80; Berkhof, *Systematic Theology*, 535; 그리고 Anthony A. Hoekema, "The Reformed View," in *Five Views on Sanctification* (Grand Rapids, Mich.: Zondervan, 1987), 64.

[88] 이 점을 잘 시사하면서 강조하고 있는 Hill, *The Gospel of Matthew*, 317f.을 참조하십시오. 그가 마태의 편집 작업을 말하는 부분은 상당히 아쉽지만, 성경적 깨어 있음의 의미는 잘 말하고 있습니다. 성경을 더 신뢰하면서 상당히 비슷한 요점을 말하는 Turner, *Matthew*, 570, 593도 보십시오. 그는 "깨어 있음과 신실성, 그리고 긍휼히 여김"을 연결시켜 제시하고 있습니다(570). 제닌느 브라운도 마태복음 24장 마지막 부분과 25장에서 재림을 준비하면서 우리가 감당해야 할 것은 "신실함과 자비에

시고, 장가가고, 시집가는" 일을 하는데,[89] 그 속에서 하나님께서 맡겨 주신 일을 감당하여 자신들이 하나님의 백성이요, 천국의 제자된 서기관들임을 드러내는 것입니다. 그런 하나님 나라 백성들은 날마다 하나님께 간구하면서 "끊임없이 다른 사람들을 자신의 기도에 포함시키게" 됩니다.[90] 그래서 하나님 나라 백성의 간구는 항상 "우리들의 간구"가 됩니다.

이미 구하신 것에 대한 감사

더 나아가서, "우리를 그 악한 자에게서 구하옵소서"라는 기원에는, 셋째로, 예수님께서 구속 사역을 통해서 그 악한 자로부터 우리를 이미 구하셨다는 것을 인정하고 이에 대해서 감사하는 것도 포함되어 있습니다. 주께서 그의 구속 사역으로 사탄의 세력에 대해서 이미 이루신 승리에 대해서 우리는 무한한 감사를 표해야 합니다. 사실 우리의 삶과 이런 기도드림 자체가 주께서 이미 우리를 구해 주신 것에 대한 감사의 표현입니다. 특히 기도를 그 "감사의 가장 중요한 부분" 또는 "감사의 최고의 표현"이라고 표현하고 있는 〈하이델베르크 요리문답〉의 정신

찬 삶"(faithful and merciful living)이라고 언급합니다(Brown, *Matthew*, 280). Reeves, *Matthew*, 476도 보십시오.

[89] 마태복음 24:38에 언급된 이 일들이 특별히 잘못된 일을 뜻하는 말이 아니나 모두 공적 활동을 나타내는 것이며, 따라서 이 구절의 요점은 그 일을 하면서 그 속에 매몰되어 하나님의 뜻을 추구하지 않는 사람들에게는 갑자기 심판이 오게 됨을 잘 지적한 논의를 보십시오. 간단하게나마 이를 정확히 언급하는 Blomberg, *Matthew*, 366; 그리고 Tasker, *The Gospel According to St. Matthew*, 227도 보십시오.

인자의 임함이 언제일지 모르며, 이것이 일상생활을 말하는 것이라는 점을 잘 말하면서도 이 표현에 아주 조금은 부정적 함의가 있음을 시사하는 듯한 Filson, *A Commentary on the Gospel to St. Matthew*, 258; 그리고 Carson, "Matthew," 509도 보십시오: "People follow their ordinary pursuits (v. 38)."

[90] William Hendriksen, *The Gospel of Matthew* (Grand Rapids: Baker Book House, 1973), 337.

을[91] 생각할 때도 예수님의 공생애 사역이 마쳐진 시점에서는 이 기도 속에 일차적으로 주께서 이 일을 이루셔서 우리를 그 악한 자로부터 원칙적으로 구하신 것에 대한 감사가 포함되어 있다고 말할 수 있습니다.

사실, 이미 주께서 이루신 승리와 그로 말미암아 우리를 그 악한 자의 세력에서 구해 내신 것이 이제까지 우리가 이야기한 모든 것의 **토대**입니다. 우리가 처음에 생각했던 그 악한 자에게서의 **종국적** 구하심은 그리스도께서 십자가와 부활로 이루신 구속 사역에서의 승리에 근거해서 이루어집니다. 주께서 다시 오실 때에 처리하실 일이 남아 있기는 하지만, 결정적인 승리는 이미 다 거두신 것입니다. (비교할 수 없는 것을 비교하며 표현하는 것이기에 조금의 문제는 있지만), 이전 사람들이 이미 결정적인 날(the decisive day, D-day)에 사탄의 세력을 물리치셔서 승리하신 주님께서 그 승리를 모든 영역에 드러내실 날(the victory day, V-day)이 있다고 표현하던 것이 부족하기는 하지만 좋은 비유가 될 수 있습니다.

우리는 그리스도께서 이미 사탄의 세력을 물리치셨음을 분명히 인정하면서, 따라서 우리가 이제 사탄에게 속한 존재들이 아니라, 그리스도에게 속한 자들임을 분명히 해야 합니다. 이전에는 우리가 죄의 종이었으나(롬 6:17, 20), 이제 그리스도의 구속 사역과 그 승리로 말미암아 "죄로부터 해방되어, 의에게 종이" 되었음을 분명히 선언해야 합니다(롬 6:18). 따라서 우리 "자신을 죄에 대하여는 죽은 자요, 그리스도 예수 안에서 하나님께 대하여는 살아 있는 자로" 여겨야 합니다(롬 6:11). 이제 우리는 우리 자신의 것이 아닙니다(고전 6:19). 우리들은 "그리스도의 것"이요(갈 3:29), "그리스도의 종"입니다(고전 7:22; 엡 6:6). 즉, "예수 그리스도의 것으로 부르심을 받은 자들"입니다(롬

---

[91] 이 표현은 〈하이델베르크 요리문답 116문답〉에 나오는 것입니다: "그리스도인들은 왜 기도할 필요가 있습니까? (답) 왜냐하면 기도는 하나님께서 우리에게 요구하시는 감사의 가장 중요한 부분이기 때문입니다."

1:6). 이미 그런 존재가 되도록 그리스도께서 구속 사역을 이루셨음에 무한히 감사하는 일이 우리의 예배이고, 우리의 일상생활입니다.

마치면서

그러므로 "그 악한 자로부터 우리를 구해 주옵소서"라는 이 간구는 하나님께서 우리에게 베푸시는 은혜의 삼중성을 그대로 표현하면서 간구하는 것입니다. 주께서는 (1) 이미 우리를 구원하시는 은혜를 베푸셨고, (2) 날마다 은혜를 내려 주시며, (3) 우리 주 예수 그리스도께서 재림하시는 날에 종국적 은혜를 우리에게 주실 것입니다. 따라서 우리는 이미 은혜 받은 자들이고, 이 "은혜 받을 만한 때"인 오늘날 날마다 은혜를 받아 가는 사람들이며, 세상 끝에도 하나님의 종국적 은혜를 받을 사람들입니다. 은혜가 없이는 우리는 아무 것도 할 수 없습니다. 하나님의 은혜만이 우리를 하나님의 백성으로 만들었고, 은혜만이 우리를 지금 여기에 존재하게 하며, 그 은혜로만 종국적 구원을 받게 될 것입니다. 이런 삼중적 은혜에 대해서 무한한 감사를 표하는, 하나님 백성답게 사는 것이 우리의 사명입니다.

〈하이델베르크 요리문답 127문〉에 대한 대답에 이런 생각이 다음 같이 잘 표현되어 있습니다.

(제 127 문) 여섯째 기원은 무엇입니까?

(답) "우리를 시험에 들게 하지 마옵시고, 다만 악에서 구하시옵소서." 즉

> "우리 자신만으로는 너무나 연약하여
> 우리는 한 순간도 스스로 설 수 없사오며,
> 우리의 불구대천(不俱戴天)의 원수인
> 마귀와 세상과 우리의 육신이
> 끊임없이 우리를 공격하나이다.
> 그러니 주님이시여,
> 당신님의 성령님의 힘으로써 우리를 붙들어 주시고,
> 강하게 하여 주시옵소서.
> 그리하여 우리가 이 영적 전투에서 패하지 않도록 하시며,
> 우리가 온전한 승리를 종국적으로 얻기까지
> 우리의 적들에게 확고하게 저항할 수 있도록 하옵소서."

이 말씀에 우리가 이미 우리의 주인되신 그리스도에게 속해있음을 분명히 하면서 그 주님께 간구합니다: "주님이시여… 우리를 붙들어 주옵소서, 강하게 하여 주옵소서." 이것은 지금 여기서 주께서 우리를 그렇게 해 주셔야만 함을 인식하면서 기도하는 것입니다. 또한 그것은 결국 성령님의 힘으로만 가능함을 의식하면서, 성령님의 힘으로 그렇게 해 달라고 간구합니다. 이것은 하나님만을 의지하면서, 지금 여기서 계속되는 영적인 전투에서 승리하게 해 달라는 간구입니다.[92] 그리고 우리 주변의 여러 영적인 적들이 있으니 그것들에게 저항할 수 있게 해 달라고 간구하는 것입니다. 그런데 그 온전한 승리, 종국적 승리는 미래에 있음을 의식하면서, 그 때까지 이 영적 전투를 제대로 감당하게 해 달라고 간구하는 것임을 1563년에 〈하이델베르크 요리문답〉으로 신앙을 고백한 우리의 선배들이 잘 표현한 것입니다. 부디 우리도 그들과 같은

---

[92] 같은 요점을 표현하는 Wilkins, *Matthew*, 280과 그가 인용하고 있는 (그러나 같은 표현을 하지만 궁극적 의미는 좀 다른) Bruce Chilton, *Jesus' Prayer and Jesus' Eucharist: His Personal Practice of Spirituality* (Valley Forge, PA: Trinity Press International, 1997), 46-47을 보십시오.

심정으로 이 구절을 이해하면서, 이 영적 전투를 우리 시대에 계속해 갈 수 있어야만 합니다.

　　　그래서 교회 공동체는 서로 사랑하는 공동체이며, 우리 모두가 하나님께 "우리를 유혹에 빠지지 않게 하옵시고"라고 간구하는 공동체입니다. 이 기도를 공동의 기도로 드린 사람들답게 우리는 서로가 서로를 지켜주어야 합니다. 그러므로 이 공동체는, 다시 강조하지만, **성령님에게 둘러싸여** 하나님의 말씀을 중심으로 둘러앉은 공동체입니다. 교회 공동체는, 여러 번 강조한 바와 같이, 그 말씀을 함께 해석하는 "해석 공동체"이고, 그 과정에서 발견한 하나님의 뜻을 함께 성취해 나가는 "공동 사역의 공동체"입니다.

Exposition on Heidelberg Catechism Series IV
Hear Our Prayer:
Prayer as the Chief Expression
of Our Thankfulness

제 4 부
하나님 나라의 백성들의 기도의 근거와 확신

1. 기도의 근거: "나라와 권세와 영광이 영원히 아버지께 있기 때문이옵나이다."
   (제 17 장)

2. "아멘": 우리는 과연 기도를 믿는가? (제 18 장)

제 17 장

기도의 근거:
"나라와 권세와 영광이 영원히 아버지께 있기 때문이옵나이다."

본문: 마 6:13의 ( ) 부분

서언적 논의

성경에 보면 때때로 ( )로 표시된 부분이 있습니다. 오늘 우리가 생각하는 간구도 그런 부분의 하나입니다. 대개 이런 부분의 난하(欄下) 주(註)에는 "고대 사본에, 이 괄호 내 구절이 없음"이라고 표시되어 있습니다. 우리는 여기서 두 가지 사실을 배우게 됩니다.

첫째는, 우리가 오늘날 편하게 읽는 성경이 사실은 여러 사본들을 비교해서 그 중의 최선의 사본의 내용을 가지고 확정하여 그것을 번역한 것이라는 사실입니다. 이에 대해서 우리는 수많은 사본 학자들과 본문 비평가들에게 감사해야 합니다. 동시에 우리는 신앙생활이 근본적으로 공동체적 활동이라는 것을 절감하게 됩니다. 우리들 가운데서 그 누구도 자신이 스스로 모든 사본을 다 검토한 후에 비로소 우리가 믿는 바를 확정하고서 신앙생활을 하는 사람은 없습니다. 사본학자들도 이미 신앙공동체 안에서 신앙을 가지고 살면서 이 말씀이 귀하기에 이 사본들에 대한 연구에 평생을 드리는 것입니다. 그러므로 우리 모두는 누군가의 수고에 근거하여 신앙생활을 하며, 성경을 읽고 하나님을 믿는 것입니다.

둘째는, 어떤 사본에는 어떤 구절이 있지 않다는 것을 발견하게 됩니다. 특히 이 ( ) 안에 있는 구절들은 고대 사본들에는 있지 않은 내용들인데 후대 사본들에 있는 내용들입니다.[1] 그래서 번역자들이 그 내용을 ( ) 안에 제시하여 우리로 하여금 전체적 정황을 알 수 있도

---

[1] 고대 사본의 대표적인 것으로 흔히 〈시내 산 사본〉(the *Codex Sinaiticus*)이라고 언급되는 (Constantin von Tischendorf가 1844년에 발견한) 4세기 대문자 사본인 ℵ, 흔히 〈바티칸 사본〉(the *Codex Vaticanus*)이라고 불리는 B, 흔히 〈베자 사본〉(the *Codex Bezae Cantabrigensis*)이라고 불리는 5세기에 필사된 것으로 여겨지는 D, 〈보릴리아누스 사본〉(the *Codex Boreelianus*, 또는 *Codex Boreelianus Rheno-Trajectinus*)으로 언급되는 우트레흐트 도서관에 있는 9-10 세기 사본인 f1, 〈더블린 사본〉(the *Codex Dublinensis*)이라고 언급되는 6세기 필사본인 Z, 〈도마행전〉, 그리고 다양한 라틴어 번역 사본들과 곱틱어 사본들 등에는 이 ( ) 내에 있는 구절이 없다고 합니다.
그런데 1673년 구브로에서 발견되어 흔히 〈구브로 사본〉(the *Codex Cyprius*)이라고 불려지는 9세기경에 필사된 것으로 여겨지는 K, 흔히 〈흠정 사본〉(the *Codex Regius*)이라고 불리는 8세기에 필사된 것으로 여겨지는 L, 흔히 "워싱톤 사본"(The *Codex Washingtonianus* or *Codex Washingtonensis*)이라고 불리는 4세기-6세기 또는 5세기에 필사된 것으로 여겨지는 W, 스위스 상 갈렌(St. Gallen) 수도원 도서관에 있어서 "상 갈렌 사본"(the *Codex Sangallensis*)이라고 불려지는 9세기에 필사된 것으로 여겨지는 Δ, 1853년에 발견된 "코리데프 사본"(The *Codex Koridethi*, or *Codex Coridethianus*)이라고 불리는 9세기 대문자 사본인 Θ 등에는 다양한 형태로 이 ( ) 내 구절이 나타난다고 합니다.
이 정보는 W. C. Allen, *Gospel According to S. Matthew*, ICC, third edition (Edinburgh: T&T Clark, 1912), 60; Leon Morris, *The Gospel According to Matthew* (Grand Rapids: Eerdmans and Leicester: IVP, 1992), 149, n. 51; 그리고 Craig L. Blomberg, *Matthew*, The New American Commentary 22 (Nashville, TN: Broadman Press, 1992), 121에 주어진 정보에 근거해서, 여러 사본들에 대한 설명을 붙인 것임을 밝힙니다.

록 한 것입니다.

어떤 고대 사본들에 (　) 내 구절이 없다는 것은 예수님께서 이 기도를 가르쳐 주실 때에는 이 말씀이 있지 않았을 가능성을 생각하게 합니다.[2] 그렇게 본다면 교회가 교회의 의식(ritual)에서 이 기도를 사용하면서 상당히 초기부터 (　) 내의 구절을 넣어 기도하는 것이 예수님의 의도와 잘 조화된다는 뜻에서 그리하였다고 생각합니다.[3] (후에 언급하겠지만) 1세기 말 문서인 〈디다케〉에도 이와 비슷한 송영이 있습니다. (375-380년 경 수리아 안디옥에서 쓰여진 문서로 여겨지는) 〈사

---

[2] 따라서 아주 분명히 후대의 예전적인 첨가였을 것이라고 단언하는 R. V. G. Tasker, *The Gospel According to St. Matthew*, Tyndale New Testament Commentaries (London: The Tyndale Press, 1961, reprint, Grand Rapids: Eerdmans, 1981), 73 ("… is almost certainly a later liturgical addition."); Rudolf Schnackenburg, *The Gospel of Matthew* (1985, 1987), trans. Robert R. Barr (Grand Rapids: Eerdmans, 2002), 69; 후대 그리스도인들이 첨가한 송영이라는 Robert H. Gundry, *Matthew: A Commentary on His Literary and Theological Art* (Grand Rapids: Eerdmans, 1982), 109; 그리고 W. D. Davies and D. Allison, Jr., *The Gospel according to St. Matthew 1-7*, ICC, new series (Edinburgh: T&T Clark, 1988), 615를 보십시오.

[3] 이러하였을 가능성이 매우 높다고 생각하면서 아마도 상당히 이른 시기에 그리하였을 것이라고 표현한 다음을 보십시오. George A. Buttrick, "Exposition of the Gospel according to St. Matthew," in *The Interpreter's Bible*, vol. 7 (New York & Nashville: Abingdon Press, 1951), 315-16; Floyd V. Filson, *A Commentary on the Gospel to St. Matthew* (New York: Harper & Row, 1960, reprint, Hendrickson Publishers, 1987), 97; R. T. France, *Matthew*, Tyndale New Testament Commentaries (Leicester: IVP and Grand Rapids: Eerdmans, 1985), 136-37 (그런데 사실 프랑스는 이 송영이나 그와 비슷한 것이 예수님께로 까지 갈 수 있는지 아닌지의 가능성을 다 말하면서 우리는 그 어느 쪽도 확언할 수 없다는 입장입니다[137]); Blomberg, *Matthew*, 120f.; Morris, *The Gospel According to Matthew*, 149; B. Metzger, *A Textual Commentary on the Greek New Testament*, 2nd edition (Stuttgart: Deutsche Bibelgesellschaft, 1994), 14; Hans Dieter Betz, *The Sermon on the Mount*, Hermeneia (Minneapolis: Fortress Press, 1995), 415; Michael J. Wilkins, *Matthew*, NIV Application Commentary (Grand Rapids: Zondervan, 2004), 280; Gerhard Maier, *Matthäus-Evangelium* (Hänssler, SCM, 2007), 송 다니엘 역, 『마태복음』 (서울: 진리의 깃발, 2017), 237; David L. Turner, *Matthew*, Baker Exegetical Commentary on the New Testament (Grand Rapids: Baker Academic, 2008), 189; 그리고 Jeannine K. Brown, *Matthew*, Teach the Text Commentary Series (Grand Rapids: Baker Academic, 2015), 67을 보십시오.
이를 말하면서 상당수의 사람들은 아마도 역대상 29:1을 반영하면서 이런 송영이 덧붙여졌을 것이라고 합니다(Sherman E. Johnson, "Exegesis of the Gospel according to St. Matthew," in *The Interpreter's Bible*, vol. 7 [New York & Nashville: Abingdon Press, 1951], 315; Filson, *A Commentary on the Gospel to St. Matthew*, 97; France, *Matthew*, 137; Blomberg, *Matthew*, 120; Wilkins, *Matthew*, 280; Maier, 『마태복음』, 237; Turner, *Matthew*, 189). 베츠는 이것이 본래 예배 중에 청중들의 반응의 한 부분이었다고 추론합니다(Betz, *The Sermon on the Mount*, 414). 이런 입장을 따르는 분들은 이것이 "부활하신 능력을 찬양하는 교회의 찬양"이라고 합니다(Buttrick, "Exposition of the Gospel according to St. Matthew," 315).

도적 규정〉(the Apostolic Constitutions)에도 이 구절이 나타납니다.[4] 크리소스톰(c. 349-407) 시대에 〈주께서 가르치신 기도〉를 한 후에 이 송영을 한 예식문들이 발견되기도 합니다. 그러므로 혹시 원래는 이 구절이 없었을지라도, 이 송영은 "매우 적절한 결론을 제공하고 있기에, 우리가 오늘날 이 구절을 제거하기 위해 애쓸 이유는 없다"고 주장하는 블룸버그의 논의도 신중하게 생각하는 것이 좋습니다.[5]

리덜보스의 표현은 이보다 조금 더 나간 것 같은데도 여전히 비슷하게 말합니다. 그는 초기 사본들에 이 구절이 없음을 말한 후에, "초기 그리스도인들은 〈주께서 가르치신 기도〉를 한 후에 이 구절을 분명히 말했다. 사실 이보다 더 잘 들어맞는 기도 마침을 찾기는 어려울 것이다"라고 합니다.[6]

그런가 하면 모리스는 본래 이 송영이 없었을 것이라는 견해를 언급하면서도 또 다른 견해도 상당히 강조합니다. 즉, 모리스는 "그러나 우리는 이것이 확실한 것이라고 여겨서는 안 된다"고 하면서, 이 송영이 처음부터 있었을 "가능성에 대한 주장은 많은 학자들이 가정하는 것보다 더 강하다"는 말을 덧붙이면서 이 논의를 마무리합니다.[7]

이와 연관해서 우리는, 1세기 유대인의 기도가 송영이 없이 마쳐진다는 것은 매우 어려우니[8] "예수님께서 반드시 이를 언급하셨든지,[9]

---

[4] *The Apostolic Constitutions*, 8. 12. 50, in *The Apostolic Tradition: A Commentary* (Minneapolis: Fortress, 2002), 41.

[5] Blomberg, *Matthew*, 121: "It nevertheless affords a very appropriate conclusion, and no one need campaign to do away with its use in churches today." 이 보다는 좀 더 강하긴 하지만 비슷한 논의를 하는 Herman Hoeksema, *The Triple Knowledge: An Exposition of the Heidelberg Catechism*, vol. 3 (Grand Rapids: Reformed Free Publishing Association, 1972), 638-40을 보십시오.

[6] Herman N. Ridderbos, *Matthew* (Kampen: Kok, 1950-51), trans. Ray Togtman, Bible Student's Commentary (Grand Rapids: Zondervan, 1987), 133. 이에 동의하는 William Hendriksen, *The Gospel of Matthew* (Grand Rapids: Baker Book House, 1973), 338도 보십시오.

[7] Morris, *The Gospel According to Matthew*, 149.

[8] 위에서 언급한 리덜보스도 같은 견해를 표현했습니다(Ridderbos, *Matthew*, 133).

아니면 그 자연스러운 종결을 각자가 스스로 넣어[10] 생각하도록 하셨을 것이다"고 말하는 예레미아스의 주장도[11] 심각하게 고려해 보아야 합니다. 더구나, 1세기 말 문서로 여겨지는[12] 〈디다케〉 9:4에는 "그러하오니 당신님의 교회를 땅 끝으로부터 당신님의 나라에로 이끌어 들이십시오. 영광과 권세가 예수 그리스도를 통하여 영원히 당신님께 있기 때문입니다"라는 구절이 나타납니다.[13] 〈디다케〉와 거의 동시대(70-140 A.D.) 문헌으로 아마도 96년경 작품으로 여겨지는 〈클레멘트 1서〉에도 "그를 통하여 영광과 엄위가 당신님께 지금부터 모든 세대들과 영원히 있사옵나이다. 아멘"(1 Clement 61:3)이라는 말이 쿨어 있고, 95-140년 경 작

---

[9] 칼빈도 모호하게 말하지만 아마도 예수님께서 이 구절을 말씀하셨다고 보는 듯합니다. 그는 이 어구가 "이 기도의 다른 부분과 잘 부합하며," "여기 우리에게 가르쳐진 이 기도가 우리 자신의 공로에 의존하는 것이 아니라, 오직 하나님께만 근거함을 가르쳐주기 위해 주어진 것"이므로, "라틴어 번역에서 이를 생략한 것이 놀랍다"고 말합니다(John Calvin, *A Harmony of the Gospels: Matthew, Mark, and Luke*, Calvin's New Testament Commentaries, vol. 1 [Edinburgh: The Saint Andrews Press, 1972, reprint, Grand Rapids: Eerdmans, 1975, 1978], 213).

[10] 당대 유대인들은 이를 "인침"(seal)이라는 뜻으로 "하티마"라고 하였다고 합니다(Joachim Jeremias, *The New Testament Theology*, I, 203; W. D. Davies and D. Allison, Jr., *The Gospel according to St. Matthew 1-7*, ICC, new series (Edinburgh: T&T Clark, 1988), 615).

[11] Joachim Jeremias, *Unknown Sayings of Jesus* (London: SCM, 1958), 28, n. 1; idem, *The New Testament Theology*, I, 203. 이 말을 긍정적으로 인용하는 모리스도 이 의견에 상당히 동의하는 듯합니다(Morris, *The Gospel According to Matthew*, 149).

[12] 이 문서의 연대에 대해서 F. L. Cross, ed., *The Oxford Dictionary of the Christian Church*, 3rd rev. ed. (Oxford: Oxford University Press, 2005), 482; Thomas O'Loughlin, *The Didache: A Window on the Earliest Christians* (London: SPCK, 2011)을 보십시오. 많은 분들이 1세기 말이라고 생각합니다(Audet, Funk, Schaff, Aono - 이들에 대해서는 Kurt Niederwimmer, *The Didache: A Commentary* (2nd edition, 1993), trans. Linda M. Maloney, Hermeneia (Minneapolis: Fortress, 1998), 53, n. 71을 보십시오).
이에 반하여 120년까지라고 보는 Ehrhard, 2세기 초라고 하는 Vilehauer, 120-160년으로 보는 Bryennios, 약 150년으로 보는 Richardson, 150-175년으로 보는 Johnson, 155-250년으로 보는 Volkes, 3세기로 보는 Robinson 등 다양한 의견도 제시됩니다(Niederwimmer, *The Didache*, 53, n. 71).
많은 정보를 주고 있는 비엔나 대학교 교수였던 Kurt Niederwimmer는 초기 형태의 자료가 있었고, 그것이 2세기 초의 유대 기독교적 배경 속에 있는 어떤 그리스도인에 의해서 편집된 것이라는 견해를 제시하며(Niederwimmer, *The Didache*, 43), 그 때가 아마 110-120년이라는 가설을 버릴 분명한 이유들이 없다고 합니다(53).

[13] *The Didache*, 9:4, Niederwimmer, *The Didache*, 144, 149-53를 보십시오. 또한 D. H. Williams, ed. and trans., *Matthew: Interpreted by Early Christian Commentators*, The Church's Bible (Grand Rapids: Eerdmans, 2018), 139도 보십시오: "so let your church be brought together from the ends of the earth into your kingdom. For yours is the glory and the power through Jesus Christ forever."

품으로 여겨지는4 〈클레멘트 2서〉에도 "그에게 영광과 엄위가 영원 영원히 있사옵나이다. 아멘"(2 Clement, 20:12)이라는 말이 붙어 있습니다.15 그러므로 이 어귀를 전혀 무시할 수도 없습니다.16

이런 이야기를 할 때에 우리가 반드시 유념해야 할 것이 있습니다. 그것은 이런 오랜 세월에 걸친 필사 작업으로 원본에 있는 말씀이 우리들에게 전달될 때, 사본 상의 차이들이 있다는 사실 앞에서 성경이 마치 믿을 수 없는 문서인양 하는 것은 있을 수 없다는 것입니다. 정말 오랜 세월에 걸친 전달 과정을 생각하면 이런 사본 상의 차이는 그야말로 미미하다는 것을 성경학자들은 우리에게 잘 증언해 줍니다.17 하나님께서 정말 놀라운 보존의 섭리를 통해서 지금은 사라진 원본의 의미가 거의 손상되지 않게 우리에게 전달해 주셨습니다. 그렇게 말씀을 잘 보존해 주신 하나님께와 그 동안 이 성경을 잘 필사하여 전달해준 필사자들, 그리고 그들이 필사한 그 사본들 연구에 평생을 다 드려서 오늘 우리가 읽는 성경을 제시해 준 본문 연구자들에게 우리는 깊이 감사해야 합니다.

기도의 근거를 분명히 하는 송영

---

14 이에 대해서는 Cf. https://en.wikipedia.org/wiki/Second_Epistle_of_Clement.

15 이상의 인용도 Williams, ed., *Matthew*, 139, n. 5에서 온 것입니다.

16 아예 주께서 이 말씀을 주셨다고 단언하면서 강해하는 예로 다음을 보십시오. Theodorus VanderGroe, *The Christian's Only Comfort in Life and Death*, vol. 2, trans. Bartel Elshout (Grand Rapids: Reformation Heritage Books & Dutch Reformed Translation Society, 2016), 529; 그리고 Jean Vis, *We Are the Lord's* (Grand Rapids: Society for Reformed Publications. 1955), 172.

17 성경을 믿는 성경학자들은 누구나 이것을 증언합니다. 그러나 여기서는 특별히 다음 세 가지 글을 추천하고 싶습니다. Edward J. Young, *Thy Word Is Truth: Some Thoughts on the Biblical Doctrine of Inspiration* (Edinburgh: Banner of Truth and Grand Rapids: Eerdmans, 1957, reprinted. Grand Rapids: Eerdmans, 1977); Raird L. Harris, *Inspiration and Canonicity of the Scriptures* (Grand Rapids: Zondervan, 1957, 1969); F. F. Bruce, *The New Testament Documents: Are They Reliable?* (Leicester: IVP, 1960, reprinted, Grand Rapids: Eerdmans, 2003).

이 송영이 의미 있는 것은 이 말씀이 하나님께 기도하는 근거가 무엇인지를 분명히 하기 때문입니다.

이전에 우리 말 번역에서는 "큰 원칙을 따라 말하면"이라는 뜻으로 "대개(大蓋)"라는 말을 넣어 표현했습니다. 그것을 "왜냐하면"의 뜻으로 사용한 것이라고 말씀하시는 분들도 있습니다. 이 "대개(大蓋)"라는 번역이 이런 뜻으로 한 것인지, 아닌지 논란이 있지만 우리가 그것을 확인하기는 매우 어렵습니다. 이전 분들에게는 그 뜻이 명확했을지 모르나 오늘날 우리들은 왜 이렇게 했는지 많이 어려워합니다. 특히 어린 세대들에게는 이것이 무슨 뜻인지 모르고 그냥 말할 위험이 있습니다. 그래서 근자에는 이를 빼고서 주께서 가르치신 기도를 하도록 합니다. 그러나 이 때 중요한 것을 놓칠 위험이 있기에 또 주의해야 합니다. 그래서 다음 말을 강조하고자 합니다.

이 구절은 "왜냐하면"이라는 말입니다. 그러므로 13절 후반부의 ( ) 내 구절은 "**왜냐하면** 나라와 권세와 영광이 영원히 아버지께 있기 **때문입니다**"라는 뜻이 됩니다. 이는 우리가 기도하는 근거를 밝히는 것입니다.[18] 더 분명히 하면서 뜻을 드러내면, "나라와 권세와 영광이 영원히 아버지께 있기 **때문에 이렇게 간구합니다**"라고 이해하는 것이 최선입니다. 그런 뜻에서 이 내용을 송영(doxology)이라고 하지 말고, "근거 제시"(aetiology) 또는 "선언(acclamation, ἐπιφώνημα)"이라고 하자는 (19세기 중재신학(mediating theology)의[19] 대표적 인물인) 아우구스트

---

[18] 비슷한 이해를 표현한 다음 글들도 보십시오. Vis, *We Are the Lord's*, 172 ("the basis of our prayer"); 그리고 Herman Hoeksema, *The Triple Knowledge*, vol. 3 (Grand Rapids: Reformed Free Publishing Association, 1972), 637, 647, 648.

[19] 이에 대해서는 David Fergusson, ed., *The Blackwell Companion to Nineteenth-Century Theology* (Oxford: Blackwell, 2010)의 14장인 Matthias Gockel, "Mediating Theology in Germany"(https://www.academia.edu/21212387/Mediating_Theology_in_Germany); 그리고 최근의 Annette G. Aubert, *The German Roots of Nineteenth-Century American Theology* (Oxford: Oxford

톨룩의 주장은 의미 있다고 여겨집니다.[20] 그러나 널리 사용되는 "송영"이라는 말을 버리고 다른 말을 사용하기 보다는 이 송영이 우리가 간구하는 근거로 제시되었다고 하는 것이 좀 더 자연스러울 것입니다.

다시 말하면, 나라와 권세와 영광이 모두 영원히 하나님의 것이기에 우리는 이 간구를 드립니다. 1536년 〈하이델베르크 요리문답〉을 공표한 우리의 선배들은 이점을 아주 분명히 하면서 다음 같이 선언하였습니다.

(제 128 문) 주께서 가르치신 기도는 어떻게 마쳐집니까?

(답) "대개 나라와 권세와 영광이 영원히 아버지께 있사옵나이다."
즉
우리가 이 모든 것을 당신님께 기원한 것은
당신님은 전능하신 왕이시요,
당신님은 모든 선한 것들을 우리에게 주시기를 원하실 뿐 아니라,
실제로 주실 수 있기 때문이며,
우리 자신이 아니라 당신님의 거룩하신 이름이
영원히 모든 찬양을 받으셔야 하기 때문입니다.

우리의 선배들은 첫째로, 하나님께서 전능하신 왕이시기에 이 간구를 하나님께 드린다고 했습니다. 하나님께서 왕이시라는 것은 하나님에 대한 간구의 두 번째 간구였던 "나라가 임하옵시며"에서 살펴보고 강조한 내용입니다. 바로 그것 때문에 이 기도를 드린다는 것입니다. 하나님께

University Press, 2013)의 제 3 장 "Nineteenth-Century Mediating Theology"을 보십시오.

20 August Tholuck, *Bergrede Christi*, 5th edition (Gotha: Perthes, 1872), 404-8=*Commentary on the Sermon on the Mount*, trans. Lundin Brown (Edinburgh: Clark and Philadelphia: Smith, 1866), 365, cited in Betz, *The Sermon on the Mount*, 414, n. 586.

서 모든 것을 통치하시고 통제하시기에 우리는 결국 모든 것에 대해서 하나님께 간구해야 한다는 것입니다. 모든 일이 순조로울 때, 즉 옛사람들이 순경(順境)이라고 할 때도 하나님께서 다스리시고, 우리가 보기에 매우 어려울 때, 옛사람들이 역경(逆境)이라고 부르던 때에도 하나님께서는 모든 것을 통제하실 뿐만 아니라, 당신님께서 친히 이 세상을 이끌어 가신다고 했습니다. 그리고 이것을 통치하심(*gubernatio*)이라고 했습니다.21 그것을 우리는 "하나님의 통치하심"(*domino dei, regnum dei*)이라고 표현합니다. 하나님께서 모든 것을 주관하시고 통치하시기에 이 세상의 모든 것을 하나님께 아뢰고, 하나님과 의논하며, 그의 뜻을 찾고, 그 뜻이 이 땅에서 이루어지도록 하는 것이 기도하는 사람들의 마땅한 모습입니다. 이 맥락에서 "능력"이라는 말은 하나님의 전능하신 능력을 말하는 것이지만, 특히 "기도에 응답하시는데 필요한 모든 것을 할 수 있는 능력"을22 뜻합니다.

그러므로 (1) 기도하지 않는 것은 하나님께서 이 세상을 통치하신다는 것을 인정하지 않는 것이 됩니다. 그러므로 그리스도인들은 기도하지 않을 수 없습니다. 늘 강조한 것과 같이 기도하지 않는 사람은 그리스도인이 아닐 것입니다. 그리스도인은 기도하는 사람이고, 마땅히 그러해야 합니다.

(2) 이 세상의 어떤 특정한 것만 가지고 기도하는 것도 '하나님의 온 세상과 각 영역에 대한 통치'를 제대로 인정하지 않는 것이 됩니다.

---

21 전통적 신학, 특히 종교개혁 정통주의에서의 이런 이해를 잘 요약해서 제시하는 Louis Berkhof, *Systematic Theology* (Grand Rapids: Eerdmans, 1949), 166-67, 175-76; 그의 선생님인 G. Vos, *Reformed Dogmatics* (1896, 1910), vol. 1 (Bellingham, WA: Lexham Press, 2012), 195-201; 그리고 벌코프가 열심히 읽고 연구한 Herman Bavinck, *Gereformeerde Dogmatiek*, 2nd edition (Kampen: Bos, 1906), vol. 2, section 302, 304=*Reformed Dogmatics* (Grand Rapigs: Baker Academic, 2004), 2:597f., 604-608=『개혁교의학』, 2, 박태현 옮김 (서울: 부흥과 개혁사, 2011), 741-43, 763-70도 보십시오.

22 Ridderbos, *Matthew*, 133에서 이점을 강조합니다.

우리는 그야말로 모든 것을 하나님께 아뢰고, 그와 교통하면서 하나님의 뜻을 추구해야 합니다. 어떤 의미에서 하나님께 간구해서 하나님의 뜻을 헤아려 알기 전까지는 우리는 입을 다물고, 손으로 입을 막고 있는 것이 좋습니다. 그리하지 않으면 하나님의 뜻에 부합하지 아니한 것들이 우리의 생각에 떠오르고, 입으로 표현됩니다. 그것이 모든 혼란을 만들어 냅니다. 우리 자신도 혼란에 빠뜨리고, 주변의 다른 분들, 특히 연약한 분들을 걸려 넘어지게 하는 일들이 나타납니다. 그러므로 우리는 모든 것에 대해서 하나님께 묻고, 하나님의 뜻을 헤아려 가야 합니다. 어떤 문제에 대해서는 이 땅에서는 온전한 깨달음을 가지지 못하고 후에 "하늘"에서나 또는 부활 이후에나 정확한 이해를 가지게 될 것입니다.

그러나 이것을 너무 과장해서 결국 우리는 이 땅에서 하나님의 뜻을 전혀 알 수 없다는 또 다른 극단으로 몰고 가면 안 됩니다.[23] 많은 문제에 대해서는 기도의 과정을 통해서 이미 하나님께서 성경을 통해서 우리에게 계시하신 하나님의 뜻을 잘 깨닫게 되기 때문입니다. 이 모든 깨달음은 이미 성경 가운데서 계시하신 것을 우리가 기도라는 하나님과의 깊은 교제를 통해서 깨닫는 것임에 주목해야 합니다.

다시 강조해서 말하면, 기도하지 않는 사람, 즉 하나님과 교제하지 않는 사람들은 이미 주신 계시의 뜻을 바로 깨닫지 않으려고 하는 것입니다. 구약의 성도들도 "내 눈을 열어서 주의 율법에서 놀라운 것을(נִפְלָאוֹת) 보게 하소서"(시 119:18)라고 기도하였습니다. 이미 오래 전

---

[23] "해석적 다양성"(Hermeneutical diversity)을 이유로 해서 결국 실천적 불가지론으로 가는 분들이 점증하기에 우리는 이점을 더 강조해야 합니다. 물론 어떤 것은 우리가 "온전히 다 알 수 없는"(incomprehensible) 것이 있습니다. 전통적으로 "하나님의 불가해성"(incomprehensibility of God)이라고 말하는 것이 그 대표적인 예입니다. 이에 대해서는 Herman Bavinck, 『개혁주의 신론』 (서울: CLC, 1988, 제 3판 1992), 9-53을 보십시오. 그러나 이것이 하나님에 대해서 우리는 알 수 없다고 말하는 것이 아님을 분명히 해야 합니다. 그래서 바른 신학자들은 하나님의 불가해성을 잘 설명한 후에 그러나 계시하신 것은 "알 수 있다"는 것을 강조해 말합니다. 바빙크의 책 2장이 "하나님을 알 수 있음"인 것에 주목하십시오.

에 계시하시고 기록하도록 하여 주신 율법인데, 그것을 묵상할 때 주께서 깨닫게 하시는 놀라운 것이 있다는 것을 잘 표현한 것입니다.

기본적으로 성령님의 함께하심 아래서 성경 말씀을 잘 공부하는 것만으로도 많은 것을 깨닫게 됩니다. 예를 들어서, 같은 시편 119편에서도 "주의 말씀을 열면 빛이 비치어 우둔한 사람들을 깨닫게 하나이다"(시 119:130)라고 표현하기도 합니다. 성령님의 함께 하심으로 말씀 자체가 우리에게 빛을 비추는 효과를 냅니다. 그리고 모든 바른 깨달음은 다 하나님께서 깨닫게 해 주시는 것입니다. 그래서 우리는 항상 우리로 하여금 "깨닫게 하옵소서"라고 기도합니다(시 119:27, 34, 125, 144, 169).

또는 먼저 깨달은 사람들이 이를 잘 설명해서 그 말씀의 본래의 의미를 깨달을 수 있도록 하십니다(느 8:7, 8; 잠 22:21; 사 28:9). 구약 시대에는 때로 천사 가브리엘이 보냄을 받아 이미 주신 계시를 깨닫게 설명하는 역할을 한 일도 있습니다(단 8:16). 그리고 우리 주님께서도 그 전에도 그러하셨지만, 부활 이후에도 제자들에게 "성경을 깨닫게" 하여 주셨습니다(눅 24:45). 그러니 우리도 우리가 성령님의 함께 하심으로 미리 깨달은 성경에 대한 이해를 널리 알려서 다른 분들이 바로 깨닫게 하는 일에 힘써야 합니다. 그리하여 온 교회가 다 하나님의 경륜 전체를 잘 깨닫게 하는 일이 우리의 사역(ministry)입니다. 이렇게 온전히 이해하게 된 하나님의 경륜에 근거해서 우리는 우리 주변에서 일어나는 일들을 살필 때도 어떤 깨달음을 가지게 될 수 있습니다(렘 10:18 참조). 그러므로 우리는 이 세상에 일어나는 모든 것을 하나님께 아뢰고, 이에 대해서 하나님의 뜻이 어떻게 시행되어야 하는지를 물어 가야 합니다.

온 세상을 주관하시는 전능하신 하나님께 기도하면서 삶과 세상의 모든 문제를 상의하지 않는다는 것은 결국 하나님을 무시하는 교만입니다. 구원함을 받아서 정상적이게 된 사람들은 이렇게 모든 문제를 하나님과 의논하면서 그 하나님의 뜻을 구하며, 그렇게 깨닫게 된 하나님의 뜻을 수행하며 살게 됩니다.

둘째로, 〈하이델베르크 요리문답〉을 작성한 우리의 선배들은 하나님께서 전능하신 왕이시기에 그에게 마땅히 기도해야 한다는 것을 명확히 한 후에, 또는 그와 연관해서, 우리와 그의 관계와 우리에 대한 하나님의 마음에 근거해서 또 기도해야 할 근거를 밝힙니다: "당신님은 모든 선한 것들을 우리에게 주시기를 원하실 뿐 아니라, 실제로 주실 수 있기 때문입니다." 구원 받은 자들에 대한 하나님의 선의와 실제로 그렇게 해 주실 수 있다는 하나님의 전능성을 연결시키면서 대답한 것입니다. 이는 〈26 문답〉의 마지막 부분에서 이미 했던 말인 "그는 전능하신 하나님이시므로 그리하실 수 있고, 그는 신실하신 아버님이시므로 그리하시기를 원하십니다."는 말에 함의되어 있던 것입니다. 그러므로 〈하이델베르크 요리문답〉은 이것을 두 번이나 언급하여(〈제 26 문답〉과 〈제 128문답〉), 이런 하나님의 능력과 선의의 연결을 강조하고 있습니다. 이것이 중요한 것입니다. 헤르만 바빙크가 하나님의 섭리에 대한 설명을 하면서 마지막 말을 이 하이델베르크 요리문답을 반영해서 말하면서,24 그의 신론을 이런 사상으로 마무리하고 있다는 것도 흥미롭고 매우 의미심장합니다.

이것은 하나님의 어떠하심을 잘 아는 것이 그저 추상적인 것이 아니라는 대표적인 예입니다. 그렇기에 우리 신앙의 선배들은 이렇게 구체적인 적용을 할 수 있었습니다. 이미 우리에게 그의 모든 것을 주심을 확인한 성도들은 그의 선하신 뜻에 의해서도 도움을 얻고, 그의

---

24 Bavinck, *Gereformeerde Dogmatiek*, II, section, 306=*Reformed Dogmatics*, 2:619=『개혁교의학』, 2:770.

전능성 때문에도 큰 도움을 얻는 것입니다. 하나님의 권세를 말하는 구절에서 그들은 그 권세만이 아니라, 하나님의 선의를 연결시켜 생각한 것입니다. 성경으로부터 "온갖 좋은 은사와 은전한 선물이 다 위로부터 빛들의 아버지께로부터 내려오나니"(약 1:17)라는 교훈을 잘 받은 것을 활용하는 것입니다. 우리를 구원하신 하나님께서 모든 선한 것들을 우리에게 주시기 원하신다고 단언할 수 있는 것은 일차적으로 성경에서 배운 하나님의 마음에 대한 깨달음 때문이며, 그 동안 하나님과 함께 사는 삶에서 하나님께서 그리하시기를 원하신다는 것을 깨닫고 맛보아 안 사람들의 경험적(체험적) 지식을 표현하는 것입니다. 이렇게 성경에서 배운 것을 우리의 삶으로 체험하여 말하는 것은 모든 신자들의 공통적 경험입니다.[25] 우리 하나님께서는 구속 받은 자들에게 모든 선한 것을 주시는 분이십니다. 구속함을 받은 우리는 사도 바울과 함께 "자기 아들을 아끼지 아니하시고 우리 모든 사람을 위하여 내주신 이가 어찌 그 아들과 함께 모든 것을 우리에게 주시지 아니하겠느냐?"(롬 8:32)고 외치지 않을 수 없습니다. 이렇게 하나님은 우리에게 참으로 "좋으신 하나님"이십니다. 그리고 그는 모든 선한 것을 우리에게 주실 수 있는 능력을 가지고 계십니다. 그러니 우리의 모든 것과 이 세상의 모든 것을 그 하나님과 의논하는 일은 마땅한 일입니다.

그런데 이 모든 것이 우리를 위한 것이 되지 않도록 다시 "영광"이 하나님께만 있다는 것을 분명히 하면서, 우리의 선배들은 "우리 자신이 아니라 당신님의 거룩하신 이름이 영원히 모든 찬양을 받으셔야 하기 때문입니다"라고 말씀드립니다. 이것은 기도를 자신의 유익을 위

---

[25] 근자에 이런 의미로 "경험적"(체험적, experiential)이라는 말을 잘 사용한 대표적인 예로 설교에 대해서 이를 적용해서 말한 Joel R. Beeke, *Reformed Preaching* (Wheaton, IL: Crossway, 2018), 특히 1-42를 보십시오. 이 책의 부제가 잘 설명하듯이 바키는 설교를 "설교자의 심령으로부터 하나님 백성의 심령으로 하나님의 말씀을 선포하는 것"(Proclaiming God's Word from the heart of the preacher to the heart of His people)이라고 정확히 표현합니다.

해 그야말로 "사용"(私用)하지 않도록 하는 중요한 언급입니다. 정신을 차리지 않으면 우리조차도 기도를 우리를 위해 사용할 수 있습니다. 자신에게 적용되지 않는 기도는 기도가 아닙니다. 그러나 오로지 자신만을 위한 기도는 정상적인 기도가 아닙니다.

궁극적으로 보면, 하나님과 하나님의 영광을 위한 기도만이 정상적 기도입니다. 그러므로 우리를 위한 간구도 결국 하나님의 영광을 위한 것이 될 수 있도록 항상 하나님 중심으로 생각할 수 있어야 합니다. 자신과 관련된 모든 것을 하나님 중심으로 생각하는 그 수준에 이를 때에 우리가 비로소 정상에 가깝게 된 것이라고 할 수 있습니다. 하나님을 위해 모든 것을 한다고 하면서도 결국은 모든 것을 자기 중심으로 생각하기 쉬운 우리의 고질적인 이기성에서 벗어나야 합니다.

그렇게 하기 위한 쉬운 연습으로 일단 자신의 삶과 관련하여 필요한 것을 다 생각하여 기도한 후에 그보다 더 많은 것을 다른 사람을 위해 기도하려고 하는 것으로 시작하는 것이 좋습니다. 이것은 우리의 이기성을 극복하기 위한 방안의 하나입니다. 시간이 지남에 따라서 점점 더 다른 사람들을 위한 간구가 늘어 갈 것입니다. 물론 이 때 우리의 삶에 대한 간구를 잊어버리면 안 됩니다. 우리는 우리 삶의 모든 것도 하나님께만 의존하여서만 살 수 있는 존재임을 분명히 해야 합니다. (이 세상의 거짓을 일삼는 사람들에 대해서 우리가 흔히 "저들은 숨 쉬는 것 빼놓고는 다 거짓이다"고 하는 말을 인유하면서) 진실을 말하자면, 우리는 숨 쉬는 것조차도 하나님을 의존해서 하는 것입니다. 우리는 우리와 관련해서도 모든 것을 주께 기도하고 받아 사용합니다. 그렇게 모든 것을 주께 아뢰면서 점점 더 자신들과 관련된 기도보다는 다른 사람들을 위한 기도가 늘어가면서 그것이 **진심일 때(!)**,[26] 우리는 이기성을 벗어

---

[26] 여기 우리의 이기성이 얼마나 심각한지 우리는 이런 상황에서도 그 시간이 아깝다고 여기

나기 위한 첫 단계 작업을 한 것이라고 할 수 있습니다. 그것이 진심일 때만 한 단계를 이룬 것입니다. 그러나 이것도 늘 미약한 것이어서 이것에 이르렀다고 생각한 사람은 언제나 떨어질까 조심해야 합니다.

그 다음 단계는 그렇게 다른 사람을 위해 기도하는 것으로 멈추지 않고, 그 기도에 책임을 지면서 그들을 위한 삶(life for others)에로 나아가는 것입니다. 그래서 성경적으로 보면, 기도에 힘쓰는 사람은 가장 실천적인 사람입니다. 그리고 가장 실천적인 사람은 참으로 기도하는 사람이 되지 않을 수 없습니다. 바른 기독교적 이해에 의하면, 그저 기도만 하는 사람이란 있을 수 없습니다. 베네딕트 규율(the rule of Benedict)의 이해를 그 잘못된 점들을 버려 버리고 수정해서 우리에게 적용해서 말하자면, 우리는 수도원에서가 아니라, 이 세상 속에서 매순간 "기도하면서 일하는"(*ora et labora*) 사람들이어야 합니다. 우리가 힘쓰는 그 일은 결국 이 세상 속에서 다른 사람들의 생명과 재산과 삶의 질을 잘 보호하는 일이 되어야 합니다.

그런데 여기 머물면 이것이 또 다른 우상 숭배로 발전할 수 있습니다. 이는 "가장 고상해 보이는 우상 숭배"라고 할 수 있습니다. 사람을 최고의 것으로 여기면서, 모든 것이 사람을 위한 것이라고 여기는 사상이 바로 그런 것입니다. 흔히 "인도주의"(人道主義), "인간주의"(人間主義), "인간 중심주의"(人間中心主義)라고 번역되는 "휴머니즘"(humanism)은 이렇게 하나님과의 관계가 단절될 때에 무시무시한 사상이 되어 버립니다.[27] 하나님을 배제하고 인간을 최고의 위치로 올

거나, 그저 말로만 다른 사람들을 위한 기도를 할 수도 있기에 늘 조심해야 합니다. 그래서 이것이 진심이어야 함을 강조하는 것은 아무리 강조해도 지나치지 않습니다.

[27] 여기서 하나님과의 관계를 단절하지 않은 humanism은 이것과는 전혀 다른 성격을 가진 것임을 말해야 합니다. 그것이 바로 칼빈 등이 말한 "기독교 휴머니즘"(Christian humanism)입니다. Cf. André Biéler, *The Social Humanism of Calvin*, trans. Paul T. Fuhrmann (Richmond, VA: John Knox Press, 1964); John W. de Gruchy, *John Calvin: Christian Humanist and Evangelical Reformer* (2009)

리거나, 하나님을 그저 인간들을 위한 하나님으로 만들어 버리면 심각한 문제가 발생합니다.28

오늘날은 그것에서 더 나가 인간(*homo sapeins*)이 '하나님인 사람'(*homo deus*)이 될 것이라고 생각하는 데로까지 나아가는 사람들도 있습니다. 1976년 생으로 2002년에 옥스퍼드에서 중세 전쟁사에 대한 연구로 박사학위를 하고, 이스라엘에 있는 히브리 대학교의 역사학과 교수로 있는 유발 노아 하라리가 그 대표적인 예입니다.29 물론 하라리의 책은 결국 "전례 없는 기술의 힘"을 사용할 수 있게 된 인류가 잘 선택해야 "어마어마한 혜택을 얻게" 될 수 있고, 잘못하면 "인류의 소멸"을 가져 올 수 있다고 하면서, 선택과 결단을 촉구하는 책입니다.30 그러나 이는, 전작인 『사피에스』에31 이어서 진화론적 관점에서 자신이 예측하는 미래를 제시해 보려고 한 책입니다. 그가 "한 사피엔스가 다른 사피

(Eugene, OR: Cascade Books, 2013); 그리고 Nicholas Wolterstorff, "The Christian Humanism of John Calvin," in Jens Zimmermann, ed., *Re-Envisioning Christian Humanism: Education and the Restoration of Humanity* (Oxford: Oxford University Press, 2016), 77–94. (cf. https://portalpdf.com/12614-Re-Envisioning-Christian-Humanism-1st-Edition.html).

그러나 이 용어 자체로 모든 것을 다 보장하지는 않습니다. 일반적으로, 위의 책들이 그러하듯이, 종교개혁 이전의 인문주의자들을 총체적으로 "기독교 휴머니즘"이라고 지칭하고(그렇게 되면 에라스무스가 매우 중요한 기독교 휴머니스트가 됩니다), 쟈끄 마리땡, 에띠엔느 질송, 요한 맥카트니 머리 같은 분들은 중세 천주교 사상과 그것을 새롭게 제시하면서 그것을 "기독교 휴머니즘"이라고 한 일도 있으니(Jacques Maritain, *An Essay on Christian Philosophy* [1933], trans. Edward H. Flannery [New York, Philosophical Library, 1955]; idem, *Integral Humanism: Temporal and Spiritual Problems of a New Christendom* [1936], trans. Joseph W. Evans (New York: Charles Scribner's Sons, 1968]; É tienne Gilson, *The History of Christian Philosophy in the Middle Ages* [New York: Random House, 1955)]; 그리고 John M. Murray, "Toward a Christian Humanism: Aspects of the Theology of Education," in *A Philosophical Symposium on American Catholic Education*, eds. H. Guthrie and G. Walsh [New York: Fordham University Press, 1941], 106-15) 우리들은 그저 용어만 가지고 같이 생각하지 않도록 조심해야 합니다.

28 〈영화 레미제라블〉의 이런 성격에 대한 비평적 논의로 이승구, 『묵상과 기도, 생각과 실천』(서울: 나눔과 섬김, 2015), 133–38을 보십시오.

29 Yuval Noah Harari, *Homo Deus: A Brief History of Tomorrow* (2015, 영어판 2016, 미국판 2017), 김명주 옮김, 『호모 데우스: 미래의 역사』(서울: 김영사, 2017).

30 Harari, 『호모 데우스: 미래의 역사』, 한국어판 서문과 결론.

31 Yuval Noah Harari, *Sapiens: A Brief History of Humankind* (2011, 영어판 2014), 조현욱 역, 『사피에스』(서울: 김영사, 2015).

엔스에게 하는" 말이라고 한, "인간이 신을 발명했을 때 역사는 시작되었고, 인간이 신이 될 때에 역사는 끝날 것이다"는 말은 그의 생각을 잘 대변합니다. 사실 이것은 새로운 생각이 아닙니다. 헤겔도 이미 오래 전에 역사는 결국 인간성과 신성이 하나가 되는 데로 향해 나가는 것이라고 생각했었으니 말입니다. 이것은 아주 잘못된 생각입니다.

오히려 르네상스로부터 종교개혁이 나타난 것처럼 우리는 인간과 그의 영광에 머물지 말고 하나님의 영광을 추구하는 데로 나아가야 합니다. 그래서 종국적으로 우리는 "하나님께로 나아가는 운동"을 해야 합니다. 진정으로 "당신님의 거룩하신 이름이 영원히 모든 찬양을 받으셔야 하기 때문입니다"라고 말할 수 있어야, 우리가 〈주께서 가르치신 기도〉를 제대로 하는 것입니다. 자신을 통해서도, 그리고 다른 사람들을 통해서도 결국은 하나님께 영광이 돌려져야 합니다. 그야말로 모든 영광은 오직 하나님께만(*soli deo gloria*)이라는 것이 말로만이 아니라, 실제로 느껴지고 돌려질 때 우리가 진정 기도한 것입니다. 하나님의 영광에 비하면 우리는 아무 것도 아닙니다. 하나님에 비하면 인류도 아무 것도 아닙니다. 이런 생각에 이를 때에 우리는 비로소 기독교에 이른 것입니다. 이에 이르지 않는 것은 기독교와 비슷한 모습을 가졌으나 참 기독교가 아니고, 결국은 배도(apostasy)의 한 형태입니다.

흥미로운 것은 인간이 인간을 최고의 것으로 추구하며 나갈 때 그 결국은 정죄와 그에 근거한 영원한 형벌 받음에 이르는데, 인간이 하나님의 영광을 추구하고 나가면 인간들도 지극한 영광을 하나님께로부터 받게 된다는 것입니다. 이상한 역설(paradox)이고, 이상한 대반전(the great reversal)입니다. 자기를 추구하는 것은 결국 권태(倦怠)와 자기가 추구하던 것을 얻지 못하는 "아이러니"(irony)한 상황에 직면하게 됩니다. 계속해서 그 길로 나아가면 절망과 정죄와 형벌 받음이 있을 뿐입니다. 여기서 우리는 유발 하라리가 말하는 그런 선택이 아니라, "우리들이냐, 아니면 하나님의 영광이냐"의 선택을 해야 합니다.

하나님의 영광만을 추구한 사람들은 성경을 통해서 그것만이 인간에게도 최고의 복된 상태를 줄 수 있다는 것을 알고 선언했었습니다. 그래서 개혁파 선배들은 인간의 제일된 목적을 "영원히 하나님을 사랑하고 그를 즐기는 것"이라고 했었습니다.[32] 그렇게 하는 것이 인간에게 최선의 것이며, 그것이 인간들의 최고 복된 상태이며, 결국 그것을 내외적으로 주께서 온전히 드러내실 날이 있다는 것을 고백한 것입니다. 하나님 자신과 그의 영광을 추구함이 인간들의 최고선(summum bonum)입니다. 그것이 인간에게 최대로 복된 것입니다. 16세기 칼빈의 가르침을 반영하면서, 17세기 웨스트민스터 소요리문답을 작성하신 분들(Westminster divines)도 그렇게 생각했고, 이것을 18세기에 강조했던 분들 중 대표적인 사람이 요나단 에드워즈(Jonathan Edwards)요, 20세기에 이를 강조한 분이 코넬리우스 밴틸입니다.[33] 그리고 이 모든 분들이 말씀하신 것에 근거해서 이를 현대인들에게 잘 설명하려고 "기독교 희락주의"(Christian hedonism)라는 표현을 만들어 이와 같은 생각을 전달하려고 하신 분이 존 파이퍼 목사님입니다.[34] 우리는 하나님의 영광을 진정으로 원하는 것이 인간에게도 가장 복된 것임을 성경을 통해서 그리고 성경적 의로 조망된 우리의 경험을 통해서 말할 수 있고, 주께서 오셔서 심판하신 후에 그 지극한 영광을 주실 때에 이것을 더 확인하게 될 것입니다.

---

[32] 칼빈의 요리문답의 제 1 문답을 반영한 웨스트민스터 소요리문답, 제 1문답.

[33] 밴틸의 이런 강조를 보려면 이승구, 『코넬리우스 밴틸』(서울: 살림, 2007), 80과 그에 인용된 밴틸의 책들을 보십시오.

[34] 그의 여러 책들 특히 John Piper, *Desiring God: Meditations of a Christian Hedonist*, rev. ed. (Sisters, Ore.: Multnomah Books, 1996)을 보십시오. 이에 대한 논의와 비판과 보완으로 이승구, 『묵상과 기도, 생각과 실천』(서울: 나눔과 섬김, 2015), 239-43을 보십시오.

여기서 마지막으로 두 가지를 다시 강조해야 합니다. 첫째는, 우리는 우리의 영광을 위하여 하나님의 영광을 추구하는 사람들이 아니며, 그렇게 해서도 안 된다는 것입니다. 우리의 영광과 행복과 복됨을 위하여 하나님의 영광을 추구하는 사람들은 결국 버나드가 말한 자기를 위하여 하나님을 사랑하는 사람 같이 결국 자기를 사랑하는 것이며, 하나님의 영광을 헛되이 추구하는 것입니다.[35] 결과적으로 하나님의 영광을 추구하는 사람들이 가장 복된 사람들임이 드러나더라도 그것은 **결과적으로 그런 것**이며, 그렇다는 것을 하나님께서 성경 가운데서 미리 말씀하셔서 우리는 그 말씀을 믿고 말할 뿐입니다. 하나님의 백성들이 참으로 "복 있는 자들"입니다(시편 1편, 마 5:3-12). 그러나 우리는 우리가 복되기 위해, 우리가 영광을 얻기 위해 하나님의 영광을 추구하는 자들이 아닙니다.

둘째로, 여기 우리가 참으로 하나님을 추구하는 방식으로 제시한 3단계가 항상 단계적인 것은 아니라는 것입니다. 자기를 추구하다가 그것이 잘못되었음을 인정하고 회개하고서 곧바로 하나님의 영광을 위해 사는 경우들이 아주 많습니다. 여기서는 모든 상황을 드러내기 위해 이런 식으로 제시했을 뿐입니다. 자기를 추구하고, 우리를 추구하던 사람들이 그 모든 것을 버리고서 하나님의 영광만을 추구해 가는 것 - 그것이 우리가 지향하는 것이며, 그것이 참으로 기도하는 경지입니다. 그것이 〈주께서 가르치신 기도〉에 부합하게 기도하는 것입니다. 하나님의 영광만을 추구하는 사람들은 하나님의 영광을 위하여 이웃을 열심히 사랑합니다. 그러나 이웃 사랑이 하나님의 영광을 위하는 모든 것을 다 표현해 내지는 못한다는 것을 늘 강조해야 합니다. 마지막 심판을 하실

---

[35] Cf. Bernard of Clairvaux, *On Loving of God*, trans Robert Walton (Kalamazoo, Michigan: Cistercian Publications, 1995).

때 우리 주님께서는 이웃에게 하는 것이 주님께 하는 것이 된다고 여겨 주십니다(마 25:31-46 참조). 그러나 이것은 우리 이웃이 바로 하나님이라는 말은 아닙니다. 우리 이웃이 하나님을 대신할 수는 없습니다. 참으로 기도하는 사람은 이웃을 사랑하는 사람입니다. 그러나 그 사람은 하나님을 더 사랑하는 사람입니다. 우리는 하나님의 영광만을 위하여 살며, 그것을 인정하기에 하나님께 모든 것을 아뢰는 것입니다.

나가면서

그러므로 우리가 열심히 기도하는 근거는 1세기서부터 늘 기도하듯이, "나라와 권세와 영광이 영원히 하나님의 것이기 때문입니다." 우리는 이것을 분명히 하면서 모든 것에 대하여 하나님께 기도하므로 과연 궁극적 통치가 하나님께 속해 있음을, 이 땅의 모든 권세가 결국은 하나님께 있음을, 그리고 영광이 오직 하나님께만 있음을 선언해 나가야 합니다. 여기에 우리의 신앙이 나타납니다. 오래전 크리소스톰은, 이 말씀을 언급한 후에, 과연 그렇다면 "그의 왕국을 나눌 수 있도록 그에게 대립하는 것이 없으니, 그 누구도 두려워할 이유가 없다"고 선언하였습니다.[36] 우리도 그와 같이 생각하는가를 물어야 합니다. "과연 이 세상의 다른 것들이 권세를 가지고 있다고 여기는가, 아니면 **그저 잠시** 권세를 가지고 있는 것 같으나 그것도 **제한된** 권세요 **위임된** 권세일 뿐, 진정한 권세는 오직 하나님께만 있다고 여기는가?" 이에 대해서 바른 판단을 하는 사람들은 이 세상에서 자기의 영광을 추구할 수 없습니다. 그는 진정 하나님의 영광만을 위해 살아갑니다. 하나님의 영광만을 추

---

[36] John Chrysostom, *Homily*, 19. 10, PG 57:282, in Williams, ed., *Matthew*, 140.

구하기에 우리는 이 땅에서 하나님의 이름이 거룩히 여김을 받으시고, 그의 뜻이 이루어져서 그의 나라가 점점 더 분명히 드러나기를 위해 기도하며, 우리의 삶에 대해서도 그 나라와 관련하여 보호하시고, 인도하시고, 악에서 구하여 주시기를 위해 기도합니다. 우리가 평생 그렇게 기도하면서 살아나가기를 바랍니다.

이 세상 끝에는 찬연한 하나님의 영광, 즉, 하나님의 엄위의 가장 온전한 표현이[37] 누구라도 부인할 수 없게 드러나, 모든 존재가 하나님의 영광을 인정하지 않을 수 없게 됩니다. 그것을 참으로 믿는 사람들은 지금 여기서도 "영광이 영원히 당신님의 것입니다"라고 찬양합니다. 우리들은 성경의 가르침에 근거해서, 미래를 미리 앞당겨 말하고 사는 사람들입니다. 여기에 "선취(先取, anticipation)"라는 말의 진정한 의미가 있습니다. "미래의 현존"을[38] 영적인 눈으로 보고, 우리는 지금 여기서도 "영광이 영원히 당신님의 것입니다"라고 반응하는 것입니다. 참으로 믿는 우리는 미래를 "지금 여기서" 미리 앞당겨 사는 사람들입니다. 그것이 기독교적인 믿음의 삶입니다. 그러므로 〈주께서 가르치신 기도〉 말미에 있는 이 송영이 "신자들이 그들의 하늘 아버지를 찬양하고, 그의 기도가 응답될 것이라는 자신의 확신을 표현하는 것"이라는[39] 리델보스의 말은 정확한 말입니다. 이와 같이 〈주께서 가르치신 기도〉를 참으로 하는 사람들은 그 의미를 정확히 알고 이 기도를 하며, 그렇게 모든 나라와 권세와 영광이 영원히 하나님께 있음을 인정하고,

---

[37] 미래에 드러날 하나님의 영광에 대한 강조로 Ridderbos, *Matthew*, 133을 보십시오: "The 'glory' is the manifestation of God's majesty that will take place at the end of the age."

[38] 이는 이 책을 계속해서 읽어 오신 분들은 누구나 다 짐작할 수 있듯이 George Eldon Ladd의 그 유명한 *Jesus and the Kingdom of God* (New York: Harper and Row, 1964)의 2판 제목인 *Presence of the Future: The Eschatology of Biblical Realism* (Grand Rapids: Eerdmans, 1974)을 인유하여 표현한 것입니다.

[39] Ridderbos, *Matthew*, 133.

그에 부합하게 살아갑니다.

제 18 강

"아멘"

우리는 과연 기도를 믿는가?

본문: 마 6:13; 고후 1:20; 대상 16:35, 36.

〈주께서 가르치신 기도〉와 모든 기도에 대해서 우리는 이전 유대인들이 사용한 용어를 그대로 사용하면서 "아멘"(אָמֵן, ἀμήν)이라고 응답합니다. 왜 그렇게 하고, 그것은 과연 무슨 뜻입니까? 〈하이델베르크 요리문답〉의 작성자들은 이에 대해서 다음과 같이 묻고, 대답해 주었습니다.

(제 129 문) "아멘"이라는 말은 무엇을 표현합니까?"

(답) "아멘"은 다음과 같은 것을 의미합니다:
이것은 분명히 이루어질 것입니다!
내가 나 자신이 기도한 것을 실제로 원하는 것보다도

하나님께서 나의 기도에 더 귀 기울이신다는 것은 분명합니다.

〈하이델베르크 요리문답〉은 이 〈129문〉에 대한 대답으로 마쳐집니다. 우리도 이 〈129문〉이 말하는 "아멘"의 의미를 드러내면서, 〈하이델베르크 요리문답〉과의 대화를 마치려고 합니다. 이것은 〈주께서 가르치신 기도〉를 "아멘"으로, 그리고 모든 기도를 "아멘"으로 마친다는 점에서도 의미 있고, 우리가 〈하이델베르크 요리문답〉에서 믿는다고 고백한 모든 것에 대해서 "아멘"하고 받아들이며 고백한다는 점에서도 의미 있고, 우리의 삶 전체가 하나님께서 하신 일과 하나님께서 베푸신 은혜에 "아멘"으로 응답하는 것이라는 점에서도 의미 있는 것입니다. 우리의 마지막 말은 늘 하나님께서 하신 말씀에 대해 "아멘"이라고 반응하는 말이어야 합니다. 우리의 행위도 늘 하나님께서 하신 것에 대해서 "아멘"으로 반응하는 행위여야 합니다. 그리스도인들이 많이 사용하는, 그러나 안타깝게 그 의미를 잘 모르고 그저 "예전부터 늘 사용해 왔으니 우리도 그렇게 한다"는 식으로 사용하기 쉬운, 이 "아멘"이라는 말에 대한 탐구를 시작해 보겠습니다.

"아멘"이란 무슨 뜻입니까?

성경에는 "아멘"이라는 말이 아주 많이 나타납니다. 구약에서 30회 이상 나타나고, 공관복음서에 52회, 요한복음에 25회, 서신서에는 더 많이 나타납니다. 이는 기본적으로 "참되다"는 말과 관련된 말입니다. 이런 의미를 드러내면서 이사야에서는 하나님을 "아멘의 하나님"(사 65:16)이라고 한 적이 있습니다. 〈칠십인역〉(LXX) 등의 여러 역본들과 같이,[1] 우리말에서도 그 참되다는 의미를 살려서 "진리의 하나님"이라고 번역하였습니다. 요한계시록에서는 라오디게아 교회에 주시는 그리스도의 말씀을 전하면서 그 계시의 주체를 "아멘이시오(ὁ Ἀμήν), 충성되고 참된 증인이시오(ὁ μάρτυς ὁ πιστὸς καὶ ἀληθινός), 하나님의 창조의 근본이신 이(ἡ ἀρχὴ τῆς κτίσεως τοῦ θεοῦ)가 이르시되"(계 3:14)라고 합니다. 여기서도 "아멘"이시라는 말은 그 분이 참되신 분이시라는 말입니다. 아마도 예수님의 신성을 확언하면서 이사야에서 여호와께 돌렸던 그 속성을 성자께도 돌리면서 이렇게 표현했을 것입니다.

이렇게 "아멘"이라는 말은 기본적으로 "참되다"는 의미로부터 "참으로"("verily", "truly"), "옳습니다(it is so)," 그러니 "그렇게 되기를 원합니다"(so be it)는 의미로 사용됩니다. 그래서 일반 사전에는 "(어떤 선언이나 주장에 대한) 엄숙한 재가나 진심의 찬동을 표현"하기 위해 사용하는 것이라고 합니다.[2]

옛날 유대인들 사이에서 이 말이 어떻게 사용되었는지를 잘 보여주는 용례가 솔로몬의 즉위와 관련해서 나타납니다. 아도니아의 반역적 즉위식 소식을 듣고서, 다윗 왕은 솔로몬의 즉위를 의도하면서 "그가 와서 내 왕위에 앉아 나를 대신하여 왕이 되리라. 내가 그를 세워 이스라엘과 유다의 통치자로 지명하였느니라"(왕상 1:35)고 선언합니다. 이 때 여호야다의 아들 브나야가 다윗 왕에게 다음 같이 반응합니다. "아멘. 내 주 왕의 하나님 여호와께서도 이렇게 말씀하시기를 원하오며, 또 여호와께서 내 주 왕과 함께 계심 같이, 솔로몬과 함께 계셔서

---

[1] "τὸν θεὸν τὸν ἀληθινόν"이라고 번역한 LXX와 함께 KJV, NASB는 "진리의 하나님"(the God of truth)이라고 번역하고, YLT(스코틀란드 Robert Young이 번역한 Young's Literal Translation, 1862, 1887, 1888)는 "신실하신 하나님" 또는 "신실의 하나님"(the God of faithfulness)이라고 번역하고 있습니다(Bible Works 참조).

[2] Meriam-Webster Dictionary, "used to express solemn ratification (as of an expression of faith) or hearty approval (as of an assertion)" (https://www.merriam-webster.com/dictionary/amen)

그의 왕위를 내 주 다윗 왕의 왕위보다 더 크게 하시기를 원하나이다" (왕상 1:36-37). 여기서 "아멘"은 문맥상 "옳습니다, 참됩니다," 그러니 "그렇게 되기를 원합니다"(so be it)는 뜻이라는 것을 누구나 알 수 있습니다.

또한 시드기야 4년 5월에 기브온 지파의 선지자 하나냐를 통해서 "바벨론의 멍에를 내가 꺾었다"고 하시면서 그곳에 간 포로들을 돌이키실 것이라고 하시는 하나님의 말씀에 대해서(렘 28:2-4) 예레미아는 이렇게 반응합니다. "아멘, 여호와는 이같이 하옵소서!" 그리고는 하나냐에게 "여호와께서 네가 예언한 말대로 이루사, 여호와의 성전 기구와 모든 포로를 바벨론에서 이곳으로 되돌려 오기를 원하노라"라고 말합니다(렘 28:6). 이것을 보아도 "아멘"이라는 말이 앞에서 한 말에 호응하여서 "그렇습니다(it is so, yes). 그렇게 되기를 원합니다(so be it)"는 의미를 전달하는 것임을 알 수 있습니다.

심지어 자신을 통해 전달하는 하나님의 말씀에 대해서 "아멘"으로 반응한 예도 나옵니다. 여호와 하나님께서 예레미아에게 "내가 또 너희 조상들에게 한 맹세는 그들에게 젖과 꿀이 흐르는 땅을 주리라 한 언약을 이루리라 한 것인데, 오늘이 그것을 증언하느니라"(렘 11:5)는 말씀을 전하라고 하셨을 때, 그 말씀을 전한 후에 예레미아 자신이 "아멘! 여호와여!"(אָמֵן יְהוָה)라고 반응합니다(렘 11:5).

사도 바울도 우리에게 "하나님의 약속은 얼마든지 그리스도 안에서 '예'가 되니, 그런즉 그로 말미암아 우리가 '아멘'하여 하나님께 영광을 돌리게 되느니라"(고후 1:20)고 말하고 있습니다. "아멘"이 그 앞에 말한 것이 옳다고 "예"(yes)라고 말하는 것이 된다는 것을 분명히 하면서, 하나님께서 약속하신 것을 우리가 기도로 구할 때에 우리는 그 기도의 내용에 "아멘"이라고 화답하는 것이 하나님께 영광을 돌리는 것이라고 합니다.

사도 요한도 예수님의 재림에 대한 중요한 말씀을 전한 후에 그것이 옳음을 확언한 후에 스스로 "아멘"이라고 반응한 예가 있습니다.

> 볼지어다! 그가 구름을 타고 오시리라. 각 사람의 눈이 그를 보겠고, 그를 찌른 자들도 볼 것이요, 땅에 있는 모든 족속이 그로 말미암아 애곡하리니, 그러하리라($ναι$). 아멘($ἀμήν$).(계 1:7)[3]

성경에는 그 외에도 많은 경우에 "아멘"이라는 말이 사용되었습니다. 예수님께서도 이 말을 자주 사용하셨습니다. 그런데 예수님께서는 이 말을 "참으로"(truly)라는 뜻으로 사용하셔서 당신님께서 하시는 말씀을 강조하실 때 사용하셨습니다. 우리나라 말로 "진실로," 또는 "진실로, 진실로"라고 번역된 말들 다 이렇게 "아멘"이라는 말을 사용한 경우들입니다. 몇 가지 예만 들어보면 다음 같은 경우들입니다.

> 예수께서 대답하여 이르시되 진실로 진실로 네게 이르노니 사람이 거듭나지 아니하면 하나님의 나라를 볼 수 없느니라.(요 3:3)

> 진실로 진실로 네게 이르노니 우리는 아는 것을 말하고 본 것을 증언하노라 그러나 너희가 우리의 증언을 받지 아니하는도다.(요 3:11)

> 진실로 진실로 너희에게 이르노니 죽은 자들이 하나님의 아들의 음성을 들을 때가 오나니 곧 이 때라 듣는 자는 살아나리라.(요 5:25)

---

[3] 그러므로 마지막 부분은 "그렇습니다. 아멘"으로 옮기는 것이 더 나았을 것입니다.

> 진실로 진실로 너희에게 이르노니 믿는 자는 영생을 가졌나니.(요 6:47)
>
> 진실로 진실로 너희에게 이르노니 사람이 내 말을 지키면 영원히 죽음을 보지 아니하리라.(요 8:51)
>
> 진실로 진실로 너희에게 이르노니 아브라함이 나기 전부터 내가 있느니라 하시니.(요 8:58)
>
> 내가 진실로 진실로 너희에게 말하노니 나는 양의 문이라.(요 10:7)
>
> 내가 진실로 진실로 너희에게 이르노니 종이 주인보다 크지 못하고 보냄을 받은 자가 보낸 자보다 크지 못하나니.(요 13:16)

이렇게 말을 시작할 때에 사용하신 아멘(소위 "initial amens")의 용례는 구약에서는 찾아 볼 수 없는 매우 새로운 용법이었습니다.[4] 예수님께서는 이렇게 새로운 용례를 제시하셨고, 그를 본받아 초대 교회에서 어떤 것이 참임을 강조할 때 이와 같이 말하는 일들도 있었습니다.

〈하이델베르크 요리문답〉의 "아멘" 이해

1563년 공표된 〈하이델베르크 요리문답〉의 작성자들은 이 "아멘"이라는 말에 대해서 생각하면서 두 가지를 강조하였습니다.

  첫째는, "아멘"으로 우리는 "이것은 분명히 이루어질 것입니다!"라고 믿음을 표현하는 것이라고 했습니다. 성경이 기도에 대해서 가르

---

[4] 프란츠 델리취가 그렇게 말했다고 하면서 이를 언급하는 다음 항목을 보십시오: https://en.wikipedia.org/wiki/Amen.

친 가르침에 따라서 하나님의 뜻에 부합한 것을 기도했으니, 그것은 분명히 이루어진다고 하나님 앞과 온 세상 앞에 선언하는 것입니다. 〈주께서 가르치신 기도〉는 우리 주님께서 이렇게 기도하라고 가르쳐 주신 것이니, 그야말로 하나님의 뜻에 부합한 내용의 기도임이 분명합니다. 그러니 우리는 당연히 "아멘," 즉 "이것은 분명히 이루어질 것입니다!"라고 우리의 확고한 믿음을 표현해야 합니다. 리덜보스가 산상수훈을 주석하면서 "아멘"이라는 말이 "하나님께서 우리의 기도를 분명히 들어주신다는 믿음의 표현"이라고 했을 때,[5] 아마도 화란 개혁파 교회에서 늘 강조해 온 〈하이델베르크 요리문답〉의 이 표현이 영향을 미쳤을 수도 있습니다.

이는 하나님의 뜻에 부합하게 기도한 것이 "이루어질 줄 믿고 마음에 의심하지 아니하면 그대로 되리라"(막 11:23), 또는 "믿음으로 구하고, 조금도 의심하지 말라"(약 1:9)는 말씀을 전심으로 믿음을 표현하는 것입니다. 하나님의 뜻에 부합한 내용에 대해서는 주께서 이것을 이루실 것을 조금도 의심하지 말아야 합니다. 이미 믿기 때문에 〈주께서 가르치는 기도〉의 내용을 가지고 삼위일체 하나님께 기도할 때에도 우리는 더 확실한 믿음을 가져야 합니다. 그런 의미에서 "아멘"이라는 말은 우리의 기도를 "주께서 들으신다는 위로에 찬 확신을 함의하고" 있습니다.[6] 이것이 "믿음에서 믿음에로" 나아가는 일의 한 부분입니다.

그런데 우리의 선배들은 믿음만을 생각하면서 "아멘"이라고 하지 않았습니다. 그들은 이에 덧붙여서, "내가 나 자신이 기도한 것을

---

[5] Herman N. Ridderbos, *Matthew* (Kampen: Kok, 1950–51), trans. Ray Togtman, Bible Student's Commentary (Grand Rapids: Zondervan, 1987), 133.

[6] 이점을 잘 드러내는 Jean Vis, *We Are the Lord's* (Grand Rapids: Society for Reformed Publications, 1955), 174를 보십시오. 그런데 그 조건은 "만일 계시가 우리의 토대이고, 우리가 성령님 안에서 기도한다면, 우리는 아멘 할 수 있습니다"는 것입니다. 계시 가운데서 제시된 하나님의 뜻을, 계시에 근거해서 십자가의 공로에 의존하고, 성령님 안에서 기도해야 함을 잘 표현한 것입니다.

실제로 원하는 것보다도 하나님께서 나의 기도에 더 귀 기울이신다는 것은 분명합니다."고 표현하여, 하나님께서 우리를 지키시고 보호하시며, 인도하시고, 통치하심에 대한 큰 믿음을 표현했습니다. 우리가 원하는 것보다 하나님께서는 더 하다고 한 것입니다. 하나님께서 참으로 사랑하시는 아버지이심을 믿고 있음을 잘 표현한 것입니다. 갈릴리의 한 문둥병자의 경우와 같이 혹시 우리의 치료가 필요한 경우에는 주께서 친히 "내가 원하노니 깨끗함을 받으라"(마태 8:3//막 1:41)고 하십니다. 다른 경우에도 하나님 당신님께서 생각하시는 **최선의 것을 최선의 시간에** 우리에게 주시기를 **하나님께서 더 원하십니다**. 여기서 우리는 "자기 아들을 아끼지 아니하시고 우리 모든 사람을 위하여 내주신 이가 어찌 그 아들과 함께 모든 것을 우리에게 주시지 아니하겠느냐"(롬 8:32)고 말하면서 크신 하나님의 사랑을 언급하는 바울의 마음을 한 번 더 생각해야 합니다. 그러므로 "그의 자녀들의 필요는 아버지 하나님의 끊임없는 관심거리"임을 강조하는 리덜보스의 지적은 매우 타당한 것입니다.7

또한 "내가 지존하신 하나님께 부르짖음이여, 곧 나를 위하여 모든 것을 이루시는 하나님께로다"(시 57:2)라고 말하는 시편 기자의 심정을 헤아려야 합니다. 더 나아가서 우리가 참으로 잘 되기를 우리보다 더 원하시는 하나님의 심정을 헤아려야 합니다. 여기에 참된 "잘됨"(well-being)이 있습니다. 다른 데서 복지(福祉)와 "웰빙"을 추구하는 것은 어리석은 것입니다. 우리 선배들은 그것을 느끼면서 "아멘"이라는 말을 할 때에, **우리보다도 하나님께서** 우리가 간구하는 것들이 이루어지기를 **더 원하신다**는 뜻까지를 생각하면서 말했습니다. 여기 한층 깊은 신앙의 표현이 있습니다. 그리고 이는 이미 〈제 26 문답〉에서 잘

---

7 Ridderbos, *Matthew*, 125.

표현한 것이기도 합니다.

> 그가 나의 몸과 영혼에 필요한 것은
> 무엇이나 공급해 주시리라는 것과
> 또한 이 슬픈 세상에서 그 어떤 역경을 나에게 보내시더라도
> [그것을] 결국은 나의 선으로 바꾸실 것임을
> 의심하지 않을 만큼 하나님을 신뢰하는 것입니다.[8]

이전에 고백했던 것이 이 "아멘"에 대한 이해에 잘 나타나서 우리는 그런 의미로 "아멘"이라고 반응하는 것입니다.

언제, 어떻게 "아멘"하는 것입니까?

요한이나 성경의 인물들처럼 하나님의 계시의 뜻을 전한 후에 스스로 "아멘" 할 수도 있습니다. 하나님께서 주시는 그 계시에 대해서, "옳습니다. 그렇게 되기를 원합니다"라고 반응하는 것입니다. 그럴 수밖에 없습니다. 그러나 설교 중에 스스로나 회중이 이것을 계속적으로 사용하는 것이 좋은지는 좀 더 신중하게 생각해 보아야 할 문제입니다. 오히려 설교 중에는 그 말씀을 잘 듣고,[9] 속으로 정리하다가 설교를 마무리하면서 설교자가 기도한 후에 다 같이 큰 소리로 "아멘"으로 화답하는 것이 좋을 것입니다.

---

[8] 〈하이델베르크 요리문답 제 26 문답〉 후반부 중에서.

[9] 설교를 듣는 바른 자세에 대한 촉구와 방식 제시로 이승구, 『기독교 세계관으로 바라보는 21세기 한국 사회와 교회』, 최근판 (서울: 나눔과 섬김, 2018), 305-12에 있는 "책임 있는 설교 듣기를 위한 제언"을 보십시오.

이처럼 많은 경우에 우리는 기도를 마치면서 "아멘"으로 화답합니다.[10] 성경에 사용된 많은 용례도 그러하고, 그에 따른 교회의 용례를 따르면서 그리하는 것입니다. 특히, 누군가가 우리를 대표해서 기도를 인도한 경우에는 그 사람만 기도한 것이 아니고, 사실은 우리 모두가 그 기도 인도에 따라서 속으로 같이 기도하였으므로, 그 기도가 마쳐졌을 때 모두 옛날 유대인들과 초대 교회가 그리했던 것처럼 "아멘"으로 화답하는 것입니다. 앞서 말한 바와 같이, 이제까지 기도한 그 내용이 "옳습니다. 참됩니다," 그러니 "주께서 들으신 이 기도를 이루어 주옵소서, 그 일이 이루어지게 하옵소서"라는 의미로 우리들 모두가 소리를 내어서 "아멘"이라고 응답하는 것입니다.

이 때에 세 종류의 인격들이 관여하는 점에 주목하십시오. 첫째는, 우리의 기도를 인도하는 분입니다. 그 분은 이때 우리 모두가 하나님께 하는 기도를 우리를 대표해서 기도하는 것입니다. 그래서 "누군가가 우리를 **대표해서** 기도하시겠습니다"라는 표현도 가능합니다. 그래서 이를 "대표 기도"라고 표현하는 일이 많이 있습니다. 더 일반적으로는 "누군가가 우리의 기도를 인도하시겠습니다"(Rev. Lee will lead us our prayer)라고 합니다. 누군가에게 기도를 청할 경우에 "당신이 우리의 기도를 인도해 주시겠습니까?"(Will you lead us in our prayer?)라고 하는 것과 같습니다. 그래서 옛날 주보들에는 "기도 인도"라는 순서로 표기하기도 했습니다. 이렇게 우리의 기도를 인도하여 대표로 기도하는 분이 있습니다. 둘째는 그 기도 인도에 따라서 속으로 그 기도를 하고 있는 우리가 있습니다. 그리고 셋째로, 그 기도를 들으시고 우리에게 응답하시는 삼위일체 하나님이 계십니다. 그러므로 기도는 인격들 간의 깊은

---

[10] 그 뿐만 아니라 공예배에서의 모든 찬송 후에도 "아멘"을 해야 한다는 주장으로 Vis, *We Are the Lord's*, 174를 보십시오.

교제 행위입니다. 누군가가 우리를 대표해서 기도를 인도할 때에도 우리는 그와 인격적으로 교제하면서, 결국 삼위일체 하나님과 교제하면서 그가 인도하는 기도의 내용에 하나님께 "아멘"으로 응답하는 것입니다.

그렇게 응답하라고 한 대표적인 예가 시편에 나옵니다. "여호와 이스라엘의 하나님을 영원부터 영원까지 찬양할지어다"라고 찬송하고서는 "모든 백성들아 아멘 할지어다. 할렐루야."라고 말하는 시편 106:8이 그 대표적인 예입니다. 하나님께 찬양하는 기도를 하고, 그에 대해서 백성들로 하여금 "아멘"이라고 화답하게 하십니다.

사도 바울도 기도한 후에 "아멘"으로 화답하는 것이 자연스러운 일임을 전제하면서, 사람들과 함께 기도할 때는 모든 사람들이 다 알아들을 수 있는 말로 기도할 것을 명하면서 이렇게 말한 바 있습니다: "그렇지 아니하면 네가 영으로 축복할 때에 알지 못하는 처지에 있는 자가 네가 무슨 말을 하는지 알지 못하고 네 감사에 어찌 아멘 하리요"(고전 14:16). 기도할 때는 같이 기도하는 사람들이 무엇을 기도하는지 알 수 있도록 하고, 모든 사람들은 다 속으로 그 기도를 같이 한 후에 다같이 "아멘"으로 반응해야 한다는 것입니다.

그와 함께 아주 자연스럽게 "아멘"으로 화답한 예는 성경에 그야말로 무수합니다. 예를 들어서, 다윗이 여호와의 언약궤를 성막에 모신 후에 아삽과 그 형제들을 세워 길게 기도하고서(대상 16:8-35), 마지막에 "여호와 이스라엘의 하나님을 영원부터 영원까지 송축할지로다"라고 하였을 때(대상 16:35), 백성들 모두가 "아멘"하고 "여호와를 찬양했다"고 했습니다(대상 16:36).

또한 "에스라가 위대하신 하나님 여호와를 송축하매, 모든 백성이 손을 들고 '아멘, 아멘' 하고 응답하고, 몸을 굽혀 얼굴을 땅에 대고 여호와께 경배하니라"(느 8:6)고 했습니다. 에스라가 하나님을 찬양하는 기도에 반응하여 백성들이 "아멘, 아멘"으로 화답했다는 것입니다.

　　구약 시대에는 맹세시키는 경우도 그것을 하나님 앞에서 하는 기도로 여겨서 그와 같이 반응하도록 했습니다. 결혼한 여자가 부정을 행했는지를 알 수 없는 경우에 제사장에게 가서 저주하는 물을 사용하여 그것을 드러내고자 할 때에, 제사장은 "이 저주가 되게 하는 이 물이 네 창자에 들어가서 네 배를 붓게 하고 네 넓적다리를 마르게 하리라 할 것이요, 여인은 '아멘 아멘' 할지니라."(민 5:22)고 했습니다.

　　신명기에서 온 백성이 모압 평지에서 언약을 갱신할 때도 비슷하게 반응하는 것이 나옵니다. 레위 사람들이 하나님의 뜻을 모세가 가르친 것에 근거해서 "장색의 손으로 조각하였거나 부어 만든 우상은 여호와께 가증하니, 그것을 만들어 은밀히 세우는 자는 저주를 받을 것이라"고 하면 모든 백성은 '아멘'이러고 반응하라고 했습니다(신 27:15). 또한 "그의 부모를 경홀히 여기는 자는 저주를 받을 것이라"고 하면 모든 백성은 '아멘'으로 반응하라고 했습니다(신 27:16). 마찬가지로, "맹인에게 길을 잃게 하는 자는 저주를 받을 것이라"고 하면 모든 백성은 "아멘"하라고 했습니다(신 27:18). 이와 같은 예들은 신명기 27과 28장에 계속 나오고 있습니다. 느헤미야 5:13의 예도 그와 비슷하게 이해할 수 있을 것입니다.

> 내가 옷자락을 털며 이르기를 "이 말대로 행하지 아니하는 자는 모두 하나님이 또한 이와 같이 그 집과 산업에서 털어 버리실지니, 그는 곧 이렇게 털려서 빈손이 될지로다" 하매, 회중이 다 "아멘"하고 여호와를 찬송하고, 백성들이 그 말한 대로 행하였느니라.(느 5:13)

요한계시록에 나오는, 요한이 목격한 천상 예배 장면에 대한 묘사에서도 "하늘 위에와 땅 위에와 땅 아래와 바다 위에와 또 그 가운데 모든 피조물이" 성부와 성자에 대하여 "보좌에 앉으신 이와 어린 양에게 찬송과 존귀와 영광과 권능을 세세토록 돌릴지어다"(계 5:13)라고 찬양할 때, 그에 대해서 아마도 피조계 전체를 대표하는 상징적 존재나 천사들로 해석되는 네 생물이[11] "아멘"으로 화답하고, 신구약 교회의 대표자들로 상징적으로 표현된 "장로들은 엎드려 경배하더라"(계 5:14)고 하였습니다.

또한 "각 나라와 족속과 백성과 방언에서 아무도 능히 셀 수 없는 큰 무리가 나와 흰 옷을 입고 손에 종려 가지를 들고 보좌 앞과 어린 양 앞에 서서"(계 7:9) 큰 소리로 찬양하기를 "구원하심이 보좌에 앉으신 우리 하나님과 어린 양에게 있도다"(계 7:10)라고 찬송할 때에 천사들이 먼저 "아멘"으로 화답한 후에 "찬송과 영광과 지혜와 감사와 존귀와 권능과 힘이 우리 하나님께 세세토록 있을지어다."라고 또 다른 찬송하는 기도를 드리고 역시 "아멘"으로 마무리합니다(계 7:12).

이렇게 구약에서나 신약에서나 심지어 천상에서도 하나님을 찬양하고 그에게 기도한 후에는 "아멘"으로 화답하는 것을 성경은 잘 드러내어 줍니다.

그렇기에 홀로 삼위일체 하나님께 간구한 후에도 그 기도를 마무리하면서 "그렇게 되기를 원합니다"(so be it)는 뜻으로 자신이 기도한 그 내용에 대해서 "아멘" 하는 것입니다. 이것은 성경의 용례를 따르는 것입니다. 구약에서도 기도 후에 "아멘"으로 혹은 이를 두 번이나 반복하면서 "아멘, 아멘"으로 마친 경우가 있습니다.

---

[11] 이런 존재들에 대한 상세한 논의와 해석에 대해서는 이승구, 『성경신학과 조직신학』 (서울: SFC, 2018), 요한계시록 부분을 보십시오.

> 이스라엘의 하나님 여호와를 영원부터 영원까지 송축할지로다. 아멘 아멘.(시 41:13)
>
> 그 영화로운 이름을 영원히 찬송할지어다. 온 땅에 그의 영광이 충만할지어다. 아멘 아멘.(시 72:19)
>
> 여호와를 영원히 찬송할지어다. 아덴 아멘.(시편 89:52)

이런 구약의 전통은 신약에서도 그대로 나타납니다. 사도들도 그들의 서신에서 일정한 논의를 하여 나가다가 필요한 경우에 하나님께 기도한 후에 그것을 "아멘"으로 마무리합니다.

> 주는 곧 영원히 찬송할 이시로다. 아멘.(롬 1:25 하).
>
> 조상들도 그들의 것이요 육신으로 하면 그리스도가 그들에게서 나셨으니, 그는 만물 위에 계셔서 세세에 찬양을 받으실 하나님이시니라. 아멘.(롬 9:5)
>
> 만물이 주에게서 나오고 주로 말미암고 주에게로 돌아감이라. 그에게 영광이 세세에 있을지어다. 아멘.(롬 11:36)
>
> 평강의 하나님께서 너희 모든 사람과 함께 계실지어다. 아멘.(롬 15:33).
>
> 지혜로우신 하나님께 예수 그리스도로 말미암아 영광이 세세무궁하도록 있을지어다. 아멘.(롬 16:27).

이와 같이 로마서에는 우리말로 명시적으로 다섯 번이나 기도와 찬양에 대해 바울 스스로 "아멘"으로 반응한 예들이 번역되어 나타나 있습니다. 사실 16장에서는 사본에 따라 20절, 24절 등에서도 이런 예가 나타납니다. 이것까지 합하면 7번이 됩니다. 그 밖의 서신서들에도 이런 경우들이 계속 나타납니다.

영광이 그에게 세세토록 있을지어다. 아멘.(갈 1:5)

형제들아 우리 주 예수 그리스도의 은혜가 너희 심령에 있을지어다. 아멘.(갈 6:18)

교회 안에서와 그리스도 예수 안에서 영광이 대대로 영원무궁하기를 원하노라. 아멘.(엡 3:21)

하나님 곧 우리 아버지께 세세 무궁하도록 영광을 돌릴지어다. 아멘.(빌 4:20)

영원하신 왕 곧 썩지 아니하고 보이지 아니하고 홀로 하나이신 하나님께 존귀와 영광이 영원무궁하도록 있을지어다. 아멘.(딤전 1:17).

오직 그에게만 죽지 아니함이 있고, 가까이 가지 못할 빛에 거하시고, 어떤 사람도 보지 못하였고, 또 볼 수 없는 이시니, 그에게 존귀와 영원한 권능을 돌릴지어다. 아멘.(딤전 6:16).

주께서 나를 모든 악한 일에서 건져내시고 또 그의 천국에 들어가도록 구원하시리니, 그에게 영광이 세세무궁토록 있을지어다. 아멘.(딤후 4:18)

모든 선한 일에 너희를 온전하게 하사 자기 뜻을 행하게 하시고, 그 앞에 즐거운 것을 예수 그리스도로 말미암아 우리 가운데서 이루시기를 원하노라. 영광이 그에게 세세무궁토록 있을지어다. 아멘.(히 13:21)

만일 누가 말하려면 하나님의 말씀을 하는 것 같이 하고, 누가 봉사하려면 하나님이 공급하시는 힘으로 하는 것 같이 하라. 이는 범사에 예수 그리스도로 말미암아 하나님이 영광을 받으시게 하려 함이니, 그에게 영광과 권능이 세세에 무궁하도록 있느니라. 아멘.(벧전 4:11)

권능이 세세무궁하도록 그에게 있을지어다. 아멘.(벧전 5:11).

우리 구주 홀로 하나이신 하나님께 우리 주 예수 그리스도로 말미암아 영광과 위엄과 권력과 권세가 영원 전부터 이제와 영원토록 있을지어다. 아멘.(유 1:25)

그의 아버지 하나님을 위하여 우리를 나라와 제사장으로 삼으신 그에게 영광과 능력이 세세토록 있기를 원하노라. 아멘.(계 1:6).

주 예수의 은혜가 모든 자들에게 있을지어다, 아멘.(계 22:21)

이런 성경의 용례를 따라 계속해서 "아멘"으로 기도를 마친 과거 교회의 좋은 전통을 따라서, 우리도 홀로 기도한 후에도 "아멘"이라고 말하면서 우리의 신앙을 표현해야 합니다. 물론 같이 기도한 후에도 그리하는 것입니다.

"아멘"의 삶

그러나 우리가 "아멘"으로 화답하였다고 모든 것이 끝난 것이 아닙니다. 더 중요한 것은 우리의 삶이 그야말로 "아멘"의 삶이 되어야 합니다.

이것은 첫째로, 우리가 그 기도한 내용을 이 땅에서 구현해 가는 사람이 된다는 것을 의미합니다. 하나님의 이름이 거룩히 여김을 받으시기를, 하나님의 뜻이 이 땅에서도 이루어지기를 위해서 기도하고 그에 대해서 "아멘"하였다면, 과연 우리가 그런 존재들로 살아가야 합니다. 혹시 다른 사람들은 하나님의 이름이 거룩히 여김을 받는 일에 관심이 없을지라도 우리는 그 하나님의 이름이 거룩히 여김을 받게 되는 것을 위해 우리의 모든 것을 다해야 합니다. 우리는 그야말로 이 땅에서 하나님의 뜻을 수행하는 사람의 삶을 살아야 합니다. 이것이 "아멘의 삶"을 사는 것이며, 기도한 자답게 사는 것입니다.

그리하여 우리의 삶이 하나님께서 말씀하신 것이 참되고 옳다는 것을 드러내는 삶이 되어야 합니다. 아멘이신 우리 주 예수 그리스도께서(계 3:14) 하나님의 모든 것에 대해서 철저히 복종하시면서 하나님의 의도와 말씀이 참된 것임을 드러내신 것처럼, 우리도 하나님의 말씀과 뜻이 참된 것임을 이 세상에 드러내며 살아야 합니다. 그것이 "아멘의 삶"입니다.

미래에 대한 소망으로서의 아멘[12]

마지막으로, 우리들의 아멘은 우리의 모든 미래를 참으로 우리가 기도하는 대상인 하나님께 맡기고 그에게 의지한다는 것을 표현합니다. 믿음으로 큰 소리로 "아멘"이라고 화답하지만 사실 "아멘"은 우리의 의지의 표현이 아니고, 겸손하게 하나님께 모든 것을 맡기는 것입니다. 모든 것은 우리의 손에 있지 않습니다. 모든 것은 최종적으로 우리 기도의 대상이신 삼위일체 하나님께 있습니다. 하나님만이 우리의 소망입니

---

[12] 내용은 상당히 다르지만, 이 제목은 콜로라도에 있는 갈보리 롱몬트(Calvary Longmont) 교회에서 사역하시는 제이슨 소로스키(Jason Soroski) 목사님의 설명 중에 있는 "Amen as Hope for the Future" 항목에서 영감을 얻었음을 밝힙니다. Jason Sorcski, "What Does 'Amen' Mean and Why Do We Say It?," *Crosswalk.com*, accessed on 3rd March, 2020, available at:
https://www.crosswalk.com/faith/spiritual-life/what-does-amen-mean-and-why-do-we-say-it.html.

다. 다른 것을 기대하는 것은 영원한 형벌을 자초하는 것입니다. "아멘"으로 화답하는 사람들은 확신을 가지고 그렇게 말하며, 기도한 사람으로서의 책임을 가지고 이 세상 그 누구보다 더 성실하고도 열심히 주께서 맡기신 일을 하지만, 그럼에도 자신의 확신에 미래의 소망을 두지 않고, 자신들의 성실한 삶과 노력에 미래 희망을 두지 않고, 오직 모든 일을 이루시는 여호와 하나님, 그 삼위일체 하나님께만 모든 소망을 두는 것입니다. 우리의 소망은 오직 하나님께만 있습니다. 그러므로 우리는 하나님께서 이루신 구속에 대해서 놀라면서 그저 "아멘"할 뿐입니다. 하나님께서 종국적으로 이루실 그 구속의 완성에 대해서도 그저 "아멘"할 뿐입니다.

참으로 믿는가?

"아멘"으로 기도를 마치면서 우리는 우리가 "옳습니다, 그렇게 되기를 원합니다"라는 말로 마친 기도를 "과연 믿는가?"라고 질문하지 않을 수 없습니다. 많은 사람들은 (1) 기도를 하지 않을 뿐만 아니라, (2) 잘못 기도하기도 합니다. 사실 이제까지 이 두 가지 문제를 지속적으로 도전하면서 논의해 왔습니다. 이제까지 우리는 우리를 구속하신 삼위일체 하나님께 참으로 기도하되, 성경이 가르친 방식과 그 내용을 따라 하나님의 뜻에 부합한 것을 기도해야 한다고 했습니다.

과연 그렇게 기도하였다면 그 후의 우리의 문제는 "그렇게 바르게 한 기도를 과연 믿는가?" 하는 것입니다. 믿지 않으면 주께서 도무지 응답하시지 않는다고 하였습니다. 그런데도 주님께 드린 기도가 이루어질 것을 믿지 않는 사람들이 예전부터 지금까지 많이 있습니다. 이

렇게 기도의 바른 대상이신 삼위일체 하나님께 기도하면서, 그것도 성
경의 가르침을 따라 바르게 기도하면서 믿지 않는 대표적인 사람들이
사도행전 12장에 묘사된 성도들입니다.13

헤롯이14 유대인들의 환심을 얻고 교회를 핍박하기 위해서 먼저
사도 야고보를 죽이고(행 12:2),15 베드로를 잡아 "옥에 가두어 군인 넷

---

13 물론 후에 논의되겠지만, 이 부분을 다른 식으로 주해할 수 있음을 생각하면서 이 내용을
보아야 합니다.

14 이 헤롯은 헤롯 대왕의 손자요 아리스토불루스와 베니게(Berenice)의 아들인 아그립바 1세
입니다(Ἡρώδης Ἀγρίππας=Marcus Julius Agrippa I, 11 BC- A. D. 44). Cf. John Calvin, *The Acts of
the Apostles*, vol. 1, Calvin's Commentaries, trans. John W. Fraser and W. J. G. McDonald
(Edinburgh: Oliver and Boyd, 1965, reprint, Grand Rapids: Eerdmans, 1977), 336; 박윤선, 『신약주석
사도행전』, 수정 증보판 (서울: 영음사, 1977, 재판 1999), 271; F. F. Bruce, *The Acts of the Apostles,
The Greek Text with Introduction and Commentary* (London: Tyndale Press, 1951, reprint, Grand
Rapids: Eerdmans, 1979), 242; F. F. Bruce, *The Book of the ACTS*, NICNT (Grand Rapids:
Eersmans, 1954), 246; G. H. C. Macgregor, "Exegesis of the Acts of the Apostles," in *The
Interpreter's Bible*, vol. 9 (Nashville: Abingdon Press, 1954), 156; William Neil, *The Acts of the
Apostles*, New Century Bible Commentary (London: Marshall, Morgan & Scott, 1973; reprint, Grand
Rapid: Eerdmans, 1987), 147; I. Howard Marshall, *Acts*, Tyndale New Testament Commentary
(Grand Rapids: Eerdmans, 1980), 207; Richard N. Longenecker, "The Acts of the Apostles," in *The
Expositor's Bible Commentary*, vol. 9 (Grand Rapids: Zondervan, 1981), 407 (그만 아그립바의 출생 연
도를 주전 10년으로 제시합니다); David John Williams, *ACTS*, NIBC (Peabody: MA: Hendrickenson
Publishers, 1990), 210; John B. Polhill, *Acts 1-12*, The New American Commentary, 26A (Nashville,
TN, 1992), 277; 그리고 김홍전, 『기도와 응답』, (서울: 성약, 2017), 183.
위의 주석들이 주는 정보에 의하면, 헤롯 대왕 사후에 네 개로 나뉘어진 유대 왕국이 전부 아
그립바 1세의 통치 하에 있게 되는 일은 다음 같은 네 단계를 통해 이루어졌습니다. 주전 7년 그의 아버지
아리스토불루스가 헤롯 대왕에 의해 죽자, 어린 시절에 어머니와 함께 로마에 보내져서 로마 왕실에서 자
란 그에게 (1) 주후 37년에 칼리굴라 황제가 그에게 "왕"이라는 칭호를 주고, 34년에 죽은 그의 삼촌 필립
이 통치하던 땅인 이두래와 드라고닛(눅 3:1 참조), 즉 요단 저편(Transjordan)과 갈릴리 북부의 데가볼
리를 다스리게 하였고, (2) 얼마 후에 루사니아(Lysanias)가 다스리던 시리아 남부의 아빌레네(Abilene)
를 더 하였고, (3) 39년에 그의 다른 삼촌인 "갈릴리의 분봉왕"이었던, 이 때 유배된, 헤롯 안티바스
(Herod Antipas, cf. 눅 3:1)가 다스리던 갈릴리와 베뢰아를 더하였고, (4) 그와 함께 자란 글라우디오
(Claudius)가 황제가 된 41년에는 (주후 6년 이후로 35년 동안 총독 지배하에 있던) 유대와 사마리아도
그에게 주어, 그는 이 지역 전체를 다스리는, 명실공히 "유대인의 왕"(the king of the Jews)이 된 것입
니다. 그러나 그가 44년 죽었을 때(행 12:20-23) 이 지역들은 공식적으로 다시 로마 총독들이 다스리는
땅이 됩니다(Bruce, *The Book of the ACTS*, 256). 그는 후에 바울이 재판 받는(행 25:13ff.) 아그립바 2
세(AD 27/28-c. 92 or 100)의 아버지입니다. 아그립바 2세는 왕이라는 칭호는 유지하고 있었으나 **유다
외의 지역**을 '로마의 속령을 지배하는 자' (as a Roman *client*)로 다스리도록 되었고, 그것도 주후 66
년 아그립바 2세가 제 1 차 유대전쟁(the first Jewish War)에서 백성들에게 축출되어 결국 헤롯 왕조는
그쳐지고, 유대 국가도 멸망하게 된 것입니다.
아그립바 1세가 행한 가장 큰 일은 어쩌면 주후 40년 칼리굴라가 자신의 상(像)을 예루살렘 성
전에 세우려고 할 때 그를 설득하여 그리하지 않도록 한 것입니다. 그리고 알렉산드리아에 사는 유대인들
을 인도적으로 다루어 달라고 청원한 일입니다. 이에 대해서, 특히 Longenecker, "The Acts of the
Apostles," 408을 보십시오.

씩인 네 패에게 맡겨 지키고, 유월절 후에 백성 앞에 끌어내고자"(행 12:4) 하던 때였습니다.16 얼마 전 유월절 어간에 주께서 잡히시고 십자가의 구속을 이루시고 부활하신 경험을 한 교회는 몇 년 후 비슷한 때에 베드로가 옥에 잡혀 있는 상황에 처했습니다.17

이 때 교회 공동체는 어떻게 반응합니까? "교회는 그를 위하여

---

15 그가 순교할 때에도 얼마나 의연하게 그리스도인 됨을 드러내었는지 그를 지키던 두 사람들도 그에게 감동을 받고 자신들도 그리스도를 믿겠다고 고백하고 같이 참수형을 당했다는 알렉산드리아의 클레멘트(Clement of Alexandria)의 『힙포티포세스』(Hypotyposes)에 나오는 전승을 말하는 유세비우스의 『교회사』(Historia Ecclesiae), ii. 9를 인용하는 Bruce, The Book of the ACTS, 248, n. 7; Bruce, The Acts of the Apostles, The Greek Text, 243도 보십시오.

16 아마 이 옥(φυλακή)은 성전 부지(the temple complex)의 북동쪽이 내려다보이는, 당시 로마 군대의 병영이 있던 안토니아 요새(the Fortress of Antonia)에 있는(Bruce, The Book of the ACTS, 249; Longenecker, "The Acts of the Apostles," 408) '안토니아 탑'(the Tower of Antonia)이라고 추론하는 일이 많습니다(Bruce, The Acts of the Apostles, The Greek Text Commentary, 246; Bruce, "Acts," 988; Macgregor, "Exegesis of the Acts of the Apostles," 159; G. E. Ladd, "Acts," in The Wycliffe Bible Commentary (Chicago: Moody Press, 1962), 1145; Neil, The Acts of the Apostles, 148; Williams, ACTS, 213; 그리고 Polhill, Acts 1–12, 281).

17 이 때가 아마도 주후 41-44년 사이, 아마도 44년의 일로 여겨집니다. 그러면 비교 연대로 예수님의 처형 사건 뒤 약 14년 후에 일어난 일로 보면 좋을 것입니다. 명확히 이렇게 말하는 김홍전, 『기도와 응답』, 183을 보십시오. 이 사건이 44년에 이루어진 것으로 제시하는 분들로 다음을 보십시오: 20세기 초의 캠브리쥐의 파라 교수(F. W. Farrar, The Life and Work of St. Paul, vol. 1 [New York: E. P. Dutton and Co., 1902], 314), 오랜 전 글라스고우 대학교 교수였던 G. H. C. Macgregor, ("Exegesis of the Acts of the Apostles," in The Interpreter's Bible, vol. 9 [Nashville: Abingdon Press, 1954], 154, 155); 1951년과 1953년, 1954년의 초기 부루스(Bruce, The Acts of the Apostles, The Greek Text, 55; Bruce, "Acts," in The New Bible Commentary, 3rd edition (Leicester, IVP and Grand Rapids: Eerdmans, 1970), 987 (여기서는 주후 44년의 유월절이 5월 1일이었다는 말도 합니다); Bruce, The Book of the ACTS, 252); 아버딘의 하워드 마샬(Marshall, Acts, 207); 이전에 LBC라 불리던 London School of Theology에서 가르치다 지금은 브리스톨의 트리니티 칼리쥐에서 가르치는 스티브 왈톤(David Wenham & Steve Walton, Exploring the New Testament, vol. 1: A Guide to the Gospels and Acts [London: SPCK, 2001], chap. 13, 박대영 역, 『복음서와 사도행전』, [서울: 한국성서유니온, 2007], 461), 그리고 김홍전 (김홍전, 『기도와 응답』, 183).

그런가하면 존 웬함은 이 일이 42년 봄에 일어난 것으로 보는 듯하며(John Wenham, "Did Peter Go to Rome in A.D. 42?" Tyndale Bulletin 23 [1972]: 95, 102, 흥미롭게도 그는 이 연대를 F. F. Bruce, Acts [London: Tyndale Press, 1951], 55f.에 있는 1951년의 브루스의 연대 계산에서 얻었다고 합니다94, n. 1]. 그러나 51년도의 책에서 브루스는 44년으로 이 연대를 제공하고 있기에 존 웬함이 잘못 인용하는 것으로 보입니다.), 후기 브루스와 그를 따르는 존 폴힐은 이 사건이 아마도 42이나 43년 봄에 일어났을 것이라고(most likely) 말합니다(F. F. Bruce, "Chronological Questions in the Acts of the Apostles," Bulletin of the John Rylands Library 68 [1985/86], 273-96, at 276-78; Polhill, Acts 1–12, 277). 그리고 George Ogg는 43년 봄이라고 합니다(George Ogg, The Chronology of the Life of Paul [London: Epworth Press, 1968], 200; "Chronology of the New Testament," in New Bible Dictionary, 2nd edition [Leicester: IVP, 1982], 203).

포괄적으로 41-44 사이로 제시한 Neil, The Acts of the Apostles, 147도 보십시오.

간절히(ἐκτενῶς)[18] 하나님께 기도하더라"(행 12:5)고 했습니다.[19] 어려움을 당할 때 교회는 기도할 수밖에 없으니, 이 당시 교회 공동체는 아주 잘 반응한 것입니다. 칼빈이 잘 말하고 있듯이, "베드로가 전선(戰線)에서 홀로 서 있을 때, 다른 모든 사람들은 동시에 그들의 기도로 싸우고, 그들이 할 수 있는 도움을 주고" 있었습니다.[20] 다음 같은 박윤선 목사님의 말씀도 이 대조를 잘 드러내어 줍니다.

> 이처럼 강하게 대조적 표현으로 나타낸 것은, 한편에서는 베드로를 철벽같이 가두는 폭력 행사가 있고, 다른 한 편에서는 교회가 베드로를 위하여 간절히 기도하는 영적 전투가 벌어지고 있는 사실을 밝힘이다. 다시 말하면 이 대조는 폭력과 기도의 투쟁을 보여 주는 것이다. 이에 대해 캄벨 모건은 말하기를 "이 때에 두 세력이 싸웠다. 한 편에서는 베드로를 가두었고, 다른 한 편에서는 베드로를 위하여 기도하였다"고 하였다.[21]

당시 교회 공동체는 베드로가 옥에 갇혀 있는 상황을 주께 아뢰면서, 이 문제를 해결해 주시고, 더욱 힘입어 복음을 전하게 해달라고 기도했을 것입니다. 얼마 전 비슷한 상황 속에서 그들이 기도한 말을 여기에 적용해서 표현해 보자면, "주여 이제도 그들의 위협함을 굽어보시옵고, 또 종들로 하여금 담대히 하나님의 말씀을 전하게 하여 주시오며, 손을 내밀어 병을 낫게 하시옵고, 표적과 기사가 거룩한 종 예수의 이름으로

---

[18] 겟세마네 동산에서의 예수님의 기도를 묘사할 때 같은 단어가 사용되었음(눅 22:44)을 지적하는 Macgregor, "Exegesis of the Acts of the Apostles," 157; Ladd, "Acts," 1145; 그리고 Williams, *ACTS*, 212를 보십시오.

[19] 여기 헬라어 시제가 미완료 과거(the imperfect tense)로 표현된 것(προσευχὴ ἦν γινομένη)을 주목하면서 이는 교회가 "반복된 기도를" 하였음을 말한다는 Williams, *ACTS*, 212를 보십시오.

[20] Calvin, *The Acts of the Apostles*, vol. 1, 338. 이와 비슷하게 기도한 것이 그리스도인들이 할 수 있는 "가장 효과적인 조력"(their most effective means of assistance)이라고 말하는 Polhill, *Acts 1-12*, 279도 보십시오.

[21] 박윤선, 『신약주석 사도행전』, 273.

이루어지게 하옵소서"(행 4:29, 30)라는 말과 비슷한 말로 주께 기도했을 것입니다.

결국 하나님께서 이 기도에 대한 응답으로 아주 기적적인 방식으로 천사를 보내서 베드로를 풀어 주십니다.[22] 그 이적적 구출 장면은 이렇게 묘사되어 있습니다.

> 헤롯이 잡아내려고 하는 그 전날 밤에[23] 베드로가 두 군인 틈에서 두 쇠사슬에 매여 누워 자는데, 파수꾼들이 문 밖에서 옥을 지키더니, 홀연히(ἰδοὺ, 즉 "보라!") 주의 사자가 나타나매 옥중에 광채가 빛나며, 또 베드로의 옆구리를 쳐 깨워 이르되 '급히 일어나라' 하니, 쇠사슬이 그 손에서 벗어지더라. 천사가 이르되 '띠를 띠고, 신을 신으라' 하거늘 베드로가 그대로 하니, 천사가 또 이르되 '겉옷을 입고 따라오라' 한 대, 베드로가 나와서 따라갈새 천사가 하는 것이 생시인 줄 알지 못하고 환

---

[22] 하나님의 기적적인 개입과 열심히 하는 기도의 능력을 강조하는 Calvin, *The Acts of the Apostles*, vol. 1, 339; Bruce, *The Book of the ACTS*, 249-51, 특히 251; 박윤선, 『신약주석 사도행전』, 275, 279; 좀 약하고 주저하면서도 이를 인정하는 Marshall, *Acts*, 209; William H. Baker, "Acts," in *Evangelical Commentary on the Bible* (Grand Rapids: Baker Book House, 1989), 901f.; Longenecker, "The Acts of the Apostles," 409; 그리고 Polhill, *Acts 1-12*, 279f.를 보십시오.
그러므로 이 구출이 사람의 손길을 동원해서 이루어진 것이라고 하는 F. C. Burkitt의 추론 (*Christian Beginnings* [London: University of London Press, 1924], 103-4)은 초자연적 이적을 배제하려는 잘못된 전제에서 온 추론일 뿐입니다. 이에 대한 비판적 논의로 Longenecker, "The Acts of the Apostles," 409; Polhill, *Acts 1-12*, 280, n. 150을 보십시오.
이 구절이 베드로를 "이적적으로 보호하심"과 "이적적 구출" 이야기라고 하면서도, 이것이 "구체적으로 진술하는 전설"(a detailed legend)이며, 디벨리우스와 함께 "누가의 전형적인 편집이 나타나는 이야기"라고 말하는 비평적인 Hans Conzelmann, *Acts of the Apostles* (2nd edition, 1972), Hermeneia (Philadelphia: Fortress Press, 1987), 92-93도 보십시오. 이런 접근은 언제나 많은 문제를 일으킵니다.

[23] 이 말로써 우리는 교회 공동체의 기도가 효과 없어 보이는 듯한 며칠이 지나갔음을 보게 됩니다. 이점을 잘 지적하는 Calvin, *The Acts of the Apostles*, vol. 1, 339를 보십시오. 아마도 일주일 동안을 옥에 있었을 것이라고 추론하는 Bruce, *The Book of the ACTS*, 248을 보십시오. 여기 헬라어 시제가 미완료 과거(the imperfect tense)로 표현된 것(προσευχὴ ἦν γινομένη)을 주목하면서 이는 교회가 수일 동안 기도했을 것이라고 하는 Marshall, *Acts*, 208도 보십시오. 또한 칼빈은 심지어 "그[베드로]와 죽음 사이에 한 밤이 남았을 뿐이다"고 생생하게 표현하기도 합니다(339). 여기 우리가 이 책의 2장에서 언급한 기도의 응답 가운데서 지체(遲滯)하시면서 응답하시는 경우, 소위 체답(滯答)의 또 한 가지 예를 보게 됩니다. 이에 대한 정암의 지적도 보십시오: "인간의 난관이 절정에 이르러 아무리 기도해도 응답이 안 될 듯이 보이고, 일이 다 틀렸다고 할 즈음에 하나님의 간섭하시는 권능이 나타나는 진리를 가르친다."(박윤선, 『신약주석 사도행전』, 274).

상을 보는가 하니라. 이에 첫째와 둘째 파수를 지나 시내로 통한 쇠문에 이르니, 문이 저절로(αὐτόματος ⇒ αὐτομάτη) 열리는지라. 나와서 한 거리를 지나매24 천사가 곧(εὐθέως) 떠나더라(행 12:6-10).25

베드로 자신도 이것이 '환상'(ὅραμα)인가 생각할 정도로 놀라운 방식으로 주께서 구출해 주셨습니다. 정신을 차리고서 베드로는 "내가 이제야 참으로 주께서 그의 천사를 보내어, 나를 헤롯의 손과 유대 백성의 모든 기대에서 벗어나게 하신 줄 알겠노라"(행 12:11)라고 하고서, 예루살렘 교회 공동체가 모여서 기도하고 있는 곳들 중의 하나인 "마가라 하는 요한의26 어머니 마리아의 집"으로 갑니다.

사도행전 1장의 기록을 생각할 때(행 1:12-13), 단언하기는 어렵지만 이 집은 오순절 성령 강림이 있던 그 집이고, 아마도 예수님께서 제자들과 최후의 만찬을 하신 집이라고 생각됩니다.27 그 집의 문을

---

24 서방 사본들에 "7계단을 내려오매"라는 표현이 있는 것을 보아 이는 주후 70년 예루살렘의 파괴 이전 예루살렘의 정황을 잘 아는 사람에 의해 주어진 것이라고 말하는 Bruce, *The Book of the ACTS*, 249; Bruce, "Acts," 988; Macgregor, "Exegesis of the Acts of the Apostles," 159; 그리고 Neil, *The Acts of the Apostles*, 149도 보십시오. 맥그레골은 아마도 이 계단들이 후에 바울이 거기서 서서 연설하던 곳(행 21:40)일 수도 있다고 합니다. 흥미로운 추론입니다.

25 여기 사용된 몇 가지 용어들의 유사성에("전날 밤"[12:6; 출 12:12], "속히 일어나라"[12:7; 출 12:11], "신을 신고"[12:8; 출 12:11], "주께서 구하셨다"[12:7; 출 12:11])에 근거해서 "유월절 구출 모티브"(a Passover deliverance motif)를 말하는 것은(J. Dupont and A Strobel) 흥미롭기는 하지만 너무 지나치다고 해야 합니다. 이에 대한 구체적 소개로 Polhill, *Acts 1-12*, 279, n. 145를 보십시오. 폴힐은 이를 소개하고 이에 대해서 아무런 평가를 하지는 않습니다.

26 그가 베드로의 통역자였고, 마가복음서를 기록한 마가이며, 바나바의 생질이라는 것은 누구나 지적하는 것입니다(대표적으로 Longenecker, "The Acts of the Apostles," 410; 그리고 Neil, *The Acts of the Apostles*, 149). 그런데 그가 "아마 이 부분과 이 이른 시기 예루살렘 교회의 정황을 누가에게 알려준 사람"이라고 말하는 것은(Bruce, *The Book of the ACTS*, 251; Ladd, "Acts," 1145; Neil, *The Acts of the Apostles*, 149; 그리고 Marshall, *Acts*, 209f.) 매우 의미 있습니다.

그가 후에 이집트로 가서 사역하면서 알렉산드리아 교회를 개척하는 일에 수종들었다는 파피아스, 이레니우스, 알렉산드리아의 클레멘트의 언급과 유세비우스(Eusebius of Caesarea, ca. 260/265-339/340)의 『교회사』(*Historia Ecclesiae*), II. 15f.; III. 39: V 8; VI. 14를 인용하여 말하는 Bruce, *The Acts of the Apostles, The Greek Text Commentary*, 247과 Bruce, *The Book of the ACTS*, 251을 보십시오. 그러나 마가와 알렉산드리아의 연관성을 얼마만큼 믿어야 하는지는 확언할 수 없다고 하면서, 클레멘트와 오리겐이 이를 언급하지 않았고, 3세기의 알렉산드리아의 주교였던 디오니시우스도 이런 전통을 언급하지 않았다고 하면서 이에 반대하는 S. G. Brandon, *The Fall of Jerusalem and the Christian Church* (London: SPCK, 1951), 222, n. 1을 인용하고 있습니다(Bruce, *The Book of the ACTS*, 251, n. 12).

27 Cf. Neil, *The Acts of the Apostles*, 149; 그리고 Longenecker, "The Acts of the

두드리니, 장미(rose)라는 뜻의 이름을 가진[28] "로데('Ρόδη)라는 여자 아이가 맞으러 왔다가 베드로의 음성인 줄 알고 기뻐하여, 문을 미처 열지 못하고" 달려 들어가 모인 무리들에게 "베드로가 대문 밖에 섰다"고 말합니다(행 12:14).[29] 이 때 그 열심히 기도하던 무리들은 "네가 미쳤다"(Μαίνη)라고 하고, 로데는 "참말이다"라고 하니, 그 무리들은 "그러면 그의 천사"(행 12:15)라고 말합니다.[30]

여기 기도를 열심히 하며, 그 대상도 바르고, 바른 내용으로 기도하면서도 자신들이 기도하는 그 일을 주께서 이루실 줄을 믿지 못하는 사람들이 나타났습니다.[31] 그러나 실상 이 분들만이 아니라, 우리도

Apostles," 260. 이 집이 예수님의 "최후의 만찬" 쟝소라는 추론은 Bruce, *The Acts of the Apostles, The Greek Text Commentary*, 247에서도 나옵니다. Bruce, *The Book of the ACTS*, 251에서는 이것을 "매혹적인 그러나 증명 가능하지는 않은 추론"(an attractive, unverifiable, surmise)이라고 합니다. 그러나 브루스는 이를 믿는 듯합니다. Bruce, "Acts," 988 ("an attractive conjecture"). 이런 생각은 4세기 때부터의 전통이라고 하는 Macgregor, "Exegesis of the Acts of the Apostles," 159와 6세기 때부터 확고하던 생각이었다는 논의로 Conzelmann, *Acts of the Apostles*, 94, n. 17을 보십시오.

그러나 본문에는 이런 추론적 가정을 정당화할 수 있는 긍정적 근거가 없음을 강력하게 말하는 Marshall, *Acts*, 210; Polhill, *Acts 1-12*, 281, n. 153; 그리고 Williams, *ACTS*, 213을 보십시오. 그렇습니다. 이는 가정이라고 해야 합니다.

그러나 이 추론을 적절하다고 생각하는 브루스는 여기서 더 나가서 이것이 마가복음 14:51 이하에서 말하고 있는 예수님의 체포를 목격한 사람이 다가 자신이라는 "매우 개연성 있는 견해"(이에 대해서 그는 J. A. Robertson, *The Hodden Romance of the NT* [London, 1920], 251ff.를 언급합니다)와 쉽게 잘 어울릴 수 있다고도 합니다(Bruce, *The Book of the ACTS*, 251). 그러나 폴힐은 이것도 "개연성이 없다"(not probable)고 합니다(Polhill, *Acts 1-12*, 282, n. 154).

[28] Cf. Bruce, *The Acts of the Apostles, The Greek Text Commentary*, 247; Zahn의 말을 인용하여 이를 언급하는 박윤선, 『신약주석 사도행전』, 278; Neil, *The Acts of the Apostles*, 150; 그리고 Polhill, *Acts 1-12*, 282.

[29] 이 때 로데는 "그들의 기도를 중단시키면서" 그렇게 했다는 Polhill, *Acts 1-12*, 282의 흥미로운 상상력을 주목해 보십시오.

[30] 당시에 수호천사(the guardian angel)를 생각하던 것이 여기서 나타납니다(cf. Conzelmann, *Acts of the Apostles* (2, 95, n. 18. 여기서 그는 Wilhelm Bousset를 언급합니다). 이는 당시에 유대인들 사이에 있었던 잘못된 관념이고, 오늘날도 천주교회에서는 여전히 생각하는 것입니다. 이런 생각이 "거룩하지 않은 상상"이라고 하면서 비판하는 Calvin, *The Acts of the Apostles*, vol. 1, 343을 보십시오. 또한 "[유대인]들의 이와 같은 사상은 성경적이 아니다"고 단언하는 박윤선, 『신약주석 사도행전』, 278; 이는 그저 "유대인들의 미신"일 뿐이라고 말하는 Marshall, *Acts*, 210; "당시 유대인들의 인기 있는 개념이었지만 실상 성경적 근거를 가지지 않은" 것이라는 Polhill, *Acts 1-12*, 282, n. 155의 지적도 보십시오.

[31] 이들이 기도를 믿지 않았음을 잘 지적하는 다음을 보십시오. Bruce, *The Book of the ACTS*, 251 ("[Those] within cannot believe that the answer to their prayers is standing outside

많은 경우에 우리가 삼위일체 하나님께[바른 대상] 주께서 이루시겠다고 한 일을[바른 내용] 기도하면서도 **믿지 않는 경우**가 무수(無數)함을 봅니다. 여기 매우 심각한 문제가 있습니다. 이것은 결국 하나님을 믿지 않음을 드러내는 것입니다. 이것을 기도하는 사람들의 실천적 무신론(practical atheism)이라고 표현할 수 있습니다.

부디 우리는 삼위일체 하나님께 드리는 주님의 뜻대로 하는 기도, 즉 우리 주님의 뜻이 실현되기 위해 하는 기도를 믿어야 합니다. 그것은 주님의 뜻대로 간구한 바를 주께서 이루신다는 것을 믿어야 한다는 말입니다. 이것이 참으로 하나님을 믿는(believe in God) 것입니다.

기도에 대한 모든 논의를 마무리하면서, 우리가 그리스도의 구속으로 말미암아 위로 받은 성도의 감사의 최고의 표현인 기도를 하는 사람들이어야 함을 다시 강조하고자 합니다. 또한 주께서 주님의 뜻대로 간구한 바를 이루실 줄을 참으로 믿는 사람들이 되어야 합니다. 이로써 우리가 참으로 "아멘"하는 사람, 즉 하나님을 믿는 사람들임을 드러내는 것입니다. "아멘"은 우리의 기도에 마지막 확신을 표현하며 "도장을 찍는" 것입니다.32 이 모든 논의를 마치면서, 우리는 하나님께 우

---

the door." 강조점은 덧붙인 것임); 박윤선, 『신약주석 사도행전』, 273 ("일면 신앙이 부족했던 점도 보인다"), 278f.: 또한 Stanley D. Roussaints, "Acts," in *The Bible Knowledge Commentary, New Testament* (Wheaton: Victor Books, 1983), 385.

물론 이점을 너무 강조하면서 이 분들이 전혀 믿음이 없이 기도했다고 하면 안 됩니다. 이 점을 말하는 Baker, "Acts," 902를 보십시오. 어쩌면 칼빈이 말한 것처럼, 이 분들은 혹시 베드로가 자기의 목숨을 바쳐서 복음을 증언하는 그 일을 잘 하도록, 그리고 이 일에도 불구하고 교회가 복음을 계속 전하도록 기도했을 수도 있기 때문입니다. Cf. Calvin, *The Acts of the Apostles*, vol. 1, 342. 비슷한 논의로 김홍전, 『기도와 응답』, 193-94, 197-98을 보십시오. 그러나 이 분들이 베드로가 풀려날 것을 기대하지 않았다는 것은 칼빈도 인정하듯이(342) 명백한 사실입니다. 그런데 "하나님께서는 그들이 기대하는 것보다 더한 것을 허락해" 주셨습니다(343). 비슷한 강조로 김홍전, 『기도와 응답』, 199를 보십시오: "하나님의 크신 경영 가운데서 하나님께서 원하시는 대로, 자기들이 원하는 것 이상의 넘치는 은혜로 내려주신 것을 깊이 감사했을 것입니다."

32 이런 개념을 시사한 Herman Hoeksema, *The Triple Knowledge: An Exposition of the Heidelberg Catechism*, vol. 3 (Grand Rapids: Reformed Free Publishing Association, 1972), 650을 보십시오.

리를 참으로 그런 사람들로 만들어 달라고 하면서 "아멘"해야 할 것입니다. "아멘!"33

---

33 이 마지막 문장은 Vis, *We Are the Lord's*, 175의 전례를 따른 것임을 밝힙니다. 비스는 이렇게 말합니다: "[하이델베르크] 요리문답의 교리적 가르침 전체를 마무리하면서 우리도 믿는 마음으로 이 말을 해야 하지 않습니까? 아멘."

부록

참고문헌 & 인명색인

참고문헌

Adamson, James. *The Epistle of James*. NICNT. Grand Rapids: Eerdmans, 1976.

Alford, Henry. *Alford's Greek Testament: An Exegetical and Critical Commentary*, 5th Edition. 4 Vols.. 1857. Reprint. Grand Rapids: Guardian, 1976.

Allen, W. C. *The Gospel according to Saint Matthew*. 3rd edition. ICC. Edinburgh: T & T Clark, 1912.

Allison, Dale C. *Jesus of Nazareth, Millenarian Prophet*. Minneapolis: Fortress, 1988.

Anderson, Arnold Albert. *Psalms 73-150*. London: Marshall, Morgan & Scott, 1972. Reprint. Grand Rapids: Eerdmans, 1985.

Anselm of Canterbury. *Anselm's Proslogium or Discourse on the Existence of God*. Medieval Sourcebook. Trans. Sidney N. Deane. Fordham University Center for Medieval Studies (https://sourcebooks.fordham.edu/basis/anselm-proslogium.asp).

Aquileia, Chromatius. *Preface to the Lord's Prayer*. In D. H. Williams, (Ed.) *Matthew Interpreted by Early Christian Commentators*, 121. Grand Rapids: Eerdmans, 2018.

Archer, Gleason L. Jr. "Isaiah." In *The Wycliffe Bible Commentary*. Chicago: Moody Press, 1962.

Aristotle. *The Nichomachean Ethics*. Cambridge, MA: Harvard University Press, 1934.

Arnold, Bill T. *Encountering the Book of Genesis*. Grand Rapids: Baker, 1998.

Attridge, Harold W. *The Epistle to the Hebrews*. Hermeneia. Philadelphia: Fortress Press 1989.

Aubert, Annette G. *The German Roots of Nineteenth-Century American Theology*. Oxford: Oxford University Press, 2013.

Augustine. *The Confessions of St. Augustine*. Trans. F. J. Sheed. New York: Sheed & Ward, 1942.

_____. *Civitas Dei*. *The Nicene and Post-Nicene Fathers of the Christian Church*, Vol. II: *St. Augustine's City of God and Christian Doctrine*. Grand Rapids: Eerdmans, 1988.

Aune, David E. *Revelation 17-22*. Word Biblical Commentary 52c. Nashville: Thomas Nelson Publishers, 1998.

Bailey, Kenneth E. *Jesus Through Middle Eastern Eyes: Cultural Studies in the Gospels*. Downers Grove, IL: IVP, 2008.

Baker, William H. "Acts." In *Evangelical Commentary on the Bible*. Grand Rapids: Baker Book House, 1989.

Barbieri, Louis A. Jr., "Matthew." In *The Bible Knowledge Commentary, New Testament Edition*. Wheaton, IL: Victor Books, 1983.

Barnett, P. W. "Who Were the 'Biastai,' Matthew 11:12-13)?" *Reformed Theological Review* 36 (1977): 65-70.

Barr, James. "'Abba' Isn't 'Daddy.'" *Journal of Theological Studies* 39 (1988): 28-47.

Barrett, C. K. *A Commentary on the First Epistle to the Corinthians*. 2nd Edition. London: Black, 1971.

Barth, Karl. *Church Dogmatics*. (Eds.) G. W. Bromiley and T. F. Torrance. Edinburgh: T. & T. Clark, 1957. I/2 & II/1.

Bauckham, Richard J. *Jude, 2 Peter*. Word Biblical Commentary. Waco, Texas: Word Books, 1983.

_____. *The Theology of the Book of Revelation*. Cambridge: Cambridge University Press, 1993.

Bavinck, Herman. *Gereformeerde Dogmatiek*. I-IV. 2nd Enlarged Edition. Kampen, 1906-1911.

=*Reformed Dogmatics*. 1-4. Grand Rapids: Baker, 2006.

=『개혁교의학』. 1-4권. 서울: 부흥과 개혁사, 2011.

_____. *The Doctrine of God*. Grand Rapids: Eerdamns, 1951. Paperback Edition, Baker, 1977. 이승구 역. 『개혁주의 신론』 서울: CLC, 1988.

Beale, Gregory K. "The Eschatological Conception of New Testament Theology." In *Eschatology in Bible and Theology, 11-52*. (Eds.) K. E. Brown and M. W. Ellicott. Downers Grove, Ill.: IVP, 1997.

_____. *The Temple and the Church's Mission: A Biblical Theology of the Dwelling Place of God*. Downers Grove, IL: IVP, 2004. 강성열 옮김. 『성전신학』. 서울: 새물결플러스, 2014.

_____. *A New Testament Biblical Theology: The Unfolding of the Old Testament in the New*. Grand Rapids: Baker, 2011.

Beare, Francis W. *The Gospel According to Matthew, Translation, Introduction and Commentary*. Peabody, Mass.: Hendrickson Publishers, 1981.

Beasley-Murray, G. R. "Revelation." In *New Bible Commentary*. 3rd Edition. Leicester: IVP and Grand Rapids: Eerdamsnd, 1970.

_____. *Jesus and the Kingdom of God*. Exeter: Paternoster Press, 1986.

Beeke, Joel R. & Derek W. H. Thomas. (Eds.) *The Holy Spirit and Reformed Spirituality: A Tribute to Geoffrey Thomas*. Grand Rapids: Reformation Heritage Books, 2013.

_____. *Reformed Preaching*. Wheaton, IL: Crossway, 2018.

Berkhof, Hendrikus. *Christ the Meaning of History*. London: SCM, 1966.

Berkhof, Louis. *Systematic Theology*. 4th Enlarged Edition. Grand Rapids: Eerdmans, 1949.

_____. *The Kingdom of God: The Development of the Idea of the Kingdom, especially since the Eighteenth Century*. Stone Lectures, Princeton Theological Seminary. Grand Rapids: Eerdmans, 1951.

Berkouwer, G. C. *The Return of Christ*. Grand Rapids: Eerdmans, 1972.

Bernard of Clairvaux. *On Loving of God*. Trans Robert Walton. Kalamazoo, Michigan: Cistercian Publications, 1995.

Betz, Hans Dieter. *The Sermon on the Mount*. Hermeneia. Minneapolis: Fortress Press, 1995.

Biéler, André. *The Social Humanism of Calvin*. Trans. Paul T. Fuhrmann. Richmond, VA: John Knox Press, 1964.

Bierma, Ryle D. with Charles D. Gunnoe, Jr., Karin Y. Maaag, and Paul W. Fields. *An Introduction to the Heidelberg Catechism: Source, History and Theology*. Grand Rapids: Baker, 2005. 신지철 역. 『하이델베르크 교리문답 입문』. 서울: 부흥과 개혁사, 2012.

Bigg, Charles. *A Critical and Exegetical Commentary on the Epistles of St. Peter and St. Jude*. ICC. Edinburgh: T&T Clark, 1901. 2nd Edition, 1902. Reprint. 1975.

Black, Matthew. *An Aramaic Approach to the Gospels and Acts*. 3rd Edition. Oxford: Clarendon Press, 1967.

Blaising, Craig A. and Darrell L. Bock. *Progressive Dispensationalism*. Grand Rapids: Victor, 1993.

Blomberg, Craig L. *Matthew*. The New American Commentary 22. Nashville, TN: Broadman Press, 1992.

_____. "Interpreting Old Testament Prophetic Literature in Matthew: Double Fulfillment." *Trinity Journal* 23 (2002): 17-33.

Bock, Darrell L. *Luke 9:51-24:53*. BECNT. Grand Rapids: Baker, 1996.

_____. "The Kingdom of God in New Testament Theology." In *Looking into the Future: Evangelical Studies in Eschatology*. (Ed.) David W. Baker. Grand Rapids: Baker Academic for the Evangelical Theological Society, 2001.

Boettner, L. *The Reformed Doctrine of Predestination*. Grand Rapids: Baker, 1932.

Bombaro, John J. *Jonathan Edwards's Vision of Reality: The Relationship of God to the World, Redemption History, and the Reprobate*. Eugene, OR: Wipf and Stock Publishers, 2011.

Boring, M. Eugene. *Revelation*, Interpretation. Louisville, Kentucky: John Knox Press, 1989.

Boston, Thomas. 『인간의 사중 상태』(*Human Nature in Its Fourfold State*). 서울: 부흥과 개혁사, 2015.

Bounds, E. M. *The Complete Works of E. M. Bounds on Prayer*. Grand Rapids: Baker, 1990. 김원주 옮김. 『기도 II』. 고양: 크리스찬 다이제스트, 2000.

Bradshaw, Paul F., Maxwell E. Johnson, and L. Edward Phillips. *The Apostolic Tradition: A Commentary*. Minneapolis: Fortress, 2002.

Brennan, William J. III. "Idolatry in the Theology of Karl Barth." Ph. D dissertation, The University of St Andrews, 2016.

Briggs, Charles Augustus and Emilie Grace Briggs. *A Critical And Exegetical Commentary on the Book of Psalms*. ICC. Vol. II. Edinburgh: T&T Clark, 1907.

Brown, Jeannine K. *Matthew*. Teach the Text Commentary Series. Grand Rapids: Baker Academic, 2015.

Brown, Raymond E. "The Paternoster as an Eschatological Prayer." *Theological Studies* 22 (1961): 175-208. In his *New Testament Essays*. Garden City: Doubleday, 1968.

Brown, William Adams. "The Theology of William Newton Clarke." *The Harvard Theological Review* 3/2 (April 1910): 167-80.

Bruce, F. F. *The Book of the ACTS*. NICNT. Grand Rapids: Eersmans, 1954.

_____. *The New Testament Documents: Are They Reliable?* Leicester: IVP, 1960. Reprint. Grand Rapids: Eerdmans, 2003.

_____. *The Epistle to the Hebrews*. NICNT. Grand Rapids: Eerdmans, 1964.

_____. "Acts." In *The New Bible Commentary*. 3rd Edition. Leicester, IVP and Grand Rapids: Eerdmans, 1970.

_____. *I & II Corinthians*. The New Century

Bible Commentary. London: Marshall, Morgan & Scott and Grand Rapids: Eerdmans, 1971.

_____. *New Testament History*. Garden City, New York: Anchor Books, 1971. 나용화 역. 『신약사』. 서울: CLC, 1978.

_____. *The Acts of the Apostles. The Greek Text with Introduction and Commentary*. London: Tyndale Press, 1951. Reprint. Grand Rapids: Eerdmans, 1979.

_____. "Chronological Questions in the Acts of the Apostles." *Bulletin of the John Rylands Library* 68 (1985/86): 273-96.

Brunner, Frederick Dale. *Matthew: A Commentary*. Revised Edition. 2 Vols. Grand Rapids: Eerdamns, 1999.

Bunyan, John. *I Will Pray with the Spirit and With the Understanding Also* (1663). Available at: https://www.biblebb.com/files/bunyan/prayspiritandun.htm.

Burdick, Donald W. "James." In *The Expository Bible Commentary*. Vol. 12. Grand Rapids: Zondervan, 1981.

Burkitt, F. C. *Christian Beginnings*. London: University of London Press, 1924.

Busch, Eberhard. *Drawn to Freedom: Christian Faith Today in conversation with the Heidelberg Catechism*. Trans. William H. Rader. Grand Rapids: Eerdmans, 2010.

Buttrick, George A. "The Exposition of Matthew." In *The Interpreter's Bible*. Vol. 7 Nashville: Abingdon Press, 1951.

Caird, G. B. *A Commentary on the Revelation of St. John the Divine*. New York: Harper & Row, 1966.

Calvin, John. "제 1 차 신앙교육서"(1538). In John H. Hesselink. 『칼빈의 제 1 차 신앙교육서: 그 본문과 신학적 해설』. 이승구, 조호영 공역. 서울: CLC, 2019.

_____. *Institutes of the Christian Religion* (1559). LCC Edition. Edited by John T. McNeill. Translated by Ford Lewis Battles. Philadelphia: Westminster, 1960.

_____. *Commentary on the Book of Psalms*. Vol. II. Trans. James Anderson. Edinburgh: Calvin Translation Society, 1846. Reprint. Grand Rapids: Baker, 1993.

_____. *A Harmony of the Gospels: Matthew, Mark, and Luke*. Calvin's New Testament Commentaries. Vol. 1. Edinburgh: The Saint Andrews Press, 1972. Reprint. Grand Rapids: Eerdmans, 1978.

_____. *Commentary on the Epistles of Paul the Apostle to the Corinthians*. Trans. John Pringle. Vol. 1. Edinburgh: Calvin Translation Society, 1848. Reprint. Grand Rapids: Baker, 1993.

_____. *The Acts of the Apostles*. 2 Vols. Trans. by John W. Fraser and W. J. G. McDonald. Edited by David W. Torrance and Thomas F. Torrance. Edinburgh: Oliver and Boyd, 1965. Reprint. Grand Rapids, MI: Eerdmans, 1965.

Cameron, P. S. *Violence and the Kingdom: The Interpretation of Matthew 11:12*. Frankfurt: Peter Lang, 1984.

_____. "Let Us Not into Temptation." *Expository Times* 101 (1990): 299-301.

Camus, Albert. 김화영 옮김. 『시지프 신화: 부조리에 관한 시론』. 서울: 책세상, 2013.

Carson, D. A. "Matthew." In *Expositor's Bible Commentary*. Vol. 8. Grand Rapids: Zondervan, 1984.

Chamblin, J. Knox. "Matthew." In *Evangelical Commentary on the Bible*. (Ed.) Walter A. 』. Grand Rapids: Baker, 1989.

Charles, R. H. *A Critical and Exegetical Commentary on the Revelation of John*. 2 Vols. Edinburgh: T&T Clark, 1920. Reprint, 1976.

Chilton, Bruce D. *God in Strength: Jesus' Announcement of the Kingdom*. Freistadt: F. Loechl, 1977.

_____. *Jesus' Prayer and Jesus' Eucharist: His Personal Practice of Spirituality*. Valley Forge, PA: Trinity Press International, 1997.

Chittister, Joan D. *The Breath of the Soul: Reflections on Prayer*. New London: Twenty-Third Publications, 2009.

Clark, William Newton. *Outline of Christian Theology*. 1898. Fifth edition. New York: Charles Scribner's Sons, 1899.

Clough, David. "Karl Barth on Religious and Irreligious Idolatry." In *Idolatry: False Worship in the Bible, Early Judaism, and Christianity*. (Ed.) Stephen C. Barton. New York: T&T Clark, 2007.

Cole, Robert. *Shape and Message of Book III. Psalms 73-89*. Sheffield: Sheffield Academic Press, 2000.

Collins, J. J. *The Scepter and the Star: The Messiahs of the Dead Sea Scrolls and Other Ancient Literature*. New York: Doubleday, 1995.

Conzelmann, Hans. *1 Corinthians*, Hermeneia. Trans. James W. Leitch. Philadelphia: Fortress Press, 1975.

_____. *Acts of the Apostles*. 2nd Edition. 1972. Hermeneia. Philadelphia: Fortress Press, 1987.

Cooper, John W. *Panentheism: The Other God of the Philosophers*. Grand Rapids: Baker Academic, 2006.

Craddock, Fred B. *Luke*. Interpretation. Louisville: John Knox Press, 1990.

Craig, Clarence T. "The First Epistle of the Corinthians: Introduction and Exegesis." In *The Interpreter's Bible*. Vol. 10. Nashville: Abingdon, 1953.

Cranfield, C. E. B. *The Gospel according to St. Mark*. Cambridge: Cambridge University Press, 1972.

Cross, F. L. (Ed.) *The Oxford Dictionary of the Christian Church*. 3rd Rev. Edition Oxford: Oxford University Press, 2005.

Crossan, J. *In Parables: The Challenge of the Historical Jesus*. New York: Harper & Row, 1973.

Cullmann, Oscar. *Christ and Time*. Revised Edition. Philadelphia: Westminster/John Knox Press, 1964.

Culver, Robert D. "Daniel." In *Wycliffe Bible Commentary*. Chicago: Moody Press, 1962.

Cyprian. "The Lord's Prayer." In *St. Cyprian: Treatises*, 125-62. The Fathers of the Church. Vol. 36. New York: Fathers of the Church, Inc., 1959.

Dahood, Mitchell. *Psalms II: 51-100*. The Anchor Bible. Vol. 17. Garden City, New York: Doubleday & Company, 1968.

D'Angelo, Mary Rose. "*Abba* and 'Father': Imperial Theology and the Jesus Tradition." *Journal of Biblical Literature* 111 (1992): 611-30.

_____ "Theology of Mark and Q: Abba and 'Father' in Context." *Harvard Theological Review* 52 (1992): 149-74.

Davids, Peter H. *The Letters of 2 Peter and Jude*. The Pillar New Testament Commentary. Grand Rapids: Eerdmans, 2006.

_____. *II Peter and Jude: A Handbook on the*

Greek Text. Waco, Texas: Baylor University Press, 2011.

Davies, W. D. and D. Allison, Jr. *Commentary on Matthew 1-7*. ICC. New Series. Edinburgh: T&T Clark, 1988.

De Gruchy, John W. *John Calvin: Christian Humanist and Evangelical Reformer* (2009). Reprint. Eugene, OR: Cascade Books, 2013.

Delling, Gerhard. "στοιχεῖον." TDNT 7:672-82.

Dennis, John. "Cosmology in the Petrine Literature and Jude." In *Cosmology and New Testament Theology*. (Eds.) Jonathan T. Pennington and Sean M. McDonough. London: T&T Clark, 2008.

Der Au, Christina Aus. "Being Christian in the World: The *Tertius Usus Legis* as the Starting Point of a Reformed Ethic." *Studies in Christian Ethics* 28/2 (2015): 132-41.

Derrida, J. *Positions*. Trans. Alan Bass. Chicago & London: University of Chicago Press, 1981.

―――. *Dissemination*. Chicago: The University of Chicago Press, 1981.

DeYoung, Kevin. *The Good News We Almost Forgot*. Chicago: Moody Publishers, 2010. 신지철 옮김, 『왜 우리는 하이델베르크 요리문답을 사랑하는가?』 서울: 부흥과 개혁사, 2012.

Dibelius, Martin. *James* (1964). Hermenia. Trans. Michael A. Williams. Revised by Heinrich Greeven. Philadelphia: Fortress Press, 1975.

Dobson, James. *Man to Man About Women*. Eastbourne: King's Way, 1976.

Dodd, C. H. *The Parables of the Kingdom*. London: Nisbet, 1935.

Donelson, Lewis R. *I & II Peter and Jude, A Commentary*. The New Testament Library. Louisville, Kentucky: Westminster John Knox Press, 2010.

Dunn, James. "We believe in One Lord Jesus Christ." *Interpretation* 51 (1997): 42-56. Reprinted as "He Will Come Again." In *The Christ & The Spirit*. Vol. 1: *Christology*, 424-39. Grand Rapids, Michigan: Eerdmans, 1998.

Ellis, E. Earle. *The Gospel of Luke*, The New Century Bible Commentary. Thomas Nelson & Sons, 1966. Revised Edition London: Marshall, Morgan & Scott, 1974.

Elwell, Walter A. "Revelation." In *Evangelical Commentary on the Bible*. Grand Rapids: Baker, 1989.

Erickson, Millard J. *Christian Theology*. Grand Rapids: Baker, 1985.

Evans, Craig A. (Ed.) *The Bible Knowledge Background Commentary*. Vol 1: *Matthew―Luke*. Colorado Springs, Colo.: Victor Books, 2003.

Farrar, F. W. *The Life and Work of St. Paul*. Vol. 1. New York: E. P. Dutton and Co., 1902.

Fee, Gordon D. *The First Epistle to the Corinthians*. NICNT, new series. Grand Ra[ids: Eerdmans, 1987.

Filson, Floyd V. *A Commentary on the Gospel according to St. Matthew*. New York: Harper & Row, 1960. Peabody, MA: Hendrickson Publishers, 1987.

Findlay, G. G. "St. Paul's First Epistle to the Corinthians." In *Expositor's Greek Testament*. (Ed.) W. R. Nicoll. London: Hodder & Stoughton, 1900. Reprint. Grand Rapids: Eerdmans, 1961.

Fitzmyer, J. A. *The Gospel according to Luke*. 2 Vols. Anchor Bible. Garden City, NY: Doublday, 1981-85.

Frame, John. *Cornelius Van Til: An Analysis of His Thought.* Philipsburg, NJ: P&R, 1995.

_____. *The Doctrine of the Christian Life.* Phillipsburg, New Jersey: P&R, 2008.

France, R. T. *Matthew.* Tyndale New Testament Commentaries. Leicester: IVP and Grand Rapids: Eerdmans, 1985.

Gaebelein, A. C. *The Gospel of Matthew.* Wheaton: Van Kampen, 1910.

Gaffin, Richard B. Jr. "Challenges of the Charismatic Movement to the Reformed Tradition." Part 2 of A Paper delivered at the ICRC in Seoul, Korea, on October 20, 1997, extracted from *Ordained Servant* 7/4 (Oct. 1998): 69-74.

Garner, David B. "The Holy Spirit and the Word of God." In *The Place for Truth.* Available at: http://www.alliancenet.org/placefortruth/column/sine-qua-non/the-holy-spirit-and-the-word-of-god. Posted on October 14, 2014.

Geldenhuys, Noval. *The Gospel of Luke,* NICNT. Grand Rapids: Eerdmans, 1951.

Gignilliat, Mark S. *Paul and Isaiah's Servants: Paul's Theological Reading of Isaiah 40-66 in 2 Corinthians 5:14-6:10.* Library of New Testament Studies. London: T. & T. Clark, 2007.

Gilson, Étienne. *The History of Christian Philosophy in the Middle Ages.* New York: Random House, 1955.

Gockel, Matthias. "Mediating Theology in Germany." In David Fergusson. (Ed.) *The Blackwell Companion to Nineteenth-Century Theology.* Oxford: Blackwell, 2010. (https://www.academia.edu/21212387/Mediating_Theology_in_Germany)

Goffman, Erving. *Frame Analysis: An Essay on the Organization of Experience.* Cambridge, Mass.: Harvard University. Press, 1974.

Goldingay, John. *Psalms.* Vol. 2: *Psalms 42-89.* Baker Commentary on the Old Testament. Grand Rapids: Baker Academic, 2007.

Gorringe, Timothy. *Karl Barth: Against Hegemony.* Oxford: Clarendon Press, 1999.

Green, Gene L. *Jude and 2 Peter.* Grand Rapids: Baker Academie, 2008.

Green, Joel B. *The Gospel of Luke.* Grand Rapids: Eerdmans, 1997.

Green, Michael. *2 Peter and Jude.* Tyndale New Testament Commentaries. London: Tyndale Press, 1968.

Grenz, Stanley J. and Roger E. Olson. *20th Century Theology: God & the World in a Transitional Age.* Downers Grove, IL: IVP, 1992.

Grosheide, F. W. *The Fist Epistle to the Corinthians.* NICNT. Grand Rapids: Eerdmans, 1953.

Grudem, Wayne. *1 Peter.* Tyndale New Testament Commentaries. Leicester: IVP and Grand Rapids: Eerdmans, 1988.

_____. *Systematic Theology.* Grand Rapids: Zondervan, 1994.

Gundry, Robert H. *The Church and Tribulation.* Grand Rapids: Eerdmans, 1973.

_____. *Matthew: A Commentary on His Literary and Theological Art.* Grand Rapids: Eerdmans, 1982.

Gunkel, Hermann. *Genesis.* German Edition, 1901. E.T. Macon, GA: Mercer University Press, 1997.

Guthrie, Donald. *New Testament Theology*

Leicester: IVP, 1981.

_____. *Hebrews*. Tyndale New Testament Commentaries. Leicester: IVP and Grand Rapids: Eerdmans, 1983.

Hagner, Donald A. *Hebrews*. New International Biblical Commentary. Peabody, MA: Hendrickson Publishers, 1990.

_____. *Matthew 1-13*. Word Biblical Commentary. Dallas: Word, 1993.

_____. *Matthew 14-28*. Word Biblical Commentary. Dallas: Word, 1995.

Haididian, D. Y. "Palestinian Pictures in the Epistle of James." *Expository Times* LXIII (1951-52): 227-28.

Hall, David W. & Peter A. Lillback. (Eds.) *A Theological Guide to Calvin's Institutes: Essays and Analysis*. Phillipsburg, NJ: P&R, 2008.

Hamilton, Victor P. "Genesis." In *Evangelical Commentary on the Bible*. (Ed.) Walter A. Elwell. Grand Rapids: Baker, 1989.

_____. *The Book of Genesis 18-50*. NICOT. Grand Rapids: Eerdmans, 1995.

Harari, Yuval Noah. *Sapiens: A Brief History of Humankind*. 2011. 영어판 2014. 조현욱 역. 『사피엔스』. 서울: 김영사, 2015.

_____. *Homo Deus: A Brief History of Tomorrow*. 2015. 영국판 2016. 미국판 2017. 김명주 옮김. 『호모 데우스: 미래의 역사』. 서울: 김영사, 2017.

Harnack, Adolf. *What Is Christianity?* German Edition, 1900. New York: Harper & Row, 1957.

Harris, Murray J. *The Second Epistle to the Corinthians: A Commentary on the Greek Text*. NIGTC. Grand Rapids: Eerdmans, 2005.

Harris, Raird L. *Inspiration and Canonicity of the Scriptures*. Grand Rapids: Zondervan, 1957, 1969.

Harris, W. Hall. "A Theology of John's Writings." In *A Biblical Theology of the New Testament*. (Eds.) Roy B. Zuck and Darrel L. Bock. Chicago: Moody Press, 1994.

Hays, Richard B. *First Corinthians*. Interpretation. Louisville: John Knox, 1997.

Heide, Gale Z. "What is New about the New Heaven and the New Earth? A Theology of Creation from Revelation 21 and 2 Pet 3." *JETS* 40/1 (1997): 35-56.

Heinemann, Joseph. *Prayer in the Talmud*. Berlin: De Gruyter, 1977.

Helm, Paul. "Will of Calvin's God Can be Trusted." https://paulhelmsdeep.blogspot.com/2008/02/will-of-calvins-god-can-god-be-trusted.html).

Hemer, C. J. "ἐπιούσιος." *Journal for the Study of the New Testament* 22 (1984): 81-94.

Hendriksen, William. *More than Conquerors: An Interpretation of the Book of Revelation* 2nd Edition. Grand Rapids: Baker, 1940. Commemorative Edition. Grand Rapids: Baker, 1982.

_____. *The Gospel of Matthew*. Grand Rapids: Baker Book House, 1973.

_____. *The Gospel of Luke*. Grand Rapids: Baker, 1978.

Heppe, Heinrich. *Reformed Dogmatics: A Compendium of Reformed Theology*. Rev. and Ed. Ernst Bizer. Trans. G. T. Thomson. Grand Rapids: Baker, 1950.

Héring, Jean. *The First Epistle of St. Paul to the Corinthians*. Trans. A. W. Heathcote and P. J. Allcock. London: Epworth Press, 1962.

Hill, David. *The Gospel of Matthew*. The New Century Bible Commentary. London: Marshall, Morgan and Scott, 1972; Grand Rapids: Eerdmans, 1990.

Hodge, Charles. *A Commentary on the Epistle to the Ephesians*. New York: Robert Carter and Bros., 1860.

_____. *Systematic Theology*. Vol. 1. New York: Charles Scribner and Co., 1871. Reprint. Grand Rapids: Eerdmans, 1940.

_____. *Systematic Theology*. Vol. 2. New York: Charles Scribner and Co., 1871. Reprint. Grand Rapids: Eerdmans, 1940.

_____. *Systematic Theology*. Vol. 3. New York: Charles Scribner and Co., 1872. Reprint. Grand Rapids: Eerdmans, 1940.

Hodges, Zane C. "1 John." In *The Bible Knowledge Commentary. New Testament Edition*. Wheaton, IL: Victor Books, 1983.

Hoekema, Anthony A. *The Bible and the Future*. Grand Rapids: Eerdmans, 1979.

류호준 역. 『개혁주의 종말론』. 서울: CLC, 1998.

_____. *Created in God's Image*. Grand Rapids: Eerdmans, 1986.

_____. "The Reformed View." In *Five Views on Sanctification*. Grand Rapids, Mich.: Zondervan, 1987.

_____. *Saved by Grace*. Grand Rapids: Eerdmans, 1989.

류호준 역. 『개혁주의 구원론』. 서울: CLC, 1991.

Hoeksema, Herman. *The Triple Knowledge: An Exposition of the Heidelberg Catechism*. 3 Vols. Grand Rapids: Reformed Free Publishing Association, 1972.

Hoffmeier, James K. "Exodus." In *Evangelical Commentary on the Bible*. Grand Rapids: Baker, 1989.

Horsbury, W. *Jewish Messianism and the Cult of Christ*. London: SCM Press, 1998.

Hort, F. J. A. *The Epistle of St. James*. London: Macmillan, 1909.

Horton, Michael. "Reformed and Always Reforming." In *Always Reformed: Essays in Honor of W. Robert Godfrey*, 116-34. (Eds.) R. Scott Clark & Joel E. Kim. Escondido: Westminster Seminary California, 2010.

_____. *The Christian Faith: A Systematic Theology for Pilgrims on the Way*. Grand Rapids: Zondervan, 2011.

_____. *The Gospel Commission*. Grand Rapids: Baker, 2011. 김철규 옮김. 『위대한 사명』. 서울: 복 있는 사람, 2012.

_____. *Calvin on the Christian Life: Glorifying and Enjoying God Forever*. Wheaton: Crossway, 2014.

Huffman, Douglas S. (Ed.) *How Then Should We Choose?: Three Views on God's Will and Decision Making*. Grand Rapids: Kregel, 2009.

Hughes, Philip Edgcumbe. *The Second Epistle to the Corinthians*. NICNT. Grand Rapids: Eerdmans, 1962.

_____. *A Commentary on the Epistle to the Hebrews*. Grand Rapids: Eerdmans, 1977.

_____. *The Book of Revelation*. Leicester: IVP, 1990.

오광만 역. 『요한계시록 주석』. 서울: 여수룬, 1993.

Ikram, Selima. "Mummification." In *UCLA Encyclopedia of Egyptology 2010 edition*. Available at:

https://escholarship.org/content/qt0gn7x3ff/qt0gn7x3ff.pdf, 2.

Jay, Eric. George *Origen's Treatise on Prayer*. Translation and Notes. London: S.P.C.K., 1954.

Jeremias, Joachim. *Jesus' Promise to the Nations*. London: SCM Press, 1958.

_____. *Unknown Sayings of Jesus*. London: SCM, 1958.

_____. *The Parables of Jesus*. Trans. S. H. Hooke. Revised Edition. New York: Charles Scribner's Sons, 1963.

_____. *The Prayers of Jesus*. Trans. John Bowden and Christoph Burchard. London: SCM, 1967.

_____. *New Testament Theology*. Vol. 1: *The Proclamation of Jesus*. Trans. John Bowden. London: SCM Press, 1971.

Johnson, Alan F. "Revelation." In *Expositor's Bible Commentary*. Vol. 12. Grand Rapids: Zondervan, 1981.

Johnson, Philip C. "Exodus." In *The Wycliffe Bible Commentary*. Chicago: Moody Press, 1962.

Johnson, Sherman E. "St. Matthew: Introduction and Exegesis." *The Interpreter's Bible*. Vol. 7. New York & Nashville: Abingdon Press, 1951.

Jones, Hywel R. "Exodus." In *The New Bible Commentary*. 3rd Edition. Leicester: IVP and Grand Rapids: Eerdmans, 1970.

Kant, Immanuel. *Religion within the Limits of Reason Alone*. New York: Harper & Brothers, 1934.

Keener, Craig S. *A Commentary on the Gospel of Matthew*. Grand Rapids: Eerdmans, 1999.

_____. *Revelation*. The NIV Application Commentary. Grand Rapids: Zondervan, 2000.

_____. *The IVP Bible Background Commentary. New Testament*. 2nd Edition. Downer Grove, IL: IVP, 2014.

Keil, C. F. *Daniel*. Commentary on the Old Testament. Vol. IX. Trans. M. G. Easton. Grand Rapids: Eerdmans, 1976.

Kelly, John Norman Davidson. *A Commentary on the Epistles of Peter and Jude*. 1969. Reprint. A.& C. Black, 1976. Reprint. Grand Rapids: Baker, 1981.

Kent, Homer A. "Matthew." In *The Wycliffe Bible Commentary*. Chicago: Moody Press, 1962.

Kersten, Gerrit Hendrik. *The Heidelberg Catechism in Fifty-two Sermons*. Dutch edition, 1948. Sioux Center, Iowa: Netherlands Reformed Book and Publishing, 1968.

Kiddle, Martin. *The Revelation of St. John*. New York: Harper and Brothers, 1940.

Kidner, Derek. *Genesis*. Tyndale Old Testament Commentaries 1. Leicester: IVP, 1967.

_____. *Psalm 73-150*. Tyndale Old Testament Commentaries. Leicester: IVP, 1975.

Kierkegaard, S. *Journals of Søren Kierkegaard*. Trans. Alexander Dru. London and New York: Oxford University Press, 1938.

_____. *Purity of Heart*. Trans. Douglas V. Steere. New York: Harper and Bros., 1948.

_____. *The Sickness unto Death*. Trans. Howard V. Hong and Edna H Hong. Princeton: Princeton University Press, 1980.

_____. *The Works of Love*. Trans. Howard V.

Hong and Edna H. Hong. Princeton: Princeton University Press, 1994.

_____. *Attack upon Christendom*. Trans. Walter Lowrie. Princeton: Princeton University Press, 1944. 최근 번역으로 Howard V. Hong and Edna H. Hong. Trans., *Kierkegaard's Writings* XXIII: *The Moment* and *Late Writings*. Princeton: Princeton University Press, 1998.

Kik, J. *Matthew Twenty-Four*. Philadelphia: P& R, 1948.

Kingdon, Robert, Thomas A. Lambert, & Isabella W. Watt. (Eds.) *Registers of the Consistory of Geneva in the Time of Calvin*. Vol. 1: *1542-1544*. Grand Rapids, Michigan: Eerdmans, 2000.

Kistemaker, Simon J. *Peter and Jude*. New Testament Commentary. Grand Rapids: Baker, 1987.

Kistler, Don. (Ed.) *Let Us Pray: A Symposium on Prayer by Leading Preacher and Theologians*. Orlando, FL: The Northampton Press, 2011.

Klausner, Joseph. *The Messianic Idea in Israel*. 3 Vols. Vol. I: *In the Prophets*. Cracow, 1909. Vol 2: *In the Apocalyptic and Pseudepigraphic Literature*. Jerusalem, 1921. Vol. 3: *In the Tannaitic Period*. Jerusalem, 1923.

Kline, Meredith G. *By Oath Consigned*. Grand Rapids: Eerdmans, 1968.

_____. "Genesis." In *The New Bible Commentary*. 3rd Edition. Leicester: IVP, and Grand Rapids: Eerdamns, 1970.

_____. *Kingdom Prologue: Genesis Foundations for a Covenantal Worldview*. Overland Park, Kansas: Two Age Press, 2000.

김구원 역. 『하나님 나라의 서막』. 서울: P&R, 2007.

Klooster, Fred H. *The Heidelberg Catechism: Origin and History*. Grand Rapids: Calvin Theological Seminary, 1981.

_____. 『하나님의 강력한 위로』. 서울: 나눔과 섬김, 2014.

_____. *Our Only Comfort: A Comprehensive Commentary on the Heidelberg Catechism*. 2 Volumes. Grand Rapids: Faith Alive Christian Resources, 2001.

Kloppenborg, John S. *Q: the Earliest Gospel*. Louisville: Westminster/John Knox Press, 2008.

Kümmel, Werner Georg. *Introduction to the New Testament*. Trans. H. C. Kee. London: SCM Press and Nashville: Abingdon, 1975.

_____. *Die Theologie des Neuen Testaments nach seinen Hauptzeugen Jesus, Paulus, Johannes*. Göttingen: Vandenhoek & Ruprecht, 1969. Trans. John E. Steely. *The Theology of the New Testament*. Nashville: Abingdon Press, 1973.

Ladd, George Eldon. *Blessed Hope*. Grand Rapids: Eerdmans, 1956.

_____. "Acts." In *The Wycliffe Bible Commentary*. Chicago: Moody Press, 1962.

_____. *Jesus and the Kingdom*. London: SPCK, 1966.

= *The Presence of the Future*. Grand Rapids: Eerdmans, 1974.

_____. *A Commentary on the Revelation of John*. Grand Rapids: Eerdmans, 1972.

_____. *The Last Things*. Grand Rapids: Eerdmans, 1978. 이승구 역. 최근판, 『조지 래드의 종말론 강의』. 서울: 이레서원, 2017.

_____. *A Theology of the New Testament*.

Grand Rapids: Eerdmans, 1974. Revised Edition, 1993.

Lambrecht, Jan. *Second Corinthians*. Collegeville, MN: Liturgical Press, 1999.

Laws, Sopie. *A Commentary on the Epistle of James*. New York: Harper and Row, 1980. Reprint, Peabody, Mass.: Hendrickson, 1987.

Lawson, Steven J. *Psalms 1-75*. Holman Old Testament Commentary. Nashville, Tennessee: Broadman & Holman Publishers, 2003.

Lee, Aquila H. I. *From Messiah to Preexistent Son*. Eugene, OR: Wipf & Stock, 2009.

Lee, Seung-Goo. *Kierkegaard on Becoming and Being a Christian*. Zoetermeer: Meinema, 2006.

_____. "The Relationship Between the Ontological Trinity and the Economic Trinity." *Journal of Reformed Theology* 3/1 (2009): 90-107.

Lenski, Richard Charles Henry. *Interpretation of St. Matthew's Gospel*. Columbus, Ohio: 1932. 2nd Edition. Minneapolis: Augsburg Publishing Co., 1961.

Levenson, J. D. "The Temple and The World." *Journal of Religion* 64 (1984): 283-98.

_____. *Sinai and Zion*. San Francisco: Harper and Row, 1985.

_____. *Creation and the Persistence of Evil: The Jewish Drama of Divine Omnipotence*. San Francisco: Harper and Row, 1988.

Liefeld, Walter L. "Luke." In *The Expositor's Bible Commentary*. Vol. 8. Grand Rapids: Zondervan, 1984.

Lightfoot, J. B. "Last Petition of the Lord's Prayer." In his *On a Fresh Review of the English New Testament*. London: Macmillan, 1891.

Lilje, Haans. *The Last Book of the Bible: The Meaning of the Revelation of St. John*. Philadelphia: Fortress, 1967.

Lindberg, Carter. *The European Reformation*. 2nd Edition. Oxford: Wiley-Blackwell, 2010.

Lindström, Gösta. *The Kingdom of God in the Teaching of Jesus*. Edinburgh: Oliver and Boyd, 1963.

Linser, Luise. 『삶의 한 가운데』(*Mitte des Lebens*). 전혜린 역. 서울: 민음사, 1999.

Lohmyer, Ernst. *Das Vater-Unser*. Göttinger: Vandenhoek & Ruprecht, 1952. John Bowden. Trans. *Our Father*. New York: Harper & Row, 1965.

Longenecker, Richard N. "The Acts of the Apostles." In *The Expositor's Bible Commentary*. Vol. 9. Grand Rapids: Zondervan, 1981.

Lowery, David K. "A Theology of Matthew." In *A Biblical Theology of the New Testament*. (Eds.) Roy B. Zuck and Darrel L. Bock. Chicago: Moody Press, 1994.

Lucas, R. C. and Christopher Green. *The Message of 2 Peter and Jude*. The Bible Speaks Today. Downers Grove, IL: IVP, 1995.

Luther, Martin. *Disputation Against Scholastic Theology*. (1517). In *Luther's Works* 31: *Career of the Reformer*, I. Trans. Harold J. Grimm. Philadelphia: Fortress, 1957.

_____. "1519 Exposition on the Lord's Prayer." In *Luther's Works* 42. Philadelphia: Fortress Press, 1969.

_____. *Luther's Small Catechism*. Philadelphia: Lindsay & Blakiston, 1860. Other Edition. Philadelphia: Westminster Press, 1961.

_____. *Luther's Works*. Vol. 51. Philadelphia:

Fortress Press, 1969.

_____. *Only the Decalogue Is Eternal: Martin Luther's Complete Antinomian Theses and Disputations*. Minneapolis: Lutheran Press, 2008.

Luz, Ulrich. "The Lord's Prayer." In *Matthew 1-7* (1985). Trans. Wilhelm C. Linss. Minneapolis: Augsburg Fortress, 1989.

M'Caw, Leslie S. and J. A. Motyer. "Psalms." In *The New Bible Commentary*, 3rd edition. Leicester: IVP and Grand Rapids: Eerdmans, 1970.

Maag, Karin. "Permeable Borders." In *Semper Reformanda: John Calvin, Worship, and Reformed Traditions*. Edited by Barbara Pitkin. Göttingen: Vandenhoeck & Ruprecht, 2018.

Macgregor, G. H. C. "Exegesis of the Acts of the Apostles." In *The Interpreter's Bible*. Vol. 9. Nashville: Abingdon Press, 1954.

Machen, J. Gresham. *The Christian View of Man*. (1937). London: The Banner of Truth Trust, 1965.

Macintosh, Douglas Clyde. *Theology as an Empirical Science*. New York: The Macmillan Company, 1919.

Maier, Gerhard. *Matthäus-Evangelium*. Hänssler, SCM, 2007. 송 다니엘 역. 『마태복음』. 서울: 진리의 깃발, 2017.

Mare, W. Harold. "1 Corinthians." In *The Expositor's Bible Commentary*. Vol. 10. Grand Rapids: Zondervan, 1976.

Maritain, Jacques. *An Essay on Christian Philosophy* (1933). Trans. Edward H. Flannery. New York, Philosophical Library, 1955.

_____. *Integral Humanism: Temporal and Spiritual Problems of a New Christendom* (1936). Trans. Joseph W. Evans. New York: Charles Scribner's Sons, 1968.

Marshall, I. Howard. "Luke." In *New Bible Commentary*. 3rd Edition. Leicester: IVP and Grand Rapids: Eerdmans, 1970.

_____. *Kept by the Power of God*. Revised Edition. Minneapolis: Bethany, 1975.

_____. *The Origins of the New Testament Christology*. Downers Grove, IL: InterVarsity Press, 1976.

_____. *The Epistles of John*. NICNT. Grand Rapids: Eerdmans, 1978.

_____. *Acts*. Tyndale New Testament Commentary. Grand Rapids: Eerdmans, 1980.

_____. "The Hope of a New Age: The Kingdom of God in the New Testament." *Themelios* 11 (1985): 5-15;

_____. Howard. *New Testament Theology: Many Witnesses, One Gospel*. Downers Grove, Ill.: IVP, 2004.

Martin, Ralph P. *The Spirit and the Congregation: Studies in 1 Corinthians 12-15*. Grand Rapids: Eerdmans, 1984.

_____. *2 Corinthians*. Word Biblical Commentary 40. Waco, Texas: Word Books, 1986.

_____. *James*. Word Biblical Commentary 43. Waco, Texas: Word Books, 1988.

Matthews, Kenneth A. *Genesis 11:27-50:26*. New American Commentary. Nashville, Tennesee: Broadman & Holman Publishers, 2005.

Mayor, J. B. *The Epistle of St. James*. The Greek Text with Introduction, Notes and Comments. (1897). Reprint. Grand Rapids: Zondervan, 1954.

McDannell, Colleen & Bernhard Lang. *Heaven: A History.* New Have: Yale University Ptrss, 1988.

McGrath, Alister E. *A Brief History of Heaven.* Oxford: Blackwell, 2003.

McKnight, Scott, *Kingdom Conspiracy.* Grand Rapids: Brazos Press, 2014.

　　김광남 역. 『하나님 나라의 비밀』. 서울: 새물결플러스, 2016.

McNair, Bruce. "Martin Luther and Lucas Cranach Teaching the Lord's Prayer." In *Teaching the Reformations.* (Ed.) Christopher Metress. Basel: MDPI, 2018.

McNeile, Alan Hugh. *The Gospel according to St. Matthew.* London: McMillan and Co., 1915.

Meier, John P. *Matthew.* New Testament Message. Wilmington, DE: Glazier, 1980.

_____. *Mentor, Message and Miracles.* Vol. 2 of *A Marginal Jew: Rethinking the Historical Jesus.* New York: Doubleday, 1994.

Melanchthon, Philip. *Loci Communes 1555.* Trans. and Edited by Clyde L. Manschreck. Oxford: Oxford University Press, 1965. Reprint. Grand Rapids: Baker, 1982. 이승구 역. 『신학 총론』. 서울: 크리스챤 다이제스트사, 2000.

Metzger, B. *A Textual Commentary on the Greek New Testament.* 2nd Edition. Stuttgart: Deutsche Bibelgesellschaft, 1994.

Michaels, J. Ramsey. *1 Peter.* Word Biblical Commentary 49. Waco, Texas: Word Books, 1988.

Moffatt, James. *Hebrews.* ICC. Edinburgh: T&T Clark, 1924.

_____. *The First Epistle of Paul to the Corinthians.* New York: Harper and Bros., 1938.

Moo, Douglas J. *James.* Tyndale New Testament Commentaries. Grand Rapids: Eerdmans, 1985.

_____. "Creation and New Creation." *Bulletin for Biblical Research* 20/1 (2010): 39-60.

Morris, Leon. *The Gospel According to John.* NICNT. Grand Rapids: Eerdmans, 1971.

_____. "Hebrews." In *The Expositor's Bible Commentary.* Grand Rapids: Zondervan, 1981.

_____. *1 Corinthians,* Tyndale New Testament Commentaries. Revised Edition. Leicester: IVP and Grand Rapids: Eerdmans, 1985.

_____. *Revelation.* Tyndale New Testament Commentaries. Revised Edition. Leicester: IVP and Grand Rapids: Eerdmans, 1987.

_____. *Luke.* Tyndale New Testament Commentaries. Revised Edition. Leicester: IVP and Grand Rapids: Eerdmans, 1988.

Moule, C. F. D. *The Origin of Christology.* Cambridge: Cambridge University Press, 1977.

_____. "'… as we forgive…': A Note on the Distinction between Deserts and Capacity in the Understanding of Forgiveness." In *Donum Gentilicium,* 68-77. (Eds.) E. Bammel et al. Oxford: Clarendon Press, 1978.

Mounce, Robert H. *Revelation.* NICNT. Grand Rapids: Eerdmans, 1977.

_____. *Matthew.* A Good News Commentary. San Francisco: Harper & Row, 1985.

Murray, John M. "Toward a Christian Humanism: Aspects of the Theology of Education." In *A Philosophical Symposium on American Catholic Education.* (Eds.) H. Guthrie and G.

Walsh. New York: Fordham University Press, 1941.

Muller, Richard A. *Dictionary of Latin and Greek Theological Terms: Drawn Principally from Protestant Scholastic Theology*. Grand Rapids: Baker, 1996.

_____. *Post-Reformation Reformed Dogmatics*. III: *The Divine Essence and Attributes*. Grand Rapids: Baker, 2003.

_____. *Divine Will and Human Choice: Freedom, Contingency, and Necessity in Early Modern Reformed Thought*. Grand Rapids: Baker, 2017.

Murray, John. *Principles of Conduct*. Grand Rapids: Eerdmans, 1957.

_____. *Christian Baptism*. Philadelphia: Presbyterian and Reformed, 1962.

_____. "The Adamic Administration." In *Collected Writings of John Murray*. Vol. 2. Edinburgh: Banner and Truth Trust, 1982.

Nakoff, George P. *Thinking Points: Communicating Our American Values and Vision*. New York: Farrar, Straus and Giroux, 2006. 나익주 옮김. 『George P. 프레임 전쟁』. 서울: 창비, 2007.

_____. *Moral Politics: What Conservatives Know that Liberals Don't*. Chicago: University of Chicago Press, 1996.

_____. *Don't Think of an Elephant: Know Your Values and Frame the Debate*. Chelsea Green Publishing, 2004.

_____ & Mark Johnson. *Metaphors We Live By*. Chicago: University of Chicago Press, 1980.

Neil, William. *The Acts of the Apostles*, New Century Bible Commentary. London: Marshall, Morgan & Scott, 1973. Reprint. Grand Rapid: Eerdmans, 1987.

Neusner, Jacob, W. S. Green and E. Frerichs. (Eds.) *Judaisms and Their Messiahs at the Turn of the Christian Era*. Cambridge: Cambridge University Press, 1987.

Newbell, Trillia J. *Enjoy: Finding the Freedom to Delight Daily in God's Good Gifts*. Colorado Springs, Colorado: Multnomah, 2016.

Niebuhr, H. Richard *Christ and Culture*. New York: Haper and Row, 1951.

Niederwimmer, Kurt *The Didache: A Commentary*. 2nd edition, 1993. Trans. Linda M. Maloney, Hermeneia. Minneapolis: Fortress, 1998.

Nietzsche, Friedrich. *Beyond Good and Evil: Prelude to a Philosophy of the Future*. Trans. Helen Zimmern. New York: The Macmillan Co., 1907.

_____. *On The Genealogy of Morals*. New York: Vintage Books, 1967.

Nixon, R. E. "Matthew." In *The New Bible Commentary*. 3rd Edition. Leicester: IVP and Grand Rapids: Eerdmans, 1970.

Nolland, John. *Luke 9:21-18:34*. Word Biblical Commentary. Dallas, Texas: Word Books, 1993.

Oberman, Heiko A. *The Harvest of Medieval Theology: Gabriel Biel and Late Medieval Nominalism*. Grand Rapids, MI: Baker Academic, 2000.

_____. *Man between God and the Devil*. New Haven, CT: Yale University Press, 2006.

Ogg, George. *The Chronology of the Life of Paul*. London: Epworth Press, 1968.

O'Loughlin, Thomas. *The Didache: A Window on the Earliest Christians*. London: SPCK, 2011.

Osborne, Grant R. *The Hermeutical Spiral*. Downer's Grove, IL: IVP, 1991.

Packer, J. I. *Keep in Step with the Spirit: Finding Fullness in Our Walk with God*, Revised Enlarged Edition. Grand Rapids, Baker Books: 2005.

Pamment, Margaret. "The Kingdom of Heaven according to the First Gospel." *New Testament Studies* 27 (1981): 211-32.

Pascal, Blaise. *Pensees*. New York: Penguin Books, 1966.

Payne, Jon D. and Sebastian Heck. (Eds.) *A Faithful Worth Teaching: The Heidelberg Catechism's Enduring Heritage*. Grand Rapids: Reformation Heritage Books, 2013.

Pentecost, J. Dwight. "Daniel." In *The Bible Knowledge Commentary. Old Testament*. Wheaton, IL: Voctor Books, 1985.

Perkins, Pheme. *First and Second Peter, James, and Jude*. Interpretation. Louisville: John Knox Press, 1995.

Perrin, Norman. *Jesus and the Language of the Kingdom: Symbol and Metaphor in New Testament Interpretation*. Philadelphia: Fortress, 1976.

Piper, John. *Desiring God: Meditations of a Christian Hedonist*. Revised Edition Sisters, Ore.: Multnomah Books, 1996.

Plummer, Alfred. *The Gospel according to St. Luke*. ICC. 3rd Edition. Edinburgh: T&T Clark, 1900.

Podmore, Simon D. "The Lightning and the Earthquake: Kierkegaard on the Anfechtung of Luther." *The Heythrop Journal* 47/4 (2006): 562-78.

Polhill, John B. *Acts 1-12*. The New American Commentary, 26A. Nashville, TN, 1992.

Ratzinger, Joseph. *Jesus of Nazareth*. Vol. 1: *From the Baptism in the Jordan to the Transfiguration*. New York: Doubleday, 2007.

Rauschenbusch, Walter. *A Theology for the Social Gospel*. New York: Abingdon Press, 1917.

_____. *The Social Principles of Jesus*. New York: Association Press, 1919.

Reese, Ruth Anne. *2 Peter & Jude*. The Two Horizons New Testament Commentary. Grand Rapids: Eerdmans, 2007.

Reeves, Rodney. *Matthew*. The Story of God Bible Commentary. Grand Rapids: Zondervan, 2017.

Renan, Ernest. *The Life of Jesus*. New York: Modern Library, 1955.

Rendall, G. H. *The Epistle of James and Judaic Christianity*. Cambridge: Cambridge University Press, 1927.

Reymond, Robert L. *A New Systematic Theology of the Christian Faith*. Nashville, Tennessee: Thomas Nelson Publishers, 1998.

Reynolds, Gregory E. "The Humanity of John Calvin." In *Ordained Servant*. October 2009). Available at: https://opc.org/os.html?article_id=168&issue_id=48.

Ridderbos, Herman. *The Coming of the Kingdom* (1950). Translated by H. de Jongste, Edited by Raymond O. Zorn. Philadelphia: The Presbyterian and Reformed Publishing Company, 1962.

_____. *Matthew* (1950/51). Bible Student's Commentary. Trans. Ray Togtman. Grand Rapids: Zondervan, 1987.

_____. *Paul: An Outline of His Theology* (1966). Trans. John Richard De Witt. Grand Rapids: Eerdmans, 1975.

Riddle, M. B. Trans. *Ante-Nicene Fathers*. Vol. 7. (Eds.) Alexander Roberts, James

Donaldson and A. Cleveland Coxe. Buffalo, NY: Christian Literature Publishing Co., 1886.

Rigney, Joe. *The Things of Earth: Treasuring God by Enjoying His Gifts*. Wheaton: Crossway, 2014.

Ritschl, Albrecht. *The Christian Doctrine of Justification and Reconciliation*. 3rd German Edition, 1888. ET. Edinburgh: T. and T. Clark, 1900.

Roberts, Alexander, James Donaldson and A. Cleveland Coxe. (Eds.) *Ante-Nicene Fathers*. Vol. 3: *Latin Christianity: Its Founder, Tertullian*. Buffalo, NY: Christian Literature Publishing Co., 1886. Reprint. Grand Rapids: Eerdmans, 1989.

Robertson, O. Palmer. *The Christ of the Covenants*. Grand Rapids: Baker, 1980.

Ropes, J. H. *A Critical and Exegetical Commentary on the Epistle of St. James*. ICC. Edinburgh: T. & T. Clark, 1916.

Roussaints, Stanley D. "Acts." In *The Bible Knowledge Commentary. New Testament*. Wheaton: Victor Books, 1983.

Rowe, Robert D. *God's Kingdom and God's Son*. Leiden: Brill, 2002.

Russell, Jeffrey Burton. *A History of Heaven: The Singing Silence*. Princeton, New Jersey: Princeton University Press, 1997.

Ryken, Leland. *Worldly Saints: The Puritans as They Really Were*. Grand Rapids: Zondervan, 1986.

Ryle, J. C. *The Upper Room: The Duties of Parents*. London: Chas. J. Thynne, 1887.

Sartre, Jean-Paul. *Existentialism and Human Emotions*. New York: The Wisdom Library, 1957, new edition. New York: Citadel Press, 1987.

Saucy, Robert L. *The Case for Progressive Dispensationalism*. Grand Rapids: Zondervan, 1993.

Scaer, David P. *James, the Apostle of Faith: A Primary Christological Document for the Persecuted Church*. St. Louis: Concordia, 1983.

_____. "The Concept of *Anfechtung* in Luther's Thought." *Concordia Theological Quarterly* 47/1 (1983): 15-30.

Schnackenburg, Rudolf. *Gottes Herrschaft und Reich* (1959). Trans. J. Murray, *God's Rule and Kingdom*. New York: Herder & Herder, 1963.

_____. *The Gospel of Matthew* (1985, 1987). Trans. Robert R. Barr. Grand Rapids: Eerdmans, 2002.

Schreiner, Thomas. *1, 2 Peter, Jude*. The New American Commentary. Nashville, Tennessee: Broadman & Holman Publishers, 2003.

_____. *New Testament Theology: Magnifying God in Christ*. Grand Rapids: Baker, 2008.

Schürer, Emil. *History of the Jewish People in the Times of Jesus Christ*. 2 Vols. Edinburgh: T& T Clark, 1892, 1902. Revised Edition. 1973.

Schweizer, E. *The Good News according to Matthew*. London: SPCK, 1976.

Scott, James M. "Jesus's Vision for the Restoration of Israel." In Scott J. Hafemann. (Ed.) *Biblical Theology: Retrospect & Prospect*, 129-43. Downers Grove, Ill.: IVP, 2002.

Seitz, O. J. F. "The Relationship of the Shepherd of Hermas to the Epistle of James." JBL 63 (1944): 131-40.

Sidebottom, E. M. *James, Jude, 2 Peter*. The New Century Bible Commentary. (1967). Reprint. London: Marshall, Morgan & Scott, and Grand Rapids: Eerdmans, 1982.

Simonetti, Manlio. (Ed.) *Matthew 14-28*. ACCS 1B. Downers Grove, IL: IVP, 2002.

Skinner, John. *Genesis*. ICC. 2nd Edition. Edinburgh: T.& T. Clark, 1930.

Smalley, Stephen S. *1, 2, 3 John*. Word Biblical Commentary 51. Waco, Texas: Word Books, 1984.

Smith, Wilber. "Revelation." In *Wycliffe Bible Commentary*. Grand Rapids: Zondervan, 1962.

Soroski, Jason "What Does 'Amen' Mean and Why Do We Say It?" *Crosswalk.com*, :https://www.crosswalk.com/faith/spiritual-life/what-does-amen-mean-and-why-do-we-say-it.html.

Spicq, Ceslaus. O.P. *Agapē in the New Testament*. Trans. Sister Marie Aquinas McNamara, O.P., and Sister Mary Honoria Richter, O.P. St. Louis: Herder, 1965.

Sproul, R. C. *The Last Days according to Jesus*. Grand Rapids: Baker, 1998.

Stein, Robert H. *An Introduction to the Parables of Jesus*. Westminster John Knox, 1981. 오광만 역. 『예수님의 비유를 어떻게 읽을 것인가?』. 서울: 따뜻한세상, 2011.

_____. *Basic Guide to Interpreting the Bible*. 2nd Edition. Grand Rapids: Baker Academic, 2001.

Stevenson, Kenneth. *The Lord's Prayer: A Text in Tradition*. Minneapolis: Fortress, 2004.

Stibbs, A. M. and J. I. Packer. *The Spirit Within You*. Grand Rapids: Baker, 1979.

이승구 옮김. 『그리스도인 안에 계신 성령』. 서울: 웨스트민스터출판부, 1996.

Stigers, Harold G. *A Commentary on Genesis*. Grand Rapids: Zondervan, 1976.

Stott, John R. W. *Christian Counter-Culture*. Downers Grove: IVP, 1978.

_____. *The Letters of John*. Revised Edition. Tyndale New Testament Commentaries. Leicester: IVP and Grand Rapids: Eerdmans, 1988.

Strong, James. *Strong's Exhaustive Concordance of the Bible*. Updated and Expanded Edition. Peabody, MA: Hendrickson, 2007.

Swete, H. B. *The Apocalypse of St. John*. Grand Rapids: Eerdmans, 1906.

Tannehill, Robert C. *Dying and Rising with Christ: A Study in Pauline Theology*. BZNW 32. Berlin: Alfred Töpelmann, 1967.

Tasker, R. V. G. *The Gospel According to St. Matthew*. Tyndale New Testament Commentaries. London: The Tyndale Press, 1961. Reprint. Grand Rapids: Eerdmans, 1981.

Tate, Marvin E. *Psalm 51-100*. Word Biblical Commentary 20. Dallas, Texas: Word Books, 1990.

Taylor, Vincent. *The Gospel According to St. Mark*. 2nd Edition. Reprint New York: The Macmillan Co., 1969.

Tenney, Merrill C. "Luke." In *Wycliffe Bible Commentary*. Chicago: Moody Press, 1962.

_____. "The Gospel of John." In *The Expositor's Bible Commentary*. Vol. 9. Grand Rapids: Zondervan, 1981.

Tertullian. "Apology." In *Ante-Nicene Fathers*. (Eds.) Alexander Roberts and James Donaldson. Ebinburgh: T&T Clark, 1885-87. Reprint. Grand Rapids: Eerdmans, 1989.

Thelemann, Otto. *An Aid to The Heidelberg Catechism* (1892). Trans. M. Peters. (1896). Reprint. Grand Rapids: Douma Publications, 1959.

Thiselton, Anthony C. *The First Epistle to the Corinthians*. NIGTC. Carlisle: Paternoster and Grand Rapids: Eerdmans, 2000.

Tholuck, August. *Exposition, Doctrinal and Philological, of Christ's Sermon on the Mount, according to the Gospel of Matthew*. Trans. Robert Menzies. 2 Vols. Edinburgh: T. & T. Clark, 1834-53.

Tillich, Paul. "Aspects of a Religious Analysis of Culture." In *Theology of Culture*. New York & Oxford: Oxford University Press, 1958.

_____. *On the Boundary: An Autobiographical Sketch*. New York: Scribner, 1966.

Timpe, Kevin. *Free Will in Philosophical Theology*. New York: Bloombury Academic, 2014.

_____ and Audra Jenson. "Free Will and Sates of Theological Anthropology." In Joshua R. Farris, Charles Taliaferro. (Eds.) *The Ashgate Research Companion to Theological Anthropology*. Burlington, VT and Surry, UK: Ashgate, 2015.

Toussaint, Stanley D. *Behold the King: A Study of Matthew*. Portland, OR: Multnomah, 1980.

Turner, David L. *Matthew*. Baker Exegetical Commentary on the New Testament. Grand Rapids: Baker Academic, 2008.

Turretin, Francis. *Institutes of Elenctic Theology*. (1679). Trans. George Musgrave Giger. Vol 1. Phillipsburg, New Jersey: P&R, 1992.

_____. *Institutes of Elenctic Theology*. (Ed.) James T. Dennison, Jr.. Trans. George Musgrave Giger. Vol. 2. Phillipsburg, NJ: P&R Publishing, 1994.

Ursinus, Zacharius. *The Commentary of Dr. Zacharius Ursinus on the Heildelberg Catechism*. Trans. G. W. Willard. Electronic Version. The Synod of Reformed Church in US, 2004.

Van 't Spijker, Willem. "The Theology of the Heidelberg Catechism." In *The Church's Book of Comfort*, 89-128. Houten: Den Hertog, 2005. Trans. Gerrit Bilkes. Grand Rapids: Reformation Heritage Books, 2009.

Van Reenen, G. *The Heidelberg Catechism Explained for the Humble and Sincere in 52 Sermons*. Trans. The Netherlands Reformed Congregations in America. Paterson, NJ: Lont & Overkamp, 1955. Reprint, 1979.

Van Til. Cornelius. *The Defense of Faith*. Revised 3rd version. Philipsburg, NJ: P&R, 1967.

_____. *A Christian Theory of Knowledge*. Nutley, NJ: P&R, 1969.

_____ 『개혁주의 신학 서론』. 서울: CLC, 1995. 강웅산과의 개정역. 서울: 크리스챤, 2009.

VanderGroe, Theodorus. *The Christian's Only Comfort in Life and Death*. Vol. 2. Trans. Bartel Elshout. Grand Rapids: Reformation Heritage Books & Dutch Reformed Translation Society, 2016.

Vang, Freben. *1 Corinthians*. Teach the Text Commentary Series. Grand Rapids: Baker

Books, 2014.

VanGemeren, Willem A. "Daniel." In *Evangelical Commentary on the Bible*. Grand Rapids: Baker, 1989.

Venema, Cornelius P. *The Promise of the Future*. Edinburgh: Banner of Truth Trust, 2000.

Vermes, Geza. *Jesus the Jew*. London: Collins, 1973.

Vis, Jean. *We Are the Lord's*. Grand Rapids: Society for Reformed Publications, 1955.

Vögtle, Anton. "Der 'eschatologische' Bezug der wir-Bitten des Vaterunder." In *Jesus und Paulus: Festschrift für W. G. Kümmel*, 344-62. Göttingen: Vandernhoeck und Ruprecht, 1975.

Von Rad, Gerhard. *Genesis: A Commentary*. OTL. Revised Edition. London: SCM Press, 1972.

Vos, Geerhardus. *The Self-disclosure of Jesus*. Grand Rapids: Eerdmans, 1926.

_____. *Pauline Eschatology*. 1930. Grand Rapids: Baker, 1979. 이승구 역. 『바울의 종말론』. 서울: 엠마오, 1989.

_____. *Biblical Theology*. Grand Rapids: Eerdmans, 1948. 이승구 역. 『성경신학』. 서울: CLC, 1985.

_____. *Reformed Dogmatics*. 1896, 1910. Vol. 1. Bellingham, WA: Lexham Press, 2012.

_____. *The Kingdom of God and the Church*. Nutley: Presbyterian and Reformed Publishing Co., 1972.

Wall, Robert W. *Revelation*. New International Biblical Commentary. Peabody, MA: Hendrickson Publishers, 1991.

Walton, J. H. *Genesis*. NIVAC. Grand Rapids: Zondervan, 2001.

Walvoord, John F. *The Revelation of Jesus Christ*. Chicago: Moody Press, 1966.

_____. *Matthew: Thy Kingdom Come*. Chicago: Moody Press, 1974.

Wansbrough, Henry. *Genesis*. Doubleday Bible Commentary. New York: Doubleday, 1998.

Ward, Ronald A. "James." In *New Bible Commentary*. Leicester: IVP and Grand Rapids: Eerdmans, 1970.

Warfield, B. B. *Perfectionism*. Edited by Ethelbert Dudley Warfield, William Park Armstrong, and Caspar Wistar Hodge. 2 Vols. New York: Oxford University Press, 1931-32.

Studies in Perfectionism. B. B. Warfield Collection Series. Phillipsburg, NJ: P&R, 1958, 1961.

Watson, Philip S. *Let God be God: An Interpretation of the Theology of Martin Luther*. London, Epworth Press, 1947.

Watson, Thomas. *A Body of Practical Divinity*. Originally Published 1657. Aberdeen: George and Robert King, 1838.

Weaver, Gilbert. "Man: Analogus of God." In *Jerusalem and Athens*, 321-27. Philipsburg, NJ: P&R, 1971.

Webber, Robert, *The Secular Saint: The Role of the Christian in the Secular World*. Grand Rapids: Zondervan, 1979.

이승구 옮김. 『기독교 문화관』. 서울: 엠마오, 1984.

Webster, John. *Holiness*. London: SCM Press, 2003.

Weiser, Artur. *The Psalms: A Commentary*. 1959. Trans. Herbert Hartwell. Old Testament Library. London: SCM and Philadelphia: Westminster/John Knox, 1962.

Wells, David F. *The Person of Christ*. Westchester, IL: Crossway Books, 1984. 이승구 옮김. 『기독론』. 1992. 최근판. 서울: 부흥과 개혁사, 2015.

Wenham, David & Steve Walton. *Exploring the New Testament*. Vol. 1: *A Guide to the Gospels and Acts*. London: SPCK, 2001. 박대영 역. 『복음서와 사도행전』. 서울: 한국성서유니온, 2007.

Wenham, David. *The Rediscovery of Jesus' Eschatological Discourse*. Sheffield: JSOT Press, 1984.

Wenham, Gordon J. *Genesis 16-50*. WBCC. Dallas, Texas: Word, 1994.

Wenham, John. "Did Peter Go to Rome in A.D. 42?" *Tyndale Bulletin* 23 (1972): 94-102.

Wessel, Walter W. "Mark." In *The Expositor's Bible Commentary*. Vol. 8. Grand Rapids: Zondervan, 1984.

Wilcock, Michael. *The Message of Revelation: I Saw Heaven Opened*. Bible Speaks Today Series. Leicester: IVP, 1975. 이종일 역. 『역사의 저편: 새 하늘과 새 땅』. 서울: 기독지혜사, 1988.

Wilder, Amos M. "Eschatological Imagery and Early Circumstance." *New Teatament Studies* 5 (1959): 229-45.

Wilkins, Michael J. *Matthew*. NIV Application Commentary. Grand Rapids: Zondervan, 2004.

Wilkinson, Bruce. *The Prayer of Jabez: Breaking Through to the Blessed Life*. Multnomah Publishers Inc., 2000. 마영례 옮김. 『야베스의 기도』. 서울: 디모데, 2001.

Williams, D. H. (Ed.) *Matthew Interpreted by Early Christian Commentators*. Grand Rapids: Eerdmans, 2018.

Williams, David John. *ACTS*. NIBC. Peabody: MA: Hendrickson Publishers, 1990.

Willis, Wendell. (Ed.) *The Kingdom of God in 20th Century Interpretation*. Peabody, MA: Hendrickson, 1987.

Wilson, R. McL. *Hebrews*. New Century Bible Commentary. Basingstoke, UK: Marshall Morgan & Scott and Grand Rapids: Eerdmans, 1987.

Wolters, A. "Worldview and Textual Criticism in 2 Peter 3:10." *WTJ* 49 (1987): 405-13.

Wolterstorff, Nicholas. "The Christian Humanism of John Calvin." In Jens Zimmermann, (Ed.) *Re-Envisioning Christian Humanism: Education and the Restoration of Humanity*, 77-94. Oxford: Oxford University Press, 2016.

Wright, J. Edward. *The Early History of Heaven*. Oxford, England: Oxford University Press, 2000.

Wright, N. T. *The New Testament and the People of God*. London: and Minnesota: Fortress Press, 1992.

_____. *Jesus and the Victory of God*. Minneapolis: Fortress, 1996.

_____. "The Lord's Prayer as a Paradigm of Christian Prayer." In *Into God's Presence: Prayer in the New Testament*. (Ed.) Richard N. Longenecker. Grand Rapids: Eerdmans, 2001.

Yates, Kyle M. "Genesis." In *The Wycliffe Bible Commentary*. Chicago: Moody Press, 1962.

Young, Edward J. "Daniel." In *New Bible Commentary*. 3rd Edition. Leicester, IVP and Grand Rapids: Eerdmans, 1970.

_____. *Thy Word Is Truth: Some Thoughts on the Biblical Doctrine of Inspiration*. Edinburgh: Banner of Truth and Grand

Rapids: Eerdmans, 1957. Reprint. Grand Rapids: Eerdmans, 1977.

강영안. 『주체는 죽었는가』. 서울: 문예출판사, 1996.

김남준. 『영원 안에서 나를 찾다: 아우구스티누스 《고백록》 미셀러니』. 서울: 포이에마, 2015.

김성수. 『내가 너로 큰 민족으로 이루게 하리라』. 수원: 합동신학대학원 출판부, 2000.

김주한. "마르틴 루터의 영성신학: 그의 Anfechtung에 관한 연구." 『대학과 선교』 15 (2008): 141-70.

김홍전. 『중생자의 생활』. 전주: 성약, 1985.

____. 『예수께서 가르치신 기도』. 서울: 성약, 2003.

____. 『기도와 응답』. 서울: 성약, 2017.

박윤선. 『신약 주석 공관복음, 상』. 초판, 1953. 개정판, 서울: 영음사, 1964. 26쇄, 2005.

____. 『신약 주석 공동서신』. 초판, 1956. 개정판, 서울: 영음사, 1965. 8쇄, 2006.

____. 『고린도전서 주석』. 초판, 1962. 20쇄. 서울: 영음사, 1999.

____. 『신약주석 사도행전』. 수정 증보판. 서울: 영음사, 1977, 재판 1999.

____. 『개혁주의 교의학』. 서울: 영음사, 2003.

____. 『정암 박윤선 주석 성경』. 서울: 영음사, 2016.

박형룡. 『박형룡박사저작전집 III: 교의신학 인간론』. 서울: 한국기독교교육연구원, 1977.

박형용. 『신약성경신학』. 수원: 합동신학대학원 출판부, 2005.

양용의. 『하나님 나라, 어떻게 이해할 것인가?』. 서울: 성서유니온, 2003.

이상근. 『신약 성서 주해 공동서신』. 대구: 성등사, 1963, 21판, 1991.

이승구. "이사야 1:10-15 석의: 종교의 내적 본질과 외적 표현의 상관성". 『개혁신학에의 한 탐구』, 15-25. 서울: 웨스트민스터 출판부, 1995.

____. 『교회란 무엇인가』. 서울: 여수룬, 1996. 개정 최근판. 서울: 나눔과 섬김, 2016.

____. 『진정한 기독교적 위로』. 서울: 여수룬, 1998, 개정 최근판. 서울: 나눔과 섬김, 2015.

____. "존재론적 삼위일체와 경륜적 삼위일체의 관계에 대한 개혁주의적 입장". 『개혁신학탐구』, 53-67. 개정판. 수원: 합동신학대학원 출판부, 2012.

____. 『개혁신학탐구』. 서울: 하나, 1999. 개정판. 수원: 합신대학원 출판부, 2012.

____. 『성령의 위로와 교회』. 서울: 이레서원, 2001. 개정 최근판. 서울: 이레서원, 2013.

____. "주께서 응답하지 아니하시는 기도." 『현대종교』 348 (2003년 8월호): 115-23.

____. 『기독교 세계관이란 무엇인가?』. 서울: SFC, 2003. 재개정 최근 판 2016.

____. 『인간 복제, 그 위험한 도전』. (2003). 개정판. 서울: 예영, 2006.

____. 『사도신경』. 서울: SFC, 2004. 개정판 (2009)의 최근 판, 2018.

____. 『21세기 개혁신학의 방향』. 서울: SFC, 2005. 개정판. 서울: CCP, 2018.

____. 『인간 복제, 그 위험한 도전』. 개정판. 서울: 예영, 2006.

____. "개혁과 정통신학에 대한 멀러 테제에 대한 교의학적 성찰". 『성경과 신학』 43 (2007): 71-110.

____. 『코넬리우스 반틸』. 서울: 살림, 2007.

____. 『한국 교회가 나아 갈 길』. 서울: SFC, 2007. 개정판. 서울: CCP, 2018.

____. 『광장의 신학』. 수원: 합신대학원 출판부, 2010.

____. 『우리 이웃의 신학들』. 서울: 나눔과 섬김, 2014, 재판, 2015.

____. 『묵상과 기도, 생각과 실천』. 서울: 나눔과 섬김, 2015.

____. 『위로 받은 성도의 삶』. 서울: 이레서원, 2015.

____. 『성경신학과 조직신학』. 서울: SFC, 2018.

____. "칭의와 구원 문제에 대한 제임스 던의 견해에 대한 비판적 고찰". 「신학정론」 33/1 (2015): 70-108.

____. "'선교적 교회' 운동에 대한 신학적 성찰". 「목회와 신학」 363 (2019년 9월): 134-38.

채영삼. 『공동서신의 신학』. 서울: 이레서원, 2017.

최갑종. 『예수님이 주신 기도』. 서울: 이레서원, 2000.

최낙재. "아브라함이 바라던 복은 무엇인가?" 『박윤선 목사 성역 50주년 기념 논총 경건과 학문』. 서울: 영음사, 1987.

____. 『소요리 문답 강해』 II. 서울: 크리스챤 다이제스트, 2000.

____. 『그리스도와 하나님의 나라』. 서울: 성약, 2011.

____. 『성경에서 그리스도를 보라』. 서울: 성약, 2007.

인명 색인

(A)

Adamson, James. 66, 68, 70

Alford, Henry. 168, 171

Allen, W. C. 127, 157, 247, 328, 364, 379, 380, 413, 417, 422, 450

Allison, Dale C. 102, 422

Anderson, Arnold Albert. 62, 184, 185, 186, 187, 189

Anselm of Canterbury. 251

Aquileia, Chromatius. 30, 129, 194, 323, 344, 357, 412

Archer, Gleason L. Jr. 335

Aristotle. 104, 289

Arnold, Bill T. 183

Attridge, Harold W. 238

Augustine. 67, 84, 236, 281, 326, 323, 342, 344, 354, 358, 368, 377, 410

Aune, David E. 165

(B)

Bailey, Kenneth E. 379

Baker, William H. 157, 495

Barbieri, Louis A. Jr., 354, 358, 365, 366, 417

Barr, James. 30, 104, 108, 121, 155, 194, 324, 358, 410, 451

Barrett, C. K. 277

Barth, Karl. 249, 292, 294

Bauckham, Richard J. 164, 167, 169, 170, 171, 172

Bavinck, Herman. 128, 163, 164, 252, 253, 266, 267, 268, 283, 393, 457, 458, 460

Beale, Gregory K. 153, 193, 196, 197, 199, 200, 206, 219, 224

Beare, Francis W. 100, 358, 363, 365, 368, 379, 417, 422

Beasley-Murray, G. R. 163, 198, 204, 205, 434

Berkhof, Hendrikus. 436

Berkhof, Louis. 128, 148, 149, 152, 153, 154, 164, 165, 176, 230, 231, 237, 252, 268, 377, 393, 404, 427, 441, 457

Berkouwer, G. C. 430

Bernard of Clairvaux. 467

Betz, Hans Dieter. 92, 101, 102, 103, 104, 106, 113, 310, 311, 321, 323, 324, 325, 326, 329, 357, 396, 399, 412, 413, 451, 456

Black, Matthew. 166, 203, 328, 364, 379

Blaising, Craig A. 156

Bock, Darrell L. 156, 157, 159, 164, 204, 225

Boettner, L. 231

Boring, M. Eugene 160, 161

Boston, Thomas. 28, 45, 53, 98

Bounds, E. M. 28, 45, 53, 97

Brown, Jeannine K. 226, 364, 365, 366, 367, 369, 417, 420, 426, 428, 442

Brown, Raymond E. 325

Brown, William Adams. 171

Bruce, F. F. 57, 99, 199, 204, 205, 281, 282, 326, 410, 445, 489, 490, 492, 493, 494

Burdick, Donald W. 58, 60, 68, 73

Buttrick, George A. 93, 113, 451

(C)

Calvin, John. 28, 30, 34, 36, 38, 40, 43, 45, 51, 62, 99, 105, 122, 129, 135, 190, 230, 235, 247, 254, 257, 260, 278, 288, 309, 311, 322, 323, 327, 330, 333, 334, 354, 361, 373, 410, 412, 420, 425, 453, 463, 464, 489, 491, 492, 494, 495

Carson, D. A. 93, 101, 102, 103, 195, 199, 200, 202, 206, 209, 226, 237, 322, 327, 329, 360, 365, 414, 417, 419, 422, 423, 426, 428, 442

Chamblin, J. Knox. 199, 418, 419, 422, 423, 424, 426

Conzelmann, Hans. 277, 278, 279, 492, 494

Cranfield, C. E. B. 194, 201, 205

Cullmann, Oscar. 196, 212

Cyprian. 97, 98, 105, 113, 194, 354, 358, 364

(D)

Dahood, Mitchell. 183, 185, 186

Davids, Peter H. 166, 167, 169, 417, 489, 490

Davies, W. D. and D. Allison, Jr. 36, 93, 98, 112, 127, 135, 150, 247, 310, 361, 366, 379, 394, 400, 412, 423, 451, 453

DeYoung, Kevin. 28, 42, 44, 48, 51, 61, 108, 241, 247, 268, 352, 353

Dibelius, Martin. 60, 68, 69

Dodd, C. H. 193, 195, 207, 223

Dunn, James. 174, 358

(E)

Ellis, E. Earle. 327

Elwell, Walter A. 435

(F)

Fee, Gordon D. 276, 277, 278, 279, 280, 281

Filson, Floyd V. 113, 203, 226, 237, 329, 345, 359, 364, 365, 366, 380, 381, 414, 422, 426, 427, 442, 451

Fitzmyer, J. A. 329

France, R. T. 29, 34, 38, 44, 93, 100, 105, 109, 110, 112, 127, 145, 156, 158, 190, 195, 196, 198, 201, 202, 206, 226, 329, 360, 365, 366, 368, 369, 393, 396, 419, 420, 422, 423, 427, 451

(G)

Gaebelein, A. C. 358

Grosheice, F. W. 275, 276, 277, 278, 279, 280, 281

Grudem, Wayne. 62, 63, 152

Gundry, Robert H. 102, 104, 112, 251, 323, 325, 328, 331, 361, 364, 365, 366, 368, 369, 379, 400, 410, 414, 427, 428, 451

Gunkel, Hermann. 183, 298

Guthrie, Donald. 60, 157, 238, 464

(H)

Hagner, Donald A. 202, 238, 327, 418, 423, 424

Hamilton, Victor P. 297, 298

Hendriksen, William. 29, 30, 32, 34, 41, 98, 105, 109, 110, 127, 162, 163, 166, 190, 195, 199, 206, 208, 247, 309, 310, 328, 329, 330, 352, 353, 363, 364, 417, 442, 452

Hill, David. 100, 101, 195, 197, 325, 326, 327, 328, 329, 357, 360, 364, 365, 366, 367, 368, 399, 400, 412, 417,

422, 441

Hoekema, Anthony A. 107, 149, 152, 157, 160, 163, 164, 165, 172, 177, 178, 220, 237, 383, 404, 421, 422, 424, 425, 427, 430, 432, 435, 437, 441

Hoeksema, Herman. 28, 37, 39, 40, 43, 44, 46, 49, 50, 51, 98, 104, 109, 110, 115, 126, 127, 128, 129, 140, 153, 154, 212, 219, 224, 247, 254, 268, 269, 310, 311, 321, 324, 328, 330, 352, 353, 354, 367, 368, 370, 377, 379, 395, 396, 398, 410, 412, 414, 452, 455, 495

Horton, Michael. 152, 242, 288, 386

Hughes, Philip Edgcumbe. 84, 160, 162, 238

(J)

Jeremias, Joachim. 32, 102, 121, 148, 154, 155, 157, 158, 194, 203, 204, 207, 208, 210, 218, 323, 326, 327, 344, 363, 378, 379, 400, 428, 453

Johnson, Alan F. 161, 434

Johnson, Philip C. 317

Johnson, Sherman E. 108, 411, 451

(K)

Keener, Craig S. 102, 161, 165, 381, 401, 423

Kelly, John Norman Davidson. 166, 167, 169, 171

Kent, Homer A. 421, 422, 424

Kersten, Gerrit Hendrik. 37, 38, 39, 40, 44, 49, 55, 98, 105, 127, 129, 135, 148, 149, 223, 260, 268, 271, 311, 327, 328, 352, 353, 361, 364, 370, 395, 396

Kidner, Derek. 187, 188, 189, 298

Kierkegaard, S. 66, 126, 266, 274, 275, 280, 289, 338, 343, 396

Kline, Meredith G. 152, 153, 297, 298

Klooster, Fred H. 11

Kümmel, Werner Georg. 121, 215, 219

Ladd, George Eldon. 60, 155, 158, 163, 191, 192, 194, 195, 196, 199, 200, 203, 204, 206, 208, 220, 223, 227, 234, 421, 423, 425, 427, 429, 436, 469, 490, 491, 493

Laws, Sopie. 59, 66, 67, 68, 69

Lenski, Richard Charles Henry. 199, 410

Liefeld, Walter L. 325, 327, 329

Longenecker, Richard N. 79, 98, 489, 490, 492, 493

Luther, Martin. 108, 129, 227, 256, 266, 289, 326, 327, 333, 356, 361, 408, 410

Luz, Ulrich. 35, 37, 98, 99, 102, 103, 104, 105, 108, 114, 259, 325, 326, 327, 332, 352, 379, 394, 395, 401, 412, 413, 419

(M)

Macgregor, G. H. C. 489, 490, 491, 493, 494

Maier, Gerhard. 93, 101, 109, 123, 127, 145, 195, 197, 198, 206, 210, 217, 325, 326, 329, 351, 353, 358, 360, 362, 367, 368, 369, 370, 410, 423, 425, 428, 451

Marshall, I. Howard. 35, 66, 71, 74, 75, 100, 135, 155, 158, 166, 180, 196, 199, 201, 207, 217, 218, 220, 223, 325, 426, 490, 492, 493, 494

Martin, Ralph P. 59, 60, 66, 67, 68, 69, 99, 134, 214, 215, 281

Melanchthon, Philip. 115, 116

Moffatt, James. 238, 281, 427

Moo, Douglas J. 60, 66, 68, 70, 170, 214, 215, 216, 225

Morris, Leon. 41, 52, 100, 101, 104, 106, 112, 126, 127, 160, 161, 162, 163,

195, 202, 238, 276, 277, 281, 369, 401, 411, 413, 421, 422, 423, 425, 426, 427, 428, 429, 450, 451, 452, 453

Moule, C. F. D. 215, 359

Mounce, Robert H. 32, 93, 114, 161, 162, 163, 236, 237, 329, 330, 358, 362, 363, 364, 365, 368, 369, 378, 394, 396, 401, 417, 418, 422, 423, 427

Muller, Richard A. 267, 268

Murray, John. 152, 191, 231, 285, 440, 464

(N)

Nixon, R. E. 195, 198, 325, 327, 362, 366, 368, 370, 400, 422, 426

(P)

Packer, J. I. 237, 406

Pentecost, J. Dwight. 430

(R)

Ratzinger, Joseph. 108

Reeves, Rodney. 327, 373, 381, 387, 388, 389, 418, 419, 420, 426, 427, 442

Ridderbos, Herman. 29, 32, 34, 60, 83, 92, 98, 100, 105, 109, 110, 127, 135, 154, 156, 158, 180, 190, 192, 195, 199, 201, 202, 203, 204, 205, 206, 210, 212, 213, 219, 247, 259, 417, 419, 422, 423, 425, 428, 430, 452, 457, 469, 477, 478

Ryle, J. C. 27

(S)

Saucy, Robert L. 156

Scaer, David P. 68, 396

Schnackenburg, Rudolf. 30, 45, 108, 110, 121, 135, 155, 156, 158, 191, 194, 196, 199, 206, 210, 217, 226, 247, 324, 358, 410, 414, 417, 429, 451

Schreiner, Thomas. 155, 164, 165, 166, 167, 169, 170, 171, 172, 182, 195, 196, 197, 203, 204, 225

Stein, Robert H. 207, 360

(T)

Tasker, R. V. G. 29, 31, 34, 92, 100, 112, 363, 366, 400, 401, 414, 417, 419, 420, 426, 442, 451

Tenney, Merrill C. 50, 204

Tertullian. 47, 106, 205, 278, 345

Thelemann, Otto. 39, 40, 79, 98, 105, 108, 109, 112, 116, 126, 129, 231, 237, 241, 252, 254, 268, 321, 352, 353, 364, 395, 396, 414

Toussaint, Stanley D. 156, 421

Turner, David L. 29, 33, 93, 98, 103, 110, 122, 125, 127, 155, 157, 158, 220, 225, 226, 237, 247, 329, 352, 353, 358, 360, 363, 366, 367, 368, 414, 417, 418, 422, 423, 426, 441, 451

Turretin, Francis. 152, 377, 441

(U)

Ursinus, Zacharius. 38

(V)

Van Reenen, G. 37, 39, 44, 47, 48, 52, 79, 98, 100, 103, 105, 112, 114, 115, 126, 135, 149, 151, 154, 212, 235, 247, 248, 254, 268, 322, 327, 337, 351, 359, 366, 370, 379, 414

Van Til, Cornelius. 40, 265, 297

VanderGroe, Theodorus. 28, 37, 39, 40, 48, 100, 105, 125, 126, 129, 135, 150, 190, 223, 231, 241, 243, 254, 260, 269, 310, 323, 324, 328, 332, 352, 353, 362, 379, 395, 454

Vang, Preben. 276, 277, 279, 281

Vis, Jean. 27, 39, 44, 46, 47, 79, 101, 109, 112, 129, 223, 231, 241, 254, 268, 302, 323, 324, 353, 361, 395, 454, 455, 477, 480, 496

Vos, Geerhardus. 103, 148, 149, 150, 151, 153, 157, 180, 200, 201, 215, 383, 398, 404, 405, 457

(W)

Walvoord, John F. 160, 163, 164, 421, 425

Warfield, B. B. 237

Watson, Philip S. 134

Watson, Thomas. 27

Wells, David F. 154, 180

Wenham, David. 417, 419, 490

Wenham, Gordon J. 297

Wessel, Walter W. 360

Wilkins, Michael J. 9, 11, 12, 13, 14, 17, 31, 32, 33, 34, 35, 43, 58, 62, 68, 92, 93, 98, 102, 103, 104, 128, 148, 156, 158, 177, 193, 196, 198, 202, 206, 209, 211, 215, 217, 249, 253, 281, 309, 311, 325, 326, 330, 331, 344, 347, 361, 379, 394, 407, 414, 417, 418, 419, 420, 421, 422, 423, 424, 425, 427, 432, 445, 451, 501

Williams, D. H. 20, 30, 43, 47, 53, 54, 97, 100, 105, 106, 113, 129, 135, 194, 323, 326, 344, 354, 398, 410, 412, 420, 421, 427, 453, 454, 468, 490, 491, 494

Williams, David John. 35, 4489

Wright, N. T. 98, 150, 419

(Y)

Young, Edward J. 430, 431, 432, 454

(ㄱ)

김홍전. 33, 34, 79, 80, 81, 88, 92, 93, 94, 127, 142, 309, 371, 489, 490, 495

(ㅂ)

박윤선. 50, 79, 126, 151, 152, 165, 168, 170, 177, 196, 276, 279, 280, 281, 489, 491, 492, 494, 495

박형용. 158, 193, 196, 198, 199, 200, 201, 205, 208, 210, 211, 212

(ㅇ)

이승구. 28, 36, 39, 40, 54, 61, 79, 115, 128, 131, 136, 148, 149, 150, 151, 153, 156, 157, 158, 159, 174, 177, 180, 189, 191, 192, 193, 195, 196, 201, 203, 213, 215, 216, 220, 227, 233, 235, 242, 249, 252, 260, 262, 267, 272, 280, 282, 283, 285, 289, 290, 294, 295, 296, 297, 299, 322, 333, 340, 345, 346, 347, 348, 351, 356, 378, 383, 398, 403, 404, 405, 406, 416, 421, 432, 440, 441, 464, 466, 479, 483

(ㅊ)

채영삼. 168, 170, 172, 181

최갑종. 100, 103, 136, 247, 379

최낙재. 104, 105, 112, 151, 152, 190